すてきな漢字に出あえる

赤ちゃんの名づけ事典

大修館書店編集部【編】

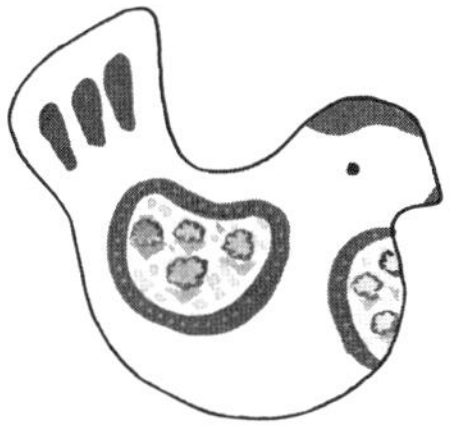

大修館書店

はじめに

この本は、漢字の意味を大切にしながら赤ちゃんの名前をつけるための事典です。

漢字はそれぞれ意味をもっており、名づけのときにも、漢字の意味を活かして願いや思いのこもったいい名前をつけることができます。しかしまた反対に、漢字の意味をおろそかにしてしまうと、どんなに音の響きや字の形がよくても、期待した印象とは異なる名前になってしまうこともあります。

この事典では、「漢字からさがす」の章で、名づけに使える二九九八字（二〇一五年三月現在）の漢字すべてを取り上げています。全漢字に、漢和辞典のトップセラーである『新漢語林　第二版』（鎌田正・米山寅太郎　著、大修館書店）にもとづいた丁寧な解説をつけ、意味はもちろん、読み、画数、名前例、名づけのヒントなどが調べられるようにしました。

また、「意味からさがす」「音からさがす」「テーマからさがす」「こだわりでさがす」「イメージからさがす」の各章をもうけ、さまざまなアプローチで名づけるためのヒントをたっぷりと紹介しました。これらの章では漢字の名前はもちろん、ひらがな・カタカナなどの名前もさがすことができます。

さらに、「漢字の画数索引」「漢字の読み索引」で画数や読みからすべての漢字をかんたんにさがしたり、「名づけの基本」の章で名前を考えるときのポイントを調べたりできるようにしました。

この事典で、すてきな漢字に出あい、そして満足のいく最高の名づけができることを、心から願っています。

大修館書店編集部

もくじ

はじめに…3

第1章 名づけの基本……9

①まずはここから！ 名づけの発想法…10
②知っておきたい名づけの基本的なきまり…12
③字を考えるときのポイント…14
④音を考えるときのポイント…15
⑤出生届の出し方…16

コラム
＊日本人の名前タイプいろいろ…10
＊字の形に注意①…13
＊字の形に注意②…16

第2章 漢字からさがす……17

この章の使いかた…18
漢字の画数索引…20
漢字からさがすリスト…33
名づけの全漢字収録！ 人気の字は特に詳しく解説

人気の字
愛…34／一…40／音…50／花…52／
介…56／希…69／輝…73／結…91／
彩…112／菜…113／咲…116／颯…118／
子…121／翔…146／心…151／真（眞）…153／
人…156／生…161／太…178／大…180／
斗…198／奈…207／乃…211／美…221／
悠…248／優…250／陽…252／莉…257／
琉…260／郎（郞）…268

第3章　意味からさがす……273

この章の使いかた…274

意味からさがすリスト…276

愛・愛する…276／明るい…276／朝・夜明け…276／
行く・進む…276／受け継ぐ…276／
うた・うたう…276／美しい…277／大きい…277／
教え導く…277／おだやか…277／思いやり…278／
香り…278／駆ける・走る…278／賢い…278／
勝つ…278／清い…278／健康…279／こえる…279／
しあわせ…279／真実・まこと…279／すべて…280／
澄む…280／空・天…280／尊敬…280／助ける…280／
正しい…280／つつしみ深い…281／強い…281／
手本…281／到達する…281／とおる…281／友達…281／
努力する…282／仲がよい…282／成し遂げる…282／
のぼる…282／はじめる・はじめ…282／
はっきり・明らか…282／速い…283／はるか…283／
繁栄・さかん…283／光・輝く…283／
広い・広がる…284／真心をこめる…284／
まもる…284／みがく…284／道…284／満ちる…284／
実る・実り…285／名誉…285／めぐみ…285／
めでたい…285／模様…286／安らか…286／優秀…286／
豊か…286／よい…286／喜ぶ…287／
わかる・悟る…287／笑う…287

コラム
＊「あお」のいろいろ…277
＊「あか」のいろいろ…277
＊「みどり」のいろいろ…277
＊「こころ」のいろいろ…279
＊「ひかり」のいろいろ…283
＊「おさめる」のいろいろ…285
＊「ひらく」のいろいろ…285
＊男の子の名前に合う意味の字…287
＊女の子の名前に合う意味の字…287

第4章　音からさがす……………289

この章の使いかた…290

音からさがすリスト…292

後ろの音から名前をさがす…330

第5章　テーマからさがす……337

この章の使いかた…338

テーマからさがすリスト…340

●自然のものから名づける…340

果物／花／草木／星／月／風／雨・雪・気象／水／

鉱物・元素／宝石

●人物にあやかって名づける…343

歴史／科学／芸術／文学

●生まれた月から名づける…344

一月／二月／三月／四月／五月／六月／

七月／八月／九月／十月／十一月／十二月

●地名から名づける…347

外国の地名／日本の地名／旧国名

●ことばから名づける…348

四字熟語／国語辞典にあることば／

特別な読みのことば／枕詞《まくらことば》／古語／外来語

コラム

＊色の名前から名づける…342

＊登場人物の名前にあやかる…343

＊生まれた時間から名づける…345

＊季語から名づける…346

＊『源氏物語』の帖の名から名づける…349

第6章　こだわりでさがす……353

この章の使いかた…354

こだわりでさがすリスト…356

●ひらがな・カタカナを使う…356
●左右対称の漢字を使う…357
●小学校で習う漢字を使う…357
●小さい「ゃ」「ゅ」「ょ」「っ」を使う…358
●伸ばす音を取り入れる…358
●数字を取り入れる…359
●「々」「ゝ」「ゞ」を使う…360
●万葉仮名風の名前…360
●外国風の名前…361
●濁音・半濁音を取り入れる…361
●一字・二字・三字の名前…362
●男女どちらでもよい名前…363

形から漢字をさがす…364

第7章　イメージからさがす…369

この章の使いかた…370

イメージからさがすリスト…372

海…372／風…372／大地…372／
空…373／宇宙…373／晴れ…373／
川…373／山…374／樹木…374／
水…374／希望、未来…375／
春…375／夏…375／秋…375／冬…375／
いきいき…376／きらきら…376／きりり…376／
のびのび…376／ふわり…377／ほんわか…377／
わくわく…377／しっかり…377／おおらか…377／
新しい…378／広い…378／たくましい…378／
華やか…379／素直…379／向上心…379／
清楚…379／気品…379／和風…380／誠実…380／
とぶ…380／結ぶ…380／
音楽…381／美術…381／文学…381／
学問…381／スポーツ…381

●最終確認！
名づけのチェックリスト……382

●名前に使える全漢字に対応！
漢字の読み索引……415

コラム
①ひらがな・カタカナ・記号からさがす…271
②ローマ字をヒントにさがす…272
③品詞からさがす…288
④終わりの字からさがす…350
⑤気をつけたい名前の漢字や音…352
⑥特別な読みの名前…368

【この事典の基本方針】

(1) 画数・部首

漢字の画数や部首は、辞典などによって異なることがあります。この事典では、『新漢語林 第二版』（鎌田正・米山寅太郎 著、大修館書店）の記述を元にしています。

(2) 字体

漢字の字体は、内閣告示「常用漢字表」に掲げられた漢字と、法務省令「戸籍法施行規則」第六〇条の「別表第二」に掲げられた漢字（人名用漢字）の字体にもとづいています。たとえ細かな形の違いがあっても、デザインの違いであって字体の違いではないと考えられる範囲のものを掲載しました。

(3) 名前の読み

名前の読み方には特に取り決めがないため、漢和辞典にない読みも可能です。この事典では原則として漢和辞典にある読みの名前を採用しましたが、一部、漢和辞典にない読みを採用していることがあります。

(4) 各種データについて

この事典に掲載したデータは、二〇一五年三月現在のものです。

第1章

名づけの基本

1 まずはここから！ 名づけの発想法

いい名前を考えるためには？

子どものイメージにぴったりで、音の響きがよく、漢字の意味や見た目も完璧で、しっかりした由来もある――そんな「いい名前」を考えたい！ と意気込みつつも、どうやって名前を考えたらいいのかわからないという人もいるでしょう。

そんなときはまず、名前のどんな要素を重視するか、ゆずれない条件は何か、というところから考えはじめてみるのがおすすめです。「『愛』の字を使いたい」というような具体的な希望でも、「呼んだときの音の印象がいい名前をつけたい」「いい意味の漢字を組み合わせて名づけたい」といった漠然とした思いでもいいでしょう。

どの要素を重視するかが大体決まったら、その要素をきっかけにして名前を考えはじめましょう。

この事典は、左ページにまとめた、「漢字」「意味」「音」「テーマ」「こだわり」「イメージ」の六つの要素から名前をさがせる構成になっています。重視したい要素に応じて、それぞれの章を参照してみてください。

名前を考えるうちに、「音を重視したいと思っていたけれど、やっぱり漢字の意味もしっかり調べておきたい」「いい意味の名前をつけたいと思って漢字までは決めたけれど、音はどうしよう」などということが出てくるかもしれません。そのようなときには、ぜひほかの章やコラムなどもあわせて活用してください。いろいろな要素を考慮してあれこれ悩むうちに、きっといい名前が見つかるはずです。

column

*日本人の名前タイプいろいろ

日本人の名前を、漢字の使い方などで四つのタイプに分けました。どのタイプの名前にもそれぞれ魅力があります。

①熟語タイプ
「元気《げんき》」「真実《まみ》」「智明《ともあき》」「綾乃《あやの》」「健太郎《けんたろう》」のように二字以上の漢字を組み合わせた名前。

②一字漢字タイプ
「桜《さくら》」「凜《りん》」「学《まなぶ》」「翔《しょう》」など、漢字一字の名前。

③仮名タイプ
「ひなた」「エリ」のようなひらがな、カタカナの名前。

④特別な読みタイプ
「弥生《やよい》」「息吹《いぶき》」「青空《そら》」のように特別な読み方をする名前。

漢字からさがす

- 使いたい字がある
- 漢字にこだわって名づけたい
- 漢字の意味や読み、画数などを調べながら名前を考えたい

⇩ 第2章へ（17ページ）

テーマからさがす

- 由来のある名前をつけたい
- 好きなものにちなんで名づけたい
- 歴史上の人物などにあやかって名づけたい

⇩ 第5章へ（337ページ）

画数索引

- 画数から漢字をさがしたい
- ある画数の漢字を一覧したい

⇩ 漢字の画数索引へ（20ページ）

意味からさがす

- 漢字やことばの意味を活かした名づけをしたい
- 意味を重視した名前にしたい
- 名前に願いを込めたい

⇩ 第3章へ（273ページ）

こだわりでさがす

- ひらがなの名前・数字の入った名前・左右対称の漢字を使った名前・中性的な名前など、こだわりのある名づけをしたい

⇩ 第6章へ（353ページ）

読み索引

- 読みから漢字をさがしたい
- ある読みの漢字を全部見たい

⇩ 漢字の読み索引へ（415ページ）

音からさがす

- 呼びやすさを重視したい
- 響きのいい名前にしたい
- 好きな音を取り入れた名前をつけたい

⇩ 第4章へ（289ページ）

イメージからさがす

- こんな子に育ってほしいという思いを名前に込めたい
- 季節や自然などのイメージを連想させるような名前をつけたい

⇩ 第7章へ（369ページ）

2 知っておきたい名づけの基本的なきまり

名前に使える字・使えない字

名づけの上で、もっとも重視しなければいけないのが、「決められた文字を使う」というきまりです。

戸籍法という法律は、子どもの名前には「常用平易な文字を用いなければならない」と定めています。この「常用平易な文字」とは具体的に、

●常用漢字（二一三六字）
●人名用漢字（八六二字）
●ひらがな（八三字）
●カタカナ（八三字）
●「々」「ゝ」「ゞ」「ー」（四字）

の計三一六八字を指します（二〇一五年三月現在）。ひらがな・カタカナには「ゐ」「ゑ」「ヰ」「ヱ」などの字も含まれます。

この三一六八字以外の文字は、たとえ漢和辞典や国語辞典に載っていたとしても、名前に使うことはできません。また、アルファベットや「1」「2」などの算用数字、「★」「♪」のような記号も名づけには認められません。また「旧字」なども、上の三一六八字に入っていないものは使うことができません（↓14ページ）。名づけに使える文字については、この本の第2章ですべて取り上げていますので、ぜひ参考にしてください（↓17ページ〜）。法務省のホームページ「戸籍統一文字情報」で使える文字を検索することもできます（検索画面で「子の名に使える漢字」にチェックを入れてください）。

なお、常用漢字と人名用漢字は、名づけにふさわしいという理由で集められた字ばかりというわけではありません。したがって、これらの漢字の中には、「悪」「毒」など、名前に使うにはちょっと…というような意味の字も含まれています。この事典でも、名前に使える字は意味の善し悪しにかかわらず、すべて収録しています。名づけの際には、使える漢字＝ふさわしい漢字と思い込まずに、字の意味などをよく調べてから決めましょう。

読み（音）は自由

名前に使える漢字は限られていますが、その漢字をどのように読むかについては、法律上の制限はありません。

つまり、名前の読み（音《おと》）は原則として自由なのです。「桜花（さくら）」「海（まりん）」のような読みをするこ

ともできますし、極端なことを言えば、「上」を「した」、「太郎」を「はなこ」などと読んでも法律上の問題は生じないのです。

しかし、あまりに難しい読みの名前、漢字使用の実情から離れた名前は、本人にとっても、周囲の人にとっても不便になると言えます。あくまで常識的な範囲での「自由」と考えるのがよいでしょう。

長さにも制限はない

名前の長さ（文字数）にも制限はありません。が、これも読みと同様、常識的な長さにしておくべきでしょう。

名前は姓と一緒に書いたり読んだりすることも多いので、姓とのバランスも考えて決めるとよいでしょう。

きまりを守らないと？

決定した名前は、役所へ届け出をする必要があります（→16ページ「出生届の出し方」）が、名づけに認められていない字を使った名前を提出してしまうと、ここで受理してもらえないということになります。

また、あまりにも常識をはずれた名前も、役所で受理してもらえないことがありますので注意してください。

改名は難しい

一度届け出た名前は、よほどのことがない限りは変更できません。名前を変更しないと社会生活に支障が出るなどといった「正当な事由」がある場合には改名が認められることもありますが、この場合も家庭裁判所の許可を得る必要があります。

名づけで後悔することのないよう、いろいろな角度から名前を検討し、届け出の際も間違いがないかをよく確かめてから役所へ提出しましょう。

column

＊字の形に注意①

左の漢字のうち、○は名前に使えるもの、×は使えないものです。字の形の違いで、名づけに認められないことがありますので注意が必要です。（②は16ページ。14ページ「字の形」も参照）

○	×	○	×
音	音	花	花
芽	芽	環	環
慧	慧	浩	浩
彩	彩	翔	翔
成	成	冬	冬
透	透	那	那
平	平	蓮	蓮

3 字を考えるときのポイント

漢字には意味がある

名前の漢字を選ぶときには、読みや字面《じづら》（字の見た目）、画数など、さまざまな要素を重視する場合もありますが、漢字には意味があるということも忘れてはいけません。どんなに読みや字面がよくても、おかしな意味の名前や縁起の悪い名前になってしまっては台無しです。漢字の意味は、この事典や漢和辞典を使ってよく調べておくのがいいでしょう。

漢和辞典を引くと、現代の日本で使われる意味のほか、漢文などで使われる意味や漢字ができたときのもともとの意味（原義）なども載っていることがありますので、そのような古い意味もチェックしてみてはいかがでしょう。もちろん、本当に気に入った字なら現代の意味だけを尊重するというのも一つの方法と言えます。

漢字のパーツがもつ意味

漢字そのものに意味があるのと同時に、「偏《へん》」や「旁《つくり》」と呼ばれる漢字のパーツにも意味があることがあります。「鮎」「鯉」の「魚」、「桜」「梅」の「木」など、意味を類推しやすいものもありますが、「月」の形で「肉・肉体」の意味を表す「肉月《にくづき》」（「腹」「胃」などの「月」）のように、見た目と意味が違う場合もありますので、思い込みは禁物です。

偏や旁の意味については、漢和辞典の「解字《かいじ》」「なりたち」などの欄で解説されていることがありますので参考にしてみてください。

字の形

「真」に対する「眞」、「桜」に対する「櫻」、「凛」に対する「凜」のように、音《おと》や意味は同じでも普段使われるのとは別の形の漢字もあります（旧字や異体字などと呼びます）。旧字や異体字は、人名用漢字に入っていれば名前に使うことができます。音《おと》や意味は同じですので、字の見た目や画数などを変えたいときには、このような漢字を使うのもいいでしょう。

ただし、旧字や異体字は名前に使えないものも多いため、注意が必要です（→13ページ・16ページのコラム「字の形に注意」）。本書の第2章「漢字からさがす」では、旧字や異体字が名前に使える場合は見出し字の下にその字を掲げています。

4 音を考えるときのポイント

音訓・名乗

音訓《おんくん》とは、その名の通り、音読みと訓読みのこと。音読みは、中国から伝わって日本語化した読み方のことで、たとえば「光」の字なら、「コウ」の読みが音読みです。訓読みは、漢字の意味内容を日本語（和語）の読み方で読んだもののことで、「光」の「ひかり」「ひか（る）」などがこれに当たります。

名乗《なのり》は、日本人の名前に使われるときの、さまざまな読み方のことです。「光」には、「あきら」「てる」「ひかる」「ひろ」などの名乗があります。

音訓と名乗は、その漢字が古くからそう読まれてきたということを示しているため、名づけでも、ある程度常識的な読み（音《おと》）をさがしたいというときの目安として役立ちます（ただし、音訓・名乗にあるからといって誰もが読める読み方だというわけではありませんのでご注意ください）。この事典では、第2章「漢字からさがす」で、それぞれの漢字の音訓・名乗を紹介しています。

語感を大事にする

あることばがもつ印象を「語感」と言いますが、これは人の名前にもあります。声に出してみて、いい印象のある名前は、語感のいい名前と言えるでしょう。

また、一音一音が持つ印象の違いもあります。「あいか」と「あいら」、「ゆうた」と「しょうた」ではどちらも違いは一音のみですが、名前全体の印象はずいぶん違うものになります。

いいなと思う音があったら、実際に発音して、音の印象を確かめることが大切です。

「切れ目」で印象が変わる

同じ音の名前でも、「切れ目」を変えてみることでいろいろな印象の名前を考えることができます。たとえば、「みつき」という名前の場合、「み・つき」と考えて「美月」という漢字を当てるのと、「みつ・き」と考えて漢字を「光輝」とするのとではだいぶ印象が変わるのではないでしょうか。さらに、「み・つ・き」と考えて「美津紀」などとするとまた違った名前になるでしょう。

切れ目を変えることで、漢字のバリエーションも広がると言えます。

5 出生届の出し方

名前が決定したら、「出生届《しゅっしょうとどけ》」を提出しましょう。「出生届」とは、生まれた赤ちゃんを戸籍に記載するための手続きのことです。

いつまでに?

生まれた日を含めて、十四日以内に提出します。たとえば四月一日生まれの場合は四月十四日が期限です。十四日目が日曜・祝祭日の場合には翌日が期限になります。

どこで?

届け出用紙は、病院・産院や市役所・区役所・町村役場でもらえます。

また、提出は、次のいずれかの地域の役所ですることができます。

- ●父または母の本籍地
- ●父または母の居住地（住民票がある市区町村）
- ●赤ちゃんの出生地

誰が?

出生届に書名・押印する「届出人」は、原則として父または母。出生届を役所へ持って行くのは代理人でも構いません。

必要なものは?

①出生届と出生証明書
②母子健康手帳
③届出人の印鑑
④国民健康保険証（加入者のみ）

column

＊字の形に注意②

×は名前に使えない字の一例です。○と形が似ているので、出生届などで間違えないよう注意しましょう。（①は13ページ）

○		×	○		×
羽	⇕	羽	華	⇕	華
啓	⇕	啓	月	⇕	月
菜	⇕	菜	冴	⇕	冴
尚	⇕	尚	晟	⇕	晟
晴	⇕	晴	聖	⇕	聖
雪	⇕	雪	麻	⇕	麻
夢	⇕	夢	翼	⇕	翼
隆	⇕	隆	遼	⇕	遼

第2章

漢字からさがす

漢字から さがす

この章の使いかた

■漢字からさがすときのポイント

名づけに使える漢字は二九九八字（二〇一五年三月現在）。ですが、そのすべてが名前にふさわしい漢字というわけではなく、「悪」など避けたい意味の字もあります。漢字からさがすときは、字の意味を調べることが大切です。

この章では、名づけの漢字、二九九八字をすべて取り上げていますので、漢字を重視して名づけたいときや漢字の意味・読みなどを調べたいときにぜひ活用してください。

■漢字のさがしかた

＊漢字は、以下のルールで並んでいます。

(1)代表的な読みの五十音順（代表的な読みは、音読み、または訓読みで一般的と思われるものとしました）。

(2)代表的な読みが同じ漢字は画数の少ない字→多い字の順。

(3)読みも画数も同じものは、常用漢字（常・教のマークがあるもの）→人名用漢字（人のマークがあるもの）の順。

＊漢字の読みがわからないときは、「画数索引」（20ページ）が便利です。また、「読み索引」（415ページ）では、この章で紹介したすべての読みから漢字をさがせます。

■「漢字からさがす」リストの見かた

③ 9画

① 海

④⑤ 氵部・教2

10画

② 海 人

⑥⑦ 音訓 カイ・うみ
名乗 あま・うな・うみ・か・かい・み

⑧ 意味 ①うみ。また、湖。「海辺」②一面に広がっているもの。また、物事の多く集まっている所。「雲海・人海戦術」③広くて大きい。「海容」

⑨ ◆見出しの下の方の字は「毋」の部分が「母」の形。

⑩ 類義 湖（96ページ）・洋（249ページ）

⑪ 特別な読み 海人《あま》・海士《あま》・海女《あま》・海月《くらげ》・海馬《とど》・海星《ひとで》

⑫ ことば 【海里】《かいり》 海上の距離を表す単位。〔名前読み例〕かいり

⑬ 明海 あけみ　朝海 あさみ　海音 あまね
亜海 あみ　海子 うみこ　海 かい

①漢字…名づけに使える全漢字を取り上げました。名前での使用例が多い字や、最近名づけに認められた字などは大きく示しました。

②別の形の字…旧字など、意味や音《おと》が同じで形の違う字を名前に使うことができる場合は、その字を示しました。

③画数…漢字の上に「○画」と示しました。

④部首…漢字の下に「○部」の形で示しました。②の漢字

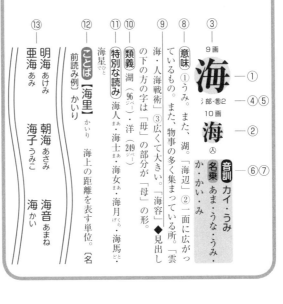

では、①の字と部首が異なる場合のみ示しました。

⑤**漢字の種別**…部首の右側に、漢字の種別を示しました。

常…常用漢字

教…教育漢字（常用漢字のうち、小学校で習う漢字）。右側の数字は、その漢字を習う学年です。

人…人名用漢字

⑥**音訓**…漢字の音読みと訓読みのうち、代表的なものを示しました。音読みはカタカナ、訓読みはひらがなで示し、送り仮名がある場合は-（ハイフン）で区切りました。常用漢字表に掲げられた音訓は太字にしました。

⑦**名乗**…名前の漢字の読みは原則として自由ですが、伝統的に名前に使われる読み方を五十音順で示しました。

⑧**意味**…現代の日本で使われる意味を中心に解説しました。また、それぞれの意味での熟語などの例を「 」の形で示しました。意味によって漢字の読みが限定されるときは、［ ］で読みを示しました。

⑨◆…漢字についての参考情報を示しました。

⑩**類義**…①の漢字と似た意味をもつ漢字のうち、名づけの参考になりそうな例を挙げました。同じような意味で形や読みの違う字をさがしたいときなどに役立ちます。

⑪**特別な読み**…熟語や地名で使われるときに、音訓にない読み方をするものの例を挙げました。

⑫**ことば**…その字を使ったことばの例を挙げました。名前に応用できそうなものは、名前の読み例も示しました。

⑬**名前例**…その字を使った名前の例を挙げ、読みの五十音順で並べました。読みが同じものは、一字目の画数の少ないもの→多いものの順に並べました。

◎**注意**…名づけで注意したい漢字の情報を示しました。

◎×…名前に使えない漢字は、右上に×印をつけました。

■人気の字

最近の名づけで人気のある三〇字の漢字は、**人気の字**として、よりくわしく紹介しました。

◎**なりたち**…漢字のなりたちを示しました。あわせて、その字が「象形」「指事」「会意」「形声」の四つの造字法のうち、どれによって成り立っているか示しました。

象形：ものの形を簡略化して絵画的に表現した漢字。

指事：抽象的な概念を線・点などで指示した漢字。

会意：象形、指事などの文字の組み合わせでできた漢字。

形声：意味を表す部分と音《おと》を表す部分を組み合わせた漢字。

◎**四字熟語・ことわざ**…その字を使った四字熟語やことわざの例を示しました。

◎**地名**…その字の入った地名の例を示しました。

◎**筆順**…漢字の筆順を示しました。

◎**参考**…漢字についての参考情報を示しました。

◎**○字の名前**…字数ごとに名前例を挙げました。

◎**読みごとの名前**…読みごとに名前例を挙げました。

漢字の画数索引

・名前に使える全漢字二九九八字（二〇一五年三月現在）を、総画数から引けるようにした索引です。

・それぞれの画数に対応する漢字を示し、その漢字の解説ページを示しました。同画数内では代表音訓順に配列しました。

・この索引およびこの章では、「名前に使える」と法律で定められた漢字をすべて取り上げていますが、それらの漢字の中には、名前にあまりふさわしくないような意味の漢字もあります。名づけの際には、漢字の意味や使い方をよく確かめておきましょう。

1画

一 40　乙 49

2画

九 75　七 128　十 135　人 156
丁 188　刀 200　二 208　入 209　乃 211　八 216　卜 236　又 238　了 259　力 262

3画

已 36　下 51　干 63　丸 67　久 75　及 76　弓 76　巾 82
己 95　口 98　工 98　乞 98　叉 109　才 110　三 119　山 119　士 120　子 121
勺 130　女 141　小 141　上 147　丈 148　刃 155　寸 159　夕 164　千 167　川 167
大 180　土 199　之 210　亡 235　凡 237　万 239　巳 239　也 244　与 249

4画

引 41　允 41　丑 42　云 43　円 45　王 47　化 51　火 51　牙 55　介 56　刈 63　牛 77　凶 78　斤 82　区 83　欠 89　月 90　犬 90
元 94　幻 94　戸 95　五 97　互 97　午 97　公 98　勾 99　孔 99　今 108　支 120　止 120　氏 120　尺 130　手 131　収 132　少 141　升 142　冗 148　心 151
仁 155　壬 155　水 157　井 160　切 166　双 170　太 178　丹 183　中 187　弔 188　爪 193　天 196　斗 198　屯 205　内 206　匂 208　廿 209　曰 209　巴 212　反 217
比 219　匹 222　不 225　夫 225　父 225　仏 228　分 228　文 229　片 230　方 232　乏 235　木 236　毛 243　勿 243　匁 244　厄 245　友 246　尤 246　予 249　六 269

5画

圧 35　以 37　右 42　卯 42　永 43　凹 47　央 47　加 51　可 51　禾 51　瓦 55　外 59　且 62　叶 62　刊 64　甘 64　丘 76　旧 76
去 77　巨 77　玉 81　句 83　兄 86　穴 89　玄 94　古 95　乎 95　功 99　巧 99　広 99　甲 99　弘 99　号 106　込 108　左 109　冊 117　札 117　皿 118
仕 120　史 120　司 122　四 122　市 122　矢 122　仔 122　示 125　叱 128　失 128　写 129　主 131　囚 133　汁 135　出 137　処 140　召 142　尻 150　申 150　世 160

丼	凸	冬	奴	田	汀	庁	旦	只	凧	台	代	打	他	占	仙	石	斥	生	正
205	204	200	199	197	193	188	183	182	182	181	179	177	176	167	167	165	165	161	160
北	包	戊	母	弁	辺	平	丙	払	布	付	氷	疋	必	皮	犯	氾	半	白	尼
236	233	232	232	231	230	229	229	228	225	225	223	222	222	219	217	217	217	214	208
亥	夷	伊	衣	安	扱	6	礼	令	立	用	幼	由	目	矛	民	未	末	本	
37	37	37	37	36	35	画	264	263	258	249	249	245	243	241	241	240	238	237	
気	机	危	伎	企	缶	汗	各	灰	回	会	瓜	仮	汚	曳	羽	宇	因	印	芋
68	68	68	67	67	64	64	60	57	57	57	51	51	47	44	42	42	41	41	41
后	向	光	交	伍	件	血	圭	刑	旭	曲	仰	匡	叫	共	臼	朽	吸	休	吉
100	100	99	99	97	90	89	86	86	81	81	80	78	78	78	76	76	76	76	74
自	耳	次	寺	字	弛	至	糸	死	旨	在	再	此	合	亙	亘	考	江	行	好
125	125	125	125	125	122	122	122	122	122	114	111	108	106	100	100	100	100	100	100
西	成	迅	尽	色	丞	庄	匠	如	巡	旬	充	舟	州	收	朱	守	芝	式	而
160	160	155	155	149	148	142	142	141	138	137	135	133	133	132	131	131	129	127	126
辻	兆	虫	仲	竹	池	地	団	托	宅	多	存	早	壮	争	全	尖	先	舌	汐
192	188	187	187	186	185	185	184	181	181	176	176	171	171	171	169	167	167	166	165
忙	米	伏	百	妃	汎	帆	伐	肌	年	任	肉	弐	汝	凪	同	灯	当	吐	伝
235	230	227	223	219	217	217	216	216	210	209	208	208	208	206	202	200	200	197	197
杏	芦	芥	亜	7	肋	老	劣	列	両	吏	羊	有	妄	名	牟	亦	毎	朴	
36	35	35	33	画	269	267	265	265	259	255	249	246	243	241	241	238	237	236	
希	岐	含	肝	完	角	貝	改	戒	快	我	伽	花	何	応	迂	壱	囲	医	位
69	68	67	64	64	60	57	57	57	57	55	51	52	51	47	42	39	37	37	37
迎	芸	系	形	君	串	吟	近	均	局	狂	玖	灸	汲	究	求	却	技	忌	汽
89	89	86	86	85	84	83	82	82	81	78	76	76	76	76	76	75	72	68	68
坐	沙	佐	困	谷	告	克	劫	宏	亨	孝	更	攻	抗	坑	吾	呉	言	見	決
110	109	109	108	107	107	107	107	101	101	101	101	101	101	101	97	97	94	90	89

※名前にふさわしくない意味の漢字もあります。名づけの際は必ず意味の確認を！

災 111 材 114 冴 115 作 115 伺 122 志 123 私 123 孜 123 似 126 児 126 社 129 車 129 灼 130 寿 132 秀 133 住 135 初 140 助 141 序 141 床 142
抄 142 肖 142 条 148 状 148 杖 148 伸 150 芯 150 臣 150 身 150 辛 152 図 157 吹 157 杉 159 声 160 赤 165 折 166 芹 167 壮 171 走 171 宋 171
即 174 束 175 足 175 村 176 汰 177 妥 177 体 177 対 177 択 181 沢 181 但 182 辰 182 辿 183 男 184 沖 187 町 189 沈 191 佃 192 低 193 呈 193
廷 193 弟 193 兎 197 杜 197 努 199 投 200 豆 200 酉 205 沌 205 呑 205 那 206 尿 209 妊 209 忍 209 把 212 芭 213 売 213 伯 214 麦 215 抜 216
伴 217 判 217 坂 217 阪 217 否 219 批 219 庇 219 尾 220 肘 222 扶 225 巫 225 芙 225 佛 228 吻 228 兵 229 別 230 返 230 甫 231 歩 231 牡 232
芳 233 邦 233 坊 235 妨 235 防 235 忘 235 没 236 毎 237 迄 239 妙 240 冶 244 役 245 佑 246 邑 246 余 249 妖 249 抑 253 沃 253 来 254 乱 255
卵 255 利 255 里 256 李 256 良 259 冷 264 励 264 戻 264 伶 264 呂 266 労 267 弄 267

8画

亞 33 阿 33 宛 35 或 36 依 37 委 37
育 39 苺 39 雨 42 泳 44 英 44 易 45 延 46 沿 46 炎 46 奄 46 苑 46 於 47 往 47 押 48 旺 48 欧 48 殴 48 岡 48 価 51 佳 51
河 53 苛 53 果 53 茄 53 画 55 芽 55 怪 57 拐 57 劾 59 拡 60 学 61 岳 61 官 64 侃 64 函 64 巻 64 岸 67 岩 67 玩 67 奇 68
季 68 祈 68 祁 68 宜 72 杵 75 泣 76 穹 76 居 77 拒 78 拠 78 京 78 享 79 供 79 協 79 況 79 尭 81 金 82 欣 82 苦 83 具 83
杭 84 空 84 屈 85 沓 85 径 86 茎 86 券 90 肩 90 弦 94 呼 96 固 96 股 96 虎 96 効 101 幸 101 拘 101 肯 101 庚 102 昂 102 昊 102
肴 102 刻 107 国 107 忽 108 昆 108 昏 109 些 109 妻 111 采 111 刷 117 刹 117 参 119 使 123 刺 123 始 123 姉 123 肢 123 枝 123 祉 123 兒 126
事 126 侍 126 治 126 竺 127 実 128 社 129 舎 129 者 129 邪 130 若 130 取 131 受 132 呪 132 周 133 宗 133 叔 136 述 137 所 140 尚 142 招 142

阻	狙	拙	析	昔	斉	青	性	征	姓	制	枢	炊	垂	狀	昌	松	昇	承	沼
169	169	166	165	165	162	162	162	162	162	160	158	157	157	148	143	142	142	142	142

底	定	坪	直	帖	長	忠	注	抽	宙	知	坦	担	拓	卓	苔	陀	其	卒	爭
193	193	193	191	189	189	187	187	187	187	185	183	183	181	181	177	177	176	176	171

杷	波	念	乳	奈	届	突	毒	宕	東	到	妬	店	典	迭	迪	的	泥	邸	抵
212	212	210	209	207	204	204	204	200	200	200	197	196	196	196	195	195	195	193	193

附	怖	府	苗	表	泌	枇	卑	非	肥	披	彼	板	版	拔	迫	泊	拍	杯	拝
225	225	225	224	223	222	220	219	219	219	219	219	218	217	216	214	214	214	213	213

肪	房	朋	放	泡	法	抱	宝	奉	歩	併	並	物	沸	拂	服	武	侮	斧	阜
235	235	233	233	233	233	233	233	233	231	229	229	228	228	228	227	226	226	225	225

弥	夜	門	孟	盲	茂	免	明	命	岬	味	茉	沫	抹	枕	枚	妹	奔	牧	茅
244	244	244	243	243	242	242	242	241	240	240	239	239	238	238	238	238	237	236	235

畏	為	胃	威	按	茜	娃	哀	9	枠	和	炉	怜	例	林	來	拉	侑	油
38	38	38	37	36	33	33	33	画	270	269	266	264	264	262	254	254	246	245

臥	俄	迦	珈	珂	科	架	音	卸	屋	怨	疫	栄	映	姥	胤	姻	咽	茨	郁
55	55	53	53	53	53	53	50	49	48	46	45	44	44	43	41	41	41	41	39

客	祇	軌	紀	祈	柑	看	巻	冠	活	括	革	柿	垣	恢	廻	皆	界	海	悔
75	74	68	68	68	64	64	64	64	62	62	60	60	60	58	58	57	57	57	57

県	建	頁	奎	勁	計	契	型	係	軍	衿	俠	狭	挟	峡	糾	級	急	虐	逆
90	90	89	87	87	86	86	86	86	86	82	79	79	79	79	77	77	77	75	75

恰	巷	香	紅	皇	郊	荒	洪	恆	恒	厚	侯	後	胡	枯	故	弧	孤	限	研
103	103	103	102	102	102	102	102	102	102	102	102	97	96	96	96	96	96	94	90

持	施	思	指	姿	祉	珊	拶	咲	柵	昨	削	竿	哉	砕	砂	査	恨	拷	洸
126	124	124	123	123	123	119	117	116	115	115	115	115	111	111	110	110	109	107	103

城	乗	昭	叙	洵	盾	春	俊	祝	重	柔	柊	洲	臭	秋	拾	首	狩	者	室
148	148	143	141	138	138	137	137	136	136	135	134	134	134	133	133	131	131	129	128

※名前にふさわしくない意味の漢字もあります。名づけの際は必ず意味の確認を！

浄 148 拭 149 食 149 信 152 侵 152 津 152 神 152 甚 155 帥 157 昴 159 是 160 政 162 星 162 牲 162 省 162 窃 166 宣 167 専 167 浅 167 洗 167

染 167 泉 167 穿 168 前 169 祖 169 奏 171 草 171 荘 171 送 171 相 171 即 174 促 175 則 175 俗 175 耐 177 待 177 退 177 怠 177 胎 177 茸 182

単 183 胆 184 炭 184 段 184 茶 187 昼 187 柱 188 衷 188 挑 189 勅 191 珍 191 追 191 柘 192 亭 193 帝 194 訂 194 貞 194 点 196 度 199 怒 199

逃 200 洞 203 峠 203 独 204 栃 204 突 204 南 208 虹 209 祢 209 派 212 拝 213 盃 213 肺 213 背 213 柏 214 珀 215 畑 216 発 216 卑 219 飛 219

眉 220 美 221 毘 220 彦 222 秒 224 品 224 訃 226 負 226 赴 226 侮 226 封 227 風 227 柄 229 変 230 便 231 勉 231 保 231 胞 233 冒 235 某 235

勃 237 殆 237 盆 237 昧 238 枡 238 俣 238 迷 242 姪 242 面 242 籾 243 耶 244 約 245 勇 246 幽 246 宥 247 柚 247 祐 247 洋 249 要 251 洛 255

俐 256 律 258 柳 258 侶 259 亮 260 厘 262 玲 264 郎 268

10画

挨 33 案 36 晏 36 員 41 院 41 烏 42 唄 43 畝 43 浦 43 益 45

悦 45 宴 46 桜 48 翁 48 荻 48 俺 49 恩 49 夏 53 家 53 荷 53 華 53 蚊 54 峨 55 悔 57 海 57 害 59 格 60 核 60 株 63 釜 63

陥 64 莞 64 氣 68 帰 70 既 70 記 70 起 70 飢 70 鬼 70 桔 75 砧 75 宮 77 笈 77 赳 77 挙 78 峡 79 狭 79 恭 79 恐 79 胸 79

脅 79 矩 83 倶 84 釘 84 屑 84 栗 85 訓 85 郡 86 恵 87 桂 87 桁 89 倹 92 兼 92 剣 92 拳 92 軒 92 倦 92 原 94 個 96 庫 96

娯 97 悟 97 候 103 降 103 校 103 耕 103 航 103 貢 103 高 104 倖 104 浩 104 晃 104 晄 104 紘 104 剛 107 骨 108 根 109 唆 110 差 110 紗 110

座 110 挫 110 宰 111 栽 111 柴 111 剤 115 財 115 索 117 朔 117 窄 117 殺 117 晒 119 桟 119 蚕 119 残 120 師 124 恣 124 脂 124 紙 124 時 126

栞 127 疾 128 射 129 借 130 酌 130 弱 130 殊 131 珠 131 酒 131 臭 134 修 134 袖 134 従 136 祝 136 峻 137 准 138 殉 138 純 138 隼 138 書 140

徐 141　除 141　恕 141　宵 143　将 143　消 143　祥 143　症 143　称 143　笑 143　哨 144　渉 144　乘 148　辱 150　唇 152　神 152　娠 152　振 152　浸 152　真 153
眞 153　針 152　晋 152　秦 152　陣 155　訊 157　粋 157　衰 158　凄 162　逝 162　晟 162　栖 163　席 165　脊 165　隻 165　扇 168　栓 168　閃 168　祖 169　租 170
素 170　荘 171　倉 172　捜 172　挿 172　桑 172　造 174　捉 175　速 175　息 175　孫 176　帯 179　泰 179　託 181　啄 182　耽 184　値 185　恥 185　致 185　逐 186
畜 186　秩 186　酎 188　捗 191　朕 191　通 192　庭 194　逓 194　悌 194　挺 194　哲 196　展 197　徒 199　途 199　砥 199　倒 200　党 200　凍 200　唐 200　島 200
透 201　桃 201　討 201　套 201　桐 201　胴 203　匿 203　特 203　悩 210　能 210　納 212　破 212　馬 213　俳 213　配 213　倍 213　梅 213　剝 215　莫 215　畠 216
班 217　畔 217　般 217　挽 218　疲 220　秘 220　祕 220　被 220　桧 223　姫 223　紐 223　俵 223　豹 223　病 224　浜 224　敏 224　秤 225　浮 226　粉 228　紛 228
陛 229　勉 231　娩 231　哺 231　捕 232　圃 232　倣 233　俸 233　峰 234　峯 234　砲 234　剖 235　紡 235　埋 238　脈 240　眠 241　娘 241　冥 242　耗 243　紋 244
祐 247　容 251　浴 254　哩 256　浬 256　莉 257　流 258　留 258　竜 258　旅 259　料 260　凌 260　涼 260　倫 262　涙 263　烈 265　連 265　恋 265　郎 268　浪 267
朗 267　狼 267　倭 269　脇 270

11画

逢 33　悪 33　梓 35　庵 36　尉 38　萎 38　異 38　移 38　惟 38　域 39　逸 39　淫 41　陰 41　液 45
凰 48　菓 54　貨 54　械 58　晦 58　崖 59　涯 59　郭 60　殻 60　掛 61　笠 61　梶 62　喝 62　渇 62　陥 64　乾 64　勘 65　患 65　貫 65　菅 65
眼 67　基 70　寄 70　規 70　亀 70　偽 74　菊 74　掬 74　脚 75　救 77　球 77　虚 78　許 78　魚 78　強 79　郷 79　教 80　菌 82　惧 84　偶 84
掘 85　袈 86　啓 87　掲 87　渓 87　経 87　蛍 87　訣 90　健 92　険 92　捲 92　牽 92　圏 92　現 94　舷 95　絃 95　梧 98　康 104　控 105　梗 105
黄 105　皐 105　國 107　黒 108　惚 108　頃 108　婚 109　混 109　痕 109　紺 109　彩 112　採 111　済 111　菜 113　祭 111　細 114　斎 114　砦 114　埼 114　崎 115

※名前にふさわしくない意味の漢字もあります。名づけの際は必ず意味の確認を！

終	週	授	雀	寂	釈	蛇	斜	赦	捨	偲	悉	執	雫	鹿	視	斬	産	惨	笹
134	134	132	130	130	130	130	129	129	129	129	128	128	127	127	124	120	119	119	117
紹	章	渉	唱	商	祥	將	敍	渚	庶	淳	術	粛	淑	宿	渋	從	脩	習	羞
144	144	144	144	144	143	143	141	140	140	139	137	136	136	136	136	136	134	134	134
菫	据	崇	彗	酔	推	晨	紳	進	深	情	常	剰	淨	條	笙	梢	菖	捷	訟
159	159	158	158	158	158	154	154	154	154	148	148	148	148	148	144	144	144	144	144
曽	曹	掃	巢	巣	組	粗	措	釧	船	旋	專	雪	設	接	責	戚	惜	盛	清
172	172	172	172	172	170	170	170	168	168	168	167	166	166	166	165	165	165	163	163
紬	晝	窒	断	淡	探	脱	琢	第	袋	逮	堆	帯	舵	唾	率	族	側	窓	爽
188	187	186	185	184	184	183	182	181	179	179	179	179	177	177	176	175	175	172	172
悼	兜	都	転	添	笛	逞	梯	偵	停	陳	鳥	頂	釣	眺	彫	張	帳	猪	著
201	199	199	197	197	195	194	194	194	194	191	189	189	189	189	189	189	189	188	188
婆	脳	粘	捻	軟	捺	梛	貪	惇	豚	寅	得	萄	堂	動	祷	逗	桶	盗	陶
213	212	210	210	208	206	206	205	205	205	205	203	203	203	203	201	201	201	201	201
彬	貧	猫	描	彪	票	畢	菱	晩	絆	販	埴	舶	袴	這	陪	培	梅	敗	排
224	224	224	224	223	223	222	222	218	217	217	217	215	214	214	214	214	213	213	213
毬	麻	堀	眸	望	萠	萌	捧	訪	崩	菩	偏	閉	副	部	冨	符	婦	瓶	敏
239	237	237	235	235	234	234	234	234	234	232	230	229	227	227	226	226	226	225	224
陸	理	梨	萊	徠	淀	翌	欲	庸	悠	郵	唯	訳	埜	野	問	椛	猛	務	密
258	256	256	254	254	254	254	254	251	248	247	246	245	245	245	244	244	243	241	240
握	悪	葵	12	朗	羚	累	涙	淋	梁	崚	陵	猟	涼	琉	粒	隆	掠	略	
35	33	33	画	267	264	263	263	262	261	261	261	261	260	260	259	259	258	258	
甥	焰	淵	堰	援	媛	越	瑛	詠	営	雲	運	飲	逸	椅	偉	爲	粟	嵐	渥
47	46	46	46	46	46	45	44	44	44	43	43	41	39	38	38	38	36	36	35
換	寒	堪	喚	粥	萱	葛	割	渇	覚	凱	街	開	絵	階	賀	過	渦	温	奥
65	65	65	65	63	63	62	62	62	60	59	59	58	58	58	55	54	54	49	48

卿	御	距	虚	給	喫	欺	稀	貴	棋	期	揮	幾	喜	雁	閑	間	款	棺	敢
80	78	78	78	77	75	74	71	71	71	71	71	70	70	67	65	65	65	65	65
圏	結	戟	軽	景	敬	掲	恵	寓	隅	遇	喰	欽	筋	琴	勤	極	暁	堯	喬
92	91	89	88	88	87	87	87	84	84	84	84	82	82	82	82	81	81	81	80
詐	黒	皓	腔	項	絞	硬	港	慌	喉	黄	琥	雇	湖	減	絢	硯	喧	検	堅
110	108	105	105	105	105	105	105	105	105	105	96	96	96	95	93	92	92	92	92
衆	就	惹	煮	湿	軸	滋	斯	歯	詞	紫	視	散	傘	酢	策	堺	犀	裁	最
134	134	130	129	128	127	126	124	124	124	124	124	119	119	117	117	115	114	114	114
剰	翔	湘	象	詔	証	粧	硝	焦	焼	晶	掌	勝	暑	渚	閏	順	循	竣	集
148	146	145	145	145	145	145	145	145	145	145	145	144	140	140	139	139	139	138	134
訴	疎	然	善	絶	税	棲	惺	晴	婿	随	遂	須	尋	診	森	殖	植	畳	場
170	170	169	169	166	164	163	163	163	163	158	158	157	157	154	154	149	149	149	149
貸	替	隊	惰	堕	巽	尊	揃	属	測	惣	湊	装	痩	葬	喪	創	曾	捜	疏
179	179	179	177	177	176	176	176	175	175	172	172	172	172	172	172	172	172	172	170
喋	超	貼	朝	貯	猪	著	註	厨	着	筑	智	遅	弾	湛	短	單	棚	達	琢
190	189	189	189	188	188	188	188	188	187	186	186	186	185	184	184	183	183	183	182
筒	等	答	登	痘	棟	湯	搭	塔	盗	堵	渡	都	程	提	堤	塚	痛	椎	脹
202	202	202	201	201	201	201	201	201	201	199	199	199	194	194	194	192	192	191	190
扉	悲	蛮	番	晩	飯	斑	筈	博	萩	買	媒	廃	琶	鈍	敦	童	道	董	統
220	220	218	218	218	218	218	215	215	214	214	214	213	212	205	205	203	203	202	202
傍	報	募	補	遍	塀	焚	雰	茸	復	幅	葡	普	富	評	筆	琵	備	斐	費
235	234	232	232	231	229	228	228	228	227	227	227	226	226	224	223	222	222	220	220
遥	陽	葉	揺	揚	釉	雄	裕	遊	猶	湧	愉	喩	貰	無	満	萬	貿	棒	帽
251	252	251	251	251	247	247	247	247	247	247	245	245	244	241	239	239	236	236	235
		椀	腕	湾	惑	隈	禄	廊	裂	塁	琳	椋	量	虜	硫	裡	痢	絡	落
		270	270	270	270	270	269	267	265	263	262	261	261	259	259	256	256	255	255

※名前にふさわしくない意味の漢字もあります。名づけの際は必ず意味の確認を！

13画

愛 34　暗 36　彙 38　違 38　意 38　葦 38　溢 39　碓 43　圓 45　園 46　塩 46　猿 46　遠 46　煙 47　鉛 47　奥 48　虞 49　溫 49
嫁 54　暇 54　禍 54　靴 54　嘩 54　雅 55　塊 58　楷 58　解 58　慨 59　蓋 59　該 59　隔 60　較 60　楽 61　嵩 61　滑 62　褐 62　勧 65　寛 65
幹 66　漢 66　感 66　頑 67　棄 71　毀 71　暉 71　義 74　詰 75　嗅 77　業 81　勤 82　僅 82　禁 82　禽 83　愚 84　窟 85　群 86　傾 88　携 88
継 88　詣 88　隙 89　傑 90　嫌 93　遣 93　献 93　絹 93　源 95　誇 96　鼓 96　跨 97　碁 98　瑚 98　溝 105　鉱 105　滉 105　煌 106　傲 107　嵯 110
裟 110　碎 111　催 114　債 114　塞 114　歳 114　載 114　罪 115　搾 117　嗣 124　詩 124　試 125　資 125　飼 125　獅 125　慈 126　辞 126　蒔 127　嫉 128　煮 129
腫 131　愁 135　酬 135　蒐 135　舜 138　準 139　詢 139　馴 139　暑 140　署 140　傷 145　奨 145　照 145　詳 147　頌 147　蒸 149　触 150　飾 150　寝 154　慎 154
愼 154　新 154　腎 157　睡 158　瑞 158　数 159　裾 159　勢 163　聖 163　誠 164　靖 164　跡 165　摂 166　節 166　戦 168　腺 168　煎 168　羨 168　詮 168　践 168
禅 169　塑 170　楚 170　装 172　僧 173　想 173　蒼 173　続 175　賊 175　損 176　楕 177　滞 179　滝 181　楯 183　嘆 184　暖 185　痴 186　稚 186　置 186　馳 186
蓄 186　腸 190　跳 190　牒 190　賃 191　椿 191　艇 194　禎 194　鼎 195　溺 195　鉄 196　填 197　傳 197　殿 197　電 197　塗 199　働 203　督 204　頓 205　遁 205
楢 208　楠 208　稔 210　農 212　煤 214　漠 215　鉢 216　鳩 216　塙 216　搬 218　煩 218　頒 218　碑 220　微 222　楓 227　腹 228　福 228　蒲 232　墓 232　蜂 234
豊 234　飽 234　睦 236　幌 237　幕 238　蓑 240　夢 241　盟 242　滅 242　蒙 243　椰 245　與 249　誉 249　預 249　揺 251　溶 251　腰 251　傭 251　蓉 251　楊 253
瑶 253　裸 254　雷 254　酪 255　裏 256　慄 258　溜 259　虜 259　稜 261　稟 262　鈴 264　零 264　廉 266　蓮 266　煉 266　賂 266　路 266　廊 267　楼 267　禄 269
話 270　賄 270　詫 270　碗 270

14画

斡 35　綾 35　維 38　隱 42　蔭 42　榮 44　駅 45　榎 45　演 47　禍 54　寡 54　歌 54　箇 54　嘉 54

駆	銀	境	漁	厩	疑	僞	綺	箕	旗	関	管	慣	漢	寛	鞄	樺	閣	概	魁
83	83	80	78	77	74	74	71	71	71	66	66	66	66	65	63	63	61	59	58
雑	颯	察	榊	際	瑳	魂	獄	酷	穀	豪	閤	膏	酵	綱	構	誤	語	熊	窪
118	118	117	115	114	110	109	108	108	108	107	106	106	106	106	106	98	98	85	85
障	彰	奨	緒	署	塾	銃	竪	需	壽	種	遮	實	漆	爾	磁	雌	誌	酸	算
147	147	145	140	140	137	136	132	132	132	131	129	128	128	127	127	125	125	119	119
漸	銑	銭	箋	説	碩	静	誓	製	精	齊	摺	翠	粋	盡	榛	寝	裳	蔣	嘗
169	168	168	168	166	165	164	164	164	164	162	159	158	157	155	154	154	147	147	147
端	嘆	奪	態	滞	駄	遜	憎	増	像	聡	綜	槍	漕	漱	総	遭	層	僧	遡
184	184	183	179	179	177	176	174	174	174	173	173	173	173	173	173	173	173	173	170
鳶	読	徳	銅	稲	嶋	適	滴	摘	綴	禎	槌	蔦	漬	摑	暢	徴	嫡	團	綻
204	204	204	203	202	200	195	195	195	195	194	192	192	192	192	190	190	187	184	184
蔑	碧	聞	複	福	腐	賓	漂	鼻	緋	碑	閥	罰	髪	肇	箔	頗	寧	認	賑
230	230	229	228	228	226	224	224	222	220	220	216	216	216	215	215	212	210	209	208
網	模	綿	鳴	銘	蜜	蔓	漫	慢	膜	槇	槙	墨	僕	貌	鳳	蓬	暮	慕	輔
243	243	242	242	242	240	239	239	239	238	238	238	236	236	236	234	234	232	232	232
鞍	**15**	漏	漣	練	歴	暦	瑠	綸	綠	緑	領	僚	辣	踊	瘍	様	遙	誘	
36	**画**	267	266	266	265	265	263	262	262	262	261	261	255	253	253	253	251	247	
樂	確	潰	駕	餓	課	稼	價	億	横	緣	縁	蝦	閲	謁	鋭	影	噂	慰	遺
61	61	58	55	55	55	54	51	49	48	47	47	45	45	45	44	44	43	38	38
慶	憬	勲	駈	緊	蕎	窮	誼	戯	儀	熙	毅	嬉	輝	畿	器	緩	監	歓	潟
88	88	85	83	83	80	77	74	74	74	72	72	72	73	72	71	66	66	66	62
餌	賜	摯	暫	撒	賛	撮	駒	穀	稿	廣	糊	権	劍	儉	潔	撃	劇	慧	稽
127	125	125	120	119	119	117	108	108	106	99	97	93	92	92	90	89	89	88	88
諏	震	審	嘱	縄	樟	蕉	賞	憧	衝	諸	緒	醇	諄	遵	潤	熟	澁	趣	質
157	155	155	150	149	147	147	147	147	147	141	140	140	140	139	139	137	136	132	128

※名前にふさわしくない意味の漢字もあります。名づけの際は必ず意味の確認を！

誕	誰	諾	蔵	憎	增	踪	槽	層	瘦	噌	撰	線	遷	選	潜	節	請	穂	醉
184	183	182	174	174	174	174	174	173	172	170	169	169	169	168	168	166	164	158	158
踏	稻	撤	徹	敵	鄭	締	槻	墜	蝶	調	澄	潮	嘲	徵	駐	鋳	談	彈	歎
202	202	196	196	195	195	195	192	192	190	190	190	190	190	190	188	188	185	185	184
膝	樋	罷	磐	蕃	盤	幡	範	髮	箸	箱	賠	賣	輩	罵	播	熱	德	撞	導
222	220	220	219	219	218	218	218	216	215	215	214	213	213	213	212	210	204	203	203
褒	舗	篇	編	餅	蔽	弊	幣	憤	墳	噴	蕪	撫	舞	賦	膚	敷	賓	廟	標
234	232	231	231	230	230	230	230	228	228	228	227	227	227	226	226	226	224	224	224
凜	輪	諒	遼	寮	慮	劉	璃	履	養	窯	樣	憂	黙	魅	摩	撲	墨	暴	鋒
263	262	261	261	261	259	259	257	257	253	253	253	247	243	240	237	236	236	236	234
橫	燕	薗	謁	叡	衞	衛	窺	謂	緯	鮎	**16**		蕨	論	魯	練	黎	霊	凛
48	47	46	45	45	44	44	42	39	39	35	画		270	269	267	266	265	264	263
勳	錦	凝	曉	橋	鋸	機	器	館	還	憾	鴨	樫	獲	骸	諧	懐	壊	穏	憶
85	83	81	81	80	78	72	71	66	66	66	63	62	61	59	59	58	58	49	49
錫	縞	諮	鞘	錆	錯	墾	鋼	興	衡	醐	錮	諺	賢	憲	險	縣	激	憩	薫
130	129	125	118	118	117	109	106	106	106	98	97	95	93	93	92	90	89	89	85
薦	戰	積	醒	整	靜	錘	錐	親	薪	錠	嬢	壌	燒	諸	縦	獣	輯	樹	儒
169	168	165	164	164	164	158	158	155	155	149	149	149	145	141	136	136	135	132	132
薙	曇	篤	橙	頭	糖	燈	賭	蹄	諦	築	緻	壇	樽	橘	濁	醍	黛	操	膳
206	205	204	202	202	202	200	199	195	195	186	186	185	183	182	182	181	179	174	169
輸	諭	薬	默	麺	澪	磨	頰	謀	膨	縫	壁	奮	蕗	避	繁	縛	薄	濃	燃
246	245	245	243	242	240	237	236	236	236	234	230	228	227	220	218	215	215	212	210
闇	曖	**17**		錄	録	憐	錬	歷	曆	隷	隣	燎	龍	蕾	賴	頼	謡	擁	融
36	33	画		269	269	266	266	265	265	265	263	261	258	255	254	254	253	253	249
檎	厳	鍵	謙	檢	擊	薰	謹	矯	犠	擬	戲	徽	環	轄	嚇	霞	臆	應	磯
98	95	93	93	92	89	85	83	80	74	74	74	72	66	62	61	55	49	47	39

講 106　購 106　鴻 106　壕 107　懇 109　擦 117　薩 118　燦 119　濕 128　篠 128　謝 130　爵 130　醜 135　鍬 135　縱 136　縮 136　駿 138　曙 141　償 147　礁 147
燭 150　穗 158　績 165　纖 169　鮮 169　禪 169　燥 174　霜 174　戴 179　濯 182　鍛 184　檀 185　聴 190　擢 195　謄 202　瞳 203　謎 206　鍋 208　濡 209　繁 218
檜 223　瓢 224　頻 224　瞥 230　鞠 239　彌 244　優 250　輿 249　謠 253　翼 254　螺 254　覧 255　療 262　瞭 262　齢 265　嶺 265　錬 266　藁 270

18画
鵜 42　襖 48　櫂 59　鎧 59　穫 61　額 61　顎 61　鎌 63　簡 66　観 66　韓 67　顔 67　騎 72　謹 83　襟 83　藝 89　繭 93　顕 94
験 94　鎖 110　雜 118　瞬 138　醬 147　穣 149　織 150　職 150　蹟 165　蟬 166　繕 169　礎 170　騒 174　叢 174　藏 174　贈 174　題 181　簞 184　儲 188　懲 191
鎮 191　鎭 191　轉 197　藤 202　闘 202　難 208　藩 218　雛 223　覆 228　璧 230　癖 230　鞭 231　翻 237　磨 239　藥 245　癒 246　曜 253　燿 253　濫 255　藍 255
鯉 257　糧 262　臨 263　壘 263　類 263　禮 264

19画
韻 42　艶 47　壞 58　懷 58　蟹 62　願 67　麒 72　鏡 80　櫛 84　繰 85　警 89　鶏 89
繋 89　鯨 89　璽 127　識 127　蹴 135　繡 135　獸 136　髄 158　瀬 160　瀨 160　蘇 170　藻 174　贈 174　臓 174　鯛 179　瀧 181　懲 191　寵 191　顛 197　禱 201
難 208　禰 209　覇 212　爆 215　曝 215　瀕 224　譜 226　簿 232　鵬 234　霧 241　羅 254　蘭 255　離 257　類 263　麗 265　簾 266　櫓 267　麓 269

20画
馨 60　巌 67　議 74　競 80　響 80　懸 94　嚴 95　護 98　纂 120　鐘 147　孃 149　讓 149　醸 149　籍 166　騷 174　騰 202　耀 253　欄 255

21画
鰯 41　櫻 48　艦 67　鷄 89　顧 97　轟 107　攝 166　鶴 193　纏 197　飜 237　魔 237　躍 245　欄 255　露 267　蠟 269

22画
鷗 48　響 80　驚 80　饗 80　驍 81　讃 120　襲 135　疊 149　穰 149　臟 174　鑄 188　聽 190　灘 206　覽 255　籠 269

23画
鑑 67　巖 67　顯 94　驗 94　纖 169　鱒 238　鷲 270

24画
鷺 115　讓 149　釀 149　鷹 253　鱗 263　麟 263

※名前にふさわしくない意味の漢字もあります。名づけの際は必ず意味の確認を！

25画

廳 188

29画

鬱 43

●あ●

亜 7画 二部・常　亞 8画 人

音訓 ア・つ-ぐ

名乗 あ・つぎ・つぐ

意味 ①次ぐ。二番目の。「亜寒帯」②「亜細亜《アジア》」の略。③「×堊《あ》（＝白い土）」の代わりに使う字。「白亜」④みにくい。

類義 乙（49ページ）・次（125ページ）・准（138ページ）・準（139ページ）・二（208ページ）

亜依　あい　亜以里　あいり　亜緒衣　あおい
亜香里　あかり　亜季　あき　亜貴斗　あきと
亜久里　あぐり　亜紗美　あさみ　亜寿咲　あずさ
亜美　あみ　亜矢斗　あやと　亜弥音　あやね
亜由夢　あゆむ　亜里紗　ありさ　千亜希　ちあき
亜実　つぐみ　真亜沙　まあさ　芳亜　よしつぐ

阿 8画 阝部・人

音訓 ア・おもね-る・くま

名乗 あ・くま・ひさ

意味 ①人の機嫌をとって気に入られようとする。おもねる。「阿×諛追従《あゆついしょう》」②山や川の曲がって入り組んだところ。隈《くま》。「曲阿《きょくあ》」③梵語《ぼんご》など、外国語の音を漢字で書き表すのに使う字。「阿×吽《あうん》・阿弥陀《あみだ》」

類義 隈（270ページ）

阿衣子　あいこ　阿季　あき　阿紀彦　あきひこ
阿久里　あぐり　阿佐絵　あさえ　阿沙美　あさみ
阿寿紗　あずさ　阿寿人　あすと　千阿希　ちあき

●あい●

哀 9画 口部・常

音訓 アイ・あわ-れ・あわ-れむ・かな-しい・かな-しむ

意味 ①心がひどく痛む。かなしい。かなしむ。「悲哀」②あわれむ。かわいそうに思う。「哀憐《あいれん》」

娃 9画 女部・人

音訓 アイ

意味 美しい。また、美女。

類義 花（52ページ）・佳（51ページ）・綺（71ページ）・昌（143ページ）・那（206ページ）・美（221ページ）・麗（265ページ）

娃　あい　娃香　あいか　娃子　あいこ
娃那　あいな　娃奈　あいな　娃美　あいみ
娃良　あいら　娃里　あいり　娃莉　あいり

挨 10画 扌部・常

音訓 アイ

意味 ①押す。おし進める。「挨拶《あいさつ》」②せまる。近づく。

✦愛

⇩ 人気の字（34ページ）

曖 17画 日部・常

音訓 アイ

意味 暗い。薄暗い。「曖昧《あいまい》」

注意 人気の「愛」の形を含むが、意味にも注意。

藍

⇩ らん（255ページ）

●あう●

逢 11画 辶部・人

音訓 ホウ・あ-う

名乗 あい

意味 出会う。偶然に会う。

特別な読み 逢瀬《おうせ》

逢　あい　逢一郎　あいいちろう　逢佳　あいか
逢斗　あいと　逢祐　ほうすけ　逢星　ほうせい

●あお●

碧

⇩ へき（230ページ）

●あおい●

葵 12画 艹部・人

音訓 キ・あおい

名乗 あおい・まもる

意味 植物の名。アオイ。

特別な読み 向日葵《ひまわり》・山葵《わさび》

葵　あおい　亜葵　あき　亜沙葵　あさき
葵一　きいち　葵咲　きさ　彩葵　さき
大葵　だいき　夏葵　なつき　陽葵　はるき
真葵　まき　葵　まもる　美葵　みき
瑞葵　みずき　結葵　ゆうき　由葵　ゆき

●あかね●

茜 9画 艹部・人

音訓 セン・あかね

名乗 あかね

意味 ①草の名。アカネ。秋に淡黄色の小花をつける、つる性多年草。②アカネの根からとった赤色の染料。また、その色。「茜色・茜雲」

茜　あかね　茜太　せんた　茜里　せんり

●あく●

悪 11画 心部・教3　惡 12画 人

音訓 アク・オ・わる-い・あ-し・にく-む

意味 ①正しくない。わるい。「悪人・罪悪」②好ましくない。不快である。「悪臭《あくしゅう》」

人気の字

13画

愛

心部・㊬4

音訓 アイ・いつく-しむ・いと-おしい・いと-しい・お-しむ・め-でる

名乗 あ・あい・あき・さね・ちか・ちかし・つね・なり・なる・のり・ひで・まな・めぐ・めぐむ・やす・よし・より

意味 ①かわいがる。いとおしむ。いつくしむ。また、その心。「愛情・恩愛」②恋い慕う。人を恋い慕う心。「熱愛・恋愛」③大切にする。また、惜しむ。「愛顧・愛惜」④気に入る。好む。「愛好・愛用」

類義 好（100ページ）・慈（126ページ）・恋（265ページ）

なりたち 形声。いつくしみの心がおもむき及ぶの意味を表す。

四字熟語・ことわざ

【相思相愛《そうしそうあい》】 互いに慕い合い、愛し合うこと。

地名 愛《あい》知《ち》県・愛蘭《アイルランド》・愛媛《えひめ》県

筆順

参考 キリスト教では神が人類に示す無限のいつくしみを「愛」という（＝アガペー）。また、仏教ではものに執着する心のことを「愛」と呼ぶ。

一字の名前

愛 あい・ちかし・まな・めぐむ

二字の名前

❤一字目

愛依 あい　愛唯 あい　愛花 あいか
愛夏 あいか　愛華 あいか　愛希 あいき
愛貴 あいき　愛久 あいく　愛子 あいこ
愛沙 あいさ　愛司 あいじ　愛紗 あいしゃ
愛斗 あいと　愛翔 あいと　愛那 あいな
愛奈 あいな　愛菜 あいな　愛乃 あいの
愛葉 あいは　愛心 あいみ　愛海 あいみ
愛良 あいら　愛莉 あいり　愛梨 あいり
愛理 あいり　愛生 あき　愛義 あきよし
愛美 あみ　愛耶 あや　愛弓 あゆみ
愛恵 ちかえ　愛太 ちかた　愛実 なるみ
愛奈 まな　愛菜 まな　愛絵 まなえ
愛佳 まなか　愛歌 まなか　愛輝 まなき
愛翔 まなと　愛美 まなみ　愛也 まなや
愛実 めぐみ　愛信 よしのぶ　愛彦 よしひこ

❤二字目

衣愛 いちか　紗愛 さちか　忠愛 ただひで
乃愛 のあ　紀愛 のりあき　陽愛 ひより
大愛 ひろよし　心愛 みちか　珠愛 みのり
結愛 ゆあ　優愛 ゆあ　莉愛 りあ

三字の名前

❤一字目

愛一郎 あいいちろう　愛依花 あいか　愛央衣 あおい
愛香音 あかね　愛加里 あかり　愛花梨 あかり
愛美里 あみり　愛耶音 あやね　愛由子 あゆこ
愛有美 あゆみ　愛結良 あゆら　愛里沙 ありさ

❤二字目

希愛良 きあら　麻愛弥 まあや　美愛香 みあか

❤三字目

紗梨愛 さりあ　樹梨愛 じゅりあ　麻里愛 まりあ
優里愛 ゆりあ　梨乃愛 りのあ　莉々愛 りりあ

読みごとの名前

❤あ

愛季 あき　愛由美 あゆみ　悠愛 ゆあ

❤あい

愛香 あいか　愛来 あいく　愛登 あいと
愛和 あいな　愛美 あいみ　愛里 あいり

❤ちか

依愛 いちか　正愛 まさちか　美愛 みちか

❤まな

愛加 まなか　愛士 まなと　愛心 まなみ

ことば

【愛郷《あいきょう》】 生まれ故郷を愛すること。

【愛敬《あいけい》】 愛し敬うこと。〔名前読み例〕まなたか・よしひろ

【愛日《あいじつ》】 愛すべき日光。冬の日光のこと。〔名前読み例〕あいか・まなか・まなひ

【敬愛《けいあい》】 敬い親しみの心を持つこと。〔名前読み例〕たかちか・のりあき

【最愛《さいあい》】 最も愛すること。〔名前読み例〕よしひで

【慈愛《じあい》】 いつくしみかわいがる深い愛情。〔名前読み例〕じあい・しげちか・しげなり・よしなり

【親愛《しんあい》】 親しみと愛情を持つこと。〔名前読み例〕ちかよし・もとちか・もとなり・よりちか

【仁愛《じんあい》】 人を思いやりいつくしむこと。〔名前読み例〕きみちか・としひで・ひとなり

【博愛《はくあい》】 広く平等に愛すること。〔名前読み例〕ひろちか・ひろなり・ひろのり

【友愛《ゆうあい》】 兄弟や友人への親愛の情。〔名前読み例〕ともちか・ともなり・ゆあ

12画
握
扌部・常

音訓 アク・にぎる
名乗 おき・もち
意味 ①指を曲げて手のひらを閉じる。にぎる。「握手」②しっかり自分のものにする。「把握」

12画
渥
氵部・人

音訓 アク
名乗 あつ・あつし・ひく
意味 手厚い。心がこもっている。「優渥《ゆうあく》」
類義 厚（102ページ）・懇（109ページ）・淳（139ページ）・諄（140ページ）・篤（204ページ）・惇（205ページ）・敦（205ページ）

渥子 あつこ　渥 あつし　渥広 あつひろ

●あくた●

7画
芥
艹部・人

音訓 カイ・あくた・からし
意味 ①ごみ。ちり。「×塵芥《じんかい・ちりあくた》」②からし菜。また、香辛料のからし。

●あけぼの●

曙 ⇩しょ（141ページ）

●あさひ●

旭 ⇩きょく（81ページ）

●あし●

7画
芦
艹部・人

音訓 ロ・あし
名乗 あし
意味 草の名。アシ。

●あずさ●

11画
梓
木部・人

音訓 シ・あずさ
名乗 あずさ
意味 ①木の名。アズサ。「梓弓《あずさゆみ》」（＝梓の木で作った弓）②印刷用の版木《はんぎ》。「上梓《じょうし》」

梓 あずさ　一梓 かずし　梓織 しおり
梓苑 しおん　梓乃 しの　梓史 しふみ
梓穂 しほ　梓郎 しろう　匡梓 まさし

●あつ●

5画
圧
土部・教5

音訓 アツ・オウ・おす
意味 押さえつける。また、その力。「圧力・気圧」

14画
斡
斗部・人

音訓 ワツ・カン・アツ
意味 めぐる。まわる。「斡旋《あっせん》」
注意 「幹」は形が似ているが別の字。↓幹（66ページ）

斡士 あつし　斡利 あつとし　斡広 あつひろ
斡美 あつみ　延斡 のぶあつ　大斡 ひろあつ

●あつかう●

6画
扱
扌部・常

音訓 ソウ・キュウ・あつかう
意味 ①手で動かしたり有効に使ったりする。あつかう。あつかい。②しごく。

●あてる●

8画
宛
宀部・常

音訓 エン・あ-てる・あたか-も・あて・さなが-ら・ずつ
名乗 ひとし・ゆずる
意味 ①宛《あ》てる。宛て。「宛名《あてな》」②まるで。あたかも。「宛然《えんぜん》」

●あふれる●

溢 ⇩いつ（39ページ）

●あや●

絢 ⇩けん（93ページ）

14画
綾
糸部・人

音訓 リョウ・あや
名乗 あや
意味 模様のある絹織物。また、物の表面に現れるいろいろな模様。「綾羅《りょうら》」「綾錦《あやにしき》」
類義 郁（39ページ）・絢（93ページ）・采（111ページ）・彩（112ページ）・章（144ページ）・斐（220ページ）・彪（223ページ）・文（229ページ）・紋（244ページ）

綾 あや　綾恵 あやえ　綾香 あやか
綾華 あやか　綾輝 あやき　綾子 あやこ
綾斗 あやと　綾祢 あやね　綾乃 あやの
綾美 あやみ　綾芽 あやめ　紗綾 さあや
真綾 まあや　美綾 みあや　綾 りょう
綾花 りょうか　綾汰 りょうた　綾真 りょうま

●あゆ●

16画
鮎
魚部・人

音訓 デン・あゆ
名乗 あゆ
意味 魚の名。アユ。

鮎太 あゆた　鮎美 あゆみ　鮎夢 あゆむ

●あらし●

嵐
12画 山部・常

音訓 ラン・あらし
名乗 あらし
意味 ①あらし。荒く激しく吹く風。暴風。②山のみずみずしい空気。「青嵐《せいらん》」

嵐 あらし　亜嵐 あらん　青嵐 せいらん
嵐子 らんこ　嵐斗 らんと

●ある●

或
8画 戈部・人

音訓 ワク・ある・ある-いは
名乗 あや・もち
意味 ①ある。また、ある人。②あるいは。

●あわ●

粟
12画 米部・人

音訓 ショク・ゾク・あわ
意味 ①穀物のあわ。また、穀物。「粟粒《ぞくりゅう》・粟粒《あわつぶ》」②俸禄《ほうろく》。給与。

●あん●

安
6画 宀部・教3

音訓 アン・やす-い・やす-らか
名乗 あ・あん・さだ・やす・やすし
意味 ①やすらか。落ち着く。「安心・安泰・平安」②値段が安い。「安価」③たやすい。簡単だ。「安易」
類義 晏（同ページ）・康（104ページ）・靖（164ページ）・泰（179ページ）・寧（210ページ）・裕（247ページ）
特別な読み 安芸《あき》

安依里 あいり　安紀 あき　安佐乃 あさの
安寿花 あずか　安 あん　安那 あんな
安奈 あんな　安彦 さだひこ　隆安 たかやす
光安 みつやす　安恵 やすえ　安司 やすし
安徳 やすのり　安美 やすみ　安幸 やすゆき

杏
7画 木部・人

音訓 アン・キョウ・あんず
名乗 あん・きょう
意味 木または果実の名。アンズ。「杏子《あんず》・杏仁《あんにん・きょうにん》」
特別な読み 銀杏《いちょう・ぎんなん》

杏 あん　杏樹 あんじゅ　杏 あんず
杏奈 あんな　杏菜 あんな　杏音 あんね
杏里 あんり　杏一 きょういち　杏花 きょうか
杏子 きょうこ　杏太郎 きょうたろう　杏平 きょうへい

按
9画 扌部・人

音訓 アン
名乗 あん・ただ・ただし
意味 ①手で押さえる。「按摩《あんま》」②考える。「按分《あんぶん》」

案
10画 木部・教4

音訓 アン
名乗 あん
意味 ①考える。また、考えた内容。計画。「考案・名案」②つくえ。「案下《あんか》」

晏
10画 日部・人

音訓 アン
名乗 おそ・さだ・はる・やす
意味 ①時刻がおそい。②安らか。「晏如《あんじょ》」③晴れる。
類義 安（同ページ）・康（104ページ）・靖（164ページ）・泰（179ページ）・寧（210ページ）・裕（247ページ）

晏 あん　晏吾 あんご　晏奈 あんな
清晏 きよはる　晏輝 はるき　晏央 やすお

庵
11画 广部・人

音訓 アン・いお・いおり
名乗 あん・いお・いおり
意味 いおり。草木でつくった小さな家。「草庵」

庵司 あんじ　庵 いおり　庵里 いおり

暗
13画 日部・教3

音訓 アン・くら-い
名乗 くら・はらい
意味 ①くらい。やみ。また、黒っぽい。「暗黒・明暗」②道理を知らない。「暗愚」③はっきりと現れない。「暗号」④そらで覚える。「暗記」

鞍
15画 革部・人

音訓 アン・くら
意味 馬のくら。「鞍馬《あんば》」

鞍吾 あんご　鞍治 あんじ　鞍之助 くらのすけ

闇
17画 門部・常

音訓 アン・やみ
意味 やみ。暗い。「暗闇《くらやみ》」

●い●

已
3画 已部・人

音訓 イ・すで-に・のみ・や-む
名乗 い・おわる・これ・すえ・のみ・はや・もち・やむ
意味 すでに。また、やむ。やめる。「已然形」
注意 「己」「巳」は形が似ているが別の字。↓己（95ページ）・巳（239ページ）

井
⇩せい（160ページ）

以

5画　人部・教4

音訓 イ・もって

名乗 い・これ・さね・しげ・とも・のり・もち・ゆき

意味 ①…から。…より。「以後・以内」②…を用いて。…によって。「以心伝心」

ことば【以呂波《いろは》】いろは歌。また、かな文字の総称。

〔名前読み例〕

亜以子 あいこ　安以里 あいり　亜央以 あおい
以久子 いくこ　以紗 いすず　真以 まい
麻以花 まいか　芽以 めい　結以 ゆい
優以 ゆい　友以子 ゆいこ　由以斗 ゆいと
里以菜 りいな　瑠以 るい　玲以良 れいら

衣

6画　衣部・教4

音訓 イ・エ・ころも・きぬ

名乗 い・え・き・きぬ・そ・みそ

意味 着るもの。衣服。「衣食住」

亜衣 あい　愛衣 あい　安衣奈 あいな
亜衣里 あいり　亜緒衣 あおい　衣織 いおり
衣玖子 いくこ　衣智 いち　衣知佳 いちか
衣都加 いつか　衣津紀 いつき　衣代 いよ
絹衣 きぬえ　紗衣 さえ　真衣 まい
麻衣子 まいこ　芽衣 めい　萌衣 めい
弥代衣 やよい　由衣 ゆい　祐衣 ゆい
結衣 ゆい　優衣子 ゆいこ　悠衣奈 ゆいな
利衣子 りいこ　里衣紗 りいさ　理衣 りえ
留衣 るい　瑠衣 るい　琉衣子 るいこ

伊

6画　亻部・人

音訓 イ

名乗 い・いさ・これ・ただ・よし

意味「伊太利亜《イタリア》」の略。◆もとは「これ」「ただ」「彼」などの意味。

特別な読み 木乃伊《ミイラ》

ことば【伊呂波《いろは》】いろは歌。また、かな文字の総称。

〔名前読み例〕いろは

伊緒 いお　伊央汰 いおた　伊織 いおり
伊久馬 いくま　伊紗実 いさみ　伊鈴 いすず
伊澄 いずみ　伊千佳 いちか　伊知朗 いちろう
伊月 いつき　伊乃里 いのり　伊吹 いぶき
伊代 いよ　伊臣 ただおみ　真伊子 まいこ
芽伊 めい　結伊 ゆい　琉伊 るい

夷

6画　大部・人

音訓 イ・えびす

名乗 ひな・ひら

意味 異民族。

亥

6画　亠部・人

音訓 ガイ・い

名乗 い・たけし・より・り

意味 十二支の十二番目。動物では猪《いのしし》に当てる。時刻では午後十時、または午後九時から十一時の間。方位では北北西。

位

7画　亻部・教4

音訓 イ・くらい

名乗 い・くら・たか・ただ・ただし・つら・なり・のり・ひこ・ひら・み

意味 ①地位や身分。「官位・名人位」②場所。「位置・方位」③順番。等級。「第一位」

位 ただし　俊位 としたか　位彦 のりひこ

医

7画　匚部・教3

音訓 イ

名乗 おさむ

意味 病気やけがを治す。また、医者。「医療・名医」

囲

7画　囗部・教4

音訓 イ・かこ-む・かこ-う

名乗 もり

意味 ①囲む。囲い。「包囲」②まわり。「周囲」

依

8画　亻部・常

音訓 イ・エ・よ-る

名乗 い・え・すけ・つぐ・より

意味 ①よりかかる。頼る。「依拠・依存・依頼」②元のまま。「依然」

類義 寄(70ページ)・拠(78ページ)・頼(254ページ)

愛依 あい　亜依里 あいり　碧依 あおい
篤依 あつより　依織 いおり　依久恵 いくえ
依知花 いちか　依知郎 いちろう　依津樹 いつき
宏依 ひろえ　麻依 まい　真依加 まいか
真奈依 まなえ　芽依 めい　由依 ゆい
結依菜 ゆいな　佳依 よしえ　依子 よりこ
依人 よりと　理依紗 りいさ　瑠依 るい

委

8画　女部・教3

音訓 イ・ゆだ-ねる・くわ-しい・まか-せる

名乗 くつ・つく・とも・もろ

意味 ①任せる。「委託・委任」②くわしい。「委細」

委世 いよ　委恵 ともえ　委彦 ともひこ

易

⇩えき(45ページ)

威

9画　女部・常

音訓 イ・おど-す

名乗 あきら・い・おどし・たか・たけ・たけし・たける・つよ・とし・なり・のり

意味 ①強い。いかめしい。②人を恐れさせ、従わせる力。「威厳・権威」

威久真 いくま　威知也 いちや　威志 たけし
威 たける　大威 ひろたけ　琉威 るい

9画
胃
月部・教4
音訓 イ
意味 消化器官の一つ。胃袋。

9画
為
⺣部・常
12画
爲
爫部・人
音訓 イ・す-る・ため・な-す・なる
名乗 さだ・しげ・す・すけ・た・ため・ち・なり・ゆき・よし・より
意味 ①行う。なす。する。「為政・行為・人為」②ためになる。役に立つ。「有為《いゆう》」
為彦 さだひこ　為一 ためかず　為介 ためすけ
為大 ためひろ　敏為 としなり　為臣 よりおみ

9画
畏
田部・常
音訓 イ・おそ-れる・かしこ-まる
意味 ①恐れおののく。「畏怖」②敬い、かしこまる。「畏敬」

唯
⇩ゆい（246ページ）

11画
尉
寸部・常
音訓 イ・じょう
名乗 じょう・やす
意味 軍隊などの階級。また、古代の官名。「少尉」
尉治 じょうじ　尉明 やすあき　尉之 やすゆき

11画
萎
艹部・常
音訓 イ・な-える・しお-れる・しな-びる・しぼ-む
意味 勢いがなくなる。なえる。しおれる。「萎縮」

11画
異
田部・教6
音訓 イ・こと・こと-なる
名乗 こと・より
意味 ①違っている。ことなる。「異国・差異」②ふしぎだ。あやしい。「奇異」

11画
移
禾部・教5
音訓 イ・うつ-る・うつ-す
名乗 あき・のぶ・や・ゆき・よき・より・わたる
意味 うつる。変わる。「移動・推移」

11画
惟
忄部・人
音訓 イ・ユイ・こ-れ・ただ
名乗 あり・い・これ・ただ・たもつ・のぶ・よし
意味 思う。よく考える。「思惟《しい・しゆい》」
注意 「唯」は形が似ているが、別の字。↓唯（246ページ）
類義 憶（49ページ）・思（124ページ）・想（173ページ）
蒼惟 あおい　惟月 いつき　惟吹 いぶき
惟人 これひと　惟明 ただあき　惟 たもつ
真惟子 まいこ　芽惟 めい　由惟 ゆい
結惟 ゆい　惟翔 ゆいと　琉惟 るい

12画
偉
亻部・常
音訓 イ・えら-い
名乗 あや・い・いさむ・おお・たけ・ひで・よし・より
意味 優れていて立派である。えらい。「偉人・偉大」
偉玖馬 いくま　偉 いさむ　偉月 いつき
偉彰 たけあき　偉志 たけし　偉琉 たける
俊偉 としひで　留偉 るい　琉偉 るい

12画
椅
木部・常
音訓 イ
名乗 あづさ・よし
意味 ①いす。腰かけ。②木の名。イイギリ。
椅 あづさ　椅津希 いつき　真椅 まい

13画
彙
彑部・常
音訓 イ
名乗 しげ
意味 あつめる。また、同類のもの。「語彙《ごい》」

13画
違
辶部・常
音訓 イ・ちが-う・ちが-える・たが-う
意味 ①同じでない。ちがう。「相違」②そむく。逆らう。「違法」

13画
意
心部・教3
音訓 イ
名乗 い・お・おき・おさ・のり・むね・もと・よし
意味 ①気持ち。思い。考え。「意見・意思・厚意」②意味。「大意《たいい》」
類義 思（124ページ）・想（173ページ）・念（210ページ）
一意 いちい　意智 おきとも　孝意 たかむね
忠意 ただおき　義意 よしおき　意成 よしなり

13画
葦
艹部・人
音訓 イ・あし・よし
意味 草の名。アシ。

14画
維
糸部・常
音訓 イ・ユイ
名乗 い・これ・しげ・すけ・すみ・ただ・ただし・たもつ・つな・つなぐ・ふさ・まさ・ゆき
意味 ①つな。また、糸すじ。「繊維《せんい》」②つなぐ。「維持」
碧維 あおい　和維 かずゆき　維生 すみお
維 ただし　維 たもつ　麻維子 まいこ
優維 ゆい　維人 ゆいと　琉維 るい

15画
遺
辶部・教6
音訓 イ・ユイ・のこ-す・のこ-る
名乗 おく・ます
意味 ①忘れる。「遺失」②残る。残す。「遺産」

15画
慰
心部・常
音訓 イ・なぐさ-める・なぐさ-む
名乗 のり・やす

意味 いたわる。なぐさめる。「慰安・慰労」

緯
16画 糸部・常
音訓 イ・よこいと
名乗 つかね
意味 ①織物の横糸。また、横。②左右・東西の方向。「緯度」◆⇔経（87ページ）

亜緯 あい　芽緯子 めいこ　琉緯 るい

謂
16画 言部・人
音訓 イ・いい・いう・いわれ
名乗 つぐ・つとむ
意味 ①言う。②理由。いわれ。

●いき●

域
11画 土部・教6
音訓 イキ
名乗 くに・むら
意味 区切られた範囲。「音域・区域」

●いく●

育
8画 月部・教3
音訓 イク・そだ-つ・そだ-てる・はぐく-む
名乗 いく・すけ・なり・なる・やす・ゆき
意味 成長を導き助ける。育てる。育つ。「教育」

育 いく　育太郎 いくたろう　育斗 いくと
育乃 いくの　育大 いくひろ　育代 いくよ
育人 なるひと　育美 なるみ　育子 やすこ

郁
9画 阝部・人
音訓 イク
名乗 あや・いく・か・かおる・くに・たかし・ふみ・ぶみ・ゆう
意味 ①かぐわしい。よい香りがする。「馥郁《ふくいく》」②さかん。「郁文《いくぶん》」③あや模様。
類義 綾（35ページ）・馨（60ページ）・薫（85ページ）・絢（93ページ）・香（103ページ）・采（111ページ）・彩（112ページ）・章（144ページ）・斐（220ページ）・彪（223ページ）・文（229ページ）・芳（233ページ）・紋（244ページ）
ことば 【郁子】むべ 植物の名。アケビ科の常緑つる性低木。〔名前読み例〕いくこ・ふみこ

郁香 あやか　郁音 あやね　郁 いく
郁恵 いくえ　郁人 いくと　郁真 いくま
郁美 いくみ　郁也 いくや　郁 かおる
郁彦 くにひこ　貴郁 たかふみ　春郁 はるくに

●いそ●

磯
17画 石部・人
音訓 キ・いそ
名乗 いそ・し
意味 いそ。海や湖の波打ちぎわ。「磯辺《いそべ》」

●いち●

◆一 ⇩人気の字（40ページ）

壱
7画 士部・常
音訓 イチ・イツ・ひと-つ
名乗 いち・いっ・かず・さね・もろ
意味 「一」の代わりに証書などで使う字。「金壱万円《きんいちまんえん》」↓一（40ページ）
特別な読み 壱岐《いき》

壱香 いちか　壱也 いちや　壱琉 いちる
壱郎 いちろう　壱樹 いつき　壱成 いっせい
壱平 いっぺい　壱真 かずま　太壱 たいち

●いちご●

苺
8画 艹部・人
音訓 ボウ・バイ・マイ・いちご
意味 イチゴ。バラ科の多年草、またはその果実。ストロベリー。

苺 いちご　苺香 まいか　苺葉 まいは

●いつ●

逸
11画 辶部・常
12画 逸 辶部・人
音訓 イツ・そ-れる・は-やる
名乗 いち・いつ・すぐる・とし・はつ・はや・まさ・やす
意味 ①逃げる。また、のがす。「逸脱・後逸《こういつ》」②なくなる。失う。「散逸」③世に知られない。「逸話」④優れる。「逸材・秀逸」⑤気楽。楽しむ。「安逸」

逸樹 いつき　逸美 いつみ　逸郎 いつろう
逸 すぐる　逸乃 としの　逸輝 はつき
逸史 はやし　逸人 はやと　美逸 みはや

溢
13画 氵部・人
音訓 イツ・あふ-れる
名乗 みつ・みつる
意味 ①あふれる。満ちる。「横溢《おういつ》」②程度が過ぎる。「溢美《いつび》（＝ほめすぎること）」

●いね●

稲　稻　⇩とう（202ページ）

●いのしし●

猪　猪　⇩ちょ（188ページ）

人気の字

1画

一

一部・教1

音訓 イチ・イツ・ひと・ひと-つ

名乗 い・いち・いつ・おさむ・か・かず・かた・かつ・くに・すすむ・ただ・ち・のぶ・はじむ・はじめ・ひ・ひさ・ひじ・ひで・ひと・ひとし・まこと・まさ・まさし・もと

意味 ①数の1。ひとつ。「一個」②ものごとのはじめ。③もっとも優れているもの。最上。「世界一」④ひとまとまり。「一群」⑤それだけ。もっぱら。「一途《いちず》」⑥わずか。ちょっと。「一見《いっけん》」⑦多くの中のひとつ。「一部」⑧すべて。「一家」

類義 皆（57ページ）・開（58ページ）・元（94ページ）・始（123ページ）・初（140ページ）・緒（140ページ）・全（169ページ）・創（172ページ）・総（173ページ）・肇（215ページ）

なりたち 指事。一本の横線で、数のひとつの意味を表す。

特別な読み 一日《ついたち》・一人《ひとり》

四字熟語・ことわざ

【一期一会《いちごいちえ》】 一生に一度だけ出会うこと。

【一生懸命《いっしょうけんめい》】 全力で頑張ること。

【真実一路《しんじついちろ》】 まことの心をもって、一筋の道を進んで行くこと。

【天下一品《てんかいっぴん》】 この広い世界で比べるものがないほど優れていること。

筆順

一

参考 証書類では、「金壱万円《きんいちまんえん》」など、「壱」を使うことも多い。→壱（39ページ）

一字の名前

一 いち・おさむ・かず・すすむ・はじむ・はじめ・ひとし・まこと・まさし

二字の名前

❤一字目

一織 いおり　一会 いちえ　一加 いちか

一花 いちか　一華 いちか　一太 いちた

一乃 いちの　一也 いちや　一葉 いちよう

一郎 いちろう　一朗 いちろう　一花 いつか

一紀 いっき　一輝 いつき　一成 いっせい

一誠 いっせい　一汰 いった　一哲 いってつ

一平 いっぺい　一海 いつみ　一耀 かずあき

一枝 かずえ　一雄 かずお　一臣 かずおみ

一希 かずき　一葵 かずき　一喜 かずき

一紗 かずさ　一司 かずし　一茂 かずしげ

一天 かずたか　一忠 かずただ　一人 かずと

一翔 かずと　一直 かずなお　一音 かずね

一彦 かずひこ　一仁 かずひと　一穂 かずほ

一真 かずま　一哉 かずや　一恵 ひとえ

一志 ひとし　一葉 ひとは　一美 ひとみ

❤二字目

健一 けんいち　光一 こういち　成一 せいいち

太一 たいち　大一 ひろかず　昌一 まさかず

祐一 ゆういち　陽一 よういち　佳一 よしかず

理一 りいち　竜一 りゅういち　良一 りょういち

三字の名前

❤一字目

一之助 かずのすけ　一二三 ひふみ

❤二字目

輝一朗 きいちろう　圭一郎 けいいちろう　幸一郎 こういちろう

奏一郎 そういちろう　桐一郎 とういちろう　悠一郎 ゆういちろう

読みごとの名前

❤い

一央里 いおり　一澄 いずみ　一吹 いぶき

❤いち

一歌 いちか　瑛一 えいいち　輝一 きいち

恭一 きょういち　俊一 しゅんいち　利一 りいち

❤いつ

一貴 いつき　一実 いつみ　一弥 いつや

❤かず

一恵 かずえ　一歩 かずほ　一実 かずみ

一慶 かずよし　智一 ともかず　博一 ひろかず

ことば

【一義《いちぎ》】 一つの意味。一つの道理。また、根本の意味。〔名前読み例〕かずよし

【一樹《いちじゅ》】 一本の木。〔名前読み例〕いちじゅ・いつき・かずき

【一道《いちどう》】 一本の道。また、一芸。〔名前読み例〕いちどう・かずみち

【一路《いちろ》】 一筋の道。また、ひたすら。〔名前読み例〕いちろ・かずみち

【一心《いっしん》】 心を一つにする。また、集中する。〔名前読み例〕いっしん・かずみ・ひとみ

【一歩《いっぽ》】 ひと足。〔名前読み例〕いっぽ・かずほ

【純一《じゅんいつ》】 まじりけがないこと。〔名前読み例〕じゅんいち・すみかず

【一廉《ひとかど》】 ひときわすぐれていること。〔名前読み例〕かずきよ・かずゆき

●いばら●

茨
9画　艹部・常
音訓 シ・いばら
意味 いばら。とげのある低木。

●いも●

芋
6画　艹部・常
音訓 ウ・いも
意味 いも。植物の根や地下茎が大きくなり養分を蓄えたもの。ジャガイモ・サトイモなど。

●いわし●

鰯
21画　魚部・人
音訓 いわし
意味 魚の名。イワシ。◆日本で作られたとされる字（国字）。

●いん●

引
4画　弓部・教2
音訓 イン・ひ-く・ひ-ける
名乗 のぶ・ひき・ひさ
意味 ①引っ張る。また、引きのばす。「引力・延引・牽引《けんいん》」②引き受ける。「引責」③連れていく。「引率」④引き抜く。抜き出す。「引用」

允
4画　儿部・人
音訓 イン
名乗 あえ・おか・こと・さね・すけ・たう・ただ・ちか・のぶ・まこと・まさ・みつ・よし
意味 ①まこと。②許可する。「允許《いんきょ》」
類義 摯（125ページ）・実（128ページ）・信（152ページ）・真（153ページ）・誠（164ページ）・亮（260ページ）・諒（261ページ）

彰允 あきまさ　允太 さねた　滋允 しげみつ
孝允 たかよし　竜允 たつまさ　允生 ちかお
允彦 のぶひこ　允 まこと　允成 みつなり

印
6画　卩部・教4
音訓 イン・しるし
名乗 あき・おき・おし・かね・しる
意味 ①しるし。はんこ。「印鑑《いんかん》・実印」②印刷する。また、記す。「印字」③「印度《インド》」の略。

因
6画　口部・教5
音訓 イン・よ-る・ちな-む
名乗 ちなみ・なみ・ゆかり・よし・より・よる
意味 ①事の起こり。もと。「因縁《いんねん》・原因」②従う。「因習」
特別な読み 因幡《いなば》

勝因 かつより　秀因 ひでより　因 ゆかり

咽
9画　口部・常
音訓 イン・エツ・のど・むせ-ぶ
意味 ①のど。「咽喉《いんこう》」②息を詰まらせる。また、息を詰まらせながら泣く。むせぶ。「×嗚咽《おえつ》」

姻
9画　女部・常
音訓 イン
意味 結婚する。縁組み。「婚姻《こんいん》」

胤
9画　月部・人
音訓 イン・たね
名乗 いん・かず・たね・つぎ・つぐ・つづき・み
意味 血筋。子孫。「落胤《らくいん》」
類義 種（131ページ）

胤人 つぐと　康胤 やすたね　義胤 よしつぐ

員
10画　口部・教3
音訓 イン・エン・ウン
名乗 かず・さだ
意味 ①人や物の数。「定員」②役・係の人。また、組織や団体を構成する人。「委員・社員」③幅。「幅員《ふくいん》」

員臣 かずおみ　員人 かずと　員也 かずや

院
10画　阝部・教3
音訓 イン・エン・カン
意味 ①役所・学校などの施設や組織。「寺院・病院」②上皇・女院《にょういん》の呼び名、または御所。「×斎院《さいいん》」◆もともとは「堅固な垣根」「垣根をめぐらした建物」の意味。

淫
11画　氵部・常
音訓 イン・みだ-ら
意味 ①みだら。いかがわしい。「淫行《いんこう》」②度が過ぎる。「淫雨《いんう》」

陰
11画　阝部・常
音訓 イン・オン・アン・かげ・かげ-る
名乗 いん・かげ
意味 ①かげ。日の当たらないところ。「陰影」②隠れる。「陰謀《いんぼう》」③曇る。かげる。また、暗い。「夜陰《やいん》」④易《えき》で、地・暗・女・子・偶数など消極的・受動的なもの。⇔陽（252ページ）⑤移っていく日かげ。また、時間。「光陰」
類義 蔭（42ページ）・影（44ページ）・景（88ページ）

寅
⇨とら（205ページ）

飲
12画　食部・教3
音訓 イン・オン・の-む
意味 飲む。また、飲み物。「飲食」

隠
14画　阝部・常

音訓 イン・オン・かくす・かくれる
名乗 やす・より
意味 かくす。かくれる。「隠居・隠蔽《いんぺい》」

蔭
14画　艹部・人

音訓 イン・オン・かげ
名乗 かげ・すけ
意味 ①かげ。日の当たらないところ。「緑蔭《りょくいん》」②たすけ。庇護《ひご》。
類義 陰（41ページ）・影（44ページ）・景（88ページ）

千蔭 ちかげ　美蔭 みかげ　守蔭 もりかげ

韻
19画　音部・常

音訓 イン
名乗 おと
意味 ①響き。音色。「音韻」②風流なおもむき。「風韻」③詩歌などで、同じまたは似た音を句・行のはじめや終わりなどで反復して使うこと。「押韻《おういん》」
類義 音（50ページ）・響（80ページ）

韻佳 おとか　韻子 おとこ　韻也 おとや

●う●

右
5画　口部・教1

音訓 ウ・ユウ・みぎ
名乗 あき・あきら・う・え・これ・すけ・たか・たすく・みぎ・ゆう
意味 ①みぎ。みぎがわ。「右折」②思想の傾向・立場が保守的であること。③補佐する。「右筆《ゆうひつ》」
◆(1)古く中国では、右を上位として尊んだ。(2)①②⇕左（109ページ）

右 あきら　右京 うきょう　英右 えいすけ
賢右 けんすけ　晃右 こうすけ　右 たすく
右紀 ゆうき　右那 ゆうな　僚右 りょうすけ

卯
5画　卩部・人

音訓 ボウ・う
名乗 あきら・う・しげ・しげる
意味 十二支の四番目。動物では兎《うさぎ》に当てる。時刻では午前六時、または午前五時から七時の間。方位では東。

卯 あきら　卯之介 うのすけ　卯美乃 うみの

宇
6画　宀部・教6

音訓 ウ
名乗 いえ・う・うま・たか・のき
意味 ①軒《のき》。ひさし。また、大きな家。②空間の広がり。天地四方。「宇宙」③心。器量。「気宇《きう》」
類義 心（151ページ）・神（152ページ）

宇太也 うたや　宇志 たかし　宇乃 たかの
宇宙 たかみち　美宇 みう　由宇多 ゆうた

羽
6画　羽部・教2

音訓 ウ・は・はね
名乗 は・はもと・わね
意味 はね。つばさ。「羽毛」「羽根」
類義 翼（254ページ）
ことば 【羽衣】はごろも　天人が着て空中を飛ぶという薄い衣。〔名前読み例〕うい

愛羽 あいは　蒼羽 あおは　暁羽 あきは
彩羽 あやは　彩羽 いろは　羽衣子 ういこ
羽多子 うたこ　羽乃 うの　羽美 うみ
乙羽 おとは　千羽矢 ちはや　菜々羽 ななは
羽奈 はな　羽琉 はる　心羽 みう
美羽 みう　由羽 ゆう　柚羽 ゆずは

迂
7画　辶部・人

音訓 ウ
名乗 とお・ひろ・ゆき
意味 ①遠回りする。「迂回《うかい》」②世間の事情にくわしくない。「迂×闊《うかつ》」

雨
8画　雨部・教1

音訓 ウ・あめ・あま
名乗 う・さめ・ふる
意味 あめ。あめが降る。「慈雨《じう》」
特別な読み 時雨《しぐれ》

雨斗 あまと　雨音 あまね　雨乃 うの
美雨 みう　優雨子 ゆうこ　梨雨 りう

烏
10画　灬部・人

音訓 オ・ウ・からす
意味 鳥の名。カラス。「烏合《うごう》」

鵜
18画　鳥部・人

音訓 テイ・う
意味 水鳥の名。ウ。「鵜飼《うかい》」

●うかがう●

窺
16画　穴部・人

音訓 キ・うかがう
名乗 み
意味 のぞく。そっと見る。

●うさぎ●

兎 ⇨と（197ページ）

●うし●

丑
4画　一部・人

音訓 チュウ・うし
名乗 うし・ひろ
意味 十二支の二番目。うし。動物では牛に当てる。時刻では午前二時、または午前一時から三時の間。方位では北北東。

●うす●

碓 13画 石部・人

音訓 タイ・うす

意味 農具のうす。踏みうす。

●うた●

唄 10画 口部・常

音訓 バイ・うた
名乗 うた

意味 うた。特に、民謡や俗謡。「小唄・長唄」

類義 歌（54ページ）・唱（144ページ）・謡（253ページ）

唄 うた　唄恵 うたえ　唄花 うたか
唄子 うたこ　唄音 うたね　美唄 みうた

●うつ●

鬱 29画 鬯部・常

音訓 ウツ

意味 ①ふさがる。また、心が晴れ晴れしない。「憂鬱」②草木が茂る。「鬱蒼《うっそう》」

●うね●

畝 10画 田部・常

音訓 ボウ・ホ・うね・せ
名乗 うね・せ

意味 ①うね。畑の土を細長く盛り上げたところ。②［せ］尺貫法で、土地の面積を表す単位。

●うば●

姥 9画 女部・人

音訓 ボ・うば

意味 年とった女性。老女。「山姥《やまんば・やまうば》」

●うら●

浦 10画 氵部・常

音訓 ホ・うら
名乗 うら・ら

意味 ①入り江。②海辺。

瑞浦 みずほ　美浦子 みほこ　梨浦 りほ

●うり●

裏 ⇩り（256ページ）

瓜 ⇩か（51ページ）

●うるう●

閏 ⇩じゅん（139ページ）

●うろこ●

鱗 ⇩りん（263ページ）

●うわさ●

噂 15画 口部・人

音訓 ソン・うわさ

意味 うわさ。また、うわさをする。

●うん●

云 4画 二部・人

音訓 ウン・いう
名乗 おき・これ・とも・のり・ひと

意味 言う。「云々《うんぬん》」

運 12画 辶部・教3

音訓 ウン・はこぶ
名乗 うん・かず・はこぶ・やす・ゆき

意味 ①はこぶ。「運送・運賃」②ものを動かす。働かせる。「運営・運動」③運命。また、幸運。「運勢」

運雄 かずお　孝運 たかゆき　浩運 ひろゆき

雲 12画 雨部・教2

音訓 ウン・くも
名乗 うん・くも・も・ゆき・ゆく

意味 ①空に浮かぶくも。「風雲」「白雲《はくうん・しらくも・しろくも》」②くものような形のもの。「星雲」

特別な読み 東雲《しののめ》・雲雀《ひばり》

行雲 こううん　美雲 みくも　八雲 やくも

●え●

江 ⇩こう（100ページ）

絵 ⇩かい（58ページ）

●えい●

永 5画 水部・教5

音訓 エイ・ながい
名乗 え・えい・つね・とう・なが・ながし・のぶ・のり・はるか・ひさ・ひさし・ひら

意味 時間が長い。「永住」

類義 久（75ページ）・長（189ページ）

特別な読み 永久《とこしえ・とわ》・永遠《とわ》

永次郎 えいじろう　永資 えいすけ　永大 えいた
永美 えいみ　永里子 えりこ　千永子 ちえこ
永久 とわ　直永 なおひさ　永久 ながひさ
永 はるか　永臣 ひさおみ　永 ひさし

曳
6画 日部・人

音訓 エイ・ひ-く
名乗 とお・のぶ
意味 引き寄せる。引きずる。「曳航《えいこう》」

泳
8画 氵部・教3

音訓 エイ・およ-ぐ
意味 およぐ。「泳法」

英
8画 艹部・教4

音訓 エイ・はなぶさ
名乗 あきら・あや・え・えい・すぐる・たけし・つね・てる・とし・はな・はなぶさ・ひで・ひでる・ひら・ふさ・ぶさ・よし
意味 ①優れている。「英断・英知・英明・英雄・俊英」②花。花房。③「英吉利《イギリス》」の略。
類義 花（52ページ）・佳（51ページ）・華（53ページ）・嘉（54ページ）・好（100ページ）・高（104ページ）・秀（133ページ）・俊（137ページ）・駿（138ページ）・勝（144ページ）・大（180ページ）・卓（181ページ）・優（250ページ）

英 あきら　英一郎 えいいちろう　英紀 えいき
英二 えいじ　英汰 えいた　英美里 えみり
一英 かずひで　久美英 くみえ　紗英子 さえこ
翔英 しょうえい　英 すぐる　俊英 としひで
英 はな　英明 ひであき　英雄 ひでお
英主 ひでかず　英樹 ひでき　英俊 ひでとし
英知 ひでとも　英希 ふさき　美英 みえ

映
9画 日部・教6

音訓 エイ・うつ-る・うつ-す・は-える
名乗 あき・あきら・えい・てる・みつ
意味 ①映る。映す。「映画・映像」②映《は》える。光に照らされて輝く。「反映」

映 あき　映子 あきこ　映浩 あきひろ
映帆 あきほ　映 あきら　映花 えいか
映介 えいすけ　映輝 てるき　映美 てるみ
映彦 みつひこ　義映 よしあき　禎映 よしてる

栄
9画 木部・教4
榮
14画 人

音訓 エイ・さか-える・は-え・は-える
名乗 え・えい・さい・さか・さかえ・さこう・しげ・しげる・たか・てる・とも・なが・はる・ひさ・ひさし・ひで・ひろ・まさ・よし
意味 ①さかえる。また、さかんになる。⇕枯（96ページ）「栄華・繁栄」②名誉。ほまれ。「栄冠・光栄」
類義 旺（48ページ）・光（99ページ）・興（106ページ）・豪（107ページ）・昌（143ページ）・晟（162ページ）・盛（163ページ）・壮（171ページ）・芳（233ページ）・望（235ページ）・誉（249ページ）・隆（259ページ）

亜希栄 あきえ　栄華 えいか　栄輝 えいき
栄子 えいこ　栄作 えいさく　栄司 えいし
栄太 えいた　栄美里 えみり　栄理 えり
清栄 きよはる　栄 さかえ　翔栄 しょうえい
栄 ひさし　栄典 ひでのり　栄実 ひでみ
美栄 みえ　光栄 みつえ　理栄子 りえこ

営
12画 ⺍部・教5

音訓 エイ・いとな-む
名乗 いえ・えい・のり・よし
意味 ①いとなむ。物事・事業などを行う。「営業」②住まい。特に、軍隊などの泊まる場所。「陣営」

詠
12画 言部・常

音訓 エイ・よ-む
名乗 うた・え・えい・かぬ・かね・なが
意味 詩歌をつくったりうたったりする。「詠歌・吟詠《ぎんえい》」

詠音 うたね　詠哉 うたや　詠子 えいこ
詠佑 えいすけ　詠汰 えいた　千詠 ちえ

瑛
12画 王部・人

音訓 エイ
名乗 あき・あきら・えい・たま・てる
意味 玉の光。また、水晶など透明な玉。

瑛 あき　瑛恵 あきえ　瑛斗 あきと
瑛奈 あきな　瑛大 あきひろ　瑛 あきら
瑛花 えいか　瑛介 えいすけ　瑛太 えいた
瑛人 えいと　瑛海 えいみ　千瑛 ちあき
瑛葉 てるは　瑛之 てるゆき　智瑛 ともあき

影
15画 彡部・常

音訓 エイ・ヨウ・かげ
名乗 あき・かげ
意味 ①かげ。「陰影・樹影」②姿。形。「影像・幻影・人影《ひとかげ》」③光。「月影《つきかげ》」
類義 陰（41ページ）・蔭（42ページ）・景（88ページ）

千影 ちかげ　美影 みかげ　康影 やすかげ

鋭
15画 金部・常

音訓 エイ・するど-い
名乗 えい・さとき・とき・とし
意味 ①するどい。とがっている。「鋭敏・精鋭・鋭利」②かしこい。強くて勢いがある。

鋭一 えいいち　鋭太郎 えいたろう　鋭 さとき

衛
16画 彳部・教5
衞
16画 人

音訓 エイ・エ・まも-り・まも-る
名乗 え・えい・ひろ・まもり・まもる・もり・よし
意味 守りふせぐ。「衛生・護衛《ごえい》・守衛」
類義 護（98ページ）・守（131ページ）

衛子 えいこ　衛真 えいしん　衛汰 えいた
衛太郎 えいたろう　衛里奈 えりな　織衛 おりえ
晃衛 こうえい　孝衛 たかひろ　衛臣 ひろおみ
衛 まもる　衛人 よしひと　義衛 よしもり

叡
16画　又部・人

音訓 エイ
名乗 あき・あきら・えい・さと・さとし・ただ・とおる・とし・まさ・よし
意味 ①かしこい。「叡智《えいち》」②天子への尊敬の意を表す。「叡覧《えいらん》」

叡 あきら　叡子 えいこ　叡多 えいた
叡 さとし　叡美 さとみ　叡恵 としえ

●えき●

易
8画　日部・教5

音訓 エキ・イ・やさ-しい・やす-い
名乗 おさ・かぬ・かね・やす・やすし
意味 ①［イ］簡単だ。易《やさ》しい。「容易」②［エキ］変える。変わる。「貿易」③［エキ］占い。「易者」

疫
9画　疒部・常

音訓 エキ・ヤク
意味 伝染病。「疫病《えきびょう》」

益
10画　皿部・教5

音訓 エキ・ヤク・ま-す・ますます
名乗 あり・えき・えつ・すすむ・のり・まし・ます・また・み・みつ・よし
意味 ①役に立つこと。「有益」「御利益《ごりやく》」②利益。もうけ。「収益」③増す。増える。
類義 加（51ページ）・潤（139ページ）・増（174ページ）・得（203ページ）・徳（204ページ）・利（255ページ）

益彦 ありひこ　益多朗 ますたろう　益太 みつた

液
11画　氵部・教5

音訓 エキ
意味 液体。「液状・水溶液」

駅
14画　馬部・教3

音訓 エキ
意味 ①電車などが発着するところ。停車場。「始発駅」②昔、街道に設けられ、旅人のための宿屋や馬などを供給したところ。「宿駅《しゅくえき》」

●えだ●

枝 ⇩し（123ページ）

●えつ●

悦
10画　忄部・常

音訓 エツ・よろこ-ぶ
名乗 え・えつ・のぶ・よし
意味 よろこぶ。「悦楽・愉悦《ゆえつ》」
類義 嘉（54ページ）・快（57ページ）・楽（61ページ）・歓（66ページ）・喜（70ページ）・嬉（72ページ）・欣（82ページ）・慶（88ページ）・愉（245ページ）

朗悦 あきよし　悦子 えつこ　悦士 えつし
悦司 えつし　悦之介 えつのすけ　悦彦 えつひこ
悦美 えつみ　悦朗 えつろう　晃悦 こうえつ
悦明 のぶあき　久悦 ひさのぶ　悦斗 よしと
悦成 よしなり　悦乃 よしの　悦実 よしみ

越
12画　走部・常

音訓 エツ・オチ・オツ・こ-す・こ-える
名乗 えつ・お・こえ・こし
意味 ある地点・時を通って向こう側に行く。越《こ》える。「越冬・超越」
類義 駕（55ページ）・超（189ページ）・凌（260ページ）・陵（261ページ）

謁
15画　言部・常
謁
16画　人

音訓 エツ
名乗 つく・ゆき・ゆく
意味 身分の高い人に会う。「謁見・拝謁《はいえつ》」

閲
15画　門部・常

音訓 エツ・けみ-する
名乗 あき・かど・み
意味 ①調べる。「閲覧・校閲」②経過する。「閲歴」

●えのき●

榎
14画　木部・人

音訓 カ・えのき
名乗 え
意味 木の名。エノキ。高さ二〇メートルに達し、春に淡黄色の小花をつける。

亜榎里 あかり　榎一 かいち　榎織 かおり
榎菜子 かなこ　榎穂 かほ　由榎 ゆか

●えび●

蝦
15画　虫部・人

音訓 カ・ガ・えび
意味 ①エビ。②ガマ。ヒキガエル。

●えん●

円
4画　冂部・教1
圓
13画　口部・人

音訓 エン・まる-い・つぶ-ら・まど-か
名乗 かず・つぶら・のぶ・まど・まどか・まる・みつ
意味 ①まるい。まる。「円形・円卓・半円」②欠けたところがない。「円滑・円熟・円満」③あたり。一帯。「関東一円」④通貨の単位。
類義 丸（67ページ）・圏（92ページ）・団（184ページ）

円樹 えんじゅ　円弥 えんや　円 つぶら
円 まどか　円乃 まどの　円太 みつた

宛 ⇩あてる（35ページ）

延
8画 廴部・教6
音訓 エン・の-びる・の-べる・の-ばす
名乗 すけ・すすむ・ただし・とお・とし・なが・のぶ・のぶる
意味 ①長くなる。長くする。また、広がる。「延長・蔓延《まんえん》」②時間が長引く。遅れる。「延期・順延」③引き寄せる。招く。
類義 拡（60ページ）・広（99ページ）・伸（150ページ）・長（189ページ）・暢（190ページ）・展（197ページ）
章延 あきのぶ　和延 かずのぶ　延 すすむ
延枝 のぶえ　延高 のぶたか　延也 のぶや

沿
8画 氵部・教6
音訓 エン・そう
意味 ①水流・道路などにそう。「沿岸・沿線」②習慣・時の流れなどに従う。「沿革」

炎
8画 火部・常
音訓 エン・ほのお・ほむら
名乗 えん
意味 ①ほのお。「火炎」②燃える。「炎上・気炎」③暑い。また、熱い。「炎暑・炎熱」④熱や痛みなどを起こす症状。炎症。「胃炎」
特別な読み 陽炎《かぎろい・かげろう》

奄
8画 大部・人
音訓 エン
名乗 ひさ・ひさし
意味 ①息がふさがって通じない。②すぐに。たちまち。

苑
8画 艹部・人
音訓 エン・オン・その
名乗 あや・しげ・その
意味 ①庭園。「外苑・御苑《ぎょえん》」②学問・芸術の集まるところ。「芸苑」
類義 園（同ページ）
ことば 【紫苑】しおん 草の名。秋、キクに似た淡紫色の花をつける。〔名前読み例〕しおん
苑 その　苑花 そのか　苑子 そのこ
苑実 そのみ　美苑 みその　莉苑 りおん

怨
9画 心部・常
音訓 エン・オン・うら-む
意味 うらむ。うらみ。「怨恨《えんこん》」

宴
10画 宀部・常
音訓 エン・うたげ
名乗 もり・やす・よし
意味 うたげ。酒盛り。「宴会」

媛
12画 女部・常
音訓 エン・ひめ
名乗 ひめ・よし
意味 ①美しい女性。「才媛」②姫君。貴人の娘。
類義 姫（223ページ）
小媛 こひめ　媛 ひめ　媛花 ひめか
媛子 ひめこ　媛乃 ひめの　媛美 よしみ

援
12画 扌部・常
音訓 エン・たす-ける
名乗 すけ
意味 ①たすける。「応援」②引用する。「援用」

堰
12画 土部・人
音訓 エン・せき
意味 せき止める。また、水の流れをせき止める仕掛け。せき。

淵
12画 氵部・人
音訓 エン・ふち
名乗 えん・しずか・すえ・すけ・なみ・のぶ・ひろ・ふか・ふかし・ふち
意味 ①水が深く満ちているところ。ふち。「海淵《かいえん》・深淵《しんえん》」②ものごとの出てくるおおもと。「淵源《えんげん》」③ものの多く集まるところ。

焰
12画 火部・人
音訓 エン・ほのお・ほむら
意味 炎《ほのお》。「火焰《かえん》」

園
13画 囗部・教2

薗
16画 艹部・人
音訓 エン・オン・その
名乗 その
意味 ①花・野菜・果樹などを植える畑。「園芸・農園」②庭。「公園・庭園」③集まって学ぶ場所。「学園・幼稚園」
類義 苑（同ページ）
園太 えんた　志園 しおん　園絵 そのえ
園香 そのか　園実 そのみ　美園 みその

塩
13画 土部・教4
音訓 エン・しお
名乗 しお
意味 ①しお。「塩分・食塩」②塩素。「塩酸」

猿
13画 犭部・常
音訓 エン・さる
名乗 さる
意味 動物の名。サル。

遠
13画 辶部・教2
音訓 エン・オン・とお-い
名乗 と・とお・とおし
意味 ①遠い。「遠方」「久遠《くおん》」②遠ざける。「敬遠」③奥深い。また、広い。「遠大」
特別な読み 永遠《とわ》

久遠 くおん　遠子 とおこ　永遠 とわ

煙 13画 火部・常
音訓 エン・けむ-る・けむり・けむ-い
意味 ①けむり。また、けむりのようなもの。「煙突」②すす。「煤煙《ばいえん》」③たばこ。「喫煙」

鉛 13画 金部・常
音訓 エン・なまり
意味 ①なまり。「亜鉛」②おしろい。

演 14画 氵部・教5
音訓 エン
名乗 なが・のぶ・ひろ・ひろし
意味 ①述べる。説く。「演説」②技芸などを行う。また、実際にやってみる。「演劇・演習・演奏・実演」

演也 えんや　隆演 たかのぶ　演 ひろし

縁 15画 糸部・常　**緣** 15画 人
音訓 エン・ふち・えにし・へり・ゆかり・よすが
名乗 まさ・むね・やす・ゆか・よし・より
意味 ①ふち。へり。「外縁」②つながりや関係。ゆかり。「由縁《ゆえん》」③仏教で、原因。「縁起《えんぎ》」④縁側。

縁 えにし　縁太 えんた　秀縁 ひでより
縁彦 むねひこ　縁子 ゆかこ　縁 ゆかり

燕 16画 灬部・人
音訓 エン・つばめ
名乗 つばめ・てる・なり・なる・やす・よし
意味 鳥の名。ツバメ。「飛燕《ひえん》」

艶 19画 色部・常
音訓 エン・つや・あで-やか・なまめかしい・なまめく
名乗 おお・つや・もろ・よし
意味 ①あでやかで美しい。色っぽい。「妖艶《ようえん》」②情事に関すること。「艶聞《えんぶん》」

●お●

汚 6画 氵部・常
音訓 オ・けが-す・けが-れる・けが-らわしい・よご-す・よご-れる・きたな-い
意味 ①よごす。きたない。②けがれる。「汚名」

於 ⇩おいて（同ページ）

緒 **緖** ⇩しょ（140ページ）

●おい●

甥 12画 生部・人
音訓 セイ・おい
意味 おい。兄弟姉妹の息子。⇔姪（242ページ）

●おいて●

於 8画 方部・人
音訓 オ・おいて
名乗 うえ・お・おうい
意味 …において。

亜於伊 あおい　於都 おと　詩於里 しおり
真於 まお　美於 みお　莉於 りお

●おう●

王 4画 王部・教1
音訓 オウ
名乗 お・き・きみ・こきし・こにきし・たか・まさ・み・わ・わか
意味 ①君主。「王冠・国王」「三冠王」②実力・成績のもっとも優れているもの。

王雅 おうが　王道 たかみち　理王 りお

凹 5画 凵部・常
音訓 オウ・くぼ-む・へこ-む
意味 へこむ。くぼむ。「凹凸《おうとつ》」

央 5画 大部・教3
音訓 オウ
名乗 あき・あきら・お・おう・ちか・てる・なか・なかば・ひさ・ひさし・ひろ・ひろし・よう
意味 まんなか。「中央」
類義 心（151ページ）・中（187ページ）

愛央衣 あおい　央 あきら　央輔 おうすけ
詩央里 しおり　央哉 ちかや　奈央 なお
央 ひさし　央彦 ひさひこ　央 ひろし
央人 ひろと　真央 まお　麻央 まお
美央 みお　莉央 りお　玲央 れお

応 7画 心部・教5　**應** 17画 人
音訓 オウ・こた-える
名乗 おう・かず・たか・のぶ・のり・まさ
意味 ①こたえる。また、他からの働きかけにこたえて動く。「応援・応接・対応・反応」②承知する。「応諾《おうだく》」③ふさわしい。つりあう。「相応」

和応 かずまさ　秀応 ひでのり　応子 まさこ

往 8画 彳部・教5
音訓 オウ・ゆ-く
名乗 なり・ひさ・もち・ゆき・よし
意味 ①ゆく。前へ進む。「往路・往復」②過ぎてゆく。また、過去。「往年」③以後。「以往」
類義 行（100ページ）・如（141ページ）・之（210ページ）

和往 かずゆき　直往 なおゆき　往彦 ゆきひこ

8画
押
扌部・常

音訓 オウ・お-す・お-さえる
名乗 おし
意味 ①押す。「押印」②取り押さえる。「押収」

8画
旺
日部・常

音訓 オウ
名乗 あき・あきら・お
意味 さかん。「旺盛」
類義 栄(44ページ)・興(106ページ)・昌(143ページ)・晟(162ページ)・盛(163ページ)・壮(171ページ)・隆(259ページ)

旺奈 あきな　旺斉 あきなり　旺 あきら
旺典 おうすけ　旺太郎 おうたろう　玲旺 れお

8画
欧
欠部・常

音訓 オウ
意味 ①「欧羅巴《ヨーロッパ》」の略。「欧米・渡欧」②吐《は》く。

8画
殴
殳部・常

音訓 オウ・なぐ-る
意味 たたく。なぐる。「殴打」

10画
桜
木部・教5

21画
櫻
人

音訓 オウ・さくら
名乗 おう・さくら・はる
意味 木の名。さくら。「桜花《おうか》・桜花《さくらばな》」「桜色《さくらいろ》」
注意 「楼」は形が似ているが別の字。→楼(267ページ)
ことば 【桜花】おうか　桜の花。〔名前読み例〕おうか
【山桜《やまざくら》】 山に咲く桜。
【夜桜《よざくら》】 夜に観賞する桜。

桜香 おうか　桜雅 おうが　桜希 おうき
桜樹 おうき　桜樹 おうじゅ　桜太 おうた
桜之介 おうのすけ　桜 さくら　桜子 さくらこ
桜香 はるか　美桜 みおう　里桜 りおう

10画
翁
羽部・常

音訓 オウ・おきな
名乗 お・おい・おき・おきな・とし・ひと
意味 男性の老人。「老翁《ろうおう》」

黄 黄 ⇩こう(105ページ)

11画
凰
几部・人

音訓 コウ・オウ・おおとり
意味 おおとり。鳳凰《ほうおう》。古代中国で、聖人が世に出るときに現れるとされた想像上の鳥。◆オスを「鳳」、メスを「凰」という。→鳳(234ページ)

凰佳 おうか　凰樹 おうじゅ　美凰 みおう

12画
奥
大部・常

13画
奧
人

音訓 オウ・おく
名乗 うち・おき・おく・すみ・ふか・むら
意味 おく。深く入った所。「奥義《おうぎ》・奥義《おくぎ》」「奥底」
特別な読み 陸奥《みちのく・むつ》

和奥 かずおき　奥生 すみお　奥史 ふかし
史奥 ふみおき　陸奥希 むつき　陸奥子 むつこ

15画
横
木部・教3

16画
橫
人

音訓 オウ・よこ
名乗 み・よこ
意味 ①よこ。横にする。横になる。⇕縦(136ページ)「横臥《おうが》」②わがまま。勝手気まま。「横暴」③ふつうでない。「横死《おうし》」④満ちあふれる。「横溢《おういつ》」

18画
襖
衤部・人

音訓 オウ・あお・ふすま
意味 ①[ふすま]襖障子《ふすましょうじ》。②[あお・オウ]古代の上着。

22画
鴎
鳥部・人

音訓 オウ・かもめ
意味 鳥の名。カモメ。

鴎希 おうき　鴎太郎 おうたろう　美鴎 みおう

●おおかみ●

狼 ⇩ろう(267ページ)

●おか●

8画
岡
山部・常

音訓 コウ・おか
名乗 おか・こう
意味 おか。丘陵《きゅうりょう》。

●おき●

沖 ⇩ちゅう(187ページ)

●おぎ●

10画
荻
艹部・人

音訓 テキ・おぎ
名乗 おぎ
意味 草の名。オギ。
注意 「萩」は形が似ているが別の字。→萩(214ページ)

荻子 おぎこ　荻乃 おぎの

●おく●

9画
屋
尸部・教3

音訓 オク・や
名乗 いえ・や・やか
意味 ①家。建物。「屋内」②屋根。「屋上」③[や]商店の名や職業、人の性質などに添える語。「パン屋」

奥　奥　⇩おう（48ページ）

億　15画　亻部・教4
音訓　オク
名乗　かず・はかる・やす
意味　数の名で、一万の一万倍。また、数が非常に多いこと。「巨億」
億斗　おくと　和億　かずやす　億希　やすき

憶　16画　忄部・常
音訓　オク・おぼ-える・おも-う
名乗　しめ・ぞう
意味　①思う。覚える。「憶念・記憶・追憶」②「臆《おく》」の代わりに使う字。→臆（次項）「憶測」
類義　惟（38ページ）・思（124ページ）・想（173ページ）

臆　17画　月部・常
音訓　オク
意味　①推量する。思いをめぐらす。「臆測」②気おくれする。ひるむ。「臆病」

●おけ●
桶　⇩とう（201ページ）

●おす●
押　⇩おう（48ページ）

●おそれ●
虞　13画　虍部・常
音訓　グ・おそれ
名乗　すけ・もち・やす・よし
意味　心配。おそれ。

●おつ●
乙　1画　乙部・常
音訓　オツ・イツ・おと・きのと
名乗　お・おと・き・くに・たか・つぎ・つぐ・と・とどむ
意味　①十干《じっかん》の二番目。きのと。②第二。二番目。「甲乙」③普通と違ってしゃれていること。④奇妙なこと。⑤小さく愛らしい。「乙姫《おとひめ》」
類義　亜（33ページ）・次（125ページ）・准（138ページ）・準（139ページ）・二（208ページ）・雛（223ページ）・姫（223ページ）
特別な読み　乙女《おとめ》
乙希　いつき　乙葉　おとは　乙晴　おとはる
乙彦　おとひこ　乙女　おとめ　真乙　まお

●おの●
斧　⇩ふ（225ページ）

●おる●
織　⇩しょく（150ページ）

●おれ●
俺　10画　亻部・常
音訓　エン・おれ
意味　自分を指し示すことば。おれ。

●おろす●
卸　9画　卩部・常
音訓　シャ・おろす・おろし
意味　おろし売りをする。「卸値《おろしね》」

●おん●
✦音　⇩人気の字（50ページ）

恩　10画　心部・教5
音訓　オン
名乗　おき・しだ・めぐみ
意味　めぐみ。また、慈しみ。「恩情」
類義　恵（87ページ）・幸（101ページ）・徳（204ページ）・竜（258ページ）
志恩　しおん　美恩　みおん　里恩　りおん

温　12画　氵部・教3　**溫**　13画　人
音訓　オン・あたた-か・あたた-かい・あたた-まる・あたた-める・ぬく-い・ぬる-い
名乗　あつ・あつし・いろ・すなお・ただす・つつむ・なが・ならう・のどか・はる・まさ・みつ・やす・ゆたか・よし
意味　①あたたかい。また、温度。「温室・温暖・体温」②おだやか。「温厚・温和」③大切にする。「温存」④おさらいをする。「温故知新《おんこちしん》」
類義　穏（次項）・暖（185ページ）・平（229ページ）・和（269ページ）
温子　あつこ　温大　あつひろ　和温　かずはる
温　のどか　温佳　はるか　温人　はると
温良　はるよし　康温　やすはる　温　ゆたか

穏　16画　禾部・常
音訓　オン・おだ-やか
名乗　しず・とし・やす・やすき・より
意味　おだやか。安らか。「穏和・平穏」
類義　温（前項）・平（229ページ）・和（269ページ）
和穏　かずやす　志穏　しおん　穏季　しずき
穏音　しずね　穏江　やすえ　穏広　やすひろ

人気の字

音

9画　音部・教1

音訓 オン・イン・おと・ね

名乗 お・おと・と・なり・ね・のん

意味 ①おと。「音響・音波・高音」「雨音」②音楽。音楽のおと。「音符・和音」「音色」③口から発するおと。声。「音読」「子音《しいん》・しおん」「本音」④便り。知らせ。「音信」「無音《ぶいん》」⑤「オン」中国から伝わって日本語となった漢字の読み方。⇕訓（85ページ）「音訓」

類義 韻（42ページ）・楽（61ページ）・節（166ページ）

なりたち 指事。「言」の「口」の部分に点を加えた形で、おとの意味を表す。

地名 音羽山《おとわやま》

筆順 丶 亠 亣 立 立 产 音 音 音

一字の名前

音 おと

二字の名前

❤一字目

音愛 おとあ　音江 おとえ　音恵 おとえ
音華 おとか　音歌 おとか　音瀬 おとせ
音成 おとなり　音祢 おとね　音羽 おとは
音葉 おとは　音晴 おとはる　音彦 おとひこ
音秀 おとひで　音広 おとひろ　音史 おとふみ
音海 おとみ　音芽 おとめ　音哉 おとや
音和 おとわ　音沙 なりさ　音々 ねね

❤二字目

蒼音 あおと　朱音 あかね　明音 あかね
秋音 あきね　彩音 あやね　絢音 あやね
海音 かいと　一音 かずね　奏音 かなと
花音 かのん　華音 かのん　清音 きよね
慶音 けいと　琴音 ことね　幸音 さちね
志音 しおん　寧音 しずね　鈴音 すずね
那音 なお　直音 なおと　夏音 なつね
陽音 はると　久音 ひさね　博音 ひろと
史音 ふみと　茉音 まいん　真音 まお
雅音 まさね　心音 みおん　百音 ももね
結音 ゆいと　優音 ゆうと　幸音 ゆきと
璃音 りお　莉音 りおん　玲音 れお

三字の名前

❤一字目

音比古 おとひこ　音依奈 ねいな　音々歌 ねねか

❤二字目

詩音莉 しおり　奈音海 なおみ　美音子 みねこ
美音哉 みねや　夢音斗 むねと　茂音美 もとみ

❤三字目

亜花音 あかね　亜希音 あきと　亜麻音 あまね
佳寿音 かずね　紗耶音 さやね　奈都音 なつね
七海音 なみと　羽津音 はつね　富由音 ふゆね

読みごとの名前

❤いん

夏音 かいん　清音 せいん　麻音 まいん

❤おと

音花 おとか　音也 おとや　深音 みおと

❤おん

詩音 しおん　李音 りおん　玲音 れおん

❤と

音和 とわ　春音 はると　悠音 ゆうと

❤ね

綾音 あやね　音於 ねお　海音 みね

❤のん

花音 かのん　佳音 かのん　梨音 りのん

ことば

【快音】《かいおん》 心地のよい音。特に、野球でボールを打ったときの爽快な音。〔名前読み例〕かいと・はやと・よしと

【楽音】《がくおん》 音楽を構成する音。

【風音】《かざおと》 風の音。〔名前読み例〕かざね・ふうと

【好音】《こういん》 よい音。また、よい便り。〔名前読み例〕よしね

【知音】《ちいん》 親友。〔名前読み例〕かずと・さとね・ともお

【波音】《なみおと》 波の音。〔名前読み例〕なみお・なみと

【羽音】《はおと》 鳥や虫が飛ぶときにたてる音。

【初音】《はつね》 鳥や虫の、その季節の最初の鳴き声。〔名前読み例〕はつね

【美音】《びおん》 美しい音や声。〔名前読み例〕はると・はるね・みお・みおん・みと・みね・よしと・よしなり

【福音】《ふくいん》 よい知らせ。〔名前読み例〕さちと・ふくね

【妙音】《みょうおん》 何とも言えず美しい声・音楽。〔名前読み例〕たえね

【和音】《わおん》 高さの異なる二つ以上の音が同時に鳴るときに生じる合成された音。コード。〔名前読み例〕かずお・かずと・まさね

●か●

下
3画 一部・教1

音訓 カ・ゲ・した・しも・もと・さ-げる・さ-がる・くだ-る・くだ-す・くだ-さる・お-ろす・お-りる
名乗 し・じ・した・しも・もと

意味 ①位置や場所が低いほう。「下部・階下」「風下《かざしも》」②程度・身分が低いほう。「下級」③時間・順序が後のほう。「以下」「下巻《げかん》」④低いほうへ動く。また、低いほうへ動かす。「下降・落下」「下車《げしゃ》」⑤まわり。影響を受ける範囲。「傘下《さんか》・県下」
◆①～④⇕上（147ページ）

化
4画 亻部・教3

音訓 カ・ケ・ば-ける・ば-かす
名乗 なり・のり

意味 ①変わる。変える。「変化《へんか》・緑化」②化ける。「変化《へんげ》」③「化学」「化合」の略。「化繊・酸化」

火
4画 火部・教1

音訓 カ・ひ・ほ
名乗 か・ひ・ひかる・ほ

意味 ①ひ。ほのお。また、燃える。「烈火」「花火」②急ぐ。「火急」③火曜日のこと。④五行の一つ。

加
5画 力部・教4

音訓 カ・くわ-える・くわ-わる
名乗 か・ます・また

意味 ①加える。加わる。「加工・参加」②増える。「増加」③足す。足し算。「加減乗除」

類義 益（45ページ）・増（174ページ）

愛加里 あかり
彩加 あやか
一加 いちか
加偉 かい
加奈恵 かなえ
加歩 かほ
陽加 はるか
穂乃加 ほのか
加也 ますや
百加 ももか
優加 ゆうか
和加奈 わかな

可
5画 口部・教5

音訓 カ・べ-し
名乗 あり・か・とき・よく・よし・より

意味 ①よいこと。また、よいと認めること。「可決・可否・許可」②できる。「可視・可能」

類義 佳（同ページ）・吉（74ページ）・好（100ページ）・淑（136ページ）・善（169ページ）・良（259ページ）・令（263ページ）

絢可 あやか
可彦 ありひこ
可寿雄 かずお
可純 かすみ
可奈子 かなこ
可鈴 かりん
津可佐 つかさ
智可 ともよし
悠可 ゆうか
有多可 ゆたか
可昭 よしあき
和可菜 わかな

禾
5画 禾部・人

音訓 カ・のぎ
名乗 いね・のぎ・ひいず・ひで

意味 稲。また、穀物《こくもつ》。

絢禾 あやか
禾一 かいち
禾奈 かな
禾歩 かほ
多禾恵 たかえ
朋禾 ともか
禾美 ひでみ
悠禾 ゆうか
由禾里 ゆかり

仮
6画 亻部・教5

音訓 カ・ケ・かり
名乗 はるか・より

意味 ①仮の。一時的な。「仮説・仮眠」②本物ではない。「仮死」「仮病《けびょう》」③借りる。「仮借《かしゃ》」④ゆるす。

瓜
6画 瓜部・人

音訓 カ・うり
名乗 か

意味 野菜の名。ウリ。

何
7画 亻部・教2

音訓 カ・なに・なん
名乗 いず・なに

意味 疑問を表す。「何者」「何時《なんじ》」「誰何《すいか》」

✦花⇩人気の字（52ページ）

伽
7画 亻部・人

音訓 キャ・ガ・カ・とぎ
名乗 とぎ

意味 ①梵語《ぼんご》の「カ」「ガ」「キャ」の音を表す。「×閼伽《あか》（＝仏に供える水）」「伽羅《きゃら》（＝香木の名）」②［とぎ］話し相手。また、寝所の相手。

彩伽 あやか
伽織 かおり
伽那太 かなた
泰伽 たいが
百伽 ももか
優伽 ゆうか

価
8画 亻部・教5

價
15画 人

音訓 カ・あたい

意味 ①値段。「高価・価格」②ねうち。「価値・真価」

佳
8画 亻部・常

音訓 カ・カイ・よ-い
名乗 か・けい・よし

意味 ①美しい。「佳人・佳麗」②よい。優れている。「佳作・佳品」③めでたい。「佳日」

類義 娃（33ページ）・英（44ページ）・可（同ページ）・花（52ページ）・嘉（54ページ）・綺（71ページ）・吉（74ページ）・好（100ページ）・高（104ページ）・秀（133ページ）・淑（136ページ）・俊（137ページ）・駿（138ページ）・昌（143ページ）・勝（144ページ）・善（169ページ）・大（180ページ）・卓（181ページ）・那（206ページ）・美（221ページ）・優（250ページ）・良（259ページ）・令（263ページ）・麗（265ページ）

安佳里 あかり
彩佳 あやか
衣知佳 いちか
佳伊 かい
佳一 かいち
佳津也 かつや
佳奈 かな
佳音 かのん
佳帆 かほ
佳 けい
佳汰 けいた
陽佳 はるか
歩乃佳 ほのか
真佳 まさよし
百佳 ももか
桃佳 ももか
由佳 ゆうか
佳人 よしひと
里佳 りか
凛佳 りんか
和佳奈 わかな

人気の字

7画

花

艹部・教1

音訓 カ・ケ・はな

名乗 か・はな・はる・もと

意味 ①植物の花。「花瓶・開花・百花」「花束・草花」 ②華やかなさま。美しい。「花燭《かしょく》」

類義 娃（33ページ）・英（44ページ）・佳（51ページ）・華（53ページ）・綺（71ページ）・昌（143ページ）・那（206ページ）・美（221ページ）・芳（233ページ）・麗（265ページ）

なりたち 形声。美しい、はなの意味を表す。

特別な読み 紫陽花《あじさい》・花魁《おいらん》・雪花菜《おから》《きらず》・燕子花《かきつばた》

四字熟語・ことわざ

【花紅柳緑《かこうりゅうりょく》】 紅色の花と緑色の柳。春の美しい景色のたとえ。

【花鳥風月《かちょうふうげつ》】 花と鳥と、風と月。自然の美しい景色のたとえ。また、自然界の風雅なおもむきを楽しむこと。

【錦上花を添える《きんじょうはなをそえる》】 美しいものの上に、さらに美しいものを加える。

【花も実もある《はなもみもある》】 外見も内容もともに優れていること。

【百花×繚乱《ひゃっかりょうらん》】 さまざまな花が咲き乱れること。また、優れた人やものが一度にたくさん出ること。

筆順 一 十 艹 艹 芢 芲 花

参考 「華」と似た意味で使われる。「華」は「華のある芸」「華麗」のように、はなやかなものの意味で使われることが多く、「花」は植物の花の意味や、「花の都」のように美しいもののたとえとして使われることが多い。→華（53ページ）

一字の名前

花 はな・はる

二字の名前

❤一字目

花笑 かえ　花織 かおり　花純 かすみ
花奈 かな　花苗 かなえ　花音 かのん
花帆 かほ　花耶 かや　花鈴 かりん
花恋 かれん　花蓮 かれん　花恵 はなえ
花香 はなか　花子 はなこ　花佳 はるか

❤二字目

綾花 あやか　一花 いちか　梅花 うめか
咲花 えみか　彩花 さいか　修花 しゅうか
心花 しんか　涼花 すずか　朋花 ともか
春花 はるか　楓花 ふうか　実花 みか
桃花 ももか　結花 ゆいか　優花 ゆうか
友花 ゆか　蘭花 らんか　梨花 りか
鈴花 りんか　凛花 りんか　和花 わか

三字の名前

❤一字目

花央里 かおり　花緒莉 かおり　花津紀 かづき
花乃佳 かのか　花保琉 かほる　花梨奈 かりな

❤二字目

愛花莉 あかり　都花佐 つかさ　緋花留 ひかる
有花梨 ゆかり　梨花子 りかこ　和花奈 わかな

❤三字目

明日花 あすか　愛結花 あゆか　沙耶花 さやか
志寿花 しずか　奈美花 なみか　乃梨花 のりか
ほの花 ほのか　真奈花 まなか　茉莉花 まりか

読みごとの名前

❤か

愛花 あいか　亜花祢 あかね　絢花 あやか
花帆 かほ　遼花 はるか　柚花 ゆうか

❤はな

小花 こはな　花絵 はなえ　花季 はなき
花乃 はなの　茉花 まはな　三花 みはな

❤はる

花子 はるこ　花音 はるね　実花 みはる

ことば

【栄花】えいが 権力や財力を得て、華やかに栄えること。〔名前読み例〕えいが・はるか

【桜花】おうか 桜の花。〔名前読み例〕おうか・はるか

【花月】かげつ 花と月。また、風流なこと。〔名前読み例〕かげつ・かつき・かづき

【風花】かざばな 晴れた日にちらつく雪。〔名前読み例〕ふうか

【花信】かしん 花が咲いたという便り。〔名前読み例〕はるのぶ

【花梨】かりん バラ科の落葉高木。また、その果実。〔名前読み例〕かりん

【雪花】せっか 雪の結晶。雪を花にたとえていう。〔名前読み例〕きよか・せっか・ゆきか

【花実】はなみ 花と実。また、名前と実質。〔名前読み例〕はなみ・はるみ

【百花】ひゃっか たくさんの花。〔名前読み例〕ももか

【紅花】べにばな 赤色の花をつけるキク科の植物。〔名前読み例〕べにか

8画
河
氵部・教5

音訓 カ・かわ
名乗 かわ
意味 ①大きなかわ。「大河《たいが》」「河岸《かがん・かわぎし》」②中国の黄河《こうが》。③天の川。「銀河《ぎんが》」
◆大きいかわを「河」、小さいかわを「川」と使い分けることが多い。↓川（167ページ）

銀河 ぎんが　遼河 はるか　悠河 ゆうが

8画
苛
艹部・常

音訓 カ・いじめる・いらつく・さいなむ
意味 ①きびしい。むごい。「苛酷《かこく》」②いじめる。③皮膚《ひふ》がひりひりする。「苛性」④いらいらする。

8画
果
木部・教4

音訓 カ・はたす・はてる・はて
名乗 あきら・か・はた・はたす・まさる
意味 ①くだもの。「果実」②原因があって生じるもの。「効果」③思い切ってする。「果敢」④はたす。⑤仏道修行の結果として得た仏の境地。「仏果《ぶっか》」

亜果音 あかね　綾果 あやか　果織 かおり
果奈 かな　果穂 かほ　春果 はるか
美果 みか　侑果 ゆうか　鈴果 りんか

8画
茄
艹部・人

音訓 カ
意味 ①ナス。ナスビ。「茄子《なす》」②ハスの茎《くき》。また、ハス。

9画
架
木部・常

音訓 カ・かける・かかる
名乗 みつ
意味 ①かける。かかる。「架橋《かきょう》・高架」②棚。「書架」

9画
科
禾部・教2

音訓 カ・しな・とが
名乗 しな・もと
意味 ①系統だてて分類すること。また、分類した項目の一つ。「科学・学科」②きまり。掟《おきて》。また、掟に背いた罪。「金科玉条《きんかぎょくじょう》・前科」③しぐさ。俳優が行う動作。「科白《かはく・せりふ》」

9画
珂
王部・人

音訓 カ
名乗 か・たま・てる
意味 ①玉の名。白瑪瑙《しろめのう》。②くつわ貝。また、馬のくつわ。

愛珂 あいか　亜珂里 あかり　彩珂 あやか
珂奈 かな　珂帆 かほ　春珂 はるか
美珂 みか　悠珂 ゆうか　由珂梨 ゆかり

9画
珈
王部・人

音訓 カ
意味 玉をたれ下げた、女性の髪かざり。◆「珈×琲《コーヒー》」は、英語coffee の音訳。

亜珈里 あかり　瑛珈 えいか　珈織 かおり
珈奈 かな　珈歩 かほ　修珈 しゅうか
千珈 ちか　穂乃珈 ほのか　悠珈 ゆうか

9画
迦
辶部・人

音訓 カ
名乗 か・け
意味 梵語《ぼんご》の「カ」の音を表す。「釈迦《しゃか》」

迦津彦 かつひこ　沙耶迦 さやか　瑠迦 るか

10画
夏
夂部・教2

音訓 カ・ゲ・なつ
名乗 か・なつ
意味 四季の一つ。なつ。「真夏」

彩夏 あやか　一夏 いちか　夏央里 かおり
夏奈 かな　夏帆 かほ　千夏 ちなつ
夏 なつ　夏生 なつお　夏音 なつね
夏彦 なつひこ　夏帆 なつほ　陽夏 はるか
帆乃夏 ほのか　真夏 まなつ　桃夏 ももか
夕夏 ゆうか　鈴夏 りんか　和夏菜 わかな

10画
家
宀部・教2

音訓 カ・ケ・いえ・や
名乗 いえ・え・お・か・や・やか・やす
意味 ①いえ。すまい。「家屋・民家」②家族。一族。「家庭」③［カ］学問・技芸の流派。また、その道にたずさわる人。「画家・儒家《じゅか》」

家治 いえじ　家康 いえやす　正家 まさいえ

10画
荷
艹部・教3

音訓 カ・に・になう
名乗 か・もち
意味 ①かつぐ。になう。「荷担・負荷」②にもつ。「出荷・入荷」「船荷《ふなに》」③植物の名。ハス。
特別な読み 稲荷《いなり》

10画
華
艹部・常

音訓 カ・ケ・ゲ・はな
名乗 か・きよ・は・はな・はる・ふさ・よし
意味 ①植物のはな。「華道」②はなやか。美しい。「華麗・栄華《えいが》・豪華」③光。輝き。「月華・光華《こうか》」④白い粉。おしろい。⑤中国のこと。◆「花」と似た意味で使われる。↓花（52ページ）
類義 英（44ページ）・花（52ページ）・芳（233ページ）
ことば【華麗《かれい》】はなやかで美しいこと。〔名前読み例〕かれい

愛華 あいか　有華音 あかね　亜華里 あかり

彩華 あやか　一華 いちか　華緒里 かおり
華純 かすみ　華苗 かなえ　華音 かのん
華穂 かほ　華琳 かりん　華恋 かれん
京華 きょうか　千華 ちか　月華 つきか
知華 ともか　華 はな　華奈 はな
華絵 はなえ　華歌 はなか　華子 はなこ
文華 ふみか　百華 ももか　唯華 ゆいか
優華 ゆうか　友華 ゆか　良華 りょうか
凜華 りんか　和華子 わかこ　和華那 わかな

蚊
10画　虫部・常
音訓 ブン・か
名乗 か
意味 昆虫の名。カ。「蚊帳《かや》」

菓
11画　艹部・常
音訓 カ
意味 ①おかし。「茶菓《さか・ちゃか》」②くだもの。

貨
11画　貝部・教4
音訓 カ
名乗 たか
意味 ①お金。また、価値あるもの。たから。「貨幣」②品物。商品。「貨物・雑貨」
類義 宝（233ページ）

渦
12画　氵部・常
音訓 カ・うず
意味 ①うず。うずまき。「渦紋」②物事が激しく動揺している状態。「渦中」

過
12画　辶部・教5
音訓 カ・す-ぎる・す-ごす・あやま-つ・あやま-ち・よ-ぎる
意味 ①通りすぎる。また、時がたつ。「通過・経過」②ある範囲や基準をこえる。「過激・超過」③失敗する。誤る。また、あやまち。「過失」

嫁
13画　女部・常
音訓 カ・よめ・とつ-ぐ
意味 ①よめ。よめに行く。「降嫁」②責任や罪を人になすりつける。「転嫁」

暇
13画　日部・常
音訓 カ・ひま・いとま
意味 ①ひま。「余暇」②やすみ。「休暇」③別れること。また、縁を切ること。「暇《いとま》ごい」

禍
13画　ネ部・常
14画 禍　示部・人
音訓 カ・わざわ-い
名乗 まが
意味 わざわい。災難。⇔福（228ページ）「禍福」

靴
13画　革部・常
音訓 カ・くつ
意味 くつ。「革靴」

嘩
13画　口部・人
音訓 カ
名乗 か
意味 やかましい。さわがしい。「喧嘩《けんか》」

寡
14画　宀部・常
音訓 カ・すく-ない
意味 ①少ない。「寡作・寡黙」②夫または妻を失った人。「寡婦《かふ・やもめ》」

歌
14画　欠部・教2
音訓 カ・うた・うた-う
名乗 うた・か
意味 ①うた。うたう。「歌詞・歌手」②和歌・短歌。「歌人」「恋歌《こいうた・こいか・れんか》」
類義 唄（43ページ）・詩（124ページ）・唱（144ページ）・謡（253ページ）

彩歌 あやか　歌音 うたね　絵里歌 えりか
歌一 かいち　歌織 かおり　歌津季 かつき
歌穂 かほ　千歌 ちか　友歌 ともか
春歌 はるか　穂乃歌 ほのか　海歌 みうた
美歌 みか　百歌 ももか　凜歌 りんか
瑠歌 るか　和歌子 わかこ　和歌奈 わかな

箇
14画　竹部・常
音訓 カ・コ
名乗 かず・とも
意味 ものを数えることば。「一箇《いっこ》」「箇所」

嘉
14画　口部・人
音訓 カ・よみ-する
名乗 か・ひろ・よし・よしみ・よみし
意味 ①立派である。優れている。「嘉言《かげん》」②めでたい。「嘉辰《かしん》」③おいしい。うまい。「嘉肴《かこう》」④ほめる。また、よろこぶ。「嘉賞」
類義 英（44ページ）・悦（45ページ）・佳（51ページ）・歓（66ページ）・喜（70ページ）・吉（74ページ）・欣（82ページ）・慶（88ページ）・好（100ページ）・高（104ページ）・秀（133ページ）・俊（137ページ）・駿（138ページ）・祥（143ページ）・勝（144ページ）・大（180ページ）・卓（181ページ）・愉（245ページ）・優（250ページ）

明日嘉 あすか　彩嘉 あやか　和嘉 かずよし
嘉奈子 かなこ　嘉穂 かほ　禎嘉 さだよし
孝嘉 たかよし　嘉人 ひろと　美嘉 みか
嘉明 よしあき　嘉恵 よしえ　嘉希 よしき
嘉斗 よしと　嘉乃 よしの　嘉 よしみ

樺
⇩かば（63ページ）

榎
⇩えのき（45ページ）

稼
15画　禾部・常
音訓 カ・かせ-ぐ
名乗 か・たか・たね
意味 ①かせぐ。「稼業・稼働」②穀物をうえる。また、耕作。

課
15画　言部・教4

音訓 カ

意味 割り当てる。割り当て。「課題」

霞
17画　雨部・人

音訓 カ・かすみ・かすむ

名乗 かすみ

意味 かすみ。もや。「春霞《はるがすみ》」

霞 かすみ　霞帆 かほ　春霞 はるか
温霞 はるか　美霞 みか　夕霞 ゆうか

●が●

牙
4画　牙部・常

音訓 ガ・ゲ・きば

名乗 が

意味 ①きば。「歯牙《しが》」「象牙《ぞうげ》」②大将の旗じるし。「牙城」

牙玖 がく　大牙 たいが　亮牙 りょうが

瓦
5画　瓦部・常

音訓 ガ・かわら

名乗 たま

意味 かわら。

我
7画　戈部・教6

音訓 ガ・われ・わ

名乗 が・もと

意味 自分。私。「自我」

類義 己（95ページ）・吾（97ページ）

我聞 がもん　泰我 たいが　悠我 ゆうが

画
8画　凵部・教2

音訓 ガ・カク・え・えがく・かく

名乗 え・かき・こと・わく

意味 ①絵。絵をかく。「風景画」②映画。映像。「画質・邦画」③区切る。限る。区切り。「画一《かくいつ》・区画」④企《たくわ》てる。はかりごと。「画策《かくさく》・計画」⑤漢字の点や線を数えることば。「画数」

類義 絵（58ページ）

芽
8画　艹部・教4

音訓 ガ・め

名乗 め・めい

意味 ①草や木のめ。「発芽」「新芽《しんめ》」②めばえる。きざす。「萌芽《ほうが》」

彩芽 あやめ　太芽 たいが　夏芽 なつめ
陽芽 ひめ　芽 めい　芽生 めい
芽衣 めい　芽依子 めいこ　芽吹 めぶき
萌芽 めめ　優芽 ゆうが　由芽 ゆめ

俄
9画　亻部・人

音訓 ガ・にわか

意味 突然。急に。「俄然《がぜん》」

臥
9画　臣部・人

音訓 ガ・ふす

意味 うつぶせになる。横たわる。「起臥」

峨
10画　山部・人

音訓 ガ

名乗 たか・たかし

意味 山が高くけわしいさま。

類義 嵯（110ページ）・峻（137ページ）・崚（261ページ）

太峨 たいが　峨 たかし　雄峨 ゆうが

賀
12画　貝部・教5

音訓 ガ

名乗 いわう・か・が・しげ・のり・ひろ・ます・よし・より

意味 祝い。祝う。「賀正・祝賀」

類義 慶（88ページ）・祝（136ページ）

彩賀 あやか　賀寿希 かずき　賀代 かよ
賀之 しげゆき　大賀 たいが　賀久 よしひさ

雅
13画　隹部・常

音訓 ガ・みやび

名乗 が・ただ・ただし・つね・なり・のり・ひとし・まさ・まさし・まさり・まさる・みやび・もと・よし

意味 ①上品で優美である。みやびやか。「清雅《せいが》・風雅・優雅」②正しい。「雅楽・雅言《がげん》」③もとより。常に。④尊敬の意を表す。「雅兄《がけい》」

類義 公（98ページ）・是（160ページ）・正（160ページ）・善（169ページ）

ことば 【博雅《はくが》】広く学問に通じ、道理をわきまえていること〔名前読み例〕ひろまさ

明雅 あきまさ　清雅 きよまさ　大雅 たいが
雅 ただし　尚雅 なおまさ　英雅 ひでまさ
紘雅 ひろまさ　雅昌 まさあき　雅希 まさき
雅子 まさこ　雅 まさし　雅貴 まさたか
雅人 まさと　雅治 まさはる　雅彦 まさひこ
雅弘 まさひろ　雅文 まさふみ　雅美 まさみ
雅也 まさや　道雅 みちまさ　雅 みやび

餓
15画　食部・常

音訓 ガ・うえ・うえる・かつえる

意味 飢える。飢え。「飢餓《きが》」

駕
15画　馬部・人

音訓 カ・ガ

名乗 のり・ゆき

意味 ①乗り物。また、馬・馬車などに乗る。「車駕《しゃが》」②他を超える。「凌駕《りょうが》」

類義 越（45ページ）・超（189ページ）・凌（260ページ）・陵（261ページ）

和駕 かずゆき　大駕 たいが　美駕 みのり

●かい●

✦介 ⇩ 人気の字（56ページ）

人気の字

4画

介

へ部・常

音訓 カイ

名乗 あき・かたし・かつ・すけ・たすく・ゆき・よし

意味 ①間にはいる。仲立ち。「介在・紹介・仲介」②助ける。「介護・介抱」③気にかける。「介意」④よろい。よろいをつける。「甲×冑《かっちゅう》」⑤甲殻《こうかく》。また、貝がら。「魚介」⑥かたい。堅く守る。「×狷介《けんかい》」⑦ひとつ。一人。「一介」⑧「すけ」古代の官職名。律令制で国司の次官。

類義 佐（109ページ）・助（141ページ）・丞（148ページ）・輔（232ページ）・佑（246ページ）・侑（246ページ）・祐（247ページ）・翼（254ページ）

なりたち 象形。よろいをつけた人の形で、よろい、区切る、仲立ちするの意味を表す。

筆順 ノ 人 介 介

一字の名前

介 かい・かたし・たすく

二字の名前

❤一字目

介斗 かいと　介利 かいり　介貴 かつき
介太 ゆきた　介浩 よしひろ　介志 よしゆき

❤二字目

藍介 あいすけ　有介 ありすけ　瑛介 えいすけ
旺介 おうすけ　佳介 かすけ　希介 きすけ
義介 ぎすけ　公介 きみすけ　久介 きゅうすけ
匡介 きょうすけ　恭介 きょうすけ　恵介 けいすけ
慧介 けいすけ　健介 けんすけ　元介 げんすけ
幸介 こうすけ　恒介 こうすけ　晃介 こうすけ
佐介 さすけ　修介 しゅうすけ　俊介 しゅんすけ
昭介 しょうすけ　慎介 しんすけ　誠介 せいすけ
蒼介 そうすけ　颯介 そうすけ　太介 たいすけ
大介 だいすけ　平介 へいすけ　希介 まれすけ
勇介 ゆうすけ　祐介 ゆうすけ　陽介 ようすけ
理介 りすけ　龍介 りゅうすけ　陵介 りょうすけ

三字の名前

❤三字目

愛乃介 あいのすけ　彰之介 あきのすけ　篤之介 あつのすけ
一之介 いちのすけ　伊之介 いのすけ　清乃介 きよのすけ
圭乃介 けいのすけ　賢之介 けんのすけ　光之介 こうのすけ
朔之介 さくのすけ　淳之介 じゅんのすけ　翔乃介 しょうのすけ
信之介 しんのすけ　誠之介 せいのすけ　千代介 ちよすけ
桐之介 とうのすけ　優乃介 ゆうのすけ　龍之介 りゅうのすけ

四字の名前

富次之介 ふじのすけ　由紀之介 ゆきのすけ

読みごとの名前

❤かい

介樹 かいき　介史 かいし　介秀 かいしゅう
介成 かいせい　介登 かいと　介哉 かいや

❤すけ

彰介 あきすけ　絢之介 あやのすけ　栄介 えいすけ
桜介 おうすけ　寛介 かんすけ　菊ノ介 きくのすけ
京介 きょうすけ　恭之介 きょうのすけ　銀介 ぎんすけ
邦介 くにすけ　蔵之介 くらのすけ　圭介 けいすけ
啓介 けいすけ　敬介 けいすけ　慶介 けいすけ
賢介 けんすけ　孝介 こうすけ　浩介 こうすけ
康介 こうすけ　孝之介 こうのすけ　定介 さだすけ
里之介 さとのすけ　佐之介 さのすけ　志乃介 しのすけ
寿之介 じゅのすけ　駿介 しゅんすけ　祥介 しょうすけ
翔介 しょうすけ　信介 しんすけ　紳介 しんすけ
新之介 しんのすけ　介彦 すけひこ　聖介 せいすけ
壮介 そうすけ　泰介 たいすけ　代介 だいすけ
遠之介 とおのすけ　時介 ときすけ　知介 ともすけ
尚介 なおすけ　信介 のぶすけ　典介 のりすけ
春介 はるすけ　秀之介 ひでのすけ　広介 ひろすけ
博介 ひろすけ　藤介 ふじすけ　史介 ふみすけ
正介 まさすけ　樹介 みきすけ　基介 もとすけ
悠介 ゆうすけ　優介 ゆうすけ　雪介 ゆきすけ
洋介 ようすけ　竜介 りゅうすけ　隆介 りゅうすけ
良介 りょうすけ　亮介 りょうすけ　涼介 りょうすけ
遼介 りょうすけ　凜之介 りんのすけ　蓮介 れんすけ

❤ゆき

達介 たつゆき　道介 みちゆき　介俊 ゆきとし

❤よし

和介 かずよし　智介 ともよし　雅介 まさよし
介章 よしあき　介敬 よしたか　介信 よしのぶ

ことば

【介意】《かいい》 気にかける。

【介士】《かいし》 鎧《よろい》をつけた兵士。節操のかたい人。〔名前読み例〕かいし

【介心】《かいしん》 かたい心。〔名前読み例〕かいしん・すけむね

【介福】《かいふく》 大きな幸福。〔名前読み例〕あきとし・かいふく・ゆきとし

【紹介】《しょうかい》 引き合わせること。また、知られていないことを広く知らせること。

【仲介】《ちゅうかい》 間を取り持ち、物事をまとめること。なかだち。

会
6画 へ部・教2

音訓 カイ・エ・あ-う
名乗 あい・あう・え・かず・さだ・はる・もち

意味 ①集まる。集まり。「会員・運動会」②出あう。遭遇する。また、その時。「機会・面会」「一期一会《いちごいちえ》」③当てはまる。一致する。「照会」④理解する。悟《さと》る。「会得《えとく》」⑤数える。計算する。「会計」

一会 いちえ　会斗 かいと　会美 かずみ

回
6画 口部・教2

音訓 カイ・エ・まわ-る・まわ-す

意味 ①回数。度《たび》。「毎回」②まわる。まわす。「回転」③もとに戻る。かえす。「回復」

類義 廻（58ページ）

灰
6画 火部・教6

音訓 カイ・はい
名乗 はい

意味 ①はい。燃えがら。②活気のないもの。「死灰《しかい》」③はい色。「灰白色《かいはくしょく》」

快
7画 忄部・教5

音訓 カイ・こころよ-い
名乗 はや・やす・よし

意味 ①気持ちがよい。楽しい。喜ばしい。「快活・快晴・愉快」②はやい。すばやい。「快足・軽快」③病気が良くなる。「快気・全快」

類義 悦（45ページ）・楽（61ページ）・嬉（72ページ）・捷（144ページ）・迅（155ページ）・速（175ページ）・敏（224ページ）・愉（245ページ）

ことば 【明快】めいかい　はっきりしていてわかりやすいこと。〔名前読み例〕あきよし

快 かい　快晴 かいせい　快斗 かいと
快里 かいり　和快 かずよし　快人 はやと
快佳 やすか　快仁 やすと　快音 よしと

戒
7画 戈部・常

音訓 カイ・いまし-める

意味 ①非常の場合に備える。用心する。「警戒」②注意する。教えさとす。「訓戒」③宗教上のおきて。「戒律」

改
7画 攵部・教4

音訓 カイ・あらた-める・あらた-まる
名乗 あら

意味 ①変える。新しくする。「改革・改善」②かしこまる。あらたまる。③検査する。「改札」

貝
7画 貝部・教1

音訓 ハイ・バイ・かい
名乗 かい・たか

意味 ①かい。かいがら。②貝の名。バイ。

怪
8画 忄部・常

音訓 カイ・ケ・あや-しい・あや-しむ

意味 ①あやしい。不思議な。「怪談・奇怪」②人並み外れた。「怪童・怪力」

注意 「径」は形が似ているが、別の字。→径（86ページ）

拐
8画 扌部・常

音訓 カイ・かどわ-かす

意味 だます。また、だまして連れ去る。「誘拐」

悔
9画 忄部・常　10画 悔 人

音訓 カイ・ゲ・く-いる・く-やむ・くや-しい

意味 くいる。くやむ。「後悔」

海
9画 氵部・教2　10画 海 人

音訓 カイ・うみ
名乗 あま・うな・うみ・か・かい・み

意味 ①うみ。また、湖。「海辺」②一面に広がっているもの。また、物事の多く集まっている所。「雲海・人海戦術」③広くて大きい。「海容」◆見出しの下の方の字は「毋」の部分が「母」の形。

類義 湖（96ページ）・洋（249ページ）

特別な読み 海人《あま》・海士《あま》・海女《あま》・海月《くらげ》・海馬《とど》・海星《ひとで》

ことば 【海里】かいり　海上の距離を表す単位。〔名前読み例〕かいり
【蒼海】そうかい　あおい海。〔名前読み例〕あおみ・そうかい
【大海】たいかい　大きな海。〔名前読み例〕ひろみ
【碧海】へきかい　あおい海。〔名前読み例〕たまみ

明海 あけみ　朝海 あさみ　海音 あまね
亜海 あみ　海子 うみこ　海 かい
海輝 かいき　海司 かいじ　海晴 かいせい
海斗 かいと　海音 かいと　海翔 かいと
一海 かずみ　和海 かずみ　拓海 たくみ
友海 ともみ　豊海 とよみ　直海 なおうみ
七海 ななみ　南帆海 なほみ　奈海 なみ
春海 はるみ　晴海 はるみ　広海 ひろみ
愛海 まなみ　真海 まみ　海佐希 みさき
海帆 みほ　璃海 りみ　瑠海 るみ

界
9画 田部・教3

音訓 カイ・さかい
名乗 さかい

意味 ①さかい。区切り。「境界」②区切られた特定のところ。区域。「視界・世界」

界 かい　界太 かいた　界人 かいと

皆
9画 白部・常

音訓 カイ・みな
名乗 とも・み・みち・みな

意味 すべて。みな。「皆勤・皆無」

類義 一（40ページ）・全（169ページ）・惣（172ページ）・総（173ページ）

皆子 みなこ　皆太 かいた　皆斗 みなと　皆人 かいと　皆美 みなみ

廻
9画　廴部・㊇

音訓 カイ・エ・まわ-る・めぐ-る
名乗 のり
意味 まわる。まわす。めぐらす。「廻船」「輪廻《りんね》」
類義 回（57ページ）

恢
9画　忄部・㊇

音訓 カイ
名乗 ひろ
意味 ①広い。大きい。②さかんにする。また、とりかえす。「恢復《かいふく》」
類義 寛（65ページ）・巨（77ページ）・景（88ページ）・広（99ページ）・弘（99ページ）・宏（101ページ）・洪（102ページ）・浩（104ページ）・紘（104ページ）・太（178ページ）・大（180ページ）・甫（231ページ）・洋（249ページ）

恢嗣 かいし　恢人 かいと　恢理 かいり
恢恵 ひろえ　恢貴 ひろき　恢海 ひろみ

械
11画　木部・㊈4

音訓 カイ
意味 ①しかけのある道具。「機械」②手足にはめて自由を奪う刑具。かせ。

晦
11画　日部・㊇

音訓 カイ
意味 ①その月の最後の日。みそか。「大晦日《おおみそか・おおつごもり》」②暗い。「晦冥《かいめい》」③よくわからない。「晦渋《かいじゅう》」④くらます。ごまかす。

階
12画　阝部・㊈3

音訓 カイ・きざはし
名乗 とも・はし・より
意味 ①建物のそれぞれの層。「三階」②階段。③等級。段階。「階級・音階」

絵
12画　糸部・㊈2

音訓 カイ・エ
名乗 え
意味 え。絵画。また、映像。「絵本・油絵」
類義 画（55ページ）

絵美 えみ　絵里 えり　絵莉奈 えりな
絵蓮 えれん　絵斗 かいと　絹絵 きぬえ
知絵 ちえ　菜々絵 ななえ　乃絵 のえ
美絵 みえ　保絵 やすえ　梨絵子 りえこ

開
12画　門部・㊈3

音訓 カイ・ひら-く・ひら-ける・あ-く・あ-ける
名乗 さき・さく・さと・はる・はるき・ひら・ひらかす・ひらき・ひらく
意味 ①あく。あける。ひらく。「開化・開花・開放」②はじまる。はじめる。「開始・開店」③新たに切りひらく。発展する。「開拓・開発」◆①②⇕閉（229ページ）
類義 一（40ページ）・元（94ページ）・始（123ページ）・初（140ページ）・緒（140ページ）・創（172ページ）・拓（181ページ）・展（197ページ）・肇（215ページ）

開 かい　開路 かいじ　開太 かいた
開斗 かいと　開 はるき　美開 みはる

堺
⇩さかい（115ページ）

塊
13画　土部・㊥

音訓 カイ・かたまり
意味 かたまり。「金塊・団塊」

楷
13画　木部・㊥

音訓 カイ
意味 ①漢字の書体の一つ。「楷書」②手本。型。③木の名。ウルシ科の落葉高木。

解
13画　角部・㊈5

音訓 カイ・ゲ・と-く・と-かす・と-ける
名乗 ざ・さと・さとる・とき・ひろ
意味 ①ばらばらにする。分ける。「解散・分解」②問題をとく。わかる。わからせる。「解決・理解」③ほどく。解《と》き放つ。「解禁・和解」「解熱《げねつ》」

魁
14画　鬼部・㊇

音訓 カイ・さきがけ
名乗 いさお・いさむ・さき・つとむ・やす
意味 ①かしら。首領。「巨魁・首魁」②大きくて堂々としている。「魁偉・魁傑」③まっさき。第一。④北斗七星の第一星。「魁星」

魁 いさむ　魁 かい　魁星 かいせい
魁人 かいと　魁理 かいり　真魁 まさき

潰
15画　氵部・㊥

音訓 カイ・つぶ-す・つぶ-れる・つい-える
意味 ①すっかり崩れる。つぶれる。ついえる。「潰滅」②ただれる。「潰瘍《かいよう》」

壊
16画　土部・㊥
壞
19画　㊇

音訓 カイ・エ・こわ-す・こわ-れる
名乗 つち
意味 こわす。こわれる。「破壊」
注意 「懐」は形が似ているが別の字。↓懐（次項）

懐
16画　忄部・㊥
懷
19画　㊇

音訓 カイ・エ・ふところ・なつ-かしい・なつ-かしむ・なつ-く・なつ-ける・おも-う
名乗 かぬ・かね・きたす・たか・ちか・つね・もち・やす

意味 ①思いを抱《いだ》く。また、心に抱く思い。「述懐・本懐」②なつかしむ。なつかしい思い。「懐旧・懐古」③ふところ。「懐紙」④なつく。なつかせる。「懐柔《かいじゅう》」⑤身ごもる。「懐妊」

注意「壊」は形が似ているが別の字。↓壊（前項）

懐哉 ちかや　懐臣 つねおみ　懐之 やすゆき

諧

16画　言部・常

音訓 カイ

意味 ①ととのう。調和する。また、やわらぐ。「諧調」②たわむれ。おどけ。冗談。「諧×謔《かいぎゃく》・俳諧」

諧 かい　諧太 かいた　諧斗 かいと

櫂

18画　木部・人

音訓 トウ・かい

名乗 かい・こずえ・たく

意味 船を進ませる棒状の道具。かい。

注意「擢」「燿」「耀」は、形が似ているが別の字。↓擢（195ページ）・燿（253ページ）・耀（253ページ）

櫂 かい　櫂洲 かいしゅう　櫂世 かいせい

櫂渡 かいと　櫂里 かいり　櫂 こずえ

櫂帆 たくほ　櫂真 たくま　櫂美 たくみ

櫂歌 とうか　櫂汰 とうた　櫂哉 とうや

●がい●

外

5画　夕部・教2

音訓 ガイ・ゲ・そと・ほか・はずす・はずれる

名乗 がい・そと・と・との・ひろ・ほか

意味 ①ある範囲に入らないもの。そと。ほか。⇔内（206ページ）「屋外」「外側」②おもて。うわべ。表面。「外見」「外科」③除く。のけものにする。「除外」④はずす。はずれる。「例外」⑤外国。「外交」

亥 ⇩い（37ページ）

劾

8画　力部・常

音訓 ガイ

意味 罪を明らかにして追及する。「弾劾」

害

10画　宀部・教4

音訓 ガイ・そこなう

意味 ①悪い影響や結果をもたらす。「被害」②邪魔をする。「妨害」③傷つける。「危害」

崖

11画　山部・常

音訓 ガイ・がけ

意味 がけ。「断崖《だんがい》」

涯

11画　氵部・常

音訓 ガイ

意味 ①岸。水ぎわ。「水涯」②終わるところ。はて。「生涯・天涯」

街

12画　彳部・教4

音訓 ガイ・カイ・まち

名乗 まち

意味 ①まち。「市街」②大通り。

類義 市（122ページ）・町（189ページ）

街佳 まちか　街子 まちこ

凱

12画　几部・人

音訓 カイ・ガイ

名乗 かつ・たのし・とき・やす・よし

意味 ①戦いに勝ってあげる、ときの声。かちどき。「凱歌・凱旋《がいせん》」②やわらぐ。たのしむ。「凱風」

凱 がい　凱亜 がいあ　凱斗 がいと

凱也 かつや　凱広 やすひろ　凱希 よしき

慨

13画　忄部・常

音訓 ガイ・カイ

意味 ①なげく。また、いきどおる。「憤慨」②しみじみとした思い。「感慨」

蓋

13画　艹部・常

音訓 ガイ・カイ・ふた・おおう・けだし

意味 ①ふた。おおい。「天蓋」②おおう。「蓋世《がいせい》」③思うに。たぶん。「蓋然性《がいぜんせい》」

該

13画　言部・常

音訓 ガイ・カイ

名乗 かず・かた・かぬ・かね・みな・もり

意味 ①備わる。「該博《がいはく》」②当てはまる。「該当」

概

14画　木部・常

音訓 ガイ・カイ・おおむね

名乗 むね

意味 ①様子。おもむき。「気概」②おおむね。だいたい。「大概」

骸

16画　骨部・常

音訓 ガイ・むくろ

意味 死体。また、死人の骨。「骸骨」

鎧

18画　金部・人

音訓 カイ・ガイ・よろい

意味 よろい。

●かえで●

楓 ⇩ふう（227ページ）

●かおる●

薫　薫 ⇩くん（85ページ）

馨
20画 香部・人

音訓 ケイ・キョウ・かおり・かおる・かぐわしい

名乗 か・かおり・かおる・きよ・けい・よし

意味 かおる。かおり。よいにおい。「馨香《けいこう》」

類義 郁（39ページ）・薫（85ページ）・香（103ページ）・芳（233ページ）

馨 かおり　馨 かおる　馨子 かおるこ
馨月 かつき　馨子 きょうこ　馨太郎 きょうたろう
馨平 きょうへい　馨一 きよかず　馨二郎 けいじろう
馨介 けいすけ　馨太 けいた　千馨 ちか
美馨 みか　馨光 よしみつ　理馨 りか

●かき●

垣
9画 土部・常

音訓 エン・かき

名乗 かき・たか・はん

意味 かきね。「生け垣《がき》」

柿
9画 木部・常

音訓 シ・かき

名乗 かき

意味 果物のカキ。

●かぎ●

鍵 ⇩けん（93ページ）

●かく●

各
6画 口部・教4

音訓 カク・おのおの

名乗 とも・まさ

意味 それぞれ。おのおの。「各自」

角
7画 角部・教2

音訓 カク・かど・つの・すみ

名乗 かく・かど・すみ・つぬ・つの・ふさ・み

意味 ①四角。四角いもの。方形。「角砂糖」②かど。とがった部分。「角度」③動物のつの。④競争する。争う。「互角」⑤すみ。すみっこ。

画 ⇩が（55ページ）

拡
8画 扌部・教6

音訓 カク・ひろがる・ひろげる

名乗 ひろ・ひろし・ひろむ

意味 広げる。広がる。「拡大・拡張」

類義 延（46ページ）・広（99ページ）・展（197ページ）

拡輝 ひろき　拡 ひろし　拡美 ひろみ

革
9画 革部・教6

音訓 カク・かわ・あらためる・あらたまる

名乗 かく・かわ・また

意味 ①かわ。また、革製品。「牛革」②改まる。改める。「革命・改革」

格
10画 木部・教5

音訓 カク・コウ・キャク

名乗 いたる・かく・きわめ・ただ・ただし・ただす・つとむ・のり・まさ

意味 ①位《くらい》。地位。また、おもむき。「格調・風格」②きまり。法則。「規格」③きちんとする。正す。「格納」④うつ。なぐる。「格闘」⑤到達する。いたる。

類義 至（122ページ）・達（183ページ）・到（200ページ）

格 いたる　格一 こういち　格史 ただふみ

核
10画 木部・常

音訓 カク・さね

意味 ①果実などの種。さね。②物事の大切なところ。かなめ。中心。「核心」

郭
11画 阝部・常

音訓 カク・くるわ

名乗 さと・ひろ

意味 ①城や都市を囲む壁。また、壁に囲まれた城や都市。「城郭」②外枠《そとわく》。「輪郭」③広い。広げる。「郭大」④塀《へい》で囲まれた遊里。くるわ。「遊郭」

殻
11画 殳部・常

音訓 カク・から

意味 から。また、ぬけがら。「貝殻」

注意 「穀」は形が似ているが別の字。↓穀（108ページ）

覚
12画 見部・教4

音訓 カク・おぼえる・さます・さめる・さとる

名乗 あき・あきら・かく・さだ・さと・さとし・さとる・ただ・ただし・よし

意味 ①おぼえる。感知する。「感覚・知覚」②目をさます。「覚醒《かくせい》」③道理を知る。悟《さと》る。また、悟り。「覚悟・自覚」④あらわれる。「発覚」

類義 暁（81ページ）・悟（97ページ）・惺（163ページ）・了（259ページ）

覚 あきら　覚佳 さだか　覚志 さとし
覚美 さとみ　覚 さとる　信覚 のぶあき
正覚 まさよし　美覚 みさと　良覚 よしあき

隔
13画 阝部・常

音訓 カク・へだてる・へだたる

意味 ①間が離れる。へだたる。へだてる。「遠隔・間隔」②一つおきに離れる。「隔月」

較
13画 車部・常

音訓 カク・コウ・くらべる

名乗 あき・あつ・とお・なお・むね

意味 比べる。「較差《かくさ・こうさ》」「比較」

閣 14画 門部・教6
音訓 カク
名乗 たか・ただ・のり・はる
意味 ①高い建物。「楼閣」②内閣。「閣僚」

確 15画 石部・教5
音訓 カク・たし-か・たし-かめる
名乗 あきら・かた・かたし・たい・たかし
意味 ①たしか。間違いなく正しい。「確実・正確」②たしかめる。「確認」③かたい。しっかりしている。「確信」

獲 16画 犭部・常
音訓 カク・え-る
名乗 え・みのる
意味 鳥獣や魚を捕らえる。また、手に入れる。「獲得・捕獲」

嚇 17画 口部・常
音訓 カク・おどす
意味 ①いかる。はげしく怒《おこ》る。②おどす。「威嚇《いかく》」

穫 18画 禾部・常
音訓 カク
名乗 え・みのる
意味 稲や麦を刈りとる。取り入れる。「収穫」

鶴 ⇩つる（193ページ）

●がく●

学 8画 子部・教1
音訓 ガク・まなぶ
名乗 あきら・さと・さとる・さね・たか・のり・ひさ・まさ・まな・まなぶ・みち
意味 ①まなぶ。学問。「学習」②学校。「入学」③学ぶ人。学者。「碩学《せきがく》」
類義 文（229ページ）

学 がく　学斗 がくと　学志 さとし
学彦 さねひこ　智学 ちさと　信学 のぶみち
雅学 まさのり　学登 まなと　学 まなぶ

岳 8画 山部・常
音訓 ガク・たけ
名乗 おか・たか・たかし・たけ
意味 ①高くそびえる山。「山岳」②妻の父母への尊敬の意を表す。「岳父《がくふ》」
ことば【岳人《がくじん》】登山家。〔名前読み例〕がくと・たけと

岳 がく　岳斗 がくと　岳陽 がくよう
一岳 かずたか　岳 たかし　岳志 たかし
岳弘 たかひろ　岳司 たけし　大岳 ひろたけ

楽 13画 木部・教2　**樂** 15画 人
音訓 ガク・ラク・ゴウ・たの-しい・たの-しむ
名乗 ささ・たのし・もと・よし
意味 ①音楽。「楽器」②たのしい。たのしむ。「娯楽」③たやすい。「気楽」
類義 悦（45ページ）・音（50ページ）・快（57ページ）・歓（66ページ）・嬉（72ページ）・愉（245ページ）
特別な読み 神楽《かぐら》

楽 がく　楽志 がくし　神楽 かぐら

額 18画 頁部・教5
音訓 ガク・ひたい
名乗 ぬか
意味 ①がく。額縁《がくぶち》。②数量。特に、金銭の量。「金額」③ひたい。おでこ。

顎 18画 頁部・常
音訓 ガク・あご
意味 あご。あぎと。

●かげ●

蔭 ⇩いん（42ページ）

●がけ●

崖 ⇩がい（59ページ）

●かける●

掛 11画 扌部・常
音訓 カイ・カ・か-ける・か-かる・かかり
意味 ①引っかける。また、かぶせる。②気にかける。③かけ算をする。④着手する。はじめる。⑤担当。係。

●かさ●

笠 11画 竹部・人
音訓 リュウ・かさ
名乗 りゅう
意味 頭にかぶるかさ。

傘 ⇩さん（119ページ）

嵩 13画 山部・人
音訓 シュウ・スウ・かさ・かさむ
名乗 たか・たかし・たけ
意味 ①山が高くそびえる。「嵩高《すうこう》」②［かさ］物の大きさや分量。「水嵩《みずかさ》」

和嵩 かずたか　嵩子 たかこ　嵩琉 たける

●かし●

樫 16画 木部・人
音訓 かし
意味 木の名。カシ。◆日本で作られたとされる字（国字）。

●かじ●

梶 11画 木部・人
音訓 ビ・かじ
名乗 かじ・こずえ・すえ
意味 木の名。カジノキ。

舵 ⇩だ（177ジペー）

●かた●

潟 15画 氵部・常
音訓 セキ・かた
名乗 かた
意味 ①干潟《ひがた》。②砂州《さす》によって海から切り離されてできる湖。ラグーン。③湾。入り江。

●かつ●

且 5画 一部・常
音訓 ショ・か-つ
名乗 あき・かつ・すすむ・ただし・まさ・よし
意味 ①かつ。一方では。さらに。②しばらく。
且斗 あきと　且輝 まさき　且徳 よしのり

括 9画 扌部・常
音訓 カツ・くく-る・くび-れる
意味 くくる。束ねる。まとめる。「括弧《かっこ》・包括」

活 9画 氵部・教2
音訓 カツ・い-かす・い-きる・い-ける
名乗 いく・いた・かつ
意味 ①生きる。生かす。「生活」②生き生きしている。「活発・快活」
類義 生（161ジペー）・存（176ジペー）
活恵 いくえ　活喜 かつき　活美 かつみ
活也 かつや　輝活 てるかつ　英活 ひでかつ

喝 11画 口部・常
音訓 カツ
意味 ①大声を出す。叱《しか》る。また、おどす。「喝采《かっさい》・一喝」②禅宗で、叱ったり励ましたりするときに発する声。

渇 11画 氵部・常　**渴** 12画 人
音訓 カツ・かわ-く
意味 ①水分がなくなる。また、のどがかわく。「枯渇《こかつ》」②しきりに欲しがる。切望する。「渇望《かつぼう》」

割 12画 刂部・教6
音訓 カツ・わ-る・わり・わ-れる・さ-く
名乗 さき
意味 ①わる。切りさく。「割譲・分割」②割合。また、割り当て。

葛 12画 艹部・常
音訓 カツ・くず・かずら・つづら
名乗 かず・かつら・かど・くず・さち・つら・ふじ
意味 ①植物の名。マメ科のつる草。クズ。②クズの繊維から作った布。
葛斗 かずと　葛美 かつみ　茂葛 しげかつ

滑 13画 氵部・常
音訓 カツ・コツ・すべ-る・なめ-らか・ぬめ-る
意味 ①なめらか。とどこおりなく物事が進む。「円滑」②すべる。「滑走」③［こつ］乱れる。「滑稽《こっけい》」

褐 13画 衤部・常
音訓 カツ・カチ
意味 ①あらい繊維で織った粗末な衣服。「褐衣《かちえ・かちぎぬ》」②黒ずんだ茶色。こげ茶。「褐色《かっしょく》」③［カチ］かち色。濃い藍色《あいいろ》。

轄 17画 車部・常
音訓 カツ
意味 要所をおさえる。とりまとめる。「所轄・直轄」◆もともとは車輪を止めるくさびの意味。

●がつ●

月 ⇩げつ（90ジペー）

●かなう●

叶 5画 口部・人
音訓 キョウ・かな-う
名乗 かない・かのう・とも・やす
意味 望みどおりになる。かなう。
注意「叶」は形が似ているが、別の字。↓叫（78ジペー）
叶 かない　叶一郎 きょういちろう　叶夏 きょうか
叶子 きょうこ　叶平 きょうへい　叶真 きょうま

●かに●

蟹 19画 虫部・人
音訓 カイ・かに
意味 節足動物の名。カニ。

●かね●

鐘 ⇩しょう（147ページ）

●かのえ●

庚 ⇩こう（102ページ）

●かば●

椛 ⇩もみじ（244ページ）

樺 14画 木部・人
音訓 カ・かば
名乗 かば・から・かんば
意味 シラカバなど、カバノキ科の植物。「白樺《しらかば》」◆↓椛（244ページ）

彩樺 あやか　一樺 いちか　樺那子 かなこ
樺代 かよ　樺林 かりん　春樺 はるか
百樺 ももか　悠樺 ゆうか　和樺 わかば

●かばん●

鞄 14画 革部・人
音訓 ホウ・かばん
意味 かばん。

●かぶ●

株 10画 木部・教6
音訓 シュ・かぶ
名乗 もと・より
意味 ①木の切りかぶ。草木の根元。②株式・株券。また、その取引。③ある地位・身分。また、その地位につくための権利。「古株」④得意とする技や分野。

●かぶと●

兜 ⇩と（199ページ）

●かま●

釜 10画 金部・常
音訓 フ・かま
意味 調理器具のかま。「釜飯」

鎌 18画 金部・常
音訓 レン・かま
名乗 かた・かね・かま
意味 農具のかま。

●がま●

蒲 ⇩ほ（232ページ）

●かも●

鴨 16画 鳥部・人
音訓 オウ・かも
名乗 かも・まさ
意味 鳥の名。カモ。

●かもめ●

鷗 ⇩おう（48ページ）

●かや●

萱 12画 艹部・人
音訓 ケン・かや
名乗 かや・ただ・まさ
意味 ①かや。屋根をふくのに用いる草。ススキ・チガヤ・スゲなど。「萱葺《かやぶ》き」②草の名。ワスレグサ。

●かゆ●

粥 12画 米部・人
音訓 シュク・イク・かゆ
意味 かゆ。

●がら●

柄 ⇩へい（229ページ）

●からす●

烏 ⇩う（42ページ）

●かる●

刈 4画 刂部・常
音訓 ガイ・かる
名乗 かる・たつ・つくす
意味 かる。かり取る。切り取る。

●かわ●

革 ⇩かく（60ページ）

●かん●

干 3画 干部・教6
音訓 カン・ほす・ひる
名乗 たく・たて・ほす・もと
意味 ①ほす。乾かす。また、乾く。「干潮」②かかわる。立ち入る。「干渉」③もとめる。「干禄《かんろく》」

④盾《たて》。「干×戈《かんか》」⑤えと。「干支《えと・かんし》」

刊 5画 刂部・教5
音訓 カン
意味 ①出版する。発行する。「刊行」②けずる。

甘 5画 甘部・常
音訓 カン・あま-い・あま-える・あま-やかす・あま-んじる・うま-い
名乗 かい・よし
意味 ①あまい。うまい。「甘美・甘露」②あまんずる。満足する。また、あまやかす。「甘言・甘受」

汗 6画 氵部・常
音訓 カン・あせ
意味 ①あせ。あせをかく。②モンゴルなどの遊牧民の長の称号。

缶 6画 缶部・常
音訓 カン・フ
名乗 べ
意味 ①かん。「空き缶」②湯わかし用の容器。また、ボイラー。「薬缶《やかん》」③昔、酒などを入れた、胴部のふくらんだふた付きの土器。

完 7画 宀部・教4
音訓 カン
名乗 かん・さだ・たもつ・なる・ひろ・ひろし・まさ・また・またし・みつ・ゆたか
意味 ①欠けたところがない。「完全・完備・完璧」②やりとげる。「完成」③終わり。終わる。「完結」
類義 遂（158ページ）
和完 かずさだ　完一 かんいち　完司 かんじ
完汰 かんた　完太郎 かんたろう　完奈 かんな
智完 ともさだ　完 ひろし　完美 ひろみ

肝 7画 月部・常
音訓 カン・きも
意味 ①きも。肝臓。②こころ。真心。また、気力。「肝胆」③もっとも大切なところ。かなめ。「肝腎《かんじん》・肝要」

官 8画 宀部・教4
音訓 カン
名乗 おさ・きみ・これ・たか・のり・ひろ
意味 ①政府。役所。また、その役職。「官庁」②役人。「高官」③体の感覚器官。

侃 8画 亻部・人
音訓 カン
名乗 あきら・かん・すなお・ただ・ただし・つよし・なお・やす
意味 性格などが正しく強い。「侃々×諤々《かんかんがくがく》（＝互いに正しいと思うことを主張し議論すること）」
侃太 かんた　侃 すなお　侃介 ただすけ

函 8画 凵部・人
音訓 カン・はこ
名乗 すすむ
意味 ①箱。「投函」②「函館《はこだて》」の略。「青函トンネル」

冠 9画 冖部・常
音訓 カン・かんむり
名乗 かむり
意味 ①かんむり。「王冠」②もっとも優れている。③成人のしるしとして冠《かんむり》をかぶる。元服。「弱冠」④上にかぶせる。かぶる。「冠水」

巻 9画 己部・教6
卷 8画 㔾部・人
音訓 カン・ケン・ま-く・まき
名乗 まき・まる
意味 ①まく。まとめる。取りまく。「巻雲」②まいた物。巻物《まきもの》。また、書物。

看 9画 目部・教6
音訓 カン・み-る
名乗 あきら・たく・み・みつ・みる
意味 ①よく見る。見守る。「看護」②読む。「看書」

柑 9画 木部・人
音訓 カン
意味 ミカンの類。「柑橘類《かんきつるい》・蜜柑《みかん》」
柑一郎 かんいちろう　柑介 かんすけ　柑太 かんた
柑菜 かんな　柑乃 かんの　美柑 みかん

竿 ⇩さお（115ページ）

陥 10画 阝部・常
陷 11画 人
音訓 カン・おちい-る・おとしい-れる
意味 ①おちこむ。へこむ。また、おとしいれる。「陥没」②攻め落とされる。「陥落」③不足する。「欠陥」

莞 10画 艹部・人
音訓 カン
名乗 かん
意味 ①にっこり笑うさま。「莞爾《かんじ》・莞然」②草の名。イグサ。また、イグサで織ったむしろ。
類義 咲（116ページ）・笑（143ページ）
莞子 かんこ　莞爾 かんじ　莞祐 かんすけ
莞太朗 かんたろう　莞登 かんと　莞奈 かんな

乾 11画 乙部・常
音訓 カン・ケン・かわ-く・かわ-かす・いぬい・ほ-す
名乗 きみ・けん・すすむ・たけし・つとむ・ふ
意味 ①かわく。かわかす。干す。「乾燥・乾杯」②

天。そら。あめ。「乾×坤一×擲《けんこんいってき》」③北西。いぬい。

乾一 かんいち　乾直 きみなお　乾太郎 けんたろう

勘
11画　力部・常

音訓 カン・かんが-える
名乗 かん・さだ・さだむ・のり
意味 ①かん。第六感。「勘所《かんどころ》」②よく考える。考えくらべる。「勘案」③罪を問いただす。「勘当」

勘司 かんじ　勘之介 かんのすけ　勘 さだむ

患
11画　心部・常

音訓 カン・わずら-う
意味 ①わずらう。病気。「患者」②うれい悩む。心配する。「憂患」

貫
11画　貝部・常

音訓 カン・つらぬ-く
名乗 かん・つら・とおる・ぬき
意味 ①つらぬく。また、やり通す。「貫徹・一貫」②尺貫法の重さの単位。また、昔の貨幣の単位。

貫介 かんすけ　貫太 かんた　貫 とおる

菅
11画　艹部・人

音訓 カン・ケン・すげ
名乗 すが・すげ
意味 草の名。スゲ。
注意 「管」は形が似ているが別の字。→管（66ページ）

喚
12画　口部・常

音訓 カン・おめ-く・よ-ぶ・わめ-く
意味 ①大声でさけぶ。わめく。「喚声」②呼びよせる。「召喚」

堪
12画　土部・常

音訓 カン・タン・た-える・こら-える
名乗 かつ・たえ・ひで
意味 ①たえる。我慢する。「堪忍《かんにん》」②優れている。「堪能《たんのう・かんのう》」

寒
12画　宀部・教3

音訓 カン・さむ-い
名乗 さむ・ふゆ
意味 ①さむい。冷たい。さむさ。⇔暑（140ページ）「寒風」②さむざむとした。さびしい。また、貧しい。「寒村」

換
12画　扌部・常

音訓 カン・か-える・か-わる
名乗 やす
意味 かえる。取りかえる。また、かわる。「交換」

敢
12画　攵部・常

音訓 カン・あ-えて
名乗 いさみ・いさむ
意味 あえて。あえてする。思いきって行う。「果敢・勇敢」

敢 いさむ　敢一 かんいち　敢太郎 かんたろう

棺
12画　木部・常

音訓 カン・ひつぎ
意味 ひつぎ。「棺桶《かんおけ》」

款
12画　欠部・常

音訓 カン
名乗 すけ・ただ・まさ・ゆき・ゆく・よし
意味 ①真心。また、親しい交わり。よしみ。「款待・交款」②予算・決算書などの科目。また、法令や規約などの条項。「定款《ていかん》」③刻む。金石などに文字を彫る。また、その文字。「落款《らっかん》」

間
12画　門部・教2

音訓 カン・ケン・あいだ・ま・あい
名乗 ちか・はし・ま
意味 ①あいだ。また、ある範囲の中。「行間・空間・瞬間」②ひそかに隙《すき》をうかがう。また、スパイ。「間者」③［ケン］尺貫法の長さの単位。④疑いをさしはさむ。また、非難する。「間然」

閑
12画　門部・常

音訓 カン・しず-か・のど-か・ひま
名乗 しず・のり・もり・やす・より
意味 ①することがなくて、ひまなこと。「有閑」②しずか。のどか。「閑静」③おろそかにする。「等閑《とうかん・なおざり》」④むだ。「閑話」

閑太 かんた　閑香 しずか　閑樹 しずき

勧
13画　力部・常

音訓 カン・すす-める
名乗 すけ・すすむ・ゆき
意味 すすめる。励ます。「勧誘」

勧一郎 かんいちろう　勧太 かんた　勧 すすむ

寛
13画　宀部・常
寬　14画　人

音訓 カン・くつろ-ぐ・ひろ-い
名乗 お・おき・かん・ちか・とう・とみ・とも・とら・のぶ・のり・ひと・ひろ・ひろし・ひろじ・みつ・むね・もと・ゆたか・よし
意味 ①空間が広い。②心が広い。おおらか。「寛大・寛容」③ゆるやか。ゆるめる。④くつろぐ。◆見出しの下の方の字は「目」の下に点が付く。
類義 恢（58ページ）・広（99ページ）・弘（99ページ）・宏（101ページ）・浩（104ページ）・紘（104ページ）・甫（231ページ）・洋（249ページ）

篤寛 あつひろ　寛一朗 かんいちろう　寛治 かんじ
寛太 かんた　寛菜 かんな　千寛 ちひろ
寛乃 ともの　寛彦 ともひこ　寛明 ひろあき

寛恵 ひろえ　寛子 ひろこ　寛 ひろし
寛都 ひろと　広寛 ひろのり　寛大 ひろまさ
寛之 ひろゆき　美寛 みひろ　寛 ゆたか

13画
幹
干部・教5
音訓 カン・みき
名乗 えだ・から・かん・き・くる・たかし・たる・つね・つよし・とし・とも・まさ・み・みき・もと・もとい・もとき・もとし・よし・よみ・より
意味 ①樹木のみき。また、物事の中心となるもの。「幹部・根幹」②わざ。仕事をする能力。「才幹」
注意 「斡」は形が似ているが別の字。→斡（35ページ）

幹司 かんじ　幹太 かんた　幹那 かんな
晴幹 はるき　幹隆 みきたか　幹太朗 みきたろう
幹人 みきと　幹奈 みきな　幹一 みきひと
幹花 もとか　幹貴 もとき　幹子 もとこ

13画
漢
氵部・教3　14画 漢 人
音訓 カン
名乗 あや・あら・かみ・かん・くに・そら・なら
意味 ①中国に関する事柄。「漢字・漢方」②おとこ。「好漢」③天の川。「銀漢・天漢」

漢一 かんいち　漢司 かんじ　漢太 かんた

13画
感
心部・教3
音訓 カン
意味 ①物事にふれて心が動く。「感激・感動」②五感にふれて暑さ・寒さ・痛みなどを知覚する。「感覚」

14画
慣
忄部・教5
音訓 カン・な-れる・な-らす
名乗 みな
意味 なれる。ならす。また、ならわし。「習慣」

14画
管
竹部・教4
音訓 カン・くだ
名乗 うち・すげ
意味 ①くだ。パイプ。「血管・水道管」②つかさどる。取りしまる。「管轄・保管」③笛。「管楽器・木管」④筆の軸《じく》。筆。
注意 「菅」は形が似ているが別の字。→菅（65ページ）

14画
関
門部・教4
音訓 カン・せき・かか-わる
名乗 せき・でき・とおる・み・もり
意味 ①かかわる。つながりをもつ。「関係・関心」②物と物をつなぐ仕組み。「関節・機関」③関所《せきしょ》。また、出入り口。「玄関」④かんぬき。「関鍵《かんけん》」

15画
歓
欠部・常
音訓 カン・よろこ-ぶ
名乗 やす・よし
意味 よろこぶ。楽しむ。「歓声」
類義 悦（45ページ）・嘉（54ページ）・楽（61ページ）・喜（70ページ）・嬉（72ページ）・欣（82ページ）・慶（88ページ）・愉（245ページ）

歓司 かんじ　歓多 かんた　歓菜 かんな
正歓 まさよし　歓子 よしこ　歓美 よしみ

15画
監
皿部・常
音訓 カン
名乗 あき・あきら・かね・ただ・てる・み
意味 ①見守る。見張る。また、見守って取り締まる人。「監視・監督」②牢屋《ろうや》。「監獄」

15画
緩
糸部・常
音訓 カン・ゆる-い・ゆる-やか・ゆる-む・ゆる-める
名乗 のぶ・ひろ・ふさ・やす
意味 ゆるい。ゆるむ。ゆるめる。「緩和・弛緩《しかん》」

緩奈 かんな　緩子 ひろこ　緩乃 ひろの

16画
憾
忄部・常
音訓 カン・うら-み・うら-む
意味 残念に思う。不満に思う。「遺憾」

16画
還
辶部・常
音訓 カン・ゲン・セン・かえ-る・かえす
意味 元に戻る。かえす。かえる。「帰還」

16画
館
食部・教3
音訓 カン・やかた・たち・たて
名乗 たて
意味 大きな建物や店。また、施設。「映画館」

17画
環
王部・常
音訓 カン・たまき・わ
名乗 たま・たまき・わ
意味 ①輪の形をした玉。また、輪の形をしたもの。「環状」②ひとまわりする。取り巻く。「環境・循環」
類義 圏（92ページ）・輪（262ページ）

環介 かんすけ　環太 かんた　環那 かんな
環恵 たまえ　環 たまき　環樹 たまき
環子 たまこ　環美 たまみ　環花奈 わかな

18画
簡
竹部・教6
音訓 カン
名乗 あきら・ひろ・ふみ・もと・やすし
意味 ①手軽にする。おおまか。「簡潔・簡単・簡略」②手紙。書物。「書簡」③昔、文字を書いた木や竹のふだ。「木簡」④選ぶ。「簡抜」

18画
観
見部・教4
音訓 カン・み-る
名乗 あき・しめす・まろ・み・みる
意味 ①みる。眺める。「観察・参観」②ものの見方や考え方。意識。「観念・主観」③外から見える姿。様子。「景観・美観」④人に示す。

観久 あきひさ　観治 かんじ　観太 かんた
聡観 さとみ　英観 ひであき　友観 ゆみ

韓
18画　韋部・常
音訓 カン
意味 ①「大韓民国」の略。韓国。②いげた。井戸の上に組んだ木の囲い。

艦
21画　舟部・常
音訓 カン
意味 戦闘に用いる船。「艦隊・軍艦」

鑑
23画　金部・常
音訓 カン・かんが-みる・かがみ
名乗 あき・あきら・かた・かね・かん・しげ・のり・み・みる
意味 ①手本。いましめ。「亀鑑《きかん》・宝鑑」②身分・資格などを見分けるしるし。「印鑑」③資料を系統的に並べた本。「図鑑」④よく考えて見分ける。見定める。「鑑定」
類義 規（70ページ）・鏡（80ページ）・則（175ページ）・典（196ページ）・範（218ページ）

鑑 あきら　鑑一 かんいち　正鑑 まさあき

●がん●

丸
3画　乙部・教2
音訓 ガン・まる・まる-い・まる-める
名乗 たま・まる・まろ
意味 ①まるい。まるめる。まるいもの。「丸薬」②そのもの全部。まるまる。③人名・船名・刀名などに付けることば。「牛若丸」
類義 円（45ページ）・圏（92ページ）・団（184ページ）

丸実 たまみ　丸之介 まるのすけ

含
7画　口部・常
音訓 ガン・カン・ふく-む・ふく-める
名乗 もち
意味 ふくむ。ふくめる。「含意・含有」

岸
8画　山部・教3
音訓 ガン・きし
名乗 きし
意味 ①川や海と接する陸地。きし。「海岸」「岸辺」②切り立っている。いかめしい。「傲岸《ごうがん》」

岩
8画　山部・教2
音訓 ガン・いわ
名乗 いわ・いわお・かた・せき・たか
意味 大きな石。いわ。

玩
8画　王部・常
音訓 ガン・もてあそ-ぶ
名乗 なり・よし
意味 ①もてあそぶ。おもちゃにする。「玩具《がんぐ・おもちゃ》」②深く味わう。「玩味」

眼
11画　目部・教5
音訓 ガン・ゲン・まなこ・め
名乗 まな・め
意味 ①目《め》。「眼光」②物事の本質を見抜く能力。「慧眼《けいがん》」③物事の大事なところ。かなめ。「主眼」④のぞく穴。

雁
12画　隹部・人
音訓 ガン・かり
意味 鳥の名。ガン。かり。

頑
13画　頁部・常
音訓 ガン・かたく-な
意味 ①融通がきかない。かたくな。「頑固」②丈夫で強い。「頑丈」

顔
18画　頁部・教2
音訓 ガン・かお
意味 ①かお。かおつき。「顔色《かおいろ・がんしょく》」②体面。面目。また、態度。③いろどり。「顔料」

願
19画　頁部・教4
音訓 ガン・ねが-う
意味 ①希望する。望む。「願望・念願」②神仏に祈り求める。「祈願」
類義 希（69ページ）・望（235ページ）

巌
20画　山部・人
巖
23画　人
音訓 ガン・いわ・いわお
名乗 いわ・いわお・お・みち・みね・よし
意味 大きな岩。いわお。「巌窟《がんくつ》」

秋巌 あきみね　巌 いわお　巌雄 いわお
巌治 がんじ　巌也 みねや　巌斗 よしと

●き●

企
6画　へ部・常
音訓 キ・くわだ-てる・たくら-む
名乗 き・もと
意味 ①くわだてる。計画する。「企画」②つま先立ちする。

伎
6画　イ部・常
音訓 キ・ギ
名乗 き・くれ・し・たくみ
意味 ①わざ。うでまえ。「伎芸」②役者。芸人。「伎楽《ぎがく》」
類義 技（72ページ）・工（98ページ）・巧（99ページ）・術（137ページ）

亜伎 あき　伎理子 きりこ　光伎 こうき
伎 たくみ　真伎菜 まきな　実伎 みき

危
6画 卩部・教6
音訓 キ・ギ・あぶ-ない・あや-うい・あや-ぶむ
意味 ①あぶない。あやうい。また、危惧《きぐ》する。「危険」②おびやかす。害する。「危害」

肌
⇩はだ（216ページ）

机
6画 木部・教6
音訓 キ・つくえ
意味 つくえ。

気
6画 气部・教1
氣
10画 人
音訓 キ・ケ
名乗 おき・き・とき
意味 ①息。②気体。「空気・大気」③精神や心の働き。活力。「気分・英気・元気・才気・勇気」④様子。雰囲気。「気運」「気配《けはい》」⑤天地間の自然現象。「気候・天気」

英気 えいき　和気 かずき　元気 げんき
晃気 こうき　友気 ともき　尚気 なおき
陽気 はるき　秀気 ひでき　広気 ひろき
元気 もとき　泰気 やすき　勇気 ゆうき
優気 ゆき　義気 よしき　嘉気 よしき

岐
7画 山部・常
音訓 キ・ギ・わか-れる
名乗 き・ちまた・ふなど・みち
意味 わかれる。分かれ道。「岐路《きろ》・分岐」
特別な読み 壱岐《いき》

◆希
⇩人気の字（69ページ）

汽
7画 氵部・教2
音訓 キ
意味 ゆげ。水蒸気。「汽車」

忌
7画 心部・常
音訓 キ・い-む・い-まわしい
意味 ①いむ。嫌って避ける。「忌避・禁忌」②喪《も》に服すこと。喪中。また、命日。「忌中」

奇
8画 大部・常
音訓 キ
名乗 あや・き・くし・くす・より
意味 ①珍しい。不思議な。「奇妙」②思いがけない。予想外。「奇遇」③優れている。すばらしい。「奇才」④奇数。⇔偶（84ページ）⑤「綺」の代わりに使う字。→綺（71ページ）「奇麗」

季
8画 子部・教4
音訓 キ
名乗 き・すえ・とき・とし・のり・ひで・みのる
意味 ①季節。時期。「季語・四季」②すえ。終わり。「季春」
注意 「李」は形が似ているが、別の字。→李（256ページ）

亜季 あき　季穂 きほ　季美 きみ
洸季 こうき　紗季 さき　颯季 さつき
季次 すえつぐ　季恵 ときえ　季子 ときこ
季和 としかず　晴季 はるき　麻季 まき
実沙季 みさき　瑞季 みずき　季 みのる
悠季 ゆうき　由季 ゆき　芳季 よしき

祈
8画 ネ部・常
祈
9画 示部・人
音訓 キ・いの-る
名乗 いのり・き
意味 神仏にいのる。いのり。「祈願・祈禱《きとう》」

一祈 いつき　祈 いのり　祈美 きみ
祈良 きら　祈和 きわ　幸祈 こうき
紗祈 さき　尚祈 なおき　陽祈 はるき
美祈子 みきこ　夕祈 ゆうき　優祈 ゆき

祁
8画 示部・人
音訓 キ
名乗 お・おお・き・のぶ
意味 大いに。さかんに。はなはだ。

紀
9画 糸部・教4
音訓 キ・しる-す
名乗 あき・おさ・おさむ・かず・かなめ・き・きい・きの・こと・しるす・すみ・ただ・ただし・つぐ・つな・とし・のり・はじめ・ひろ・みち・もと・もとい・よし
意味 ①書き記す。書き記したもの。「紀行・紀要」②法《のり》。きまり。「紀律・風紀」③とし。年月のまとまり。「紀元・世紀」
類義 記（70ページ）・規（70ページ）・矩（83ページ）・則（175ページ）・法（233ページ）

安紀 あき　紀人 あきと　衣津紀 いつき
紀 おさむ　和紀 かずとし　紀 かなめ
紀一 きいち　紀歩 きほ　紀里人 きりと
晃紀 こうき　早紀 さき　紀香 のりか
紀子 のりこ　紀久 のりひさ　紀之 のりゆき
紀 はじめ　晴紀 はるき　正紀 まさき
美紗紀 みさき　瑞紀 みずき　美紀 みのり
侑紀 ゆうき　由紀 ゆき　友紀恵 ゆきえ

軌
9画 車部・常
音訓 キ
名乗 き・のり
意味 ①法《のり》。筋道。「軌範・常軌」②車輪の跡。わだち。また、車輪の幅。「軌跡・軌道」

栄軌 えいき　光軌 こうき　大軌 だいき
直軌 なおき　軌宏 のりひろ　広軌 ひろき

姫
⇩ひめ（223ページ）

人気の字

7画

希

巾部・教4

音訓 キ・ケ・まれ

名乗 き・け・のぞ・のぞみ・のぞむ・まれ・やす

意味 ①ねがう。のぞむ。「希求・希望」②まれ。珍しい。「希少・希代」「希有《けう》」③薄い。薄める。「希釈・希薄」

類義 願（67ページ）・望（235ページ）

なりたち 会意。織り目が少ない布の意から、まれの意味を表す。また、「祈」に通じて、のぞみ求めるの意味を表す。

地名 希×臘《ギリシャ》

筆順

参考 ②③の意味では「稀」と同じように使う。現代表記では「稀少→希少」など、「稀」を「希」に書きかえる。→稀（71ページ）

一字の名前

希 のぞみ・のぞむ・まれ

二字の名前

❤一字目

希衣 きい　希一 きいち　希恵 きえ
希生 きお　希織 きおり　希々 きき
希輝 きき　希子 きこ　希紗 きさ
希咲 きさき　希怜 きさと　希心 きしん
希介 きすけ　希輔 きすけ　希菜 きな
希春 きはる　希帆 きほ　希美 きみ
希結 きゆ　希優 きゆ　希誉 きよ
希良 きら　希梨 きり　希和 きわ
希栄 のぞえ　希美 のぞみ　希花 まれか
希亮 まれすけ　希成 やすなり　希彦 やすひこ

❤二字目

亜希 あき　愛希 あき　一希 いつき
栄希 えいき　和希 かずき　克希 かつき
元希 げんき　玄希 げんき　光希 こうき
洸希 こうき　咲希 さき　颯希 さつき
駿希 しゅんき　蒼希 そうき　大希 だいき
竜希 たつき　珠希 たまき　敏希 としき
智希 ともき　真希 なおき　夏希 なつき
陽希 はるき　遥希 はるき　悠希 ひさき
洋希 ひろき　浩希 ひろき　楓希 ふうき
冬希 ふゆき　歩希 ほまれ　優希 まさき
瑞希 みずき　悠希 ゆうき　優希 ゆうき
柚希 ゆずき　祥希 よしき　琉希 るき

三字の名前

❤一字目

希亜羅 きあら　希一郎 きいちろう　希緒良 きおら
希久華 きくか　希乃香 きのか　希美央 きみお
希美子 きみこ　希美世 きみよ　希世絵 きよえ
希代美 きよみ　希世祢 きよね　希良々 きらら
希理斗 きりと　希和子 きわこ　希和乃 きわの

❤二字目

亜希人 あきと　早希恵 さきえ　多希恵 たきえ
津希子 つきこ　真希雄 まきお　麻希菜 まきな
実希子 みきこ　美希葉 みきは　優希菜 ゆきな
有希乃 ゆきの　由希也 ゆきや　理希斗 りきと

❤三字目

安紗希 あさき　明日希 あすき　衣津希 いつき
夏都希 かつき　紗都希 さとき　早夕希 さゆき
多真希 たまき　千亜希 ちあき　奈央希 なおき
菜津希 なつき　麻沙希 まさき　美紗希 みさき
実津希 みつき　美優希 みゆき　夕寿希 ゆずき

読みごとの名前

❤き

亜希音 あきと　篤希 あつき　彩希 あやき
乙希 いつき　一希 かずき　希樹 きき
希久恵 きくえ　希実 きみ　希美夏 きみか
希実子 きみこ　希由 きゆ　希理子 きりこ
幸希 こうき　早希 さき　静希 しずき
泰希 たいき　輝希 てるき　友希 ともき
尚希 なおき　真希斗 まきと　光希 みき
実紗希 みさき　祐希 ゆき　龍希 りゅうき

❤け

希生 けい　希衣子 けいこ　多希人 たけと

❤のぞ

希実 のぞみ　希海 のぞみ　希夢 のぞむ

❤まれ

穂希 ほまれ　希典 まれすけ　希弥 まれや

ことば

【希求】《ききゅう》 強く願い求めること。〔名前読み例〕きく

【希世】《きせい》 世にまれなこと。〔名前読み例〕きせ・きよ

【希代】《きたい》 世にまれなこと。〔名前読み例〕きよ

【希望】《きぼう》 のぞみ願うこと。また、将来の明るい見通し。〔名前読み例〕きぼう・のぞみ

【希有】《けう》 世にまれなこと。〔名前読み例〕きう・きゆ

10画
帰
巾部・教2
音訓 キ・かえる・かえす
名乗 もと・ゆき・より
意味 ①戻る。かえる。「帰還・復帰」②あるべき所におさまる。おもむく。「帰結・帰属」

10画
既
旡部・常
音訓 キ・すでに
意味 ①すでに終わっている。「既刊・既成」②尽くす。尽きる。「皆既食」

10画
記
言部・教2
音訓 キ・しるす
名乗 き・しるす・とし・なり・のり・ふさ・ふみ・よし
意味 ①書きしるす。書きしるしたもの。しるし。「記述・日記」②覚える。「記憶・暗記」
類義 紀（68ページ）

亜記 あき　記一 きいち　光記 こうき
智記 とものり　奈津記 なつき　記雄 のりお
記華 のりか　記恵 ふみえ　記彦 ふみひこ
雅記 まさき　美記 みき　瑞記 みずき

10画
起
走部・教3
音訓 キ・おきる・おこる・おこす
名乗 おき・おこし・おこす・かず・き・たつ・もと・ゆき
意味 ①おきる。立ち上がる。高く持ち上がる。「隆起」②おこす。活動をはじめる。動きだす。「起案・決起」③物事のおこり。はじまり。「起源・起点」

起直 おきなお　起乃 かずの　起美子 きみこ
邦起 くにゆき　功起 こうき　紗起 さき
大起 だいき　隆起 たかおき　大起 はるき
真起子 まきこ　瑞起 みずき　美由起 みゆき
起希 もとき　侑起 ゆうき　起彦 ゆきひこ

10画
飢
食部・常
音訓 キ・うえる
意味 ①腹がへってひもじくなる。飢《う》える。「飢餓《きが》」②穀物が実らない。「飢×饉《ききん》」

10画
鬼
鬼部・常
音訓 キ・おに
名乗 おに・き・さと
意味 ①おに。化け物。「鬼神」②超人的に優れているもの。「鬼才」③死者の霊魂。死者。「幽鬼《ゆうき》」

11画
基
土部・教5
音訓 キ・もと・もとい・もとづく
名乗 き・のり・はじむ・はじめ・み・もと・もとい・もとき・もとし・もとや
意味 ①もとい。物事の土台。よりどころ。「基礎・基本」②科学で、原子の集まり。「塩基」

光基 こうき　大基 だいき　基 はじめ
温基 はるき　瑞基 みずき　基 もとい
基佳 もとか　基 もとき　基子 もとこ
基之介 もとのすけ　基浩 もとひろ　基美 もとみ
裕基 ゆうき　頼基 よりもと　理基哉 りきや

11画
寄
宀部・教5
音訓 キ・よる・よせる
名乗 より
意味 ①立ちよる。集まる。「寄港」②身をよせる。頼る。「寄寓《きぐう》・寄宿」③人にものを預ける。与える。任せる。「寄付」
類義 依（37ページ）・拠（78ページ）・頼（254ページ）

11画
規
見部・教5
音訓 キ・のり
名乗 き・ただ・ただし・ただす・ちか・なり・のり・み・もと
意味 ①基準。きまり。手本。「規格・規則」②正す。「規正」③コンパス。「定規《じょうぎ》」
類義 鑑（67ページ）・紀（68ページ）・鏡（80ページ）・矩（83ページ）・則（175ページ）・典（196ページ）・範（218ページ）・法（233ページ）

規恵 きえ　晃規 こうき　早規 さき
規 ただし　智規 ともみ　規生 のりお
規子 のりこ　規海 のりみ　晴規 はるき
史規 ふみのり　雅規 まさのり　美規 みのり
有規 ゆうき　夕規 ゆき　佳規 よしのり

11画
亀
亀部・常
音訓 キ・かめ
名乗 あま・あや・かめ・き・すすむ・ながし・ひさ・ひさし
意味 カメ。また、カメの甲羅《こうら》。「亀甲《きこう・きっこう》」

12画
喜
口部・教4
音訓 キ・よろこぶ
名乗 き・きよ・このむ・たのし・のぶ・はる・ひさ・ゆき・よし
意味 よろこぶ。よろこび。「喜色・歓喜」
類義 悦（45ページ）・嘉（54ページ）・歓（66ページ）・欣（82ページ）・慶（88ページ）・愉（245ページ）

亜喜良 あきら　喜恵 きえ　喜美子 きみこ
幸喜 こうき　喜 このむ　紗喜 さき
隆喜 たかのぶ　智喜 ともよし　陽喜 はるき
喜音 ひさね　秀喜 ひでき　美佐喜 みさき
瑞喜 みずき　光喜 みつよし　裕喜 ゆうき
芳喜 よしき　喜子 よしこ　喜乃 よしの

12画
幾
幺部・常
音訓 キ・いく
名乗 いく・おき・き・ちか・ちかし・のり・ふさ
意味 ①数量をたずねることば。いくつ。②願う。「庶幾《しょき》」

幾子 いくこ　幾乃 いくの　幾馬 いくま
幾美 いくみ　幾太 おきた　幾一郎 きいちろう
幾久美 きくみ　幾 ちかし　美幾 みき

12画
揮
扌部・教6

音訓 キ・ふるう
名乗 き・てる
意味 ①ふるう。振り回す。「揮×毫《きごう》・指揮」②散る。まき散らす。「発揮」

一揮 かずき　光揮 こうき　大揮 だいき
晴揮 はるき　美揮 みき　勇揮 ゆうき

12画
期
月部・教3

音訓 キ・ゴ
名乗 さね・とき・とし
意味 ①とき。時期。「期末」「一期一会《いちごいちえ》」②待つ。待ちもうける。「期待・予期」③会う。
類義 刻（107ページ）・時（126ページ）

12画
棋
木部・常

音訓 キ・ゴ
名乗 き・もと
意味 囲碁。また、将棋。「棋界《きかい》・棋士《きし》」◆本来は「碁」と同字。→碁（98ページ）

12画
貴
貝部・教6

音訓 キ・たっとい・とうとい・たっとぶ・とうとぶ
名乗 あつ・あて・き・たか・たかし・たけ・とし・むち・よし
意味 ①身分が高い。「貴族・高貴」②値段が高い。価値がある。「貴重」③尊敬する。たっとぶ。とうとぶ。④他の語に付いて、尊敬の意を表す。「貴社」
類義 敬（87ページ）・高（104ページ）・尚（142ページ）・崇（158ページ）・尊（176ページ）

亜貴斗 あきと　貴子 あつこ　敦貴 あつたか
貴美香 きみか　洸貴 こうき　咲貴 さき
大貴 だいき　貴顕 たかあき　貴希 たかき
貴 たかし　貴史 たかし　貴人 たかと
貴俊 たかとし　貴彦 たかひこ　貴大 たかひろ
温貴 はるき　大貴 ひろき　美貴 みき
美紗貴 みさき　瑞貴 みずき　悠貴 ゆうき

葵
⇩あおい（33ページ）

12画
稀
禾部・人

音訓 キ・ケ・まれ
名乗 き・まれ
意味 ①まれ。めったにない。「稀少・稀世《きせい》」②濃度が薄い。まばら。「稀釈」◆「希」に通じる。現代表記では「稀少→希少」など、「希」に書きかえる。→希（69ページ）

安稀江 あきえ　稀里子 きりこ　晃稀 こうき
大稀 だいき　春稀 はるき　穂稀 ほまれ
稀介 まれすけ　結稀 ゆうき　柚稀 ゆずき

13画
棄
木部・常

音訓 キ・すてる
名乗 すて
意味 すてる。投げすてる。また、しりぞける。「放棄」

13画
毀
殳部・常

音訓 キ・こぼつ・こぼれる・こわす
意味 ①こわす。そこなう。「毀損《きそん》」②人を悪く言う。そしる。「毀誉褒×貶《きよほうへん》」

13画
暉
日部・人

音訓 キ・かがやく
名乗 あき・あきら・き・てらす・てる
意味 かがやく。かがやき。光。「暉々《きき》・夕暉《せっき》」
類義 輝（73ページ）・熙（72ページ）・光（99ページ）・晃（104ページ）・煌（106ページ）・晶（145ページ）・照（145ページ）・曜（253ページ）・燿（253ページ）・耀（253ページ）

暉 あきら　暉一 きいち　航暉 こうき
大暉 だいき　暉彦 てるひこ　陽暉 はるき
美暉 みき　悠暉 ゆうき　吉暉 よしてる

14画
旗
方部・教4

音訓 キ・はた
名乗 き・たか・はた
意味 はた。「旗手・校旗」

和旗 かずき　紘旗 こうき　大旗 だいき
旗斗 たかと　美旗 みき　勇旗 ゆうき

14画
箕
竹部・人

音訓 キ・み
名乗 み・みる
意味 農具の箕《み》。穀物にまじる殻などをふるいわけるもの。

14画
綺
糸部・人

音訓 キ
名乗 あや・き・はた
意味 ①美しい。「綺語《きご・きぎょ》・綺麗」②模様のはいった絹織物。あやぎぬ。「綺羅《きら》」
類義 娃（33ページ）・花（52ページ）・佳（51ページ）・昌（143ページ）・那（206ページ）・美（221ページ）・麗（265ページ）

亜綺 あき　綺 あや　綺花 あやか
綺斗 あやと　綺音 あやね　綺美 きみ
綺羅 きら　晃綺 こうき　沙綺 さき
大綺 だいき　春綺 はるき　真綺 まあや
瑞綺 みずき　由綺 ゆき　柚綺 ゆずき

15画
器
口部・教4

16画
器
人

音訓 キ・うつわ
名乗 かた・き

意味 ①入れ物。また、道具。器具。「楽器・食器」②力量や才能。度量。「器量・大器晩成」③器官。

畿
15画 田部・常

音訓 キ
名乗 ちか・みやこ
意味 みやこ。帝都。「畿内・近畿」

◆輝 ⇩人気の字（73ページ）

嬉
15画 女部・人

音訓 キ・うれしい
名乗 よし
意味 楽しむ。うれしい。「嬉々」
類義 悦（45ページ）・快（57ページ）・楽（61ページ）・歓（66ページ）・愉（245ページ）

嬉一 きいち　嬉子 きこ　嬉介 きすけ
咲嬉 さき　大嬉 だいき　貴嬉 たかよし
友嬉 ともき　春嬉 はるき　悠嬉乃 ゆきの
柚嬉 ゆずき　嬉花 よしか　嬉人 よしと

毅
15画 殳部・人

音訓 ギ・キ・つよい
名乗 かた・き・こわし・さだむ・しのぶ・たか・たけ・たけし・つよ・つよき・つよし・とし・のり・はたす・み・よし
意味 つよい。意志がつよく物事に動じない。「毅然《きぜん》・剛毅《ごうき》」
類義 赳（77ページ）・強（79ページ）・健（92ページ）・剛（107ページ）・豪（107ページ）・武（226ページ）・勇（246ページ）・雄（247ページ）

一毅 いつき　光毅 こうき　毅 たけし
毅人 たけと　毅紘 たけひろ　毅琉 たける
毅 つよし　晴毅 はるき　正毅 まさのり
勇毅 ゆうき　義毅 よしき　里毅也 りきや

熙
15画 灬部・人

音訓 キ
名乗 おき・さと・てる・のり・ひろ・ひろし・ひろむ・よし
意味 ①光り輝く。「光熙」②広まる。広める。③やわらぎ楽しむ。喜ぶ。
類義 暉（71ページ）・輝（73ページ）・光（99ページ）・晃（104ページ）・煌（106ページ）・晶（145ページ）・照（145ページ）・曜（253ページ）・燿（253ページ）・耀（253ページ）

熙太 おきた　熙 ひろむ　熙哉 ひろや

機
16画 木部・教4

音訓 キ・はた
名乗 あや・き・のり・はた
意味 ①精密な働きをする道具。「機械」②布を織る装置。はた織り機。③物事の起こるきっかけ。「機会」④物事の大切なところ。かなめ。「機軸」⑤物事や心の働き。作用。「機嫌・機能」

栄機 えいき　一機 かずき　大機 だいき
宏機 ひろき　泰機 やすき　優機 ゆうき

窺 ⇩うかがう（42ページ）

徽
17画 糸部・人

音訓 キ
名乗 よし
意味 ①旗印《はたじるし》。しるし。「徽章」②よい。美しい。
注意 「徴」「微」は形が似ているが別の字。↓徴（190ページ）・微（222ページ）

徽一 きいち　早徽 さき　大徽 だいき
春徽 はるよし　美徽 みき　徽明 よしあき

騎
18画 馬部・常

音訓 キ
名乗 き・のり
意味 馬に乗る。また、馬に乗った兵士。「騎士」

一騎 かずき　光騎 こうき　大騎 だいき
春騎 はるき　真騎斗 まきと　佑騎 ゆうき

麒
19画 鹿部・人

音訓 キ
名乗 あき・あきら
意味 「麒麟《きりん》」は、中国の想像上の動物。また、哺乳《ほにゅう》類のキリン。「麒麟児《きりんじ》」（＝優れた才能をもつ若者）◆オスを「麒」、メスを「麟」という。↓麟（263ページ）

麒 あきら　大麒 だいき　春麒 はるき

●ぎ●

伎 ⇩き（67ページ）

技
7画 扌部・教5

音訓 ギ・わざ
名乗 あや・たくみ・わざ
意味 腕前。わざ。「技術・技能・特技」
類義 伎（67ページ）・工（98ページ）・巧（99ページ）・術（137ページ）

宜
8画 宀部・常

音訓 ギ・うべ・むべ・よろ-しい
名乗 き・すみ・たか・なり・のぶ・のり・のる・まさ・やす・よし・よろし
意味 ①都合がよい。ほどよい。「時宜・適宜」②もっともである。
注意 「宣」は形が似ているが、別の字。↓宣（167ページ）

克宜 かつのり　宜明 のぶあき　宜輔 のぶすけ
秀宜 ひでのぶ　実宜 みのり　宜乃 よしの

人気の字

15画

輝

車部・常

音訓 キ・かがやく

名乗 あき・あきら・かがやき・き・てる・ひかる

意味 かがやく。かがやかしい。「輝度《きど》・光輝」

類義 暉（71ページ）・熙（72ページ）・光（99ページ）・晃（104ページ）・煌（106ページ）・晶（145ページ）・照（145ページ）・曜（253ページ）・燿（253ページ）・耀（253ページ）

なりたち 形声。光＋軍。「×煇」に同じ。

筆順

一字の名前

輝 あきら・かがやき・てる・ひかる

二字の名前

❤一字目

輝斗 あきと　輝翔 あきと　輝奈 あきな
輝春 あきはる　輝秀 あきひで　輝大 あきひろ
輝海 あきみ　輝一 きいち　輝恵 きえ
輝央 きお　輝砂 きさ　輝咲 きさき
輝心 きしん　輝介 きすけ　輝乃 きの
輝帆 きほ　輝世 きよ　輝良 きら
輝里 きり　輝明 てるあき　輝恵 てるえ
輝夏 てるか　輝季 てるき　輝清 てるきよ
輝子 てるこ　輝尚 てるなお　輝波 てるは
輝久 てるひさ　輝人 てるひと　輝歩 てるほ
輝美 てるみ　輝哉 てるや　輝之 てるゆき

❤二字目

亜輝 あき　篤輝 あつてる　絢輝 あやき
英輝 えいき　一輝 かずき　和輝 かずき
公輝 きみてる　紘輝 こうき　紗輝 さき
澄輝 すみてる　聖輝 せいき　大輝 だいき
珠輝 たまき　智輝 ともてる　大輝 はるき
陽輝 はるき　寿輝 ひさてる　大輝 ひろき
弘輝 ひろき　浩輝 ひろてる　真輝 まき
正輝 まさき　実輝 みき　海輝 みき
瑞輝 みずき　光輝 みつき　悠輝 ゆうき
優輝 ゆうき　幸輝 ゆきてる　柚輝 ゆずき
美輝 よしき　良輝 よしてる　琉輝 りゅうき

三字の名前

❤一字目

輝亜良 きあら　輝乃花 きのか　輝海夏 きみか
輝美子 きみこ　輝美葉 きみよ　輝梨哉 きりや
輝和子 きわこ　輝之介 てるのすけ　輝比古 てるひこ

❤二字目

亜輝美 あきみ　亜輝良 あきら　沙輝子 さきこ
津輝歩 つきほ　都輝也 つきや　十輝彦 ときひこ
富輝子 ふきこ　真輝斗 まきと　真輝乃 まきの
美輝羽 みきは　由輝恵 ゆきえ　優輝子 ゆきこ
由輝世 ゆきよ　理輝斗 りきと　琉輝也 るきや

❤三字目

明日輝 あすき　衣都輝 いつき　夏津輝 かづき
小由輝 こゆき　千亜輝 ちあき　七生輝 なおき
南津輝 なつき　日出輝 ひでき　日々輝 ひびき
海砂輝 みさき　実津輝 みつき　由衣輝 ゆいき

読みごとの名前

❤あき

輝人 あきと　輝成 あきなり　輝彦 あきひこ
輝弘 あきひろ　輝光 あきみつ　隆輝 たかあき
千輝 ちあき　友輝 ともあき　泰輝 やすあき

❤き

愛輝 あいき　朝輝 あさき　淳輝 あつき
彩輝 あやき　一輝 いつき　瑛輝 えいき
千輝 かずき　輝一郎 きいちろう　輝々 きき
輝沙子 きさこ　輝祐 きすけ　輝美 きみ
輝良里 きらり　皇輝 こうき　佐輝 さき
津輝子 つきこ　春輝 はるき　晴輝 はるき
浩輝 ひろき　雄輝 ゆうき　来輝 らいき

❤てる

篤輝 あつてる　純輝 すみてる　貴輝 たかてる
忠輝 ただてる　輝臣 てるおみ　輝香 てるか
輝紗 てるさ　輝季 てるとき　輝俊 てるとし
輝葉 てるは　輝英 てるひで　輝仁 てるひと
輝帆 てるほ　輝雅 てるまさ　輝海 てるみ
輝世 てるよ　輝良 てるよし　友輝 ともてる

ことば

【映輝《えいき》】映り輝く。〔名前読み例〕あきてる・えいき・てるあき・みつあき

【輝映《きえい》】輝きてらす。〔名前読み例〕あきてる・あきみつ・てるあき

【輝耀《きよう》】光りかがやく。〔名前読み例〕あきてる・てるあき

【光輝《こうき》】ひかりかがやくこと。また、ひかりかがやくような栄光。〔名前読み例〕こうき・てるあき・ひろあき・ひろき・みつき

【清輝《せいき》】日や月の清らかな光。〔名前読み例〕きよてる・せいき

【余輝《よき》】沈みつつある夕日の光。また、あり余るめぐみ。

9画
祇
示部・人
音訓 ギ・シ
名乗 けさ・ただ・つみ・のり・まさ・もと・やす
意味 地の神。くにつかみ。また、広く神をいう。「神祇《じんぎ》」

祇一 ぎいち　祇子 まさこ　祇文 もとふみ

11画
偽
イ部・常
14画
僞
人
音訓 ギ・いつわ-る・にせ
意味 真実めかしてだます。いつわる。また、にせ。「偽造」「偽物《にせもの》」

12画
欺
欠部・常
音訓 ギ・キ・あざむ-く
意味 あざむく。だます。「詐欺《さぎ》」

13画
義
羊部・教5
音訓 ギ
名乗 あき・いさ・ぎ・しげ・たけ・ただし・ちか・つとむ・とも・のり・みち・よし・よしのり・より
意味 ①人として行うべき正しい道。「仁義・正義」②意味。また、理由。条理。「意義・定義」③血のつながりのない親族。また、その関係。「義父」④本物の代用となるもの。人工の。「義足」

義斗 あきと　一義 かずよし　勝義 かつよし
仁義 きみよし　義 ただし　忠義 ただよし
義つとむ　信義 のぶよし　正義 まさよし
義恵 よしえ　義雄 よしお　義佳 よしか
義樹 よしき　義隆 よしたか　義士 よしと
義人 よしひと　義弘 よしひろ　義美 よしみ

14画
疑
疋部・教6
音訓 ギ・うたが-う
意味 うたがう。うたがわしい。「疑問・容疑」

15画
儀
イ部・常
音訓 ギ
名乗 ぎ・きたる・ただ・ただし・のり・よし
意味 ①礼法にかなった行い。礼式。作法。「儀式・儀礼」②こと。事柄。「別儀」③天体などを測量する器械。「地球儀」

儀一 ぎいち　儀 ただし　儀之 のりゆき
昌儀 まさよし　儀佳 よしか　儀宏 よしひろ

15画
戯
戈部・常
17画
戲
人
音訓 ギ・キ・ゲ・たわむ-れる・ざ-れる
意味 ①たわむれる。ふざける。また、遊び。「遊戯」②芝居。「戯曲」

15画
誼
言部・人
音訓 ギ・よしみ
名乗 こと・よし・よしみ
意味 親しい間柄。よしみ。「厚誼・友誼」
類義 好（100ページ）

誼一 ぎいち　正誼 まさよし　誼 よしみ

17画
擬
扌部・常
音訓 ギ・なぞら-える・もど-き
意味 にせる。なぞらえる。まねる。「擬装」

17画
犠
牛部・常
音訓 ギ・キ
意味 いけにえ。「犠牲」

20画
議
言部・教4
音訓 ギ
名乗 かた・さだ・のり
意味 ①話し合う。また、相談する。「議員・議論・会議」②意見。「異議」

●きく●

11画
菊
艹部・常
音訓 キク
名乗 あき・きく・ひ
意味 植物の名。キク。「菊花《きくか・きっか》」
ことば 【菊菜】きくな　春菊。

菊奈 あきな　菊花 きくか　菊子 きくこ
菊吾郎 きくごろう　菊人 きくと　菊乃 きくの

11画
掬
扌部・人
音訓 キク・すく-う
意味 ①水などを両手で汲《く》みあげる。すくう。②気持ちを察する。くみ取る。

掬恵 きくえ　掬乃 きくの　掬彦 きくひこ

鞠　⇩まり（239ページ）

●きずな●

絆　⇩はん（217ページ）

●きち●

6画
吉
口部・常
音訓 キチ・キツ
名乗 き・きち・さち・とみ・はじめ・よ・よし
意味 めでたい。よい。⇕凶（78ページ）「吉日《きちじつ・きちにち》・大吉」
類義 可（51ページ）・佳（51ページ）・嘉（54ページ）・慶（88ページ）・好（100ページ）・淑（136ページ）・祥（143ページ）・善（169ページ）・良（259ページ）・令（263ページ）

彰吉 あきよし　瑛吉 えいきち　大吉 だいきち

吉はじめ　吉乃よしの　悠吉ゆうきち　吉史よしふみ　吉輝よしき　吉穂よしほ

●きつ●

乞　⇩こう（98ページ）

桔　10画　木部・人
音訓　ケツ・キツ
名乗　きつ
意味　「桔梗《ききょう》」は、植物の名。秋の七草の一つ。八・九月頃、青紫色の花を開く。
桔梗ききょう　桔香きつか　桔平きっぺい

喫　12画　口部・常
音訓　キツ・ケキ
意味　①のむ。また、吸う。「喫煙・喫茶」②身に受ける。喫《きっ》する。

詰　13画　言部・常
音訓　キツ・つ-める・つ-まる・つ-む・なじ-る
意味　①つめる。つまる。「缶詰《かんづめ》」②なじる。責める。「詰問《きつもん》」③まがる。かがむ。

橘　⇩たちばな（182ページ）

●きぬ●

絹　⇩けん（93ページ）

●きぬた●

砧　10画　石部・人
音訓　チン・きぬた
名乗　きぬ・きぬた
意味　きぬた。木づちで布を打つときに用いる台。

●きね●

杵　8画　木部・人
音訓　ショ・きね
名乗　き・きね
意味　きね。臼《うす》に入れた餅《もち》などをつく道具。

●きゃ●

伽　⇩か（51ページ）

●きゃく●

却　7画　卩部・常
音訓　キャク・かえ-って・しりぞ-ける
意味　①しりぞく。しりぞける。また、返す。「退却・返却」②取り去る。なくなるようにする。「焼却」③すっかり…する。「冷却」

客　9画　宀部・教3
音訓　キャク・カク・まろうど
名乗　せ・ひと・まさ
意味　①招かれて来る人。また、訪ねてくる人。きゃく。「来客」②金銭を払って物を買ったりサービスを受けたりする人。「顧客」③人。また、あることに長じた人。「論客」「剣客《けんかく・けんきゃく》」④旅。旅人。「客舎《かくしゃ・きゃくしゃ》」⑤主観・主体などに対して、その外にあるもの。「客観」⇔主（131ページ）

脚　11画　月部・常
音訓　キャク・キャ・あし
名乗　あし・し
意味　①あし。「脚力・美脚」②物の下の部分。また、支えとなるもの。土台。「脚注・三脚」

●ぎゃく●

逆　9画　辶部・教5
音訓　ギャク・ゲキ・さか・さか-らう
名乗　さか
意味　①ぎゃく。さかさま。「逆行・逆転」②そむく。さからう。⇔順（139ページ）「悪逆・反逆」③迎える。「逆旅《げきりょ》」④前もって。

虐　9画　虍部・常
音訓　ギャク・しいた-げる
意味　むごく扱う。しいたげる。「虐待・残虐」

●きゅう●

九　2画　乙部・教1
音訓　キュウ・ク・ここの・ここの-つ
名乗　かず・きゅう・く・ここ・ただ・ちか・ちかし・ひさ
意味　①数の9。ここのつ。②数の多いこと。◆証書などでは、文字の改変を防ぐため、「玖」の字で代用することがある。↓玖（76ページ）
ことば　【九重】ここのえ　物がいくつにも重なること。また、皇居。宮中。
九穂かずほ　九里太くりた　九江ちかえ　九ちかし　九子ひさこ　義九よしひさ

久　3画　丿部・教5
音訓　キュウ・ク・ひさ-しい
名乗　き・きゅう・く・つね・なが・ひこ・ひさ・ひさし
意味　長い時間が経過している。ひさしい。「永久《えいきゅう》・悠久」「久遠《くおん》」
類義　永（43ページ）・恒（102ページ）・弥（244ページ）
特別な読み　永久《とこしえ・とわ》

伊久斗 いくと　久二郎 きゅうじろう　久遠 くおん
久仁花 くにか　久美子 くみこ　沙久良 さくら
多久実 たくみ　悠久 ちかひさ　恒久 つねひさ
俊久 としひさ　永久 とわ　久一 ひさかず
久輝 ひさき　久子 ひさこ　久 ひさし
美久 みく　幸久 ゆきひさ　璃久 りく

及
3画　ノ部・常
音訓 キュウ・およぶ・および・およぼす
名乗 いたる・しき・たか・ちか・つぐ
意味 追いつく。達する。「及第・普及」

弓
3画　弓部・教2
音訓 キュウ・ゆみ
名乗 ゆ・ゆげ・ゆみ
意味 ①ゆみ。「弓道」「弓矢《ゆみや》」②ゆみの形をしたもの。「胡弓《こきゅう》」

亜弓 あゆみ　愛弓 あゆみ　弓之介 きゅうのすけ
弓平 きゅうへい　真弓 まゆみ　弓月 ゆづき
弓弦 ゆづる　弓 ゆみ　弓佳 ゆみか
弓子 ゆみこ　弓奈 ゆみな　弓葉 ゆみは

丘
5画　一部・常
音訓 キュウ・ク・おか
名乗 お・おか・きゅう・たか・たかし
意味 ①おか。小高い山。「丘陵・砂丘」②土を盛った墓。

清丘 きよたか　丘 たかし　実丘 みく

旧
5画　日部・教5
音訓 キュウ・ク・ふるい・もと
名乗 ひさ・ふさ・ふる・もと
意味 ①ふるい。古い物事。⇔新(154ページ)「旧家・旧式」②昔の状態。もと。「旧姓・復旧」

休
6画　イ部・教1
音訓 キュウ・やすむ・やすまる・やすめる
名乗 きゅう・たね・のぶ・やす・やすむ・よし
意味 ①仕事をやすむ。くつろぐ。「休息・連休」②途中でやめる。中止する。「休業・運休」

吸
6画　口部・教6
音訓 キュウ・すう
意味 ①すう。すいこむ。「吸引・呼吸」②すいつく。「吸着・吸盤」

朽
6画　木部・常
音訓 キュウ・くちる
名乗 え・ゆ
意味 腐《くさ》る。衰えて役に立たなくなる。「老朽」

臼
6画　臼部・常
音訓 キュウ・うす
意味 餅《もち》などをつくためのうす。また、うすのような形をしたもの。「臼歯《きゅうし》」「石臼《いしうす》」

求
7画　氺部・教4
音訓 キュウ・グ・もとめる
名乗 く・ひで・まさ・もと・もとむ
意味 欲しがる。もとめる。「要求」「求道《きゅうどう・ぐどう》」

求 きゅう　求平 きゅうへい　求真 きゅうま
求彦 ひでひこ　求希 もとき　求子 もとこ
求美 もとみ　求 もとむ　求也 もとや

究
7画　穴部・教3
音訓 キュウ・きわめる
名乗 きわむ・さた・さだ・すみ・ふかし・み
意味 深くつきつめて真理・本質を明らかにする。きわめる。「探究」
類義 研(90ページ)

究路 きゅうじ　究磨 きゅうま　究也 きゅうや
究 きわむ　究佳 さだか　究生 すみお
広究 ひろさだ　究 ふかし　真究 ますみ

汲
7画　氵部・人
音訓 キュウ・くむ
名乗 くみ
意味 ①水をくむ。「汲水」②忙しい。

灸
7画　火部・人
音訓 キュウ
名乗 あつ
意味 漢方療法のお灸《きゅう》。「温灸・×鍼灸《しんきゅう》」

玖
7画　王部・人
音訓 キュウ・ク
名乗 き・く・ぐ・たま・ひさ
意味 ①黒色の美しい玉のような石。②「九」の代わりに証書などで使う字。↓九(75ページ)

伊玖磨 いくま　貴玖子 きくこ　玖真 きゅうま
玖美 くみ　玖留美 くるみ　紗玖良 さくら
史津玖 しづく　玖希 たまき　玖実 たまみ
尚玖 なおひさ　美玖 みく　理玖 りく

泣
8画　氵部・教4
音訓 キュウ・なく
名乗 なき
意味 涙を流してなく。「号泣」

穹
8画　穴部・人
音訓 キュウ・そら
名乗 たか・たかし・ひろ・みそら
意味 ①そら。大空。「蒼穹《そうきゅう》」②弓形。アーチ型。
類義 空(84ページ)・昊(102ページ)・宙(187ページ)・天(196ページ)

穹司 きゅうじ　穹 たかし　美穹 みそら

9画
急 心部・教3
音訓 キュウ・いそ-ぐ・せ-く
意味 ①調子・進行などが速い。いそぐ。「急速」②事態がさし迫っている。また、突然。「急変・緊急」③傾斜の度合いが大きい。「急降下」

9画
級 糸部・教3
音訓 キュウ・しな
名乗 しな
意味 ①順序をつけて分けたときの区切り。「階級・高級」②学年。また、学校のクラス。「学級」③うちとった敵の首。「首級《しゅきゅう》」

9画
糾 糸部・常
音訓 キュウ・あざな-う・ただ-す
名乗 ただ・ただし・ただす
意味 ①より合わせる。また、一つに集める。②もつれる。よじれる。「紛糾」③問いただす。取り調べる。「糾弾・糾明」

10画
宮 宀部・教3
音訓 キュウ・グウ・ク・みや
名乗 いえ・たか・みや
意味 ①神をまつる場所。神社。「遷宮《せんぐう》」②王や天子の住む建物・場所。「宮廷」③［みや］皇族への敬意を表す。「宮様」
宮一郎 きゅういちろう　宮平 きゅうへい　宮美子 くみこ
宮花 みやか　宮乃 みやの　理宮 りく

10画
笈 竹部・人
音訓 キュウ・おい
意味 書物などを入れて背負う竹製の箱。おい。

10画
赳 走部・人
音訓 キュウ
名乗 たけ・たけし・つよ
意味 強くたけだけしい。勇ましい。
類義 毅（72ページ）・強（79ページ）・健（92ページ）・剛（107ページ）・豪（107ページ）・武（226ページ）・勇（246ページ）・雄（247ページ）
赳雄 たけお　赳 たけし　赳人 たけと
赳浩 たけひろ　智赳 ともたけ　義赳 よしたけ

11画
救 攵部・教4
音訓 キュウ・グ・すく-う
名乗 すけ・たすく・なり・ひら・やす
意味 力や物を貸して助ける。すくう。「救済」

11画
球 王部・教3
音訓 キュウ・たま
名乗 た・たま
意味 ①丸いもの。たま。「球体・地球」②ボール。また、球技。「卓球・野球」
類義 玉（81ページ）・珠（131ページ）・毬（239ページ）・鞠（239ページ）
球児 きゅうじ　球恵 たまえ　球希 たまき

毬
⇩まり（239ページ）

12画
給 糸部・教4
音訓 キュウ・たま-う
名乗 たり・はる
意味 ①足す。くばる。「給水・補給」②目上の人から目下の人にものを与える。たまう。③給料。手当て。「給与・時給」④世話をする。つかえる。「給仕」

13画
嗅 口部・常
音訓 キュウ・か-ぐ
意味 においをかぐ。「嗅覚《きゅうかく》」

鳩
⇩はと（216ページ）

14画
厩 厂部・人
音訓 キュウ・うまや
意味 馬小屋。「厩舎《きゅうしゃ》」

15画
窮 穴部・常
音訓 キュウ・きわ-める・きわ-まる
名乗 きわむ・み
意味 ①可能なところまでつきつめる。きわめる。「窮理《きゅうり》」②行き詰まる。困る。「窮屈《きゅうくつ》・貧窮《ひんきゅう》」

●ぎゅう●

4画
牛 牛部・教2
音訓 ギュウ・ゴ・うし
名乗 うし・ぎゅう・とし
意味 ①動物の名。ウシ。「闘牛」②星の名。彦星《ひこぼし》。「牽牛《けんぎゅう》」

●きょ●

5画
去 ム部・教3
音訓 キョ・コ・さ-る
名乗 きょ・さる・なる
意味 ①遠く離れていく。さる。「退去」②時間が過ぎさる。「去年《きょねん・こぞ》」③取り除く。なくす。「消去」

5画
巨 匚部・常
音訓 キョ・コ
名乗 お・おお・きょ・なお・ひろ・まさ・み
意味 ①非常に大きい。「巨人・巨大」②非常に多い。「巨額・巨万」
類義 恢（58ページ）・景（88ページ）・洪（102ページ）・浩（104ページ）・紘（104ページ）・太（178ページ）・大（180ページ）

8画
居 尸部・教5
音訓 キョ・コ・い-る・お-る
名乗 い・おき・おり・さや・すえ・やす・より
意味 ①すまい。住居。「新居」②いる。住む。また、すわる。「居留・起居」「長居《ながい》」

拒
8画 扌部・常
音訓 キョ・こば-む
意味 ①寄せつけない。こばむ。「拒絶・拒否」②防ぐ。寄せつけず守る。

拠
8画 扌部・常
音訓 キョ・コ・よ-る
意味 よる。よりどころ。「拠点・根拠」
類義 依（37ページ）・寄（70ページ）・頼（254ページ）

挙
10画 手部・教4
音訓 キョ・あ-げる・あ-がる・こぞ-って
名乗 きょ・しげ・たか・たつ・とも・ひら・みな
意味 ①高くあげる。「挙手」②取り上げる。取り立てる。並べ立てる。「推挙・列挙」③企《くわだ》てる。行う。また、ふるまい。「挙動・快挙」④捕らえる。「検挙」⑤…をあげて。こぞって。一人残らず。「挙国」

虚
11画 虍部・常
虛
12画 人
音訓 キョ・コ・うつ-ろ・むな-しい
名乗 きょ
意味 ①中身がない。むなしい。「虚無・空虚」②実《じつ》がない。うわべだけの。「虚栄・虚構」③弱い。「虚弱」④隙《すき》。油断。

許
11画 言部・教5
音訓 キョ・コ・ゆる-す・ばか-り・もと
名乗 もと・ゆき・ゆく
意味 ①認める。ゆるす。「許可・免許」②もと。ところ。③おおよその数量を表す。ばかり。ほど。
許子 もとこ　許也 もとや

距
12画 ⻊部・常
音訓 キョ
意味 間が離れる。へだたる。へだてる。「距離」

鋸
16画 金部・人
音訓 キョ・のこぎり
意味 のこぎり。木・石・金属などを切るための工具。

●ぎょ●

魚
11画 魚部・教2
音訓 ギョ・うお・さかな
名乗 いお・うお・お・な
意味 さかな。うお。「金魚」

御
12画 彳部・常
音訓 ギョ・ゴ・おん・お・み
名乗 お・おき・おや・のり・みつ
意味 ①尊敬の意を表す。「御料理《おりょうり》」「御当地《ごとうち》」②操《あやつ》る。治める。「制御」
御園 みその　御春 みはる

漁
14画 氵部・教4
音訓 ギョ・リョウ・あさ-る・すなど-る
意味 ①魚や貝をとる。「漁業」「漁師《りょうし》」②むさぼる。あさる。「漁色《ぎょしょく》」

●きょう●

凶
4画 凵部・常
音訓 キョウ
意味 ①縁起が悪い。不吉。⇔吉（74ページ）「大凶」②作物の出来が悪い。不作。⇔豊（234ページ）「凶作」③悪い。人を傷つける。また、悪人。「凶暴」

共
6画 八部・教4
音訓 キョウ・とも
名乗 しげ・たか・とも
意味 ともに。ともにする。「共演・共産」
類義 倶（84ページ）
共太 きょうた　共紀 ともき　共美 ともみ

叫
6画 口部・常
音訓 キョウ・さけ-ぶ
意味 大声を出す。さけぶ。「絶叫」
注意 「叫」は形が似ているが、別の字。↓叫（62ページ）

匡
6画 匚部・人
音訓 キョウ・ただ-す
名乗 きょう・こう・たすく・ただ・ただし・ただす・まさ・まさし
意味 正しくする。ただす。「匡正《きょうせい》」
匡子 きょうこ　匡輔 きょうすけ　隆匡 たかまさ
匡 たすく　匡臣 ただおみ　匡 ただし
秀匡 ひでただ　匡志 まさし　匡人 まさと
匡徳 まさのり　匡美 まさみ　善匡 よしまさ

狂
7画 犭部・常
音訓 キョウ・くる-う・くる-おしい
名乗 よし
意味 ①気がくるう。また、くるったように激しい。「狂気・熱狂」②おどけた。滑稽《こっけい》な。「狂歌」

亨
⇩こう（101ページ）

杏
⇩あん（36ページ）

京
8画 亠部・教2
音訓 キョウ・ケイ・キン
名乗 あつ・おさむ・きょう・たかし・ちか・ひろし・みやこ
意味 ①みやこ。首都。「平安京」②「京都」の略。③「東京」の略。④［ケイ］数の名で、兆の一万倍。
類義 都（199ページ）・洛（255ページ）
佑京 うきょう　京 おさむ　紀京 ききょう
京一 きょういち　京香 きょうか　京子 きょうこ

京史郎 きょうしろう　京介 きょうすけ　京之助 きょうのすけ
京平 きょうへい　京真 きょうま　京子 けいこ
京吾 けいご　京乃 ちかの　京 みやこ

享
8画　亠部・常
音訓 キョウ・う-ける
名乗 あきら・きょう・すすむ・たか・つら・とおる・みち・ゆき
意味 ①うける。うけ入れる。「享受・享年」②捧《ささ》げる。たてまつる。
注意 「亨」は形が似ているが、別の字。↓亨（101ページ）

享 あきら　享香 きょうか　享太 きょうた
享哉 きょうや　享 すすむ　享音 たかね
享 とおる　享絵 みちえ　享乃 ゆきの

供
8画　亻部・教6
音訓 キョウ・ク・そな-える・とも
名乗 しん・とも
意味 ①神仏などに物をささげる。そなえる。「供物《くもつ》」②差し出す。用立てる。「供給」③申し立てる。述べる。「供述」④もてなす。「供応」⑤人のおともをする。また、従者。

協
8画　十部・教4
音訓 キョウ
名乗 かのう・きょう・やす
意味 ①力を合わせる。「協同・協力」②調子が合う。「協奏曲」③話し合って一致する。「協定」

協 かのう　協太郎 きょうたろう　協恵 やすえ

況
8画　氵部・常
音訓 キョウ・いわ-んや
名乗 きょう
意味 ①ありさま。様子。「情況」②くらべる。たとえる。「比況」

峡
9画　山部・常
10画 峽 人
音訓 キョウ・コウ・かい・はざま
意味 谷あい。また、谷あいのように細長くせまい所。「峡谷・海峡」

挟
9画　扌部・常
音訓 キョウ・ショウ・はさ-む・はさ-まる
名乗 さし・もち
意味 両側からはさむ。また、脇に抱える。

狭
9画　犭部・常
10画 狹 人
音訓 キョウ・コウ・せま-い・せば-める・せば-まる
名乗 さ
意味 せまい。せまくする。「狭義・狭量」

侠
9画　亻部・人
音訓 キョウ
名乗 さとる・たもつ
意味 信義にあつく、弱い者を助ける。男気《おとこぎ》。おとこだて。「侠客《きょうかく》・任侠《にんきょう》」

侠市 きょういち　侠平 きょうへい　侠 さとる

恭
10画　小部・常
音訓 キョウ・うやうや-しい
名乗 うや・きょう・く・すみ・たい・たか・たかし・ただ・ただし・ちか・つか・のり・みつ・やす・やすし・ゆき・よし
意味 うやうやしく、かしこまる。敬い慎む。「恭賀」
類義 欽（82ページ）

和恭 かずやす　恭一 きょういち　恭佳 きょうか
恭子 きょうこ　恭介 きょうすけ　恭太 きょうた
恭太朗 きょうたろう　恭平 きょうへい　史恭 ふみやす
昌恭 まさゆき　恭太 みつた　恭恵 やすえ
恭 やすし　恭羽 やすは　恭彦 ゆきひこ

恐
10画　心部・常
音訓 キョウ・おそ-れる・おそ-ろしい・こわ-がる
意味 ①おそれる。こわがる。「恐怖」②おどす。「恐喝」③おそれいる。かしこまる。「恐縮」

胸
10画　月部・教6
音訓 キョウ・むね・むな
名乗 むね
意味 ①むね。「胸囲」②むねのうち。心。「胸中《きょうちゅう》」

脅
10画　月部・常
音訓 キョウ・おびや-かす・おど-す・おど-かす
意味 おどす。おびやかす。「脅迫《きょうはく》」

脇 ⇨わき（270ページ）

強
11画　弓部・教2
音訓 キョウ・ゴウ・つよ-い・つよ-まる・つよ-める・し-いる・あなが-ち・こわ-い・したた-か
名乗 あつ・かつ・きょう・ご・こわ・すね・たけ・つとむ・つよ・つよし
意味 ①力や勢いがある。つよい。つよいもの。「強力・最強」②つよめる。「補強」③しいる。無理やり。「強行・強制」④端数《はすう》を切り捨てたことを表す。「千人強」◆①④⇔弱（130ページ）
類義 毅（72ページ）・赳（77ページ）・健（92ページ）・剛（107ページ）・豪（107ページ）・武（226ページ）・勇（246ページ）・雄（247ページ）

強彦 かつひこ　強司 たけし　強 つよし

郷
11画　阝部・教6
音訓 キョウ・ゴウ・さと
名乗 あき・あきら・さと・のり
意味 ①むらざと。ふるさと。「故郷」②土地。場所。「理想郷」

秋郷 あきさと　郷 あきら　郷一 きょういち
郷花 きょうか　郷之介 きょうのすけ　清郷 きよさと
郷 ごう　郷子 さとこ　郷志 さとし
千郷 ちさと　真郷 まさと　美郷 みさと

教
11画 文部・教2
音訓 キョウ・おしえる・おそわる
名乗 おしえ・かず・きょう・こ・たか・なり・のり・みち・ゆき
意味 ①知識・技術・教訓などを告げ知らせる。おしえる。おしえ。「教育」②神や仏のおしえ。「教会」
類義 訓（85ページ）・啓（87ページ）・迪（195ページ）・諭（245ページ）

和教 かずのり　教馬 かずま　教一郎 きょういちろう
教介 きょうすけ　貴教 たかのり　智教 とものり
教香 のりか　教子 のりこ　教彦 のりひこ
教之 のりゆき　春教 はるのり　尚教 ひさのり
雅教 まさのり　美教 みのり　教乃 ゆきの

卿
12画 卩部・人
音訓 ケイ・キョウ
名乗 あき・あきら・きみ・けい・のり
意味 爵位・官職の名。長官。大臣。「枢機卿《すうききょう・すうきけい》」「公卿《くぎょう》」

喬
12画 口部・人
音訓 キョウ
名乗 きょう・すけ・たか・たかし・ただ・のぶ・もと
意味 ①高くそびえる。高く立つ。②おごり高ぶる。「喬志《きょうし》」

喬一 きょういち　喬花 きょうか　喬子 きょうこ
喬介 きょうすけ　喬生 きょうせい　喬章 たかあき
喬 たかし　喬史 たかし　喬美 たかみ

境
14画 土部・教5
音訓 キョウ・ケイ・さかい
名乗 さかい・たけ
意味 ①さかい。土地の区切り。「境界・国境」②場所。地域。「秘境」③人の置かれている状態。また、心の状態。「環境・心境」

蕎
15画 艹部・人
音訓 キョウ
意味 草の名。蕎麦《そば》。

橋
16画 木部・教3
音訓 キョウ・はし
名乗 たか・はし
意味 はし。川などにかけ渡して通路とするもの。

興 ⇩こう（106ページ）

頬 ⇩ほお（236ページ）

矯
17画 矢部・常
音訓 キョウ・ためる
名乗 いさみ・たか・たかし・たけし・ただ・つよ
意味 ①曲がったものをまっすぐに直す。矯《た》める。「矯正・矯風《きょうふう》」②強い。激しい。「奇矯」③いつわる。「矯飾」

鏡
19画 金部・教4
音訓 キョウ・かがみ
名乗 あき・あきら・かがみ・かね・きょう・けい・とし・み
意味 ①かがみ。「鏡台・明鏡《めいきょう》」②かがみやレンズを用いた器具。「眼鏡《めがね・がんきょう》」③手本。模範。
類義 鑑（67ページ）・規（70ページ）・則（175ページ）・典（196ページ）・範（218ページ）

鏡 あきら　鏡子 きょうこ　鏡介 きょうすけ

競
20画 立部・教4
音訓 キョウ・ケイ・きそう・せる
名乗 きそう
意味 きそう。せりあう。「競争」

響
20画 音部・常
22画 響 人
音訓 キョウ・ひびく
名乗 おと・きょう・ひびき
意味 鳴り渡る。ひびく。ひびき。「影響・交響楽」
◆見出しの下の方の字は「郷」の真ん中が七画。
類義 韻（42ページ）
特別な読み 玉響《たまゆら》

響歌 おとか　響也 おとや　響花 きょうか
響子 きょうこ　響吾 きょうご　響太郎 きょうたろう
響真 きょうま　響 ひびき　美響 みおと

驚
22画 馬部・常
音訓 キョウ・おどろく・おどろかす
名乗 とし
意味 おどろく。おどろかす。「驚異・驚嘆」

饗
22画 食部・人
音訓 キョウ
名乗 きょう・こう
意味 もてなす。ごちそうする。「饗宴・饗応」

●ぎょう●

仰
6画 亻部・常
音訓 ギョウ・コウ・あおぐ・おおせ・おっしゃる
名乗 たか・もち
意味 ①見上げる。あおぐ。「仰臥《ぎょうが》」②あがめる。敬う。「信仰」

行 ⇩こう（100ページ）

尭
8画 儿部・人　12画 堯 土部・人

音訓 ギョウ
名乗 あき・たか・たかし・のり
意味 ①古代中国の伝説上の帝王の名。舜《しゅん》とともに理想の天子とされた。②たかい。

尭和 あきかず　尭菜 あきな　尭 たかし
尭斗 たかと　尭雅 たかまさ　尭美 たかみ
照尭 てるあき　広尭 ひろあき　義尭 よしたか

暁
12画 日部・常　16画 曉 人

音訓 ギョウ・キョウ・あかつき
名乗 あかつき・あき・あきら・あけ・かつ・さとし・さとる・とき・とし
意味 ①夜明け。あかつき。「暁星《ぎょうせい》・早暁《そうぎょう》」②さとる。よくわかる。「通暁《つうぎょう》」
類義 覚（60ページ）・悟（97ページ）・曙（141ページ）・晨（154ページ）・惺（163ページ）・旦（183ページ）・朝（189ページ）・了（259ページ）

暁絵 あきえ　暁子 あきこ　暁斗 あきと
暁菜 あきな　暁信 あきのぶ　暁晴 あきはる
暁帆 あきほ　暁 あきら　暁美 あけみ
一暁 かずあき　暁 さとし　暁 さとる
隆暁 たかあき　千暁 ちあき　暁佳 としか
暁乃 としの　美暁 みあき　好暁 よしあき

業
13画 木部・教3

音訓 ギョウ・ゴウ・わざ
名乗 おき・かず・くに・なり・のぶ・のり・はじめ・ふさ
意味 ①生活のためにする仕事。職業。「商業」②努力してなしとげる事柄。「業績・偉業」③［ゴウ］仏教で、報いをもたらす善悪の行い。「因業《いんごう》」④［ゴウ］理性ではどうすることもできない心の動き。

凝
16画 冫部・常

音訓 ギョウ・こ-る・こ-らす・しこり
名乗 かた・こおる・こり・さだ
意味 ①筋肉が張ってかたくなる。凝《こ》る。また、じっとして動かない。「凝固」②集中する。「凝視」

驍
22画 馬部・人

音訓 キョウ・ギョウ
名乗 いさ・すぐる・たけ・たけし・とし
意味 ①よい馬。②強い。猛々しい。勇ましい。

●きょく●

曲
6画 日部・教3

音訓 キョク・ゴク・ま-がる・ま-げる・くせ
名乗 くま・のり
意味 ①まがる。まげる。⇔直（191ページ）「曲線」②メロディー。また、音楽の作品。「作曲」③正しくないこと。間違っていること。「曲解《きょっかい》」④変わったおもしろみ。「曲芸」⑤こまごましている。「委曲」

旭
6画 日部・人

音訓 キョク・あさひ
名乗 あき・あきら・あさ・あさひ・てる
意味 朝日《あさひ》。「旭日《きょくじつ》・旭光《きょっこう》」

旭 あき　旭佳 あきか　旭子 あきこ
旭人 あきひと　旭世 あきよ　旭 あきら
旭紀 あさき　旭子 あさこ　旭斗 あさと
旭 あさひ　旭陽 あさひ　旭彦 てるひこ
旭美 てるみ　真旭 まあさ　正旭 まさあき

局
7画 尸部・教3

音訓 キョク・つぼね
名乗 ちか・つぼね・なか
意味 ①小さく区切られた部分。「局地」②役所などの業務上の区分。「事務局」③当面の情況。情勢。「時局」④囲碁・将棋などの盤《ばん》。また、その勝負。「対局」⑤［つぼね］部屋もちの女官。

極
12画 木部・教4

音訓 キョク・ゴク・きわ-める・きわ-まる・きわ-み・き-める
名乗 いたる・きわ・きわむ・きわめ・たか・なか・むね
意味 ①行き着いたところ。きわみ。「究極」②行き着いた果て。「極地」③程度がはなはだしい。きわめて。「極上《ごくじょう》」④地軸の両端。また、磁石の両端。「磁極・北極」

●ぎょく●

玉
5画 玉部・教1

音訓 ギョク・たま
名乗 きよ・ぎょく・たま
意味 ①美しい石。宝石。翡翠《ひすい》・碧玉《へきぎょく》など。「宝玉」②球形のもの。たま。「×飴玉《あめだま》」③美しい。また、優れている。「玉露・金科玉条」④天子などへの尊敬の意を表す。「玉音《ぎょくいん》・《ぎょくおん》」
類義 球（77ページ）・珠（131ページ）

玉香 きよか　玉 たま　玉緒 たまお
玉佳 たまか　玉希 たまき　玉美 たまみ

●きり●

桐 ⇩とう（201ページ）

●きん●

巾 3画 巾部・常
音訓 キン・はば
意味 ①布。布きれ。「巾着」②布で作ったかぶり物。「頭巾《ずきん》」③「幅」の代わりに使う字。
↓幅（227ページ）

斤 4画 斤部・常
音訓 キン
名乗 あきら・のり
意味 ①おの。木などを切るのに使う道具。②尺貫法の重さの単位。また、食パンの塊を数える単位。

均 7画 土部・教5
音訓 キン・ならす・ひとしい
名乗 お・きん・ただ・なお・なり・ひとし・ひら・まさ
意味 平らにする。ひとしい。「平均」
類義 等（202ページ）
均治 きんじ　均也 きんや　均 ひとし

近 7画 辶部・教2
音訓 キン・コン・ちかい
名乗 きん・ちか・もと
意味 ①距離がちかい。「近所」②時間的にちかい。「最近」③関係がちかい。「近親」
特別な読み 近江《おうみ》
右近 うこん　剛近 たけちか　智近 ともちか

芹 ⇩せり（167ページ）

金 8画 金部・教1
音訓 キン・コン・かね・かな
名乗 か・かな・かね・きん
意味 ①黄金。また、こがね色。「金色《きんいろ・こんじき》」②金属。③おかね。通貨。④優れた。美しい。また、かたい。「金言」「金剛《こんごう》」⑤競技などで第一位を表すもの。「金賞」⑥金曜日のこと。⑦五行の一つ。
篤金 あつかね　金衡 かねひら　金吾 きんご

欣 8画 欠部・人
音訓 キン・ゴン・よろこぶ
名乗 きん・やすし・よし
意味 よろこぶ。よろこび。「欣喜《きんき》」
類義 悦（45ページ）・嘉（54ページ）・歓（66ページ）・喜（70ページ）・慶（88ページ）・愉（245ページ）
欣司 きんじ　欣也 きんや　欣 やすし
欣花 よしか　欣喜 よしき　欣美 よしみ

衿 9画 衤部・人
音訓 キン・えり
名乗 えり
意味 衣服のえり。
衿佳 えりか　衿子 えりこ　衿奈 えりな
衿司 きんじ　衿也 きんや　千衿 ちえり

菌 11画 艹部・常
音訓 キン
意味 ①菌類《きんるい》。「細菌・×黴菌《ばいきん》」②キノコ。「菌糸」

菫 ⇩すみれ（159ページ）

勤 12画 力部・教6　**勤** 13画 人
音訓 キン・ゴン・つとめる・つとまる・いそしむ
名乗 いそ・いそし・きん・つとむ・とし・のり
意味 ①力を尽くして働く。一所懸命にはげむ。「勤勉」②仕事をする。また、職務。「通勤」
類義 孜（123ページ）・努（199ページ）・勉（231ページ）・励（264ページ）
勤平 きんぺい　勤哉 きんや　勤 つとむ

琴 12画 王部・常
音訓 キン・ゴン・こと
名乗 きん・こと
意味 弦楽器の琴《こと》。「竪琴《たてごと》」
琴悟 きんご　琴太 きんた　琴也 きんや
琴 こと　琴栄 ことえ　琴佳 ことか
琴希 ことき　琴子 ことこ　琴音 ことね
琴乃 ことの　琴葉 ことは　琴美 ことみ
真琴 まこと　美琴 みこと　里琴 りこと

筋 12画 竹部・教6
音訓 キン・すじ
意味 ①筋肉。「筋力」②すじ状のもの。「筋目《すじめ》」③道理。すじみち。また、あらすじ。④血統。家柄。「血筋」⑤素質。

欽 12画 欠部・人
音訓 キン
名乗 きん・こく・ただ・ひとし・まこと・よし
意味 ①敬いつつしむ。「欽慕《きんぼ》」②天子への尊敬の意を表す。
類義 恭（79ページ）
欽一郎 きんいちろう　欽吾 きんご　欽太 きんた
欽哉 きんや　欽 まこと　欽規 よしのり

僅 13画 亻部・常
音訓 キン・わずか
名乗 よし
意味 少し。わずか。「僅差《きんさ》」

禁 13画 示部・教5
音訓 キン
意味 ①差し止める。やめさせる。「禁止」②掟《おきて》。いましめ。「禁制」③つつしむ。忌《い》む。「禁忌」④宮中。皇居。「禁中」

禽
13画 内部・人
音訓 キン
意味 とり。鳥類。「禽獣《きんじゅう》」

緊
15画 糸部・常
音訓 キン
意味 ①引きしめる。かたくしまる。「緊張・緊密」②差し迫る。「緊急・緊迫」

錦
16画 金部・常
音訓 キン・にしき
名乗 かね・きん・にしき
意味 ①金糸などで華やかな模様を織り出した絹織物。にしき。「錦繍《きんしゅう》」②にしきのように美しい。「錦秋《きんしゅう》」

錦人 かねと　錦也 きんや　錦 にしき

謹
17画 言部・常　18画 謹 人
音訓 キン・つつし-む
名乗 き・きん・すすむ・ちか・なり・のり・もり
意味 つつしむ。かしこまる。「謹賀新年」
類義 粛（136ページ）・慎（154ページ）

謹伍 きんご　謹 すすむ　謹哉 ちかや

襟
18画 ネ部・常
音訓 キン・えり
名乗 ひも
意味 ①衣服のえり。②胸のうち。心の中。「胸襟《きょうきん》」

襟佳 えりか　襟子 えりこ　襟奈 えりな

●ぎん●

吟
7画 口部・常
音訓 ギン
名乗 あきら・うた・おと・こえ
意味 ①詩歌を口ずさんだり作ったりすること。また、詩歌。「吟詠《ぎんえい》」②うめく。うなる。「×呻吟《しんぎん》」

吟 あきら　吟音 うたね　吟也 おとや
吟 ぎん　吟雅 ぎんが　吟子 ぎんこ
吟斗 ぎんと　吟之介 ぎんのすけ　吟耶 ぎんや

銀
14画 金部・教3
音訓 ギン・しろがね
名乗 かね・ぎん・しろがね
意味 ①しろがね。ぎん。また、ぎん色。「銀貨」②おかね。通貨。「銀行」③競技などで第二位を表すもの。「銀賞」
特別な読み 銀杏《いちょう・ぎんなん》

銀斗 かねと　銀 ぎん　銀一朗 ぎんいちろう
銀花 ぎんか　銀河 ぎんが　銀次 ぎんじ
銀介 ぎんすけ　銀太 ぎんた　銀斗 ぎんと

●く●

九
⇩きゅう（75ページ）

久
⇩きゅう（75ページ）

区
4画 匚部・教3
音訓 ク
意味 ①区切る。分ける。「区別」②区切られた場所。「区域」③行政区画の一つ。「区民」

句
5画 口部・教5
音訓 ク・コウ
名乗 く・ふし
意味 ①ことばや文章・詩歌の一区切り。「句読点」②二つ以上の単語が連なりある意味を表すもの。フレーズ。「慣用句・詩句《しく》」③俳句。

玖
⇩きゅう（76ページ）

苦
8画 艹部・教3
音訓 ク・くる-しい・くる-しむ・くる-しめる・にが-い・にが-る
意味 ①くるしみ。「苦労」②にがい。また、にがにがしい。「苦汁《くじゅう》」③努力をする。「苦学」

矩
10画 矢部・人
音訓 ク・のり
名乗 かど・かね・く・ただし・ただす・つね・のり
意味 ①さしがね（＝L字形の定規）。また、四角形。②法則。きまり。「規矩《きく》」
類義 紀（68ページ）・規（70ページ）・則（175ページ）・法（233ページ）

矩 ただし　矩和 のりかず　矩子 のりこ

駆
14画 馬部・常　15画 駈 人
音訓 ク・か-ける・か-る
意味 ①馬などを走らせる。かる。かける。「先駆」②追い払う。「駆逐《くちく》」
◆「翔」にも「かける」という訓読みがあるが、「翔」は天空を飛び走るの意味。→翔（146ページ）
類義 走（171ページ）・馳（186ページ）

我駆 がく　多駆斗 たくと　里駆 りく

駒
⇩こま（108ページ）

●ぐ●

具
8画 八部・教3
音訓 グ・そな-える・そな-わる・つぶさ-に
名乗 かね・ぐ・とも
意味 ①そろえる。そろっている。「具有《ぐゆう》」②そろえておく器物。「家具」③くわしく申し述べる。つぶさに。④汁物《しるもの》などに入れる材料。⑤手段。道具。

倶
10画　亻部・㊇
音訓 ク・グ・とも-に
名乗 とも・ひろ
意味 みな。ともに。「不倶戴天《ふぐたいてん》」
注意 「倶」（つくりの部分の形が「具」）は、名づけには認められていない字体。
類義 共（78ページ）
特別な読み 倶楽部《クラブ》
倶子 ともこ　倶春 ともはる　倶美 ともみ

惧
11画　忄部・常
音訓 グ・ク
意味 おそれる。「危惧《きぐ》」

愚
13画　心部・常
音訓 グ・おろ-か
意味 ①おろか。「愚問《ぐもん》」②あなどる。ばかにする。「愚弄《ぐろう》」③謙遜《けんそん》の意を表す。「愚息」

虞
⇩おそれ（49ページ）

●くい●

杭
8画　木部・㊇
音訓 コウ・くい
名乗 わたる
意味 くい。地中に打ち込んで目印などにする棒。

●くう●

空
8画　穴部・教1
音訓 クウ・そら・あ-く・あ-ける・から・うつ-ろ・す-く・むな-しい
名乗 そら・たか
意味 ①そら。「天空」「青空・大空」②何もないこと。からっぽ。「空白・架空」③無駄なこと。「空論」④仏教で、実体のないこと。「色即是空《しきそくぜくう》」
類義 穹（76ページ）・昊（102ページ）・宙（187ページ）・天（196ページ）
ことば
【大空】おおぞら　広い空。〔名前読み例〕ひろたか
【天空】てんくう　広々とした空。〔名前読み例〕あまたか・そらたか
【碧空】へきくう　青空。青く晴れた空。〔名前読み例〕あおたか

蒼空 あおぞら　秋空 あきたか　空弥 くうや
空 そら　空太 そらた　空人 そらと
空美 そらみ　空志 たかし　空広 たかひろ
雅空 まさたか　実空 みそら　美空 みそら

喰
12画　口部・㊇
音訓 サン・くう・くらう
意味 食べる。くう。くらう。

●ぐう●

偶
11画　亻部・常
音訓 グウ・ゴウ・たまたま・たまに
名乗 あい・あう・かた・とも・ます
意味 ①対《つい》になる。向かい合う。「配偶者」②たまたま。思いがけなく。「偶然・偶発」③人形。「偶像・土偶」④偶数。⇔奇（68ページ）

遇
12画　辶部・常
音訓 グウ・グ・あう
名乗 あい・あう・はる
意味 ①出会う。「遭遇《そうぐう》」②巡り合う。巡り合わせ。「千載一遇《せんざいいちぐう》」③もてなす。「優遇」

隅
12画　阝部・常
音訓 グウ・グ・すみ
名乗 すみ・ふさ
意味 かたすみ。かど。「一隅《いちぐう》」「四隅《よすみ》」

寓
12画　宀部・㊇
音訓 グ・グウ
意味 ①身を寄せる。仮住まい。「寓居《ぐうきょ》」②かこつける。ことよせる。「寓話《ぐうわ》」③目をつける。目を向ける。「寓目《ぐうもく》」

●くぎ●

釘
10画　金部・㊇
音訓 テイ・くぎ
意味 くぎ。また、くぎを打つ。

●くし●

串
7画　丨部・常
音訓 カン・セン・くし
名乗 くし・つら
意味 くし。肉・魚などを刺し通すための細長い棒。

櫛
19画　木部・㊇
音訓 シツ・くし
名乗 きよ・くし
意味 ①くし。髪の毛をとかしたり髪飾りにしたりする道具。②髪の毛をくしでとかす。くしけずる。

●くじら●

鯨
⇩げい（89ページ）

●くず●

屑
10画　尸部・㊇
音訓 セツ・くず
名乗 きよ・きよし・よし
意味 小さい破片。くず。「紙屑《かみくず》」

葛
⇩かつ（62ページ）

●くつ●

屈 8画 尸部・常
音訓 クツ・かがまる・かがむ・かがめる
意味 ①曲げる。かがむ。折れ曲がっている。「屈伸《くっしん》」②くじける。従う。「不屈」③行き詰まる。「退屈」④強い。「屈強」

沓 8画 水部・人
音訓 トウ・くつ
名乗 かず
意味 ①重なり合う。「雑沓《ざっとう》」②靴。「藁沓《わらぐつ》」

掘 11画 扌部・常
音訓 クツ・ほ-る
意味 土をほる。穴をほる。「発掘」

窟 13画 穴部・常
音訓 クツ・コツ・いわや
意味 ①ほら穴。いわや。「洞窟《どうくつ》」②人の集まるところ。すみか。「巣窟《そうくつ》」

靴 ⇩か（54ページ）

●くぼ●

窪 14画 穴部・人
音訓 ワ・くぼ・くぼ-む
意味 くぼむ。また、くぼんだところ。「窪地《くぼち》」

●くま●

熊 14画 灬部・常
音訓 ユウ・くま
名乗 かげ・くま
意味 動物の名。クマ。

●くむ●

汲 ⇩きゅう（76ページ）

●くり●

栗 10画 木部・人
音訓 リツ・くり
名乗 くり
意味 ①木または果実の名。クリ。「甘栗《あまぐり》」②ふるえる。おののく。

栗子 くりこ　栗汰 くりた　美栗 みくり

●くる●

繰 19画 糸部・常
音訓 ソウ・く-る
意味 ①糸をつむぐ。また、細長いものを巻きつける。②順にめぐる。また、順に数える。③順に送って動かす。

●くわ●

鍬 ⇩しゅう（135ページ）

●くん●

君 7画 口部・教3
音訓 クン・きみ
名乗 きみ・きん・こ・すえ・なお・よし
意味 ①国などを治める人。「君主」②徳のある立派な人。「君子」③名前などに付けて敬意を表す。「諸君・鈴木君」

君絵 きみえ　君雄 きみお　君佳 きみか
君一 きみかず　君輝 きみてる　君子 きみこ　君之介 きみのすけ　君太郎 きみたろう　君平 くんぺい

訓 10画 言部・教4
音訓 クン・キン・よ-む
名乗 き・くに・くん・しる・とき・のり・みち
意味 ①教え導く。さとす。「訓示・訓練」②文字や語句の意味を解釈する。「訓釈」③訓読み。⇕音（50ページ）「音訓」
類義 教（80ページ）・啓（87ページ）・迪（195ページ）・諭（245ページ）

訓実 くにみ　訓平 くんぺい　広訓 ひろのり

勲 15画 灬部・常　**勳** 16画 力部・人
音訓 クン・いさお
名乗 いさ・いさお・いさむ・いそ・くん・こと・つとむ・なり・ひろ
意味 国家や君主のために尽くした功績。手柄。「勲章《くんしょう》」
類義 功（99ページ）・烈（265ページ）

勲 いさお　勲彦 いさひこ　勲巳 いさみ　勲 いさむ　勲平 くんぺい　勲 つとむ

薫 16画 艹部・常　**薰** 17画 人
音訓 クン・かお-る
名乗 かお・かおる・くに・くる・くん・しげ・たか・ただ・つとむ・にお・のぶ・ひで・ふさ・ほう・まさ・ゆき
意味 ①かおる。よいかおり。「薫香《くんこう》・薫風《くんぷう》」②徳の力で感化する。「薫陶《くんとう》」③いぶす。「薫製《くんせい》」
◆「香」は鼻で感じるにおいについて広く用いるが、「薫」は「風薫る」「文化の薫り」のように風が運ぶにおいや漂う雰囲気についていう。→香（103ページ）
類義 郁（39ページ）・馨（60ページ）・香（103ページ）・芳（233ページ）

秋薫 あきしげ　薫里 かおり　薫 かおる
薫子 かおるこ　花薫 かゆき　薫平 くんぺい
薫樹 しげき　薫美 しげみ　薫之 しげゆき
智薫 ともゆき　薫臣 ひでおみ　美薫 みゆき
宗薫 むねしげ　薫乃 ゆきの　薫彦 ゆきひこ

●ぐん●

軍
9画　車部・教4
音訓 グン・クン・いくさ
名乗 いく・いくさ・いさ・ぐん・すすむ・むら・むれ
意味 ①軍隊。また、戦争。「海軍」②スポーツなどのチームや団体。「西軍」

郡
10画　阝部・教4
音訓 グン・こおり
名乗 くに・ぐん・さと・とも・もと・より
意味 行政区画の一つ。「石狩郡」

群
13画　羊部・教5
音訓 グン・む-れる・む-れ・むら
名乗 ぐん・とも・むら・むれ・もと
意味 ①むれ。むれる。むらがる。「群衆・流星群」②多くの。いろいろの。「群像」

●け●

家 ⇩か（53ページ）

袈
11画　衣部・人
音訓 ケ
名乗 け・けさ
意味 「袈裟《けさ》」は、僧の衣服。→裟（110ページ）

●けい●

兄
5画　儿部・教2
音訓 ケイ・キョウ・あに
名乗 あに・え・えだ・けい・これ・さき・しげ・ただ・ね・よし
意味 ①あに。⇔弟（193ページ）「兄弟《きょうだい》・《けいてい》」「兄貴」②男性への敬意を表す。「貴兄《きけい》」

刑
6画　刂部・常
音訓 ケイ
名乗 おさか・のり
意味 ①罪を犯した者に科する罰。しおき。「刑罰」②手本。模範。

圭
6画　土部・人
音訓 ケイ
名乗 か・かど・きよ・きよし・け・けい・たま・よし
意味 ①上部がとがり、下部が四角な玉《ぎょく》（＝宝石）。②かど。

圭織 かおり　圭 けい　圭香 けいか
圭吾 けいご　圭佑 けいすけ　圭太 けいた
圭太朗 けいたろう　圭恵 たまえ　圭希 たまき
正圭 まさよし　圭美 よしみ　凌圭 りょうけい

形
7画　彡部・教2
音訓 ケイ・ギョウ・かた・かたち
名乗 あれ・かた・すえ・なり・み・より
意味 かたち。かた。ありさま。「形状・図形」

系
7画　糸部・教6
音訓 ケイ
名乗 いと・けい・つぎ・つら・とし
意味 ある系列をなしてつながるもの。ひとつらなりのもの。「系統・山系」

径
8画　彳部・教4
音訓 ケイ・みち
名乗 ただ・みち
意味 ①直径。②小道。「径路」③まっすぐ。「直情径行」
注意 「怪」は形が似ているが、別の字。→怪（57ページ）

紀径 のりみち　径子 みちこ　径哉 みちや

茎
8画　艹部・常
音訓 ケイ・コウ・くき
名乗 くき
意味 草のくき。

係
9画　亻部・教3
音訓 ケイ・かか-る・かかり・かか-わる
名乗 たえ
意味 ①つなぐ。かかる。かかわりをもつ。「係数・関係」②担当の人。かかり。

型
9画　土部・教4
音訓 ケイ・かた
意味 ①物の形を作ること。かた。「原型」「型紙《かたがみ》」②模範となるもの。手本。「典型」

契
9画　大部・常
音訓 ケイ・セツ・ちぎ-る
名乗 けい・ちぎる・ひさ
意味 ①約束する。ちぎる。「契約」②ぴたりと合う。「契機」

計
9画　言部・教2
音訓 ケイ・はか-る・はか-らう
名乗 かず・かずえ・けい・たけ・はかる
意味 ①数をかぞえる。「計算・合計」②企《くわだ》てる。はかりごと。「計画」③計量のための器具。「体重計」
類義 算（119ページ）・数（159ページ）

計成 かずなり　計 はかる　道計 みちかず

勁
9画 力部・人

音訓 ケイ・つよ-い
名乗 かた・つよし

意味 つよい。まっすぐで力強い。「雄勁《ゆうけい》」

奎
9画 大部・人

音訓 ケイ
名乗 けい・ふみ

意味 星座の名。とかき。アンドロメダ座にあたる。

奎一郎 けいいちろう　奎介 けいすけ　奎香 ふみか

恵
10画 心部・常
12画 惠 人

音訓 ケイ・エ・めぐ-む
名乗 あや・え・けい・さと・さとし・しげ・とし・めぐ・めぐみ・めぐむ・やす・よし

意味 ①恩をほどこす。めぐむ。いつくしむ。「恩恵」②さとい。かしこい。「知恵」③縁起がよい。「恵方《えほう》」④美しい。◆現代表記では「智慧→智恵」など、「慧」を「恵」に書きかえることがある。↓慧（88ページ）

類義 恩（49ページ）・憲（93ページ）・賢（93ページ）・幸（101ページ）・慈（126ページ）・聡（173ページ）・智（186ページ）・哲（196ページ）・徳（204ページ）・敏（224ページ）・明（242ページ）・利（255ページ）・俐（256ページ）・竜（258ページ）・伶（264ページ）・怜（264ページ）

恵花 あやか　恵麻 えま　恵美 えみ
恵理子 えりこ　香奈恵 かなえ　恵 けい
恵一 けいいち　恵子 けいこ　恵司 けいじ
恵多 けいた　恵 さとし　恵彦 しげひこ
智恵 ちえ　朋恵 ともえ　花恵 はなえ
仁恵 ひとえ　光恵 みつえ　恵 めぐみ
恵美 めぐみ　恵夢 めぐむ　百恵 ももえ
弥恵 やえ　友里恵 ゆりえ　理恵 りえ

桂
10画 木部・人

音訓 ケイ・かつら
名乗 かつ・かつら・けい・よし

意味 ①木の名。カツラ。また、肉桂《にっけい》や木犀《もくせい》などの香木。②中国の伝説で、月に生えているという想像上の木。月桂《げっけい》。

桂 かつら　桂子 かつらこ　桂 けい
桂一 けいいち　桂香 けいか　桂希 けいき
桂子 けいこ　桂吾 けいご　桂司 けいじ
桂樹 けいじゅ　桂乃 よしの　桂葉 よしは

啓
11画 口部・常

音訓 ケイ・ひら-く
名乗 あき・あきら・けい・さとし・たか・てる・のぶ・のり・はじめ・はる・ひ・ひで・ひら・ひらき・ひらく・ひろ・ひろし・ひろむ・よし

意味 ①ひらいて明らかにする。教え導く。「啓蒙《けいもう》」②開放する。「啓×蟄《けいちつ》」③申す。申し上げる。「拝啓《はいけい》」④皇后・皇太子などが外出する。「行啓《ぎょうけい》」

類義 教（80ページ）・訓（85ページ）・迪（195ページ）・諭（245ページ）

啓広 あきひろ　啓 あきら　和啓 かずひろ
邦啓 くにひろ　啓一郎 けいいちろう　啓香 けいか
啓子 けいこ　啓司 けいじ　啓介 けいすけ
啓太 けいた　啓 さとし　啓斗 たかと
啓 はじめ　啓乃 はるの　啓夏 ひろか
啓希 ひろき　啓 ひろし　啓斗 ひろと
啓江 よしえ　啓美 よしみ　亮啓 りょうけい

掲
11画 扌部・常
12画 揭 人

音訓 ケイ・かか-げる
名乗 なが

意味 高くあげる。かかげる。また、人目につくようにする。「掲載《けいさい》・掲揚《けいよう》」

渓
11画 氵部・常

音訓 ケイ・たに
名乗 けい・たに

意味 たに。谷川。「渓谷《けいこく》・渓流」

渓花 けいか　渓介 けいすけ　渓太 けいた

経
11画 糸部・教5

音訓 ケイ・キョウ・へ-る・た-つ・たていと
名乗 おさむ・けい・つね・のぶ・のり・ふ・ふる

意味 ①時がたつ。通り過ぎる。筋道をたどる。「経過・経験・経由《けいゆ》」②治める。管理する。「経営・経済」③つねの。通常の。「経常・経費」④縦糸。また、縦。上下・南北の方向。⇕緯（39ページ）「経緯・経度」⑤経典《きょうてん・けいてん》。「御経《おきょう》」⑥月経。

有経 ありつね　経 おさむ　清経 きよつね
経花 けいか　経子 けいこ　経悟 けいご
経明 のぶあき　経宏 のりひろ　泰経 やすのり

蛍
11画 虫部・常

音訓 ケイ・ほたる
名乗 ほたる

意味 虫の名。ホタル。夏の夜、腹部の発光器で青白い光を放つ。「蛍雪《けいせつ》（＝苦労して勉学すること）」

蛍子 けいこ　蛍太 けいた　蛍 ほたる

頃
⇩ころ（108ページ）

敬
12画 攵部・教6

音訓 ケイ・キョウ・うやま-う
名乗 あき・あつ・いつ・うや・かた・けい・さとし・たか・たかし・ちか・とし・のり・はや・ひろ・ひろし・ゆき・よし

意味 うやまう。「敬意・尊敬」

類義 貴(71ページ)・高(104ページ)・尚(142ページ)・崇(158ページ)・尊(176ページ)

敬子 けいこ　敬悟 けいご　敬司 けいじ
敬介 けいすけ　敬太 けいた　敬太郎 けいたろう
敬 さとし　敬明 たかあき　敬恵 たかえ
敬 たかし　敬志 たかし　敬 ひろし
史敬 ふみたか　芳敬 よしたか　了敬 りょうけい

景
12画　日部・教4

音訓 ケイ・エイ
名乗 あきら・かげ・けい・ひかり・ひろ

意味 ①ながめ。景色《けしき》。また、ありさま。「風景」②仰《あお》ぎ慕う。「景仰《けいぎょう》・《けいこう》」③大きい。また、めでたい。「景福」④日の光。また、ひかげ。「景光」⑤風情をそえるもの。「景物」

類義 陰(41ページ)・蔭(42ページ)・影(44ページ)・恢(58ページ)・巨(77ページ)・洪(102ページ)・浩(104ページ)・紘(104ページ)・太(178ページ)・大(180ページ)

景 あきら　景 けい　景一朗 けいいちろう
景子 けいこ　景悟 けいご　景治 けいじ
景介 けいすけ　景太 けいた　景都 けいと
千景 ちかげ　景 ひかり　美景 みかげ

軽
12画　車部・教3

音訓 ケイ・キン・かる-い・かろ-やか
名乗 かる・とし

意味 ①重さがかるい。また、程度が少ない。⇕重(136ページ)「軽症・軽量」②すばやい。かろやか。「軽快」③手がる。簡易。「軽食」④かるがるしい。落ち着きがない。「軽率」⑤かろんじる。あなどる。「軽蔑《けいべつ》」

卿
⇩きょう(80ページ)

傾
13画　亻部・常

音訓 ケイ・かたむ-く・かたむ-ける・かし-げる
名乗 よし

意味 ななめにする。かたむく。かたむける。「傾斜・傾倒」

携
13画　扌部・常

音訓 ケイ・たずさ-える・たずさ-わる

意味 ①手にさげて持つ。たずさえる。「携帯・必携」②手を取り合う。「連携」

継
13画　糸部・常

音訓 ケイ・つ-ぐ・まま
名乗 けい・つぎ・つぐ・つね・ひで

意味 ①つなぐ。受けつぐ。「継承・継続」②義理の間柄。「継母《けいぼ》・《ままはは》」

類義 嗣(124ページ)・承(142ページ)・紹(144ページ)

有継 ありつぐ　継花 けいか　継太郎 けいたろう
継利 つぐとし　継美 つぐみ　真継 まさつぐ

詣
13画　言部・常

音訓 ケイ・ゲイ・もう-でる
名乗 いたる・まい・ゆき

意味 ①行きつく。また、学問などが深い境地に進む。「造詣《ぞうけい》」②社寺にもうでる。「参詣《さんけい》」「初詣《はつもうで》」

詣 いたる　詣花 けいか　詣子 けいこ
詣太 けいた　詣奈 ゆきな　詣也 ゆきや

憬
15画　忄部・常

音訓 ケイ・あこが-れる

意味 あこがれる。「憧憬《しょうけい》・《どうけい》」

類義 憧(147ページ)

憬 けい　憬花 けいか　憬子 けいこ
憬介 けいすけ　憬太 けいた　憬奈 けいな

慶
15画　心部・常

音訓 ケイ・キョウ・よろこ-ぶ
名乗 けい・ちか・のり・みち・やす・よし

意味 祝う。よろこぶ。めでたい。「慶賀《けいが》・慶事《けいじ》」

類義 悦(45ページ)・嘉(54ページ)・賀(55ページ)・歓(66ページ)・喜(70ページ)・吉(74ページ)・欣(82ページ)・祝(136ページ)・祥(143ページ)・愉(245ページ)

一慶 かずよし　慶 けい　慶子 けいこ
慶士郎 けいしろう　慶真 けいしん　慶介 けいすけ
慶太 けいた　貴慶 たかよし　慶香 のりか
美慶 みのり　慶和 よしかず　慶美 よしみ

稽
15画　禾部・常

音訓 ケイ
名乗 おさむ・かず・とき・のり・み・よし

意味 ①とどまる。とどめる。②かんがえる。「稽古《けいこ》・滑稽《こっけい》」③頭を地につけて敬礼する。

慧
15画　心部・人

音訓 ケイ・エ・さと-い
名乗 あきら・けい・さと・さとし・さとる・とし・よし

意味 さとい。かしこい。「慧眼《けいがん》」「智慧《ちえ》」◆「恵」に通じる。現代表記では「智慧→智恵」など、「恵」に書きかえることがある。↓恵(87ページ)

類義 憲(93ページ)・賢(93ページ)・聡(173ページ)・智(186ページ)・哲(196ページ)・敏(224ページ)・明(242ページ)・利(255ページ)・俐(256ページ)・伶(264ページ)・怜(264ページ)

慧 あきら　慧麻 えま　慧 けい
慧一 けいいち　慧子 けいこ　慧吾 けいご
慧介 けいすけ　慧太郎 けいたろう　慧紀 さとき
慧 さとし　慧実 さとみ　俊慧 しゅんけい
真慧 まさと　正慧 まさよし　美慧 みさと

16画 **憩** 心部・常
音訓 ケイ・いこ-い・いこ-う
名乗 けい・やす
意味 休息する。憩《い》う。また、休息。「休憩」

19画 **警** 言部・教6
音訓 ケイ・キョウ・いまし-める
意味 ①注意する。用心させる。また、非常事態にそなえる。「警告・警察」②すばやい。また、かしこい。「警句」

19画 **鶏** 鳥部・常 21画 **鷄** 人
音訓 ケイ・にわとり
意味 鳥の名。ニワトリ。

19画 **繫** 糸部・人
音訓 ケイ・つながる・つな-ぐ
名乗 つぎ・つぐ・つな
意味 結びつける。つなぐ。つながる。「繫《つな》ぎ目」

馨 ⇩かおる（60ページ）

●げい●

7画 **芸** 艹部・教4 18画 **藝** 人
音訓 ゲイ
名乗 き・ぎ・すけ・のり・まさ
意味 ①習って身につける技能。「芸術・武芸」②草木を植える。「園芸」◆「芸《ウン》」と「藝《ゲイ》」は別の字。「芸《ウン》」は香草の名。
特別な読み 安芸《あき》
安芸 あき　安芸子 あきこ　安芸野 あきの

7画 **迎** 辶部・常
音訓 ゲイ・ギョウ・ゴウ・むか-える
意味 ①やってくる人などを待ち受ける。むかえる。「迎春《げいしゅん》・歓迎・送迎」②相手の意を受け入れる。「迎合《げいごう》」

19画 **鯨** 魚部・常
音訓 ゲイ・ケイ・くじら
名乗 くじら
意味 海洋に生息する動物の名。クジラ。

●げき●

12画 **戟** 戈部・人
音訓 ケキ・ゲキ
意味 ①古代中国の武器。刃が股《また》になったほこ。「剣戟《けんげき》」②刺す。

13画 **隙** 阝部・常
音訓 ゲキ・ケキ・すき・ひま
意味 すきま。隙《ひま》。「間隙・寸隙」

15画 **劇** 刂部・教6
音訓 ゲキ・ケキ・はげ-しい
意味 ①演劇。芝居。ドラマ。「劇場・喜劇」②はげしい。はなはだしい。「劇薬《げきやく》」

15画 **撃** 手部・常 17画 **擊** 人
音訓 ゲキ・ケキ・う-つ
意味 ①強くたたく。また、弾丸をうつ。「射撃・打撃」②武力をもって攻める。「攻撃」③感覚に触れる。「目撃」

16画 **激** 氵部・教6
音訓 ゲキ・ケキ・はげ-しい
意味 ①程度・勢いなどがはげしい。「過激」②感情が高ぶる。また、励《はげ》ます。「激励・感激」

●けた●

10画 **桁** 木部・常
音訓 コウ・けた
意味 ①建物・橋などの柱の上にかけ渡した横木。「橋桁《はしげた》」②そろばんの玉を通す棒。また、数の位《くらい》取り。「一桁《ひとけた》」③着物かけ。「衣桁《いこう》」

●けつ●

4画 **欠** 欠部・教4
音訓 ケツ・ケン・か-ける・か-く
意味 ①一部分が壊れたり不足したりする。欠《か》ける。また、足りないもの。「欠席・欠点」②あくび。

5画 **穴** 穴部・教6
音訓 ケツ・あな
名乗 これ・な
意味 ①あな。「洞穴《どうけつ・ほらあな》」②東洋医学で、人体のつぼ。「灸穴《きゅうけつ》」

6画 **血** 血部・教3
音訓 ケツ・ち
名乗 ち
意味 ①血液。「輸血」②血のつながり。「血縁」③強くていきいきとしている。また、血を流すように激しい。「血戦・熱血」

7画 **決** 氵部・教3
音訓 ケツ・き-める・き-まる
名乗 さだ
意味 ①きめる。きっぱりと定める。また、可否をきめる。「決断・判決」②思い切って。きっぱりと。「決然」③さける。やぶれる。「決裂」

9画 **頁** 頁部・人
音訓 ケツ・ヨウ・ページ
意味 ①頭。くびすじ。②本などのページ。「頁数《ページすう》」

訣 11画 言部・人
音訓 ケツ・わか-れる
意味 ①人とわかれる。「訣別《けつべつ》」 ②奥義《おうぎ》。秘伝。「秘訣《ひけつ》」

✦**結** ⇩人気の字（91ページ）

傑 13画 亻部・常
音訓 ケツ
名乗 たかし・たけし・ひで・まさ
意味 優れる。ぬきんでる。また、優れている人。「傑作・豪傑」

潔 15画 氵部・教5
音訓 ケツ・いさぎよ-い
名乗 きよ・きよし・すみ・ゆき・よし
意味 ①けがれがない。清い。「純潔・清潔」 ②行いが正しく、未練がましいところがない。「潔白」
類義 純（138ページ）・浄（148ページ）・清（163ページ）・聖（163ページ）・白（214ページ）・廉（266ページ）

潔佳 きよか　潔 きよし　潔光 きよてる
潔斗 きよと　潔奈 きよな　潔人 よしと

●げつ●

月 4画 月部・教1
音訓 ゲツ・ガツ・つき
名乗 つき・つぎ・づき
意味 ①天体のつき。つきの光。「月光・満月」 ②一年を十二に分けた一期間。「二月」 ③月曜日のこと。
特別な読み 如月《きさらぎ》・海月《くらげ》・五月《さつき》

維月 いつき　五月 さつき　皐月 さつき
月佳 つきか　月子 つきこ　月斗 つきと
月乃 つきの　月彦 つきひこ　月也 つきや
菜月 なつき　葉月 はづき　文月 ふづき
美月 みつき　実月 みづき　睦月 むつき
柚月 ゆづき　悠月 ゆづき　優月 ゆづき

●ける●

蹴 ⇩しゅう（135ページ）

●けん●

犬 4画 犬部・教1
音訓 ケン・いぬ
意味 ①動物の名。イヌ。「愛犬」「柴犬《しばいぬ》」 ②まわし者。スパイ。 ③つまらないもののたとえ。また、無駄なこと。「犬死《いぬじに》」

件 6画 亻部・教5
音訓 ケン・くだり・くだん
名乗 かず・なか・わか
意味 事柄《ことがら》。また、前に述べた物事。「案件」

見 7画 見部・教1
音訓 ケン・ゲン・み-る・み-える・み-せる・まみ-える
名乗 あき・あきら・けん・ちか・のり・み
意味 ①みる。みえる。「必見」 ②人に会う。「会見」 ③隠れていたものが現れる。「露見」 ④みかた。ものの考え方。「意見」

見 あきら　亜見 あみ　瑛見 えいみ
恵見 えみ　清見 きよあき　拓見 たくみ
岳見 たけみ　知見 ともみ　尚見 なおみ

券 8画 刀部・教5
音訓 ケン
意味 入場などを保証する証書・切符。チケット。「証券・入場券」

肩 8画 月部・常
音訓 ケン・かた
意味 ①かた。腕が体に接続する関節の上部。 ②物を投げたり担いだりする力。 ③物や道などの、肩に似た形のところ。「路肩《ろかた・ろけん》」

建 9画 廴部・教4
音訓 ケン・コン・た-てる・た-つ
名乗 けん・たけ・たけし・たける・たつ・たつる・たて
意味 ①新しく設ける。建物などをつくる。「建設」 ②意見を申し立てる。「建議」

建 けん　建吾 けんご　建太 けんた
建太郎 けんたろう　建斗 けんと　建昭 たけあき
建 たけし　建美 たけみ　建 たける
建希 たつき　建彦 たつひこ　建 たつる

県 9画 目部・教3
縣 16画 糸部・人
音訓 ケン・あがた
名乗 あがた・さと・たう・むら・もと
意味 都・道・府と並ぶ地方公共団体。「県民」

研 9画 石部・教3
音訓 ケン・ゲン・と-ぐ・みが-く
名乗 あき・きし・きよ・きわむ・けん・とぎ
意味 ①とぐ。みがく。「研磨《けんま》」 ②物事の道理をきわめる。「研究・研×鑽《けんさん》」 ③すずり。
類義 究（76ページ）・瑳（110ページ）・磨（237ページ）

研奈 あきな　研美 きよみ　研 きわむ
研 けん　研一郎 けんいちろう　研吾 けんご
研二 けんじ　研太 けんた　研人 けんと
研之介 けんのすけ　研哉 けんや　貴研 たかあき

人気の字

結

12画
糸部・教4

音訓 ケツ・むす-ぶ・ゆ-う・ゆ-わえる
名乗 かた・ひとし・ゆ・ゆい・ゆう

意味 ①むすぶ。固くむすびつく。「結束・連結」②しめくくる。しめくくり。「結果・結論・完結」③実をむすぶ。「結実」

なりたち 形声。糸をしっかり結び合わせるの意味を表す。

四字熟語・ことわざ
【一致団結《いっちだんけつ》】 心を一つにして協力し合うこと。

地名 結城《ゆうき》市

筆順 幺 糸 糸 紅 紆 紆 結 結 結

一字の名前
結 ひとし・ゆい・ゆう

二字の名前
❤一字目
結愛 ゆあ
結以 ゆい
結生 ゆい
結衣 ゆい
結依 ゆい
結唯 ゆい
結香 ゆいか
結樹 ゆいき
結人 ゆいと
結仁 ゆいと
結奈 ゆいな
結乃 ゆいの
結羽 ゆいは
結一 ゆういち
結花 ゆうか
結希 ゆうき
結吾 ゆうご
結志 ゆうし
結二 ゆうじ
結心 ゆうしん
結介 ゆうすけ
結星 ゆうせい
結汰 ゆうた
結大 ゆうだい
結斗 ゆうと
結菜 ゆうな
結平 ゆうへい
結真 ゆうま
結美 ゆうみ
結弥 ゆうや
結佳 ゆか
結輝 ゆき
結月 ゆづき
結心 ゆみ
結芽 ゆめ
結里 ゆり

❤二字目
樹結 きゆ
賢結 けんゆう
詩結 しゆ
史結 しゆう
千結 ちゆ
智結 ともかた
奈結 なゆ
信結 のぶかた
葉結 はゆ
麻結 まゆ
真結 まゆう
心結 みゆ
美結 みゆ
美結 みゆい
心結 みゆう
悠結 ゆうゆ
由結 よしかた
理結 りゆ

三字の名前
❤一字目
結衣花 ゆいか
結唯子 ゆいこ
結之介 ゆいのすけ
結史郎 ゆうしろう
結香梨 ゆかり
結希愛 ゆきあ
結希人 ゆきと
結貴弥 ゆきや
結寿菜 ゆずな
結美花 ゆみか
結実子 ゆみこ
結芽斗 ゆめと
結莉亜 ゆりあ
結里恵 ゆりえ
結梨奈 ゆりな

❤二字目
亜結子 あゆこ
愛結羽 あゆは
亜結美 あゆみ
愛結実 あゆみ
愛結良 あゆら
紗結香 さゆか
奈結佳 なゆか
菜結美 なゆみ
芙結乃 ふゆの
真結花 まゆか
美結花 みゆか
未結奈 みゆな

❤三字目
小芙結 こふゆ
千富結 ちふゆ
美布結 みふゆ

読みごとの名前
❤ゆ
安結 あゆ
亜結乃 あゆの
希結 きゆ
紗結里 さゆり
志結 しゆ
芙結 ふゆ
布結美 ふゆみ
万結 まゆ
茉結子 まゆこ
真結良 まゆら
麻結利 まゆり
望結 みゆ
美結子 みゆこ
結安 ゆあ
結惟 ゆい
結衣子 ゆいこ
結生 ゆう
結栄 ゆえ
結花 ゆか
結香 ゆか
結紀 ゆき
結希奈 ゆきな
結貴乃 ゆきの
結寿 ゆず
結鶴 ゆづる
結麻 ゆま
結美 ゆみ
結美夏 ゆみか
結萌 ゆめ
結良 ゆら
結莉 ゆり
結理子 ゆりこ
里結 りゆ

❤ゆい
心結 みゆい
結佳 ゆいか
結華 ゆいか
結輝 ゆいき
結子 ゆいこ
結太 ゆいた
結士 ゆいと
結翔 ゆいと
結那 ゆいな
結菜 ゆいな
結葉 ゆいは
結彦 ゆいひこ
結歩 ゆいほ
結美 ゆいみ
結理 ゆいり

❤ゆう
健結 けんゆう
志結 しゆう
深結 みゆう
結加 ゆうか
結姫 ゆうき
結貴 ゆうき
結子 ゆうこ
結司 ゆうじ
結輔 ゆうすけ
結誠 ゆうせい
結太 ゆうた
結仁 ゆうと
結奈 ゆうな
結乃輔 ゆうのすけ
結飛 ゆうひ
結穂 ゆうほ
結磨 ゆうま
結望 ゆうみ
結也 ゆうや
結由 ゆうゆ
結梨 ゆうり

ことば
【結果《けっか》】 できばえ。成果。また、植物が実を結ぶこと。
【結実《けつじつ》】 実を結ぶこと。また、成果を得ること。〔名前読み例〕ゆうま・ゆうみ・ゆみ
【結集《けっしゅう》】 ばらばらになっているものが一つにまとまり集まること。
【結成《けっせい》】 組織を作る。〔名前読み例〕ゆうせい

倹 10画 イ部・常 15画 **儉** 人
音訓 ケン
名乗 よし
意味 無駄づかいしないこと。節約。「倹約」

兼 10画 ソ部・常
音訓 ケン・か-ねる
名乗 かず・かた・かぬ・かね・けん・とも
意味 ①あわせもつ。かねる。「兼用」②前もって。かねて。「兼題」
兼美 かずみ　兼太 かねた　兼人 かねと
孝兼 こうけん　忠兼 ただかず　兼佳 ともか

剣 10画 刂部・常 15画 **劍** 人
音訓 ケン・つるぎ
名乗 あきら・たち・つとむ・つるぎ・はや
意味 つるぎ。刀。また、それを用いる武術。「剣道・真剣」
剣 あきら　剣吾 けんご　剣介 けんすけ
剣太 けんた　剣也 けんや　剣斗 はやと

拳 10画 手部・常
音訓 ケン・ゲン・こぶし
名乗 かたし・つとむ
意味 ①にぎりこぶし。また、それを用いる武術。「鉄拳」「拳骨《げんこつ》」②ささげ持つ。
拳 けん　拳紀 げんき　拳吾 けんご
拳士郎 けんしろう　拳斗 けんと　拳 つとむ

軒 10画 車部・常
音訓 ケン・のき
名乗 けん・のき
意味 ①屋根の下の、外壁より外に張り出した部分。のき。「軒先《のきさき》」②家。また、家を数えることば。「一軒家《いっけんや》」③高く上がる。「意気軒昂《いきけんこう》」

倦 10画 イ部・人
音訓 ケン・あぐ-ねる・う-む
名乗 あぐみ・うみ
意味 飽きて嫌になる。「倦怠《けんたい》」

健 11画 イ部・教4
音訓 ケン・すこ-やか
名乗 かつ・きよ・きよし・たけ・たけし・たける・たつ・たて・たる・つよ・つよし・とし・まさる・やす
意味 ①体が丈夫で、力強い。すこやか。「健康・健壮」②程度が普通以上である。よく。非常に。「健×啖《けんたん》・健闘」
類義 毅（72ページ）・赳（77ページ）・強（79ページ）・康（104ページ）・剛（107ページ）・豪（107ページ）・武（226ページ）・勇（246ページ）・雄（247ページ）
健臣 かつおみ　健 きよし　健一 けんいち
健吾 けんご　健児 けんじ　健介 けんすけ
健太 けんた　健太郎 けんたろう　健人 けんと
健也 けんや　健 たけし　健史 たけし
健斗 たけと　健典 たけのり　健彦 たけひこ
健美 たけみ　健 たける　雅健 まさたけ
正健 まさたつ　健恵 やすえ　泰健 やすたけ

険 11画 阝部・教5 16画 **險** 人
音訓 ケン・けわ-しい
名乗 たか・のり
意味 ①傾斜が急で高い。けわしい。また、けわしい所。「険路《けんろ》」②危ない。「危険・冒険」③表情や態度がとげとげしい。「邪険《じゃけん》」

捲 11画 扌部・人
音訓 ケン・ま-く・まく-る・めく-る
名乗 おさむ・まく
意味 巻き上げる。「捲土重来《けんどじゅうらい》《けんどちょうらい》」（＝一度敗れたものが再び勢いを盛り返すこと）

牽 11画 牛部・人
音訓 ケン・ひ-く
名乗 くる・けん・とき・とし・ひき・ひた
意味 引っ張る。引きつける。「牽引《けんいん》」

圏 12画 口部・常 11画 **圈** 人
音訓 ケン
意味 ①限られた区域・範囲。「圏外・首都圏」②まるい。輪《わ》。「圏点」
類義 円（45ページ）・環（66ページ）・丸（67ページ）・団（184ページ）・輪（262ページ）

堅 12画 土部・常
音訓 ケン・かた-い
名乗 かき・かた・かたし・けん・すえ・たか・つよし・み・よし
意味 かたい。丈夫でしっかりしている。「堅固《けんご》・堅実」
注意 「竪」は形が似ているが、別の字。→竪（132ページ）
堅 けん　堅吾 けんご　堅太郎 けんたろう
堅斗 けんと　堅也 けんや　堅 つよし

検 12画 木部・教5 17画 **檢** 人
音訓 ケン・あらた-める・しら-べる
意味 調べる。また、取り締まる。「検査・点検」

喧 12画 口部・人
音訓 ケン・かまびす-しい・やかま-しい
名乗 はる
意味 騒がしい。やかましい。「喧嘩《けんか》・喧×噪《けんそう》」

硯 12画 石部・人
音訓 ゲン・ケン・すずり
名乗 けん・げん
意味 すずり。墨を擦《す》る道具。

絢
12画　糸部・人

音訓 ケン・あや
名乗 あや・じゅん・はる

意味 織物の美しい模様。あや。また、あやがあって美しいさま。「絢×爛《けんらん》」

類義 綾（35ページ）・郁（39ページ）・采（111ページ）・彩（112ページ）・章（144ページ）・斐（220ページ）・彪（223ページ）・文（229ページ）・紋（244ページ）

絢 あや　絢佳 あやか　絢華 あやか
絢斗 あやと　絢音 あやね　絢乃 あやの
絢人 あやひと　絢一 けんいち　絢太郎 けんたろう
沙絢 さあや　絢 じゅん　絢子 じゅんこ
絢平 じゅんぺい　絢也 じゅんや　真絢 まあや

嫌
13画　女部・常

音訓 ケン・ゲン・きら-う・いや

意味 ①きらう。いやがる。「嫌悪《けんお》」②疑う。疑い。「嫌疑」

遣
13画　辶部・常

音訓 ケン・つか-う・つか-わす・や-る

意味 ①行かせる。また、追いはらう。「派遣」②つかう。「心遣《こころづか》い」③与える。つかわす。

献
13画　犬部・常

音訓 ケン・コン・ささ-げる
名乗 けん・たけ・のぶ

意味 ①ささげる。たてまつる。「貢献」②賢人。物知り。「文献」③酒を客にすすめる。また、杯をさす回数。「一献《いっこん》」

絹
13画　糸部・教6

音訓 ケン・きぬ
名乗 きぬ・まさ

意味 きぬ。蚕《かいこ》の繭《まゆ》からとった糸。また、その糸で織った布。「絹糸《けんし》・《きぬいと》」

ことば 【絹絵《きぬえ》】 絹の布地にかいた絵。

絹 きぬ　絹恵 きぬえ　絹佳 きぬか
絹子 きぬこ　絹代 きぬよ　絹美 まさみ

権
15画　木部・教6

音訓 ケン・ゴン
名乗 けん・げん・ごん・のり・ひら・よし

意味 ①他を支配する力。また、他に対して物事を主張・要求する力。「権威・選挙権」②はかり。また、はかりのおもり。「権衡《けんこう》」③はかりごと。計略。「権謀術数《けんぼうじゅっすう》」

憲
16画　心部・教6

音訓 ケン
名乗 あき・あきら・かず・けん・さだ・ただし・ただす・とし・のり・よし

意味 ①おきて。特に、国の根本となるおきて。また、模範。「憲法」②役人。「憲兵・官憲」③かしこい。

類義 恵（87ページ）・慧（88ページ）・賢（次項）・聡（173ページ）・智（186ページ）・哲（196ページ）・敏（224ページ）・明（242ページ）・利（255ページ）・俐（256ページ）・伶（264ページ）・怜（264ページ）

明憲 あきのり　憲 あきら　憲乃 かずの
君憲 きみのり　憲 けん　憲吾 けんご
憲二 けんじ　憲太郎 けんたろう　憲人 けんと
滋憲 しげのり　憲 ただし　憲明 としあき
憲信 としのぶ　知憲 ともあき　憲和 のりかず
憲子 のりこ　憲重 のりしげ　真憲 まさのり

賢
16画　貝部・常

音訓 ケン・かしこ-い・さか-しい
名乗 かた・かつ・けん・さか・さかし・さと・さとし・さとる・すぐる・たか・ただ・ただし・とし・のり・まさ・まさる・ます・やす・よし

意味 ①かしこい。すぐれている。また、その人。「賢者・賢明」②尊敬の意を表す。「賢兄」

類義 恵（87ページ）・慧（88ページ）・憲（前項）・聡（173ページ）・智（186ページ）・哲（196ページ）・敏（224ページ）・明（242ページ）・利（255ページ）・俐（256ページ）・伶（264ページ）・怜（264ページ）

賢一 けんいち　賢悟 けんご　賢治 けんじ
賢太 けんた　賢斗 けんと　賢乃介 けんのすけ
晃賢 こうけん　賢志 さとし　賢美 さとみ
賢 さとる　賢 すぐる　賢乃 たかの
賢人 たかひと　智賢 ちさと　尚賢 なおたか
英賢 ひでさと　裕賢 ひろたか　賢江 まさえ

謙
17画　言部・常

音訓 ケン・へりくだ-る
名乗 あき・かた・かね・けん・しず・たか・のり・ゆずる・よし

意味 自分をおさえて、人にゆずる。へりくだる。「謙虚・謙遜《けんそん》」

謙子 あきこ　謙長 あきなが　謙帆 あきほ
篤謙 あつかね　謙久 かねひさ　謙 けん
謙一郎 けんいちろう　謙司 けんじ　謙介 けんすけ
謙太 けんた　謙人 けんと　謙哉 けんや
孝謙 こうけん　謙恵 のりえ　温謙 はるのり

鍵
17画　金部・常

音訓 ケン・かぎ
名乗 かぎ

意味 ①かぎ。錠《じょう》に差し込む金具。「鍵穴」②手がかり。③［ケン］ピアノなどの指でたたく部分。「鍵盤《けんばん》」

繭
18画　糸部・常

音訓 ケン・まゆ
名乗 まゆ

意味 カイコなどのまゆ。「繭糸《けんし》」

「繭玉《まゆだま》」

繭太 けんた　繭 まゆ　繭花 まゆか
繭子 まゆこ　繭美 まゆみ　繭良 まゆら

顕 18画　頁部・常　23画 顯 人

音訓 ケン・あらわ-れる・あらわ-す
名乗 あき・あきら・けん・たか・てる
意味 ①はっきりと目立つ。あらわれる。「顕著」②あきらかになる。「露顕《ろけん》」③地位・身分が高い。「貴顕《きけん》」

顕奈 あきな　顕史 あきふみ　顕光 あきみつ
顕 あきら　和顕 かずあき　顕 けん
顕次 けんじ　顕之介 けんのすけ　恒顕 こうけん
貴顕 たかあき　顕江 たかえ　智顕 ともあき

験 18画　馬部・教4　23画 驗 人

音訓 ケン・ゲン
名乗 けん・とし
意味 ①ためす。調べる。「試験・実験」②しるし。証拠。また、効果。「効験《こうけん》・霊験《れいけん》・《れいげん》」

懸 20画　心部・常

音訓 ケン・ケ・か-ける・か-かる
名乗 とお
意味 ①ひっかける。また、ぶら下がる。「懸案《けんあん》・懸垂《けんすい》」②かけ離れる。「懸隔《けんかく》」

●げん●

元 4画　儿部・教2

音訓 ゲン・ガン・もと
名乗 あさ・げん・ちか・つかさ・とも・なが・はじむ・はじめ・はる・まさ・もと・もとい・もとし・ゆき・よし
意味 ①根本《こんぽん》。もと。「元気・還元」②物事の起こり。はじめ。「元始《げんし》」「元祖《がんそ》」③以前。また、以前の状態。④第一人者。首長。「元首《げんしゅ》」⑤頭部。⑥年号。「元号」
類義 一（40ページ）・開（58ページ）・始（123ページ）・初（140ページ）・緒（140ページ）・創（172ページ）・肇（215ページ）

元気 げんき　元樹 げんき　実元 さねもと
元 つかさ　元 はじめ　元香 はるか
元紀 はるき　春元 はるもと　元恵 もとえ
元佳 もとか　元希 もとき　元 もとし
元美 もとみ　元行 もとゆき　悠元 ゆうげん

幻 4画　幺部・常

音訓 ゲン・まぼろし
名乗 げん
意味 ①現実にはないのに、あるように見えるもの。まぼろし。「幻覚・幻想」②まどわす。「幻術」

玄 5画　玄部・常

音訓 ゲン・くろ
名乗 くろ・げん・しず・しずか・つね・とう・とら・のり・はじめ・はる・はるか・ひかる・ひろ・ふか・ふかし・みち・もと
意味 ①黒い。赤黒い。「玄米」②奥深くて暗い。また、奥深い道理。「幽玄《ゆうげん》」③かすかで遠い。
特別な読み 玄人《くろうと》

明玄 あきひろ　玄希 げんき　玄太朗 げんたろう
玄斗 げんと　玄佳 しずか　玄彦 とらひこ
玄 はじめ　玄志 ふかし　光玄 みつはる

言 7画　言部・教2

音訓 ゲン・ゴン・い-う・こと
名乗 あき・あや・こと・とき・とし・とも・のぶ・のり・ゆき
意味 口に出していう。また、ことば。「言語・言論」「言霊《ことだま》」

言太 げんた　言樹 ことき　智言 ともゆき

弦 8画　弓部・常

音訓 ゲン・つる
名乗 いと・お・げん・つる・ふさ
意味 ①弓に張る糸。つる。②楽器に張る糸。また、糸を張った楽器。「弦楽器」③弓のような形の月。半月。「弦月《げんげつ》・下弦《かげん》の月」◆「絃」に通じる。現代表記では「管絃→管弦」など、「絃」を「弦」に書きかえる。→絃（95ページ）
類義 糸（122ページ）

弦恵 いとえ　弦 げん　弦汰 げんた
千弦 ちづる　美弦 みつる　弓弦 ゆづる

限 9画　阝部・教5

音訓 ゲン・かぎ-る
意味 区切りをつける。かぎる。また、区切り。境目。「限界・期限」

彦

⇩ひこ（222ページ）

原 10画　厂部・教2

音訓 ゲン・はら
名乗 おか・げん・たず・はじめ・はら・もと
意味 ①物事の起こり。もと。また、もとになったもの。「原因・原料」②広くて平らな土地。「高原《こうげん》」「野原《のはら》」

現 11画　王部・教5

音訓 ゲン・あらわ-れる・あらわ-す・うつつ
名乗 あり・げん・み
意味 ①はっきりと見える形で、姿・形が表に出る。

あらわれる。あらわす。「出現・表現」②今。現在。「現代」③実際。「現金」④「うつつ」夢に対して、現実。正気。また、夢心地。「夢現《ゆめうつつ》」

現彦 ありひこ　現 げん　現太 げんた

舷
11画　舟部・常

音訓 ゲン・ふなばた
名乗 けん・げん
意味 船の側面。ふなばた。ふなべり。「右舷《うげん》」

舷 げん　舷希 げんき　舷太 げんた

絃
11画　糸部・人

音訓 ゲン
名乗 いと・お・げん・つる・ふさ
意味 楽器に張る糸。また、糸を張った楽器。「管絃《かんげん》」◆「弦」に通じる。現代表記では「管絃→管弦」など、「弦」に書きかえる。↓弦(94ページ)
類義 糸(122ページ)

絃 いと　絃江 いとえ　絃子 いとこ
絃 げん　絃希 げんき　絃斗 げんと
智絃 ちづる　絃美 ふさみ　実絃 みつる

減
12画　氵部・教5

音訓 ゲン・へ-る・へ-らす
名乗 き・つぎ
意味 ①数量が少なくなる。へる。へらす。「半減」②数を引く。引き算。「減算《げんさん》」

源
13画　氵部・教6

音訓 ゲン・みなもと
名乗 げん・はじめ・もと・よし
意味 ①水の流れ出るもと。みなもと。「源泉・源流」②物事の生じるもと。根本《こんぽん》。はじめ。「起源」

源 げん　源一 げんいち　源気 げんき
源太 げんた　源太郎 げんたろう　源登 げんと
隆源 たかもと　源 はじめ　源紀 もとき
源子 もとこ　源葉 もとは　源乃 よしの

諺
16画　言部・人

音訓 ゲン・ことわざ
名乗 こと・たけし・つよし
意味 教訓・真理などを巧みに表して、古くから世間の人々に知られてきた短いことば。ことわざ。「×俚諺《りげん》」

厳
17画　⺍部・教6
嚴 20画　口部・人

音訓 ゲン・ゴン・おご-そか・きび-しい・いか-めしい
名乗 いかし・いず・いつ・いつき・いわ・いわお・かね・げん・こう・たか・つね・つよ・ひろ・よし
意味 ①妥協《だきょう》を許さない。きびしい。また、はげしい。「厳格・厳寒」②威厳や威圧に満ちていて近寄りがたいさま。おごそか。いかめしい。「厳粛《げんしゅく》・威厳」③他人の父への尊敬の意を表す。「厳父《げんぷ》」

厳 いつき　厳 いわお　厳 げん
厳基 げんき　厳太郎 げんたろう　厳人 たかと

●こ●

己
3画　己部・教6

音訓 コ・キ・おのれ・つちのと
名乗 おと・き・これ・つち・な・み
意味 ①自分。私。おのれ。「自己」「克己《こっき》」②十干《じっかん》の六番目。つちのと。
注意 「已」「巳」は形が似ているが別の字。↓已(36ページ)・巳(239ページ)
類義 我(55ページ)・吾(97ページ)

一己 いつき　克己 かつみ　晃己 こうき
己太郎 こたろう　大己 だいき　拓己 たくみ
知己 ともみ　晴己 はるき　真己 まき
美紗己 みさき　侑己 ゆうき　莉己 りこ

◆子 ⇩し　人気の字(121ページ)

戸
4画　戸部・教2

音訓 コ・と
名乗 いえ・かど・と・ど・ひろ・べ・もり
意味 ①とびら。と。「門戸《もんこ》」「戸口《とぐち》」②家。「一戸《いっこ》建て」③飲酒の量。「下戸《げこ》」

古
5画　口部・教2

音訓 コ・ふる-い・ふる-す・いにしえ
名乗 こ・たか・ひさ・ひさし・ふる
意味 ①ふるい。ふるめかしい。⇔新(154ページ)「古都・古風」②いにしえ。昔。⇔今(108ページ)「古代・太古」

晃比古 あきひこ　古都 こと　古都乃 ことの
古都葉 ことは　古 ひさし　美古都 みこと

乎
5画　ノ部・人

音訓 コ・か・や
名乗 お・か・かな・や・より
意味 状態を表す語に付いて語調を強める。「確乎・断乎」◆今は「固」で代用することがある。↓固(96ページ)

乎太 かなた　美乎乃 みこの　悠乎 ゆうや

仔 ⇩し(122ページ)

2 漢字からさがす
こ

呼
8画 口部・教6

音訓 コ・よ-ぶ
名乗 うん・おと・こえ・よぶ
意味 ①息をはく。「呼吸」②声をかける。よぶ。また、さけぶ。「連呼《れんこ》」③名づける。「呼称」

固
8画 口部・教4

音訓 コ・かた-める・かた-まる・かた-い・もと-より
名乗 かた・かたし・かたむ・たか・み・もと
意味 ①かたい。かたまる。かためる。「固定・強固」②融通《ゆうずう》がきかない。かたくな。あくまでも。「頑固《がんこ》」③もとから。初めから。「固有」④「乎」の代わりに用いる字。↓乎（95ページ）「確固」

股
8画 月部・常

音訓 コ・また・もも
意味 大腿部《だいたいぶ》。もも。また。「股関節《こかんせつ》」

虎
8画 虍部・常

音訓 コ・とら
名乗 こ・たけ・とら
意味 動物の名。トラ。「白虎《びゃっこ》・竜虎《りゅうこ》」

景虎 かげとら　虎太郎 こたろう　虎明 たけあき
輝虎 てるとら　虎之介 とらのすけ　秀虎 ひでとら

孤
9画 子部・常

音訓 コ
名乗 かず・とも
意味 ①ひとりぼっち。「孤独」②親をなくした子。みなしご。「孤児」

弧
9画 弓部・常

音訓 コ
意味 ①ゆみ。また、ゆみのように曲がった形。「括弧《かっこ》」②数学で、円周や曲線の一部分。

故
9画 攵部・教5

音訓 コ・ゆえ
名乗 ひさ・ふる・もと
意味 ①ふるい。昔の事柄。「故事・温故知新《おんこちしん》」②昔なじみの。もとの。「故郷」③さしさわりのある出来事。「故障・事故」④わざと。「故意」⑤死ぬ。死んだ。「故人」⑥理由。ゆえ。また、他の語に付いて原因や理由を表す。…なので。

枯
9画 木部・常

音訓 コ・か-れる・か-らす
意味 ①草木がかれる。また、ひからびる。「枯渇《こかつ》」②衰《おとろ》える。⇕栄（44ページ）「栄枯盛衰《えいこせいすい》」

胡
9画 月部・人

音訓 コ・ゴ・ウ・えびす
名乗 ひさ
意味 ①中国北方または西方の異民族。また、外国。「胡×椒《こしょう》」②いいかげんな。とりとめがない。「胡乱《うろん》」

特別な読み 胡桃《くるみ》

亜胡 あこ　胡桃 くるみ　胡々菜 ここな
胡二郎 こじろう　胡都音 ことね　胡典 ひさのり

個
10画 亻部・教5

音訓 コ・カ
名乗 かず
意味 ①一つの物。一人の人間。「個性」②物を数えることば。「三個」

庫
10画 广部・教3

音訓 コ・ク・くら
名乗 くら・ご
意味 物をしまっておく建物や箱。くら。「金庫」

粉 ⇩ふん（228ページ）

袴 ⇩はかま（214ページ）

湖
12画 氵部・教3

音訓 コ・みずうみ
名乗 こ・ひろし・れい
意味 陸地に囲まれ、広く水をたたえたところ。みずうみ。「湖水・湖畔《こはん》」

類義 海（57ページ）

映湖 えいこ　輝湖 きこ　湖子 ここ
湖々奈 ここな　湖太朗 こたろう　蒼湖 そうこ
茉湖 まこ　美湖乃 みこの　莉湖 りこ

雇
12画 隹部・常

音訓 コ・やと-う
意味 賃金を払ってやとう。「雇用」

琥
12画 王部・人

音訓 コ
名乗 く・こはく・たま
意味 虎《とら》の形をした玉器。

ことば【琥珀】こはく　地質時代の樹脂が地中で化石になったもの。装身具などに用いる。アンバー。

〔名前読み例〕こはく

琥介 こすけ　琥太郎 こたろう　琥夏 こなつ
琥乃美 このみ　琥 こはく　琥希 たまき
美琥 みく　理琥 りく　里琥斗 りくと

誇
13画 言部・常

音訓 コ・カ・ほこ-る
意味 大げさに言う。自慢する。ほこる。「誇張《こちょう》」

鼓
13画 鼓部・常

音訓 コ・つづみ
意味 ①太鼓《たいこ》。つづみ。また、太鼓をたたく。「鼓笛《こてき》」②励《はげ》ます。「鼓舞《こぶ》」

鼓太朗 こたろう　鼓春 こはる　鼓也太 こやた
真鼓 まこ　美鼓 みこ　梨鼓 りこ

瑚 ⇩ご（98ページ）

13画
跨 𧾷部・人
音訓 カ・コ・また-がる・また-ぐ
意味 ①股《また》を開いてものの上を越す。またぐ。②両腿《りょうもも》の間にはさむようにして乗る。またがる。③股。「跨下《こか》」

15画
糊 米部・人
音訓 コ・のり
意味 ①ものを貼り付けたり布の形を整えたりするのに用いるのり。②かゆ。かゆをすする。また、生活する。「糊口《ここう》」③ぼんやりする。はっきりしない。「曖昧模糊《あいまいもこ》」

16画
錮 金部・常
音訓 コ
意味 ふさぐ。また、とじこめる。「禁錮《きんこ》」

21画
顧 頁部・常
音訓 コ・かえり-みる
名乗 み
意味 ①振り返って見る。見まわす。「回顧」②思いをめぐらす。心にかける。大切にする。「顧客・愛顧」

●ご●

4画
五 二部・教1
音訓 ゴ・いつ・いつ-つ
名乗 い・いず・いつ・かず・ご・さ・ゆ・ゆき
意味 数の5。いつつ。「五日《いつか》」◆証書類では、文字の改変を防ぐため、「伍」の字で代用することがある。↓伍（同ページ）
特別な読み 五百《いお》・五十鈴《いすず》・五月《さつき》・五月雨《さみだれ》

五十鈴 いすず　五花 いつか　五樹 いつき
圭五郎 けいごろう　小五郎 こごろう　五朗 ごろう
五月 さつき　周五 しゅうご　大五朗 だいごろう

4画
互 二部・常
音訓 ゴ・たが-い
意味 たがい。たがいに。「互角《ごかく》・交互」

4画
午 十部・教2
音訓 ゴ・うま
名乗 うま・ご・ま
意味 十二支の七番目。動物では馬に当てる。時刻では正午《しょうご》、または午前十一時から午後一時の間。方位では南。
類義 駒（108ページ）・馬（213ページ）

桂午郎 けいごろう　祥午 しょうご　辰午 たつま

6画
伍 イ部・人
音訓 ゴ
名乗 あつむ・いつ・くみ・ご・とも・ひとし
意味 ①五人を一組にした単位。また、仲間。隊列。「伍長《ごちょう》」②「五」の代わりに証書などで使う字。↓五（同ページ）「金伍万円」

伍 あつむ　伍花 いつか　伍実 いつみ
永伍 えいご　伍朗 ごろう　真伍 しんご
大伍 だいご　伍 ひとし　優伍 ゆうご

7画
呉 口部・常
音訓 ゴ・くれ・く-れる
名乗 く・くに・くれ・ご
意味 ①古代中国の国名。②中国のこと。「呉竹《くれたけ》」③与える。くれる。

呉美 くみ　呉朗 ごろう　美呉 みくに

7画
吾 口部・人
音訓 ゴ・わ-が・われ
名乗 あ・ご・ごろう・みち・わが・われ
意味 自分。自分の。「吾《わ》が輩《はい》」「吾子《あこ》」
類義 我（55ページ）・己（95ページ）

恭吾 きょうご　恵吾 けいご　賢吾 けんご
吾一 ごいち　吾朗 ごろう　周吾朗 しゅうごろう
省吾 しょうご　慎吾 しんご　聡吾 そうご
大吾 だいご　悠吾 ゆうご　亮吾 りょうご

9画
後 彳部・教2
音訓 ゴ・コウ・のち・うし-ろ・あと・おく-れる
名乗 しつ・ちか・のち・のり・もち
意味 ①時間的に、あと。のち。⇕先（167ページ）・前（169ページ）「後日《ごじつ》」②空間的に、あと。うしろ。⇕前（169ページ）「背後《はいご》」「後方《こうほう》」③おくれる。「後進《こうしん》」

10画
娯 女部・常
音訓 ゴ・たの-しむ
意味 たのしむ。たのしみ。「娯楽」

10画
悟 忄部・常
音訓 ゴ・さと-る
名乗 ご・さと・さとし・さとる・のり
意味 ①理解する。また、心の迷いを去る。さとる。さとり。「覚悟・大悟《たいご・だいご》」②理解がはやい。さとい。「×穎悟《えいご》」
類義 覚（60ページ）・暁（81ページ）・惺（163ページ）・了（259ページ）

壱悟 いちご　悟一 ごいち　悟郎 ごろう
悟子 さとこ　悟史 さとし　悟実 さとみ
悟 さとる　進悟 しんご　聡悟 そうご
大悟 だいご　美悟 みさと　悠悟 ゆうご

11画
梧
木部・㊇
音訓 ゴ・あおぎり
名乗 ご・ひろ
意味 木の名。アオギリ。「梧桐《ごとう》」
恵梧　けいご　梧市　ごいち　梧郎　ごろう
翔梧　しょうご　青梧　せいご　梧樹　ひろき

御
⇩ぎょ（78ページ）

13画
碁
石部・㊫
音訓 ゴ・キ
意味 囲碁《いご》。「碁盤《ごばん》」◆本来は「棊」と同字。↓棋（71ページ）

13画
瑚
王部・㊇
音訓 コ・ゴ
意味 「珊瑚《さんご》」は、サンゴ科の腔腸《こうちょう》動物。骨軸を装飾品に加工する。↓珊（119ページ）
瑚子　ここ　瑚々菜　ここな　瑚太郎　こたろう
瑚都　こと　瑚雪　こゆき　珊瑚　さんご
大瑚　だいご　真瑚　まこ　理瑚　りこ

14画
語
言部・㊖2
音訓 ゴ・かた-る・かた-らう
名乗 かた・かたり・こと・つぐ
意味 ①ことば。言語。また、単語。「語彙《ごい》」②かたる。話す。「語調」

14画
誤
言部・㊖6
音訓 ゴ・あやま-る
意味 間違える。また、過失。「誤解」

16画
醐
酉部・㊇
音訓 ゴ
名乗 こ・ご
意味 「醍醐《だいご》」は、牛や羊の乳を精製した甘くて濃厚な液体。最高の味のものとされ、仏の悟りや最上の教えのたとえとしても使う。↓醍（181ページ）「醍醐味《だいごみ》（＝醍醐の味。また、物事の本当のおもしろさ）」
瑛醐　えいご　醐太郎　こたろう　春醐　しゅんご

17画
檎
木部・㊇
音訓 キン・ゴ
名乗 きん・ご
意味 「林檎《りんご》」は、果樹、また、その果実の名。
檎弥　きんや　真檎　しんご　林檎　りんご

20画
護
言部・㊖5
音訓 ゴ・まも-る
名乗 ご・さね・まもる・もり
意味 かばう。まもる。まもり。「護衛・保護」
類義 衛（44ページ）・守（131ページ）
京護　きょうご　護郎　ごろう　護太　さねた
忠護　ただもり　護　まもる　護直　もりなお
護彦　もりひこ　護史　もりふみ　悠護　ゆうご

●こい●

鯉
⇩り（257ページ）

●こう●

3画
口
口部・㊖1
音訓 コウ・ク・くち
名乗 あき・くち・ひろ
意味 ①体の器官のくち。②くちで言う。ことば。「口調《くちょう》」③出入りするところ。「火口《かこう》」④人や家の数。「人口」

3画
工
工部・㊖2
音訓 コウ・ク・たくみ
名乗 こう・たくみ・ただ・つとむ・のり・よし
意味 ①物を作る。また、その技術。「工作」「細工《さいく》」②物を作る人。職人。「大工《だいく》」③工学。また、工業。「商工・理工」
類義 伎（67ページ）・技（72ページ）・巧（99ページ）・匠（142ページ）

3画
乞
乙部・㊫
音訓 キツ・コツ・こ-う
名乗 あたう・きつ・こう・とる
意味 頼みねだる。こう。「雨乞《あまごい》い」

4画
公
八部・㊖2
音訓 コウ・ク・おおやけ
名乗 あきら・いさお・き・きみ・きん・くに・こう・さと・たか・ただ・ただし・とおる・とも・なお・ひと・ひろ・ひろし・まさ・ゆき
意味 ①国家・社会などにかかわること。おおやけ。⇔私（123ページ）「公務」②社会一般。世間。「公募」③かたよらない。正しい。「公正・公平」④すべてに当てはまる。「公理」⑤君主。「公子《こうし》」⑥貴人や目上の人への敬意を表す。また、名前などに付いて親しみなどの意を表す。「老公・忠犬ハチ公」⑦爵位の一つ。公爵。
類義 雅（55ページ）・是（160ページ）・正（160ページ）・善（169ページ）
公　あきら　公昭　きみあき　公恵　きみえ
公香　きみか　公子　きみこ　公俊　きみとし
公信　きみのぶ　公紀　きみのり　公久　きみひさ
公実恵　くみえ　公一　こういち　公正　こうせい
公太　こうた　公平　こうへい　公　ただし
公輝　まさき　公隆　まさたか　公乃　ゆきの

勾

4画　勹部・常

音訓 コウ

名乗 あたる・く・こう

意味 ①曲がる。斜めに傾く。「勾配《こうばい》」②とらえる。「勾留《こうりゅう》」

孔

4画　子部・常

音訓 コウ・ク・あな

名乗 うし・こう・ただ・みち・よし

意味 ①あな。「瞳孔《どうこう》」②中国、春秋時代の思想家である孔子《こうし》のこと。

孔輝 こうき　孔志 ただし　雅孔 まさみち

功

5画　力部・教4

音訓 コウ・ク・いさお

名乗 あう・あつ・いさ・いさお・いさおし・かた・かつ・こう・こと・つとむ・とし・なり・なる・のり・よし

意味 ①すぐれた仕事。てがら。「功績・成功」②ききめ。効果。「功能」

注意 「巧」「攻」は形が似ているが、別の字。↓巧（次項）・攻（101ページ）

類義 勲（85ページ）・烈（265ページ）

功 いさお　功美 くみ　功 こう

功基 こうき　功太郎 こうたろう　志功 しこう

功 つとむ　哲功 てつなり　真功 まさとし

巧

5画　工部・常

音訓 コウ・たくみ・うまい・たくむ

名乗 こう・たえ・たく・たくみ・よし

意味 うまい。上手なこと。また、そのわざ。「巧妙」

注意 「功」「攻」は形が似ているが、別の字。↓功（前項）・攻（101ページ）

類義 伎（67ページ）・技（72ページ）・工（98ページ）

巧 こう　巧太郎 こうたろう　巧人 たくと

巧真 たくま　巧 たくみ　巧海 たくみ

広

5画　广部・教2

廣

15画　人

音訓 コウ・ひろい・ひろまる・ひろめる・ひろがる・ひろげる

名乗 お・こう・たけ・とう・ひろ・ひろし・みつ・やす

意味 ①面積・範囲・規模などがひろい。「広域」②ひろくする。また、ひろくなる。「広告・広報」

◆現代表記では「弘報↓広報」のように「弘」を「広」に書きかえることがある。また、「宏大↓広大」のように「宏」を「広」に書きかえる。↓弘（同ページ）・宏（101ページ）

類義 延（46ページ）・恢（58ページ）・拡（60ページ）・寛（65ページ）・浩（104ページ）・紘（104ページ）・展（197ページ）・甫（231ページ）・洋（249ページ）

広輝 こうき　広治 こうじ　広大 こうだい

広太郎 こうたろう　千広 ちひろ　智広 ともひろ

暢広 のぶひろ　広香 ひろか　広希 ひろき

広 ひろし　広人 ひろと　広大 ひろまさ

広海 ひろみ　広也 ひろや　雅広 まさひろ

茉広 まひろ　光広 みつひろ　美広 みひろ

甲

5画　田部・常

音訓 コウ・カン・かぶと・きのえ・よろい

名乗 か・かつ・き・きのえ・こう・は・まさる

意味 ①こうら・よろい・かぶとなど、表面をおおう硬い殻状のもの。②成績などの第一位。一番目。「甲乙《こうおつ》」③十干《じっかん》の一番目。きのえ。④手のひら、足の裏の反対側。「手の甲」

特別な読み 甲斐《かい》

甲斐 かい　甲輝 こうき　甲太郎 こうたろう

弘

5画　弓部・人

音訓 コウ・グ・ひろい・ひろめる

名乗 お・こう・ひろ・ひろし・ひろむ・みつ・ゆき

意味 ①ひろくて大きい。「弘毅《こうき》・弘大」②ひろめる。ひろまる。「弘報《こうほう》」◆現代表記では「弘報↓広報」のように「広」に書きかえることがある。↓広（同ページ）

類義 恢（58ページ）・寛（65ページ）・宏（101ページ）・浩（104ページ）・紘（104ページ）・甫（231ページ）・洋（249ページ）

晃弘 あきひろ　弘希 こうき　弘誠 こうせい

弘太郎 こうたろう　智弘 ちひろ　弘絵 ひろえ

弘香 ひろか　弘子 ひろこ　弘 ひろし

弘斗 ひろと　弘寿 ひろとし　弘奈 ひろな

弘美 ひろみ　弘 ひろむ　佳弘 よしひろ

交

6画　亠部・教2

音訓 コウ・まじわる・まじえる・まじる・まざる・まぜる・かう・かわす

名乗 いたる・かた・とも・みち・よしみ

意味 ①互いにやりとりをする。つきあう。つきあい。「交際・交渉・親交」②入り組む。まじわる。「交差・交通」③入れかわる。入れかえる。「交代」

光

6画　儿部・教2

音訓 コウ・ひかる・ひかり

名乗 あき・あきら・あり・かぬ・かね・こう・さかえ・てる・ひかり・ひかる・ひこ・ひろ・ひろし・み・みち・みつ・みつる

意味 ①ひかる。ひかり。「光華《こうか》・光輝《こうき》・月光」

②太陽。また、時間。「光陰」③景色。「光景」④ほまれ。名誉。「光栄」⑤尊敬の意を表す。「光臨」

類義 栄(44ページ)・煌(106ページ)・暉(71ページ)・輝(73ページ)・熙(72ページ)・晃(104ページ)・晶(145ページ)・照(145ページ)・旦(183ページ)・日(209ページ)・望(235ページ)・誉(249ページ)・陽(252ページ)・曜(253ページ)・燿(253ページ)・耀(253ページ)

光 あきら　清光 きよてる　光一 こういち
光輝 こうき　光聖 こうせい　光太郎 こうたろう
光明 てるあき　光之介 てるのすけ　光海 てるみ
夏光 なつみ　光 ひかり　光翔 ひろと
光咲 みさき　光輝 みつき　光葉 みつは
光洋 みつひろ　光 みつる　光結 みゆ

向
6画　口部・教3

音訓 コウ・キョウ・ショウ・む-く・む-ける・む-かう・む-こう

名乗 こう・ひさ・むか・むかう・むき・むけ

意味 ①ある方にむく。むかう。また、むき。「向上・志向・方向」②従う。「向背《こうはい》」

特別な読み 日向《ひなた》《ひゅうが》・向日葵《ひまわり》

向希 こうき　向太郎 こうたろう　向陽 こうよう
日向 ひなた　向日葵 ひまわり　日向 ひゅうが

后
6画　口部・教6

音訓 コウ・ゴウ・ゴ・きさき

名乗 きみ・のち・み

意味 天子の妻。きさき。「皇后《こうごう》」

類義 妃(219ページ)

好
6画　女部・教4

音訓 コウ・この-む・す-く・よ-い・よ-しみ

名乗 こ・こう・この・このむ・すみ・たか・み・みよし・よし・よしみ

意味 ①愛する。このむ。このみ。「好意・好物」②このましい。よい。優れている。「好評・好人物」③仲がよい。よしみ。「友好」

類義 愛(34ページ)・英(44ページ)・可(51ページ)・佳(51ページ)・嘉(54ページ)・誼(74ページ)・吉(74ページ)・高(104ページ)・秀(133ページ)・淑(136ページ)・俊(137ページ)・駿(138ページ)・勝(144ページ)・親(155ページ)・善(169ページ)・大(180ページ)・卓(181ページ)・睦(236ページ)・優(250ページ)・良(259ページ)・令(263ページ)・恋(265ページ)・和(269ページ)

好輝 こうき　好実 このみ　好 このむ
友好 ともよし　好夏 よしか　好乃 よしの
好紀 よしのり　好 よしみ　好美 よしみ

行
6画　彳部・教2

音訓 コウ・ギョウ・アン・い-く・ゆ-く・おこな-う

名乗 あきら・いく・いたる・き・こう・たか・つら・のり・ひら・みち・もち・や・やす・ゆき

意味 ①歩く。進む。ゆく。また、旅をする。「行進・紀行・直行」②おこなう。おこない。「行為・行動」③「ギョウ」人や文字の並び。「行間・行列」④「ギョウ」仏教で、悟りを開くための勤《つと》め。「修行」⑤書物を世に出す。「刊行」⑥店。「銀行」

類義 往(47ページ)・如(141ページ)・之(210ページ)

篤行 あつゆき　行 いたる　賢行 けんこう
行誠 こうせい　俊行 としゆき　知行 ともゆき
直行 なおゆき　徳行 のりゆき　真行 まさゆき
靖行 やすのり　行帆 ゆきほ　良行 よしゆき

江
6画　氵部・常

音訓 コウ・ゴウ・え

名乗 え・きみ・こう・ただ・のぶ

意味 ①大きな川。特に、中国の長江《ちょうこう》。②海や湖などが陸地に入り込んでいる所。入り江《え》。

特別な読み 近江《おうみ》

亜季江 あきえ　江麻 えま　江実子 えみこ
江梨花 えりか　音江 おとえ　江輝 こうき
江太 こうた　咲江 さえ　知江美 ちえみ
晴江 はるえ　美江 みえ　優江 ゆえ

考
6画　耂部・教2

音訓 コウ・かんが-える

名乗 こう・たか・ただ・ちか・とし・なか・なり・なる・のり・やす・よし

意味 ①思案する。かんがえる。かんがえ。「思考」②調べる。また、その結果を述べた論文。「参考・論考」③死んだ父。「先考《せんこう》」④長生きする。老いる。

注意 「孝」は形が似ているが、別の字。↓孝(101ページ)

考一 こういち　考太 こうた　英考 ひでたか

亘
6画　二部・人

音訓 セン・コウ・わた-る

名乗 こう・とおる・のぶ・もとむ・わたり・わたる

意味 ①めぐる。②ある範囲にくまなく及ぶ。わたる。◆本来は「めぐる」の意味だが、「亙」と混同して「わたる」の意味でも使われることがある。「亘」と「亙」は本来別の字。↓亙(次項)

秋亘 あきのぶ　亘 こう　亘紀 こうき
亘輔 こうすけ　亘汰 こうた　知亘 とものぶ
亘花 のぶか　亘輝 のぶてる　亘行 のぶゆき

亙
6画　二部・人

音訓 コウ

意味 わたる。◆「亙」と「亘」は本来別の字だが、混同して「亘」を

「亙」の意味で使うことがある。↓亘（前項）

坑
7画　土部・(常)

音訓　コウ・あな

意味　①地に掘った穴。「坑道《こうどう》」②穴埋めにする。

抗
7画　扌部・(常)

音訓　コウ・あらが-う

意味　さからう。張り合う。「抗議・抵抗」

攻
7画　攵部・(常)

音訓　コウ・せ-める

名乗　おさむ・たか・よし

意味　①相手に勝とうとして戦いをしかける。せめる。「攻撃」②深くきわめる。「専攻」③磨《みが》く。

注意　「功」「巧」は形が似ているが、別の字。↓功（99ページ）・巧（99ページ）

更
7画　日部・(常)

音訓　コウ・さら・ふ-ける・ふ-かす

名乗　こう・さら・とお・とく・のぶ

意味　①新しくなる。新しくする。入れかえる。「更新・変更」②そのうえ。さらに。③一夜を五つに分けた時刻の単位。また、夜が深まる。「初更《しょこう》」

更　こう　　更一郎　こういちろう　　更介　こうすけ
更平　こうへい　　更　さら　　更紗　さらさ

孝
7画　耂部・(教)6

音訓　コウ・キョウ

名乗　あつ・こう・たか・たかし・なり・のり・みち・もと・ゆき・よし

意味　親を大切にし、よく仕えること。「孝行・忠孝」

注意　「考」は形が似ているが、別の字。↓考（100ページ）

一孝　かずたか　　孝　こう　　孝樹　こうき
孝介　こうすけ　　孝成　こうせい　　孝汰　こうた
孝太郎　こうたろう　　茂孝　しげたか　　孝明　たかあき
孝恵　たかえ　　孝子　たかこ　　孝　たかし
孝志　たかし　　孝彦　たかひこ　　忠孝　ただたか
尚孝　なおたか　　靖孝　やすたか　　孝美　よしみ

亨
7画　亠部・(人)

音訓　コウ・キョウ

名乗　あき・あきら・すすむ・ちか・なと・とおる・とし・なお・なが・なり・みち・ゆき

意味　支障なく行われる。とおる。

注意　「享」は形が似ているが、別の字。↓享（79ページ）

類義　暢（190ページ）・通（192ページ）・徹（196ページ）・透（201ページ）

亨　あきら　　亨花　きょうか　　亨太　こうた
亨　とおる　　亨哉　としや　　亨美　なおみ

宏
7画　宀部・(人)

音訓　コウ・ひろ-い

名乗　あつ・こう・ひろ・ひろし

意味　ひろげる。また、ひろくて大きい。「宏遠《こうえん》」◆現代表記では「宏大→広大」のように「広」に書きかえる。↓広（99ページ）

類義　恢（58ページ）・寛（65ページ）・弘（99ページ）・浩（104ページ）・紘（104ページ）・甫（231ページ）・洋（249ページ）

彰宏　あきひろ　　一宏　かずひろ　　宏輝　こうき
宏亮　こうすけ　　宏太　こうた　　宏大　こうだい
宏太朗　こうたろう　　隆宏　たかひろ　　千宏　ちひろ
尚宏　ひさひろ　　宏佳　ひろか　　宏　ひろし
宏人　ひろと　　宏奈　ひろな　　宏美　ひろみ
宏保　ひろやす　　真宏　まひろ　　好宏　よしひろ

効
8画　力部・(教)5

音訓　コウ・き-く

名乗　いたる・かず・かた・こう・すすむ・なり・のり

意味　ある働きかけや作用によって得られる結果。ききめ。また、ききめがある。「効果」

幸
8画　干部・(教)3

音訓　コウ・さいわ-い・さち・しあわ-せ

名乗　あき・き・ご・こう・さい・さき・さち・たか・たつ・とみ・とも・ひで・みゆき・むら・ゆき・よし

意味　①運がよい。しあわせ。また、恵みやいつくしみ。「幸運・幸福」②かわいがる。「寵幸《ちょうこう》」③天子・天皇の外出。「行幸《ぎょうこう・みゆき》」◆現代表記では「射倖心《しゃこうしん》→射幸心」のように「倖」を「幸」に書きかえる。↓倖（104ページ）

類義　恩（49ページ）・恵（87ページ）・祉（123ページ）・徳（204ページ）・福（228ページ）・竜（258ページ）

幸希　こうき　　幸樹　こうき　　幸星　こうせい
幸多　こうた　　幸大　こうだい　　幸太郎　こうたろう
幸　さち　　幸子　さちこ　　輝幸　てるゆき
陽幸　はるゆき　　広幸　ひろゆき　　真幸　まさき
深幸　みさき　　幸　みゆき　　美幸　みゆき
幸　ゆき　　幸恵　ゆきえ　　幸雄　ゆきお
幸乃　ゆきの　　幸美　ゆきみ　　佳幸　よしゆき

拘
8画　扌部・(常)

音訓　コウ・かか-わる・こだわ-る

意味　①とらえる。とらえて自由を奪う。「拘束《こうそく》」②関係をもつ。また、こだわる。「拘泥《こうでい》」③まっすぐに伸びない。

肯
8画　月部・(常)

音訓　コウ・がえ-んずる

名乗　さき・むね

意味　①うなずく。承知する。「肯定」②骨についた肉。

庚
8画 广部・人

音訓 コウ・かのえ
名乗 か・かのえ・つぎ・つぐ・みち・みちる・みつ・みつる・やす

意味 ①十干《じっかん》の七番目。かのえ。②年齢。

庚 かのえ　庚紀 こうき　庚太郎 こうたろう

昂
8画 日部・人

音訓 ゴウ・コウ
名乗 あき・あきら・たか・たかし・のぼる

意味 たかくなる。また、感情がたかぶる。「意気軒昂《いきけんこう》・激昂《げきこう・げっこう》」◆現代表記では「昂騰→高騰」「昂奮→興奮」のように、「高」「興」に書きかえることがある。→高（104ページ）・興（106ページ）

注意 「昴」は形が似ているが別の字。→昴（159ページ）

昂奈 あきな　昂紀 あきのり　昂 あきら
昂祐 こうすけ　昂征 こうせい　昂太郎 こうたろう
大昂 だいこう　昂子 たかこ　昂 たかし
昂利 たかとし　千昂 ちあき　昂 のぼる

昊
8画 日部・人

音訓 コウ
名乗 あきら・そら・とお・ひろ・ひろし

意味 空。大空。「昊天《こうてん》（＝夏の空。また、大空）」

注意 「旻」は形が似ているが、別の字。→旻（104ページ）

類義 穹（76ページ）・空（84ページ）・宙（187ページ）・天（196ページ）

昊 あきら　昊希 こうき　昊汰 こうた
昊太朗 こうたろう　昊之介 こうのすけ　昊陽 こうよう
昊 そら　昊翔 そらと　昊 ひろし
昊音 ひろね　未昊 みそら　美昊 みひろ

肴
8画 月部・人

音訓 コウ・さかな

意味 調理した魚や肉。また、酒のさかな。「佳肴《かこう》・酒肴《しゅこう》」

侯
9画 イ部・常

音訓 コウ
名乗 きぬ・きみ・とき・よし

意味 ①封建時代の領主。大名。「諸侯」②爵位の一つ。侯爵。「大隈侯《おおくまこう》」

注意 「候」は形が似ているが別の字。→候（103ページ）

侯介 こうすけ　侯太 こうた　侯平 こうへい

厚
9画 厂部・教5

音訓 コウ・あつ-い
名乗 あつ・あつし・こう・ひろ・ひろし

意味 ①あつみがある。「厚紙《あつがみ》」②心がこもり、ねんごろである。てあつい。「厚意・厚情」③豊かにする。「厚生」◆①②⇕薄（215ページ）

類義 渥（35ページ）・惇（205ページ）・懇（109ページ）・敦（205ページ）・淳（139ページ）・諄（140ページ）・篤（204ページ）

厚 あつし　厚志 あつし　厚希 こうき
厚志 こうし　厚治 こうじ　厚太朗 こうたろう
忠厚 ただあつ　敏厚 としあつ　厚実 ひろみ

恒
9画 忄部・常

恆
9画 人

音訓 コウ・つね
名乗 こう・たけ・ちか・つね・のぶ・ひさ・ひさし・ひとし

意味 ①いつも変わらない。一定している。「恒例」②久しい。永久。「恒久」

類義 久（75ページ）・常（148ページ）・弥（244ページ）・庸（251ページ）

和恒 かずひさ　恒 こう　恒一郎 こういちろう
恒希 こうき　恒成 こうせい　忠恒 ただつね
恒久 つねひさ　恒 ひさし　恒直 ひさなお
恒実 ひさみ　恒世 ひさよ　恒 ひとし

洪
9画 氵部・常

音訓 コウ
名乗 おお・こう・ひろ・ひろし

意味 ①水が増して川や湖などからあふれること。「洪水《こうずい》」②大きい。「洪恩《こうおん》」

類義 恢（58ページ）・巨（77ページ）・景（88ページ）・浩（104ページ）・紘（104ページ）・太（178ページ）・大（180ページ）

荒
9画 艹部・常

音訓 コウ・あら-い・あ-れる・あ-らす・すさ-む
名乗 あら・あらう・あらら・こう・ら

意味 ①土地があれはてる。あれる。「荒野《あらの・こうや》」②作物が実らない。飢饉《ききん》。「凶荒」③勢いが強く乱暴である。あらあらしい。「荒天」④あれて、すさむ。「荒廃」⑤でたらめ。「荒唐無稽《こうとうむけい》」

郊
9画 阝部・常

音訓 コウ
名乗 おか・こう・さと・ひろ

意味 都市の周辺の地域。町はずれ。「郊外」

皇
9画 白部・教6

音訓 コウ・オウ
名乗 すべ・すめら

意味 ①天子。王。「皇帝」②天皇。また、天皇に関する物事。「皇居」

皇輝 こうき　皇介 こうすけ　皇成 こうせい
皇太 こうた　皇太郎 こうたろう　皇実 こうみ

紅
9画 糸部・教6

音訓 コウ・ク・グ・べに・くれない・あか
名乗 あか・いろ・くれ・こう・べに・もみ

意味 ①鮮やかな赤色。くれない。「紅梅・紅白」②化粧用の顔料。「口紅」

特別な読み 紅葉《もみじ》

紅里 あかり　紅実 くみ　紅美果 くみか
紅羽 くれは　紅 こう　紅子 こうこ
美紅 みあか　紅葉 もみじ　里紅 りく

虹 ⇩にじ (209ページ)

香
9画 香部・常

音訓 コウ・キョウ・か・かお-り・かお-る・かぐわ-しい・こう-ばしい
名乗 か・かおり・かおる・かが・こう・たか・よし

意味 ①かおる。かおり。よいにおい。「香草」②よいにおいを出すたきもの。「線香」◆「香」は、「梅の香り」のように、鼻で感じるにおいについて広く用いる。「薫」は、「風薫る」「文化の薫り」など、風が運ぶにおいや漂う雰囲気についていう。↓薫 (85ページ)

類義 郁 (39ページ)・馨 (60ページ)・薫 (85ページ)・芳 (233ページ)

ことば【芳香】《ほうこう》 よい香り。〔名前読み例〕よしか

藍香 あいか　亜香利 あかり　明日香 あすか
彩香 あやか　綾香 あやか　一香 いちか
衣津香 いつか　香織 かおり　香音 かのん
香歩 かほ　香子 きょうこ　香介 こうすけ
香太 こうた　芹香 せりか　園香 そのか
朝香 ともか　春香 はるか　遥香 はるか
風香 ふうか　文香 ふみか　ほの香 ほのか
茉莉香 まりか　美香 みか　桃香 ももか
結香 ゆうか　悠香 ゆか　由香利 ゆかり
夢香 ゆめか　理香 りか　凜香 りんか
麗香 れいか　和香子 わかこ　和香奈 わかな

巷
9画 巳部・人

音訓 コウ・ちまた
名乗 こう・ごう・さと

意味 町や村里の小道。また、町中。世間。「巷間《こうかん》」

恰
9画 忄部・人

音訓 コウ・チョウ・あたか-も
名乗 きょう・こう

意味 ちょうど。まるで。あたかも。◆「恰好《かっこう》・恰幅《かっぷく》」などの「恰」を「カッ」と発音するのは、「コウ（歴史的仮名づかいではカフ）」が音便《おんびん》化したもの。

洸
9画 氵部・人

音訓 コウ
名乗 たけし・ひろ・ひろし・ふかし

意味 水がわき、光るさま。また、水が深く広いさま。「洸洋《こうよう》」

類義 浩 (104ページ)・滉 (105ページ)

和洸 かずひろ　洸樹 こうき　洸介 こうすけ
洸晴 こうせい　洸汰 こうた　洸平 こうへい
洸実 こうみ　貴洸 たかひろ　千洸 ちひろ
洸歌 ひろか　洸 ひろし　洸斗 ひろと
洸乃 ひろの　洸匡 ひろまさ　真洸 まひろ

候
10画 亻部・教4

音訓 コウ・グ・そうろう
名乗 きみ・きよ・こう・そろ・とき・み・みよ・よし

意味 ①貴人のそばに仕える。「伺候《しこう》」②待つ。「候補」③物事の状態。きざし。「気候・兆候」④時節。時季。「時候」

注意 「侯」は形が似ているが別の字。↓侯 (102ページ)

候一 こういち　候太 こうた　候彦 ときひこ

降
10画 阝部・教6

音訓 コウ・お-りる・お-ろす・ふ-る・くだ-る
名乗 り

意味 ①空からふる。「降雨・降雪」②高いところから下がってくる。おりる。くだる。「降下・降格」③ある時から、のち。「以降」④負けて従う。「降伏」

校
10画 木部・教1

音訓 コウ・キョウ
名乗 とし・なり

意味 ①学舎。学校。「校庭」②くらべ合わせる。くらべて考える。「校正」③軍の指揮官。「将校」

桁 ⇩けた (89ページ)

耕
10画 耒部・教5

音訓 コウ・たがや-す
名乗 おさむ・こう・たがやす・つとむ・やす

意味 ①田畑の土を掘り返す。たがやす。「耕作」②働いて生計を立てる。「筆耕《ひっこう》」

耕 おさむ　耕一郎 こういちろう　耕喜 こうき
耕司 こうじ　耕生 こうせい　耕汰 こうた

航
10画 舟部・教4

音訓 コウ
名乗 こう・ふね・わたる

意味 船で水上を渡る。また、飛行機で空を行く。「航海・航空」

類義 渉 (144ページ)・渡 (199ページ)

航 こう　航希 こうき　航青 こうせい
航大 こうた　航平 こうへい　航 わたる

貢
10画 貝部・常

音訓 コウ・ク・みつ-ぐ
名乗 こう・すすむ・つぐ・み・みつ・

みつぎ・みつぐ

意味 献上する。みつぐ。また、献上する品物。「貢献」「年貢《ねんぐ》」

貢一郎 こういちろう　貢太 こうた　貢 みつぐ

高

10画　高部・教2

音訓 コウ・たか-い・たか・たか-まる・たか-める

名乗 あきら・うえ・かぎり・こう・すけ・たか・たかい・たかし・たけ・ほど

意味 ①位置がたかい。また、たかさ。「高層」「高台《たかだい》」②程度がたかい。すぐれている。また、年かさが大きい。「高貴・高級・高齢」③気高《けだか》い。「高潔」④偉そうにする。「高慢」⑤尊敬の意を表す。「高配」◆⑴①②⇔低（193ページ）⑵現代表記では「昂騰→高騰」のように「昂」を「高」に書きかえることがある。→昂（102ページ）

類義 英（44ページ）・佳（51ページ）・嘉（54ページ）・貴（71ページ）・敬（87ページ）・好（100ページ）・秀（133ページ）・俊（137ページ）・駿（138ページ）・尚（142ページ）・勝（144ページ）・崇（158ページ）・尊（176ページ）・大（180ページ）・卓（181ページ）・優（250ページ）

高 あきら　高毅 こうき　高汰 こうた
高太郎 こうたろう　高子 たかこ　高 たかし
高史 たかし　高広 たかひろ　高也 たかや
高之 たかゆき　智高 ともたか　英高 ひでたか

倖

10画　イ部・人

音訓 コウ・さいわ-い

名乗 さち・ゆき

意味 思いがけない幸せ。「×僥倖《ぎょうこう》」◆現代表記では「射倖心《しゃこうしん》→射幸心」のように「倖」を「幸」に書きかえる。→幸（101ページ）

類義 祉（123ページ）・福（228ページ）

倖 こう　倖希 こうき　倖恵 さちえ
倖花 さちか　倖奈 ゆきな　倖広 ゆきひろ

浩

10画　氵部・人

音訓 コウ

名乗 いさむ・おおい・きよし・こう・はる・ひろ・ひろし・ゆたか

意味 ①広々としている。特に、水の広々としたさまをいう。「浩然《こうぜん》」②大きい。また、大いに。

類義 恢（58ページ）・寛（65ページ）・巨（77ページ）・景（88ページ）・広（99ページ）・弘（99ページ）・宏（101ページ）・洪（102ページ）・洸（103ページ）・紘（同ページ）・滉（105ページ）・太（178ページ）・大（180ページ）・甫（231ページ）・洋（249ページ）

和浩 かずひろ　浩一郎 こういちろう　浩生 こうき
浩成 こうせい　浩太 こうた　貴浩 たかひろ
剛浩 たけひろ　千浩 ちひろ　浩香 ひろか
浩子 ひろこ　浩 ひろし　浩史 ひろし
浩斗 ひろと　浩寿 ひろとし　浩奈 ひろな
浩康 ひろやす　浩之 ひろゆき　雅浩 まさひろ
美浩 みひろ　浩 ゆたか　佳浩 よしひろ

晃　晄

10画　日部・人　／　10画　人

音訓 コウ

名乗 あき・あきら・きら・ご・こう・てる・ひかる・みつ

意味 光る。照り輝く。あきらか。

注意 「昊」は形が似ているが、別の字。→昊（102ページ）

類義 暉（71ページ）・輝（73ページ）・熙（72ページ）・光（99ページ）・煌（106ページ）・昌（143ページ）・昭（143ページ）・晶（145ページ）・照（145ページ）・晟（162ページ）・明（242ページ）・曜（253ページ）・燿（253ページ）・耀（253ページ）・亮（260ページ）

晃佳 あきか　晃子 あきこ　晃斗 あきと
晃菜 あきな　晃 あきら　和晃 かずあき
晃 こう　晃輝 こうき　晃司 こうじ
晃誠 こうせい　晃大 こうた　晃美 こうみ
智晃 ちあき　晃海 てるみ　晃之 てるゆき
晃 ひかる　晃大 みつひろ　美晃 よしあき

紘

10画　糸部・人

音訓 コウ

名乗 こう・ひろ・ひろし

意味 ①冠のひも。また、つな。大綱。②なわばり。境界。果て。③ひろい。大きい。

類義 恢（58ページ）・寛（65ページ）・巨（77ページ）・景（88ページ）・広（99ページ）・弘（99ページ）・宏（101ページ）・洪（102ページ）・浩（同ページ）・太（178ページ）・大（180ページ）・甫（231ページ）・洋（249ページ）

紘 こう　紘一郎 こういちろう　紘希 こうき
紘生 こうせい　紘太 こうた　知紘 ちひろ
信紘 のぶひろ　紘加 ひろか　紘子 ひろこ
紘 ひろし　紘都 ひろと　紘奈 ひろな
紘美 ひろみ　茉紘 まひろ　美紘 みひろ

康

11画　广部・教4

音訓 コウ

名乗 こう・しず・しずか・つね・のぶ・ひろ・みち・やす・やすし・よし

意味 ①やすらか。「安康《あんこう》」②すこやか。体が丈夫である。「健康」③大通り。

類義 安（36ページ）・晏（36ページ）・健（92ページ）・靖（164ページ）・泰（179ページ）・寧（210ページ）・裕（247ページ）

和康 かずやす　康 こう　康喜 こうき
康介 こうすけ　康生 こうせい　康汰 こうた
康太郎 こうたろう　康平 こうへい　康香 しずか
弘康 ひろやす　幹康 みきやす　康明 やすあき
康恵 やすえ　康子 やすこ　康 やすし
康成 やすなり　康葉 やすは　康之 やすゆき

控 11画 扌部・常
音訓 コウ・ひかえる
意味 ①おさえる。引き止める。「控制《こうせい》」②差し引く。「控除」③訴える。「控訴《こうそ》」④そばで待つ。待機する。

梗 11画 木部・常
音訓 コウ・キョウ
名乗 きょう・たけし・つよし・なお
意味 ①草木の枝。「花梗《かこう》」②ふさがる。「梗塞《こうそく》」③骨組み。「梗概《こうがい》」
ことば【桔梗《ききょう》】 植物の名。秋の七草の一つ。八・九月頃、青紫色の花を開く。〔名前読み例〕ききょう
梗花 きょうか　梗子 きょうこ　梗汰 きょうた
梗之輔 きょうのすけ　梗子 こうこ　梗介 こうすけ
梗太 こうた　梗太朗 こうたろう　梗 つよし

黄 11画 黄部・教2　**黄** 12画 黄部・人
音訓 コウ・オウ・き・こ
名乗 かつみ・き・こう
意味 き。黄色。また、黄色になる。「黄土《こうど・おうど》」
ことば【萌黄《もえぎ》】 黄色がかった緑色。

皐 11画 白部・人
音訓 コウ
名乗 さ・すすむ・たか・たかし
意味 ①沢《さわ》。岸。水ぎわ。②さつき。陰暦の五月。「皐月《さつき・こうげつ》」
皐 こう　皐希 こうき　皐晟 こうせい
皐太 こうた　皐大 こうだい　皐月 さつき
皐 すすむ　皐子 たかこ　皐 たかし

喉 12画 口部・常
音訓 コウ・のど
意味 のど。のどぶえ。「咽喉《いんこう》」

慌 12画 忄部・常
音訓 コウ・あわてる・あわただしい
意味 ①うろたえる。あわてる。②うっとりする。また、ぼんやりする。「慌惚《こうこつ》」③おそれる。「恐慌《きょうこう》」

港 12画 氵部・教3
音訓 コウ・みなと
名乗 みなと
意味 船や飛行機の発着場。みなと。「漁港・空港」「港町《みなとまち》」
類義 津（152ページ）・湊（172ページ）
港一郎 こういちろう　港子 こうこ　港介 こうすけ
港太郎 こうたろう　港美 こうみ　港 みなと

硬 12画 石部・常
音訓 コウ・ゴウ・かたい
名乗 かた・かたし
意味 ①かたい。かたくて強い。⇔軟（208ページ）「硬貨」②かたくな。「強硬」

絞 12画 糸部・常
音訓 コウ・しぼる・しめる・しまる
意味 ①ひもなどでしめる。「絞殺《こうさつ》」②ねじってしぼる。

項 12画 頁部・常
音訓 コウ・うなじ
名乗 うじ
意味 ①文章などのひとまとまり。「項目・事項」②数学で、数式・数列などを構成する各要素。③首すじ。うなじ。

腔 12画 月部・人
音訓 コウ
意味 体内の中空《ちゅうくう》になっている所。また、身のうち。「口腔《こうこう》（＝口の中）・満腔《まんこう》（＝体じゅう）」◆医学では「口腔《こうくう》」のように、慣用的に「クウ」と読むことが多い。

皓 12画 白部・人
音訓 コウ
名乗 あき・あきら・こう・つく・つぐ・てる・ひかる・ひろ・ひろし
意味 白い。白く光る。また、潔白。「明眸皓歯《めいぼうこうし》（＝澄んだ瞳と白い歯。美人の形容）」
皓奈 あきな　皓 あきら　皓輝 こうき
皓士郎 こうしろう　皓亮 こうすけ　皓昭 てるあき
皓絵 てるえ　皓実 てるみ　直皓 なおひろ
皓 ひかる　皓香 ひろか　皓子 ひろこ
皓 ひろし　皓斗 ひろと　雅皓 まさあき

溝 13画 氵部・常
音訓 コウ・みぞ
名乗 みぞ
意味 地を掘って作った、水を通す道。用水路。「側溝《そっこう》」

鉱 13画 金部・教5
音訓 コウ
名乗 かね・こう
意味 ①精製していない金属。「鉱石・鉱物」②鉱山。「炭鉱」

滉 13画 氵部・人
音訓 コウ
名乗 あきら・こう・ひろ・ひろし
意味 水の深く広いさま。
類義 洸（103ページ）・浩（104ページ）
滉 あきら　滉 こう　滉一 こういち
滉紀 こうき　滉太 こうた　健滉 たけひろ
千滉 ちひろ　滉華 ひろか　滉 ひろし
滉人 ひろと　真滉 まひろ　美滉 みひろ

煌 13画 火部・人

音訓 コウ・きら-めく

名乗 あき・あきら・こう・てる

意味 ①きらきらと光り輝く。きらめく。「煌々《こうこう》」②輝くばかりに美しいさま。きらびやか。③さかんなさま。

類義 暉（71ページ）・輝（73ページ）・熙（72ページ）・光（99ページ）・晃（104ページ）・晶（145ページ）・照（145ページ）・曜（253ページ）・燿（253ページ）・耀（253ページ）

煌栄 あきえ　煌夏 あきか　煌子 あきこ
煌斗 あきと　煌 あきら　煌 こう
煌輝 こうき　煌大 こうだい　煌平 こうへい
千煌 ちあき　煌明 てるあき　弘煌 ひろあき

構 14画 木部・教5

音訓 コウ・かま-える・かま-う

名乗 こう

意味 ①組み立てる。仕組む。また、仕組み。「構成・構造」②身がまえる。③かこい。「構内」

綱 14画 糸部・常

音訓 コウ・つな

名乗 こう・つな・つね・みち

意味 ①太いつな。また、物事の根本となるもの。「要綱《ようこう》」②生物分類学上の区分で、「門」の下、「目《もく》」の上。「哺乳綱《ほにゅうこう》」

注意 「綱」は形が似ているが、別の字。→網（243ページ）

綱太 こうた　秀綱 ひでつな　正綱 まさつな

酵 14画 酉部・常

音訓 コウ

意味 酒を醸造させる。また、酒のもと。こうじ。「酵素・酵母」

膏 14画 月部・人

音訓 コウ・あぶら

名乗 こえ・ふとし・ゆたか・よし

意味 ①動物のあぶら。②心臓の下の部分。「膏×肓《こうこう・こうもう》」③あぶら薬。「軟膏・絆創膏《ばんそうこう》」④おいしい食べ物。⑤うるおす。めぐむ。また、土地が肥える。

閤 14画 門部・人

音訓 コウ

意味 ①くぐりど。大門のそばにある小門。②女性の部屋。③宮殿。「太閤《たいこう》」

稿 15画 禾部・常

音訓 コウ

名乗 たか

意味 詩文などの下書き。「原稿」

衡 16画 彳部・常

音訓 コウ

名乗 ちか・ひで・ひとし・ひら・ひろ・まもる

意味 ①はかり。はかりの竿《さお》。また、はかる。「度量衡《どりょうこう》」②つり合いがとれる。「均衡」③横。「合従連衡《がっしょうれんこう》」

篤衡 あつひら　和衡 かずひろ　衡 ひとし

興 16画 臼部・教5

音訓 コウ・キョウ・おこ-る・おこ-す

名乗 おき・き・きょう・こう・さかり・さかん・さき・とも・ふか・ふさ

意味 ①さかんになる。おこる。おこす。「興業《こうぎょう》・振興」②面白み。楽しみ。「興味・余興」◆現代表記では「昂奮→興奮」のように、「昂」を「興」に書きかえることがある。→昂（102ページ）

類義 栄（44ページ）・旺（48ページ）・昌（143ページ）・晟（162ページ）・盛（163ページ）・壮（171ページ）・隆（259ページ）

興平 きょうへい　興輝 こうき　興太 こうた
興之 ともゆき　憲興 のりおき　尚興 ひさき

鋼 16画 金部・教6

音訓 コウ・はがね

名乗 かた・かね・こう・てつ

意味 きたえて強くした鉄。はがね。「鋼鉄」

講 17画 言部・教5

音訓 コウ

名乗 つぐ・のり・みち

意味 ①説《と》き明かす。「講演・講義」②習う。学ぶ。「講習」③和解する。「講和」④神仏の信仰者が集まって結ぶ団体。また、貯蓄や融資のための相互扶助の団体。「頼母子講《たのもしこう》」

購 17画 貝部・常

音訓 コウ・あがな-う

意味 買い入れる。買い求める。「購入」

鴻 17画 鳥部・人

音訓 コウ・おおとり

名乗 こう・とき・ひろ・ひろし

意味 ①おおとり。大きな白い鳥。「鴻×鵠《こうこく》」②鳥の名。ヒシクイ。③大きい。また、さかん。「鴻恩《こうおん》」

鴻志 こうし　鴻太朗 こうたろう　鴻 ひろし

●ごう●

号 5画 口部・教3

音訓 ゴウ

名乗 な・なづく

意味 ①叫ぶ。「号泣・号令」②しるし。合図。「記号・信号」③名づける。また、呼び名。「雅号」④大きさや順番を表す。「三号車」

合 6画 口部・教2

音訓 ゴウ・ガッ・カッ・あ-う・あ-わす・あ-わせる

名乗 あい・あう・かい・はる・よし

意味 ①同じになる。一つにする。「合意・集合」②［ゴウ］尺貫法で、容積・面積を表す単位。また、登山路の頂上までの道のりの一〇分の一。「一合」

特別な読み 合太《あいぶと》・百合《ゆり》

合介 ごうすけ　小百合 さゆり　百合 ゆり
百合花 ゆりか　百合子 ゆりこ　百合弥 ゆりや

7画
劫
力部・人

音訓 キョウ・コウ・ゴウ
名乗 こう・つとむ

意味 ①限りなく長い時間。「永劫《えいごう》」②おびやかす。おどす。

9画
拷
扌部・常

音訓 ゴウ・コウ

意味 たたく。打ちすえる。「拷問《ごうもん》」

10画
剛
刂部・常

音訓 ゴウ・コウ
名乗 かた・かたし・こ・こう・ごう・こわし・たか・たかし・たけ・たけし・たける・つよ・つよし・のり・ひさ・まさ・よし

意味 かたくて強い。また、強くて勇ましい。⇔柔（135ページ）「剛毅《ごうき》・剛球」

類義 毅（72ページ）・赳（77ページ）・強（79ページ）・健（92ページ）・豪（同ページ）・武（226ページ）・勇（246ページ）・雄（247ページ）

剛 ごう　剛輝 こうき　剛毅 ごうき
剛太 ごうた　剛 たけし　剛史 たけし
剛直 たけなお　剛裕 たけひろ　剛也 たけや
剛 たける　剛琉 たける　剛樹 つよき
剛 つよし　剛志 つよし　剛通 まさみち

13画
傲
亻部・常

音訓 ゴウ

意味 おごりたかぶる。「傲慢《ごうまん》」

14画
豪
豕部・常

音訓 ゴウ
名乗 かた・かつ・ごう・たけ・たけし・つよ・つよし・とし・ひで・まさ

意味 ①強くてすぐれている。また、その人。「豪快・豪傑・文豪」②財力がある。「豪遊」③並外れている。勢いがさかん。「豪雨」

類義 栄（44ページ）・毅（72ページ）・赳（77ページ）・強（79ページ）・健（92ページ）・剛（同ページ）・武（226ページ）・勇（246ページ）・雄（247ページ）

豪 ごう　豪希 ごうき　豪太 ごうた
豪 たけし　豪志 たけし　豪広 たけひろ
豪哉 たけや　豪 つよし　豪輝 としき

17画
壕
土部・人

音訓 ゴウ
名乗 こう・ごう

意味 堀《ほ》り。敵を防ぐために掘ったみぞや穴。「防空壕《ぼうくうごう》」

21画
轟
車部・人

音訓 コウ・ゴウ・とどろ-く
名乗 こう・ごう

意味 大きな音が鳴りひびく。また、その音。「轟音《ごうおん》」

轟 ごう　轟毅 ごうき　轟介 こうすけ

●こく●

7画
克
儿部・常

音訓 コク・か-つ・よ-く
名乗 いそし・かつ・かつみ・すぐる・たえ・なり・まさる・みつ・よし

意味 ①勝つ。力を尽くして打ち勝つ。「克服《こくふく》」「克己《こっき》」②十分に。「克明」

類義 捷（144ページ）・勝（144ページ）

克明 かつあき　克己 かつき　克之介 かつのすけ
克紀 かつのり　克彦 かつひこ　克人 かつひと
克 かつみ　克美 かつみ　清克 きよかつ
克 すぐる　俊克 としかつ　克 まさる
道克 みちかつ　克孝 よしたか　克乃 よしの

7画
告
口部・教4

音訓 コク・つ-げる
名乗 じ・しめす・つぐ・のり

意味 ①話して聞かせる。しらせる。つげる。「告知・告白」②訴《うった》える。「告訴」

7画
谷
谷部・教2

音訓 コク・たに・きわ-まる・や
名乗 こく・たに・ひろ・や

意味 山と山の間の低地。たに。「渓谷《けいこく》」

沙谷香 さやか　美谷子 みやこ　優谷 ゆうや

8画
刻
刂部・教6

音訓 コク・きざ-む
名乗 とき

意味 ①刀で彫《ほ》りつける。「彫刻」②むごい。身をきざむように厳しい。「深刻」③水時計の目盛り。「漏刻《ろうこく》」④とき。時刻。「定刻」

類義 期（71ページ）・時（126ページ）

輝刻 てるとき　刻彦 ときひこ　刻哉 ときや

8画
国
口部・教2
11画
國
人

音訓 コク・くに
名乗 くに・とき

意味 ①国家。国土。くに。「外国」②日本。「国文」

類義 邦（233ページ）

国雄 くにお　国花 くにか　国隆 くにたか

輝国 てるくに　晴国 はるくに　美国 みくに

黒 11画 黒部・教2　**黑** 12画 黒部・人
【音訓】コク・くろ・くろ-い
【名乗】くろ
【意味】①くろ。黒色。また、くろい。「黒髪《くろかみ》」②暗い。「暗黒」③悪い。正しくない。

穀 14画 禾部・教6　**穀** 15画 人
【音訓】コク
【名乗】よし・より
【意味】米・麦など、人が日常的に食べる植物の実。「穀物《こくもつ》」
【注意】「殻」は形が似ているが別の字。↓殻（60ページ）

酷 14画 酉部・常
【音訓】コク・ひど-い・むご-い
【名乗】あつ
【意味】①度を越して厳しい。ひどい。「残酷」②程度がはなはだしい。「酷暑《こくしょ》」

●ごく●

獄 14画 犭部・常
【音訓】ゴク
【意味】①ろうや。「×牢獄《ろうごく》」②裁判。訴訟。また、判決。「大獄《たいごく》」

●こけ●

苔 ⇩たい（177ページ）

●こつ●

忽 8画 心部・人
【音訓】コツ・たちまち
【名乗】ただ・ただし
【意味】①突然。たちまち。「忽然《こつぜん》」②うっかりする。いい加減。「粗忽《そこつ》」

骨 10画 骨部・教6
【音訓】コツ・ほね
【名乗】ほね
【意味】①ほね。動物の体内にあって体を支え臓器を保護するもの。「骨格」②からだ。「老骨」③物事の中心となって、それを支えるもの。「骨子《こっし》」④品格。人柄。また、気概。「気骨《きこつ》」⑤［ほね］困難であること。⑥［コツ］物事をうまく行う要領。

惚 11画 忄部・人
【音訓】コツ・ほ-れる
【意味】①心を奪われて、うっとりする。ほれる。「×恍惚《こうこつ》」②ぼんやりする。頭の働きがにぶくなる。「寝惚《ねぼ》け」

滑 ⇩かつ（62ページ）

●こま●

駒 15画 馬部・常
【音訓】ク・こま
【名乗】こま
【意味】①馬。また、子馬。②将棋・チェス・双六《すごろく》などのこま。「持ち駒《ごま》」③三味線《しゃみせん》・バイオリンなどの弦楽器で、弦を支えるもの。
【類義】午（97ページ）・馬（213ページ）
駒美 くみ　駒子 こまこ　利駒 りく

●こむ●

込 5画 辶部・常
【音訓】こ-む・こ-める
【意味】①詰める。注ぎ入れる。こめる。②入り組む。また、混雑する。◆日本で作られたとされる字（国字）。

●これ●

此 6画 止部・人
【音訓】シ・こ-の・こ-れ
【意味】これ。この。⇔彼（219ページ）「此岸《しがん》・彼此《ひし》」
【注意】「比」は形が似ているが別の字。↓比（219ページ）

●ころ●

頃 11画 頁部・常
【音訓】ケイ・ころ
【名乗】き・きょう・けい
【意味】時分。ころ。また、このごろ。「先頃《さきごろ》」

●こん●

今 4画 𠆢部・教2
【音訓】コン・キン・いま
【名乗】いま
【意味】①現在。いま。⇔古（95ページ）・昔（165ページ）「今後」②この。この度の。「今回・今夜」
【特別な読み】今日《きょう》・今朝《けさ》
今日花 きょうか　今日子 きょうこ　今朝子 けさこ

困 7画 口部・教6
【音訓】コン・こま-る
【意味】苦しむ。こまる。「困難・貧困」

昆 8画 日部・常
【音訓】コン
【名乗】こん・ひ・ひで・やす
【意味】①仲間などが多い。「昆虫」②兄。「昆兄《こんけい》」③あと。のち。また、子孫。「後昆《こうこん》」

8画 **昏** 日部・人

音訓 コン
名乗 くらし・くれ
意味 ①日が沈んで暗い。また、夕暮れ。「黄昏《こうこん》・《たそがれ》」②目が見えなくなる。意識がなくなる。「昏倒《こんとう》」③道理に暗い。「昏迷《こんめい》」

9画 **恨** 忄部・常

音訓 コン・うら-む・うら-めしい
意味 不平に思う。悔やむ。うらむ。また、うらみ。「怨恨《えんこん》・痛恨」

10画 **根** 木部・教3

音訓 コン・ね
名乗 ね・もと
意味 ①植物のね。また、物の下部。つけね。②物事のもと。「根本《こんぽん》」③持って生まれた性質。「利根《りこん》」④飽きずに物事をし続ける力。気力。「根性」⑤ある数を何乗かして得た数に対するもとの数。また方程式で、未知数を満たす数。「平方根」

11画 **婚** 女部・常

音訓 コン
意味 夫婦になる。縁組みをする。「結婚」

11画 **混** 氵部・教5

音訓 コン・ま-じる・ま-ざる・ま-ぜる・こ-む
名乗 むら・むろ
意味 ①性質や種類の異なるものが入り込んだりとけ合ったりする。まじる。まぜ合わせる。「混合」②混雑する。

11画 **痕** 疒部・常

音訓 コン・あと
意味 ①きずあと。「刀痕《とうこん》」②あとに残ったしるし。物のあと。「痕跡《こんせき》」

11画 **紺** 糸部・常

音訓 コン
意味 こん。赤みを含んだ濃い青。こんいろ。「紺碧《こんぺき》・濃紺《のうこん》」

宇紺 うこん　紺 こん　紺太 こんた

14画 **魂** 鬼部・常

音訓 コン・たましい
名乗 たま・みたま・もと
意味 心。精神。たましい。「精魂《せいこん》」

16画 **墾** 土部・常

音訓 コン
名乗 つとむ・ひらく
意味 たがやす。荒れ地をきりひらく。「開墾《かいこん》」

17画 **懇** 心部・常

音訓 コン・ねんご-ろ
意味 真心がこもっている。また、心からうちとけて親しい。「懇意《こんい》」
類義 渥（35ページ）・厚（102ページ）・淳（139ページ）・諄（140ページ）・篤（204ページ）・惇（205ページ）・敦（205ページ）

●さ●

3画 **叉** 又部・人

音訓 サ・また
名乗 さ・しゃ・また
意味 ①ふたまた。分岐。「三叉路《さんさろ》」「刺叉《さすまた》」②組む。手をこまねく。「叉手《さしゅ》」

5画 **左** 工部・教1

音訓 サ・ひだり
名乗 さ・ざ・すけ・ぞう
意味 ①ひだり。ひだりがわ。「左折」②思想の傾向・立場が革新的であること。③古代中国で右を尊んだことから、地位の低い方。「左遷《させん》」④支えとなるもの。「証左《しょうさ》」◆①②⇕右（42ページ）

和左 かずさ　左希 さき　左京 さきょう
左祐 さすけ　左千夫 さちお　左門 さもん

7画 **佐** 亻部・常

音訓 サ
名乗 さ・すけ・たすく・よし
意味 ①たすける。補佐する。②軍隊の階級。「将」の下、「尉」の上。「大佐」
類義 介（56ページ）・助（141ページ）・丞（148ページ）・輔（232ページ）・佑（246ページ）・侑（246ページ）・祐（247ページ）・翼（254ページ）

伊佐夫 いさお　桂佐 けいすけ　佐恵 さえ
佐央莉 さおり　佐紀 さき　佐介 さすけ
佐千 さち　佐知子 さちこ　佐奈 さな
佐保 さほ　佐和子 さわこ　翔佐 しょうすけ
宗佐 そうすけ　佐 たすく　実佐 みさ
美佐希 みさき　陽佐 ようすけ　理佐 りさ

7画 **沙** 氵部・常

音訓 サ・シャ
名乗 いさ・さ・す
意味 ①すな。「沙漠《さばく》」②水で洗って悪いものを除く。選びわける。「沙汰《さた》」
類義 砂（110ページ）

亜莉沙 ありさ　沙彩 さあや　沙織 さおり
沙希 さき　沙久良 さくら　沙亮 さすけ
沙智恵 さちえ　沙月 さつき　沙俊 さとし
沙菜 さな　沙耶 さや　沙也香 さやか
沙良 さら　沙奈央 すなお　麻亜沙 まあさ
万沙斗 まさと　美沙樹 みさき　梨沙 りさ

8画 **些** 二部・人

音訓 サ・いささ-か
意味 少し。わずか。とるに足りない。「些細《ささい》」

9画 **査** 木部・教5
音訓 サ
名乗 さだ・み
意味 しらべる。明らかにする。「検査・調査」

9画 **砂** 石部・教6
音訓 サ・シャ・すな
名乗 いさご・さ・すな
意味 ①細かく砕けた岩石の粒。すな。「砂丘《さきゅう》」②粒状のもの。「砂糖」
類義 沙（109ページ）
ことば【真砂《まさご》】細かい砂。また、数が多いことのたとえ。

亜里砂 ありさ　和砂 かずさ　砂江 さえ
砂紀 さき　砂由梨 さゆり　なぎ砂 なぎさ
真砂乃 まさの　美砂 みさ　里砂 りさ

10画 **唆** 口部・常
音訓 サ・そそのか-す
意味 けしかける。そそのかす。「示唆《しさ》」

10画 **差** 工部・教4
音訓 サ・シ・さ-す
名乗 しな・すけ
意味 ①違い。へだたり。「差異・時差」②つかわす。人を差し向ける。「差配」③ある数からある数を引いた残りの数。「差額」

10画 **紗** 糸部・人
音訓 サ・シャ
名乗 さ・すず・たえ
意味 うすぎぬ。薄くて目のあらい絹織物。「更紗《さらさ》・×袱紗《ふくさ》」「羅紗《らしゃ》」

愛紗 あいさ　亜紗花 あさか　有里紗 ありさ
紗綾 さあや　紗恵 さえ　紗江子 さえこ
紗央里 さおり　紗織 さおり　紗季 さき
紗玖良 さくら　紗智 さち　紗愛 さちか
紗奈 さな　紗菜 さな　紗也 さや
紗也香 さやか　紗耶音 さやね　紗由佳 さゆか
紗友梨 さゆり　紗良 さら　紗羅 さら
更紗 さらさ　紗佳 すずか　紗子 すずこ
千紗 ちさ　凪紗 なぎさ　真紗子 まさこ
真里紗 まりさ　心紗 みさ　美紗 みさ
実紗希 みさき　美紗 みすず　明紗 めいさ
利衣紗 りいさ　理紗 りさ　璃紗 りさ

皐 ⇩こう（105ページ）

12画 **詐** 言部・常
音訓 サ・いつわ-る
意味 嘘《うそ》を言う。だます。「詐欺《さぎ》」

13画 **嵯** 山部・人
音訓 サ
意味 山が高くけわしい。「嵯峨《さが》」
類義 峨（55ページ）・峻（137ページ）・崚（261ページ）

一嵯 いっさ　嵯介 さすけ　真嵯登 まさと

13画 **裟** 衣部・人
音訓 サ・シャ
名乗 さ
意味 「袈裟《けさ》」は、僧の衣服。↓袈（86ページ）

14画 **瑳** 王部・人
音訓 サ
名乗 さ・てる・みがく・よし
意味 ①みがく。「切瑳琢磨《せっさたくま》」②色のあざやかなさま。③愛らしく笑うさま。
類義 研（90ページ）・磨（237ページ）

亜理瑳 ありさ　一瑳 かずさ　瑳久羅 さくら
瑳月 さつき　瑳斗史 さとし　瑳那 さな
瑳良 さら　瑳和 さわ　美瑳 みさ

18画 **鎖** 金部・常
音訓 サ・くさり・とざ-す
意味 ①金属の輪をつなぎ合わせてひも状にしたもの。くさり。②かぎ。また、かぎをかける。閉ざす。「閉鎖」

●ざ●

7画 **坐** 土部・人
音訓 ザ・すわ-る
意味 ひざを折り曲げて床《ゆか》や椅子に腰を下ろす。すわる。「坐像《ざぞう》」◆↓座（次項）

10画 **座** 广部・教6
音訓 ザ・すわ-る
名乗 え・おき・くら
意味 ①すわる。すわる場所。すわるための道具。「座席・座禅」②地位。③何人かが集まっている場所。集まり。「座興」④物を置く台。「台座・砲座」⑤星座。「オリオン座」⑥中世の同業組合。また、近世、貨幣を扱った所。「金座」⑦劇団・劇場。「一座・歌舞伎座」◆本来は「坐」はすわる動作、「座」はすわる場所の意味だが、現代表記では「坐禅→座禅」のように「坐」を「座」に書きかえる。↓坐（前項）

10画 **挫** 扌部・常
音訓 ザ・サ・くじ-く・くじ-ける
意味 ①捻挫《ねんざ》する。「挫傷」②途中でつまずく。くじける。「挫折・頓挫《とんざ》」

●さい●

3画 **才** 扌部・教2
音訓 サイ
名乗 かた・さい・たえ・とし・まさ・もち・もと
意味 ①生まれつきの能力。素質。才能。「才覚・

天才」②尺貫法で、容積・体積の単位。◆年齢をあらわす「歳」の代わりに「才」を用いることがある。
↓歳（114ページ）

才蔵 さいぞう　才雄 としお　才佳 としか
才徳 としのり　才美 としみ　才哉 としや

再 6画 冂部・教5
音訓 サイ・サ・ふたた-び
意味 ふたたび。「再開・再現」

西 ⇩せい（160ページ）

災 7画 火部・教5
音訓 サイ・わざわ-い
意味 自然が引き起こす悪い出来事。わざわい。「災害・災難」

妻 8画 女部・教5
音訓 サイ・つま
名乗 つま・め
意味 夫の配偶者《はいぐうしゃ》。つま。「夫妻」

采 8画 木部・常
音訓 サイ・と-る
名乗 あや・うね・こと
意味 ①手にとる。選びとる。②いろどり。模様。あや。「采色《さいしき》・喝采《かっさい》」③すがた。かたち。「風采《ふうさい》」
類義 綾（35ページ）・郁（39ページ）・絢（93ページ）・彩（112ページ）・章（144ページ）・色（149ページ）・斐（220ページ）・彪（223ページ）・文（229ページ）・紋（244ページ）

采花 あやか　采斗 あやと　采音 あやね
采子 ことこ　采世 ことせ　采祢 ことね
采葉 ことは　采美 ことみ　采一 さいいち
采良 さいら　真采 まこと　美采 みこと

斉 **齊** ⇩せい（162ページ）

砕 9画 石部・常　**碎** 13画 人
音訓 サイ・くだ-く・くだ-ける
意味 ①細かく割る。くだく。くだける。「粉砕《ふんさい》」②うちとける。

哉 9画 口部・人
音訓 サイ・かな・や
名乗 えい・か・かな・き・すけ・ちか・とし・なり・はじめ・や
意味 詠嘆を表す。…かな。…であるなあ。「快哉《かいさい》」

和哉 かずや　克哉 かつや　哉子 かなこ
哉汰 かなた　哉杜 かなと　紗哉 さや
修哉 しゅうや　慎哉 しんや　拓哉 たくや
剛哉 たけちか　竜哉 たつや　哉恵 ちかえ
俊哉 としや　直哉 なおや　哉 はじめ
晴哉 はるや　秀哉 ひでや　史哉 ふみや
昌哉 まさや　美哉子 みやこ　康哉 やすとし
悠哉 ゆうや　芳哉 よしなり　善哉 よしや

宰 10画 宀部・常
音訓 サイ
名乗 い・おさむ・かみ・さい・すず・ただ・つかさ
意味 仕事を取りしきる。また、取りしきる人。「宰相《さいしょう》・主宰」

宰子 さいこ　宰多郎 さいたろう　宰 つかさ

栽 10画 木部・常
音訓 サイ
名乗 たね
意味 草木を植える。また、植えてある草木。「栽培・盆栽」

柴 10画 木部・人
音訓 サイ・しば
名乗 しげ・しば
意味 山野に生える小さな雑木《ぞうき》。また雑木の小枝。しば。
注意 「紫」は形が似ているが別の字。↓紫（124ページ）

✦**彩** ⇩人気の字（112ページ）

採 11画 扌部・教5
音訓 サイ・と-る
名乗 もち
意味 選びとる。摘みとる。「採取・採用」

済 11画 氵部・教6
音訓 サイ・セイ・ザイ・す-む・す-ます・なす
名乗 いつき・お・かた・さだ・さとる・すみ・ただ・とおる・なり・なる・まさ・ます・やす・よし・わたす・わたり・わたる
意味 ①きちんと終わる。すむ。すます。「決済」②助ける。すくう。「救済」③数多くさかんなさま。「多士済々《たしさいさい・たしせいせい》（＝すぐれた人物が多く集まっているさま）」

済 いつき　和済 かずまさ　済 さとる
済子 まさこ　良済 よしずみ　済 わたる

✦**菜** ⇩人気の字（113ページ）

祭 11画 示部・教3
音訓 サイ・まつ-る・まつ-り
名乗 あき・さい・たか
意味 ①神や先祖をまつる。まつり。「祭×祀《さいし》」②にぎやかな催し。「学園祭」

人気の字

11画

彩

彡部・常

音訓 サイ・いろどる

名乗 あや・いろ・さ・たみ・てる

意味 ①いろどる。いろどり。美しい色合い・つや・輝き・模様。「光彩・色彩」②様子。すがた。

類義 綾（35ページ）・郁（39ページ）・絢（93ページ）・采（111ページ）・章（144ページ）・色（149ページ）・斐（220ページ）・彪（223ページ）・文（229ページ）・紋（244ページ）

なりたち 形声。多くの色の中から選んで取り上げることから、いろどるの意味を表す。

四字熟語・ことわざ

【光彩陸離】《こうさいりくり》 光が入り乱れて、美しくきらめくようす。

筆順

一字の名前

彩 あや・いろ・さい

二字の名前

❤一字目

彩恵 あやえ　彩花 あやか　彩香 あやか
彩太 あやた　彩人 あやと　彩仁 あやと
彩奈 あやな　彩音 あやね　彩乃 あやの
彩羽 あやは　彩葉 あやは　彩彦 あやひこ
彩未 あやみ　彩実 あやみ　彩芽 あやめ
彩那 いろな　彩羽 いろは　彩一 さいいち
彩香 さいか　彩希 さいき　彩音 さいと
彩絵 さえ　彩織 さおり　彩季 さき
彩都 さと　彩奈 さな　彩弥 さや
彩良 さら　彩和 さわ　彩佳 てるか

❤二字目

亜彩 ああや　愛彩 あいさ　有彩 ありさ
和彩 かずさ　沙彩 さあや　紗彩 ささ
鈴彩 すずさ　千彩 ちさ　渚彩 なぎさ
七彩 ななさ　成彩 なりさ　音彩 ねいろ
晴彩 はるさ　陽彩 ひいろ　麻彩 まあや
美彩 みあや　海彩 みいろ　心彩 みさ
実彩 みさ　結彩 ゆうさ　莉彩 りさ

三字の名前

❤一字目

彩亜耶 さあや　彩多朗 さいたろう　彩江子 さえこ
彩緒里 さおり　彩輝子 さきこ　彩穂子 さほこ
彩也香 さやか　彩弥音 さやね　彩友佳 さゆか
彩優美 さゆみ　彩夕里 さゆり　彩和子 さわこ

❤二字目

安彩子 あさこ　有彩妃 あさひ　希彩子 きさこ
妃彩乃 ひさの　真彩子 まさこ　実彩恵 みさえ
美彩樹 みさき　美彩野 みさの　莉彩子 りさこ

❤三字目

亜寿彩 あずさ　愛里彩 ありさ　佳寿彩 かずさ
津花彩 つかさ　都葉彩 つばさ　菜々彩 ななさ
真亜彩 まあさ　満里彩 まりさ　梨衣彩 りいさ

読みごとの名前

❤あや

彩華 あやか　彩子 あやこ　彩斗 あやと
彩那 あやな　彩祢 あやね　茉彩 まあや

❤いろ

彩葉 いろは　日彩 ひいろ　美彩 みいろ

❤さ

藍彩 あいさ　亜理彩 ありさ　彩恵子 さえこ
彩希 さき　彩葵 さき　彩智 さち
彩羅 さら　智彩 ちさ　凪彩 なぎさ
美彩 みさ　美彩貴 みさき　里彩 りさ

❤さい

彩夏 さいか　彩子 さいこ　彩太 さいた

ことば

【月彩】《げっさい》 月の光。〔名前読み例〕つきさ

【光彩】《こうさい》 あざやかに輝く美しい光。また、際立つ才能や美。〔名前読み例〕こうさい・みさ

【五彩】《ごさい》 五種類の色。また、白磁に文様を描いた中国の磁器。

【彩雲】《さいうん》 ふちが美しく彩られた雲。

【彩霞】《さいか》 美しいもや・かすみ。〔名前読み例〕あやか・さいか

【彩虹】《さいこう》 美しい色どりの虹。

【彩色】《しきさい》 いろどり。

【詞彩】《しさい》 ことばのあや。詩文の美。〔名前読み例〕しさい・ふみてる

【七彩】《しちさい》 七色。また、美しいいろどり。〔名前読み例〕ななさ

【神彩】《しんさい》 精神と姿。また、気高い姿。

【水彩】《すいさい》 水彩画。水絵《みずえ》。

【精彩・生彩】《せいさい》 輝く光。美しいいろどり。また、活気にあふれていること。

【多彩】《たさい》 色彩が多くて美しいこと。また、種類が多くて華やかなこと。変化に富むこと。

【文彩】《ぶんさい》 模様。いろどり。〔名前読み例〕みさ

人気の字

菜

11画　艹部・教4

音訓 サイ・な
名乗 な・よし
意味 ①やさい。なっぱ。「山菜」「若菜」②おかず。副食。また、料理。「総菜《そうざい》」③草の名。アブラナ。「菜の花」
なりたち 形声。採取して食用にする草の意味を表す。
特別な読み 雪花菜《おから》・《きらず》・鹿尾菜《ひじき》
筆順

二字の名前

❤一字目
菜佳 さいか
菜太 さいた
菜梨 さいり
菜恵 なえ
菜央 なお
菜緒 なお
菜佳 なか
菜子 なこ
菜樹 なじゅ
菜智 なち
菜愛 なちか
菜津 なつ
菜都 なつ
菜月 なつき
菜摘 なつみ
菜々 なな
菜奈 なな
菜南 ななみ
菜歩 なほ
菜穂 なほ
菜心 なみ
菜美 なみ
菜結 なゆ
菜幸 なゆき

❤二字目
明菜 あきな
彩菜 あやな
有菜 ありな
杏菜 あんな
彩菜 いろな
笑菜 えみな
一菜 かずな
佳菜 かな
夏菜 かな
栞菜 かんな
琴菜 ことな
幸菜 さちな
紗菜 さな
瀬菜 せな
月菜 つきな
智菜 ともな
奈菜 なな
羽菜 はな
陽菜 はるな
日菜 ひな
陽菜 ひな
姫菜 ひめな
風菜 ふうな
愛菜 まな
心菜 みな
結菜 ゆいな
結菜 ゆうな
優菜 ゆうな
幸菜 ゆきな
柚菜 ゆずな
莉菜 りな
琉菜 るな
玲菜 れいな

三字の名前

❤一字目
菜央子 なおこ
菜緒美 なおみ
菜都緒 なつお
菜津希 なつき
菜都子 なつこ
菜々恵 ななえ
菜々央 ななお
菜々子 ななこ
菜々瀬 ななせ
菜々斗 ななと
菜奈羽 ななは
菜々美 ななみ
菜々代 ななよ
菜乃佳 なのか
菜穂子 なほこ
菜歩美 なほみ
菜美佳 なみか
菜美子 なみこ
菜由香 なゆか
菜由希 なゆき
菜琉海 なるみ

❤二字目
夏菜絵 かなえ
歌菜子 かなこ
沙菜恵 さなえ
千菜美 ちなみ
都菜美 となみ
南菜子 ななこ
奈菜世 ななせ
波菜佳 はなか
羽菜子 はなこ
日菜子 ひなこ
日菜多 ひなた
陽菜太 ひなた
陽菜乃 ひなの
茉菜香 まなか
茉菜世 まなせ
真菜穂 まなほ
麻菜美 まなみ
実菜子 みなこ
美菜都 みなと
里菜江 りなえ
理菜子 りなこ

❤三字目
亜衣菜 あいな
愛希菜 あきな
明日菜 あすな
愛由菜 あゆな
依智菜 いちな
恵利菜 えりな
歌里菜 かりな
希美菜 きみな
紗知菜 さちな
沙里菜 さりな
志寿菜 しずな
瀬里菜 せりな
奈寿菜 なずな
真由菜 まゆな
麻里菜 まりな
美衣菜 みいな
友加菜 ゆかな
友希菜 ゆきな
由梨菜 ゆりな
玲央菜 れおな
和佳菜 わかな

読みごとの名前

❤さい
菜夏 さいか
菜子 さいこ
菜介 さいすけ
菜太郎 さいたろう
菜奈 さいな
菜莉 さいり

❤な
愛菜 あいな
和菜 かずな
佳菜歌 かなか
柑菜 かんな
瑚々菜 ここな
咲菜 さな
惇菜 じゅんな
菜生 なお
菜睦 なちか
菜都音 なつね
菜々香 ななか
菜有 なゆ
菜瑠 なる
芭菜 はな
緋菜 ひな
比菜多 ひなた
真菜 まな
美菜 みな
実菜美 みなみ
美保菜 みほな
靖菜 やすな
夕菜 ゆうな
里菜 りな
怜菜 れいな

ことば

【青菜】《あおな》 緑色の野菜。菜っぱ。
【花菜】《かさい》 ブロッコリーなど花を食べる野菜。
【果菜】《かさい》 果物と野菜。実を食べる野菜。
【菊菜】《きくな》 春菊。
【京菜】《きょうな》 水菜。
【香菜】《こうさい》 シャンツァイ。パクチー。
【菜園】《さいえん》 野菜畑。
【杉菜】《すぎな》 春にツクシを出すシダ植物。
【玉菜】《たまな》 キャベツ。
【菜の花】《なのはな》 アブラナの花。
【春菜】《はるな》 春に萌え出る菜。〔名前読み例〕はるな
【冬菜】《ふゆな》 白菜・水菜など冬に栽培する菜。
【洋菜】《ようさい》 西洋野菜。
【若菜】《わかな》 春に芽生えたばかりの草。〔名前読み例〕わかな

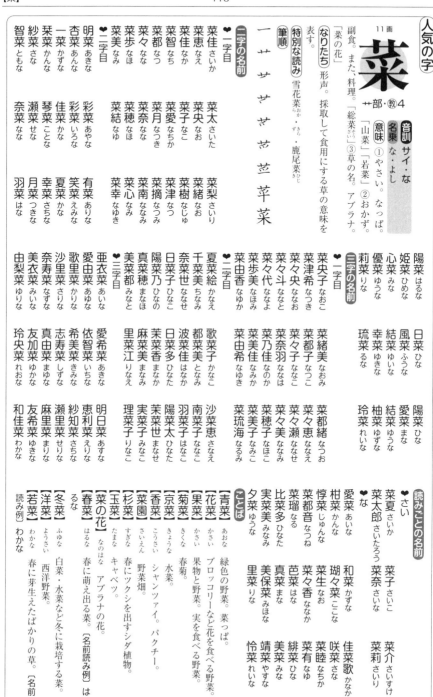

細 11画 糸部・教2
音訓 サイ・ほそ-い・ほそ-る・こま-か・こま-かい
名乗 くわし
意味 ①ほそい。「毛細管」②こまかい。小さい。⇔大(180ページ)「細部・繊細」③くわしい。精密。「詳細」④つまらない。取るに足りない。「零細《れいさい》」

斎 11画 斉部・常
音訓 サイ・とき
名乗 いつ・いつき・いわい・きよ・さい・ただ・とき・ひとし・よし
意味 ①心身を清めて神を祭る。ものいみ。「潔斎《けっさい》」②部屋。特に、読書などをする部屋。「書斎」③「とき」僧の食事。精進《しょうじん》料理。
注意 「斉」は形が似ているが別の字。→斉(162ページ)
斎 いつき　斎之介 さいのすけ　斎彦 よしひこ

砦 11画 石部・人
音訓 サイ・とりで
意味 敵をふせぐための城。とりで。「城砦《じょうさい》」

埼 11画 土部・常
音訓 キ・さい・さき
名乗 き・ぎ・さき
意味 ①岬《みさき》。海・湖に向かって突き出ている陸地の先端。②平野に突き出ている山や丘の先端。
美埼 みさき　瑞埼 みずき　悠埼 ゆうき

最 12画 日部・教4
音訓 サイ・もっと-も・も
名乗 いえ・いろ・かなめ・たか・たかし・まさる・も・ゆたか・よし
意味 この上なく。第一に。もっとも。「最高・最初」
最一 さいいち　最子 さいこ　最 まさる

裁 12画 衣部・教6
音訓 サイ・た-つ・さば-く
意味 ①布をたち切る。「裁断」②処理する。また、善悪を判断して決める。さばく。「裁判」③形。外見。「体裁《ていさい》」

犀 12画 牛部・人
音訓 セイ・サイ
名乗 かた・さい
意味 ①動物の名。サイ。②堅くてするどい。「犀利《さいり》」

催 13画 イ部・常
音訓 サイ・もよお-す
名乗 とき
意味 ①会などをもうける。「催事・開催」②うながす。「催促《さいそく》」③もよおさせる。「催涙《さいるい》」

債 13画 イ部・常
音訓 サイ
意味 ①借り。借りがあること。「負債《ふさい》」②貸し。貸しを取り立てること。「債権《さいけん》」

塞 13画 土部・常
音訓 サイ・ソク・ふさ-ぐ・ふさ-がる・とりで
意味 ①敵をふせぐための城。とりで。「要塞《ようさい》」②ふせぐ。また、閉じる。「梗塞《こうそく》・閉塞《へいそく》」

歳 13画 止部・常
音訓 サイ・セイ・とし
名乗 とし・とせ・とも
意味 ①一か年。また、年月。「歳月《さいげつ》」②年齢や年数を数えることば。「四十歳」③穀物のでき具合。実り。④木星のこと。
類義 実(128ページ)・秋(133ページ)・穣(149ページ)・年(210ページ)・稔(210ページ)・齢(265ページ)
和歳 かずとし　千歳 ちとせ　歳雄 としお
歳紀 としのり　歳久 としひさ　史歳 ふみとし

載 13画 車部・常
音訓 サイ・の-せる・の-る
名乗 こと・とし・のり・みつ
意味 ①車・船などに物をのせる。「搭載《とうさい》」②書物などに書き記す。「記載・掲載」③とし。一年。「千載一遇《せんざいいちぐう》」
注意 「戴」は形が似ているが別の字。→戴(179ページ)

際 14画 阝部・教5
音訓 サイ・きわ
名乗 あい・きわ
意味 ①物と物が接する境目《さかいめ》。はて。「際限《さいげん》」②まじわる。まじわり。また、出会う。「交際」③とき。おり。場合。「実際」

●ざい●

在 6画 土部・教5
音訓 ザイ・あ-る
名乗 あき・あきら・あり・すみ・とお・まき・みつる
意味 ①ある。いる。「在庫」②いなか。「在郷《ざいごう》」
在 あきら　在紗 ありさ　在時 ありとき
在奈 ありな　在之介 ありのすけ　在匡 ありまさ
在雄 すみお　光在 みつあき　在 みつる

材 7画 木部・教4
音訓 ザイ・サイ
名乗 えだ・き・もとき・もとし
意味 ①建築などの原料となる木。「材木」②もととなるもの。原料。「材料」③才能。資質。また、才能のある人。「逸材・人材」

剤 10画 刂部・常
音訓 ザイ
意味 調合する。また、調合した薬。「錠剤」

財 10画 貝部・教5
音訓 ザイ・サイ
名乗 かね・たか・たから
意味 ①富《とみ》。資産。「財力」②人の生活に役立つもの。「文化財」

罪 13画 罒部・教5
音訓 ザイ・つみ
意味 ①法律や道徳に反する行為。つみ。「罪悪・犯罪」②刑罰。「横領罪」

●さえる●

冴 7画 冫部・人
音訓 ゴ・さえる
名乗 さえ
意味 ①くっきりと澄んで見える。②頭の働きや腕前があざやかだ。③寒さが厳しくなる。

賢冴 けんご　冴朗 ごろう　冴 さえ
冴夏 さえか　冴輝 さえき　冴子 さえこ
蒼冴 そうご　大冴 だいご　真冴 まさえ

●さお●

竿 9画 竹部・人
音訓 カン・さお
名乗 かん・さね・なが
意味 さお。竹の幹《みき》や木で作った細長い棒。「釣《つ》り竿《ざお》」

●さかい●

堺 12画 土部・人
音訓 カイ・さかい
意味 ①区切り。さかい。②区切られた特定の所。区域。◆もとは「界」と同字だが、日本では地名などで使い分けることが多い。↓界（57ページ）

●さかき●

榊 14画 木部・人
音訓 さかき
意味 ①神木《しんぼく》として神域に植える常緑樹。②木の名。サカキ。枝葉を神事に用いる。◆日本で作られたとされる字（国字）。

●さかな●

肴 ⇩こう（102ページ）

●さき●

埼 ⇩さい（114ページ）

崎 11画 山部・常
音訓 キ・さき
名乗 き・さき
意味 ①海・湖などに突き出した陸地の先端。みさき。②平野に突き出た山や丘の先端。

●さぎ●

鷺 24画 鳥部・人
音訓 ロ・さぎ
意味 鳥の名。サギ。全身が白く、水辺にすむ。

特別な読み　亜鷺 あさぎ　朱鷺《とき》

朱鷺子 ときこ　鷺美 ろみ

●さく●

作 7画 亻部・教2
音訓 サク・サ・つくる
名乗 あり・さく・たつ・つくり・つくる・とも・なお・なり・ふか
意味 ①新たに生み出す。つくる。また、つくったもの。「作品」②農作物のできばえ。「豊作」③行う。振る舞い。なす。「作業《さぎょう》」④起こる。あらわれる。「発作《ほっさ》」⑤さかんにする。おこす。

英作 えいさく　賢作 けんさく　幸作 こうさく
作太郎 さくたろう　作之助 さくのすけ　作美 さくみ
作哉 さくや　秀作 しゅうさく　駿作 しゅんさく
晋作 しんさく　大作 だいさく　優作 ゆうさく
洋作 ようさく　竜作 りゅうさく　亮作 りょうさく

削 9画 刂部・常
音訓 サク・けずる・そぐ
意味 刃物などでけずる。また、全体から一部を取り除く。「削除」

昨 9画 日部・教4
音訓 サク
意味 ①前日。きのう。「昨晩」②ひと回り前の時期。「昨夏《さっか》」③過去。昔。「昨今《さっこん》」

柵 9画 木部・常
音訓 サク
意味 さく。木などを立てて並べて作ったかこい。「鉄柵《てっさく》」

✦**咲** ⇩人気の字（116ページ）

人気の字

9画

咲

口部・常

音訓 ショウ・さく

名乗 えみ・さ・さき・さく

意味 ①さく。花が開く。②笑う。

類義 莞（64ページ）・笑（143ページ）

なりたち 形声。「笑」の古字。

筆順

参考 もともとは「笑う」の意味。日本では、漢詩文の「鳥鳴花咲（鳥鳴き花咲《わら》う）」を「鳥鳴き花咲《さ》く」と読み慣わしたことから、「咲」を「咲《さ》く」と読んで、花が開くの意味に転用するようになった。

一字の名前

咲 えみ・さき・さく・しょう

二字の名前

❤一字目

咲花 えみか
咲莉 えみり
咲恵 さえ
咲織 さおり
咲希 さき
咲季 さき
咲輝 さき
咲果 さきか
咲多 さきた
咲人 さきと
咲乃 さきの
咲爾 さくじ
咲斗 さくと
咲春 さくはる
咲仁 さくひと
咲大 さくひろ
咲麻 さくま
咲美 さくみ
咲弥 さくや
咲良 さくら
咲千 さち
咲月 さつき
咲菜 さな
咲幸 さゆき
咲羅 さら
咲華 しょうか
咲子 しょうこ
咲祐 しょうすけ
咲汰 しょうた
咲真 しょうま

❤二字目

愛咲 あいさ
藍咲 あいさ
亜咲 あさき
彩咲 あやさ
有咲 ありさ
和咲 かずさ
希咲 きさ
綺咲 きさ
樹咲 きさき
紗咲 ささ
更咲 さらさ
智咲 ちえみ
千咲 ちさ
茅咲 ちさ
奈咲 なえみ
七咲 ななさ
乃咲 のえみ
春咲 はるさ
陽咲 はるさ
日咲 ひさ
緋咲 ひさき
茉咲 まさき
真咲 まさき
心咲 みさ
光咲 みさ
美咲 みさ
心咲 みさき
美咲 みさき
明咲 めいさ
里咲 りさ
李咲 りさ
梨咲 りさ
理咲 りさき

三字の名前

❤一字目

咲伊花 さいか
咲江美 さえみ
咲緒里 さおり
咲多郎 さくたろう
咲之介 さくのすけ
咲久也 さくや
咲々音 ささね
咲弥佳 さやか
咲耶子 さやこ
咲結花 さゆか
咲由梨 さゆり
咲太朗 しょうたろう

❤二字目

亜咲子 あさこ
有咲美 あさみ
阿咲美 あさみ
衣咲弥 いさみ
葵咲子 きさこ
佐咲子 ささこ
千咲子 ちさこ
日咲子 ひさこ
日咲志 ひさし
比咲音 ひさね
芙咲恵 ふさえ
富咲子 ふさこ
芙咲実 ふさみ
茉咲絵 まさえ
真咲子 まさこ
美咲恵 みさえ
実咲希 みさき
美咲子 みさこ
美咲都 みさと
心咲乃 みさの
梨咲子 りさこ

❤三字目

亜寿咲 あずさ
有都咲 あづさ
愛理咲 ありさ
恵里咲 えりさ
花寿咲 かずさ
千玖咲 ちぐさ
都果咲 つかさ
津葉咲 つばさ
菜々咲 ななさ
はる咲 はるさ
茉亜咲 まあさ
茉莉咲 まりさ
真梨咲 まりさ
芽里咲 めりさ
里依咲 りいさ

読みごとの名前

❤えみ

咲佳 えみか
咲華 えみか
咲子 えみこ
咲音 えみと
咲奈 えみな
咲里 えみり
咲梨 えみり
香咲 かえみ
沙咲 さえみ
志咲 しえみ
千咲 ちえみ
百咲 もえみ

❤さ

亜咲美 あさみ
亜由咲 あゆさ
愛梨咲 ありさ
一咲 かずさ
季咲 きさ
咲彩 さあや
咲絵里 さえり
咲喜 さき
咲千子 さちこ
咲都 さと
咲七 さな
咲耶 さや
咲也花 さやか
咲和 さわ
鈴咲 すずさ
智咲 ちさ
妃咲乃 ひさの
美咲代 みさよ
萌衣咲 めいさ
結咲 ゆうさ
莉咲 りさ

❤さき

希咲 きさき
咲枝 さきえ
咲夏 さきか
咲子 さきこ
咲太 さきた
咲斗 さきと
咲音 さきね
咲祢 さきね
咲葉 さきは
知咲 ちさき
日咲 ひさき
陽咲 ひさき
麻咲 まさき
実咲 みさき
望咲 みさき

❤しょう

咲花 しょうか
咲香 しょうか
咲太 しょうた
咲汰郎 しょうたろう
咲乃輔 しょうのすけ
咲也 しょうや

ことば

【早咲き】はやざき 普通の開花時期よりもはやく咲くこと。また、はやくして世に出た人。

【八重咲き】やえざき 花びらが何枚も重なって咲くこと。

10画
索 糸部・常
音訓 サク
名乗 さく・もと・もとむ
意味 ①太い綱《つな》。なわ。②探し求める。「索引・検索」③ものさびしい。

10画
朔 月部・人
音訓 サク・ついたち
名乗 きた・さく・はじめ・もと
意味 ①月の第一日。ついたち。「朔日《さくじつ》」②北。「朔風《さくふう》」③暦《こよみ》。

永朔 えいさく　朔 さく　朔子 さくこ
朔太郎 さくたろう　朔斗 さくと　朔之介 さくのすけ
朔羽 さくは　朔真 さくま　朔実 さくみ
朔良 さくら　伸朔 しんさく　朔 はじめ
朔夏 もとか　朔子 もとこ　悠朔 ゆうさく

10画
窄 穴部・人
音訓 サク・すぼ-む
意味 狭《せま》く小さくなる。すぼむ。「狭窄《きょうさく》」

12画
策 竹部・教6
音訓 サク
名乗 かず・さく・つか・もり
意味 ①計略。はかりごと。また、物事をうまく運ぶための手段・方法。「策略・画策」②むち。つえ。「警策《きょうさく・けいさく》」

12画
酢 酉部・常
音訓 サク・ソ・す
名乗 す
意味 酸味のある液体。す。「酢酸《さくさん》」

13画
搾 扌部・常
音訓 サク・サ・しぼ-る
意味 しぼる。しぼりとる。「搾取《さくしゅ》」

16画
錯 金部・常
音訓 サク・ソ
意味 ①乱れて入り組む。まじる。「交錯」②間違える。誤《あやま》る。「錯覚」

●さくら●

桜　**櫻**
⇩おう（48ページ）

●ささ●

11画
笹 竹部・人
音訓 ささ
意味 小さい竹の総称。ササ。◆日本で作られたとされる字（国字）。

笹子 ささこ　笹音 ささね　笹乃 ささの

●ささげる●

捧
⇩ほう（234ページ）

●さつ●

5画
冊 冂部・教6
音訓 サツ・サク
名乗 なみ・ふみ・ふん
意味 書物。文書。「冊子《さっし》・三冊」

5画
札 木部・教4
音訓 サツ・ふだ・さね
名乗 さね・ぬき・ぬさ・ふさ
意味 ①ものを書いたふだ。「表札《ひょうさつ》」「名札《なふだ》」②券。切符。「改札」③証拠となる書き付け。「落札」④紙幣。「千円札」
注意 「礼」は形が似ているが別の字。→礼（264ページ）

8画
刷 刂部・教4
音訓 サツ・す-る
名乗 きよ
意味 ①文字や図を写し取る。印刷する。②ぬぐい去る。清める。「刷新《さっしん》」

8画
刹 刂部・常
音訓 サツ・セツ
名乗 くに・せち・せつ・てら
意味 寺。寺院。「古刹《こさつ》」

9画
拶 扌部・常
音訓 サツ
意味 せまる。すりよる。「挨拶《あいさつ》」

10画
殺 殳部・教4
音訓 サツ・サイ・セツ・ころ-す・あや-める・そ-ぐ
意味 ①命を絶つ。ころす。「暗殺」②なくす。そぎとる。「殺風景《さっぷうけい》」③意味を強めるために添える字。「忙殺《ぼうさつ》」

14画
察 宀部・教4
音訓 サツ
名乗 あき・あきら・み・みる
意味 ①調べて明らかにする。よく見る。「観察」②推量する。思いやる。「察知《さっち》」

✦ **颯**
⇩ 人気の字（118ページ）

15画
撮 扌部・常
音訓 サツ・と-る
意味 ①つまむ。つまんで取る。②写真などをとる。「撮影」

17画
擦 扌部・常
音訓 サツ・す-る・す-れる・こす-る
名乗 あきら
意味 こすりつける。また、なすりつける。「摩擦《まさつ》」

人気の字

14画

颯

風部・人

音訓 ソウ・サツ

名乗 そう

意味 ①風の吹く音。②きびきびした様子。「颯爽《さっそう》」③疾風《しっぷう》。はやて。

なりたち 形声。風+立。立は風が吹く音を表す。

四字熟語・ことわざ

【英姿颯爽《えいしさっそう》】容姿が立派で、勇ましくすっきりしていること。また、きびきびとして気持ちのよいこと。

筆順

一字の名前

颯 そう

二字の名前

❤一字目

颯夏 さつか　颯季 さつき　颯紀 さつき
颯輝 さつき　颯樹 さつき　颯斗 さつと
颯美 さつみ　颯一 そういち　颯市 そういち
颯映 そうえい　颯香 そうか　颯歌 そうか
颯基 そうき　颯輝 そうき　颯子 そうこ
颯吾 そうご　颯作 そうさく　颯志 そうし
颯司 そうじ　颯寿 そうじゅ　颯純 そうじゅん
颯心 そうしん　颯介 そうすけ　颯聖 そうせい
颯太 そうた　颯汰 そうた　颯大 そうだい
颯人 そうと　颯都 そうと　颯那 そうな
颯平 そうへい　颯真 そうま　颯馬 そうま
颯明 そうめい　颯哉 そうや　颯竜 そうりゅう

❤二字目

一颯 いっそう　隼颯 しゅんそう　天颯 てんそう
佑颯 ゆうそう　勇颯 ゆうそう　隆颯 りゅうそう

三字の名前

颯大朗 さつたろう　颯一朗 そういちろう　颯士朗 そうしろう
颯志郎 そうしろう　颯次郎 そうじろう　颯太郎 そうたろう
颯之進 そうのしん　颯ノ佑 そうのすけ　颯之介 そうのすけ

読みごとの名前

❤さつ

颯妃 さつき　颯希 さつき　颯子 さつこ
颯司 さつじ　颯馬 さつま　颯矢 さつや

❤そう

春颯 しゅんそう　颯壱 そういち　颯英 そうえい
颯佳 そうか　颯雅 そうが　颯樹 そうき
颯伍 そうご　颯悟 そうご　颯士 そうし
颯史 そうし　颯治 そうじ　颯慈 そうじ
颯史郎 そうしろう　颯治朗 そうじろう　颯佑 そうすけ
颯大 そうた　颯菜 そうな　颯眞 そうま
颯麻 そうま　颯弥 そうや　悠颯 ゆうそう
優颯 ゆうそう　琉颯 りゅうそう　龍颯 りゅうそう

ことば

【颯颯《さっさつ》】風がさっと音を立てて吹くさま。また、その音。

【颯爾《さつじ》】風がさっと吹くさま。

【颯然《さつぜん》】風がさっと吹くさま。

【颯爽《さっそう》】容姿・態度・行動などがすっきりとしてさわやかなさま。また、きりっとして勇ましいさま。

【颯沓《さっとう》】重なり合うさま。また、多くてさかんなさま。

17画

薩

艹部・人

音訓 サツ

名乗 きよし・さとる・すけ

意味 救済する。救う。「菩薩《ぼさつ》」

●ざつ●

14画

雑

隹部・教5

18画

雜

人

音訓 ザツ・ゾウ・ま-ざる・ま-じる・ま-ぜる

名乗 かず・とも・より

意味 ①いろいろと入りまじる。まとまりがない。「乱雑」②とるに足りない。重要でない。「雑務」③粗《あら》い。「粗雑《そざつ》」

●さび●

16画

錆

金部・人

音訓 ショウ・セイ・さび

意味 金属に生じるさび。

●さや●

16画

鞘

革部・人

音訓 ショウ・さや

名乗 さや

意味 ①刀剣のさや。また、物の先端にかぶせる筒。②価格や利率の差によって生じる利益。「利鞘《りざや》」

●さら●

5画

皿

皿部・教3

音訓 メイ・ベイ・さら

意味 食品を盛るためのさら。また、さらのような形のもの。「小皿《こざら》」

●さらす●

10画
晒　日部・人
音訓 サイ・さら-す
意味 日光や風に当てる。さらす。

●さん●

3画
三　一部・教1
音訓 サン・み・み-つ・みっ-つ
名乗 かず・こ・さ・ざ・さぶ・ざぶ・さむ・さん・ざん・そ・そう・ぞう・ただ・なお・み・みつ・みる
意味 数の3。みっつ。「三角形・三役」◆証書類では、文字の改変を防ぐため、「参」の字で代用することがある。↓参（同ページ）
拓三 たくみ　智三 ともみつ　三咲 みさき
三千佳 みちか　三輝 みつき　三葉 みつば

3画
山　山部・教1
音訓 サン・セン・やま
名乗 さん・ざん・たか・たかし・のぶ・やま
意味 ①やま。「山河《さんが》・富士山」②鉱山。「銀山《ぎんざん》」③寺院。「総本山《そうほんざん》」
特別な読み 山葵《わさび》
山 たかし　山乃 たかの　山都 やまと

8画
参　ム部・教4
音訓 サン・シン・まい-る
名乗 かず・さん・ちか・なか・ほし・み・みち・みつ
意味 ①加わる。かかわる。「参加」②比べ合わせる。調べる。「参考」③目上の人のところや社寺・宮中などに行く。まいる。「参詣《さんけい》」④「三」の代わりに証書などで使う字。↓三（同ページ）

9画
珊　王部・人
音訓 サン
名乗 さん・たま
意味 「珊瑚《さんご》」は、サンゴ科の腔腸《こうちょう》動物。骨軸を装飾品に加工する。↓瑚（98ページ）
珊瑚 さんご　珊志郎 さんしろう　珊輝 たまき

10画
桟　木部・常
音訓 サン・かけはし
意味 ①崖《がけ》などにかけ渡した木の橋。かけはし。「桟道《さんどう》」②戸や障子《しょうじ》の骨。また、板の反りを防ぐためにつけた細長い木材。

10画
蚕　虫部・教6
音訓 サン・かいこ
意味 ①虫の名。カイコ。繭《まゆ》から絹糸をとるために飼育される。「養蚕《ようさん》」②カイコを飼う。

11画
惨　忄部・常
音訓 サン・ザン・みじ-め・むご-い
意味 あまりにもひどくて心が痛む。むごい。みじめ。「惨敗《ざんぱい》・悲惨」

11画
産　生部・教4
音訓 サン・う-む・う-まれる・うぶ
名乗 うむ・さん・ただ・むすび
意味 ①子をうむ。「出産」②物をつくり出す。また、つくられた物。「産業」③うまれた場所やつくられた場所。「日本産」④経済的な価値のあるもの。「財産」

12画
傘　へ部・常
音訓 サン・かさ
意味 かさ。「傘下《さんか》」

12画
散　攵部・教4
音訓 サン・ち-る・ち-らす・ち-らかす・ち-らかる
名乗 のぶ
意味 ①ばらばらになる。ちる。ちらす。⇔集（134ページ）「解散・分散」②自由気ままな。とりとめがない。「散歩」③役に立たない。ひま。「閑散」④粉薬《こなぐすり》。「胃散」

14画
算　竹部・教2
音訓 サン・かぞ-える
名乗 かず・さん・とも
意味 ①数をかぞえる。「算数・計算」②見当をつける。はかる。また、はかりごと。「勝算」
類義 計（86ページ）・数（159ページ）
算臣 かずおみ　智算 ともかず　義算 よしかず

14画
酸　酉部・教5
音訓 サン・す-い
意味 ①すっぱい。また、すっぱい味の液体。酢《す》。「酸味」②つらい。また、いたましい。「辛酸《しんさん》」③酸素。「酸化」④アルカリと中和して塩と水を生ずる化合物。「酸性・塩酸」

15画
賛　貝部・教5
音訓 サン
名乗 あきら・さん・じ・すけ・たすく・よし
意味 ①ほめたたえる。ほめたたえることば。「賞賛」②助力する。力をそえて助ける。「賛成・協賛」◆現代表記では「讃辞→賛辞」など、「讃」を「賛」に書きかえる。↓讃（120ページ）

15画
撒　扌部・人
音訓 サツ・サン・ま-く
意味 一面に散り広がるように落とす。まき散らす。「撒布《さんぷ・さっぷ》」

17画
燦　火部・人
音訓 サン・きら-めく
名乗 あき・きよ・よし
意味 あざやかに輝くさま。また、

2 漢字からさがす
さ

きわだって輝かしいさま。「燦然《さんぜん》」

燦菜 あきな　燦 さん　燦人 よしと

纂 20画 糸部・人
音訓 サン
名乗 あつ・みつ
意味 あつめる。また、編集する。「編纂《へんさん》」

讃 22画 言部・人
音訓 サン・たた-える
名乗 ささ・すけ・とき
意味 ほめたたえる。ほめたたえることば。「讃美《さんび》」◆現代表記では「讃辞→賛辞」など、「賛」に書きかえる。→賛（119ページ）
類義 称（143ページ）・頌（147ページ）・褒（234ページ）
特別な読み 讃岐《さぬき》

讃吾 さんご　讃二 さんじ　讃士郎 さんしろう
讃音 さんと　讃花 ときか　讃子 ときこ

●ざん●

残 10画 歹部・教4
音訓 ザン・のこ-る・のこ-す
意味 ①なくならないで、そのままある。のこる。のこり。「残金」②傷つける。そこなう。「敗残」③ひどい。むごい。「残酷《ざんこく》」

斬 11画 斤部・常
音訓 ザン・サン・き-る
意味 ①刃物で切る。切りはなす。また、打ち首の刑。「斬首《ざんしゅ》」②きわだって。「斬新」

暫 15画 日部・常
音訓 ザン・しば-し・しばら-く
意味 わずかの間。しばらく。「暫時《ざんじ》・暫定」

●し●

士 3画 士部・教4
音訓 シ・ジ・さむらい
名乗 あき・あきら・お・おさむ・こと・さち・し・じ・ただ・つかさ・と・のり・ひと・まもる
意味 ①教養・学徳のある立派な男子。「紳士《しんし》」②一定の資格・技能を持った人。「弁護士」③武士。さむらい。
類義 男（184ページ）・彦（222ページ）・夫（225ページ）・郎（268ページ）
特別な読み 海士《あま》

敦士 あつし　瑛士 えいし　士 おさむ
魁士 かいと　聡士 さとし　慎士 しんじ
颯士 そうし　武士 たけし　士 つかさ
陽士 はると　博士 ひろし　央士 ひろと
富士佳 ふじか　士 まもる　祐士 ゆうと

✦**子** ⇩人気の字（121ページ）

之 ⇩の（210ページ）

巳 ⇩み（239ページ）

支 4画 支部・教5
音訓 シ・ささ-える・つか-える
名乗 し・なか・もろ・ゆた
意味 ①もちこたえる。ささえる。ささえ。「支援」②枝のように分かれる。また、枝分かれしたもの。「支流」③分け与える。しはらう。「支給」④手配する。物事をはかる。「支度《したく》」⑤さしつかえる。「支障」

止 4画 止部・教2
音訓 シ・と-まる・と-める・とど-まる・とど-める・や-む・や-める
名乗 おる・し・ただ・と・とどむ・とまる・とめ・とも・もと
意味 ①じっとして動かない。とどまる。「停止」②活動をとめる。とどめる。やめる。「禁止・中止」③ふるまい。「挙止《きょし》」

氏 4画 氏部・教4
音訓 シ・うじ
名乗 うじ・し・じ
意味 ①家系を表す名称。姓。苗字《みょうじ》。「氏名」②氏名などに付けて敬意を表す。「鈴木氏」③氏族。うじ。また、氏族の名に付けてその氏族の出身であることを表す。「源氏《げんじ》・平氏」

仕 5画 亻部・教3
音訓 シ・ジ・つか-える・つかまつ-る
名乗 あきら・なり・まなぶ
意味 ①官職につく。つかえる。「仕官《しかん》」②動詞「する」の連用形「し」の当て字。「仕組み」

史 5画 口部・教4
音訓 シ
名乗 さかん・し・じ・ちか・ちかし・てる・のぶ・ひさ・ひと・ふの・ふひと・ふみ・み
意味 ①物事の移り変わり。歴史。歴史の書。「史跡」②出来事を記録する人。文章を書く人。「侍史・女史」
注意 「吏」は形が似ているが、別の字。→吏（255ページ）

明史 あきふみ　篤史 あつし　加寿史 かずし
幸史朗 こうしろう　智史 さとし　史央里 しおり
史音 しおん　史乃 しの　史帆海 しほみ
史郎 しろう　高史 たかし　隆史 たかし
孝史 たかふみ　拓史 たくみ　史 ちかし
史 ふみ　史果 ふみか　史子 ふみこ
史奈 ふみな　雅史 まさちか　泰史 やすし

人気の字

3画

子

子部・㊐1

音訓 シ・ス・こ

名乗 こ・さね・し・しげ・しげる・たか・ただ・たね・ちか・つぐ・とし・ね・み・みる・やす

意味 ①こ。こども。「子孫」「親子」②卵。実。「種子」③人。また、学問・人格が優れた人への敬意を表す。「才子」④十二支の第一番目。ね。動物ではねずみに当てる。⑤小さいもの。「粒子」⑥物の名前に添えることば。「帽子」⑦爵位の一つ。子爵。

類義 実（128ページ）・人（156ページ）・仁（155ページ）

なりたち 象形。頭部が大きく手足のなよやかな乳児の形で、「こども」の意味を表す。また、この字を借りて、十二支の一番目「ね」の意味も表す。

特別な読み 黒子《ほくろ》・子規《ほととぎす》・郁子《むべ》

四字熟語・ことわざ

【聖人君子】《せいじんくんし》 知識・徳のすぐれた、理想的な人物。

【獅子奮迅】《ししふんじん》 獅子がふるい立ったように激しい勢いでものごとに当たること。

【忠臣孝子】《ちゅうしんこうし》 心から忠誠を尽くす臣下と、親孝行な子。

筆順

了 了 子

参考 日本では女性の名前に使われることが多いが、中国では男性の尊称などに用いられた。

一字の名前

子《しげる》

二字の名前

❤一字目

子太《さねた》 子淵《しえん》 子龍《しりゅう》

❤二字目

愛子《あいこ》 彩子《あやこ》 郁子《いくこ》
詩子《うたこ》 馨子《かおるこ》 香子《かこ》
紀子《きこ》 杏子《きょうこ》 恵子《けいこ》
琴子《ことこ》 桜子《さくらこ》 祥子《さちこ》
怜子《さとこ》 鈴子《すずこ》 貴子《たかこ》
珠子《たまこ》 月子《つきこ》 透子《とうこ》
寿子《としこ》 奈子《なこ》 茉子《まこ》
桃子《ももこ》 裕子《ゆうこ》 柚子《ゆず》
陽子《ようこ》 蓉子《ようこ》 莉子《りこ》

三字の名前

❤二字目

美子乃《みこの》 柚子香《ゆずか》 柚子葉《ゆずは》

❤三字目

亜季子《あきこ》 亜耶子《あやこ》 加奈子《かなこ》
夏菜子《かなこ》 貴美子《きみこ》 久美子《くみこ》
紗弥子《さやこ》 沙有子《さゆこ》 佐和子《さわこ》
寿々子《すずこ》 多恵子《たえこ》 千佳子《ちかこ》
知穂子《ちほこ》 都紀子《ときこ》 菜々子《ななこ》
日菜子《ひなこ》 麻衣子《まいこ》 茉帆子《まほこ》
美代子《みよこ》 梨唯子《りいこ》 莉音子《りおこ》
里菜子《りなこ》 瑠以子《るいこ》 和佳子《わかこ》

読みごとの名前

❤こ

歌子《うたこ》 笑子《えみこ》 薫子《かおるこ》
佳子《かこ》 清子《きよこ》 瑚子《ここ》
聡子《さとこ》 薗子《そのこ》 多香子《たかこ》
千絵子《ちえこ》 津希子《つきこ》 淑子《としこ》
朋子《ともこ》 智子《ともこ》 直子《なおこ》
奈津子《なつこ》 奈美子《なみこ》 乃里子《のりこ》
英子《はなこ》 華子《はなこ》 晴子《はるこ》
比佐子《ひさこ》 陽奈子《ひなこ》 芙紗子《ふさこ》
万希子《まきこ》 実以子《みいこ》 美和子《みわこ》
芽以子《めいこ》 靖子《やすこ》 結子《ゆいこ》
優子《ゆうこ》 理子《りこ》 莉咲子《りさこ》

ことば

【杏子】《あんず》 バラ科の落葉高木。また、その果実。〔名前読み例〕あんず・きょうこ

【君子】《くんし》 すぐれた教養と徳をもった人格者。〔名前読み例〕きみこ

【公子】《こうし》 諸侯や貴族の子。〔名前読み例〕きみこ・くにこ

【孝子】《こうし》 親孝行な子。〔名前読み例〕たかこ・もとこ・ゆきこ

【才子】《さいし》 才知のすぐれた人。

【子規】《しき》 ホトトギスの別名。

【嗣子】《しし》 あとつぎ。

【獅子】《しし》 ライオン。唐獅子《からじし》。

【子夜】《しや》 子《ね》の刻（夜の一二時）。真夜中。

【樹子】《じゅし》 木の実。〔名前読み例〕きこ・たかこ・みきこ

【天子】《てんし》 帝王。天皇。

【初子】《はつご》 最初に生まれた子。

【夫子】《ふうし》 年長者・賢者・先生などを敬って言う語。また、あなた・あの人の意。

司
5画　口部・教4

音訓 シ・つかさ・つかさど-る
名乗 おさむ・かず・し・じ・つかさ・つぐ・つとむ・もと・もり
意味 役目を担当する。つかさどる。また、その人。「司会・司令」

篤司 あつし　悦司 えつじ　司 おさむ
司真 かずま　智司 さとし　司緒莉 しおり
司穂 しほ　司麻 しま　司郎 しろう
真司 しんじ　清司 せいじ　誠司郎 せいしろう
司 つかさ　司 つとむ　尚司 なおし
政司 まさし　靖司 やすし　陽司 ようじ

四
5画　口部・教1

音訓 シ・よ・よ-つ・よっ-つ・よん
名乗 し・ひろ・もち・よ・よつ
意味 数の4。よっつ。

四季 しき　四郎 しろう　蒼四朗 そうしろう
四海 ひろみ　二三四 ふみよ　四葉 よつば

市
5画　巾部・教2

音訓 シ・いち
名乗 いち・いっ・ち・なが・まち
意味 ①売り買いをする場所。いち。「市場《しじょう》・《いちば》」②多くの人が集まる場所。まち。「都市」③地方公共団体の一つ。「市長」
類義 街（59ページ）・町（189ページ）

市絵 いちえ　市華 いちか　市弥 いちや
市郎 いちろう　瑛市 えいいち　晃市 こういち
秀市 しゅういち　太市 たいち　龍市 たつし

矢
5画　矢部・教2

音訓 シ・や
名乗 し・ただ・ちかう・ちこう・なお・や・やはぎ
意味 弓の弦《つる》にかけて射るもの。や。「一矢《いっし》」「弓矢《ゆみや》」

篤矢 あつや　亜矢 あや　亜矢香 あやか
伊智矢 いちや　一矢 かずや　佳矢 かや
紗矢加 さやか　翔矢 しょうや　晴矢 せいや
直矢 なおや　陽矢 はるや　雅矢 まさや
美矢 みや　矢馬斗 やまと　優矢 ゆうや

示
⇩じ（125ページ）

仔
5画　亻部・人

音訓 シ
名乗 かつ・こ・し・とう
意味 ①細かい。綿密。「仔細《しさい》」②［こ］動物の子。「仔牛《こうし》」

只
⇩ただ（182ページ）

芝
⇩しば（129ページ）

旨
6画　日部・常

音訓 シ・むね・うま-い
名乗 じ・むね・よし
意味 ①考え。考えの内容。むね。「趣旨」②味がよい。うまい。

死
6画　歹部・教3

音訓 シ・し-ぬ
意味 ①命が絶《た》える。しぬ。また、死者。⇕生（161ページ）②活動しなくなる。また、役に立たないこと。「死語」③命にかかわる危険なこと。「死線」④命がけ。「必死」⑤野球で、アウト。

糸
6画　糸部・教1

音訓 シ・ベキ・いと
名乗 いと・つら
意味 ①いと。綿・麻・繭《まゆ》などからとった繊維《せんい》をより合わせたもの。「縫《ぬ》い糸」②いとのように細く長いもの。「菌糸《きんし》」③弦楽器。また、弦《げん》。「糸竹《しちく》」
類義 弦（94ページ）・絃（95ページ）

糸重 いとえ　糸花 いとか　糸子 いとこ
糸乃 いとの　糸羽 いとは　糸央莉 しおり

至
6画　至部・教6

音訓 シ・いた-る
名乗 いたる・し・じ・ちか・のり・みち・むね・ゆき・よし
意味 ①行き着く。いたる。「必至」②この上なく。非常に。いたって。「至福」③一年中で、最も日が長い日と短い日。「夏至《げし》・冬至《とうじ》」
類義 格（60ページ）・達（183ページ）・到（200ページ）

至 いたる　賢至朗 けんしろう　至織 しおり
大至 たいし　登至子 としこ　仁至 ひとし
美至 みゆき　至明 むねあき　至太 むねた
至哉 むねや　安至 やすゆき　至恵 ゆきえ
至紀 よしき　至規 よしのり　至道 よしみち

弛
6画　弓部・人

音訓 シ・チ・たる-む・ゆる-む・ゆる-める・たゆ-む
意味 ゆるくする。また、ゆったりする。ゆるむ。たるむ。「弛緩《しかん》」

此
⇩これ（108ページ）

伺
7画　亻部・常

音訓 シ・うかが-う
名乗 し・のぶ・み
意味 ①様子をさぐる。「伺候《しこう》」②「聞く」「訪問する」の謙譲語。うかがう。

7画
志
心部・教5

音訓 シ・こころざ-す・こころざし
名乗 さね・し・じ・しるす・ふみ・むね・もと・もとむ・ゆき・よし

意味 ①心に立てた目標に向かって進む。こころざす。こころざし。「志望・大《たい》志《し》」②書き記す。書き記したもの。「三国志」

ことば 【厚志】《こうし》 深い思いやり。〔名前読み例〕あつし・こうじ
【志学】《しがく》 学問にこころざすこと。また、十五歳のこと。〔名前読み例〕よしみち
【大志】《たいし》 遠大なこころざし。〔名前読み例〕たいし・だいし・ひろし
【雄志】《ゆうし》 勇ましく立派なこころざし。〔名前読み例〕たかし・たけし・まさし・ゆうし・ゆうじ

篤志 あつし　瑛志 えいし　一志 かずし
京志朗 きょうしろう　清志 きよし　智志 さとし
志緒里 しおり　志織 しおり　志音 しおん
志寿佳 しずか　志津乃 しづの　志乃 しの
志帆 しほ　志保里 しほり　志麻 しま
志朗 しろう　誠志 せいじ　蒼志 そうし
宗志郎 そうしろう　高志 たかし　剛志 たけし
都志佳 としか　久志 ひさし　仁志 ひとし
広志 ひろし　志彦 むねひこ　志基 もとき
志 もとむ　泰志 やすし　志哉 ゆきや

7画
私
禾部・教6

音訓 シ・わたくし・わたし
名乗 とみ

意味 ①自分を指し示す語。わたし。わたくし。②個人。自分一人だけに関すること。わたくしごと。⇔公（98ページ）「公私」③こっそり。ひそかに。「私語」

ます

7画
孜
攵部・人

音訓 シ
名乗 あつ・し・しげ・ただす・つとむ・ます

意味 休まずにはげむ。つとめる。
注意 「牧」は形が似ているが別の字。↓牧（236ページ）
類義 勤（82ページ）・努（199ページ）・勉（231ページ）・励（264ページ）

孜子 あつこ　孜美 あつみ　孜 つとむ

8画
使
亻部・教3

音訓 シ・つか-う

意味 ①用《もち》いる。働かせる。つかう。「使役・使用」②使者。「大使《たいし》」

8画
刺
刂部・常

音訓 シ・セキ・さ-す・さ-さる・とげ
名乗 さし・さす

意味 ①突きさす。「刺繍《ししゅう》」②弱点をつく。そしる。「風刺」③針《はり》。とげ。「有刺鉄線《ゆうしてっせん》」④名刺。

8画
始
女部・教3

音訓 シ・はじ-める・はじ-まる
名乗 し・とも・はじめ・はる・もと

意味 新しくおこす。はじめる。はじまる。また、はじめ。⇔終（134ページ）「始動・原始」◆一般に、「始」は「仕事の始め」のように継続する事柄の出発点をいい、「初」は「年の初め」のようにある期間や時間の最初の部分をいう。↓初（140ページ）
類義 一（40ページ）・創（172ページ）・開（58ページ）・元（94ページ）・初（140ページ）・緒（140ページ）・肇（215ページ）

晃始 こうし　始夏 ともか　始 はじめ
始乃 はるの　始希 もとき　康始 やすし

8画
姉
女部・教2

音訓 シ・あね
名乗 あね・え

意味 ①あね。⇔妹（238ページ）「姉妹」②女性への敬意を表す。「貴姉」

8画
肢
月部・常

音訓 シ

意味 ①手足。「下肢《かし》」②本体から分かれ出たもの。「選択肢」

8画
枝
木部・教5

音訓 シ・えだ
名乗 え・えだ・き・しげ・しな

意味 ①えだ。木の幹《みき》から分かれ出た部分。「小枝《こえだ》」②物事の本体から分かれた部分。「枝道《えだみち》」

枝実 えみ　枝里 えり　和枝 かずえ
希枝 きえ　枝彦 しげひこ　珠枝 たまえ
友枝 ともえ　奈美枝 なみえ　紘枝 ひろえ
瑞枝 みずえ　幸枝 ゆきえ　梨枝 りえ

8画
祉
ネ部・常

9画
祉
示部・人

音訓 シ
名乗 とみ・よし

意味 神からさずかる幸福。しあわせ。「福祉」
類義 幸（101ページ）・倖（104ページ）・福（228ページ）

9画
姿
女部・教6

音訓 シ・すがた
名乗 かた・しな・たか

意味 体の形やようす。また、身なり。すがた。「容姿」

9画
指
扌部・教3

音訓 シ・ゆび・さ-す
名乗 むね

意味 ①手足のゆび。「指圧」②方向・物事などをさし示す。また、指図《さしず》する。「指揮・指定」

思
9画　心部・教2

音訓 シ・おも-う
名乗 おもい・こと・し・もと
意味 考える。思案をめぐらす。おもう。また、おもい。「思慮《しりょ》」
類義 惟（38ページ）・意（38ページ）・憶（49ページ）・想（173ページ）・念（210ページ）

聡思 さとし　思織 しおり　思音 しおん
思乃 しの　徹思 てつし　広思 ひろし

施
9画　方部・常

音訓 シ・セ・ほどこ-す
名乗 とし・のぶ・はる・ます・もち・や
意味 ①実際に行う。「実施」②与える。ほどこす。「布施《ふせ》」

柹
⇩かき（60ページ）

師
10画　巾部・教5

音訓 シ
名乗 かず・し・つかさ・のり・みつ・もと・もろ
意味 ①人を教え導く人。先生。「師匠」②専門の技術・資格をもつ人。「美容師」③軍隊。いくさ。「師団」

恣
10画　心部・常

音訓 シ・ほしいまま
意味 気まま。わがまま。「恣意的《しいてき》」

脂
10画　月部・常

音訓 シ・あぶら・やに
意味 ①動物のあぶら。「脂肪」②樹木のやに。「松脂《まつやに》」③あぶらで溶いた紅《べに》。「脂粉《しふん》」「×臙脂《えんじ》」

紙
10画　糸部・教2

音訓 シ・かみ
名乗 かみ
意味 かみ。植物などの繊維を溶かし、薄い平面状にすいて乾燥したもの。「和紙」

視
11画　見部・教6

視
12画　人

音訓 シ・みる
名乗 し・のり・み
意味 ①目でみる。みなす。注意して見る。「視線」②そのように見る。「重視」③視力。「近視」

理視 さとみ　拓視 たくみ　具視 ともみ
視之 のりゆき　秀視 ひでみ　広視 ひろみ

偲
⇩しのぶ（129ページ）

梓
⇩あずさ（35ページ）

紫
12画　糸部・常

音訓 シ・むらさき
名乗 し・むら・むらさき
意味 ①むらさき色。②草の名。ムラサキ。夏に白い小花をつける。昔、むらさき色の根から染料をとった。
注意 「柴」は形が似ているが別の字。↓柴（111ページ）
特別な読み 紫陽花《あじさい》
ことば 【紫苑】しおん　草の名。秋、キクに似た淡紫色の花をつける。〔名前読み例〕しおん

紫央里 しおり　紫織 しおり　紫紀 しき
紫光 しこう　紫寿乃 しずの　紫津香 しづか
紫津音 しづね　紫乃 しの　紫信 しのぶ
紫帆 しほ　紫穂里 しほり　紫麻 しま
紫真子 しまこ　紫明 しめい　紫朗 しろう

詞
12画　言部・教6

音訓 シ・ことば
名乗 こと・し・じ・なり・のり・ふみ
意味 ことば。文章や詩歌。特に、歌詞。「作詞」
類義 詩（同ページ）

詞江 ことえ　詞子 ことこ　詞葉 ことは
詞音 しおん　詞朗 しろう　詞史 のりふみ
詞花 ふみか　詞弥 ふみや　真詞 まこと
正詞 まさし　心詞 みこと　美詞 みのり

歯
12画　歯部・教3

音訓 シ・は
名乗 かた・とし・は
意味 ①口の中にある、は。また、はのようなもの。「歯科」「歯車《はぐるま》」②年齢。

斯
12画　斤部・人

音訓 シ・か-く
名乗 これ・しろ・つな・のり
意味 この。これ。「斯界《しかい》」

嗣
13画　口部・常

音訓 シ・つ-ぐ
名乗 あき・さね・し・じ・つぎ・つぐ・ひで・みつぐ
意味 あとをつぐ。また、あとつぎ。「嗣子《しし》」
類義 継（88ページ）・承（142ページ）・紹（144ページ）

久嗣 きゅうじ　孝嗣 こうじ　大嗣 だいし
嗣寿 つぐとし　嗣治 つぐはる　嗣実 つぐみ
嗣広 ひでひろ　仁嗣 ひとし　広嗣 ひろし
浩嗣 ひろつぐ　嗣 みつぐ　裕嗣 ゆうし

詩
13画　言部・教3

音訓 シ・うた
名乗 うた・し・ゆき
意味 し。詩歌《しいか》。「詩人」

類義 歌（54ページ）・詞（124ページ）

詩 うた　詩歌 うたか　詩子 うたこ
詩音 うたね　絢詩郎 けんしろう　詩織 しおり
詩苑 しおん　詩津絵 しづえ　詩乃 しの
詩穂 しほ　詩麻 しま　美詩 みうた

試 13画 言部・教4
音訓 シ・こころみる・ためす
名乗 み・もち
意味 ①調べてみる。こころみる。ためす。「試作」②試験。「入試」

資 13画 貝部・教5
音訓 シ
名乗 し・すけ・たか・たすく・ただ・とし・もと・もとい・やす・よし・より
意味 ①もとになるもの。もとで。材料。「資金・資源」②生まれつきそなわっているもの。たち。「資質」③金品を与えて助ける。

啓資 けいすけ　宗資 そうすけ　大資 たいし
資 たすく　資智 ただとも　資成 もとなり

飼 13画 食部・教5
音訓 シ・かう
意味 動物を養《やしな》う。かう。「飼育《しいく》」

獅 13画 犭部・人
音訓 シ
名乗 し・しし
意味 ライオン。「獅子《しし》」

獅苑 しおん　獅堂 しどう　獅朗 しろう
貴獅 たかし　剛獅 たけし　勇獅 ゆうし

誌 14画 言部・教6
音訓 シ・しるす
名乗 し
意味 ①書きとめる。記《しる》す。また、そのもの。「日誌」②雑誌。「誌上」

雌 14画 隹部・常
音訓 シ・め・めす
意味 ①生物のめす。⇔雄（247ページ）「雌雄《しゆう》」②弱い。また、弱い者。「雌伏《しふく》」

摯 15画 手部・常
音訓 シ
名乗 すすむ
意味 ①握《にぎ》る。つかむ。②まこと。まじめ。また、手厚い。「真摯《しんし》」
類義 允（41ページ）・実（128ページ）・信（152ページ）・真（153ページ）・誠（164ページ）・亮（260ページ）・諒（261ページ）

摯 すすむ　宏摯 ひろし　真摯 まさし

賜 15画 貝部・常
音訓 シ・たまわる・たまもの
名乗 し・たま・たもう・ます
意味 上の者が下の者に金品などを与える。たまう。「恩賜《おんし》」

諮 16画 言部・常
音訓 シ・はかる
意味 上の者が下の者に意見を求める。はかる。「諮問《しもん》」

●じ●

示 5画 示部・教5
音訓 ジ・シ・しめす
名乗 し・じ・しめ・しめす・とき・み
意味 人に知らせる。しめす。「指示・表示」

瑛示 えいじ　康示 こうじ　示穂 しほ
周示 しゅうじ　広示 ひろし　竜示 りゅうじ

地 ⇩ち（185ページ）

字 6画 宀部・教1
音訓 ジ・あざ・あざな
名乗 さね・つぐ・な
意味 ①文字。また、筆跡。「漢字・習字」②あざな。文人・学者などが実名以外につけた名。

寺 6画 寸部・教2
音訓 ジ・てら
意味 てら。寺院。「寺社《じしゃ》」

次 6画 欠部・教3
音訓 ジ・シ・つぐ・つぎ
名乗 し・じ・ちか・つぎ・つぐ・なみ・ひで・やどる
意味 ①続く。また、二番目。つぎ。「次男」②順序。「席次《せきじ》」③回数を数えることば。「二次会」④ついで。途中。「途次《とじ》」⑤宿《やど》をとる。また、その場所。「旅次《りょじ》」
類義 亜（33ページ）・乙（49ページ）・准（138ページ）・準（139ページ）・二（208ページ）

篤次 あつじ　瑛次 えいじ　健次朗 けんじろう
小次郎 こじろう　俊次 しゅんじ　次俊 つぐとし
次晴 つぐはる　智次 ともつぐ　正次 まさつぐ
陽次郎 ようじろう　良次 りょうじ　礼次 れいじ

耳 6画 耳部・教1
音訓 ジ・みみ
名乗 さと・み・みみ
意味 ①体の器官のみみ。「耳鼻科《じびか》」②聞く。また、聞く能力。

自 6画 自部・教2
音訓 ジ・シ・みずから・おのずから・より
名乗 おの・これ・さだ・じ・よし・より

意味 ①自分で。自分の。みずから。「独自」②ひとりでに。おのずから。「自動」

而
6画 而部・人
音訓 ジ・しか-して・しか-も・しこう-して
名乗 し・しか・なお・ゆき
意味 そして。そうして。「形而上《けいじじょう》」

似
7画 亻部・教5
音訓 ジ・に-る
名乗 あえ・あゆ・あり・あれ・い・かた・ちか・つね・に・のり
意味 同じように見える。にる。また、まねる。「類似《るいじ》」

児
7画 儿部・教4
兒 8画 人
音訓 ジ・ニ・こ
名乗 じ・ちご・のり・はじめ・る
意味 ①幼い子ども。「児童」②自分の子ども。「愛児」③若者。青年。「寵児《ちょうじ》」

球児 きゅうじ　健児 けんじ　篤児 とくじ
児 はじめ　良児 りょうじ　怜児 れいじ

事
8画 亅部・教3
音訓 ジ・ズ・こと・つか-える
名乗 こと・じ・つとむ・わざ
意味 ①ものごと。できごと。「事件・事実」②しごと。つとめ。「事業」③主君・目上の人などに仕《つか》える。「師事《しじ》」

侍
8画 亻部・常
音訓 ジ・さむらい・はべる
名乗 じ・ひと
意味 ①目上の人のそばに仕《つか》えはべる。「侍女《じじょ》」②武士。さむらい。

注意 「待」は形が似ているが、別の字。↓待(177ページ)

栄侍 えいじ　光侍 こうじ　侍郎 じろう

治
8画 氵部・教4
音訓 ジ・チ・おさ-める・おさ-まる・なお-る・なお-す
名乗 おさ・おさむ・きち・さだ・し・じ・ず・ただす・ち・つぐ・とお・のぶ・はる・よし
意味 ①世の中をおさめる。また、世の中がおさまっていること。「政治」「治安《ちあん》」②ととのえる。管理する。「治水《ちすい》」③病気をなおす。病気がなおる。「治療」
注意 「冶」は形が似ているが別の字。↓冶(244ページ)
類義 修(134ページ)・脩(134ページ)

英治 えいじ　治 おさむ　和治 かずはる
寛治 かんじ　邦治 くにはる　賢治 けんじ
治佳 さだか　修治 しゅうじ　俊治 しゅんじ
真治 しんじ　忠治 ただはる　千治 ちはる
智治 ともはる　治希 はるき　治斗 はると
治奈 はるな　正治 まさはる　義治 よしはる

持
9画 扌部・教3
音訓 ジ・も-つ
名乗 もち・よし
意味 ①手にもつ。また、たもつ。もちこたえる。「持参・維持」②囲碁《ご》などの勝負で、引き分け。

時
10画 日部・教2
音訓 ジ・とき
名乗 これ・じ・ちか・とき・はる・もち・ゆき・よし・より
意味 ①時間。時刻。とき。「日時」②そのころ。おり。機会。「時価」
類義 期(71ページ)・刻(107ページ)・節(166ページ)

特別な読み 時雨《しぐれ》

晃時 こうじ　孝時 たかとき　時栄 ときえ
時生 ときお　時花 ときか　時克 ときかつ
時子 ときこ　時音 ときね　時彦 ときひこ
時人 ときひと　時和 ときわ　春時 はるとき
史時 ふみとき　悠時 ゆうじ　良時 よしとき

滋
12画 氵部・常
音訓 ジ・シ
名乗 あさ・じ・しげ・しげし・しげる・ふさ・ます・よし
意味 ①草木がしげる。②うるおう。養分になる。「滋味・滋養」
類義 潤(139ページ)・蒼(173ページ)・繁(218ページ)・茂(242ページ)

篤滋 あつしげ　英滋 えいじ　和滋 かずしげ
滋臣 しげおみ　滋佳 しげか　滋彦 しげひこ
滋代 しげよ　滋 しげる　俊滋 しゅんじ
隆滋 たかしげ　俊滋 とししげ　祐滋 ゆうじ

慈
13画 心部・常
音訓 ジ・いつく-しむ
名乗 し・じ・しげ・しげる・ちか・なり・やす・よし
意味 かわいがる。恵み深い。「慈愛・慈善」
類義 愛(34ページ)・恵(87ページ)

秋慈 あきちか　英慈 えいじ　和慈 かずしげ
一慈 かずちか　寛慈 かんじ　慈英 じえい
慈貴 しげき　慈子 しげこ　慈乃 しげの
慈晴 しげはる　慈 しげる　慈琉 しげる
真慈 しんじ　慈恵 ちかえ　慈央 ちかお
輝慈 てるちか　仁慈 とよちか　慈人 よしひと

辞
13画 辛部・教4
音訓 ジ・や-める・ことば
名乗 こと

意味 ①言語。文章。「辞書・祝辞《しゅくじ》」②職を退《しりぞ》く。やめる。また、ことわる。「辞職・固辞《こじ》」③いとまごいをする。「辞去」

蒔
13画　艹部・人

音訓 シ・ジ・まく
名乗 まき
意味 種をまく。また、粉末を散らして落とす。「蒔絵《まきえ》」

環蒔 かんじ　蒔 まき　蒔恵 まきえ
蒔子 まきこ　蒔人 まきと　蒔乃 まきの

路
⇩ろ（266ページ）

磁
14画　石部・教6

音訓 ジ
名乗 じ
意味 ①鉄を引きつける性質のある鉱物。また、その性質。「磁石《じしゃく》」②高温で焼いたかたい焼き物。「陶磁器」

爾
14画　爻部・人

音訓 ジ・ニ・しかり・なんじ
名乗 じ・しか・ちか・ちかし・みつる
意味 ①相手を指し示す語。おまえ。なんじ。②それ。その。「爾来《じらい》」③そのようである。しかり。④他のことばの下に付いて、その状態であることを表す。「莞爾《かんじ》（＝にっこり笑うさま）」

莞爾 かんじ　爾郎 じろう　正爾 せいじ
爾 ちかし　爾 みつる　蓮爾 れんじ

餌
15画　食部・常

音訓 ジ・えさ・え
意味 ①えさ。動物を飼育したりおびき寄せたりするための食べ物。「擬餌針《ぎじばり》」②食べ物。「薬餌《やくじ》」

璽
19画　玉部・常

音訓 ジ・シ
名乗 しるし
意味 ①印章。特に、天子・天皇の印。「御璽《ぎょじ》」②三種の神器《じんぎ》の一つ。八尺×瓊曲玉《やさかにのまがたま》。

●しい●

椎
⇩つい（191ページ）

●しおり●

栞
10画　木部・人

音訓 カン・しおり
名乗 けん・しおり
意味 ①読みかけの本の間にはさみ目印にするもの。しおり。②案内書。手引き書。「旅の栞《しおり》」

栞一 かんいち　栞治 かんじ　栞介 かんすけ
栞太 かんた　栞斗 かんと　栞奈 かんな
栞乃 かんの　栞 しおり　栞子 しおりこ

●しか●

鹿
11画　鹿部・常

音訓 ロク・しか・か
名乗 か・しか・しし
意味 ①動物の名。シカ。②帝王の位。「逐鹿《ちくろく》」

●しき●

式
6画　弋部・教3

音訓 シキ・ショク
名乗 つね・のり・もち
意味 ①一定の型。作法。手本。きまり。「書式・正式」②一定の手順や形式で行われる行事。儀式。「式典」③数学・化学などで、計算の順序や関係などを記号・数字で表したもの。「方程式」

識
19画　言部・教5

音訓 シキ・しる・しるす
名乗 さと・つね・のり
意味 ①物事の道理を知る。見分ける。また、その能力。「識別・知識」②見知っている。知り合い。「面識」③書き付ける。覚える。また、しるし。「標識」
類義 知（185ページ）・智（186ページ）

識史 さとし　識美 さとみ　千識 ちさと
識章 のりあき　識人 のりと　真識 まさと

●じく●

竺
8画　竹部・人

音訓 チク・ジク
名乗 あつ・あつし・たけ・ひろ
意味 ①植物の名。竹《たけ》。②「天竺《てんじく》（＝インドの古称）」の略。

軸
12画　車部・常

音訓 ジク
意味 ①車などの回転の中心となる棒。心棒。「車軸《しゃじく》」②巻物の中心となる棒。また、巻物。③物事の中心となるもの。「基軸」

●しずく●

雫
11画　雨部・人

音訓 しずく
名乗 しずく
意味 水のしたたり。しずく。

雫 しずく

●しち●

七 2画 一部・教1

音訓 シチ・なな・なな-つ・なの

名乗 かず・しち・な・なな

意味 数の7。ななつ。なな。「七福神《しちふくじん》」◆証書類では、文字の改変を防ぐため、「漆」の字で代用することがある。→漆（同ページ）

特別な読み 七夕《たなばた》

愛七 あいな　七之介 しちのすけ　七音 なお

七緒子 なおこ　七津輝 なつき　七恵 ななえ

七生 ななお　七輝 ななき　七彩 ななさ

七瀬 ななせ　七斗 ななと　七葉 ななは

七海 ななみ　帆七海 ほなみ　優七 ゆうな

●しつ●

叱 5画 口部・常

音訓 シツ・しか-る

意味 非をとがめて責める。しかる。「叱×咤《しった》」

失 5画 大部・教4

音訓 シツ・イッ・うしな-う・う-せる

意味 ①なくす。うしなう。また、忘れる。「紛失」②うっかり誤《あやま》る。あやまち。「失敗」

室 9画 宀部・教2

音訓 シツ・むろ

名乗 いえ・むろ・や

意味 ①部屋。「室内」②貴人の妻。「正室」③家族。一家。「王室」④物を蓄える穴。むろ。「氷室」

疾 10画 疒部・常

音訓 シツ・はや-い

意味 ①病気。やまい。「疾病《しっぺい》」②すばやい。また、激しい。「疾風《しっぷう・はやて》」③憎む。ねたむ。

執 11画 土部・常

音訓 シツ・シュウ・と-る

名乗 とる・もり

意味 ①手にとる。とり行う。扱う。「執行《しっこう》」②しつこくこだわる。とらわれる。「執×拗《しつよう》」

悉 11画 心部・人

音訓 シツ・ことごと-く・つぶさ-に

名乗 みな

意味 ①すべて。残らず。ことごとく。「悉皆《しっかい》」②きわめ尽くす。「知悉《ちしつ》」

湿 12画 氵部・常　17画 **濕** 人

音訓 シツ・シュウ・しめ-る・しめ-す

意味 水気を含んでじめじめする。しめる。「湿気」

嫉 13画 女部・常

音訓 シツ・そね-む・ねた-む

意味 うらやんで、にくいと思う。ねたむ。そねむ。また、ねたみ。「嫉妬《しっと》」

漆 14画 氵部・常

音訓 シツ・うるし

意味 ①木の名。ウルシ。また、ウルシの樹液からとった塗料。「漆器《しっき》」②「七」の代わりに証書などで使う字。→七（同ページ）「金漆万円《きんしちまんえん》」

膝 ⇩ひざ（222ページ）

質 15画 貝部・教5

音訓 シツ・シチ・チ・ただ-す・たち

名乗 かた・さだ・すなお・ただ・ただし・み・もと

意味 ①あるものを形づくる内容。中身。「材質・本質」②生まれつきの性質。たち。「資質」③飾り気のないさま。「質素」④問いただす。「質問」⑤［シチ］契約や借金の担保として相手に預けておくもの。抵当。「質屋《しちや》」

櫛 ⇩くし（84ページ）

●じつ●

日 ⇩にち（209ページ）

実 8画 宀部・教3　14画 **實** 人

音訓 ジツ・シツ・ジチ・み・みの-る・まこと

名乗 これ・さね・ざね・じつ・ちか・つね・なお・のり・ま・まこと・み・みつ・みのる・みる・よし

意味 ①草木の実《み》。また、実がなる。みのる。「果実《かじつ》」②中身。内容。「充実」③誠実な気持ち。真心《まごころ》。「忠実」④うそ偽りのないこと。本当。「実力」

類義 允（41ページ）・歳（114ページ）・子（121ページ）・摯（125ページ）・誠（164ページ）・秋（133ページ）・穣（149ページ）・信（152ページ）・真（153ページ）・稔（210ページ）・亮（260ページ）・諒（261ページ）

篤実 あつさね　加津実 かつみ　実正 さねまさ

拓実 たくみ　実尚 なおひさ　奈緒実 なおみ

成実 なるみ　愛実 なるみ　実 まこと

愛実 まなみ　麻実子 まみこ　実緒 みお

実加 みか　実咲 みさき　実明 みつあき

実乃里 みのり　実 みのる　実悠 みゆ

実和子 みわこ　結実 ゆみ　実也 よしや

●しの●

篠 17画 竹部・人

音訓 ショウ・しの

名乗 ささ・しの

意味 むらがって生える、茎の細い竹。しのだけ。

篠也 ささや　篠恵 しのえ　篠歩 しのぶ
篠子 しょうこ　篠次 しょうじ　篠助 しょうすけ

●しのぐ●

凌 ⇩りょう（260ページ）

●しのぶ●

偲 11画 イ部・人
音訓 サイ・シ・しの-ぶ
名乗 しのぶ
意味 遠く思いをはせて感慨深く思い起こす。しのぶ。

偲乃 しの　偲 しのぶ　偲穂 しほ

●しば●

芝 6画 艹部・常
音訓 シ・しば
名乗 しく・しげ・しげる・しば・ふさ
意味 ①草の名。しば。しばくさ。「芝生《しばふ》」②キノコの名。マンネンタケ。縁起物《えんぎもの》とされ、漢方薬にも用いる。「霊芝《れいし》」

柴 ⇩さい（111ページ）

●しま●

縞 16画 糸部・人
音訓 コウ・しま
名乗 しま
意味 筋になった模様。しま。ストライプ。また、しま模様の織物。

縞希 こうき　縞次郎 こうじろう　縞介 こうすけ
縞汰 こうた　縞子 しまこ　縞乃 しまの

●しゃ●

写 5画 冖部・教3
音訓 シャ・うつ-す・うつ-る
意味 ①ありのままにうつし取る。うつす。「写実」②フィルム・スクリーンなどにうつし出す。「写真・映写」

社 7画 ネ部・教2　**社** 8画 示部・人
音訓 シャ・やしろ
名乗 あり・こそ・たか
意味 ①土地の神。また、祭り。②神を祭る所。ほこら。やしろ。「神社」③人々が集まってつくる組織・機関。「社会・会社」
注意 「杜」は形が似ているが別の字。↓杜（197ページ）

車 7画 車部・教1
音訓 シャ・くるま
名乗 くら・くるま・のり
意味 ①軸を中心にして回転する輪。また、そのしかけ。「車輪・水車」②輪を回転させて走る乗り物。くるま。「自動車」

舎 8画 𠆢部・教5
音訓 シャ
名乗 いえ・や・やどる
意味 ①家。建物。また、宿。「校舎」②軍隊の一日の行程。③自分の身内について謙遜《けんそん》の意を表す。「舎弟」

者 8画 耂部・教3　**者** 9画 人
音訓 シャ・もの
名乗 ひさ・ひと
意味 ①ある特定の人。もの。「若者《わかもの》」②ある特定の物事。「前者」

射 10画 寸部・教6
音訓 シャ・ヤ・い-る
名乗 い・いり
意味 ①矢や弾丸を発する。「射撃」②光・液体などを勢いよく出す。「噴射《ふんしゃ》」③ねらう。「射幸心《しゃこうしん》」

紗 ⇩さ（110ページ）

捨 11画 扌部・教6
音訓 シャ・す-てる
名乗 いえ・えだ・すて
意味 ①不要のものとして手放す。すてる。また、ほうりだす。「取捨《しゅしゃ》」②社寺や僧に寄進する。「喜捨《きしゃ》」

赦 11画 攵部・常
音訓 シャ・ゆる-す
意味 罪やあやまちをゆるす。「容赦《ようしゃ》」

斜 11画 斗部・常
音訓 シャ・なな-め
意味 傾いていること。ななめ。「斜線《しゃせん》」

這 ⇩はう（214ページ）

煮 12画 灬部・常　**煮** 13画 人
音訓 シャ・ショ・に-る・に-える・に-やす
名乗 に
意味 水や汁の中に入れて加熱する。にる。にえる。「煮物《にもの》」

遮 14画 辶部・常
音訓 シャ・さえぎ-る
意味 じゃまをする。さえぎる。「遮断《しゃだん》」

謝
17画 言部・教5
音訓 シャ・あやま-る
意味 ①あやまる。わびる。「謝罪」②断る。「面会謝絶」③お礼をいう。また、お礼を表す金品。「感謝」④おとろえる。「新陳代謝」

●じゃ●

邪
8画 阝部・常
音訓 ジャ・よこしま
意味 ①正しくない。よこしま。「邪悪《じゃあく》」②人に害を及ぼすもの。「邪魔」

蛇
11画 虫部・常
音訓 ジャ・ダ・へび
意味 爬虫類《はちゅうるい》の名。ヘビ。また、ヘビの形に似たもの。

●しゃく●

勺
3画 勹部・人
音訓 シャク
意味 ①液体をくむ道具。ひしゃく。②わずか。少量。③尺貫法で、容積・面積の単位。

尺
4画 尸部・教6
音訓 シャク・セキ
名乗 かね・さか・さく
意味 ①尺貫法の長さの単位。一尺は一寸の一〇倍。②長さ。「縮尺《しゅくしゃく》」③ものさし。「巻き尺《じゃく》」

灼
7画 火部・人
音訓 シャク・や-く
名乗 あき・あきら・あつ・てる
意味 ①やく。やけつく。「灼熱《しゃくねつ》」②光り輝くさま。

借
10画 亻部・教4
音訓 シャク・シャ・か-りる
意味 ①他人のものをかりる。また、助力を受ける。かり。「借金」②ゆるす。「仮借《かしゃく》」③かりに。ためしに。

酌
10画 酉部・常
音訓 シャク・く-む
意味 ①酒をつぐ。「晩酌《ばんしゃく》」②相手の気持ちや事情をくみとる。「酌量《しゃくりょう》」

釈
11画 釆部・常
音訓 シャク・セキ
名乗 とき・とく
意味 ①意味を説き明かす。また、事情・理由などを説明する。「解釈」②疑いなどが消える。「釈然」③とかす。うすめる。「希釈」④許して自由にする。「釈放」⑤釈迦《しゃか》。また、仏教。「釈尊《しゃくそん》」

錫
16画 金部・人
音訓 セキ・シャク・すず
名乗 あとう・すず・たもう・ます・やす
意味 ①金属元素の一つ。すず。②僧侶・修験者のつえ。錫杖《しゃくじょう》。

爵
17画 爫部・常
音訓 シャク
名乗 くら・たか
意味 ①さかずき。酒を入れる容器。②貴族の身分を示す位。「伯爵」

●じゃく●

若
8画 艹部・教6
音訓 ジャク・ニャク・ニャ・わか-い・も-しくは・もし
名乗 なお・まさ・よし・より・わか・わく
意味 ①年がわかい。「若年《じゃくねん》」②少し。いくらか。「若干《じゃっかん》」③…のようだ。ごとし。「傍若無人《ぼうじゃくぶじん》」④性質・状態などを表すことばに添える字。「自若《じじゃく》（＝落ち着き払って動じないさま）」
特別な読み 若人《わこうど》
若志 まさし　正若 まさよし　若子 わかこ
若登 わかと　若菜 わかな　若葉 わかば

弱
10画 弓部・教2
音訓 ジャク・よわ-い・よわ-る・よわ-まる・よわ-める
意味 ①力が小さい。また、勢いがない。よわい。「軟弱《なんじゃく》」②わかい。幼い。「弱輩《じゃくはい》」③端数《はすう》を切り上げたことを表す。「三万人弱」◆①③⇔強（79ページ）

寂
11画 宀部・常
音訓 ジャク・セキ・さび・さび-しい・さび-れる
名乗 しず・じゃく・ちか・やす
意味 ①ひっそりとして、ものさびしい。「静寂《せいじゃく》」②僧が死ぬこと。「寂滅《じゃくめつ》」

雀
11画 隹部・人
音訓 シャク・ジャク・すずめ
名乗 す・すずめ・わか
意味 鳥の名。スズメ。
特別な読み 朱雀《すざく》・雲雀《ひばり》

惹
12画 心部・人
音訓 ジャク・ひ-く
意味 注意をひきつける。ひきおこす。「惹句《じゃっく》」

●しゃべる●

喋 ⇩ちょう（190ページ）

●しゅ●

手
4画　手部・教1

音訓 シュ・ズ・て・た
名乗 た・て・で

意味 ①肩先から指先までの部分。また、手首から先の部分。て。「握手《あくしゅ》」②手でする。また、自分で直接に。てずから。「手話」③腕前《うでまえ》。やり方。てわざ。「手段」④仕事・役割をもつ人。技能をもつ人。「歌手・選手」⑤ある方面・方角。「行く手」

主
5画　丶部・教3

音訓 シュ・ス・シュウ・ぬし・おも・あるじ
名乗 かず・きみ・す・つかさ・ぬし・むね・もと・もり

意味 ①中心となる人。また、支配・統率する人。⇔従（136ページ）「主人・君主」②中心となる。主要な。「主演・主宰」③客を迎える人。「主客《しゅかく・しゅきゃく》」④キリスト教で、神、またはキリスト。「天主」⑤働きをするもの。⇔客（75ページ）「主体」

特別な読み 主税《ちから》・主水《もんど》

主浩 かずひろ　主真 かずま　主門 しゅもん
主税 ちから　主つかさ　主幸 もりゆき

守
6画　宀部・教3

音訓 シュ・ス・まも-る・もり・かみ
名乗 え・さね・し・ま・まもる・もり・もれ

意味 ①決めたことや規則などにそむかないようにする。まもる。「遵守《じゅんしゅ》」②維持する。防ぎまもる。「守護・守備」③役人。地方長官。「国守」

類義 衛（44ページ）・護（98ページ）

和守 かずもり　守太 さねた　実守 さねもり
守理 しゅり　為守 ためもり　守 まもる
宗守 むねもり　守茂 もりしげ　守美 もりみ
守通 もりみち　守保 もりやす　義守 よしもり

朱
6画　木部・常

音訓 シュ・ス・あか・あけ
名乗 あけ・あけみ・あや・す

意味 ①赤色。また、黄を帯びた赤色。「朱塗り」②赤色の顔料。また、朱墨《しゅずみ》。「朱肉《しゅにく》」

ことば 【朱夏】しゅか　夏の別名。

朱音 あかね　朱里 あかり　朱史 あけふみ
朱実 あけみ　朱子 あやこ　朱翔 あやと
朱門 しゅもん　朱里 しゅり　美朱 みあか

取
8画　又部・教3

音訓 シュ・と-る
名乗 とり・とる

意味 手に入れる。とる。「取得」

狩
9画　犭部・常

音訓 シュ・か-る・か-り
名乗 かり・もり

意味 鳥獣を追い立てて捕らえる。かる。また、かり。「狩猟《しゅりょう》」

首
9画　首部・教2

音訓 シュ・くび
名乗 おびと・おぶと・かみ・さき・はじめ・もと

意味 ①くび。頭と胴をつなぐ部分。また、あたま。②はじめ。先頭。「機首」③第一のもの。中心になるもの。「首都」④上に立つ人。かしら。「首脳」⑤罪を申し出る。「自首」⑥和歌や漢詩を数えることば。「百人一首」

株
⇩かぶ（63ページ）

殊
10画　歹部・常

音訓 シュ・こと
名乗 こと・よし

意味 ふつうとは違っている。特別な。「殊勝《しゅしょう》・特殊」

珠
10画　王部・常

音訓 シュ・たま
名乗 じゅ・す・たま・み

意味 ①貝の中にできる丸いたま。また、たまのように丸いもの。「珠玉《しゅぎょく》・真珠《しんじゅ》」②美しい物のたとえ。

類義 球（77ページ）・玉（81ページ）

亜莉珠 ありす　杏珠 あんじゅ　珠莉 しゅり
珠里菜 じゅりな　珠々 すず　珠恵 たまえ
珠緒 たまお　珠輝 たまき　珠子 たまこ
珠美 たまみ　珠代 たまよ　奈々珠 ななみ
真珠 まじゅ　愛珠 まなみ　珠優 みゆ

酒
10画　酉部・教3

音訓 シュ・さけ・さか
名乗 さか・さけ・み

意味 アルコールを含む飲料。さけ。「酒宴《しゅえん》」

腫
13画　月部・常

音訓 シュ・ショウ・は-れる・は-らす

意味 ふくれる。腫《は》れる。また、はれもの。「腫瘍《しゅよう》」

種
14画　禾部・教4

音訓 シュ・たね
名乗 おさ・かず・くさ・ぐさ・しげ・たね・ふさ

意味 ①植物のたね。また、産みふやすもとになるもの。「種子《しゅし》」②たねをまく。植える。「接種」③

一定の基準のもとに分類したもの。たぐい。「種類」
類義 胤（41ページ）
清種 きよかず　種樹 たねき　千種 ちぐさ

趣
15画 走部・常
音訓 シュ・おもむき・おもむく
名乗 とし
意味 ①心の向かうところ。ねらい。考え。「趣向」②風情《ふぜい》。味わい。おもむき。「趣味・雅趣《がしゅ》」

諏
⇨す（157ページ）

●じゅ●

寿
7画 寸部・常
14画 壽 士部・人
音訓 ジュ・ことぶき・ことほぐ
名乗 いき・かず・かつ・ことぶき・じ・じゅ・じゅう・す・ず・たもつ・つね・とし・としなが・なが・のぶ・ひさ・ひさし・ひで・ひろ・ひろし・ほぎ・ます・やす・やすし・よし
意味 ①いのちが長い。長生き。②いのち。年齢。「寿命《じゅみょう》・長寿」③長命を祝う。また、その祝い。「寿賀《じゅが》」
亜里寿 ありす　寿樹 かずき　和寿 かずとし
寿音 かずね　寿典 かずのり　聖寿 きよひさ
史寿葉 しずは　寿里 じゅり　寿々 すず
寿美子 すみこ　千寿 ちひろ　寿明 としあき
寿佳 としか　寿 ひさし　寿斗 ひさと
寿乃 ひさの　秀寿 ひでかず　真寿美 ますみ

受
8画 又部・教3
音訓 ジュ・うける・うかる
名乗 うく・うけ・おさ・しげ・つぐ
意味 うけとる。さずかる。また、うけ入れる。「受信・授受《じゅじゅ》」

呪
8画 口部・常
音訓 ジュ・シュウ・のろう・まじない
意味 ①まじないをかける。まじない。②恨みのある相手にわざわいが起こるよう神仏に祈る。のろう。「呪×詛《じゅそ》」「呪文《じゅもん》」

授
11画 扌部・教5
音訓 ジュ・さずける・さずかる
名乗 さずく
意味 与える。さずける。「授与・伝授」

需
14画 雨部・常
音訓 ジュ・シュウ
名乗 まち・みつ・もと・もとむ・もとめ
意味 必要とする。もとめる。「需要《じゅよう》」

竪
14画 立部・人
音訓 ジュ・たて
名乗 ただ・ただし・たつ・なお・なおし
意味 縦《たて》。また、立つ。「竪琴《たてごと》」
注意 「堅」は形が似ているが、別の字。↓堅（92ページ）
竪 ただし　竪哉 たつや　竪 なおし

儒
16画 亻部・常
音訓 ジュ
名乗 はか・ひと・みち・やす・よし
意味 ①孔子の教え。また、その学徒・学者。「儒教」②背が低い。

樹
16画 木部・教6
音訓 ジュ・き・たてる
名乗 いつき・き・じ・しげ・しげる・じゅ・たかし・たつ・たつき・な・のぶ・みき・むら
意味 ①立ち木。「樹木・常緑樹」②たてる。「樹立」
類義 木（236ページ）
ことば 【一樹】いちじゅ 一本の木。〔名前読み例〕いっき・いつき・かずき 【樹幹】じゅかん 樹木のみき。【大樹】たいじゅ 大きな樹木。〔名前読み例〕たいき・だいき・たいじゅ・ひろき
樹 いつき　和樹 かずき　恒樹 こうき
紗樹 さき　颯樹 さつき　繁樹 しげき
樹乃 じゅの　樹里 じゅり　大樹 だいき
樹 たかし　達樹 たつき　樹生 たつき
智樹 ともき　直樹 なおき　夏樹 なつき
春樹 はるき　秀樹 ひでき　真樹 まき
美樹 みき　樹人 みきと　樹也 みきや
瑞樹 みずき　光樹 みつき　美由樹 みゆき
元樹 もとき　康樹 やすき　裕樹 ゆうき
優樹菜 ゆきな　柚樹 ゆずき　芳樹 よしき

●しゅう●

収
4画 又部・教6
6画 收 攵部・人
音訓 シュウ・おさめる・おさまる
名乗 おさむ・かず・さね・しゅう・すすむ・なお・なか・のぶ・もと・もり・もろ
意味 ①取りあつめる。取りこむ。おさめる。「収穫・回収」②取りまとめる。「収拾《しゅうしゅう》」③引きしまる。ちぢむ。「収縮」④とらえる。「収監《しゅうかん》」◆現代表記では「蒐集→収集」のように「蒐」を「収」に書きかえることがある。↓蒐（135ページ）
収 おさむ　収一 しゅういち　収平 しゅうへい

5画
囚 口部・常
音訓 シュウ・とら-われる
意味 罪人などをとらえて牢《ろう》に入れる。また、とらわれた人。「囚人《しゅうじん》」

6画
州 川部・教3
音訓 シュウ・す
名乗 くに・す
意味 ①なかす。す。川の中の、土砂が積もってできた島。②大陸。「欧州」③くに。日本で古くから用いた行政区画。「奥州《おうしゅう》」④米国などの行政区画の一つ。「オハイオ州」◆「洲」に通じる。現代表記では「欧洲→欧州」のように「洲」を「州」に書きかえる。↓洲（134ページ）

亜州香 あすか　州隆 くにたか　州一朗 しゅういちろう
州太 しゅうた　州平 しゅうへい　州哉 しゅうや

6画
舟 舟部・常
音訓 シュウ・ふね・ふな
名乗 のり・ふな・ふね
意味 水を渡るための乗り物。ふね。こぶね。「舟航《しゅうこう》」◆小型のもの、主に手動式のものは「舟」、大型のものは「船」と書き分けるが、大きさに関係ない場合は多く「船」を用いる。↓船（168ページ）
類義 船（168ページ）・艇（194ページ）

海舟 かいしゅう　舟一郎 しゅういちろう　舟太 しゅうた
舟斗 しゅうと　舟帆 しゅうほ　舟真 しゅうま
舟弥 しゅうや　星舟 せいしゅう　美舟 みふね

7画
秀 禾部・常
音訓 シュウ・ひい-でる
名乗 さかえ・さかり・しげる・しゅう・しょう・すえ・てる・のぶ・ひいず・ひで・ひでし・ほ・ほず・ほら・みつ・みのる・ゆき・よし
意味 他より特にすぐれている。ひいでる。「秀逸・優秀」
類義 英（44ページ）・佳（51ページ）・嘉（54ページ）・好（100ページ）・高（104ページ）・俊（137ページ）・駿（138ページ）・勝（144ページ）・大（180ページ）・卓（181ページ）・優（250ページ）
特別な読み 真秀《まほ》

和秀 かずひで　秀 しげる　秀 しゅう
秀一朗 しゅういちろう　秀佳 しゅうか　秀作 しゅうさく
秀太 しゅうた　秀斗 しゅうと　清秀 せいしゅう
知秀 ちほ　俊秀 としひで　直秀 なおひで
秀雄 ひでお　秀佳 ひでか　秀樹 ひでき
秀俊 ひでとし　秀実 ひでみ　秀真 ほずま
雅秀 まさひで　真秀 まほ　秀 みのる
美秀 みほ　基秀 もとひで　康秀 やすひで

8画
周 口部・教4
音訓 シュウ・まわ-り
名乗 あまね・いたる・かた・かぬ・かね・しゅう・す・ただ・ちか・ちかし・なり・のり・ひろ・ひろし・まこと
意味 ①囲んでいる部分。まわり。また、ぐるりとまわる。「周囲」②すみずみまで行きわたる。あまねく。「周知・周到」
特別な読み 周防《すおう》

周 あまね　重周 しげちか　周 しゅう
周吾 しゅうご　周治郎 しゅうじろう　周太 しゅうた
周斗 しゅうと　周平 しゅうへい　周磨 しゅうま
周也 しゅうや　周子 ちかこ　周良 ちから
敏周 としちか　周 ひろし　美周 みちか

8画
宗 宀部・教6
音訓 シュウ・ソウ・むね
名乗 かず・しゅう・そう・たか・たかし・とき・とし・のり・ひろ・むね・もと
意味 ①一族の中心となる家。本家。また、祖先。「宗家《そうけ》」②中心として尊《とうと》ぶ。また、尊ばれる人。「宗匠《そうしょう》」③教義。また、それを信仰する団体。「宗教」
注意 「宋」は形が似ているが別の字。↓宋（171ページ）

宗能 かずたか　宗 しゅう　宗都 しゅうと
宗一郎 そういちろう　宗介 そうすけ　宗大 そうた
宗平 そうへい　宗真 そうま　宗 たかし
宗史 たかし　宗乃 たかの　宗香 のりか
政宗 まさむね　宗彰 むねあき　宗俊 むねとし
宗則 むねのり　宗子 もとこ　宗彦 もとひこ

9画
拾 扌部・教3
音訓 シュウ・ジュウ・ひろ-う
名乗 とお・ひろ
意味 ①落ちているものなどをひろう。ひろいとる。「収拾《しゅうしゅう》」②「十」の代わりに証書などで使う字。↓十（135ページ）

9画
秋 禾部・教2
音訓 シュウ・あき・とき
名乗 あき・あきら・おさむ・しゅう・とき・とし・みのる
意味 ①四季の一つ。あき。「秋分」②年月。「一日千秋《いちじつせんしゅう》」③大事なとき。「危急存亡の秋《とき》」④穀物が実ること。みのり。
類義 歳（114ページ）・実（128ページ）・穣（149ページ）・稔（210ページ）

秋枝 あきえ　秋果 あきか　秋子 あきこ
秋里 あきさと　秋音 あきと　秋菜 あきな
秋成 あきなり　秋博 あきひろ　秋穂 あきほ
秋実 あきみ　秋 あきら　秋 おさむ
和秋 かずあき　秋介 しゅうすけ　秋也 しゅうや
清秋 せいしゅう　千秋 ちあき　秋彦 ときひこ
秋尚 としなお　豊秋 とよあき　秋 みのる

臭 9画 自部・常 10画 **臭** 人
音訓 シュウ・くさい・におう
意味 ①いやなにおい。くさい。「悪臭」②それらしい感じ。特に、いやな感じ。「俗臭」

洲 9画 氵部・人
音訓 シュウ・す
名乗 くに・しま・しゅう・す
意味 ①なかす。す。川の中の、土砂が積もってできた島。②大陸。◆現代表記では「欧洲→欧州」のように「州」に書きかえる。↓州（133ページ）

亜洲花 あすか　洲子 しゅうこ　洲司 しゅうじ
洲太 しゅうた　洲平 しゅうへい　洲也 しゅうや

柊 9画 木部・人
音訓 シュウ・ひいらぎ
意味 木の名。ヒイラギ。モクセイ科の常緑高木。

柊一 しゅういち　柊香 しゅうか　柊太郎 しゅうたろう
柊斗 しゅうと　柊馬 しゅうま　柊哉 しゅうや

修 10画 彡部・教5
音訓 シュウ・シュ・おさめる・おさまる
名乗 あつむ・おさ・おさむ・さね・しゅう・なお・なが・ながき・ながし・のぶ・のり・ひさ・まさ・みち・もと・もろ・やす・よし・よしみ
意味 ①正しくととのえる。なおす。「修正」②飾《かざ》る。「修飾」③学問・技芸を身につける。「修得・研修」④書物をつくる。「監修」
類義 治（126ページ）・脩（同ページ）

修 あつむ　修美 おさみ　修 おさむ
修太 さねた　修 しゅう　修一 しゅういち
修香 しゅうか　修子 しゅうこ　修司 しゅうじ
修治 しゅうじ　修造 しゅうぞう　修太郎 しゅうたろう
修斗 しゅうと　修真 しゅうま　成修 せいしゅう
修子 なおこ　修広 のぶひろ　修己 よしき

袖 10画 衤部・常
音訓 シュウ・そで
意味 衣服のそで。「長袖《ながそで》」

週 11画 辶部・教2
音訓 シュウ
意味 七日間をひとめぐりとする日時の単位。一週間。「来週」

終 11画 糸部・教3
音訓 シュウ・おわる・おえる・ついに
名乗 すえ・つき・のち
意味 ①おしまいになる。おわる。おわり。⇔始（123ページ）「終了」②おわりまで。おわるまで。「終身」

羞 11画 羊部・常
音訓 シュウ・はじる
意味 恥《は》ずかしく思う。はじる。はじ。「羞恥心《しゅうちしん》」

習 11画 羽部・教3
音訓 シュウ・ならう・ならわし
名乗 しげ
意味 ①くり返しおこなって身につける。ならう。なれる。「習熟・学習」②しきたり。ならわし。「習慣・風習」

脩 11画 月部・人
音訓 シュウ
名乗 おさ・おさむ・さね・しゅう・すけ・なお・なが・のぶ・はる・もろ
意味 ①干した肉。「束脩《そくしゅう》」②ととのえる。おさめる。また、飾る。③長い。
類義 治（126ページ）・修（同ページ）

脩 おさむ　脩 しゅう　脩一郎 しゅういちろう
脩英 しゅうえい　脩子 しゅうこ　脩太 しゅうた
脩斗 しゅうと　脩平 しゅうへい　脩也 しゅうや
隼脩 しゅんすけ　星脩 せいしゅう　脩貴 なおき
脩美 なおみ　脩宏 ながひろ　脩香 はるか
脩希 はるき　脩菜 はるな　脩世 はるよ

就 12画 尢部・教6
音訓 シュウ・ジュ・つく・つける
名乗 しゅう・なり・ゆき
意味 ①つきしたがう。つく。「去就《きょしゅう》」②ある仕事につく。ある事にとりかかる。「就職」③なしとげる。「成就《じょうじゅ》」

就斗 しゅうと　就平 しゅうへい　就真 しゅうま

衆 12画 血部・教6
音訓 シュウ・シュ
名乗 しゅう・とも・ひろ・もり・もろ
意味 人数が多いこと。また、多くの人々。「衆人《しゅうじん》・民衆」

衆太 しゅうた　衆平 しゅうへい　衆哉 しゅうや

集 12画 隹部・教3
音訓 シュウ・あつまる・あつめる・つどう
名乗 あい・い・しゅう・ため・ち・ちか・つどい
意味 ①複数の人・ものなどが一か所に寄る。あつまる。あつめる。⇔散（119ページ）「集会・集中」②あつめたもの。文章・詩歌《しいか》などをあつめた書物。「全集」◆現代表記では「蒐荷→集荷」のように「蒐」を「集」に書きかえることがある。また、「編輯→編集」のように「輯」を「集」に書きかえる。↓蒐

（135ページ）・輯（135ページ）

集一郎 しゅういちろう　集平 しゅうへい　集哉 しゅうや

愁 13画 心部・常
音訓 シュウ・うれ-える・うれ-い
意味 悲しくて思いにしずむ。うれえる。うれい。「哀愁《あいしゅう》」
注意 人気の「心」の形を含む字だが、字全体の意味にも注意したい。

酬 13画 酉部・常
音訓 シュウ・むく-いる
名乗 あつ
意味 ①主人が客に酒をすすめ返す。「献酬《けんしゅう》」②お返しをする。「報酬《ほうしゅう》」③返事。

蒐 13画 艹部・人
音訓 シュウ・あつ-める
名乗 しゅう・より
意味 寄せ集める。「蒐荷《しゅうか》・蒐集《しゅうしゅう》」◆現代表記では「蒐集→収集」「蒐荷→集荷」のように、「収」「集」に書きかえることがある。→収（132ページ）・集（134ページ）

輯 16画 車部・人
音訓 シュウ・あつ-める
名乗 あつむ・むつ・より
意味 多くのものを一つにまとめる。あつめる。「特輯《とくしゅう》」◆現代表記では「編輯→編集」のように、「集」に書きかえる。→集（134ページ）

醜 17画 鬼部・常
音訓 シュウ・みにく-い
名乗 むね
意味 容姿や行いがよくない。みにくい。「醜悪《しゅうあく》」

鍬 17画 金部・人
音訓 ショウ・シュウ・くわ
意味 農具のくわ。

蹴 19画 ⻊部・常
音訓 シュウ・シュク・け-る
名乗 け・しゅう
意味 足でけとばす。ける。「蹴球《しゅうきゅう》・一蹴《いっしゅう》」

蹴介 しゅうすけ　蹴斗 しゅうと　蹴真 しゅうま

繡 19画 糸部・人
音訓 シュウ
名乗 あや・ぬい
意味 糸で模様などを縫《ぬ》い込むこと。刺繡《ししゅう》。「錦繡《きんしゅう》」
注意 「繍」は、名づけには認められていない字体。

襲 22画 衣部・常
音訓 シュウ・おそ-う
名乗 そ・つぎ・つぐ・より
意味 ①不意に攻《せ》めかかる。おそう。「襲撃」②受けつぐ。「世襲《せしゅう》」

●じゅう●

十 2画 十部・教1
音訓 ジュウ・ジッ・とお・と
名乗 かず・しげ・じつ・じゅ・じゅう・そ・ただ・と・とお・とみ・ひさし・みち・みつ・みつる
意味 ①数の10。とお。②すべてそろっている。完全。「十分《じゅうぶん》」◆証書類では、文字の改変を防ぐため、「拾」の字で代用することがある。→拾（133ページ）

紗十恵 さとえ　拓十 たくと　十子 とおこ
十輝也 ときや　十志子 としこ　一十美 ひとみ
十太 みつた　十 みつる　龍十 りゅうと

汁 5画 氵部・常
音訓 ジュウ・シュウ・しる
名乗 つら
意味 液体。しる。つゆ。「果汁《かじゅう》」「味噌汁《みそしる》」

充 6画 儿部・常
音訓 ジュウ・シュウ・あ-てる・み-ちる・み-たす
名乗 あつ・じゅう・たかし・ただ・まこと・み・みち・みつ・みつる・よし
意味 ①いっぱいになる。みちる。みたす。「充実・充電」②足りないところに詰めこむ。あてる。「充当・補充」
類義 満（239ページ）

秋充 あきみつ　充輝 あつき　充紀 あつのり
清充 きよみつ　隆充 たかみち　卓充 たくみ
敏充 としみつ　智充 ともみつ　充 まこと
昌充 まさみつ　充咲 みさき　充俊 みちとし
充月 みつき　充希 みつき　充太朗 みつたろう
充成 みつなり　充 みつる　充実 よしみ

住 7画 亻部・教3
音訓 ジュウ・チュウ・す-む・す-まう
名乗 おき・すみ・もち・よし
意味 家を構えてそこで生活する。すむ。すまい。「住居」

和住 かずすみ　住秀 すみひで　基住 もとすみ

柔 9画 木部・常
音訓 ジュウ・ニュウ・やわ-らか・やわ-らかい・やわら
名乗 とう・なり・やす・やわ・よし
意味 ①固さの程度が弱い。やわらか。また、しなやか。⇔剛（107ページ）「柔軟」②おだやか。やさしい。「柔和《にゅうわ》」③態度がはっきりしない。弱々しい。「優柔不断」④柔道。やわら。「柔術」

直柔 なおなり　柔子 やすこ　柔 やわら

9画 **重** 里部・教3
音訓 ジュウ・チョウ・え・おも-い・かさ-ねる・かさ-なる
名乗 あつ・あつし・いかし・え・おもし・かさぬ・かず・かたし・しげ・しげし・しげる・じゅう・のぶ・ふさ
意味 ①重量がおもい。また、おもさ。⇕軽（88ページ）「体重」②程度がはなはだしい。「重労働」③落ち着いている。おもおもしい。「重厚」④大切にする。おもんじる。「重視」「貴重《きちょう》」⑤物の上にさらに物がのる。かさなる。かさねる。「重複《じゅうふく・ちょうふく》」「八重《やえ》」
重 あつし　重治 あつじ　和重 かずしげ
香奈重 かなえ　重輝 しげき　重孝 しげたか
重太朗 しげたろう　重斗 しげと　重美 しげみ
重 しげる　時重 ときえ　文重 ふみしげ
八重 やえ　佳重 よししげ　梨重 りえ

10画 **従** 彳部・教6　11画 **從** 人
音訓 ジュウ・ショウ・ジュ・したが-う・したが-える
名乗 しげ・つぐ・より
意味 ①後についていく。つきしたがう。つきしたがう人。⇕主（131ページ）「従順・主従」②仕事などにたずさわる。「従事」③親族の中の傍系を表す。「従兄弟《いとこ》」④ある時を起点として、それから。「従来」⑤中心になるものに次ぐもの。⑥縦《たて》。⑦ゆるやか。「従容《しょうよう》」
和従 かずより　博従 ひろつぐ　従直 よりなお

11画 **渋** 氵部・常　15画 **澁** 人
音訓 ジュウ・シュウ・しぶ・しぶ-い・しぶ-る
名乗 しぶ・じゅう
意味 ①にがにがしい。しぶい。「苦渋《くじゅう》」②とどこおる。しぶる。「渋滞」③落ち着いた奥ゆかしい趣《おもむき》のあること。

14画 **銃** 金部・常
音訓 ジュウ・シュウ
名乗 かね
意味 鉄砲。じゅう。「拳銃《けんじゅう》」

16画 **獣** 犬部・常　19画 **獸** 人
音訓 ジュウ・シュウ・けもの・けだもの
意味 全身が毛でおおわれ、四本の足で歩く動物。けもの。けだもの。「猛獣」

16画 **縦** 糸部・教6　17画 **縱** 人
音訓 ジュウ・ショウ・たて・ほしいまま
名乗 なお
意味 ①たて。⇕横（48ページ）「縦断」②思うままにする。ほしいまま。「操縦《そうじゅう》」

●しゅく●

8画 **叔** 又部・常
音訓 シュク
名乗 はじめ・よし
意味 ①父母の弟・妹。「叔父《おじ》」「叔母《おば》」②兄弟の上から三番目。「伯仲叔季《はくちゅうしゅくき》」

9画 **祝** ネ部・教4　10画 **祝** 示部・人
音訓 シュク・シュウ・いわ-う
名乗 い・いわい・とき・のり・はじめ・ほう・よし
意味 ①めでたいことを喜ぶ。いわう。いわい。「祝福」②神に祈る。祝詞《のりと》をあげる。また、神主《かんぬし》。
類義 賀（55ページ）・慶（88ページ）
祝一 のりかず　祝 はじめ　美祝 みのり

11画 **宿** 宀部・教3
音訓 シュク・スク・やど・やど-る・やど-す
名乗 いえ・おる・すみ・やど
意味 ①泊まる。また、旅館。やど。「宿泊」②以前からの。また、前世からの。「宿命」③年功を積んだ。年を経た。「宿老」④星座。「二十八宿」

11画 **淑** 氵部・常
音訓 シュク・しと-やか
名乗 きよ・きよし・すえ・すみ・とし・ひで・ふかし・よ・よし
意味 ①善良である。よい。②つつましく上品である。しとやか。特に女性についていう。「淑女《しゅくじょ》」③よいと思って慕《した》う。「私淑」
類義 善（169ページ）・良（259ページ）・令（263ページ）・可（51ページ）・佳（51ページ）・吉（74ページ）・好（100ページ）・
淑子 きよこ　淑 きよし　忠淑 ただよし
淑恵 としえ　淑佳 としか　信淑 のぶよし
淑 ふかし　淑栄 よしえ　淑乃 よしの
淑彦 よしひこ　淑人 よしひと　淑美 よしみ

11画 **粛** 聿部・常
音訓 シュク
名乗 かく・かた・かね・きよし・すすむ・すみ・ただ・たり・とし・はや・まさ
意味 身をひきしめる。慎む。厳しくする。「静粛《せいしゅく》」
類義 謹（83ページ）・慎（154ページ）
粛 きよし　粛斗 はやと　粛也 まさや

17画 **縮** 糸部・教6
音訓 シュク・ちぢ-む・ちぢ-まる・ちぢ-める・ちぢ-れる・ちぢ-らす
名乗 なお
意味 ①短くなったり小さくなったりする。ちぢむ。ちぢこまる。「縮小」②心がいじける。「萎縮《いしゅく》」

●じゅく●

塾 14画 土部・常
音訓 ジュク
名乗 いえ
意味 私設の小規模な学舎。「学習塾」

熟 15画 灬部・教6
音訓 ジュク・う-れる・こな-す・こな-れる
名乗 なり
意味 ①煮る。煮える。「半熟」②十分に成長する。果実や作物がうれる。「完熟」③物事によくなれる。「習熟」④よくよく。十分に。「熟睡」

●しゅつ●

出 5画 凵部・教1
音訓 シュツ・スイ・で-る・だ-す
名乗 いず・いずる・で
意味 ①外にでる。外にだす。⇕入(209ページ)「出荷・出発」②あらわす。あらわれる。「出現」③ひときわ優れている。ぬきんでる。「傑出《けっしゅつ》」④行く。おもむく。行って活動する。「出張」⑤うまれる。うまれ。「出身」

出穂 いずほ　出美 いずみ　出 いずる
出琉 いずる　日出人 ひでと　日出美 ひでみ

●じゅつ●

述 8画 辶部・教5
音訓 ジュツ・シュツ・の-べる
名乗 あきら・とも・のぶ・のぶる・のり
意味 言い表す。また、書き表す。述《の》べる。「記述」

述 あきら　述子 ともこ　述明 のぶあき

術 11画 彳部・教5
音訓 ジュツ・シュツ・すべ
名乗 てだて・みち・やす・やすし
意味 ①身につけた特別のわざ。技芸。また、手段・方法。「技術・芸術」②はかりごと。計略。「術中《じゅっちゅう》」③魔法。妖術《ようじゅつ》。「幻術《げんじゅつ》」
類義 伎(67ページ)・技(72ページ)

●しゅん●

旬 6画 日部・常
音訓 ジュン・シュン
名乗 じゅん・ただ・とき・ひとし・ひら・まさ
意味 ①一〇日間。一か月を三分した一〇日間。「中旬《ちゅうじゅん》」②[シュン] 野菜や魚などの最も味のよい時期。また、物事を行うのに適した時期。

旬 しゅん　旬 じゅん　旬花 しゅんか
旬子 じゅんこ　旬太郎 しゅんたろう　旬奈 じゅんな
旬平 しゅんぺい　旬矢 じゅんや　旬成 ときなり
旬 ひとし　旬枝 まさえ　旬人 まさと

俊 9画 亻部・常
音訓 シュン
名乗 しゅん・すぐる・たかし・とし・まさり・まさる・よし
意味 すぐれている。また、すぐれた人。「俊英・俊敏」◆現代表記では「駿才→俊才」のように、「駿」を「俊」に書きかえることがある。→駿(138ページ)
類義 英(44ページ)・佳(51ページ)・嘉(54ページ)・好(100ページ)・高(104ページ)・秀(133ページ)・勝(144ページ)・大(180ページ)・卓(181ページ)・優(250ページ)

瑛俊 えいしゅん　和俊 かずとし　俊 しゅん
俊輔 しゅんすけ　俊太 しゅんた　俊太郎 しゅんたろう
俊弥 しゅんや　俊 すぐる　俊 たかし
俊佳 としか　俊輝 としてる　俊成 としなり
俊英 としひで　俊美 としみ　俊哉 としや
尚俊 なおとし　英俊 ひでとし　俊 まさる
光俊 みつとし　勇俊 ゆうしゅん　俊乃 よしの

春 9画 日部・教2
音訓 シュン・はる
名乗 あずま・あつ・かす・かず・しゅん・す・とき・は・はじめ・はる
意味 ①四季の一つ。はる。「早春」②年のはじめ。正月。「新春」③青少年期。「青春」④愛欲。⑤とし つき。「春秋《しゅんじゅう》」

春真 かずま　小春 こはる　春佳 しゅんか
春亮 しゅんすけ　隆春 たかはる　千春 ちはる
寿春 としはる　友春 ともはる　春 はじめ
春 はる　春花 はるか　春希 はるき
春樹 はるき　春子 はるこ　春翔 はると
春菜 はるな　春陽 はるひ　春彦 はるひこ
春尚 はるひさ　春馬 はるま　春海 はるみ
光春 みつはる　心春 みはる　美春 みはる

峻 10画 山部・人
音訓 シュン
名乗 しゅん・たか・たかし・ちか・とし・みち・みね
意味 ①山が高くけわしい。「急峻《きゅうしゅん》」②きわめてきびしい。「峻烈《しゅんれつ》」
類義 峨(55ページ)・嵯(110ページ)・崚(261ページ)

秋峻 あきみね　景峻 かげたか　峻 しゅん
峻佑 しゅんすけ　峻太 しゅんた　峻 たかし
峻大 たかひろ　峻美 たかみ　峻代 たかよ
伸峻 のぶとし　峻哉 みねや　悠峻 ゆうしゅん

竣
12画　立部・人

音訓 シュン
名乗 たかし
意味 おわる。仕事をなしおえる。「竣工《しゅんこう》」

栄竣 えいしゅん　竣 しゅん　竣輔 しゅんすけ
竣太朗 しゅんたろう　竣也 しゅんや　竣 たかし

舜
13画　舛部・人

音訓 シュン
名乗 きよ・しゅん・とし・ひとし・みつ・よし
意味 ①古代中国の伝説上の帝王の名。堯《ぎょう》とともに理想の天子とされた。②植物の名。ムクゲ。

舜 しゅん　舜司 しゅんじ　舜亮 しゅんすけ
舜太郎 しゅんたろう　舜也 しゅんや　舜佳 としか
舜 ひとし　舜太 みつた　舜乃 よしの

駿
17画　馬部・人

音訓 シュン
名乗 しゅん・たかし・とし・はや・はやお・はやし
意味 ①すぐれている。「駿才」②足の速い良馬。また、足が速い。「駿足・駿馬《しゅんめ》」◆現代表記では「駿才→俊才」のように、「俊」に書きかえることがある。→俊（137ページ）

類義 英（44ページ）・佳（51ページ）・嘉（54ページ）・好（100ページ）・高（104ページ）・秀（133ページ）・勝（144ページ）・大（180ページ）・卓（181ページ）・優（250ページ）

駿 しゅん　駿一郎 しゅんいちろう　駿花 しゅんか
駿介 しゅんすけ　駿太 しゅんた　駿 たかし
千駿 ちはや　駿佳 としか　駿紀 としき
駿彦 としひこ　駿 はやお　駿雄 はやお
駿斗 はやと　駿翔 はやと　大駿 ひろとし

瞬
18画　目部・常

音訓 シュン・またた-く
名乗 しゅん
意味 まぶたを閉じて、すぐに開く。まばたきをする。また、それほどの短い間。「一瞬」

瞬 しゅん　瞬一 しゅんいち　瞬香 しゅんか
瞬司 しゅんじ　瞬介 しゅんすけ　瞬太郎 しゅんたろう
瞬奈 しゅんな　瞬之介 しゅんのすけ　瞬也 しゅんや

●じゅん●

巡
6画　辶部・常

音訓 ジュン・めぐ-る
意味 ①まわり歩く。めぐる。また、視察してまわる。「巡回《じゅんかい》」②ためらう。「×逡巡《しゅんじゅん》」

旬
⇩しゅん（137ページ）

盾
9画　目部・常

音訓 ジュン・トン・たて
名乗 たて
意味 矢・刀などをふせぐ武具。たて。

洵
9画　氵部・人

音訓 シュン・ジュン
名乗 のぶ・ひとし・まこと
意味 本当に。まことに。

志洵 しのぶ　洵 じゅん　洵一 じゅんいち
洵大 じゅんだい　洵奈 じゅんな　洵之介 じゅんのすけ
洵平 じゅんぺい　洵洋 のぶひろ　洵 まこと

准
10画　冫部・常

音訓 ジュン・シュン・なぞら-える
名乗 じゅん・のり
意味 ①主たるものになぞらえる。役職や階級が主たるものの次に当たる。準ずる。「准教授」②ゆるす。許可する。「批准《ひじゅん》」

類義 亜（33ページ）・乙（49ページ）・次（125ページ）・準（139ページ）・二（208ページ）

准 じゅん　准一 じゅんいち　准子 じゅんこ
准之介 じゅんのすけ　准平 じゅんぺい　准弥 じゅんや

殉
10画　歹部・常

音訓 ジュン
意味 ①死んだ人のあとを追って死ぬ。「殉死《じゅんし》」②あることのために死ぬ。「殉職」

純
10画　糸部・教6

音訓 ジュン
名乗 あつ・あつし・あや・いたる・いと・きよ・きよし・じゅん・すなお・すみ・ずみ・つな・とう・のり・まこと・よし
意味 まじりけがない。また、気持ちなどが素直でけがれたところがない。「純情・純粋・清純」

類義 潔（90ページ）・醇（140ページ）・浄（148ページ）・真（153ページ）・粋（157ページ）・生（161ページ）・清（163ページ）・聖（163ページ）・白（214ページ）

安純 あすみ　愛純 あずみ　純希 あつき
純 あつし　純花 あやか　純音 あやね
佳純 かすみ　清純 きよすみ　純 じゅん
純一 じゅんいち　純子 じゅんこ　純奈 じゅんな
純乃介 じゅんのすけ　純平 じゅんぺい　純哉 じゅんや
純 すなお　純麗 すみれ　颯純 そうじゅん
純 まこと　雅純 まさずみ　真純 ますみ

隼
10画　隹部・人

音訓 シュン・ジュン・はやぶさ
名乗 とし・はや・はやし・はやと・はやぶさ
意味 鳥の名。ハヤブサ。

隼 しゅん　隼 じゅん　隼一郎 じゅんいちろう

隼花 しゅんか　隼子 じゅんこ　隼司 しゅんじ
隼介 しゅんすけ　隼太朗 しゅんたろう　隼真 じゅんま
泰隼 たいしゅん　知隼 ちはや　隼明 としあき
隼也 としや　隼雄 はやお　隼 はやと
隼人 はやと　隼美 はやみ　美隼 みはや

惇 ⇩とん（205ページ）

淳
11画　氵部・人

音訓 ジュン

名乗 あき・あつ・あつし・きよ・きよし・しゅん・じゅん・すな・すなお・ただし・とし・ぬ・まこと・よし

意味 まごころがある。また、飾りけがない。素直。「淳朴《じゅんぼく》・淳良《じゅんりょう》」

類義 渥（35ページ）・厚（102ページ）・懇（109ページ）・諄（140ページ）・篤（204ページ）・惇（205ページ）・敦（205ページ）

淳臣 あつおみ　淳子 あつこ　淳 あつし
淳史 あつし　淳彦 あつひこ　淳広 あつひろ
淳美 あつみ　淳義 あつよし　実淳 さねあつ
淳 じゅん　淳一 じゅんいち　淳太 じゅんた
淳奈 じゅんな　淳之介 じゅんのすけ　淳平 じゅんぺい
淳哉 じゅんや　忠淳 ただあつ　淳佳 としか
智淳 ともあつ　尚淳 ひさあつ　淳 まこと

循
12画　彳部・常

音訓 ジュン

名乗 みつ・ゆき・よし

意味 ①後についていく。沿《そ》う。したがう。「循守《じゅんしゅ》」②まわる。めぐる。「循環・循行」

順
12画　頁部・教4

音訓 ジュン・したがう

名乗 あや・あり・おさ・おさむ・かず・しげ・したがう・じゅん・す・すなお・とし・なお・のぶ・のり・はじめ・まさ・みち・みつ・むね・もと・やす・ゆき・よし・より

意味 ①一定の規則に従って並んだ配列。順番。順序。「打順」②筋道に沿《そ》っていること。「順当」③付き従う。また、素直でさからわない。⇔逆（75ページ）「順応《じゅんのう》」

彬順 あきのり　順 おさむ　順臣 かずおみ
清順 きよかず　実順 さねより　順一朗 じゅんいちろう
順子 じゅんこ　順太 じゅんた　順菜 じゅんな
順平 じゅんぺい　順 すなお　直順 なおみち
順良 のぶよし　順恵 のりえ　順 はじめ
正順 まさかず　実順 みのり　順弥 むねや
順乃 よしの　順美 よしみ　順子 よりこ

閏
12画　門部・人

音訓 ジュン・うるう

名乗 うる・じゅん

意味 ①暦の日数や月数がふつうの年よりも多いこと。うるう。「閏年《うるうどし》《じゅんねん》」②正統でない位《くらい》。

閏 じゅん　閏平 じゅんぺい　閏弥 じゅんや

準
13画　氵部・教5

音訓 ジュン・セツ・なぞらえる

名乗 かね・じゅん・せつ・とし・なろう・のり・ひとし・ひら

意味 ①あるものに次ぐ。「準決勝」②よりどころとする。なぞらえる。のっとる。「準拠」③物事をはかるよりどころ。めやす。「基準」④水平を計る道具。みずもり。

類義 亜（33ページ）・乙（49ページ）・次（125ページ）・准（138ページ）・二（208ページ）

準 じゅん　準一 じゅんいち　準南 じゅんな
準平 じゅんぺい　準治 としはる　準花 のりか
準華 のりか　準 ひとし　美準 みのり

詢
13画　言部・人

音訓 シュン・ジュン

名乗 まこと

意味 ①相談する。問いたずねる。はかる。「諮詢《しじゅん》」②本当に。まことに。

詢 じゅん　詢一 じゅんいち　詢子 じゅんこ
詢太郎 じゅんたろう　詢也 じゅんや　詢 まこと

馴
13画　馬部・人

音訓 ジュン・なれる・ならす

名乗 しゅん・じゅん

意味 すなおに従う。適応する。なれる。ならす。「馴致《じゅんち》」

潤
15画　氵部・常

音訓 ジュン・うるおう・うるおす・うるむ

名乗 うる・うるう・うるお・さかえ・じゅん・ひろ・ひろし・まさる・ます・みつ

意味 ①適度に湿《しめ》る。また、豊かになる。うるおう。うるおす。「潤滑《じゅんかつ》」②つやがある。飾りが加わる。「潤色《じゅんしょく》」③もうけ。「利潤」

類義 益（45ページ）・滋（126ページ）・徳（204ページ）・利（255ページ）

潤 じゅん　潤一郎 じゅんいちろう　潤子 じゅんこ
潤菜 じゅんな　潤乃介 じゅんのすけ　潤弥 じゅんや
千潤 ちひろ　潤明 ひろあき　潤歌 ひろか
潤 ひろし　潤人 ひろと　潤実 ますみ

遵
15画　辶部・常

音訓 ジュン・シュン・したがう

名乗 ちか・つぎ・のぶ・ゆき・より

意味 道をはずれない。規則・法則にしたがう。「遵守《じゅんしゅ》」◆「順」に通じ、「遵守」「遵法」は、新聞

では「順」を使う。↓順（139ページ）

諄 15画 言部・人
音訓 シュン・ジュン
名乗 あつ・いたる・さね・しげ・じゅん・とも・のぶ・ふさ・まこと
意味 丁寧に教えさとす。また、丁寧。手厚い。「諄々《じゅんじゅん》」
類義 渥（35ページ）・厚（102ページ）・懇（109ページ）・淳（139ページ）・篤（204ページ）・惇（205ページ）・敦（205ページ）

諄彦 あつひこ　諄大 あつひろ　諄 いたる
諄之 さねゆき　諄 じゅん　諄介 じゅんすけ
諄奈 じゅんな　諄平 じゅんぺい　忠諄 ただのぶ
諄江 ともえ　諄歌 ともか　諄 まこと

醇 15画 酉部・人
音訓 ジュン
名乗 あつ・あつし・じゅん
意味 ①まじりけのない濃厚な酒。「芳醇《ほうじゅん》」②まじりけがない。「醇化」③人情にあつい。誠実さがある。「醇風《じゅんぷう》（＝人情のあつい風習）」
類義 純（138ページ）・真（153ページ）・粋（157ページ）・生（161ページ）

醇 あつし　醇一 じゅんいち　醇子 じゅんこ
醇也 じゅんや　忠醇 ただあつ　史醇 ふみあつ

●しょ●

処 5画 几部・教6
音訓 ショ・ところ
名乗 おき・おる・さだむ・すみ・ところ・ふさ・やす
意味 ①場所。ところ。「各処」②ある場所に身をおく。「処世」③世間に出ないで家にいる。④しかるべく取りさばく。「処理」

初 7画 刀部・教4
音訓 ショ・はじ-め・はじ-めて・はつ・うい・そ-める・うぶ
名乗 のぶ・はじめ・はつ・もと
意味 ①物事のおこり。はじめ。「最初」②はじめて。一回目。「初雪《はつゆき》」◆一般に、「初」は「年の初め」のようにある期間や時間の最初の部分をいい、「始」は「仕事の始め」のように継続する事柄の出発点をいう。↓始（123ページ）
類義 一（40ページ）・開（58ページ）・元（94ページ）・始（123ページ）・緒（同ページ）・創（172ページ）・肇（215ページ）

初佳 ういか　初 はじめ　初志 はつし
初音 はつね　初希 もとき　初美 もとみ

所 8画 戸部・教3
音訓 ショ・ところ
名乗 ど・ところ・のぶ
意味 ①地点。場所。「名所」②特定の業務を行うための施設。「研究所」③動作・作用を表す語に付いて、…するところ、…するものの意を表す。「所感・所属」④受身を表す。「所載」

書 10画 日部・教2
音訓 ショ・か-く・ふみ
名乗 のぶ・のり・ひさ・ふみ・ふむ・ふん
意味 ①文字を記《しる》す。また、記したもの。「報告書」②かかれた文字。また、文字のかき方。「書道」③かいてまとめたもの。本。「読書」④手紙。「書簡《しょかん》」

庶 11画 广部・常
音訓 ショ
名乗 ちか・もり・もろ
意味 ①いろいろ。さまざま。「庶務《しょむ》」②多い。また、多くの人。「庶民」③正妻でない女性から生まれた子。「庶子《しょし》」④願う。こいねがう。

渚 11画 氵部・人
渚 12画 人
音訓 ショ・なぎさ
名乗 お・なぎ・なぎさ
意味 波打ちぎわ。なぎさ。「汀渚《ていしょ》」◆見出しの下の方の字は「日」の上に点が付く。

渚夏 なぎか　渚 なぎさ　渚砂 なぎさ
渚人 なぎと　美渚 みお　莉渚 りお

暑 12画 日部・教3
暑 13画 人
音訓 ショ・あつ-い
名乗 あつ・なつ
意味 ①気温が高い。あつい。あつさ。⇕寒（65ページ）「猛暑」②あつい季節。「大暑《たいしょ》」

署 13画 罒部・教6
署 14画 人
音訓 ショ
意味 ①職務などを割り当てる。配置する。「部署」②役所。「警察署」③書きつける。「署名」

緒 14画 糸部・常
緒 15画 人
音訓 ショ・チョ・お・いとぐち
名乗 いお・お・つぎ・つぐ
意味 物事のはじめ。いとぐち。「由緒《ゆいしょ》」「情緒《じょうしょ・じょうちょ》」◆見出しの下の方の字は「日」の上に点が付く。
類義 一（40ページ）・開（58ページ）・元（94ページ）・始（123ページ）・初（同ページ）・創（172ページ）・肇（215ページ）

亜緒衣 あおい　秋緒 あきお　緒里江 おりえ
香緒里 かおり　幸緒 さちお　志緒梨 しおり
玉緒 たまお　珠緒 たまお　緒美 つぐみ
奈緒 なお　奈緒美 なおみ　文緒 ふみお
茉緒 まお　美緒 みお　実緒子 みおこ
莉緒 りお　里緒奈 りおな　玲緒 れお

諸
15画　言部・教6
16画　諸　人

音訓 ショ・もろもろ
名乗 つら・もり・もろ

意味 多くの。さまざま。もろもろ。「諸君《しょくん》」

曙
17画　日部・人

音訓 ショ・あけぼの
名乗 あき・あきら・あけ

意味 夜がほのぼのと明け始めるころ。あけぼの。「曙光《しょこう》」

類義 暁（81ページ）・晨（154ページ）・旦（183ページ）・朝（189ページ）

曙花 あきか　曙子 あきこ　曙人 あきと
曙 あきら　曙美 あけみ　信曙 のぶあき

●じょ●

女
3画　女部・教1

音訓 ジョ・ニョ・ニョウ・おんな・め
名乗 こ・たか・ひめ・め・よし

意味 おんな。また、むすめ。⇕男（184ページ）「天女《てんにょ》」「女神《めがみ》」

特別な読み 海女《あま》・乙女《おとめ》

綾女 あやめ　乙女 おとめ　優女 ゆめ

如
6画　女部・常

音訓 ジョ・ニョ・ごとし・しく
名乗 いく・すけ・なお・もと・ゆき・よし

意味 ①…のごとし。…のようだ。「如実《にょじつ》」②語調を整える字。「突如《とつじょ》」③行く。おもむく。

類義 往（47ページ）・行（100ページ）・之（210ページ）

ことば 【如月《きさらぎ》】 陰暦二月の別名。〔名前読み例〕きさらぎ

如恵 ゆきえ　如道 ゆきみち　如行 よしゆき

助
7画　力部・教3

音訓 ジョ・たすける・たすかる・すけ
名乗 すけ・たすく・ひろ・ます

意味 力を貸す。救助する。たすける。たすけ。「援助・補助」

類義 介（56ページ）・佐（109ページ）・丞（148ページ）・輔（232ページ）・佑（246ページ）・侑（246ページ）・祐（247ページ）・翼（254ページ）

瑛助 えいすけ　圭助 けいすけ　孝之助 こうのすけ
駿助 しゅんすけ　信之助 しんのすけ　壮助 そうすけ
大助 だいすけ　助 たすく　佑助 ゆうすけ

序
7画　广部・教5

音訓 ジョ・ついで
名乗 つき・つぐ・つね・のぶ・ひさし

意味 ①物事の並び方。順番。また、順番をつけること。「序列・順序」②書物の前書き。また、物事のはじめ。いとぐち。「序曲・序説・序幕」

叙
9画　又部・常
11画　敍　攴部・人

音訓 ジョ
名乗 のぶ・みつ

意味 ①順序だててのべる。「叙述《じょじゅつ》」②位をつける。官位を授ける。「叙勲《じょくん》」

隆叙 たかのぶ　叙宏 のぶひろ　正叙 まさみつ

徐
10画　彳部・常

音訓 ジョ・おもむろ
名乗 やす・ゆき

意味 ゆっくりしている。おもむろ。「徐行《じょこう》」

除
10画　阝部・教6

音訓 ジョ・ジ・のぞく
名乗 きよ・さる・のき

意味 ①とりのける。のぞく。「排除」②古いものをのぞいて新しいものを迎える。「除夜《じょや》」③わり算。「除算《じょさん》」④官職につける。

恕
10画　心部・人

音訓 ショ・ジョ
名乗 くに・しのぶ・ただし・のり・はかる・ひろ・ひろし・ひろむ・みち・もろ・ゆき・ゆるす・よし

意味 ①思いやりの心をもって許す。「寛恕《かんじょ》」②思いやり。同情。いつくしみ。「仁恕《じんじょ》・忠恕《ちゅうじょ》」

類義 仁（155ページ）

恕 しのぶ　忠恕 ただみち　恕寛 ゆきひろ

●しょう●

小
3画　小部・教1

音訓 ショウ・ちいさい・こ・お・さ
名乗 お・こ・さ・ささ・ちいさ・わか

意味 ①面積・体積・寸法などがわずかである。ちいさい。また、少ない。⇕大（180ページ）「縮小」「小石」②つまらない。とるに足りない。「小身」③謙遜《けんそん》の意を表す。「小生」

類義 雛（223ページ）・姫（223ページ）

小五郎 こごろう　小助 こすけ　小太郎 こたろう
小鉄 こてつ　小奈津 こなつ　小春 こはる
小町 こまち　小雪 こゆき　小波 さなみ
小弓 さゆみ　小百合 さゆり　小夜 さよ

少
4画　小部・教2

音訓 ショウ・すくない・すこし
名乗 お・すく・すくな・まさ・まれ

意味 ①数・量がすくない。すこし。⇕多（176ページ）「少食」②年齢がすくない。若い。「少年」③しばらく。「少時」④同じ官職で、大・中よりも下位のもの。「少尉《しょうい》」

升 4画 十部・常
音訓 ショウ・ます
名乗 たか・のぼる・のり・ます・みのる・ゆき
意味 ①容器のます。「升酒《ますざけ》」②尺貫法の容積の単位。一升は一合の一〇倍。③のぼる。
類義 昇（同ページ）・登（201ページ）
克升 かつのり　升真 しょうま　升 のぼる

召 5画 口部・常
音訓 ショウ・め-す
名乗 めし・めす・よし・よぶ
意味 目上の者が目下の者を呼び寄せる。めす。「召集」

匠 6画 匚部・常
音訓 ショウ・たくみ
名乗 しょう・たくみ・なり・なる
意味 ①すぐれた技能をもった人。職人。たくみ。「刀匠《とうしょう》」②学問・芸術にすぐれた人。「巨匠」③工夫《くふう》する。考案する。「意匠」
類義 工（98ページ）
匠 しょう　匠一郎 しょういちろう　匠子 しょうこ
匠汰 しょうた　匠之介 しょうのすけ　匠真 しょうま
匠 たくみ　匠仁 なるひと　匠美 なるみ

庄 6画 广部・人
音訓 ショウ・ソウ
名乗 しょう・まさ
意味 ①村里。いなか。②私有の領地。荘園《しょうえん》。
庄太 しょうた　庄乃介 しょうのすけ　庄恵 まさえ

床 7画 广部・常
音訓 ショウ・とこ・ゆか
名乗 とこ・ゆか
意味 ①ねどこ。寝台。「起床」②腰かけ。「床×几《しょうぎ》」③花や苗を育てる所。苗どこ。「温床《おんしょう》」④ゆか。また、底部。土台。「河床《かしょう》」

抄 7画 扌部・常
音訓 ショウ
意味 ①抜き書きする。抜き書きしたもの。「抄本《しょうほん》」②注釈書。③すくいとる。かすめとる。④紙をすく。「抄紙」

肖 7画 月部・常
音訓 ショウ・あやか-る
名乗 あえ・あゆ・あれ・すえ・たか・のり・ゆき
意味 同じように見える。にる。また、にせる。「肖像」

尚 8画 ⺌部・常
音訓 ショウ・たっと-ぶ・とうと-ぶ・なお
名乗 さね・しょう・たか・たかし・なお・なか・なり・ひさ・ひさし・まさ・まし・ます・よし・より
意味 ①尊敬する。重んじる。「尚武《しょうぶ》」②格がたかい。「高尚」③このみ。「好尚」④まだ。なお。「時期尚早《じきしょうそう》」⑤久《ひさ》しい。
類義 貴（71ページ）・敬（87ページ）・高（104ページ）・崇（158ページ）・尊（176ページ）
特別な読み 和尚《おしょう》
明尚 あきひさ　尚太 しょうた　尚之輔 しょうのすけ
尚 たかし　貴尚 たかなお　尚乃 たかの
孝尚 たかひさ　輝尚 てるひさ　俊尚 としなお
尚 なお　尚恵 なおえ　尚樹 なおき
尚子 なおこ　尚武 なおたけ　尚太朗 なおたろう
尚人 なおと　尚久 なおひさ　尚也 なおや
尚 ひさし　尚史 ひさし　尚紀 ひさのり

招 8画 扌部・教5
音訓 ショウ・まね-く
名乗 あき・あきら・おき
意味 呼び寄せる。まねき寄せる。「招待《しょうたい》」

沼 8画 氵部・常
音訓 ショウ・ぬま
名乗 むま
意味 ぬま。泥が深く、藻《も》などがはえている水域。

承 8画 手部・教5
音訓 ショウ・うけたまわ-る・う-ける
名乗 うけ・こと・しょう・すけ・つぎ・つぐ・よし
意味 ①受けつぐ。「伝承」②相手の意を受ける。うけたまわる。「承知」
類義 継（88ページ）・嗣（124ページ）・紹（144ページ）
承一 しょういち　承治 しょうじ　承太郎 しょうたろう
孝承 たかよし　承美 つぐみ　弘承 ひろつぐ

昇 8画 日部・常
音訓 ショウ・のぼ-る
名乗 かみ・しょう・すすむ・のぼり・のぼる・のり・ひたく・よう
意味 上にあがる。日がのぼる。また、昇進する。「昇降・昇進」
類義 升（同ページ）・登（201ページ）
昇 しょう　昇一郎 しょういちろう　昇吾 しょうご
昇典 しょうすけ　昇太 しょうた　昇平 しょうへい
昇馬 しょうま　昇也 しょうや　昇 すすむ
昇 のぼる　昇佳 のりか　美昇 みのり

松 8画 木部・教4
音訓 ショウ・まつ
名乗 しょう・ときわ・ます・まつ
意味 木の名。マツ。「松竹梅《しょうちくばい》」「門松《かどまつ》」
松太 しょうた　松 ときわ　松子 まつこ

昌
8画　日部・人

音訓 ショウ
名乗 あき・あきら・あつ・さかえ・さかん・しょう・すけ・まさ・まさし・まさる・ます・よ・よし

意味 ①栄える。さかん。「繁昌《はんじょう》・隆昌《りゅうしょう》」②美しい。また、明るい。あきらか。

類義 娃（33ページ）・栄（44ページ）・旺（48ページ）・花（52ページ）・佳（51ページ）・綺（71ページ）・晃（104ページ）・興（106ページ）・昭（同ページ）・晟（162ページ）・盛（163ページ）・壮（171ページ）・那（206ページ）・美（221ページ）・明（242ページ）・隆（259ページ）・亮（260ページ）・麗（265ページ）・朗（267ページ）

昌奈 あきな　昌代 あきよ　昌 あきら
和昌 かずまさ　昌 さかえ　昌太 しょうた
昌平 しょうへい　昌真 しょうま　隆昌 たかまさ
千昌 ちあき　昌絵 まさえ　昌臣 まさおみ
昌 まさし　昌俊 まさとし　昌宏 まさひろ
昌美 まさみ　昌行 まさゆき　康昌 やすあき

荘　莊　⇩そう（171ページ）

昭
9画　日部・教3

音訓 ショウ
名乗 あき・あきら・いか・しょう・てる・のり・はる

意味 ①かがやいて明るい。あきらか。あきらかにする。②世の中がよく治まる。

類義 晃（104ページ）・昌（同ページ）・晟（162ページ）・明（242ページ）・亮（260ページ）・朗（267ページ）

昭子 あきこ　昭人 あきと　昭奈 あきな
昭穂 あきほ　昭光 あきみつ　昭 あきら
栄昭 えいしょう　克昭 かつあき　昭一 しょういち
昭太 しょうた　昭平 しょうへい　千昭 ちあき
哲昭 てつあき　智昭 ともあき　光昭 みつあき

宵
10画　宀部・常

音訓 ショウ・よい
名乗 よ・よい

意味 日が暮れて間もないころ。よいのうち。「春宵《しゅんしょう》」

将
10画　寸部・教6
11画　將　人

音訓 ショウ・まさ-に
名乗 しょう・すけ・すすむ・たか・たすく・ただし・たもつ・のぶ・はた・ひとし・まさ・もち・ゆき

意味 ①軍隊を統率する長。「将軍・名将」②軍隊などで、「佐」の上の階級。「少将」③これから…しようとする。「将来」④ひきいる。従える。

将英 しょうえい　将吾 しょうご　将介 しょうすけ
将太 しょうた　将太郎 しょうたろう　将平 しょうへい
将真 しょうま　隆将 たかまさ　将 たすく
利将 としまさ　直将 なおまさ　将 ひとし
将章 まさあき　将生 まさき　将輝 まさき
将斗 まさと　将大 まさひろ　将之 まさゆき

消
10画　氵部・教3

音訓 ショウ・き-える・け-す

意味 ①きえてなくなる。けす。おとろえる。「消火・消失」②ついやす。使いつくす。「消費」③ひかえ目にする。「消極」④なんとか切り抜ける。しのぐ。「消暑《しょうしょ》」

祥
10画　ネ部・常
11画　祥　示部・人

音訓 ショウ
名乗 あきら・さか・さき・さち・さむ・しょう・ただ・なが・ひろ・やす・ゆき・よし

意味 ①めでたいこと。さいわい。「吉祥《きっしょう・きちじょう》」②めでたいことの先ぶれ。きざし。「瑞祥《ずいしょう》」③忌《い》み明けの祭り。「祥月《しょうつき》」

類義 嘉（54ページ）・吉（74ページ）・慶（88ページ）・瑞（158ページ）・禎（194ページ）

祥 あきら　克祥 かつよし　祥花 さちか
祥子 さちこ　祥音 さちね　祥穂 さちほ
祥 しょう　祥子 しょうこ　祥吾 しょうご
祥汰 しょうた　祥馬 しょうま　千祥 ちひろ
祥希 ひろき　佑祥 ゆうしょう　祥樹 よしき
祥乃 よしの　祥晴 よしはる　祥尚 よしひさ

症
10画　疒部・常

音訓 ショウ

意味 病気の徴候・性質・状態。「炎症」

称
10画　禾部・常

音訓 ショウ・たた-える・とな-える
名乗 あぐ・かみ・な・のり・みつ・よし

意味 ①呼ぶ。また、名づける。呼び名。「称号」②ほめたたえる。「称賛」③重さをはかる。また、つりあう。「対称」

笑
10画　竹部・教4

音訓 ショウ・わら-う・え-む
名乗 え・えみ・さき

意味 ①ほほえむ。わらう。また、おもしろい。「談笑・微笑《びしょう》」②謙遜《けんそん》の意を表す。「笑納」

類義 莞（64ページ）・咲（116ページ）

安沙笑 あさえ　笑 えみ　笑美 えみ
笑佳 えみか　笑子 えみこ　笑也 えみや
笑里 えみり　笑留 える　笑介 しょうすけ
笑真 しょうま　千笑 ちえ　智笑 ちえみ
花笑 はなえ　美笑 みえ　梨笑子 りえこ

哨
10画 口部・人

音訓 ショウ
名乗 しょう・そう

意味 見張りをする。みはり。「歩哨《ほしょう》」

商
11画 亠部・教3

音訓 ショウ・あきな-う
名乗 あき・あつ・ひさ

意味 ①売り買いすること。あきない。「商売」②相談する。はかる。「商議《しょうぎ》」③数学で、割り算の答え。

唱
11画 口部・教4

音訓 ショウ・とな-える
名乗 いざ・うた・となう・となお・みち

意味 ①先に立って言う。となえる。「提唱」②うたう。うた。「合唱」

類義 唄（43ページ）・歌（54ページ）・謡（253ページ）

唱子 うたこ　唱吾 しょうご　唱太郎 しょうたろう

渉
11画 氵部・常
涉 10画 人

音訓 ショウ・わた-る
名乗 さだ・しょう・たか・ただ・わたり・わたる

意味 ①水のある所を歩いてわたる。また、水上を船などでわたる。「渡渉《としょう》」②あちこち歩きまわる。「渉猟《しょうりょう》」③かかわる。関係する。「交渉」◆見出しの下の方の字は「少」の部分の右側の「、」がない。

類義 航（103ページ）・渡（199ページ）

渉 しょう　渉子 しょうこ　渉太 しょうた
渉平 しょうへい　渉也 しょうや　渉 わたる

章
11画 立部・教3

音訓 ショウ
名乗 あき・あきら・あや・き・しょう・たか・とし・のり・ふさ・ふみ・ゆき

意味 ①ひとまとまりの文。「文章」②詩文や楽曲などの一区切り。「楽章」③資格・身分などを表すしるし。「勲章」④美しい模様。⑤明らか。明らかにする。

類義 綾（35ページ）・郁（39ページ）・絢（93ページ）・采（111ページ）・彩（112ページ）・斐（220ページ）・彪（223ページ）・文（229ページ）・紋（244ページ）

章斗 あきと　章奈 あきな　章尚 あきなお
章葉 あきは　章穂 あきほ　章 あきら
和章 かずあき　清章 きよふみ　章介 しょうすけ
章太 しょうた　章真 しょうま　孝章 たかふみ
春章 はるあき　章枝 ふみえ　光章 みつあき

紹
11画 糸部・常

音訓 ショウ
名乗 あき・しょう・すけ・つぎ・つぐ

意味 ①間をとりもつ。引き合わせる。「紹介」②受けつぐ。継承する。「継紹《けいしょう》」

類義 継（88ページ）・嗣（124ページ）・承（142ページ）

紹絵 あきえ　紹穂 あきほ　紹平 しょうへい
紹也 しょうや　千紹 ちあき　雅紹 まさつぐ

訟
11画 言部・常

音訓 ショウ

意味 法廷などで争う。うったえる。うったえ。「訴訟《そしょう》」

捷
11画 扌部・人

音訓 ショウ・はや-い
名乗 かち・かつ・さとし・しょう・すぐる・とし・はや・まさる

意味 ①はやい。すみやか。「敏捷《びんしょう》」②かしこい。さとい。③戦いに勝つ。また、戦利品。「戦捷《せんしょう》」

類義 快（57ページ）・克（107ページ）・勝（同ページ）・迅（155ページ）・速（175ページ）・敏（224ページ）

捷太 しょうた　千捷 ちはや　捷登 はやと

菖
11画 艹部・人

音訓 ショウ
名乗 あやめ・しょう

意味 植物の名。ショウブ。「菖蒲《しょうぶ》」

特別な読み 菖蒲《あやめ》

菖 あやめ　菖蒲 あやめ　菖一郎 しょういちろう
菖子 しょうこ　菖太 しょうた　菖平 しょうへい

梢
11画 木部・人

音訓 ショウ・こずえ
名乗 こずえ・すえ・たか

意味 ①樹木の枝や幹の先。こずえ。②物の末端。「末梢《まっしょう》神経」

梢 こずえ　梢子 しょうこ　梢太 しょうた

笙
11画 竹部・人

音訓 ショウ
名乗 しょう

意味 雅楽に用いる管楽器。しょう。しょうの笛。

笙子 しょうこ　笙介 しょうすけ　笙平 しょうへい

勝
12画 力部・教3

音訓 ショウ・か-つ・まさ-る・すぐ-れる
名乗 かず・かち・かつ・しょう・すぐる・すぐれ・すぐろ・とう・のり・まさ・まさる・ます・よし

意味 ①相手を負かす。かつ。かち。「勝負・勝利」②すぐれている。まさっている。また、すぐれた景色。「健勝・名勝」

類義 英（44ページ）・佳（51ページ）・嘉（54ページ）・好（100ページ）・高（104ページ）・克（107ページ）・秀（133ページ）・俊（137ページ）・駿（138ページ）・捷（同ページ）・大（180ページ）・卓（181ページ）・優（250ページ）

勝紀　かつのり　　勝彦　かつひこ　　勝久　かつひさ
勝実　かつみ　　勝也　かつや　　勝世　かつよ
勝　しょう　　勝　すぐる　　剛勝　たけまさ
英勝　ひでかつ　　勝斗　まさと　　勝　まさる

掌　12画　手部・常

音訓　ショウ・たなごころ・つかさど-る・てのひら
名乗　しょう・なか
意味　①てのひら。たなごころ。「掌握《しょうあく》」②職務として扱う。つかさどる。「職掌《しょくしょう》」③手に捧げ持つ。

晶　12画　日部・常

音訓　ショウ
名乗　あき・あきら・しょう・てる・まさ・よし
意味　①澄んで明るく輝く。また、光。②原子が規則正しく配列している固体。「結晶・水晶」
類義　暉（71ページ）・輝（73ページ）・熙（72ページ）・光（99ページ）・晃（104ページ）・煌（106ページ）・照（同ページ）・曜（253ページ）・燿（253ページ）・耀（253ページ）

晶　あき　　晶子　あきこ　　晶葉　あきは
晶大　あきひろ　　晶裕　あきひろ　　晶歩　あきほ
晶　あきら　　邦晶　くにあき　　晶　しょう
晶吾　しょうご　　晶太　しょうた　　隆晶　たかあき
千晶　ちあき　　晶枝　まさえ　　晶輝　まさき
晶斗　まさと　　晶美　まさみ　　義晶　よしあき

焼　12画　火部・教4　燒　16画　人

音訓　ショウ・や-く・や-ける
名乗　やき
意味　火をつけて燃やす。やく。やける。「燃焼」

焦　12画　灬部・常

音訓　ショウ・こ-げる・こ-がす・こ-がれる・あせ-る
意味　①焼けて黒くなる。こげる。こがす。「焦土《しょうど》」②いらだつ。あせる。「焦燥《しょうそう》」

硝　12画　石部・常

音訓　ショウ
意味　①鉱物の名。火薬やガラスなどの原料になる無色の結晶体。硝石《しょうせき》。「硝酸《しょうさん》」「硝子《ガラス》」②火薬。「硝煙《しょうえん》」

粧　12画　米部・常

音訓　ショウ・よそお-う
意味　化粧《けしょう》する。かざる。よそおう。

証　12画　言部・教5

音訓　ショウ・あか-し・あか-す
名乗　あかし・あきら・しょう・つく・み
意味　①事実を明らかにする。あかす。あかし。「証拠・検証」②あかしとなる文書。「免許証」③仏教で、悟《さと》り。「内証《ないしょう》」

詔　12画　言部・常

音訓　ショウ・みことのり
名乗　しょう・つぐ・のり
意味　天子の命令。みことのり。「詔勅《しょうちょく》」

象　12画　豕部・教4

音訓　ショウ・ゾウ・かたど-る
名乗　かた・きさ・しょう・たか・のり
意味　①動物の名。ゾウ。「象牙《ぞうげ》」②目に見えるかたち。すがた。「現象」③あるもののかたちに似せてつくる。かたどる。「象形」

湘　12画　氵部・人

音訓　ショウ
名乗　しょう
意味　中国の川の名。湘江《しょうこう》。

湘子　しょうこ　　湘太朗　しょうたろう　　湘也　しょうや

✦翔　⇩人気の字（146ページ）

傷　13画　亻部・教6

音訓　ショウ・きず・いた-む・いた-める
意味　①けがや損害。きず。「負傷」②体をいためる。また、そこなう。きずつく。「損傷《そんしょう》」③心をいためる。悲しむ。「傷心」

奨　13画　大部・常　奬　14画　人

音訓　ショウ・すす-める
名乗　しょう・すけ・すすむ・つとむ
意味　すすめはげます。ほめる。「推奨」

恭奨　きょうすけ　　奨　しょう　　奨英　しょうえい
奨子　しょうこ　　奨太郎　しょうたろう　　奨平　しょうへい
奨真　しょうま　　奨　すすむ　　奨　つとむ

照　13画　灬部・教4

音訓　ショウ・て-る・て-らす・て-れる
名乗　あき・あきら・あり・しょう・てらし・てらす・てり・てる・とし・のぶ・みつ
意味　①明るく輝く。てる。てらす。「照明」②ひかり。輝き。「日照」③見くらべる。てらしあわせる。「参照」④恥ずかしがる。てれる。⑤写真。
類義　暉（71ページ）・輝（73ページ）・熙（72ページ）・光（99ページ）・晃（104ページ）・煌（106ページ）・晶（同ページ）・曜（253ページ）・燿（253ページ）・耀（253ページ）

照葉　あきは　　照　あきら　　清照　きよてる
照　しょう　　照子　しょうこ　　照太　しょうた
隆照　たかてる　　忠照　ただてる　　千照　ちあき
照彰　てるあき　　照臣　てるおみ　　照希　てるき
照子　てるこ　　照之　てるゆき　　照義　てるよし

人気の字

12画

翔

羽部・人

音訓 ショウ・かける・とぶ

名乗 かけ・かける・しょう・と

意味 翼を広げて飛びめぐる。空高く飛ぶ。翔《か》ける。「飛翔」

類義 飛（219ページ）

なりたち 形声。羽であがることから、天空を飛び走るの意味を表す。

筆順 丶 丷 䒑 兰 羊 判 判 判 翔

参考 「駆」にも「かける」という訓読みがあるが、「駆」は速く走るの意味。↓駆（83ページ）

一字の名前

翔 かける・しょう

二字の名前

❤一字目

翔琉 かける
翔瑠 かける
翔壱 しょういち
翔雲 しょううん
翔栄 しょうえい
翔瑛 しょうえい
翔央 しょうおう
翔音 しょうおん
翔花 しょうか
翔貴 しょうき
翔健 しょうけん
翔子 しょうこ
翔吾 しょうご
翔悟 しょうご
翔二 しょうじ
翔祐 しょうすけ
翔亮 しょうすけ
翔輔 しょうすけ
翔世 しょうせい
翔三 しょうぞう
翔太 しょうた
翔多 しょうた
翔大 しょうだい
翔斗 しょうと
翔葉 しょうは
翔平 しょうへい
翔馬 しょうま
翔麻 しょうま
翔也 しょうや
翔矢 しょうや
翔優 しょうゆう
翔洋 しょうよう
翔李 しょうり

❤二字目

晃翔 あきと
彰翔 あきと
旭翔 あさと
文翔 あやと
綾翔 あやと
郁翔 いくと
一翔 いっしょう
瑛翔 えいと
海翔 かいと
岳翔 がくと
和翔 かずと
奏翔 かなと
聖翔 きよと
慶翔 けいしょう
絢翔 けんしょう
昊翔 こうしょう
空翔 そらと
大翔 だいと
嵩翔 たかと
月翔 つきと
天翔 てんしょう
駿翔 はやと
春翔 はると
晴翔 はると
陽翔 はると
久翔 ひさと
秀翔 ひでと
大翔 ひろと
広翔 ひろと
裕翔 ひろと
風翔 ふうと
史翔 ふみと
雅翔 まさと
真翔 まなと
愛翔 まなと
幹翔 みきと
美翔 みと
皆翔 みなと
泰翔 やすと
唯翔 ゆいと
結翔 ゆいと
夕翔 ゆうしょう
勇翔 ゆうしょう
悠翔 ゆうと
優翔 ゆうと
行翔 ゆきと
雪翔 ゆきと
義翔 よしと
陸翔 りくと
龍翔 りゅうしょう
蓮翔 れんと

三字の名前

❤一字目

翔一朗 しょういちろう
翔吾朗 しょうごろう
翔士郎 しょうしろう
翔治朗 しょうじろう
翔太郎 しょうたろう
翔之進 しょうのしん
翔乃介 しょうのすけ
翔乃亮 しょうのすけ
翔之助 しょうのすけ

❤二字目

佐翔志 さとし
千翔世 ちとせ
日翔史 ひとし

❤三字目

明日翔 あすと
亜矢翔 あやと
那々翔 ななと
奈美翔 なみと
羽也翔 はやと
真那翔 まなと
未来翔 みきと
三千翔 みちと
優衣翔 ゆいと
由宇翔 ゆうと
有希翔 ゆきと
莉玖翔 りくと

読みごとの名前

❤かけ

翔人 かけと
翔流 かける
翔留 かける

❤しょう

英翔 えいしょう
啓翔 けいしょう
健翔 けんしょう
高翔 こうしょう
俊翔 しゅんしょう
翔一 しょういち
翔英 しょうえい
翔香 しょうか
翔輝 しょうき
翔牙 しょうご
翔三郎 しょうざぶろう
翔司 しょうじ
翔志朗 しょうしろう
翔成 しょうせい
翔太 しょうた
翔多郎 しょうたろう
翔都 しょうと
翔那 しょうな
翔乃 しょうの
翔兵 しょうへい
翔真 しょうま
翔哉 しょうや
翔陽 しょうよう
雄翔 ゆうしょう

❤と

藍翔 あいと
蒼翔 あおと
英翔 えいと
快翔 かいと
一翔 かずと
貴翔 たかと
尚翔 なおと
浩翔 ひろと
真翔 まさと
雄翔 ゆうと
幸翔 ゆきと
由翔 よしと

ことば

【天翔る】《あまがける》 神霊・霊魂・霊鳥などが天空を飛び走る。また、優れた心の働きが現れる。

【滑翔】《かっしょう》 鳥・グライダーなどが滑るように飛ぶこと。

【翔集】《しょうしゅう》 飛び集まる。

【翔翔】《しょうしょう》 うやうやしくつつしみ深いさま。また、ゆったりとしたさま。

【翔鳥】《しょうちょう》 空を飛ぶ鳥。

【翔破】《しょうは》 鳥・航空機などが、目的地まで飛びきること。

【翔羊】《しょうよう》 さまよう。逍遥《しょうよう》。

【飛翔】《ひしょう》 空高く飛びめぐること。

詳
13画 言部・常

音訓 ショウ・くわ-しい・つまび-らか
名乗 あき・しょう・つま・みつ・よし
意味 細部まではっきりしている。くわしい。「詳細」

頌
13画 頁部・人

音訓 ショウ
名乗 うた・おと・つぐ・のぶ・よし・よむ
意味 ほめたたえる言葉・詩文。「頌春《しょうしゅん》」

頌 しょう　頌子 しょうこ　頌大 しょうだい
頌平 しょうへい　頌広 のぶひろ　正頌 まさつぐ

彰
14画 彡部・常

音訓 ショウ
名乗 あき・あきら・あや・しょう・ただ・てる
意味 あきらかにする。あらわす。「顕彰《けんしょう》」

彰枝 あきえ　彰人 あきと　彰奈 あきな
彰光 あきみつ　彰芳 あきよし　彰 あきら
彰果 あやか　邦彰 くにあき　彰 しょう
彰一朗 しょういちろう　彰子 しょうこ　彰太 しょうた
彰哉 しょうや　隆彰 たかあき　智彰 ちあき
宏彰 ひろあき　優彰 ゆうしょう　佳彰 よしあき

障
14画 阝部・教6

音訓 ショウ・さわ-る
意味 ①さしつかえる。さしさわる。邪魔。「支障」②へだてる。へだてさえぎるもの。「障壁《しょうへき》」③防ぐ。「保障」

嘗
14画 口部・人

音訓 ショウ・ジョウ・かつ-て・なめる
名乗 しょう・じょう
意味 ①なめる。なめ味わう。「臥薪嘗胆《がしんしょうたん》」②ためす。③新しく取れた穀物を神に供える祭り。秋祭り。「新嘗祭《にいなめさい》」④かつて。昔。

蔣
14画 艹部・人

音訓 ショウ
意味 ①草の名。マコモ。②励ます。③敷物。しとね。

蔣子 しょうこ　蔣平 しょうへい　蔣真 しょうま

裳
14画 衣部・人

音訓 ショウ・も
名乗 も
意味 腰から下をおおう衣服。したばかま。「裳裾《もすそ》」
◆現代表記では「衣裳→衣装」のように、「装」に書きかえることがある。→装（172ページ）

衝
15画 彳部・常

音訓 ショウ・つ-く
名乗 つぎ・つく・みち・もり・ゆく
意味 ①当たる。つきあたる。つく。「衝突《しょうとつ》」②重要な所。また、重要な任務。「要衝《ようしょう》」

憧
15画 忄部・常

音訓 ショウ・ドウ・あこが-れる
意味 あこがれる。「憧憬《しょうけい・どうけい》」
類義 憬（88ページ）

賞
15画 貝部・教4

音訓 ショウ・ほ-める
名乗 たか・たかし・たま・ほむ・よし
意味 ①功績・善行をほめたたえる。「賞賛」②すぐれた功績などをあげた者に与える金品。ほうび。「賞状」③すぐれた点を味わい楽しむ。「鑑賞」

蕉
15画 艹部・人

音訓 ショウ
名乗 しょう
意味 「芭蕉《ばしょう》」は、バショウ科の大型の多年草。→芭（213ページ）

樟
15画 木部・人

音訓 ショウ・くすのき
名乗 くす
意味 木の名。クスノキ。「樟脳《しょうのう》」（＝クスノキから作る結晶。防虫剤などに用いる）

樟一 しょういち　樟悟 しょうご　樟太郎 しょうたろう

償
17画 亻部・常

音訓 ショウ・つぐな-う
意味 埋め合わせをする。つぐなう。つぐない。「賠償金《ばいしょうきん》」

礁
17画 石部・常

音訓 ショウ
意味 水面に見えかくれする岩。かくれ岩。「暗礁《あんしょう》」

醬
18画 酉部・人

音訓 ショウ
名乗 しょう・そう
意味 ①麦・米・豆などを発酵させ塩をまぜたもの。ひしお。「醬油《しょうゆ》」②肉や魚を塩漬けにして発酵させたもの。肉《しし》びしお。

鐘
20画 金部・常

音訓 ショウ・かね
名乗 あつ・かね・しょう
意味 ①つりがね。かね。「×梵鐘《ぼんしょう》」②時刻。また、時計。

鐘臣 かねおみ　鐘子 しょうこ　鐘平 しょうへい

●じょう●

上
3画 一部・教1

音訓 ジョウ・ショウ・うえ・うわ・かみ・あ-げる・あ-がる・のぼ-る・のぼ-せる・のぼ-す
名乗 うら・え・かみ・すすむ・たか・たかし・の

ぼる・ひさ・ほず・まさ

意味 ①位置や場所が高いほう。「上空《じょうくう》」「上着《うわぎ》」②程度・身分が高いほう。「上司・上質」③時間・順序が最初・前である。「上巻・上旬」④高いほうへ動く。また、高いほうへ動かす。「上昇」⑤…に関して。…の点で。「理論上」⑥たてまつる。申し上げる。「上申」◆①～④⇕下（51ページ）

特別な読み 上総《かずさ》

丈

3画　一部・常

音訓 ジョウ・たけ

名乗 じょう・たけ・たけし・とも・ひろ・ます

意味 ①尺貫法の長さの単位。②長さ。たけ。「背丈《せたけ》」③しっかりしている。強い。「丈夫《じょうぶ》」④長老や役者への敬意を表す。「丈人《じょうじん》（＝老人）」

丈 じょう　丈一 じょういち　丈太郎 じょうたろう
丈 たけし　丈博 たけひろ　千丈 ちひろ

冗

4画　冖部・常

音訓 ジョウ

意味 ①よけいな。不要な。むだ。「冗談《じょうだん》」②むだが多くてまとまりがない。「冗長《じょうちょう》」

丞

6画　一部・人

音訓 ジョウ

名乗 しょう・すけ・すすむ・たすく・つぐ

意味 補佐する。たすける。また、その人。「丞相《じょうしょう》」

類義 介（56ページ）・佐（109ページ）・助（141ページ）・輔（232ページ）・佑（246ページ）・侑（246ページ）・祐（247ページ）・翼（254ページ）

恭丞 きょうすけ　俊丞 しゅんすけ　丞 じょう
丞太朗 じょうたろう　鈴乃丞 すずのじょう　丞 すすむ
丞 たすく　雪之丞 ゆきのじょう　諒丞 りょうすけ

条

7画　木部・教5　11画 條 人

音訓 ジョウ・すじ

名乗 え・えだ・じょう・なが・みち

意味 ①木の細いえだ。こえだ。②すじ状のもの。また、市街の道すじ。③物事のすじみち。「条理」④箇条書きにした文。「条約」

状

7画　犬部・教5　8画 狀 人

音訓 ジョウ

名乗 かた・のり

意味 ①ありさま。様子。「状態・形状」②手紙。文書。「年賀状」

杖

7画　木部・人

音訓 チョウ・ジョウ・つえ

名乗 き・つえ・もち・より

意味 ①歩行を助けるためにつく棒。つえ。②つえで打つ。「杖刑《じょうけい》」

帖

⇩ちょう（189ページ）

乗

9画　ノ部・教3　10画 乘 人

音訓 ジョウ・の-る・の-せる

名乗 あき・しげ・のぼる・のり

意味 ①乗り物にのる。また、乗り物。「乗車」②よい機会としてつけこむ。また、動き・調子によく合う。「便乗《びんじょう》」③かけ算。「二乗」④仏の教え。「大乗」

城

9画　土部・教6

音訓 ジョウ・セイ・しろ

名乗 き・くに・さね・しげ・じょう・しろ・なり・むら

意味 ①敵を防ぐために築いた堅固な建物。しろ。また、とりで。「古城《こじょう》」②都市のまわりを囲む壁。城壁をめぐらせた都市。「城市《じょうし》」

城亮 じょうすけ　城多 じょうた　陽城 はるき
宏城 ひろき　真城 まき　祐城 ゆうき

浄

9画　氵部・常　11画 淨 人

音訓 ジョウ・きよ-い

名乗 きよ・きよし・しず

意味 けがれがない。きよらか。きよめる。「清浄」

類義 潔（90ページ）・純（138ページ）・清（163ページ）・聖（163ページ）・白（214ページ）

和浄 かずきよ　浄 きよし　浄輝 きよてる
浄乃 きよの　浄香 しずか　浄樹 しずき

剰

11画　刂部・常　12画 剩 人

音訓 ジョウ・あまつさ-え・あま-る

名乗 のり・ます

意味 ①多すぎる。あまる。「過剰《かじょう》」②その上に。あまつさえ。

常

11画　巾部・教5

音訓 ジョウ・つね・とこ

名乗 つね・つら・とき・ときわ・とこ・のぶ・ひさ・ひさし

意味 ①いつまでも変わらない。つね。つねに。「常緑樹」「常夏《とこなつ》」②ふつうの。なみの。また、ふだん。「常識・日常」③変わることのない道徳。「五常」

類義 恒（102ページ）・庸（251ページ）

特別な読み 常葉《ときわ》・《とこわ》・常磐《ときわ》・常陸《ひたち》

常治 じょうじ　常樹 つねき　常盛 つねもり
豊常 とよつね　直常 なおつね　常佳 のぶか
常紀 ひさき　常 ひさし　義常 よしとき

情

11画　忄部・教5

音訓 ジョウ・セイ・なさ-け

名乗 さね・じょう・せい・まこと・もと

意味 ①気持ち。感情。「情熱」②思いやり。まごころ。なさけ。「同情・友情」③人を愛する気持ち。「恋情《れんじょう》」④おもむき。味わい。「情緒《じょうちょ・じょうしょ》」「風情《ふぜい》」⑤ありのままの姿。様子。「情況・情景」

場 12画 土部・教2
音訓 ジョウ・ば
意味 あることが行われる所。ば。「劇場」

畳 12画 田部・常　22画 **疊** 人
音訓 ジョウ・たた-む・たたみ
名乗 あき
意味 ①折りたたむ。積み重ねる。「畳語《じょうご》」②和室の床に敷き詰める敷物《しきもの》。たたみ。また、たたみを数えることば。「四畳半《よじょうはん》」

蒸 13画 艹部・教6
音訓 ジョウ・ショウ・む-す・む-れる・む-らす
名乗 つぐ・つまき
意味 ①気体になって立ちのぼる。また、湿気があって暑い。「蒸気」②蒸気を当てて物を熱する。むす。むらす。③多い。もろもろ。

縄 15画 糸部・常
音訓 ジョウ・なわ
名乗 ただ・つぐ・つな・つね・なお・なわ・のり・まさ
意味 ①わら・糸などをより合わせて長くしたもの。なわ。「縄文《じょうもん》」②木材に直線を引くために使う、墨のついたひも。すみなわ。③規準。法則。

壌 16画 土部・常
音訓 ジョウ
意味 ①よく肥《こ》えた土。「土壌《どじょう》」②国土。大地。「天壌《てんじょう》(＝天と地)」

嬢 16画 女部・常　20画 **孃** 人
音訓 ジョウ
意味 ①むすめ。少女。「令嬢《れいじょう》」③あ②女性の氏名に付けて、敬意を表す。「鈴木嬢」③ある職についている女性であることを表す。「受付嬢」

錠 16画 金部・常
音訓 ジョウ
名乗 じょう・てい
意味 ①戸締まりに使う金具。錠前《じょうまえ》。「施錠《せじょう》」②粒状に固めた薬。錠剤《じょうざい》。

穣 18画 禾部・人　22画 **穰** 人
音訓 ジョウ
名乗 おさむ・しげ・じょう・みのる・ゆたか
意味 豊かに実る。「豊穣《ほうじょう》」
類義 歳(114ページ)・実(128ページ)・秋(133ページ)・稔(210ページ)

穣 おさむ　穣乃 しげの　穣彦 しげひこ
穣美 しげみ　穣二 じょうじ　穣太 じょうた
穣之助 じょうのすけ　穣 みのる　穣 ゆたか

譲 20画 言部・常　24画 **讓** 人
音訓 ジョウ・ゆず-る
名乗 うや・じょう・せむ・のり・まさ・ゆずり・ゆずる・よし
意味 ①相手を尊敬する気持ちで控えめな態度をとる。へりくだる。「謙譲《けんじょう》」②自分のものを人に与える。ゆずる。「譲渡《じょうと》」③責める。なじる。

譲 じょう　譲治 じょうじ　譲輝 まさき
譲 ゆずり　譲 ゆずる　譲之 よしゆき

醸 20画 酉部・常　24画 **釀** 人
音訓 ジョウ・かも-す
意味 ①発酵させて酒などをつくる。かもす。「醸造《じょうぞう》」②酒。

●しょく●

色 6画 色部・教2
音訓 ショク・シキ・いろ
名乗 いろ・しこ・つや
意味 ①いろどり。色彩。「原色」②外に現れた様子。ありさま。「特色」「音色《ねいろ》」③顔つき。表情。また、美しい顔や姿。「顔色《がんしょく・かおいろ》」「才色兼備《さいしょくけんび》」④性的な欲望。「好色」⑤仏教で、形あるすべてのもの。「色即是空《しきそくぜくう》」
類義 采(111ページ)・彩(112ページ)

色葉 いろは　美色 みいろ　陽色 ひいろ

拭 9画 扌部・常
音訓 ショク・ふ-く・ぬぐ-う
意味 布・紙などで物の表面の汚れや水分を取り去る。ふく。ぬぐう。「払拭《ふっしょく》」

食 9画 食部・教2
音訓 ショク・ジキ・シ・イ・く-う・く-らう・た-べる・は-む
名乗 あき・あきら・うけ・くら・け・みけ
意味 ①食事をする。たべる。また、たべもの。「和食」②養う。「食客《しょっかく・しょっきゃく》」③「×蝕《しょく》」の代わりに使う字。虫が食うように欠ける。「日食《にっしょく》・腐食《ふしょく》」

植 12画 木部・教3
音訓 ショク・チ・う-える・う-わる
名乗 おき・たつ・たね・なお
意味 ①草木などをうえる。「植樹」②草木。「植物」③人を移住させる。「入植《にゅうしょく》」④活字を組む。「誤植」

殖 12画 歹部・常
音訓 ショク・ふ-える・ふ-やす
名乗 え・しげる・たね・なか・のぶ・ます・もち
意味 ①物の数が多くなる。ふえる。ふやす。「繁殖《はんしょく》」②ふやして蓄《たくわ》えたもの。「学殖《がくしょく》」③人を移住させる。「殖民《しょくみん》」

触
13画 角部・常

音訓 ショク・ふ-れる・さわ-る

意味 物にさわる。また、物にふれて感じる。「感触・接触」

飾
13画 食部・常

音訓 ショク・シキ・かざ-る

名乗 あき・あきら・よし

意味 ①手を加えて美しく見せる。かざる。かざり。「装飾」②髪かざり。また、髪。「落飾《らくしょく》」

嘱
15画 口部・常

音訓 ショク

意味 頼みゆだねる。「嘱託《しょくたく》」

燭
17画 火部・人

音訓 ショク・ソク

名乗 あきら・てる

意味 ①あかり。ともしび。「燭光・燭台」「蠟燭《ろうそく》」②［ショク］光度を表す単位。

類義 灯（200ページ）・明（242ページ）

織
18画 糸部・教5

音訓 ショク・シキ・お-る

名乗 おり・おる・はとり・り

意味 ①布をおる。「絹織物《きぬおりもの》」②組み立てる。「組織《そしき》」

伊織 いおり　織衣 おりえ　織歌 おりか
織斗 おりと　花織 かおり　香織 かおり
沙織 さおり　詩織 しおり　美織 みおり

職
18画 耳部・教5

音訓 ショク・シキ

名乗 つね・もと・よし・より

意味 ①仕事。「職業」②担当する役目。職務。「管理職」③技術。「職人」

●じょく●

辱
10画 辰部・常

音訓 ジョク・はずかし-める・かたじけ-ない

意味 ①恥《は》じをかかせる。はずかしめる。また、はずかしめ。「屈辱《くつじょく》」②相手の好意に対する謙遜《けんそん》の意を表す。…していただいてありがたい。かたじけなくする。「辱知《じょくち》」

●しり●

尻
5画 尸部・常

音訓 コウ・しり

意味 ①臀部《でんぶ》。しり。②物事の一番最後。終わり。

●しん●

◆心 ⇩ 人気の字（151ページ）

申
5画 田部・教3

音訓 シン・もう-す・さる

名乗 さる・しげる・しん・のぶ・み・もち・もぶ

意味 ①言う。もうし述べる。「申告《しんこく》」②十二支の九番目。動物では猿に当てる。時刻では午後四時、または午後三時から五時の間。方位では西南西。「庚申《こうしん》」

伸
7画 イ部・常

音訓 シン・の-びる・の-ばす・の-べる

名乗 しん・ただ・のびる・のぶ・のぶる・のぼる・のり

意味 ①引っぱられて長くなる。のびる。のばす。「伸縮《しんしゅく》」②勢力・成績などが発展する。また、能力などが向上する。③述べる。申す。「追伸」

類義 延（46ページ）・長（189ページ）・暢（190ページ）・展（197ページ）

晃伸 あきのぶ　映伸 えいしん　賢伸 けんしん
志伸 しのぶ　伸 しん　伸吾 しんご
伸二 しんじ　伸太朗 しんたろう　伸之介 しんのすけ
伸弥 しんや　俊伸 としのぶ　伸花 のぶか
伸貴 のぶたか　伸良 のぶよし　裕伸 ひろのぶ
樹伸 みきのぶ　勇伸 ゆうしん　佳伸 よしのぶ

芯
7画 艹部・常

音訓 シン

意味 ①ろうそくなどの火をつける部分。「灯芯《とうしん》」②ものの中心。

謙芯 けんしん　芯一 しんいち　芯哉 しんや

臣
7画 臣部・教4

音訓 シン・ジン・おみ

名乗 お・おか・おみ・おん・きむ・じ・しげ・しん・たか・ちか・とし・とみ・み・みつ・みる

意味 君主に仕《つか》える人。「忠臣《ちゅうしん》」

篤臣 あつおみ　臣吾 しんご　臣平 しんぺい
臣弥 しんや　拓臣 たくみ　臣彦 とみひこ
博臣 ひろおみ　真臣 まさおみ　義臣 よしおみ

身
7画 身部・教3

音訓 シン・み

名乗 これ・ただ・ちか・のぶ・み・みる・む・もと・よし

意味 ①からだ。「全身」②そのひと個人。自分。「一身・立身」③物のなかみ。「刀身」④熱意。誠意。

人気の字

心

4画

心部・㊎2

音訓 シン・こころ
名乗 きよ・ご・ごり・さね・しん・なか・み・むね・もと

意味 ①こころ。精神。「心情・心身」「真心」②物事の根本の部分。中心。「核心」③心臓。「心音」④意味。

類義 宇（42ページ）・央（47ページ）・神（152ページ）・中（187ページ）

なりたち 象形。心臓の形で、こころの意を表す。

特別な読み 心太《ところてん》・心天《ところてん》

四字熟語・ことわざ

【以心伝心】《いしんでんしん》 ことばによらなくても、お互いに気持ちが通じ合うこと。

【一意専心】《いちいせんしん》 心を一つのことに集中すること。

【初心忘るべからず】《しょしんわするべからず》 物事を始めたころの謙虚で真剣な気持ちを忘れてはならない。

【誠心誠意】《せいしんせいい》 真心をもって行うこと。

筆順 丶 心 心 心

参考 現代表記では「肝腎→肝心」のように、「腎」を「心」に書きかえることがある。→腎（157ページ）

一字の名前

心 こころ・しん

二字の名前

❤一字目

心那 きよな　心晴 きよはる　心良 きよら
心汰 さねた　心花 しんか　心悟 しんご
心慈 しんじ　心樹 しんじゅ　心平 しんぺい
心哉 しんや　心緒 みお　心桜 みおう
心音 みおん　心咲 みさき　心愛 みちか
心月 みつき　心菜 みな　心花 みはな
心春 みはる　心暖 みはる　心優 みゆ
心大 むねた　心弥 むねや　心洋 もとひろ

❤二字目

愛心 あみ　彩心 あやみ　偉心 いしん
一心 いっしん　英心 えいしん　慧心 えしん
魁心 かいしん　奏心 かなみ　貴心 きしん
希心 きみ　啓心 けいご　謙心 けんしん
康心 こうしん　琴心 ことみ　聖心 しょうご
盛心 せいご　誠心 せいしん　泰心 たいしん
隆心 たかみ　菜心 なみ　愛心 なるみ
茉心 まみ　美心 みなか　萌心 もえみ
雄心 ゆうしん　優心 ゆうみ　結心 ゆみ

三字の名前

❤一字目

心之介 しんのすけ　心花子 みかこ　心南子 みなこ
心羽音 みはね　心美華 みみか　心由紀 みゆき

❤二字目

栄心子 えみこ　久心菜 くみな　奈心香 なみか
悠心歌 ゆみか　優心子 ゆみこ　玲心奈 れみな

❤三字目

京之心 きょうのしん　菜々心 ななみ　風紗心 ふさみ

読みごとの名前

❤しん

瑛心 えいしん　啓心 けいしん　心一 しんいち
心也 しんや　優心 ゆうしん　陽心 ようしん

❤み

心羽 みう　心香子 みかこ　心希 みき
心玖 みく　心結 みゆ　瑠心 るみ

❤むね

心多 むねた　心也 むねや　心哉 むねや

❤もと

心輝 もとき　心陽 もとはる　心裕 もとひろ

ことば

【一心】《いっしん》 心を一つにする。また、集中する。〔名前読み例〕いっしん・かずみ・ひとみ

【有心】《うしん》 思慮分別の深いこと。〔名前読み例〕あみ・ゆうしん

【絵心】《えごころ》 絵を描いたり理解したりする心。

【孝心】《こうしん》 親孝行をしようとする心。〔名前読み例〕こうしん・たかみ

【恒心】《こうしん》 常に変わらない正しい心。〔名前読み例〕こうしん・ちかみ・ひさみ

【詩心】《ししん》 詩を作ったり味わったりする心。

【静心】《しずごころ》 穏やかな心。

【心鏡】《しんきょう》 心の鏡。明らかな心をいう。

【心星】《しんせい》 さそり座のアンタレス。夏の夕、赤色に輝く。

【心友】《しんゆう》 心から信じ合っている友。〔名前読み例〕みゆ・みゆう

【善心】《ぜんしん》 善良な心。

【丹心】《たんしん》 まごころ。

【天心】《てんしん》 空の真ん中。

【真心】《まごころ》 誠意。〔名前読み例〕しんご・まさみ・まみ

【良心】《りょうしん》 正しく行動しようとする心。

7画 **辛** 辛部・常

音訓 シン・から-い・かのと・つら-い
名乗 かのと・しん

意味 ①味がからい。「香辛料《こうしんりょう》」②苦しい。つらい。「辛苦《しんく》」③やっとのことで。かろうじて。「辛勝《しんしょう》」④十干《じっかん》の八番目。かのと。「辛亥《しんがい》」

辰 ⇩たつ (182ページ)

9画 **信** イ部・教4

音訓 シン
名乗 あき・あきら・こと・さだ・さね・しげ・しの・しん・ただ・ちか・とき・とし・のぶ・のぶる・まこと・まさ・みち

意味 ①うそ偽りがないこと。また、心持ちや行いが誠実であること。まこと。「真実」②正しいと思って疑わないこと。「信念」③正しいと思って帰依《きえ》すること。「信仰」④手紙。「私信」⑤証明。しるし。

類義 允(41ページ)・摯(125ページ)・実(128ページ)・真(153ページ)・誠(164ページ)・亮(260ページ)・諒(261ページ)

信 あきら　瑛信 えいしん　志信 しのぶ
信夫 しのぶ　信一 しんいち　信玄 しんげん
信吾 しんご　信士 しんじ　信介 しんすけ
信太郎 しんたろう　忠信 ただのぶ　信恵 のぶえ
信子 のぶこ　信宏 のぶひろ　信義 のぶよし
信頼 のぶより　治信 はるのぶ　信 まこと

9画 **侵** イ部・常

音訓 シン・おか-す

意味 人の領分に入り込む。「侵入」

9画 **津** 氵部・常

音訓 シン・つ
名乗 しん・ず・つ・づ・わた

意味 ①船着き場。渡し場。港。「津々浦々《つつうらうら》」②体内から出る液体。つば・汗・涙など。③わきでる。あふれる。「興味津々《きょうみしんしん》」

類義 港(105ページ)・湊(172ページ)

亜津人 あつと　以津樹 いつき　伊津美 いづみ
佳津也 かつや　志津 しづ　津介 しんすけ
千奈津 ちなつ　津加紗 つかさ　津季 つき
津祢彦 つねひこ　奈津 なつ　美津希 みつき
由津樹 ゆづき　李津 りつ　理津子 りつこ

9画 **神** ネ部・教3
10画 **神** 示部・人

音訓 シン・ジン・かみ・かん・こう
名乗 あお・か・かむ・きよ・しの・しん・たる・みわ

意味 ①かみ。宇宙万物《ばんぶつ》を支配し、信仰の対象となる存在。また、魂《たましい》。「神仏《しんぶつ》」「女神《めがみ》」②不思議な力。「神秘《しんぴ》」③心。霊妙な心の動き。「精神」

類義 宇(42ページ)・心(151ページ)

特別な読み 神楽《かぐら》

神楽 かぐら　神威 かむい　神奈 かんな

10画 **唇** 口部・常

音訓 シン・くちびる

意味 くちびる。口のふちの部分。「口唇《こうしん》」

10画 **娠** 女部・常

音訓 シン

意味 みごもる。はらむ。「妊娠《にんしん》」

10画 **振** 扌部・常

音訓 シン・ふ-る・ふ-るう・ふ-れる
名乗 しん・とし・のぶ・ふり・ふる

意味 ①ゆり動かす。ふる。ふるう。また、ふるえる。「振動・三振」②さかんになる。ふるい立たせる。「振興《しんこう》」

10画 **浸** 氵部・常

音訓 シン・ひた-す・ひた-る

意味 ①水がしみ込む。水につける。ひたす。ひたる。「浸水《しんすい》」②水がしみ込むように次第に広がる。「浸透《しんとう》」

◆**真** **眞** ⇩人気の字 (153ページ)

10画 **針** 金部・教6

音訓 シン・はり
名乗 じん・はり

意味 ①ぬいばり。また、治療に使うはり。「針灸《しんきゅう》・運針」②目盛りや方向を指し示すはり。また、目指す目的や方向。「秒針」③はりのように先のとがったもの。「針葉樹《しんようじゅ》」

10画 **晋** 日部・人

音訓 シン
名乗 あき・くに・しん・すすむ・つき・ゆき

意味 進む。

注意 「晋」は形が似ているが別の字。↓普(226ページ)

類義 進(154ページ)

晋長 あきなが　晋彦 くにひこ　賢晋 けんしん
晋 しん　晋一 しんいち　晋悟 しんご
晋作 しんさく　晋次 しんじ　晋助 しんすけ
晋太 しんた　晋太郎 しんたろう　晋之介 しんのすけ
晋平 しんぺい　晋哉 しんや　晋 すすむ
悠晋 ゆうしん　晋佳 ゆきか　晋正 ゆきまさ

10画 **秦** 禾部・人

音訓 シン
名乗 しん・はた

意味 古代中国の国名。

健秦 けんしん　秦吾 しんご　秦太郎 しんたろう

人気の字

真

10画
目部・教3

眞

10画
人

音訓 シン・ま・まこと
名乗 あつ・さだ・さな・さね・ざね・しん・ただ・ただし・ちか・なお・ま・まき・まこ・まこと・まさ・ます・また・まな・み・みち・もと

意味 ①うそや偽りがなく、正しいこと。本当。まこと。「真実・真理」「真面目《まじめ》」②自然のまま。まじりけがない。「純真・天真」「真水」

類義 允(41ジ)・摯(125ジ)・実(128ジ)・純(138ジ)・醇(140ジ)・信(152ジ)・粋(157ジ)・生(161ジ)・誠(164ジ)・亮(260ジ)・諒(261ジ)

なりたち 会意。さじで鼎《かなえ》(=青銅製の器)に物をつめる様子から、つめるの意を表す。中身がいっぱいにつまっていて本物、まことの意も表す。

四字熟語・ことわざ
【天真×爛漫】てんしんらんまん 飾ったり気取ったりせず、ありのままであること。純真で無邪気なこと。

筆順
一 十 亠 冇 育 直 直 真 真

参考 ほかのことばに付いて、真実の、完全な、立派な、などの意味を表すこともある。「真心」

一字の名前
真 しん・ただし・まこ・まこと・まな

二字の名前
❤一字目
真悟 しんご　真太 しんた　真衣 まい
真央 まお　真雄 まさお　真斗 まさと
真利 まさとし　真美 まさみ　真澄 ますみ
真奈 まな　真菜 まな　真斗 まなと
真美 まなみ　真紘 まひろ　真穂 まほ
真海 まみ　真結 まゆ　真優 まゆ
❤二字目
篤真 あつさね　栄真 えいしん　一真 かずま
和真 かずまさ　恭真 きょうしん　清真 きよさだ
修真 しゅうま　匠真 しょうま　翔真 しょうま
蒼真 そうま　颯真 そうま　拓真 たくま
斗真 とうま　冬真 とうま　俊真 としまさ
陽真 はるま　遥真 はるま　秀真 ひでさだ
弘真 ひろまさ　風真 ふうま　悠真 ゆうしん
侑真 ゆうま　優真 ゆうま　友真 ゆま

三字の名前
❤一字目
真太朗 しんたろう　真之介 しんのすけ　真亜紗 まあさ
真樹男 まきお　真知子 まちこ　真奈花 まなか
真由美 まゆみ　真里恵 まりえ　真理奈 まりな
❤二字目
阿真祢 あまね　小真紀 こまき　史真子 しまこ
多真希 たまき　妃真里 ひまり　梨真子 りまこ
❤三字目
明日真 あすま　安寿真 あずま　威久真 いくま
加津真 かつま　煌之真 こうのしん　斗玖真 とくま

読みごとの名前
❤さだ
君真 きみさだ　真加 さだか　義真 よしさだ
❤さね
真臣 さねおみ　真太 さねた　緋真 ひさね
❤しん
真一郎 しんいちろう　真哉 しんや　結真 ゆうしん
❤ま
日真莉 ひまり　真緒 まお　裕真 ゆうま
❤まさ
天真 たかまさ　真希 まさき　真子 まさこ

ことば
【純真】じゅんしん 邪念がなく心が清らかなこと。
【正真】しょうしん 偽りがなく本物であること。〔名前読み例〕しょうま・まさただ
【真意】しんい まことの心。
【真義】しんぎ 本当の意義。〔名前読み例〕まさよし
【真実】しんじつ うそ偽りがないこと。本当。〔名前読み例〕まさみ・まなみ・まみ
【真珠】しんじゅ パール。〔名前読み例〕しんじゅ・まじゅ・ますみ・まなみ・まみ
【真情】しんじょう 真心。また、実情。
【真人】しんじん 真理を悟った人格者。〔名前読み例〕しんと・まさと・まなと・まこと
【真正】しんせい まちがいなく正しいこと。〔名前読み例〕まさただ
【真如】しんにょ 絶対不変の真理。
【真理】しんり まことの道理。〔名前読み例〕しんり・まさみち・まり
【真心】まごころ 誠意。〔名前読み例〕しんご・まさみ・まみ
【真帆】まほ 追い風を受けて十分に張った帆。〔名前読み例〕まほ
【真秀】まほ 十分整っていること。完全なこと。〔名前読み例〕まほ

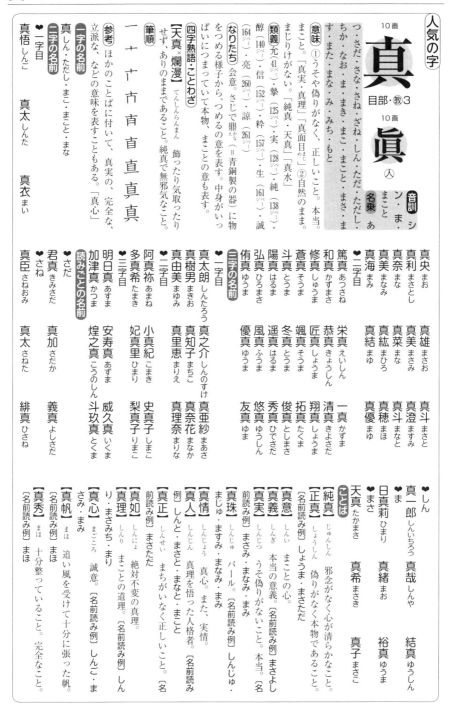

11画
深 氵部・教3
音訓 シン・ふか-い・ふか-まる・ふか-める・み
名乗 しん・とお・ふか・ふかし・み
意味 ①表面から底までの距離が遠い。ふかい。「深海」②入り口や先端から奥までの距離が遠い。奥ふかい。「深窓《しんそう》」「深山《みやま》」③程度がふかい。「深刻」④色が濃い。「深緑《しんりょく》・《ふかみどり》」⑤夜がふける。「深夜」
◆①～④⇕浅（167ページ）

深二 しんじ　深哉 しんや　拓深 たくみ
深 ふかし　深志 ふかし　愛深 まなみ
深紅 みく　深紗希 みさき　深月 みづき
深結 みゆ　深雪 みゆき　深芳 みよし

11画
進 辶部・教3
音訓 シン・すす-む・すす-める
名乗 しん・す・すす・すすみ・すすむ・のぶ・みち・ゆき
意味 ①前へ出る。すすむ。「進行」②高い等級・段階にすすむ。向上する。「進歩・昇進」③物事をおしすすめる。「推進」④差し上げる。また、申し上げる。「進呈《しんてい》」◆①②⇕退（177ページ）
類義 晋（152ページ）

進 しん　進一 しんいち　進治 しんじ
進介 しんすけ　進太朗 しんたろう　進平 しんぺい
進也 しんや　進 すすむ　陽之進 はるのしん
秀進 ひでゆき　進奈 ゆきな　進歩 ゆきほ

11画
紳 糸部・常
音訓 シン
名乗 しん
意味 地位・教養の高い人。「紳士《しんし》」
◆もともとは、「高官が礼装に用いた幅の広い帯」の意味。

紳 しん　紳一郎 しんいちろう　紳吾 しんご
紳太 しんた　紳之佑 しんのすけ　紳也 しんや

11画
晨 日部・人
音訓 シン・あした
名乗 あき・しん・とき・とよ
意味 夜明け。早朝。「晨朝」
類義 暁（81ページ）・曙（141ページ）・旦（183ページ）・朝（189ページ）

晨子 あきこ　晨羽 あきは　晨 しん
晨吾 しんご　晨之介 しんのすけ　晨矢 しんや
澄晨 すみとき　千晨 ちあき　春晨 はるあき

12画
森 木部・教1
音訓 シン・もり
名乗 しげ・しげる・しん・もり
意味 ①樹木が生《お》い茂っているところ。もり。また、樹木が生い茂っているさま。「森林」②ものが多く並ぶ。「森羅万象《しんらばんしょう》」③静かで、おごそかなさま。「森閑《しんかん》」
類義 杜（197ページ）

森彦 しげひこ　森 しん　森慈 しんじ
秀森 ひでもり　森香 もりか　森良 もりよし

12画
診 言部・常
音訓 シン・み-る
名乗 み・みる
意味 病状を調べる。みる。「診察」

13画
寝 宀部・常
14画
寢 人
音訓 シン・ね-る・ね-かす
意味 ①横になる。また、眠る。ねる。「就寝《しゅうしん》」②奥座敷。また、寝室。「寝殿《しんでん》」

13画
慎 忄部・常
13画
愼 人
音訓 シン・つつし-む
名乗 しん・ちか・のり・まこと・みつ・よし
意味 気を配ってあやまちのないようにする。控えめにする。つつしむ。つつしみ。「慎重・謹慎《きんしん》」また、
類義 謹（83ページ）・粛（136ページ）

謙慎 けんしん　慎 しん　慎吾 しんご
慎作 しんさく　慎司 しんじ　慎介 しんすけ
慎太 しんた　慎太朗 しんたろう　慎之介 しんのすけ
慎平 しんぺい　慎也 しんや　慎之 のりゆき
慎代 のりよ　慎 まこと　祐慎 ゆうしん
慎恵 よしえ　慎花 よしか　慎実 よしみ

13画
新 斤部・教2
音訓 シン・あたら-しい・あら-た・にい
名乗 あきら・あら・あらた・しん・すすむ・ちか・にい・はじめ・よし・わか
意味 ①ものができて少ししか時間がたっていないさま。また、今までとは違うさま。あたらしい。⇕旧（76ページ）・古（95ページ）「新鮮・斬新《ざんしん》」②あたらしくする。あらためる。「更新」

新 あきら　新 あらた　新太 あらた
新一 しんいち　新悟 しんご　新司 しんじ
新助 しんすけ　新汰 しんた　新平 しんぺい
新也 しんや　新奈 にいな　新 はじめ
新佳 よしか　新奈 わかな　新葉 わかば

14画
榛 木部・人
音訓 シン・はしばみ
名乗 はり・はる
意味 ①木の名。ハシバミ。②木の名。ハンノキ。③やぶ。雑木林《ぞうきばやし》。

榛介 しんすけ　千榛 ちはる　榛明 はるあき
榛香 はるか　榛人 はると　榛真 はるま

槙 **槇** ⇩まき（238ページ）

賑 ⇩にぎわう（208ページ）

審
15画 宀部・常
音訓 シン・つまびらか
名乗 あき・あきら・しん
意味 正しいかどうかをくわしく調べて明らかにする。つまびらかにする。「審査・審判」

震
15画 雨部・常
音訓 シン・ふるう・ふるえる
名乗 おと・しん・なり・なる・のぶ
意味 ①小刻みにゆれ動く。ふるえる。ふるわす。「震動《しんどう》」②地震。「震度」③おそれる。おののく。「震×撼《しんかん》」④激しい。

薪
16画 艹部・常
音訓 シン・たきぎ・まき
意味 燃料にする枝や木。たきぎ。まき。「薪炭《しんたん》」

薪一郎 しんいちろう　薪也 しんや　薪乃 まきの

親
16画 見部・教2
音訓 シン・おや・したしい・したしむ
名乗 いたる・しん・ちか・ちかし・なる・み・みる・もと・よし・よしみ・より
意味 ①父と母。おや。「両親」②身内。親族。「親戚《しんせき》」③仲がよい。したしい。したしむ。「親友」④自分で直接に。みずから。「親展《しんてん》」
類義 好（100ページ）・睦（236ページ）・和（269ページ）

親 いたる　和親 かずちか　親治 しんじ
親平 しんぺい　親哉 しんや　親実 なるみ

●じん●

✦人 ⇩人気の字（156ページ）

刃
3画 刀部・常
音訓 ジン・ニン・は・やいば
意味 ①刀などのは。やいば。また、刃物《はもの》。「白刃《はくじん・しらは》」②刀で切る。切り殺す。「刃傷《じんしょう・にんじょう》」

仁
4画 亻部・教6
音訓 ジン・ニ・ニン
名乗 きみ・きむ・さと・さね・じ・しのぶ・じん・ただし・と・とく・とし・とよ・に・にん・のり・ひさし・ひと・ひとし・ひろ・ひろし・まさ・まさし・み・めぐみ・めぐむ・やすし・よし
意味 ①他を思いやり、いつくしむ心。「仁愛・仁義」「仁徳《じんとく・にんとく》」②人。「御仁《ごじん》」③果実の中心にある核。さね。「杏仁《きょうにん・あんにん》」
類義 子（121ページ）・恕（141ページ）・人（156ページ）

亮仁 あきと　篤仁 あつひと　一仁 かずひと
久仁香 くにか　仁子 さとこ　仁 じん
仁太 じんた　隆仁 たかひと　仁 ただし
仁慈 とよちか　陽仁 はると　仁 ひとし
仁史 ひとし　仁成 ひとなり　仁美 ひとみ
大仁 ひろと　仁人 ひろと　仁明 まさあき
仁 まさし　仁崇 まさたか　仁 めぐむ
結仁 ゆいと　雄仁 ゆうと　幸仁 ゆきと
仁恵 よしえ　義仁 よしひと　理仁 りひと

壬
4画 士部・人
音訓 ジン・みずのえ
名乗 あきら・つぐみ・みず・よし
意味 十干《じっかん》の九番目。みずのえ。「壬申《じんしん》」

尽
6画 尸部・常
盡 14画 皿部・人
音訓 ジン・つくす・つきる・つかす・ことごとく
名乗 じん・みな
意味 ①すべてなくなる。すべて出しつくす。つきる。「尽力」②すべて。ことごとく。「一網打尽《いちもうだじん》」③その月の最後の日。みそか。「尽日《じんじつ》」

尽 じん　尽一 じんいち　尽太 じんた

迅
6画 辶部・常
音訓 ジン・シン・シュン・はやい
名乗 とき・とし・はや
意味 ①速度がはやい。「迅速《じんそく》」②はげしい。「獅子奮迅《ししふんじん》」
類義 快（57ページ）・捷（144ページ）・速（175ページ）・敏（224ページ）

迅 じん　迅征 じんせい　千迅 ちはや
迅也 ときなり　迅輝 としき　迅子 としこ
迅士 はやと　迅実 はやみ　雄迅 ゆうじん

神 神 ⇩しん（152ページ）

甚
9画 甘部・常
音訓 ジン・はなはだ・はなはだしい
名乗 おお・しげ・じん・たう・たね・とう・ふか・やす
意味 ふつうの程度をはるかに超えているさま。はなはだしい。「甚大《じんだい》」

陣
10画 阝部・常
音訓 ジン
名乗 つら・のぶ・ぶる
意味 ①軍隊の配置。また、軍勢が結集している所。「陣営」②戦い。いくさ。「初陣《ういじん》」③ある共通の行動をするために集まった人々。「報道陣」④ひとしきり。突然の。「一陣《いちじん》」

陣太 じんた　陣翔 じんと　陣也 じんや

人気の字

2画

人

人部・教1

音訓 ジン・ニン・ひと

名乗 きよ・さね・じん・たみ・と・ひと・ひとし・ふと・むと・め

意味 ①ひと。人間。「人口」「住人」②ひとがら。性格。③［ニン］人を数える語。「三人」

類義 子（121ページ）・仁（155ページ）

なりたち 象形。横から見た人の形で、ひとの意味を表す。

特別な読み 海人《あま》・良人《おっと》・玄人《くろうと》・一人《ひとり》・若人《わこうど》

四字熟語・ことわざ

【十人十色】《じゅうにんといろ》 性格・考え方・好みが人によって異なること。

【聖人君子】《せいじんくんし》 知識・徳のすぐれた、理想的な人物。

筆順

ノ人

一字の名前

人 ひとし

二字の名前

❤一字目

人太 さねた
人志 ひとし
人珠 ひとみ

❤二字目

蒼人 あおと
啓人 あきと
瑛人 あきと
彰人 あきひと
英人 えいと
開人 かいと
寿人 かずと
和人 かずひと
奏人 かなと
圭人 けいと
憲人 けんと
颯人 そうと
隆人 たかと
孝人 たかひと
豊人 とよひと
直人 なおひと
勇人 はやと
駿人 はやと
陽人 はると
春人 はるひと
悠人 ひさと
尚人 ひさひと
秀人 ひでと
紘人 ひろと
博人 ひろと
雅人 まさと
幹人 みきと
康人 やすと
泰人 やすひと
悠人 ゆうじん
結人 ゆうと
由人 よしと
慶人 よしと
芳人 よしひと
陸人 りくと
蓮人 れんと

三字の名前

❤三字目

安希人 あきと
安佐人 あさと
有由人 あゆと
加寿人 かずひと
貴理人 きりと
久仁人 くにひと
寿々人 すずと
多久人 たくと
奈央人 なおと
南海人 なみと
比呂人 ひろと
真輝人 まきと
真佐人 まさと
真由人 まゆと
海輝人 みきと
耶麻人 やまと
由唯人 ゆいと
祐希人 ゆきと
理貴人 りきと
利那人 りなと
里斐人 りひと

読みごとの名前

❤と

暁人 あきと
快人 かいと
一人 かずと
兼人 かねと
健人 けんと
憲人 けんと
尚人 なおと
信人 のぶと
迅人 はやと
隼人 はやと
久人 ひさと
寛人 ひろと
史人 ふみと
昌人 まさと
皆人 みなと
唯人 ゆいと
侑人 ゆうと
優人 ゆうと

❤ひと

明人 あきひと
朱人 あけひと
清人 きよひと
惟人 これひと
徹人 てつひと
智人 ともひと
仁人 とよひと
稔人 なるひと
紀人 のりひと
憲人 のりひと
温人 はるひと
人雄 ひとお
人美 ひとみ
雅人 まさひと
靖人 やすひと
幸人 ゆきひと
慶人 よしひと
理人 りひと

ことば

【岳人】《がくじん》 登山家。〔名前読み例〕がくと・たかと・たけと・たけひと

【佳人】《かじん》 美しい女性。

【貴人】《きじん》 身分の高い人。高貴な人。

【義人】《ぎじん》 正義を重んじる人。〔名前読み例〕よしと・よしひと

【玄人】《くろうと》 技芸に熟達した職業人。

【賢人】《けんじん》 かしこい人。また、徳のある人。〔名前読み例〕けんと

【人士】《じんし》 教養・地位のある立派な人。〔名前読み例〕ひとし・きよと

【真人】《しんじん》 真理を悟った人格者。〔名前読み例〕まさと・まなと・まこと

【人徳】《じんとく》 人に備わった徳。

【人望】《じんぼう》 人から寄せられる尊敬・信頼・期待の気持ち。

【聖人】《せいじん》 知徳にすぐれた人。〔名前読み例〕あきひと・きよと・きよひと・せいと・まさと

【大人】《たいじん》 おとな。また、徳が高い人。

【達人】《たつじん》 道理に通じた人。また、その道にすぐれた人。〔名前読み例〕たつと・たつひと

【哲人】《てつじん》 道理に通じて見識が高い人。〔名前読み例〕あきと・あきひと・てつと

【文人】《ぶんじん》 文芸をたしなむ風雅な人。〔名前読み例〕ふみと・ふみひと

【令人】《れいじん》 よい人。立派な人。〔名前読み例〕はると・りょうと

10画
訊 言部・㊇
音訓 シン・ジン・たず-ねる
意味 問いただす。取り調べる。たずねる。「訊問《じんもん》」◆現代表記では「訊問→尋問」のように、「尋」に書きかえることがある。↓尋（次項）

12画
尋 寸部・㊥
音訓 ジン・たず-ねる・ひろ
名乗 じん・ちか・つね・のり・ひつ・ひろ・ひろし・みつ
意味 ①普通。なみ。「尋常《じんじょう》」②探り求める。おとずれる。③聞きだす。「尋問《じんもん》」◆現代表記では「訊問→尋問」のように、「訊」を「尋」に書きかえることがある。↓訊（前項）
ことば【千尋《ちひろ》】きわめて長いこと。また、きわめて深いこと。〔名前読み例〕ちひろ
尋希 ひろき　尋斗 ひろと　真尋 まひろ

13画
腎 月部・㊥
音訓 ジン
意味 ①腎臓《じんぞう》。②大切な所。かなめ。「肝腎《かんじん》」◆現代表記では「肝腎→肝心」のように、「心」に書きかえることがある。↓心（151ジ）

●す●

洲 ⇩しゅう（134ジ）

素 ⇩そ（170ジ）

巣 **巢** ⇩そう（172ジ）

12画
須 頁部・㊥
音訓 ス・シュ・すべから-く
名乗 す・まつ・もち・もとむ
意味 ①用いる。必要とする。「必須」②ひげ。あごひげ。「須髪《しゅはつ》」
亜須花 あすか　亜莉須 ありす　香須実 かすみ
須寿 すず　須美 すみ　須美玲 すみれ

15画
諏 言部・㊇
音訓 ス・シュ
名乗 す
意味 問う。相談する。
特別な読み 諏訪《すわ》
諏門 しゅもん　諏里 しゅり

●ず●

7画
図 口部・㊋2
音訓 ズ・ト・はか-る
名乗 つ・と・のり・はかる・みつ
意味 ①物の形状を描いたもの。また、物事の関係を点や線で表したもの。「地図・天気図」②絵。また、様子。「図画《ずが》」③本。書物。「図書《としょ》」④たくらむ。はかる。計画。「意図《いと》」

●すい●

4画
水 水部・㊋1
音訓 スイ・みず
名乗 すい・たいら・な・なか・み・みず・みな・ゆ・ゆく
意味 ①みず。酸素と水素の化合物。「水道・流水」②川・湖・海などの、水のあるところ。「水辺《みずべ》」③水溶液。また、液状のもの。「水銀」④水曜日のこと。⑤水素。⑥五行の一つ。
注意「水子《みずこ》・《みずご》」は、流産または堕胎《だたい》した胎児の意味。
特別な読み 水月《くらげ》・水瀬《みなせ》
晶水 あきみ　泉水 いずみ　琴水 ことみ
拓水 たくみ　水央 みお　水佳 みか
水咲 みさき　水紀 みずき　水穂 みずほ

7画
吹 口部・㊥
音訓 スイ・ふ-く
名乗 かぜ・ふ・ふき・ふけ
意味 息をふく。また、管楽器をふき鳴らす。「吹奏楽」
特別な読み 息吹《いぶき》・吹雪《ふぶき》
伊吹 いぶき　息吹 いぶき　吹斗 ふきと
吹雪 ふぶき　吹美 ふみ　吹由乃 ふゆの

8画
垂 土部・㊋6
音訓 スイ・た-れる・た-らす
名乗 しげる・す・たり・たる・たれ
意味 ①だらりと下がる。たれる。たれ下がる。「懸垂《けんすい》」②上位の者が下位の者に教えを示す。「垂範《すいはん》」③今にも…しそうだ。

8画
炊 火部・㊥
音訓 スイ・た-く・かし-ぐ
名乗 い・かし・かしぎ・とぎ・とぐ
意味 煮たきをする。「炊飯《すいはん》」

9画
帥 巾部・㊥
音訓 スイ・シュツ・ソチ・ソツ
名乗 そち・そつ
意味 軍をひきいて指揮をする。また、その大将。「元帥《げんすい》」

10画
粋 米部・㊥
14画
粹 ㊇
音訓 スイ・いき
名乗 きよ・ただ・よし
意味 ①まじりけがない。また、質がよく、すぐれている。「生粋《きっすい》・純粋」②世情や人情に通じていて、ものわかりがよいさま。また、洗練されていてしゃれた趣《おもむき》があること。い

き。「小粋《こいき》」
類義 純（138ページ）・醇（140ページ）・真（153ページ）・生（161ページ）
粋志 きよし　粋美 きよみ　粋 すい

衰
10画　衣部・常
音訓 スイ・おとろ-える
意味 勢いや力が弱くなる。おとろえる。「衰弱」

推
11画　扌部・教6
音訓 スイ・おす
名乗 ひらく
意味 ①前へおしだす。おす。「推進」②おしはかる。「推測」③人にすすめる。「推薦」

酔
11画　酉部・常
15画 醉 人
音訓 スイ・よ-う
意味 ①酒によう。「泥酔《でいすい》」②意識をなくす。「麻酔」③心を奪われる。「心酔・陶酔《とうすい》」

彗
11画　彐部・人
音訓 スイ
意味 ①彗星《すいせい》。ほうきぼし。②ほうき。また、ほうきで掃《は》く。
彗 すい　彗華 すいか　彗太 すいた

遂
12画　辶部・常
音訓 スイ・と-げる・つい-に
名乗 かつ・つく・とげる・なり・なる・みち・もろ・やす・ゆき・より
意味 ①物事をやりとげる。「遂行《すいこう》」②ついに。
類義 完（64ページ）

睡
13画　目部・常
音訓 スイ・ねむ-る
意味 眠《ねむ》る。寝る。「睡眠《すいみん》」

翠
14画　羽部・人
音訓 スイ・みどり
名乗 あき・あきら・すい・みどり
意味 ①鳥の名。カワセミ（の雌）。「×翡翠《ひすい》（＝カワセミ。また、緑色の宝石）」②みどり。青緑色。「翠玉《すいぎょく》」
翠斗 あきと　翠 あきら　翠 すい
翠香 すいか　翠 みどり　翠子 みどりこ

穂
15画　禾部・常
17画 穗 人
音訓 スイ・ほ
名乗 お・のり・ほ・み・みのる
意味 穀物の穂《ほ》。また、穂のような形をしたもの。「花穂《かすい》」「穂先《ほさき》」
ことば 【穂波】ほなみ　稲・麦などの穂が風に吹かれて波のようにゆらぐこと。〔名前読み例〕ほなみ
彩穂 あやほ　香穂瑠 かおる　和穂 かずほ
夏穂 かほ　志穂 しほ　奈穂 なお
菜穂子 なほこ　穂高 ほたか　穂乃花 ほのか
穂希 ほまれ　真穂 まほ　瑞穂 みずほ
実穂 みのり　穂 みのる　美穂 みほ
雪穂 ゆきほ　里穂子 りおこ　理穂 りほ

誰
⇩だれ（183ページ）

錐
16画　金部・人
音訓 スイ・きり
意味 ①きり。小さい穴をあけるのに用いる工具。②底が平面で、先がとがった形の立体。「円錐《えんすい》」

錘
16画　金部・人
音訓 スイ・つむ
意味 ①おもり。②糸をつむぐ道具。つむ。「紡錘《ぼうすい》」

●ずい●

随
12画　阝部・常
音訓 ズイ・したが-う・まにまに
名乗 あや・みち・ゆき・より
意味 ①ついていく。したがう。「追随《ついずい》」②なりゆきに任せる。「随筆」

瑞
13画　王部・人
音訓 ズイ・みず
名乗 たま・みず
意味 ①めでたいしるし。「瑞雲《ずいうん》」②［みず］みずみずしい。「瑞枝《みずえ》・瑞穂《みずほ》」
類義 祥（143ページ）・禎（194ページ）
瑞音 たまお　瑞輝 たまき　瑞美 たまみ
瑞代 たまよ　瑞枝 みずえ　瑞花 みずか
瑞希 みずき　瑞人 みずと　瑞穂 みずほ

髄
19画　骨部・常
音訓 ズイ・スイ
名乗 すね・なか
意味 ①骨の中心にある柔らかな組織。「骨髄《こつずい》」②植物の茎の中心の柔らかな部分。③物事の中心。最も重要な部分。奥義《おうぎ》。「真髄《しんずい》」

●すう●

枢
8画　木部・常
音訓 スウ・シュ
名乗 たる
意味 物事の中心。かなめ。「中枢《ちゅうすう》」

崇
11画　山部・常
音訓 スウ・シュウ・あが-める
名乗 かた・かたし・し・たか・たかし・なり・むね
意味 ①気品があって尊《とうと》く感じられる。けだかい。

「崇高《すうこう》」②尊ぶ。あがめる。「崇拝」③山が高い。

類義 貴（71ページ）・敬（87ページ）・高（104ページ）・尚（142ページ）・尊（176ページ）

崇明 たかあき　崇子 たかこ　崇 たかし
崇人 たかと　崇徳 たかのり　正崇 まさたか

数
13画　攵部・教2

音訓 スウ・ス・サク・かず・かぞ-える
名乗 かす・かず・とし・のり・ひら・や

意味 ①かず。物の順序や分量を示すもの。「数字・数量」②いくらかの。若干《じゃっかん》の。「数日」③かぞえる。計算する。「算数」④めぐり合わせ。運命。「数奇《すうき》」⑤はかりごと。策略。「権謀術数《けんぼうじゅっすう》」

類義 計（86ページ）・算（119ページ）

数希 かずき　数人 かずひと　数帆 かずほ
数馬 かずま　清数 きよかず　数香 のりか

嵩 ⇩かさ（61ページ）

雛 ⇩ひな（223ページ）

●すえる●

据
11画　扌部・常

音訓 キョ・す-える・す-わる

意味 ①そのままにしておく。すえる。②動かないでいる。すわる。③働く。

●すぎ●

杉
7画　木部・常

音訓 サン・すぎ
名乗 すぎ

意味 木の名。スギ。「杉戸《すぎど》」

●すくう●

掬 ⇩きく（74ページ）

●すす●

煤 ⇩ばい（214ページ）

●すずめ●

雀 ⇩じゃく（130ページ）

●すそ●

裾
13画　衤部・常

音訓 キョ・すそ

意味 ①着物のすそ。「裳裾《もすそ》」②物の端《はし》。また、山のふもと。「裾野《すその》」

●すだれ●

簾 ⇩れん（266ページ）

●すばる●

昴
9画　日部・人

音訓 ボウ・すばる

意味 星の名。スバル。牡牛《おうし》座にあるプレアデス星団のこと。

注意 「昴」は形が似ているが別の字。↓昂（102ページ）

希昴 きぼう　昴 すばる

●すみれ●

菫
11画　艹部・人

音訓 キン・すみれ
名乗 すみれ

意味 植物の名。スミレ。「三色菫《さんしょくすみれ》（＝パンジー）」

注意 「菫」は形が似ているが、別の字。↓董（202ページ）

菫哉 きんや　菫 すみれ　菫子 すみれこ

●する●

摺
14画　扌部・人

音訓 ショウ・す-る
名乗 しょう

意味 こする。する。また、印刷する。「摺《す》り足」

●すん●

寸
3画　寸部・教6

音訓 スン・ソン
名乗 き・す・ちか・のり

意味 ①尺貫法の長さの単位。一寸は一尺の一〇分の一。②長さ。「寸法」③ごく短い。ごくわずか。「寸前」

亜寸佳 あすか　寸実代 すみよ　也寸志 やすし

●せ●

世 ⇩せい（160ページ）

背 ⇩はい（213ページ）

畝 ⇩うね（43ページ）

19画
瀬
氵部・常
19画
瀨
人

音訓 ライ・せ
名乗 せ

意味 ①川の流れの浅い所。また、流れの速い所。「浅瀬《あさせ》・早瀬《はやせ》」②置かれている立場。「立つ瀬」③機会。時機。「逢瀬《おうせ》」

瀬里夏 せりか　瀬莉奈 せりな　千瀬 ちせ
七瀬 ななせ　百瀬 ももせ　莉瀬 りせ

●ぜ●

9画
是
日部・常

音訓 ゼ・これ
名乗 これ・じ・すなお・ただし・つな・ゆき・よし

意味 ①道理にかなっている。正しい。よい。「是非《ぜひ》」②正しいとする。「是認《ぜにん》」③正しいとした方針。「社是《しゃぜ》」④…である。「色即是空《しきそくぜくう》」

類義 雅（55ページ）・公（98ページ）・正（同ページ）・善（169ページ）

是清 これきよ　是崇 これたか　是人 これひと
是雅 これまさ　是也 これや　是 すなお
是 ただし　是乃 ゆきの　是恵 よしえ

●せい●

4画
井
二部・常

音訓 セイ・ショウ・い
名乗 い・きよ

意味 ①地面を掘って地下水をくみ上げる仕掛け。井戸《いど》。②人の集まる所。まち。「市井《しせい》」③「井」の字の形。また、そのような形をしたもの。「井田《せいでん》」

5画
世
一部・教3

音訓 セイ・セ・よ
名乗 せ・せい・つぎ・つぐ・とき・とし・よ

意味 ①よのなか。社会。「世界・世間」②親が子に引き継ぐまでの期間。人の一代。「世代」③時代。歴史上の時代区分。「中世」④仏教で、過去・現在・未来のこと。「前世《ぜんせ》・来世《らいせ》」

注意 「早世《そうせい》」は、若くして死ぬことの意味。

惟世 いよ　沙世 さよ　世里那 せりな
泰世 たいせい　英世 ひでよ　真世 まよ
悠世 ゆうせい　理世 りせ　隆世 りゅうせい

5画
正
止部・教1

音訓 セイ・ショウ・ただしい・ただす・まさ
名乗 あき・あきら・おさ・かみ・きみ・さだ・しょう・せい・たか・ただ・ただし・ただす・つら・なお・のぶ・ま・まさ・まさし・よし

意味 ①間違いがない。ただしい。また、ただしくする。「正義《せいぎ》」「正直《しょうじき》」②主となるもの。正式なもの。⇔副（227ページ）「正統」③ちょうど。まさに。「正面」④長。おさ。「警視正」⑤年の始め。「正月」⑥数学で、プラスの数。⇔負（226ページ）「正数」

類義 雅（55ページ）・公（98ページ）・是（同ページ）・善（169ページ）

正 あきら　和正 かずまさ　克正 かつまさ
公正 きみただ　康正 こうせい　正太郎 しょうたろう
正真 しょうま　正一郎 せいいちろう　正 ただし
正尚 ただなお　敏正 としまさ　浩正 ひろまさ
正昭 まさあき　正恵 まさえ　正一 まさかず
正妃 まさき　正子 まさこ　正 まさし
正直 まさなお　正彦 まさひこ　正大 まさひろ
正広 まさひろ　正義 まさよし　侑正 ゆうせい

◆生 ⇩ 人気の字（161ページ）

6画
成
戈部・教4

音訓 セイ・ジョウ・なる・なす
名乗 あき・あきら・おさむ・さだ・さだむ・しげ・しげる・じょう・せ・せい・ぜい・なり・なる・のり・はかる・ひで・ひら・ふさ・まさ・みち・みのる・よし

意味 ①できあがる。なしとげる。「成功・大成《たいせい》・達成」②一人前に育つ。また、育てる。「成人・成長」

秋成 あきなり　一成 いっせい　晃成 こうせい
成希 しげき　成一 せいいち　成司 せいじ
大成 たいせい　泰成 たいせい　隆成 たかしげ
成貴 なるき　成美 なるみ　成之 まさゆき
悠成 ゆうせい　佳成 よしなり　琉成 りゅうせい

6画
西
襾部・教2

音訓 セイ・サイ・にし
名乗 あき・さい・し・にし

意味 ①方角の一つ。にし。「東西」②ヨーロッパ。「西洋」

7画
声
士部・教2

音訓 セイ・ショウ・こえ・こわ
名乗 おと・かた・せい・ちか・な・のぶ・もり

意味 ①人間・動物のこえ。また、ことば。「音声・歓声」②物の発する音や響き。「鐘声《しょうせい》」③うわさ。評判。「名声」④音楽の響き。「和声（＝ハーモニー）」

8画
制
刂部・教5

音訓 セイ
名乗 いさむ・おさむ・さだ・すけ・せい・ただ・のり

意味 ①きまり。制度。「体制」②押さえつける。また、支配する。「制止・強制」③つくる。また、調整する。「制作・編制」④天子の命令。

人気の字

5画

生

生部・㊔1

音訓 セイ・ショウ・い-きる・い-かす・い-ける・う-まれる・う-む・お-う・は-える・は-やす・き・なま

名乗 あり・い・いき・いく・いける・う・うぶ・うまる・お・おき・き・さく・しょう・すすむ・せい・たか・なり・のう・ひさむ・ふ・ぶ・ふゆ・み・ゆき・よ

意味 ①命。生きる。また、生き物。⇔死（122ページ）「生活・生物・生命・人生」「一生」②うまれる。物事が起こる。また、植物がはえる。「新生」「誕生」③暮らし。「生活」④生き生きとしている。新鮮な。「生気・生鮮」⑤なま。熟していない。「生食」⑥学問・勉強をしている人。「生徒・学生」⑦［き］まじりけがない。「生糸《きいと》」⑧謙遜《けんそん》の意を表す。「小生」

類義 活（62ページ）・純（138ページ）・醇（140ページ）・真（153ページ）・存（176ページ）・命（241ページ）

なりたち 象形。草木が地上にはえ出る形で、はえる、いきるの意味を表す。

特別な読み 生業《なりわい》・弥生《やよい》・早生《わせ》

地名 生野《いくの》・生駒《いこま》市・桐生《きりゅう》市

筆順 ノ 𠂉 𠂉 牛 生

参考 「産」にも「うむ」「うまれる」という訓読みがあるが、「産」はとくに出産に注目して使うのに対し、「生」は子をうむ、新しく何かを作り出す、生じるなど広い意味で使う。

一字の名前

生 すすむ

二字の名前

❤一字目

生織 いおり　生登 いくと　生彦 いくひこ
生穂 いくほ　生麻 いくま　生美 いくみ
生夢 いくむ　生也 いくや　生世 いくよ
生朗 いくろう　生太 おきた　生紗 なりさ

❤二字目

碧生 あおい　晃生 あきなり　篤生 あつお
歩生 あゆみ　桜生 おうせい　賢生 けんしょう
滉生 こうせい　大生 だいき　卓生 たくみ
季生 ときなり　奈生 なお　陽生 はるお
悠生 ひさき　美生 みお　樹生 みきお
瑞生 みずき　芽生 めい　結生 ゆい
裕生 ゆうき　勇生 ゆうせい　莉生 りお
琉生 りゅうき　龍生 りゅうせい　玲生 れお

三字の名前

❤一字目

生玖人 いくと　生之助 いくのすけ　生紗実 ふさみ

❤二字目

亜生斗 あおと　奈生子 なおこ　芙生太 ふうた
真生子 まおこ　実生也 みきや　芽生花 めいか

❤三字目

希理生 きりお　久仁生 くにお　登喜生 ときお
奈々生 ななみ　芙有生 ふゆお　真那生 まなき
未来生 みきお　夢都生 むつお　由希生 ゆきお

読みごとの名前

❤う

生実 うみ　美生 みう　琉生 るう

❤お

智生 ともお　那生 なお　夏生 なつお
麻生 まお　雅生 まさお　理生 りお

❤き

愛生 あき　克生 かつき　元生 げんき
晃生 こうき　彩生 さき　泰生 たいき
俊生 としき　朋生 ともき　浩生 ひろき

❤せい

康生 こうせい　悠生 ゆうせい　隆生 りゅうせい

❤み

愛生 あいみ　七生 ななみ　真生 まなみ

ことば

【一生】《いっしょう》 生まれてから死ぬまで。〔名前読み例〕いっせい・かずお・かずき・ひとよ

【生絹】《きぎぬ・すずし》 精練していない絹。

【生粋】《きっすい》 まじりけが全くないこと。

【厚生】《こうせい》 生活を健康で豊かにすること。

【七生】《しちしょう》 仏教で、この世に七回生まれ変わること。また、永遠。〔名前読み例〕なお・なな・なおき・ななみ

【初生】《しょせい》 初めて生まれること。

【新生】《しんせい》 新しく生まれ出ること。

【人生】《じんせい》 人がこの世に生きていくこと。〔名前読み例〕じんせい・ひとお・ひとき

【生新】《せいしん》 生き生きとして新しいこと。

【創生】《そうせい》 新たにつくり出すこと。

【蒼生】《そうせい》 多くの人々。

【弥生】《やよい》 陰暦三月の別名。〔名前読み例〕みお・みき・やよい

【利生】《りしょう》 仏・菩薩《ぼさつ》の恵み。

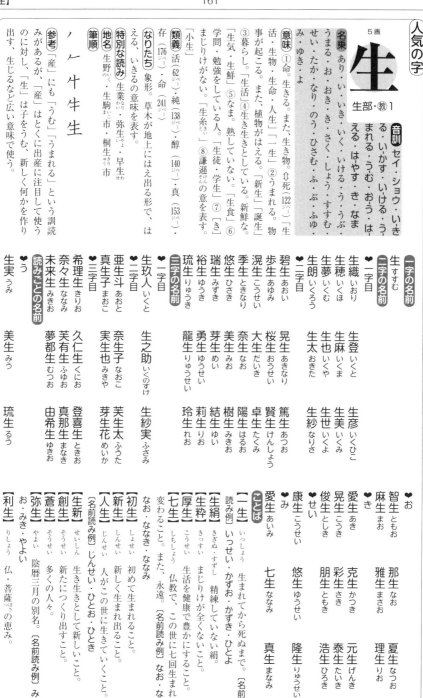

姓
8画　女部・常

音訓 セイ・ショウ・かばね
名乗 うじ
意味 ①名字《みょうじ》。「旧姓」②同一の祖先から出た一族。

征
8画　彳部・常

音訓 セイ・う-つ・い-く・ゆ-く
名乗 いく・さち・せい・そ・ただ・ただし・ただす・はや・ひで・まさ・もと・ゆき・ゆく
意味 ①遠方まで戦《いくさ》に行く。また、敵を打ち倒す。「征服」②旅に行く。

征一郎 せいいちろう　征 ただし　敏征 としゆき
裕征 ひろまさ　征史 まさし　康征 やすゆき
優征 ゆうせい　征美 ゆきみ　龍征 りゅうせい

性
8画　忄部・教5

音訓 セイ・ショウ・さが
名乗 せい・なり・もと
意味 ①生まれつきの性質。気質。さが。「性格」②物の性質。「性能」③男女・雌雄《しゆう》の区別。「同性」④生殖を営むために生じる本能の働き。「性欲」

青
8画　青部・教1

音訓 セイ・ショウ・あお・あお-い
名乗 あお・お・きよ・せい・はる
意味 ①あお色。あおい。「青雲・青天」②年が若い。「青春・青年」③昔、文字を記した青竹の札《ふだ》。「青史」

青維 あおい　青空 あおぞら　青葉 あおば
海青 かいせい　大青 たいせい　千青 ちはる
青樹 はるき　美青 みお　優青 ゆうせい

斉
8画　斉部・常
齊　14画　齊部・人

音訓 セイ・サイ・ひと-しい
名乗 いつ・いつき・きよ・さい・せい・ただ・ただし・とき・とし・なお・なり・ひとし・まさ・むね・よし
意味 そろう。そろえる。ととのえる。「一斉《いっせい》」
注意 「斎」は形が似ているが別の字。→斎(114ページ)

旺斉 あきなり　斉花 きよか　斉子 せいこ
斉次郎 せいじろう　斉心 せいしん　斉也 せいや
斉 ただし　斉人 なりひと　斉美 なりみ
斉 ひとし　斉弥 むねや　元斉 もとなり

政
9画　攵部・教5

音訓 セイ・ショウ・まつりごと
名乗 おさ・かず・きよ・こと・すなお・せい・ただ・ただし・ただす・つかさ・なり・のぶ・のり・まさ・まさし・まん・ゆき
意味 ①国家・人民を治《おさ》める。まつりごと。「政治」②物事を治める。取り仕切る。「家政」

和政 かずまさ　政司朗 せいしろう　政 ただし
政江 まさえ　政 まさし　政乃 まさの
政信 まさのぶ　政美 まさみ　政行 まさゆき
悠政 ゆうせい　良政 よしまさ　龍政 りゅうせい

星
9画　日部・教2

音訓 セイ・ショウ・ほし
名乗 せい・つら・とし・ほし
意味 ①天体。ほし。「星座」「明星《みょうじょう》」②歳月。年月。「星霜《せいそう》」③重要な人物。「将星《しょうせい》(=将軍)」
特別な読み 海星《ひとで》

幸星 こうせい　康星 こうせい　星 せい
星一朗 せいいちろう　星華 せいか　星雅 せいが
星都 せいと　星弥 せいや　輝星 てるとし
星希 としき　悠星 ゆうせい　瑠星 りゅうせい

牲
9画　牛部・常

音訓 セイ
意味 神などに供《そな》えるいけにえ。「犠牲」

省
9画　目部・教4

音訓 セイ・ショウ・かえり-みる・はぶ-く
名乗 あきら・かみ・しょう・せい・はぶく・み・みる・よし
意味 ①振り返ってよく考える。かえりみる。「反省」②安否をたずねる。おとずれる。「帰省」③取り去る。はぶく。「省略」④役所。官庁。「環境省」

省 あきら　一省 かずみ　省吾 しょうご
省太郎 しょうたろう　省輔 せいすけ　省花 よしか

凄
10画　冫部・常

音訓 セイ・サイ・すご-い・すさ-まじい
意味 ①ぞっとするほど、程度がはなはだしい。すさまじい。すごい。「凄惨《せいさん》」②もの寂しい。また、肌寒い。「凄然《せいぜん》」

逝
10画　辶部・常

音訓 セイ・ゆ-く・い-く
意味 去る。行く。人が死ぬ。「逝去《せいきょ》」

晟
10画　日部・人

音訓 セイ・ジョウ
名乗 あき・あきら・せい・てる・まさ
意味 ①あきらか。日光が満ちる。②さかん。
類義 栄(44ページ)・旺(48ページ)・晃(104ページ)・興(106ページ)・昌(143ページ)・昭(143ページ)・盛(163ページ)・壮(171ページ)・明(242ページ)・隆(259ページ)・亮(260ページ)・朗(267ページ)

晟奈 あきな　晟 あきら　和晟 かずまさ
晟 せい　晟司 せいじ　晟太 せいた
晟矢 せいや　晟志 まさし　晟美 まさみ
光晟 みつあき　優晟 ゆうせい　隆晟 りゅうせい

10画
栖
木部・人

音訓 セイ・す・す-む
名乗 す・すみ

意味 動物や人がすむ。また、そのすまい。巣《す》。「隠栖《いんせい》」◆「棲」と同字。↓棲（同ページ）

11画
清
氵部・教4

音訓 セイ・ショウ・シン・きよ-い・きよ-まる・きよ-める・さや-か・す-む
名乗 き・きよ・きよし・さや・しん・すが・すみ・すむ・せ・せい

意味 ①けがれがない。また、邪念がなく正しい。「清潔・清廉潔白《せいれんけっぱく》」②澄《す》みきっている。「清流」③すがすがしい。涼しい。「清涼」④きれいに整理する。きよめる。「清掃」

類義 潔（90ページ）・純（138ページ）・浄（148ページ）・聖（同ページ）・澄（190ページ）・白（214ページ）

清 きよし　清澄 きよすみ　清貴 きよたか
清乃 きよの　清秀 きよひで　清雅 きよまさ
清良 きよら　晃清 こうせい　清香 さやか
清子 さやこ　清音 さやね　清佳 せいか
清太 せいた　春清 はるきよ　真清 ますみ

11画
盛
皿部・教6

音訓 セイ・ジョウ・ショウ・も-る・さか-る・さか-ん
名乗 さかり・しげ・しげる・しょう・せい・たけ・みつ・もり

意味 ①勢いがある。栄えている。さかん。「隆盛《りゅうせい》」「繁盛《はんじょう》」②高く積み上げる。もる。また、器に物を入れて満たす。

類義 栄（44ページ）・旺（48ページ）・興（106ページ）・昌（143ページ）・晟（162ページ）・壮（171ページ）・隆（259ページ）

光盛 こうせい　盛樹 しげき　盛 しげる
盛亮 せいすけ　盛太 せいた　貴盛 たかしげ
隆盛 たかもり　盛臣 もりおみ　盛寛 もりひろ

12画
婿
女部・常

音訓 セイ・むこ

意味 むこ。娘の夫。「花婿《はなむこ》」

12画
晴
日部・教2

音訓 セイ・は-れる・は-らす
名乗 きよし・せい・てる・なり・はる・はれ

意味 ①青空が現れる。はれ。「晴天・快晴」②疑いや心配などがなくなる。③普段と違って表立って特別である。正式・公式である。「晴れ着」

類義 朗（267ページ）

ことば 【快晴】かいせい　空がすっきりと晴れ渡っていること。〔名前読み例〕かいせい
【晴天】せいてん　晴れた空。よい天気。〔名前読み例〕はるたか
【晴嵐】せいらん　晴れた日に山にかかる霞《かすみ》。また、晴天に吹く山風。
【晴朗】せいろう　空が晴れ渡ってうららかなさま。〔名前読み例〕せいろう・はるお

晴 きよし　清晴 きよはる　晴一朗 せいいちろう
晴華 せいか　晴太 せいた　晴也 せいや
千晴 ちはる　朝晴 ともはる　晴香 はるか
晴輝 はるき　晴大 はるた　晴斗 はると
晴菜 はるな　晴日 はるひ　晴陽 はるひ
晴彦 はるひこ　晴真 はるま　晴哉 はるや
光晴 みつはる　美晴 みはる　悠晴 ゆうせい

12画
惺
忄部・人

音訓 セイ
名乗 あきら・さと・さとし・さとる・しず・しずか

意味 ①理解がはやい。さとい。また、悟《さと》る。「惺悟《せいご》」②心が澄み切っていて、しずかである。

類義 覚（60ページ）・暁（81ページ）・悟（97ページ）・了（259ページ）

惺 あきら　光惺 こうせい　惺美 さとみ
惺也 せいや　千惺 ちさと　雄惺 ゆうせい

12画
棲
木部・人

音訓 セイ・す-む
名乗 すみ・とし

意味 人が暮らす。動物がすむ。また、そのすまい。巣《す》。「棲息・群棲」◆「栖」と同字。↓栖（同ページ）

13画
勢
力部・教5

音訓 セイ・いきお-い
名乗 せ・せい・なり

意味 ①活発な動きを保持・増強させる力。いきおい。「勢力」②なりゆき。様子。「情勢」③人数。兵力。「軍勢《ぐんぜい》」④睾丸《こうがん》。「去勢《きょせい》」

特別な読み 伊勢《いせ》

勢一 せいいち　勢矢 せいや　千勢 ちせ

13画
聖
耳部・教6

音訓 セイ・ショウ・ひじり
名乗 あき・あきら・きよ・きよし・さと・さとし・さとる・しょう・せい・たから・とし・ひじり・ひと・まさ・よし

意味 ①清らかで尊《とうと》い。厳《おごそ》かでおかしがたい。「神聖」②知徳がきわめて優れていること。また、その人。「聖者《せいじゃ》」③学問・技芸の分野で、きわめて優れた人。「詩聖《しせい》」④キリスト教で、聖者の名前に付けることば。「聖パウロ」⑤天子《てんし》。また、天子に関する物事に添えることば。

類義 潔（90ページ）・純（138ページ）・浄（148ページ）・清（同ページ）・白（214ページ）

聖 あきら　聖明 きよあき　聖佳 きよか
聖 きよし　聖一 せいいち　聖子 せいこ
聖司 せいじ　聖奈 せいな　千聖 ちさと
聖 ひじり　聖樹 まさき　聖人 まさと
聖大 まさひろ　美聖 みさと　琉聖 りゅうせい

誠
13画　言部・(教)6

音訓 セイ・まこと
名乗 あき・あきら・かね・さと・さね・しげ・すみ・せい・たか・たかし・たね・とも・なが・なり・なる・のぶ・のり・まこと・まさ・み・もと・よし
意味 偽りのないこと。真実。また、まごころ。「誠意・誠実」
類義 允（41ページ）・摯（125ページ）・実（128ページ）・信（152ページ）・真（153ページ）・亮（260ページ）・諒（261ページ）

誠 あきら　公誠 こうせい　誠一 せいいち
誠司 せいじ　誠之助 せいのすけ　誠也 せいや
誠 たかし　誠乃 たかの　誠 まこと
正誠 まさのり　誠文 まさふみ　誠美 まさみ
泰誠 やすまさ　優誠 ゆうせい　義誠 よしなり

靖
13画　立部・(人)

音訓 セイ
名乗 おさむ・きよ・きよし・しず・せい・のぶ・やす・やすし
意味 安らか。世の中を安らかにする。
類義 安（36ページ）・晏（36ページ）・康（104ページ）・泰（179ページ）・寧（210ページ）・裕（247ページ）

康靖 こうせい　靖乃 しずの　靖一 せいいち
大靖 たいせい　智靖 ともやす　博靖 ひろやす
靖昭 やすあき　靖恵 やすえ　靖希 やすき
靖子 やすこ　靖 やすし　靖志 やすし
靖俊 やすとし　靖成 やすなり　靖幸 やすゆき

精
14画　米部・(教)5

音訓 セイ・ショウ・くわ-しい
名乗 あき・あきら・きよ・きよし・くわし・しげ・しょう・しら・すぐる・すみ・せい・ただ・ただし・つとむ・ひとし・まこと・まさし・もと・もり・よし
意味 ①細かい。詳《くわ》しい。「精巧《せいこう》」②こころ。魂《たましい》。「精神」③活力のもとになるもの。心身の力。「丹精《たんせい》」④不純物を取り去り良質なものにする。また、精白する。「精鋭《せいえい》・精米」⑤自然物にひそむとされる魂。「妖精」⑥生殖のもとになるもの。「受精」

和精 かずきよ　精彦 きよひこ　精 すぐる
精一 せいいち　精華 せいか　利精 としあき

製
14画　衣部・(教)5

音訓 セイ
名乗 のり
意味 物をこしらえる。つくる。「製造」

誓
14画　言部・(常)

音訓 セイ・ちか-う
名乗 せい・ちか・ちかう
意味 固く約束する。ちかう。「誓約」

一誓 いっせい　誓士郎 せいしろう　誓哉 せいや
誓 ちかう　誓志 ちかし　美誓 みちか

静
14画　青部・(教)4
靜
16画　青部・(人)

音訓 セイ・ジョウ・しず・しず-か・しず-まる・しず-める
名乗 きよ・しず・しずか・せい・ちか・つぐ・ひで・やす・やすし・よし
意味 ①じっとして動かない。しずかに落ち着いている。また、しずめる。「静止・冷静」②音がなくひっそりしている。しずか。「静寂《せいじゃく》」

静恵 しずえ　静 しずか　静香 しずか
静貴 しずき　静子 しずこ　静人 しずと
静音 しずね　静真 しずま　静汰 せいた

請
15画　言部・(常)

音訓 セイ・シン・ショウ・こ-う・う-ける
名乗 もと
意味 物事を頼む。願う。「請求」

整
16画　攵部・(教)3

音訓 セイ・ととの-える・ととの-う
名乗 おさむ・せい・ただし・ととのう・なり・のぶ・ひとし・まさ・よし
意味 きちんと揃《そろ》える。整《ととの》える。「整理」

整 せい　整一 せいいち　整哉 せいや
整明 なりあき　整 ひとし　整子 まさこ

醒
16画　酉部・(常)

音訓 セイ・さ-ます・さ-める
意味 酔いや眠りからさめる。「覚醒《かくせい》」

●ぜい●

税
12画　禾部・(教)5

音訓 ゼイ・セイ
名乗 おさむ・ちから・みつぎ
意味 税金。国などが住民などから徴収する金銭。
特別な読み 主税《ちから》

税 おさむ　主税 ちから　税 ちから

●せき●

夕
3画　夕部・(教)1

音訓 セキ・ゆう・ゆう-べ
名乗 すえ・ゆ・ゆう
意味 日暮れ。夕方《ゆうがた》。「夕日《ゆうひ》・夕陽《ゆうひ》」

特別な読み　七夕《たなばた》
美夕　みゆ　夕衣　ゆい　夕維奈　ゆいな
夕華　ゆうか　夕輝　ゆうき　夕汰　ゆうた
夕翔　ゆうと　夕真　ゆうま　夕月　ゆづき

斥　5画　斤部・常
音訓　セキ・しりぞ-ける
名乗　かた
意味　①押しのける。しりぞける。「排斥《はいせき》」②様子をさぐる。「斥候《せっこう》」③指さす。「指斥《しせき》」

石　5画　石部・教1
音訓　セキ・シャク・コク・ジャク・いし
名乗　あつ・いし・いそ・いわ・かず・かた・し・せき
意味　①いし。岩石の小さな塊《かたまり》。②無価値なもの。「玉石混×淆《ぎょくせきこんこう》」③［コク］体積・積載量を表す単位。また、大名・武家の知行高《ちぎょうだか》を表す単位。「百万石《ひゃくまんごく》」

汐　6画　氵部・人
音訓　セキ・うしお・しお
名乗　きよ・しお
意味　海水の満ち引き。しお。うしお。「夕汐《ゆうしお》」◆特に夕方の満ち引きをいう。朝の満ち引きは「潮」。↓潮（190ページ）
宇汐　うしお　汐香　きよか　汐海　きよみ
汐音　しおね　汐美　しおみ　汐里　しおり

赤　7画　赤部・教1
音訓　セキ・シャク・あか・あか-い・あか-らむ・あか-らめる
名乗　あか・か・はに・はにゅう・わに
意味　①あか色。あかい。「赤面《せきめん》」「赤ワイン」②まこと。真心。「赤誠《せきせい》」③むきだし。はだか。「赤裸々《せきらら》」④共産主義。「赤軍」⑤銅《どう》。「赤銅《しゃくどう》」

昔　8画　日部・教3
音訓　セキ・シャク・むかし
名乗　つね・とき・ひさ・ふる
意味　むかし。ずっと以前。⇔今（108ページ）「昔日《せきじつ》」

析　8画　木部・常
音訓　セキ
意味　分ける。解きほぐす。「分析《ぶんせき》」

席　10画　巾部・教4
音訓　セキ
名乗　すけ・のぶ・やす・より
意味　①座る場所。また、占める位置。「座席・首席」②会・催《もよお》しなどが行われる場。会場。「宴席《えんせき》」③寄席《よせ》。落語などを興行する演芸場。

脊　10画　月部・常
音訓　セキ
意味　背骨。背中。「脊髄《せきずい》」

隻　10画　隹部・常
音訓　セキ
意味　①対《つい》になっているものの片方。「隻眼《せきがん》」②ただ一つ。ほんのわずか。「片言隻語《へんげんせきご》（＝ほんのわずかなことば）」③船などを数えることば。「一隻《いっせき》」

惜　11画　忄部・常
音訓　セキ・シャク・お-しい・お-しむ
意味　残念がる。おしむ。「惜別《せきべつ》」

戚　11画　戈部・常
音訓　セキ
名乗　ちか
意味　①親類。身内。「親戚《しんせき》」②悲しむ。うれえる。

責　11画　貝部・教5
音訓　セキ・シャク・せ-める
意味　①とがめる。せめる。「自責《じせき》」②なすべき仕事。義務。「責任」

跡　13画　𧾷部・常
音訓　セキ・あと
名乗　あと・みち
意味　①人・物などが通ったあと。「足跡《そくせき・あしあと》」②物事が行われたあと。「遺跡・形跡」③後世に伝える名や伝統。「名跡《みょうせき》」◆現代表記では「史蹟→史跡」のように、「蹟」を「跡」に書きかえる。↓蹟（同ページ）

碩　14画　石部・人
音訓　セキ
名乗　おお・ひろ・みち・みつ・みつる・ゆたか
意味　大きくて優れている。立派である。「碩学《せきがく》」
碩人　ひろと　碩也　ひろや　昌碩　まさひろ
碩佳　みちか　碩　みつる　碩　ゆたか

積　16画　禾部・教4
音訓　セキ・つ-む・つ-もる
名乗　あつ・かず・かつ・さ・さね・つね・つみ・づみ・つむ・つもる・もち・もり
意味　①つみ重ねる。「積雪・蓄積」②物の大きさ・広さ・かさ。「面積」③もくろみ。つもり。④数学で、かけ算の答え。

績　17画　糸部・教5
音訓　セキ
名乗　いさ・いさお・さね・つみ・なり・のり・もり
意味　①繊維をより合わせて糸をつくる。「紡績《ぼうせき》」②積み重ねた仕事。なしとげた結果。「業績」

蹟　18画　𧾷部・人
音訓　セキ・あと
名乗　あと・ただ・より
意味　足あと。物事のあったあと。「事蹟・城蹟」◆現代表記では「史蹟→史跡」のように、「跡」に書きかえる。↓跡（同ページ）

20画 **籍** 竹部・常
音訓 セキ
名乗 ふみ・もり・より
意味 ①戸籍。氏名・生年月日・家族関係などを記した文書。「本籍」②学校・団体などの一員として正式に登録されていること。「在籍」③書物。「書籍」

●せつ●

4画 **切** 刀部・教2
音訓 セツ・サイ・き-る・き-れる
意味 ①刃物などで断《た》ち分ける。きる。「切断」②差し迫る。「切実」③ひたすら。④ぴったりする。「適切」⑤すべて。「一切《いっさい》」

7画 **折** 扌部・教4
音訓 セツ・シャク・お-る・おり・お-れる
名乗 おり
意味 ①おり曲げる。また、おって切断する。おる。「骨折・左折」②［おり］とき。機会。③分ける。分けて選ぶ。「折衷《せっちゅう》」④くじける。「挫折《ざせつ》」⑤死ぬ。「×夭折《ようせつ》」⑥責める。

刹 ⇩さつ（117ページ）

8画 **拙** 扌部・常
音訓 セツ・つたな-い
意味 ①下手《へた》。つたない。「稚拙《ちせつ》」②謙遜《けんそん》の意を表す。「拙宅《せったく》」

9画 **窃** 穴部・常
音訓 セツ
意味 そっと盗《ぬす》み取る。「窃盗《せっとう》」

屑 ⇩くず（84ページ）

11画 **接** 扌部・教5
音訓 セツ・ショウ・つ-ぐ
名乗 つぎ・つぐ・つら・もち
意味 ①つなぐ。つづける。つぐ。「接続」②近づく。「密接」③人と会う。「接待」④受け取る。「接収」

11画 **設** 言部・教5
音訓 セツ・もう-ける
名乗 おき・のぶ
意味 備え付ける。設《もう》ける。「設計・設置」

11画 **雪** 雨部・教2
音訓 セツ・ゆき・すす-ぐ・そそ-ぐ
名乗 きよ・きよみ・きよむ・せつ・そそぐ・ゆき
意味 ①ゆき。ゆきが降る。「粉雪《こなゆき》」②洗い清める。ぬぐう。すすぐ。「雪辱《せつじょく》」
特別な読み 雪花菜《おから・きらず》・吹雪《ふぶき》

和雪 かずゆき　小雪 こゆき　春雪 はるゆき
美雪 みゆき　雪 ゆき　雪絵 ゆきえ
雪子 ゆきこ　雪路 ゆきじ　雪穂 ゆきほ

13画 **摂** 扌部・常　21画 **攝** 人
音訓 セツ・ショウ・と-る
名乗 おさむ・かぬ・かね・しょう・せつ
意味 ①取り入れる。とる。「摂取」②代行する。「摂政《せっしょう》」③大切に養う。「摂生《せっせい》」

13画 **節** 竹部・教4　15画 **節** 人
音訓 セツ・セチ・ふし
名乗 お・さだ・せつ・たか・たかし・たけ・とき・とも・のり・ふ・ふし・ほど・まこと・みさ・みさお・みね・もと・よ・よし
意味 ①竹・木のふし。また、物のつなぎ目。「関節」②音楽の調子。メロディー。「曲節」③文章・楽曲などの一区切り。「章節」④季節の変わり目。また、その祝日。「節分」⑤時期。折《お》り。「時節」⑥控え目にする。程よくする。「節約」⑦自分が正しいと思うことを守り通すこと。みさお。「忠節・礼節」
類義 音（50ページ）・時（126ページ）

節子 せつこ　節 たかし　礼節 のりよし

14画 **説** 言部・教4
音訓 セツ・ゼイ・エツ・と-く
名乗 あき・えつ・かぬ・かね・こと・せつ・つぐ・とき・とく・のぶ・ひさ
意味 ①道理を立てて述べる。「説明」②論理的に練られた意見。主張。「新説」③話。物語。「小説」

●ぜつ●

6画 **舌** 舌部・教5
音訓 ゼツ・セツ・した
名乗 した
意味 ①口の中にある、した。②しゃべること。ことば。「×饒舌《じょうぜつ》」③したの形をしたもの。

12画 **絶** 糸部・教5
音訓 ゼツ・セツ・た-える・た-やす・た-つ
名乗 たう・たえ
意味 ①続いている物をそれ以上続けないようにする。絶《た》つ。「根絶」②ことわる。こばむ。「拒絶」③遠くへだてる。「隔絶」④他よりかけ離れて優れている。「絶品」⑤この上なく。非常に。「壮絶《そうぜつ》」

●せみ●

18画 **蟬** 虫部・人
音訓 セン・せみ
意味 虫の名。セミ。

●せり●

芹
7画　艹部・人

音訓　キン・せり
名乗　き・せり・まさ・よし
意味　草の名。セリ。

芹哉 きんや　芹香 せりか　芹那 せりな

●せん●

千
3画　十部・教1

音訓　セン・ち
名乗　かず・せん・ち・ゆき
意味　数の名で、百の十倍。また、数の多い意を表す。「千客万来」

伊千佳 いちか　千幸 かずゆき　沙千 さち
泰千 たいち　千秋 ちあき　千佳 ちか
千景 ちかげ　千草 ちぐさ　千里 ちさと
千鶴 ちづる　千夏 ちなつ　千早 ちはや
千尋 ちひろ　千代 ちよ　真千子 まちこ
美千花 みちか　千乃 ゆきの　千真 ゆきまさ

川
3画　川部・教1

音訓　セン・かわ
名乗　かわ・せん・とおる
意味　かわ。水流。「河川《かせん》」◆小さいかわを「川」、大きいかわを「河」と使い分けることが多い。↓河（53ページ）

仙
5画　亻部・常

音訓　セン
名乗　せん・たかし・のり・ひさ・ひと
意味　①山に入って不老不死の術を修めた人。「仙人」②世俗を超越した人。非凡な才能をもつ人。「歌仙」

仙一 せんいち　仙之介 せんのすけ　仙 たかし
仙佳 のりか　仙広 のりひろ　仙志 ひさし

占
5画　卜部・常

音訓　セン・し-める・うらな-う
名乗　うら・しめ
意味　①吉凶《きっきょう》を判断する。うらなう。「占星術」②自分のものにする。占《し》める。「独占」

先
6画　儿部・教1

音訓　セン・さき・まず
名乗　さき・すすむ・ひろ・ゆき
意味　①前の方。また、最初。さき。「先頭」②以前。また、一つ前のもの。⇔後（97ページ）「先日・先代」③これから。将来。「先行《さきゆ》き」④先立《さきだ》つ。「優先」⑤ものの端《はし》。「先端《せんたん》」◆現代表記では「尖端→先端」のように、「尖」を「先」に書きかえることがある。↓尖（同ページ）

亘　⇩こう（100ページ）

尖
6画　小部・人

音訓　セン・とが-る
名乗　かど・とし
意味　物の先が細くするどい。とがる。また、とがった先の部分。「尖鋭《せんえい》」◆現代表記では「尖端→先端」のように、「先」に書きかえることがある。↓先（同ページ）

宣
9画　宀部・教6

音訓　セン・のたまう
名乗　しめす・すみ・せん・ぜん・たか・つら・のぶ・のぶる・のり・ひさ・ひろ・ふさ・むら・よし
意味　①広く知らせる。「宣伝」②はっきりと告げる。「宣言」③神や天子が意思を述べる。「宣旨《せんじ》」
注意　「宜」は形が似ているが、別の字。↓宜（72ページ）

宣明 のぶあき　宣彦 のぶひこ　宣佳 のりか
宣志 ひろし　雅宣 まさのぶ　宣乃 よしの

専
9画　寸部・教6　11画 專 人

音訓　セン・もっぱ-ら
名乗　あつし・あつむ・せん・たか・もろ
意味　①一つのことに集中する。もっぱら。「専門」②自分の思うままにする。独り占めにする。「専用」

専 あつし　専太 せんた　専哉 せんや

浅
9画　氵部・教4

音訓　セン・あさ-い
名乗　あさ
意味　①表面から底までの距離が近い。あさい。「浅海《せんかい》」②入り口や先端から奥までの距離が近い。③程度が十分でない。また、知識がとぼしい。あさはか。「浅慮」④色が薄い。「浅緑《せんりょく・あさみどり》」◆⇔深（154ページ）

洗
9画　氵部・教6

音訓　セン・あら-う
名乗　きよ・よし
意味　汚れを落としてきれいにする。あらう。「洗浄」

染
9画　木部・教6

音訓　セン・ゼン・そ-める・そ-まる・し-みる・し-み
名乗　そめ
意味　①色をつける。そめる。「染料」②影響を受ける。そまる。うつる。「感染」

泉
9画　水部・教6

音訓　セン・いずみ
名乗　い・いず・いずみ・きよし・ずみ・せん・み・みぞ・みつ・もと
意味　①わき出る水。いずみ。「温泉」②地下水。また、地下。あの世。「黄泉《こうせん・よみ》」

特別な読み 和泉《いずみ》

蒼泉 あおい　和泉 いずみ　泉 いずみ
泉美 いずみ　泉流 いずる　泉月 いつき
泉 きよし　泉哉 せんや　泉子 もとこ

穿
9画 穴部・人

音訓 セン・うが-つ・は-く

意味 穴をあける。掘《ほ》る。「穿孔《せんこう》」

扇
10画 戸部・常

音訓 セン・おうぎ・あお-ぐ

名乗 せん・み

意味 ①あおいで風を起こす道具。おうぎ。うちわ。「扇子《せんす》」②おうぎで風を送る。あおぐ。③人をそそのかす。あおる。「扇動《せんどう》」

栓
10画 木部・常

音訓 セン

意味 ①びんなどの容器の口をふさぐもの。②ガスや水道などの管の開閉装置。「元栓《もとせん》」

閃
10画 門部・人

音訓 セン・ひらめ-く

名乗 さき・ひかる・みつ

意味 ぴかりと光る。ひらめく。「閃光《せんこう》」

閃一 せんいち　閃之介 せんのすけ　閃 ひかる

旋
11画 方部・常

音訓 セン

名乗 せん

意味 ①ぐるぐるまわる。「旋回」②間に立ってまわる。仲を取り持つ。「斡旋《あっせん》」③もとに戻る。「凱旋《がいせん》」

船
11画 舟部・教2

音訓 セン・ふね・ふな

名乗 ふな・ふね

意味 水を渡るための乗り物。ふね。「客船」◆小型のもの、主に手動式のものは「舟」、大型のものは「船」と書き分けるが、大きさに関係ない場合は「船」を用いる。→舟（133ページ）

類義 舟（133ページ）・艇（194ページ）

釧
11画 金部・人

音訓 セン

名乗 たまき

意味 古代、腕に巻いた輪形の装身具。腕輪。

戦
13画 戈部・教4　16画 戰 人

音訓 セン・いくさ・たたか-う・おのの-く・そよ-ぐ

名乗 せん・ゆき

意味 ①武器をもって敵と争《あらそ》う。また、争い。「戦争」②勝敗を競う。試合。「決勝戦」③恐れてふるえる。おののく。「戦慄《せんりつ》」④そよそよと揺れ動く。そよぐ。

腺
13画 月部・常

音訓 セン

意味 動物の体内にあり、特定の物質を生成・分泌する器官。「汗腺《かんせん》」◆日本で作られたとされる字（国字）。

煎
13画 灬部・常

音訓 セン・い-る

意味 ①火であぶる。煎《い》る。「煎餅《せんべい》」②煮つめて成分を取り出す。せんじる。「煎茶《せんちゃ》」

羨
13画 羊部・常

音訓 セン・エン・うらや-む・うらや-ましい

名乗 なが・のぶ・よし

意味 欲しがる。あこがれる。うらやむ。また、うらやましい。「羨望《せんぼう》」

詮
13画 言部・常

音訓 セン

名乗 あき・あきら・さと・さとし・さとる・せん・とし・とも・のり・はる・よし

意味 ①道理をつきつめる。調べて明らかにする。「詮索《せんさく》」②方法。手段。③効果。甲斐《かい》。「詮《せん》ない」

践
13画 足部・常

音訓 セン・ふ-む

意味 ①実際に行う。ふみ行う。「実践」②即位する。「践×祚《せんそ》」

箋
14画 竹部・常

音訓 セン

意味 文字を書くための紙片。「便箋《びんせん》」

銭
14画 金部・教5

音訓 セン・ぜに

意味 ①貨幣。ぜに。「金銭」②通貨の単位。円の一〇〇分の一。また、昔の貨幣の単位。

銑
14画 金部・人

音訓 セン・ずく

名乗 さね・せん

意味 銑鉱石を溶かして取り出した鉄。「銑鉄《せんてつ・ずくてつ》」

潜
15画 氵部・常

音訓 セン・ひそ-む・もぐ-る・くぐ-る

名乗 すみ・せん・ひそむ

意味 ①水中にしずむ。もぐる。「潜水艦」②身を隠す。ひそむ。「潜入」③心を落ち着ける。集中する。「沈潜《ちんせん》」

選
15画 辶部・教4

音訓 セン・えら-ぶ・え-る・よ-る

名乗 かず・のぶ・よし・より

意味 二つ以上のものの中から取り出す。えらぶ。「選択」

遷 15画 辶部・常
音訓 セン・うつ-る・うつ-す
意味 ①場所・地位などが変わる。移る。「遷都《せんと》」②時間とともに移り変わる。「変遷《へんせん》」

線 15画 糸部・教2
音訓 セン
意味 ①糸のように細く長いもの。「白線」②平面上にひいたすじ。また、物の輪郭。「曲線」③境目。「海岸線」④交通機関の経路。路線。「沿線」⑤物事を行う上での道筋。「伏線」

撰 15画 扌部・人
音訓 セン・えら-ぶ・え-る
名乗 えらむ・のぶ
意味 ①詩文をよりすぐって書物にまとめる。「撰集《せんしゅう》」②詩文を作る。③二つ以上のものの中から取り出す。えらぶ。「新撰《しんせん》」

薦 16画 艹部・常
音訓 セン・すす-める・こも
名乗 しげ・のぶ
意味 ①人を選んで用いるようにすすめる。「推薦《すいせん》」②こも。敷物《しきもの》。

繊 17画 糸部・常 23画 **纖** 人
音訓 セン
意味 ①細い。こまかい。「繊細《せんさい》」②かよわい。「繊弱《せんじゃく》」

鮮 17画 魚部・常
音訓 セン・あざ-やか
名乗 あき・あきら・き・きよ・さと・まれ・よし
意味 ①新しい。生きがいい。「新鮮」②色・形などがきわだってはっきりしている。あざやか。「鮮明」③少ない。「鮮少《せんしょう》」

●ぜん●

全 6画 へ部・教3
音訓 ゼン・まった-く・すべ-て・まっと-うする
名乗 あきら・うつ・ぜん・たけ・たげ・たもつ・とも・はる・まさ・また・みつ・やす・よし
意味 ①ぜんぶ。すべて。また、すべてにわたって。「全国・全力」②欠けたところがない。「完全」
類義 一(40ページ)・皆(57ページ)・惣(172ページ)・総(173ページ)
全 あきら　全 ぜん　全太 ぜんた

前 9画 刂部・教2
音訓 ゼン・まえ
名乗 くま・さき・すすむ・ちか
意味 ①時間的に、まえ。「前日」②空間的に、まえ。正面。「前方・門前」③順番が早いこと。「前編」◆⇕後(97ページ)

善 12画 口部・教6
音訓 ゼン・よ-い
名乗 さ・ぜん・ただし・たる・よし
意味 ①正しい。道理にかなっている。よい。「善行」②うまく対処する。「善戦」③仲良くする。「親善」
類義 可(51ページ)・佳(51ページ)・雅(55ページ)・吉(74ページ)・公(98ページ)・好(100ページ)・淑(136ページ)・是(160ページ)・正(160ページ)・良(259ページ)・令(263ページ)
善太 ぜんた　善枝 よしえ　善希 よしき
善久 よしひさ　善美 よしみ　善道 よしみち

然 12画 灬部・教4
音訓 ゼン・ネン・しか-し・しか-り
名乗 しか・ぜん・なり・のり・もえ
意味 ①その通り。「当然」②その状態である意を表す。「騒然《そうぜん》」

禅 13画 ネ部・常 17画 **禪** 示部・人
音訓 ゼン
名乗 さと・よし
意味 ①精神を統一し、無我の境地に入って真理を悟ること。「禅那《ぜんな》」の略。「座禅《ざぜん》」②禅宗。③天子が位《くらい》をゆずる。「禅譲《ぜんじょう》」

漸 14画 氵部・常
音訓 ゼン・ようや-く
名乗 すすむ・つぐ
意味 ①だんだん。次第《しだい》に。「漸次《ぜんじ》」②物事が少しずつ進む。

膳 16画 月部・常
音訓 ゼン
名乗 よし
意味 ①料理をのせる台。また、その料理。「配膳《はいぜん》」②茶碗《ちゃわん》に盛った飯や一対《いっつい》の箸《はし》を数えることば。

繕 18画 糸部・常
音訓 ゼン・つくろ-う
名乗 もち・よし・より
意味 修理する。繕《つくろ》う。「修繕《しゅうぜん》」

●そ●

狙 8画 犭部・常
音訓 ソ・ショ・ねら-う
意味 ①隙《すき》をうかがう。ねらう。「狙撃《そげき》」②動物の名。サル。「狙×猴《そこう》」

阻 8画 阝部・常
音訓 ソ・はば-む
意味 ①地形がけわしい。「険阻《けんそ》」②邪魔をする。さえぎる。「阻止」

祖 9画 ネ部・教5 10画 **祖** 示部・人
音訓 ソ
名乗 おや・さき・のり・はじめ・

ひろ・もと

意味 ①家系・王朝などの初代。「先祖《せんぞ》」②ある物事をはじめた人。もととなったもの。「元祖《がんそ》」③父母の親。「祖父母」④もととして倣《なら》う。

租
10画 禾部・常

音訓 ソ

名乗 つみ・みつぎ・もと

意味 ①年貢《ねんぐ》。また、税金。「租税《そぜい》」②土地や家などを借りる。

素
10画 糸部・教5

音訓 ソ・ス・もと

名乗 しろ・しろし・すなお・そ・つね・はじめ・もと・もとい・もとむ

意味 ①手を加えていない。飾り気がない。また、何も加わっていない。「素朴《そぼく》」「素肌《すはだ》」②物事のもとになるもの。「要素」③ふだんの。もとから。「平素」④簡単な。「素描《そびょう》」⑤元素の名に付けることば。「酸素」⑥染めていない白絹《しらぎぬ》。また、白い。

素直 すなお　素世香 そよか　素良 そら

信素 のぶもと　真素美 ますみ　素子 もとこ

措
11画 扌部・常

音訓 ソ・お-く

意味 ①据《す》え付ける。置く。「措置《そち》」②ふるまい。「挙措《きょそ》」

曽 曾
⇩そう（172ページ）

粗
11画 米部・常

音訓 ソ・あら-い

意味 ①細かくない。粗《あら》い。おおまか。「粗忽《そこつ》」②品質がよくない。「粗末《そまつ》」③謙遜《けんそん》の意を表す。「粗品《そしな》」

組
11画 糸部・教2

音訓 ソ・く-む・くみ

名乗 くみ・くむ

意味 ①くみ合わせる。くみ立てる。また、組《くみ》。「組織《そしき》」「白組《しろぐみ》」②糸をより合わせて編む。くみひも。

疎
12画 ⻊部・常

音訓 ソ・うと-い・うと-む・おろそ-か・まば-ら

意味 ①間がすいている。まばら。「過疎」②親しくない。うとい。「疎遠」③注意が行き届かない。おろそか。「疎略」④通る。通す。「疎通」◆「疏」に通じる。現代表記では「疏通→疎通」のように、「疏」を「疎」に書きかえることがある。→疏（同ページ）

訴
12画 言部・常

音訓 ソ・うった-える

意味 ①申し立てる。うったえる。「訴訟《そしょう》」②告げ口をする。そしる。「×讒訴《ざんそ》」

疏
12画 ⻊部・人

音訓 ソ

名乗 とおる

意味 ①通す。通る。「疏通《そつう》」②親しくない。うとくなる。「疏遠《そえん》」③粗末な。「疏食《そし》」④書きしるす。⑤解釈。また、書籍の注釈。◆①〜③は「疎」に通じる。現代表記では「疏通→疎通」のように、「疏」を「疎」に書きかえることがある。→疎（同ページ）

塑
13画 土部・常

音訓 ソ

意味 土をこねて物の形を作る。また、その物。「彫塑《ちょうそ》」

楚
13画 木部・人

音訓 ソ

名乗 いばら・うばら・しもと・たか・つえ・つら

意味 ①すっきりとしたさま。「清楚《せいそ》」②苦しむ。③いばら。むち。④古代中国の国名。「四面楚歌《しめんそか》」

楚乃実 そのみ　楚良 そら　楚子 たかこ

遡
14画 ⻌部・常

音訓 ソ・さかのぼ-る

意味 水の流れにさからって上流へ移動する。また、時間の流れを逆にたどって過去や物事の根本《こんぽん》に戻る。さかのぼる。「遡及《そきゅう》」

噌
15画 口部・人

音訓 ソウ・ソ

名乗 しょう・そ・そう

意味 ①がやがやとやかましい。②「味噌《みそ》」は、大豆を発酵《はっこう》させて作る調味料。

礎
18画 石部・常

音訓 ソ・いしずえ

名乗 き・もと・もとい

意味 柱をのせる土台石。また、物事の根本《こんぽん》。「基礎《きそ》」

礎良 そら　礎 もとい　基礎 もとき

蘇
19画 艹部・人

音訓 ソ・ス・よみがえ-る

名乗 いき・はる

意味 ①生き返る。よみがえる。「蘇生《そせい》」②草の名。紫蘇《しそ》。

●そう●

双
4画 又部・常

音訓 ソウ・ふた

名乗 なみ・ならぶ・ふ

意味 二つで一組みとなるものの両方。ペア。「双方」

双雲 そううん　双恵 なみえ　双葉 ふたば

爪 ⇩つめ（193ページ）

争
6画 亅部・教4
8画 爭 爫部・人
音訓 ソウ・あらそう
名乗 いさむ
意味 相手を押しのけて勝とうとする。あらそう。「闘争」

壮
6画 士部・常
7画 壯 人
音訓 ソウ・さかん
名乗 あき・お・さかり・さかん・そう・たけ・たけし・まさ・もり
意味 ①意気が盛んで勇ましいこと。また、大きくて立派なこと。「壮快・壮健」②元気盛んな年頃。一般に三十代後半から五十代ごろをいう。「壮年」
類義 栄（44ページ）・旺（48ページ）・興（106ページ）・昌（143ページ）・晟（162ページ）・盛（163ページ）・隆（259ページ）

壮 そう　壮一郎 そういちろう　壮史 そうし
壮輔 そうすけ　壮大 そうた　壮馬 そうま
壮明 たけあき　壮 たけし　壮弘 たけひろ
智壮 ともあき　壮人 まさと　壮美 まさみ

早
6画 日部・教1
音訓 ソウ・サッ・はやい・はやまる・はやめる
名乗 さ・さお・さき・そう・はや
意味 ①時刻・時期・時節などが、はやい。「早春《そうしゅん》」②時間をおかないさま。「早急《さっきゅう・そうきゅう》」③［さ］時期が早く若々しいなどの意を表す。「早乙女《さおとめ》」
特別な読み 早苗《さなえ》

早彩 さあや　早織 さおり　早紀 さき
早久羅 さくら　早苗 さなえ　早良 さら
早太 そうた　千早 ちはや　早斗 はやと
比早志 ひさし　美早希 みさき　美早 みはや

走
7画 走部・教2
音訓 ソウ・はしる
名乗 ゆき
意味 ①駆《か》ける。はしる。「走行」②逃げる。「脱走・逃走」
類義 駆（83ページ）・馳（186ページ）

走太 そうた　走平 そうへい　走真 そうま

宋
7画 宀部・人
音訓 ソウ
名乗 おき・くに・すえ
意味 古代中国の国名。
注意 「宗」は形が似ているが別の字。→宗（133ページ）

宋香 くにか　宋志郎 そうしろう　宋太 そうた

宗 ⇩しゅう（133ページ）

奏
9画 大部・教6
音訓 ソウ・かなでる
名乗 かな・そう
意味 ①音楽をかなでる。「演奏・二重奏」②なしとげる。「奏効」③君主に申し上げる。意見を差し出す。「上奏」
ことば 【奏楽】そうがく 音楽を演奏すること。【奏功】そうこう 目標通りに物事を成し遂げて成果を上げること。

奏 かな　奏江 かなえ　奏恵 かなえ
奏子 かなこ　奏太 かなた　奏汰 かなた
奏音 かなと　奏翔 かなと　奏実 かなみ
奏 そう　奏一 そういち　奏輝 そうき
奏子 そうこ　奏志 そうし　奏志朗 そうしろう
奏介 そうすけ　奏太 そうた　奏平 そうへい
奏真 そうま　奏也 そうや　千奏 ちかな
真奏 まかな　優奏 ゆかな　和奏 わかな

草
9画 艹部・教1
音訓 ソウ・くさ
名乗 かや・くさ・くさか・さ・しげ・そう
意味 ①植物のくさ。「草花《くさばな》」②粗末な。ぞんざいな。「草庵《そうあん》」③はじまり。まだ明けていないころ。「草創」④詩文の下書き。「草案」⑤草書。

草介 そうすけ　草平 そうへい　千草 ちぐさ

荘
9画 艹部・常
10画 莊 人
音訓 ソウ・ショウ
名乗 さこう・しげ・しょう・そう・たか・たかし・ただし・まさ
意味 ①重々しい。おごそか。「荘厳《そうごん》」②店。また、仮の住まい。別宅。「別荘」③中国、戦国時代の思想家である荘子《そうし》のこと。

荘太朗 しょうたろう　荘平 しょうへい　荘 そう
荘佑 そうすけ　荘汰 そうた　荘真 そうま
荘 たかし　荘志 まさし　荘行 まさゆき

送
9画 辶部・教3
音訓 ソウ・おくる
意味 ①見おくる。おくり出す。「送別」②人・物などを運ぶ。おくり届ける。「配送」③時を過ごす。暮らす。

相
9画 目部・教3
音訓 ソウ・ショウ・あい
名乗 あい・あう・さ・しょう・すけ・たすく・とも・はる・まさ・み・みる
意味 ①外面に現れた姿。顔つきや様子。「真相」②吉凶のしるし。「手相」③たがいに。「相思相愛《そうしそうあい》」④受け継ぐ。「相続」⑤たすける。また、君主を助けて政治を行う人。大臣。「宰相《さいしょう》」

相美あいみ　相吾しょうご　相たすく

倉
10画　𠆢部・教4
音訓 ソウ・くら
名乗 くら
意味 ①物をしまう建物。くら。「倉庫」②あわてるさま。

捜
10画　扌部・常　12画 搜 人
音訓 ソウ・シュウ・さが-す
意味 見えなくなったものを見つけ出そうとする。さがす。さがし求める。「捜索《そうさく》」

挿
10画　扌部・常
音訓 ソウ・さ-す・はさ-む
意味 間に差しはさむ。さしこむ。「挿画」

桑
10画　木部・常
音訓 ソウ・くわ
名乗 くわ
意味 木の名。クワ。「桑田《そうでん》」

巣
11画　⺍部・教4　11画 巢 巛部・人
音訓 ソウ・す
名乗 す
意味 ①鳥のす。また、獣や虫・魚のすみか。「帰巣《きそう》」②すみか。隠れ家。「巣窟《そうくつ》」③ある物が集まっている所。「病巣」

掃
11画　扌部・常
音訓 ソウ・は-く
名乗 かに・のぶ
意味 ①ほうきでごみを除く。掃《は》く。「清掃」②すっかり除く。はらう。「一掃《いっそう》」

曹
11画　日部・常
音訓 ソウ
名乗 とも・のぶ・よし
意味 ①役所。また、役所の部局。「法曹《ほうそう》」②仲間。③軍隊の階級の一つ。「軍曹《ぐんそう》」

曽
11画　日部・常　12画 曾 人
音訓 ソウ・ゾ・ソ・かつ-て
名乗 かつ・そう・つね・なり・ます
意味 ①直系の三親等を表すことば。「曽祖父《そうそふ》」②これまでに。かつて。「未曽有《みぞう》」

曽一そういち　曽介そうすけ　曽乃子そのこ

爽
11画　㸚部・常
音訓 ソウ・さわ-やか
名乗 あきら・さ・さや・さやか・さわ・そう
意味 すがすがしい。さわやか。「爽快・颯爽《さっそう》」

爽あきら　爽香さやか　爽子さわこ　爽そう　爽汰そうた　爽馬そうま

窓
11画　穴部・教6
音訓 ソウ・まど
名乗 まど
意味 ①まど。光を取り入れたり風を通したりするために壁や屋根にあけた穴。「車窓《しゃそう》」②まどのある部屋。「深窓《しんそう》」

窓太そうた　窓花まどか　窓乃まどの

創
12画　刂部・教6
音訓 ソウ・つく-る・きず・はじ-める
名乗 そう・ぞう・はじむ・はじめ
意味 ①はじめる。初めて作る。「創作・創造」②傷。また、傷つける。「絆創膏《ばんそうこう》」
類義 一（40ページ）・開（58ページ）・元（94ページ）・始（123ページ）・初（140ページ）・緒（140ページ）・肇（215ページ）

創そう　創一そういち　創介そうすけ　創太そうた　創真そうま　創はじめ

喪
12画　口部・常
音訓 ソウ・も・うしな-う
意味 ①死者を弔《とむら》う儀礼。「喪中《もちゅう》」②失う。なくす。「喪失《そうしつ》」

葬
12画　艹部・常
音訓 ソウ・ほうむ-る
意味 遺体や遺骨を土中や墓所に埋《う》める。ほうむる。また、その儀式。「葬儀《そうぎ》」

痩
12画　疒部・常　15画 瘦 人
音訓 ソウ・シュウ・や-せる
意味 体重が減って体が細くなる。やせる。やせ細る。「痩身《そうしん》」

装
12画　衣部・教6　13画 裝 人
音訓 ソウ・ショウ・よそお-う
意味 ①衣類などを着けてよそおう。「盛装《せいそう》」「装束《しょうぞく》」②外見をととのえる。飾る。「装飾」◆現代表記では「衣裳→衣装」のように、「裳」を「装」に書きかえることがある。→裳（147ページ）

湊
12画　氵部・人
音訓 ソウ・みなと
名乗 みなと
意味 ①船着き場。みなと。②集まる。「×輻湊《ふくそう》」
類義 港（105ページ）・津（152ページ）

湊そう　湊一朗そういちろう　湊介そうすけ　湊大そうた　湊真そうま　湊みなと

惣
12画　心部・人
音訓 ソウ
名乗 おさむ・そう・とし・のぶ・ふさ
意味 全部まとめる。すべて。「惣領《そうりょう》」（＝跡取り。

また、長男や長女）」◆現代表記では「惣領→総領」のように、「総」に書きかえる。↓総（同ページ）

類義 一（40ページ）・皆（57ページ）・全（169ページ）・綜（同ページ）・統（202ページ）

惣 おさむ
惣一朗 そういちろう
惣子 そうこ
惣司 そうじ
惣介 そうすけ
惣太 そうた
惣佳 としか
惣也 のぶや
惣美 ふさみ

13画
僧
亻部・常
14画
僧
人

音訓 ソウ
意味 出家して仏門に入った人。法師《ほうし》。「僧侶《そうりょ》」

13画
想
心部・教3

音訓 ソウ・ソ・おも-う
意味 考える。心にイメージを描《えが》く。思い。イメージ。「想像・理想」

類義 惟（38ページ）・意（38ページ）・憶（49ページ）・思（124ページ）

想一 そういち
想子 そうこ
想介 そうすけ
想太 そうた
想真 そうま
想乃花 そのか

13画
蒼
艹部・人

音訓 ソウ・あお-い
名乗 あお・しげる・ひろ
意味 ①草のような濃い青色。あおい。②青ざめて生気がない。また、古びている。「蒼白・古色蒼然《こしょくそうぜん》」③草木が茂るさま。「鬱蒼《うっそう》」④人々。民《たみ》。「蒼生《そうせい》」⑤あわただしいさま。

類義 滋（126ページ）・繁（218ページ）・茂（242ページ）

ことば 【蒼海】《そうかい》 あおい海原。〔名前読み例〕あおみ・そうかい
【蒼天】《そうてん》 青空。大空。〔名前読み例〕あおたか

蒼 あお
蒼以 あおい
蒼花 あおか
蒼士 あおし
蒼空 あおぞら
蒼大 あおた
蒼斗 あおと
蒼翔 あおと
蒼乃 あおの
蒼葉 あおば
蒼美 あおみ
蒼 そう
蒼一朗 そういちろう
蒼子 そうこ
蒼吾 そうご
蒼史 そうし
蒼介 そうすけ
蒼太 そうた
蒼平 そうへい
蒼真 そうま
蒼也 そうや

14画
層
尸部・教6
15画
層
人

音訓 ソウ
意味 ①重なる。重なったもの。「高層・地層」②年齢や地位、能力などによって区分した集団。階層。「年齢層」

14画
遭
辶部・常

音訓 ソウ・あ-う
意味 たまたま出あう。出くわす。

14画
総
糸部・教5

音訓 ソウ・す-べて・す-べる・ふさ
名乗 おさ・さ・すぶる・そう・のぶ・ふさ・みち
意味 ①合わせる。一つにまとめる。「総合」②全体をまとめて治める。「総理」③すべての。全体の。「総額」④ふさ。糸をたばねてつくった飾り。◆現代表記では「惣領→総領」のように、「惣」を「総」に書きかえる。また、「綜合→総合」のように、「綜」を「総」に書きかえることがある。↓惣（172ページ）・綜（同ページ）

類義 一（40ページ）・皆（57ページ）・全（169ページ）・統（202ページ）

特別な読み 上総《かずさ》

上総 かずさ
総司 そうじ
総介 そうすけ
総太 そうた
総真 そうま
総子 ふさこ

14画
漱
氵部・人

音訓 ソウ・すす-ぐ
名乗 すすぐ・そう・そそぐ
意味 口をすすぐ。うがいをする。「漱石枕流《そうせきちんりゅう》」

14画
漕
氵部・人

音訓 ソウ・こ-ぐ
名乗 そう・ぞう
意味 ①船をこぐ。「漕艇《そうてい》」②船で物を運ぶ。「回漕《かいそう》」

14画
槍
木部・人

音訓 ソウ・やり
名乗 しょう・そう
意味 武具のやり。「槍術《そうじゅつ》」

14画
綜
糸部・人

音訓 ソウ
名乗 おさ
意味 ①一つにまとめる。「綜合《そうごう》」②入りまじる。「錯綜《さくそう》」◆現代表記では「綜合→総合」のように、「総」に書きかえることがある。↓総（同ページ）

類義 惣（172ページ）・統（202ページ）

綜子 そうこ
綜助 そうすけ
綜平 そうへい

14画
聡
耳部・人

音訓 ソウ・さと-い
名乗 あき・あきら・さ・さと・さとし・さとる・そう・と・とき・とし・とみ・のぶ・ふさ
意味 理解力・判断力が優れている。かしこい。さとい。「聡明《そうめい》」

類義 恵（87ページ）・慧（88ページ）・憲（93ページ）・賢（93ページ）・智（186ページ）・哲（196ページ）・敏（224ページ）・明（242ページ）・利（255ページ）・俐（256ページ）・伶（264ページ）・怜（264ページ）

聡斗 あきと
聡 あきら
聡佳 さとか
聡子 さとこ
聡 さとし
聡史 さとし
聡美 さとみ
聡一 そういち
聡介 そうすけ
聡太 そうた
聡真 そうま
聡明 としあき
聡之 としゆき
真聡 まさと
実聡 みさと

◆颯 ⇩さつ 人気の字 （118ページ）

槽 15画 木部・常
音訓 ソウ・ふね
意味 ①家畜の飼料を入れる桶《おけ》。飼い葉桶。②水などの液体を入れる容器。「水槽」③中央部がくぼんでいるもの。「歯槽《しそう》」

踪 15画 足部・常
音訓 ソウ・ショウ
意味 跡《あと》。また、ゆくえ。「失踪《しっそう》」

操 16画 扌部・教6
音訓 ソウ・みさお・あやつ-る
名乗 あや・さお・とる・みさ・みさお・もち
意味 ①心身をかたく守る。みさお。「節操《せっそう》」②うまく扱う。あやつる。「操作」③とる。にぎる。
操太 そうた　操 みさお　操貴 みさき

燥 17画 火部・常
音訓 ソウ
意味 ①乾く。乾かす。「乾燥」②落ち着きがない。「焦燥《しょうそう》」

霜 17画 雨部・常
音訓 ソウ・しも
名乗 しも
意味 ①しも。気温が下がったとき、空気中の水蒸気が地面や地上のものにふれてできる白い氷の結晶。「初霜《はつしも》」②しものように白いもの。

騒 18画 馬部・常　**騷** 20画 人
音訓 ソウ・さわ-ぐ
意味 やかましい声や音を立てる。さわぐ。さわがしい。「騒音・騒動」

叢 18画 又部・人
音訓 ソウ・くさむら
意味 ①草が群がり生《は》える。くさむら。「叢生《そうせい》」②群がり集まる。また、多くの物の集まり。「叢書《そうしょ》」

藻 19画 艹部・常
音訓 ソウ・も
名乗 も
意味 ①水草。も。「海藻《かいそう》」②詩文のたくみな言い回し。「詞藻《しそう》」

●ぞう●

造 10画 辶部・教5
音訓 ゾウ・つく-る
名乗 いたる・ぞう・なり・みち・みやつこ
意味 ①こしらえる。つくる。「創造」②行う。「造反《ぞうはん》」③行きつく。至る。「造詣《ぞうけい》」④あわただしい。
造 いたる　啓造 けいぞう　孝造 こうぞう
修造 しゅうぞう　優造 ゆうぞう　佳造 よしなり

象 ⇩しょう （145ページ）

像 14画 亻部・教5
音訓 ゾウ
名乗 かた・すえ・のり・み
意味 ①物や人の形・姿・ようす。「映像・想像」②神仏・実物などに似せてつくったもの。「肖像《しょうぞう》」

増 14画 土部・教5　**增** 15画 人
音訓 ゾウ・ソウ・ま-す・ふ-える・ふ-やす
名乗 なが・ま・ます
意味 ①ふえること。「増加」②ますます。「増長」
類義 益 （45ページ）・加 （51ページ）

憎 14画 忄部・常　**憎** 15画 人
音訓 ゾウ・ソウ・にく-む・にく-い・にく-らしい・にく-しみ
意味 嫌う。にくむ。にくい。「愛憎《あいぞう》」

蔵 15画 艹部・教6　**藏** 18画 人
音訓 ゾウ・くら
名乗 おさむ・くら・ぞう・ただ・とし・まさ・よし
意味 ①物をしまっておく建物。くら。「土蔵《どぞう》」②しまい隠して表に出さない。おさめる。「蔵書・秘蔵」③仏教・道教の経典《きょうてん》の集成。
特別な読み 蔵人《くらんど》《くろうど》・武蔵《むさし》
蔵 おさむ　蔵之介 くらのすけ　蔵真 くらま
蔵人 くろうど　晃蔵 こうぞう　泰蔵 たいぞう
武蔵 むさし　悠蔵 ゆうぞう　良蔵 りょうぞう

贈 18画 貝部・常　**贈** 19画 人
音訓 ゾウ・ソウ・おく-る
名乗 ます
意味 ①金品をおくり与える。「贈呈《ぞうてい》」②死後に官位・称号を与える。「追贈《ついぞう》」

臓 19画 月部・教6　**臟** 22画 人
音訓 ゾウ
意味 体内にある器官の総称。内臓。はらわた。「肝臓《かんぞう》」

●そく●

即 7画 卩部・常　**卽** 9画 人
音訓 ソク・すなわ-ち・つ-く
名乗 あつ・ただ・ちかし・ひと・みつ・より
意味 ①すぐに。ただちに。「即座」②接する。ぴったりつく。「即物的」③つまり。すなわち。

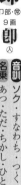

束
7画　木部・教4

音訓 ソク・たば・つか
名乗 き・さと・つか・つかぬ・つかね

意味 ①細長いものなどを一つにまとめてくくる。たばねる。また、たばねたもの。「結束《けっそく》」②縛《しば》る。自由を奪う。「拘束《こうそく》」③矢の長さを測る単位。また、たばねたものを数えることば。

足
7画　足部・教1

音訓 ソク・スウ・あし・た-りる・た-る・た-す
名乗 あし・たらし・たり・たる・なり・みつ・ゆき

意味 ①あし。腿《もも》から下の部分。また、足首から下の部分。「素足《すあし》」②歩く。走る。「俊足《しゅんそく》」③十分にある。たりる。たす。「満足」④弟子。人材。⑤一対の履き物を数えることば。

促
9画　イ部・常

音訓 ソク・うなが-す
名乗 ちか・ゆき

意味 ①推進《すいしん》する。せきたてる。うながす。「促進・催促《さいそく》」②間がつまる。縮む。「促音《そくおん》」

則
9画　刂部・教5

音訓 ソク・すなわ-ち・のっと-る・のり
名乗 つね・とき・のり・みつ

意味 ①きまり。手本。「規則」②手本とする。のっとる。「則天去私《そくてんきょし》」③つまり。すなわち。

類義 鑑（67ページ）・紀（68ページ）・規（70ページ）・鏡（80ページ）・矩（83ページ）・典（196ページ）・範（218ページ）・法（233ページ）

晃則 あきのり　克則 かつのり　則彰 のりあき
則雄 のりお　則佳 のりか　則子 のりこ
雅則 まさのり　実則 みのり　佳則 よしのり

捉
10画　扌部・常

音訓 ソク・サク・とら-える

意味 つかむ。とらえる。「捕捉《ほそく》」

速
10画　辶部・教3

音訓 ソク・はや-い・はや-める・はや-まる・すみ-やか
名乗 さく・ちか・つぎ・とう・はや・はやし・はやみ・めす

意味 スピードがはやい。すみやか。また、はやさ。「速攻・速度」

類義 快（57ページ）・捷（144ページ）・迅（155ページ）・敏（224ページ）

速 はやし　速斗 はやと　速彦 はやひこ

息
10画　心部・教3

音訓 ソク・いき
名乗 いき・おき・き・やす

意味 ①呼吸。いき。「嘆息《たんそく》」②生きる。生活する。「生息」③休む。くつろぐ。「休息」④やむ。やめる。「終息」⑤増えたもの。「利息」⑥子ども。むすこ。「息女《そくじょ》」

特別な読み 息吹《いぶき》

息吹 いぶき

側
11画　イ部・教4

音訓 ソク・ショク・がわ・そば・そば-める
名乗 かた

意味 ①すぐ近く。かたわら。そば。「側近《そっきん》」②一方のがわ。横の面。「側面」③片方に寄せる。傾ける。④ほのかに。かすかに。「側聞《そくぶん》」

測
12画　氵部・教5

音訓 ソク・ショク・はか-る
名乗 ひろ・ふか

意味 ①物の長さ・深さなどをはかる。「測定・観測」②予想する。おしはかる。「推測」

●ぞく●

俗
9画　イ部・常

音訓 ゾク
名乗 みち・よ

意味 ①ありふれていてつまらないこと。「低俗」②ならわし。習慣。「民俗」③世間一般。「世俗」④出家していないこと。また、その人。「還俗《げんぞく》」

族
11画　方部・教3

音訓 ゾク
名乗 えだ・つぎ・つぐ

意味 ①祖先を同じくする人々。身内。一門。「家族」②血統上の身分。「貴族」③同じ種類の仲間。「魚族」

属
12画　尸部・教5

音訓 ゾク・ショク
名乗 さか・つら・まさ・やす

意味 ①付き従う。仲間に入る。つながる。「所属」②仲間。同類。「金属」③生物分類学上の区分の一つ。「バラ科バラ属」

粟

⇩あわ（36ページ）

続
13画　糸部・教4

音訓 ゾク・ショク・つづ-く・つづ-ける
名乗 つぎ・つぐ・つづく・ひで

意味 とぎれることなくつながる。つづく。「連続」

類義 連（265ページ）

賊
13画　貝部・常

音訓 ゾク

意味 ①他人の財物を奪う者。「盗賊」②反逆して国家・社会の秩序を乱す者。「逆賊」③そこなう。傷つける。「賊心」

●そつ●

卒 8画 十部・教4
音訓 ソツ・シュツ・お-わる・お-える
名乗 たか・むら
意味 ①終わる。また、卒業。「新卒」②突然。「卒倒《そっとう》」③亡《な》くなる。「卒去《そっきょ》」④下級の兵士。「従卒」

率 11画 亠部・教5
音訓 ソツ・リツ・ひき-いる
名乗 のり・より
意味 ①ひきいる。したがえる。「率先《そっせん》」②ありのままに。素直に。「率直《そっちょく》」③急に。にわかに。「軽率」④［リツ］全体の中で占める割合。「確率」

●それ●

其 8画 八部・人
音訓 キ・そ-の・それ
名乗 き・ぎ・その・とき・もと
意味 物や事柄を指し示すことば。その。それ。「其処《そこ》」
其一 きいち　真其子 まきこ　悠其 ゆうき

●そろう●

揃 12画 扌部・人
音訓 セン・そろ-う・そろ-える
名乗 つら・とし
意味 一致する。ととのう。また、集まる。そろう。

●そん●

存 6画 子部・教6
音訓 ソン・ゾン
名乗 あきら・あり・ありや・ある・さだ・すすむ・たもつ・つぎ・なが・のぶ・のり・まさ・やす・やすし
意味 ①現にある。生きている。「存在《そんざい》」②保《たも》ち持つ。「保存」③思う。知る。「一存」④見舞う。
類義 活（62ページ）・生（161ページ）

村 7画 木部・教1
音訓 ソン・むら
名乗 すえ・そん・つね・むら
意味 ①むら。地方公共団体の一つ。「村長」②村里《むらざと》。集落。「農村」

孫 10画 子部・教4
音訓 ソン・まご
名乗 さね・ただ・ひこ・ひろ・まご
意味 ①まご。子の子。②同じ血筋を引く者。「子孫」

尊 12画 寸部・教6
音訓 ソン・たっと-い・とうと-い・たっと-ぶ・とうと-ぶ・みこと
名乗 きみ・そん・たか・たかし
意味 ①敬《うやま》い、崇《あが》める。重んじる。とうとぶ。「尊敬・尊重」②身分・地位などが高い。「尊厳《そんげん》」③他人への敬意を表す。「尊顔」
類義 貴（71ページ）・敬（87ページ）・高（104ページ）・尚（142ページ）・崇（158ページ）
実尊 さねたか　尊臣 たかおみ　尊子 たかこ
尊 たかし　尊志 たかし　尊輝 たかてる
尊斗 たかと　尊乃 たかの　尊彦 たかひこ
尊広 たかひろ　尊之 たかゆき　時尊 ときたか

巽 12画 己部・人
音訓 ソン・たつみ
名乗 たつみ・ゆく・よし
意味 南東の方角。たつみ。
巽 たつみ　巽美 よしみ　巽之 よしゆき

損 13画 扌部・教5
音訓 ソン・そこ-なう・そこ-ねる
名乗 ちか
意味 ①利益を失うこと。また、割に合わないこと。「損得《そんとく》」②壊す。そこなう。「破損」

遜 14画 辶部・常
音訓 ソン・へりくだ-る
名乗 やす・ゆずる
意味 ①相手を尊敬する気持ちで控えめな態度をとる。へりくだる。「謙遜《けんそん》」②ひけを取る。「遜色《そんしょく》」③ゆずる。

樽 ⇩たる（183ページ）

●た●

✦**太** ⇩たい　人気の字（178ページ）

他 5画 亻部・教3
音訓 タ・ほか
名乗 おさ・た・ひと
意味 ①別のこと。ほかのこと。「他国」②ほかの人。他人。「自他」

田 ⇩でん（197ページ）

多 6画 夕部・教2
音訓 タ・おお-い
名乗 おお・おおの・かず・た・ただ・とみ・な・なお・まさ・まさる
意味 数量が大きい。おおい。⇔少（141ページ）「多額」
瑛多 えいた　奏多 かなた　幸多郎 こうたろう
祥多 しょうた　聡多 そうた　多市 たいち
多恵 たえ　多香子 たかこ　多朗 たろう
日那多 ひなた　雄多 ゆうた　亮多 りょうた

汰
7画　氵部・常
音訓 タ・タイ
意味 良いものと悪いものを選び分ける。「沙汰《さた》・×淘汰《とうた》」

蒼汰 あおた　絢汰 あやた　新汰 あらた
瑛汰 えいた　奏汰 かなた　圭汰 けいた
健汰 けんた　光汰 こうた　虎汰郎 こたろう
俊汰 しゅんた　尚汰 しょうた　颯汰 そうた
空汰 そらた　汰一 たいち　汰恵 たえ
汰月 たつき　哲汰 てった　裕汰 ゆうた
龍汰郎 りゅうたろう　良汰 りょうた　蓮汰 れんた

●だ●

打
5画　扌部・教3
音訓 ダ・チョウ・う-つ
意味 ①たたく。うつ。「打撃・安打」②語調を整える字。「打開」

妥
7画　女部・常
音訓 ダ・タ
名乗 やす
意味 おだやか。また、座に落ち着く。「妥協《だきょう》」

陀
8画　阝部・人
音訓 タ・ダ
意味 梵語《ぼんご》の「ダ」の音を表す。「阿弥陀《あみだ》」

唾
11画　口部・常
音訓 ダ・タ・つば
意味 ①つば。口の中で分泌《ぶんぴつ》される液体。「唾液《だえき》」②つばを吐くように嫌う。「唾棄《だき》」

舵
11画　舟部・人
音訓 ダ・かじ
意味 船のかじ。船首の方向を定める装置。「舵手《だしゅ》」

舵太 かじた　舵斗 かじと　舵一 だいち

堕
12画　土部・常
音訓 ダ・お-ちる・お-とす
意味 落下する。おちる。また、身を持ちくずす。「堕落《だらく》」

惰
12画　忄部・常
音訓 ダ
意味 ①怠《なま》ける。だらける。「怠惰《たいだ》」②これまでの習慣。「惰性《だせい》」

楕
13画　木部・人
音訓 タ・ダ
意味 丸くて細長い。「楕円《だえん》」

駄
14画　馬部・常
音訓 ダ・タ
意味 ①馬などに荷を積む。また、その荷物。「荷駄《にだ》」②値打ちがない。つまらない。「駄作」③履《は》きもの。「下駄《げた》」

●たい●

◆太
⇩人気の字 （178ページ）

体
7画　亻部・教2
音訓 タイ・テイ・からだ
名乗 なり・み・もと
意味 ①からだ。頭から足の先までの全体。「身体」②かたち。姿。ありさま。「球体・本体」③身に付ける。自分自身で行う。「体験」

対
7画　寸部・教3
音訓 タイ・ツイ
意味 ①向かい合う。「対面」②二つで一組みのもの。「一対《いっつい》」③相手になる。あたる。「応対・敵対」④対等であること。

苔
8画　艹部・人
音訓 タイ・こけ
意味 植物の名。コケ。

耐
9画　寸部・常
音訓 タイ・ダイ・た-える
名乗 たう・つよし
意味 じっと我慢《がまん》する。持ちこたえる。「忍耐《にんたい》」

待
9画　彳部・教3
音訓 タイ・ま-つ
名乗 なが・まち・まつ・みち
意味 ①やってくるのを予想してそれまでの時間を過ごす。まつ。まちうける。「待機」②もてなす。「接待」
注意 「侍」は形が似ているが、別の字。→侍（126ページ）

退
9画　辶部・教5
音訓 タイ・しりぞ-く・しりぞ-ける・の-く
名乗 たい・のき
意味 ①後へさがる。しりぞく。⇔進（154ページ）「退散」②遠ざける。追い払う。しりぞける。「撃退」③身を引く。やめる。「退職」④おとろえる。「衰退《すいたい》」

怠
9画　心部・常
音訓 タイ・おこた-る・なま-ける・だる-い
名乗 やす
意味 労力を惜しんで、すべきことをしないで済ます。なまける。「怠惰《たいだ》」

胎
9画　月部・常
音訓 タイ
名乗 はら・み・もと
意味 ①妊娠《にんしん》すること。また、胎児《たいじ》。「受胎《じゅたい》」②胎児をやどす所。「胎盤《たいばん》」③物事の起こるもと。「×胚胎《はいたい》」

人気の字

4画

太

大部・教2

音訓 タイ・タ・ふと-い・ふと-る

名乗 うず・おお・しろ・た・だ・たい・だい・たか・と・ひろ・ふと・ふとし・ます・み・もと

意味 ①ふとい。「丸太」②きわめて大きい。「太陽」③はなはだしい。非常に。「太古・太平」④おおもと。第一番の。「太極・太初」⑤最も尊《とうと》い。最上位の。「太閤《たいこう》」

類義 恢（58ページ）・巨（77ページ）・景（88ページ）・洪（102ページ）・浩（104ページ）・紘（104ページ）・泰（179ページ）・大（180ページ）

なりたち 形声。二＋大。もともとは「泰」の古い形。この字を借りて、非常に大きい、はなはだの意味を表す。

特別な読み 心太《ところてん》

地名 伊太利《イタリア》・信太《しだ》の森《もり》

筆順 一　ナ　大　太

参考 「太」「大」はどちらも大きいという意味をもつが、「太」は絶対的に大きい、「大」は比較して大きいの意味を表す。→大（180ページ）

一字の名前

太 たい・だい・ふとし

二字の名前

❤一字目

太駕 たいが　太希 たいき　太貴 たいき
太吾 だいご　太志 たいし　太樹 たいじゅ
太心 たいしん　太介 たいすけ　太佑 だいすけ
太成 たいせい　太造 たいぞう　太壱 たいち
太智 たいち　太杜 だいと　太羅 たいら
太助 たすけ　太郎 たろう　太史 ふとし

❤二字目

蒼太 あおた　惇太 あつた　新太 あらた
瑛太 えいた　魁太 かいた　完太 かんた
響太 きょうた　慶太 けいた　玄太 げんた
航太 こうた　駿太 しゅんた　翔太 しょうた
奏太 そうた　創太 そうた　颯太 そうた
聡太 そうた　悠太 ゆうた　裕太 ゆうた
優太 ゆうた　雷太 らいた　莉太 りた
良太 りょうた　涼太 りょうた　遼太 りょうた

三字の名前

❤一字目

太一士 たいし　太史郎 たいしろう　太一朗 たいちろう
太之介 たいのすけ　太久朗 たくろう　太之助 たのすけ

❤二字目

宇太也 うたや　瑛太朗 えいたろう　健太郎 けんたろう
孝太郎 こうたろう　虎太郎 こたろう　琥太郎 こたろう
朔太郎 さくたろう　丈太郎 じょうたろう　慎太郎 しんたろう
良太朗 りょうたろう　倫太郎 りんたろう　凛太郎 りんたろう

❤三字目

亜矢太 あやた　伊玖太 いくた　輝与太 きよた
紗貴太 さきた　奈央太 なおた　陽南太 ひなた
風由太 ふゆた　美樹太 みきた　理玖太 りくた

読みごとの名前

❤た

貫太 かんた　敬太郎 けいたろう　健太 けんた
光太朗 こうたろう　昌太 しょうた　慎太 しんた
成太 せいた　壮太 そうた　蒼太 そうた
太央 たお　比奈太 ひなた　勇太 ゆうた
陽太 ようた　綾太 りょうた　凛太 りんた

❤たい

太我 たいが　太貴 たいき　太嗣 たいし
太翔 たいしょう　太亮 たいすけ　太誠 たいせい
太地 たいち　太之進 たいのしん　太洋 たいよう

❤だい

太樹 だいき　太悟 だいご　太亮 だいすけ

❤と

秀太 しゅうと　春太 はると　悠太 ゆうと

ことば

【白太《しらた》】白い杉材。

【太一《たいいつ》】古代中国の思想で、天地・万物の根源。〔名前読み例〕たいち・だいち

【太河《たいが》】大河。〔名前読み例〕たいが

【太康《たいこう》】世の中が平和に治まっている。〔名前読み例〕たいこう・ひろやす

【太子《たいし》】天子や諸侯の世継ぎ。

【太始《たいし》】天地・宇宙のはじめ。〔名前読み例〕たいし・ふとし

【太清《たいせい》】天。〔名前読み例〕たいせい

【太白《たいはく》】金星の別名。太白星。〔名前読み例〕たいはく

【太平《たいへい》】世の中が平和に治まっていること。〔名前読み例〕たいへい

【太陽《たいよう》】太陽系の中心の恒星。また、希望・明るさ・偉大さのたとえ。〔名前読み例〕たいよう・もとはる

【太郎《たろう》】長男。また、最初のもの。最大・最高のもの。〔名前読み例〕たろう

殆
⇩ほとんど（237ページ）

帯 10画 巾部・教4
帶 11画 人
音訓 タイ・お-びる・おび
名乗 おび・たい・たらし・よ
意味 ①おび。胴の部分に巻いて締める細長い布。また、おび状のもの。「包帯」②身につける。おびる。「携帯」③そばに伴う。行動をともにする。「連帯」④ある範囲の地域。「一帯」
特別な読み 帯《たて》刀《わき》

泰 10画 氺部・常
音訓 タイ
名乗 あきら・た・たい・だい・とおる・ひろ・ひろし・やす・やすし・ゆたか・よし
意味 ①ゆったりしている。やすらか。「泰平・安泰」②はなはだしい。
類義 安（36ページ）・晏（36ページ）・康（104ページ）・靖（164ページ）・太（178ページ）・寧（210ページ）・悠（248ページ）・裕（247ページ）・優（250ページ）
ことば【泰斗】たいと 「泰山北斗《たいざんほくと》」の略。その道の大家として尊敬される人。「泰山」は中国の名山、「北斗」は北斗七星。ともに最も優れたものとして尊ばれることから。〔名前読み例〕たいと・やすと

泰我 たいが　泰史 たいし　泰介 たいすけ
泰成 たいせい　泰造 たいぞう　泰知 たいち
信泰 のぶやす　泰章 やすあき　泰恵 やすえ
泰香 やすか　泰子 やすこ　泰 やすし
泰志 やすし　泰葉 やすは　泰弘 やすひろ
泰幸 やすゆき　悠泰 ゆうだい　義泰 よしやす

堆 11画 土部・常
音訓 タイ・ツイ
名乗 たか・たかし・のぶ
意味 高く積み上げる。「堆積」

逮 11画 辶部・常
音訓 タイ・テイ
意味 ①及ぶ。とどく。②追ってとらえる。「逮捕《たいほ》」

袋 11画 衣部・常
音訓 タイ・ふくろ
名乗 たい
意味 ふくろ。一方に口があって、中にものを入れられるようにしたもの。

隊 12画 阝部・教4
音訓 タイ
意味 ①ある目的のために組織された人の集団。「隊列」②兵士で組織された集団。「部隊」

替 12画 曰部・常
音訓 タイ・か-える・か-わる
意味 前のものをやめて新しいものを持ってくる。取りかえる。入れかわる。「交替」

貸 12画 貝部・教5
音訓 タイ・か-す
意味 返してもらう前提で自分の物を他人に使わせる。かす。「貸借《たいしゃく》」

滞 13画 氵部・常
滯 14画 人
音訓 タイ・テイ・とどこお-る
意味 ①一か所にとどまる。「滞在」②一か所にとどまり進まない。とどこおる。「渋滞《じゅうたい》」

態 14画 心部・教5
音訓 タイ・わざ-と
名乗 かた・なり・よし
意味 ①かたち。すがた。また、様子。「態度・状態」②故意に。わざと。

黛 16画 黒部・人
音訓 タイ・まゆずみ
意味 ①眉《まゆ》を描くための化粧用の墨。まゆずみ。②濃い青色。「翠黛《すいたい》」

戴 17画 戈部・常
音訓 タイ・いただ-く
意味 ①頭の上にのせる。「戴冠」②ありがたくもらう。いただく。「頂戴《ちょうだい》」
注意 「戴」は形が似ているが別の字。→載（114ページ）

鯛 19画 魚部・人
音訓 チョウ・たい
名乗 たい
意味 魚の名。タイ。「金目鯛《きんめだい》」

●だい●

✦乃
⇩の 人気の字（211ページ）

✦大
⇩ 人気の字（180ページ）

代 5画 亻部・教3
音訓 ダイ・タイ・か-わる・か-える・よ・しろ
名乗 しろ・だい・とし・のり・よ・より
意味 ①別の人や物が同じ役目をする。代《か》わる。代わって行う。「代理」②対価として払う料金。代金。「修理代」③世代。期間。「初代」④時代や年齢の範囲を表す。「二十代」⑤［しろ］田。田地。「苗代《なわしろ》」

晶代 あきよ　佳代 かよ　貴代志 きよし
紗代 さよ　寿々代 すずよ　代悟 だいご
代助 だいすけ　珠代 たまよ　知代 ともよ
陽代 はるよ　真代 まよ　樹代 みきよ
実代 みのり　美代子 みよこ　代莉子 よりこ

人気の字

3画

大

大部・教1

音訓 ダイ・タイ・おお・おお-きい・おお-いに

名乗 お・おい・おおき・き・た・たい・だい・たかし・たけし・とも・なが・はじめ・はる・ひろ・ひろし・ふと・ふとし・まさ・まさる・もと・ゆたか

意味 ①面積・体積・数・量などが多い。おおきい。また、多い。⇕細（114ページ）・小（141ページ）「巨大」「大海原《おおうなばら》」②優れている。また、位や序列が高い。「偉大」「大将」③重要である。「大切・大任」④程度が激しい。「甚大」⑤おおよそ。「大概・大抵」⑥敬意を表す。「大兄《たいけい》」

類義 英（44ページ）・佳（51ページ）・嘉（54ページ）・恢（58ページ）・巨（77ページ）・景（88ページ）・好（100ページ）・洪（102ページ）・高（104ページ）・浩（104ページ）・紘（104ページ）・秀（133ページ）・俊（137ページ）・駿（138ページ）・勝（144ページ）・太（178ページ）・卓（181ページ）・優（250ページ）

なりたち 象形。両手両足を伸ばした人の形で、大きいの意味を表す。

特別な読み 大蛇《おろち》・大刀《たち》・大和《やまと》

四字熟語・ことわざ

【気宇壮大《きうそうだい》】心意気や度量が立派で大きいこと。気宇広大。

【公明正大《こうめいせいだい》】公平でやましいところがなく、堂々としていること。

地名 大分《おおいた》県

筆順 一　ナ　大

参考 「大」「太」はどちらも大きいという意味をもつが、「大」は比較して大きい、「太」は絶対的に大きいの意味を表す。→太（178ページ）

一字の名前

大　おおき・だい・たかし・たけし・はじめ・ひろし・ふとし・まさる・ゆたか

二字の名前

❤一字目

大登　おおと　　大雅　たいが　　大貴　だいき
大輝　だいき　　大輔　だいすけ　　大成　たいせい
大地　だいち　　大洋　たいよう　　大輝　はるき
大斗　はると　　大翔　はると　　大晃　ひろあき
大希　ひろき　　大翔　ひろと　　大和　やまと

❤二字目

陽大　あきひろ　　英大　えいた　　航大　こうだい
翔大　しょうた　　湊大　そうた　　蒼大　そうた
貴大　たかひろ　　千大　ちひろ　　遥大　はるた
晴大　はるひろ　　雅大　まさひろ　　悠大　ゆうた
幸大　ゆきまさ　　遼大　りょうた　　蓮大　れんた

三字の名前

❤一字目

大呉郎　だいごろう　　大唯志　たいし　　大之介　だいのすけ

❤二字目

昊大朗　こうたろう　　虎大郎　こたろう　　翔大郎　しょうたろう
真大朗　しんたろう　　雄大朗　ゆうたろう　　凜大郎　りんたろう

❤三字目

伊玖大　いくた　　久仁大　くにひろ　　未来大　みきひろ

読みごとの名前

❤た

瑛大　えいた　　颯大　そうた　　暖大　はるた

❤たい

大希　たいき　　大介　たいすけ　　大羅　たいら

❤だい

昂大　こうだい　　大基　だいき　　亮大　りょうだい

❤ひろ

瑛大　あきひろ　　和大　かずひろ　　大登　ひろと

❤まさ

清大　きよまさ　　大貴　まさたか　　大晴　まさはる

ことば

【偉大《いだい》】優れて大きいこと。立派であること。〔名前読み例〕いだい・たけお・たけひろ

【大空《おおぞら》】広々とした空。

【寛大《かんだい》】度量が大きく思いやりがあること。〔名前読み例〕かんた

【壮大《そうだい》】大きくて立派なこと。〔名前読み例〕そうた・そうだい・たけお・まさひろ

【大河《たいが》】大きな川。〔名前読み例〕たいが

【大海《たいかい》】広大な海。〔名前読み例〕たいかい・ひろみ

【大悟《たいご》】真理を悟ること。

【大志《たいし》】遠大な志望。〔名前読み例〕たいし・だいし・ひろし

【大樹《たいじゅ》】大きな木。〔名前読み例〕だいき・たいじゅ・ひろき

【大知・大智《だいち》】一段とすぐれた知恵。また、それを備えた人。〔名前読み例〕たいち・だいち

【大望《たいぼう・たいもう》】大きな望み。〔名前読み例〕ひろみ・ひろもち

【雄大《ゆうだい》】大きく堂々としているさま。〔名前読み例〕たけひろ・まさひろ・ゆうた・ゆうだい

台
5画　口部・教2
音訓 ダイ・タイ・うてな
名乗 たい・だい・たか・もと
意味 ①物や人をのせるもの。「台座」②見晴らしのきく所。高い建物。「灯台《とうだい》」③もとになるもの。「台紙」④車・機械などを数えることば。また、数量の大体の範囲を表す。「台数」⑤敬意を表す。「貴台《きだい》」

第
11画　竹部・教3
音訓 ダイ・テイ
名乗 いえ・くに・しな・ただ・つき・てい
意味 ①物事の順序。また、順位・順番を表すことば。「第一回」②試験。「及第《きゅうだい》」

醍
16画　酉部・人
音訓 ダイ
意味 ①すんだ酒。また、赤い酒。酒の赤い色。②「醍醐《だいご》」は、牛や羊の乳を精製した甘くて濃厚な液体。最高の味のものとされ、仏の悟りや最上の教えのたとえとしても使う。↓醐(98ページ)「醍醐味《だいごみ》」(＝醍醐の味。また、物事の本当の面白さ)

題
18画　頁部・教3
音訓 ダイ
名乗 みつ
意味 ①タイトル。題名。「副題」②解決すべき問題。また、テーマ。「課題」③書き付ける。「題画」

●だいだい●
橙 ⇩とう(202ページ)

●たか●
鷹 ⇩よう(253ページ)

●たき●

滝
13画　氵部・常
瀧 19画　人
音訓 ロウ・ソウ・たき
名乗 たき・たけし・よし
意味 たき。高いところから勢いよく流れ落ちる水。

●たきぎ●
薪 ⇩しん(155ページ)

●たく●

宅
6画　宀部・教6
音訓 タク
名乗 いえ・おり・たく・やか・やけ
意味 ①家。すまい。「住宅」②自分の家。また、妻が夫をいうことば。

托
6画　扌部・人
音訓 タク
名乗 ひろ・もり
意味 ①物をのせる。また、物をのせる台。「托鉢《たくはつ》」②たのむ。任せる。「一蓮托生《いちれんたくしょう》」

托馬 たくま　托実 たくみ　托美 ひろみ

択
7画　扌部・常
音訓 タク・えら-ぶ
名乗 えらむ・すぐる・たく
意味 よいものを選び出す。「選択」

沢
7画　氵部・常
音訓 タク・さわ
名乗 さわ・たく・ます
意味 ①湿地。さわ。②物が豊かにあること。「沢山《たくさん》」③うるおす。「恩沢《おんたく》」④つや。ひかり。「光沢《こうたく》」

卓
8画　十部・常
音訓 タク
名乗 すぐる・たか・たかし・たく・つな・てい・とお・まこと・まさる・もち
意味 ①物を置く台。テーブル。「食卓」②優れている。抜きんでる。「卓越・卓抜」
類義 英(44ページ)・佳(51ページ)・嘉(54ページ)・好(100ページ)・高(104ページ)・秀(133ページ)・俊(137ページ)・駿(138ページ)・勝(144ページ)・大(180ページ)・優(250ページ)

卓 すぐる　卓明 たかあき　卓恵 たかえ
卓 たかし　卓志 たかし　卓乃 たかの
卓宏 たかひろ　卓之 たかゆき　卓世 たかよ
卓 たく　卓人 たくと　卓穂 たくほ
卓馬 たくま　卓磨 たくま　卓己 たくみ
卓美 たくみ　卓也 たくや　卓哉 たくや
卓郎 たくろう　卓 まさる　泰卓 やすたか

拓
8画　扌部・常
音訓 タク・ひら-く
名乗 たく・ひらく・ひろ・ひろし
意味 ①土地などを切りひらく。「開拓」②紙に刷りとる。「魚拓」
類義 開(58ページ)・展(197ページ)

晃拓 あきひろ　隆拓 たかひろ　拓 たく
拓斗 たくと　拓歩 たくほ　拓真 たくま
拓磨 たくま　拓海 たくみ　拓也 たくや
拓哉 たくや　拓朗 たくろう　武拓 たけひろ
拓彰 ひろあき　拓希 ひろき　拓 ひろし
拓人 ひろと　拓実 ひろみ　拓夢 ひろむ
真拓 まひろ　光拓 みつひろ　幸拓 ゆきひろ

託
10画　言部・常
音訓 タク・かこ-つける
名乗 たく・より

【意味】①ゆだねる。預ける。「委託《いたく》」②他のことにかこつける。また、他の口を借りて告げる。「神託《しんたく》」

啄
10画　口部・(人)
【音訓】タク・ついば-む
【名乗】たく・とく
【意味】くちばしでつつく。「啄木《たくぼく》・《きつつき》」
【注意】「琢」は形が似ているが別の字。↓琢（次項）
啄実 たくみ　啄也 たくや　啄朗 たくろう

琢
11画　王部・(人)
12画　琢　(人)
【音訓】タク
【名乗】あや・たか・たく・たつ・みがく
【意味】つちや鑿《のみ》で打って玉の形を整える。「切×磋琢磨《せっさたくま》」◆見出しの下の方の字は「豕」の部分の上から二番目の左払いに「、」が付く。
【注意】「啄」は形が似ているが別の字。↓啄（前項）
琢 たく　琢磨 たくま　琢美 たくみ
琢弥 たくや　琢哉 たくや　琢朗 たくろう

濯
17画　氵部・(常)
【音訓】タク・すす-ぐ・そそ-ぐ
【名乗】あろう・きよ・よし
【意味】水ですすぎ洗う。「洗濯」

●だく●

諾
15画　言部・(常)
【音訓】ダク・うべな-う
【名乗】つぐ
【意味】承知する。「許諾《きょだく》」

濁
16画　氵部・(常)
【音訓】ダク・ジョク・にご-る・にご-す
【意味】①他の物質が混じって透明でなくなる。にごる。「濁流」②けがれている。「濁世《だくせ・じょくせ》」③音がにごる。濁音。「濁点」

●たくましい●

逞　⇩てい（194ジペー）

●たけ●

茸
9画　艹部・(人)
【音訓】ジョウ・たけ・きのこ
【名乗】しげる・たけ
【意味】キノコ。胞子で繁殖する大型菌類。「舞茸《まいたけ》」

●たこ●

凧
5画　几部・(人)
【音訓】たこ
【意味】玩具《がんぐ》のたこ。骨組みに紙を貼って糸をつけ、風を利用して高く揚《あ》げるもの。「凧揚げ」◆日本で作られたとされる字（国字）。

●たすける●

輔　⇩ほ（232ジペー）

●ただ●

只
5画　口部・(人)
【音訓】シ・ただ
【名乗】これ・ただ
【意味】①それだけ。ただ。「只管打坐《しかんたざ》」②［ただ］無料。
【類義】唯（246ジペー）
一只 かずただ　只輝 ただてる　只宏 ただひろ

●たたえる●

湛　⇩たん（184ジペー）

●ただし●

但
7画　亻部・(常)
【音訓】タン・ただ-し
【名乗】ただ
【意味】ただし。前に述べたことに条件や例外を付け加えるときに使うことば。

●たちばな●

橘
16画　木部・(人)
【音訓】キツ・たちばな
【名乗】たちばな
【意味】①木の名。タチバナ。②ミカン類の総称。「柑橘《かんきつ》」
橘香 きっか　橘太 きった　橘平 きっぺい

●たつ●

辰
7画　辰部・(人)
【音訓】シン・たつ
【名乗】しん・たつ・とき・のぶ・のぶる・よし
【意味】①十二支の五番目。動物では竜に当てる。時刻では午前八時、または午前七時から九時の間。方位では東南東。②日。日がら。とき。「嘉辰《かしん》（＝吉日）」③日・月・星。「星辰」
公辰 きみたつ　辰一 しんいち　辰慈 しんじ
辰樹 たつき　辰彦 たつひこ　辰真 たつま
辰巳 たつみ　辰哉 たつや　辰之 たつゆき
辰郎 たつろう　辰 のぶる　秀辰 ひでたつ

達 12画 辶部・教4
音訓 タツ・ダチ・たち・だち
名乗 いたる・かつ・さと・さとし・さとる・しげ・すすむ・ただ・たつ・たて・と・とお・とおる・のぶ・ひろ・みち・よし
意味 ①道が通じる。②目的・目標とする所へ行きつく。いたる。「達成・到達」③品物などを届ける。「配達」④意向・命令などを伝える。「伝達」⑤物事によく通じる。優れている。「上達」⑥［たち・だち］人・動物の複数を表す。「学生達」
類義 格（60ページ）・至（122ページ）・到（200ページ）

達 いたる　達 さとし　崇達 たかみち
達江 たつえ　達希 たつき　達人 たつと
達俊 たつとし　達成 たつなり　達之介 たつのすけ
達美 たつみ　達也 たつや　達郎 たつろう
達 とおる　秀達 ひでたつ　正達 まさたつ

●だつ●

脱 11画 月部・常
音訓 ダツ・タイ・ぬ-ぐ・ぬ-げる
意味 ①身につけていたものを取り去る。ぬぐ。「脱衣」②取り除く。取れてなくなる。「脱色」③抜け出す。逃れる。「脱走」④はずれる。「脱臼《だっきゅう》」⑤抜け落ちる。「脱落」

奪 14画 大部・常
音訓 ダツ・タツ・うば-う
意味 他人のものを取り上げる。うばう。「奪取《だっしゅ》」

●たつみ●

巽 ⇩そん（176ページ）

●たて●

楯 13画 木部・人
音訓 ジュン・たて
名乗 たち・たて
意味 ①武具の盾《たて》。②てすり。欄干《らんかん》。

●たどる●

辿 7画 辶部・人
音訓 テン・たど-る
意味 筋道を追い求めて進む。

●たな●

棚 12画 木部・常
音訓 ホウ・たな
名乗 すけ・たな
意味 たな。板を渡して物をのせるようにしたもの。「食器棚」

●たる●

樽 16画 木部・人
音訓 ソン・たる
意味 たる。酒などを入れる木製・円筒形の容器。「樽酒《たるざけ・そんしゅ》」

●だれ●

誰 15画 言部・常
音訓 スイ・だれ
名乗 これ
意味 名前を知らない人やその人とはっきりわからない人を指し示すことば。だれ。「誰何《すいか》」

●たん●

丹 4画 丶部・常
音訓 タン・に
名乗 あか・あかし・あき・あきら・に・まこと
意味 ①水銀・硫黄《いおう》と化合した赤い鉱石。丹砂《たんさ・たんしゃ》。②赤い色。また、赤色の顔料。「丹《に》塗り」③不老不死の薬。また、練り薬。④真心《まごころ》。「丹精」
ことば 【牡丹】ぼたん　紅・白などの大形花をつけるボタン科の落葉小低木。〔名前読み例〕ぼたん

旦 5画 日部・常
音訓 タン・ダン
名乗 あき・あきら・あけ・あさ・かず・ただ・ただし
意味 ①朝。夜明け。また、日《ひ》。「元旦」②［ダン］梵語《ぼんご》の音を表す。「旦那《だんな》」
類義 暁（81ページ）・光（99ページ）・曙（141ページ）・晨（154ページ）・朝（189ページ）・日（209ページ）・陽（252ページ）

担 8画 扌部・教6
音訓 タン・かつ-ぐ・にな-う
名乗 ゆたか
意味 ①荷を負《お》う。かつぐ。になう。「担架《たんか》」②受け持つ。引き受ける。「担当」

坦 8画 土部・人
音訓 タン
名乗 あきら・かつ・しずか・たいら・ひら・ひろ・ひろし・ひろむ・やす
意味 高低・起伏などのないさま。たいら。「平坦」

単 9画 ⺍部・教4
單 12画 口部・人
音訓 タン・ゼン・ひとえ
名乗 いち・ただ・ひと

意味 ①ただ一つ。「単色・単身」②一つのまとまり。「単位」③複雑でない。「簡単」

9画 **胆** 月部・常
音訓 タン・きも
名乗 い
意味 ①胆嚢《たんのう》。きも。「胆石」②勇気や度胸の生じるところ。肝《きも》っ玉。「豪胆」

9画 **炭** 火部・教3
音訓 タン・すみ
意味 ①すみ。木を蒸し焼きにして作った黒い燃料。「木炭」②石炭。「炭坑」③炭素。「炭酸」

10画 **耽** 耳部・人
音訓 タン・ふけ-る
意味 夢中になる。ふける。「耽美《たんび》」

11画 **探** 扌部・教6
音訓 タン・さぐ-る・さが-す
名乗 たん
意味 欲しいものを見つけ出そうとする。さがす。さぐる。「探険」

11画 **淡** 氵部・常
音訓 タン・あわ-い
名乗 あう・あわ・あわし・あわじ
意味 ①色や味がうすい。あわい。「淡彩」②気持ちがあっさりしている。「淡々」③塩分がない。「淡水」

12画 **短** 矢部・教3
音訓 タン・みじか-い
意味 ①距離や時間の幅が小さい。みじかい。「短期・短針」②足りないこと。また、劣《おと》っていること。「短慮《たんりょ》」

12画 **湛** 氵部・人
音訓 タン・たた-える
名乗 きよ・たたう・たたえ・ふかし・やす
意味 ①水などが満ちあふれる。また、落ち着いて静か。②度を越す。また、沈む。

13画 **嘆** 口部・常
14画 **嘆** 人
音訓 タン・なげ-く・なげ-かわしい
意味 ①悲しんだり残念がったりする。なげく。「嘆息」②感心してため息をもらす。また、ほめたたえる。「感嘆《かんたん》」◆現代表記では「歎願→嘆願」のように、「歎」を「嘆」に書きかえる。→歎（同ページ）

14画 **端** 立部・常
音訓 タン・はし・は・はた
名乗 ただ・ただし・ただす・なお・はし・はじめ・まさ・もと
意味 ①物のはし。また、物のふち。「先端」②きちんと整っている。正しい。「端正」③物事のはじまり。きっかけ。「発端《ほったん》」④事柄。「万端《ばんたん》」⑤［は］数量・種類などがそろわないこと。はんぱ。「端数《はすう》」

14画 **綻** 糸部・常
音訓 タン・ほころ-びる
意味 ほどける。ほころびる。また、花のつぼみがすこし開く。「破綻《はたん》」

15画 **誕** 言部・教6
音訓 タン
名乗 のぶ
意味 ①うまれる。「誕生」②うそを言う。でたらめ。

15画 **歎** 欠部・人
音訓 タン・なげ-く
意味 ①悲しんだり残念がったりする。なげく。「歎息《たんそく》」②感心してため息をもらす。また、ほめたたえる。「詠歎《えいたん》」◆現代表記では「歎願→嘆願」のように、「嘆」に書きかえる。→嘆（同ページ）

17画 **鍛** 金部・常
音訓 タン・きた-える
名乗 かじ・かたし・かぬち・きたえ
意味 ①金属の質をよくするために打ちたたく。「鍛冶《かじ》・《たんや》」②心身をきたえて強くする。「鍛錬《たんれん》」

18画 **簞** 竹部・人
音訓 タン
意味 ①竹で編んだ容器。また、物を入れる箱。「簞×笥《たんす》」②ヒョウタン・ユウガオなどの総称。ひさご。「瓢簞《ひょうたん》」

●だん●

6画 **団** 口部・教5
14画 **團** 人
音訓 ダン・トン
名乗 あつ・だん・まどか・まる
意味 ①同じ目的をもつ人の集まり。また、ひとまとまりに集まったもの。「団体」②まるい。また、穏やか。「団子《だんご》」
類義 円（45ページ）・丸（67ページ）・圏（92ページ）

7画 **男** 田部・教1
音訓 ダン・ナン・おとこ
名乗 お・おと
意味 ①おとこ。⇔女（141ページ）「美男」②［ナン］むすこ。「長男《ちょうなん》」③爵位の一つ。男爵《だんしゃく》。
類義 士（120ページ）・彦（222ページ）・夫（225ページ）・郎（268ページ）
晃男 あきお　郁男 いくお　和男 かずお
孝男 たかお　雅男 まさお　光男 みつお

9画 **段** 殳部・教6
音訓 ダン・タン
意味 ①高さに違いのある平面のつながり。階段。だんだん。「段差」②文章などの一つの区切り。「段落」③武道・芸道などの等級。「初段」

④やりかた。手立て。「手段」⑤ある事態。また、次第《しだい》。「失礼の段《だん》、お許しください」

断
11画　斤部・教5

音訓 ダン・た-つ・ことわ-る

名乗 さだ・さだむ・たけし・たつ・とう

意味 ①続いているものを途中で切り離す。また、途切れる。「切断・中断」②決定すること。「断定」③思い切って。また、決して。「断固」④拒否《ひきょ》する。前もって知らせる。ことわる。「無断」

弾
12画　弓部・常

彈
15画　人

音訓 ダン・ひ-く・はず-む・たま・はじ-く

名乗 ただ

意味 ①はね返る。はずむ。また、はね返して飛ばす。「弾力」②弦をはじいて音を出す。ひく。「弾奏《だんそう》」③罪を責めたてる。「糾弾《きゅうだん》」④鉄砲のたま。「弾丸」

暖
13画　日部・教6

音訓 ダン・ノン・あたた-か・あたた-かい・あたた-まる・あたた-める

名乗 あつ・はる・やす

意味 温度がほどよい高さをたもって心地よい。あたたかい。また、あたためる。「暖房・温暖」

類義 温（49ページ）

暖はる　花暖かのん　暖史あつし　暖菜はるな　暖人はると　暖大はるた　心暖みはる　暖真はるま　暖乃はるの

談
15画　言部・教3

音訓 ダン

名乗 かた・かたり・かぬ・かね

意味 話。物語。「会談」

壇
16画　土部・常

音訓 ダン・タン

意味 ①他より一段高く作った場所。「花壇・祭壇」②学芸などの専門家の社会。「文壇」

檀
17画　木部・人

音訓 ダン・まゆみ

名乗 せん・まゆみ

意味 ①木の名。マユミ。②香木《こうぼく》の類。「白檀《びゃくだん》」③梵語《ぼんご》の音訳語。布施《ふせ》。ほどこし。「檀家《だんか》」

●ち●

千　⇩せん（167ページ）

地
6画　土部・教2

音訓 チ・ジ

名乗 くに・じ・ただ・ち・つち

意味 ①地面。土地。「大地」②特定の場所。「産地」③物の下の部分。④身分。また、境遇。「地位」⑤もともと備わっている性質。「地声《じごえ》」⑥生地《きじ》。また、肌。「裏地」◆①③⇕天（196ページ）

快地かいち　泰地たいち　大地だいち

池
6画　氵部・教2

音訓 チ・いけ

名乗 いけ

意味 いけ。広いくぼ地に水がたまったところ。また、いけのようなもの。「貯水池」

知
8画　矢部・教2

音訓 チ・し-る

名乗 あき・あきら・おき・かず・さと・さとし・さとる・し・じ・しり・しる・ち・ちか・つぐ・とし・とも・のり・はる

意味 ①心に感じ取る。理解・習得する。しる。「知覚」②しらせる。「通知」③知り合い。「知人」④物事を見抜き、考える能力。「知恵」⑤取りしきる。治める。「知事」◆現代表記では「機智→機知」のように、「智」を「知」に書きかえる。↓智（186ページ）

類義 識（127ページ）

知広あきひろ　知あきら　依知花いちか
知太おきた　知真かずま　紗知さち
知志さとし　知さとる　大知たいち
知明ちあき　知恵理ちえり　知尋ちひろ
知彰ともあき　知恵ともえ　知佳ともか
知一ともかず　知希ともき　知子ともこ
知典とものり　知美ともみ　知哉ともや
知幸ともゆき　知世ともよ　英知ひでとも
真知まち　美知みさと　嘉知よしとも

茅　⇩ぼう（235ページ）

値
10画　亻部・教6

音訓 チ・ね・あたい

名乗 あう・あき・もち

意味 ①物のねうち。あたい。「価値」②数の大きさ。「偏差値」

恥
10画　心部・常

音訓 チ・は-じる・はじ・は-じらう・は-ずかしい

意味 ①欠点・失敗などに気づいてきまりが悪くなる。はじる。はじ。「羞恥《しゅうち》」②陰部。「恥骨《ちこつ》」

致
10画　至部・常

音訓 チ・いた-す

名乗 いたす・いたる・おき・ち・とも・のり・むね・ゆき・よし

意味 ①来させる。招き寄せる。「招致」②ある状態にいたるようにする。行き着かせる。「一致」③

おもむき。「筆致」

致　いたる　　致治　ともはる　　致哉　ゆきや

遅
12画　辶部・常

音訓 チ・おくれる・おくらす・おそい

名乗 なが・はる・ひさ・まつ

意味 ①物事の区切りとなる時点が基準より後である。また、所要時間が長い。おそい。②おそくなる。おくれる。「遅刻」

智
12画　日部・人

音訓 チ

名乗 あきら・さかし・さと・さとし・さとる・じ・ち・とし・とみ・とも・のり・まさる・もと

意味 ①かしこい。「智者」②知恵。「叡智《えいち》・才智」

◆現代表記では「機智→機知」のように、「知」に書きかえる。→知(185ページ)

類義 恵(87ページ)・慧(88ページ)・憲(93ページ)・賢(93ページ)・識(127ページ)・聡(173ページ)・哲(196ページ)・敏(224ページ)・明(242ページ)・利(255ページ)・俐(256ページ)・伶(264ページ)・怜(264ページ)

昭智　あきとも　　智　あきら　　和智　かずとも
智史　さとし　　智　さとる　　泰智　たいち
大智　だいち　　智佳　ちか　　智広　ちひろ
智穂　ちほ　　智恵　ともえ　　智花　ともか
智樹　ともき　　智子　ともこ　　智久　ともひさ
智実　ともみ　　智也　ともや　　智良　ともよし
奈智　なち　　満智　まち　　美智子　みちこ

痴
13画　疒部・常

音訓 チ

意味 ①知恵が足りない。おろか。②物事に夢中になる。

稚
13画　禾部・常

音訓 チ・いとけない

名乗 のり・わ・わか・わく

意味 おさない。若い。「稚児《ちご》・稚子《ちし》」

早稚代　さちよ　　大稚　だいち　　稚香　ちか
稚奈都　ちなつ　　美稚　みち　　稚那　わかな

置
13画　罒部・教4

音訓 チ・おく

名乗 おき・き・やす

意味 ①すえる。おく。「設置」②決まりをつける。「処置」

馳
13画　馬部・人

音訓 チ・はせる

名乗 とし・はや・はやし

意味 車馬を走らせる。はせる。「馳駆《ちく》・馳走《ちそう》」

類義 駆(83ページ)・走(171ページ)

快馳　かいち　　太馳　たいち　　大馳　だいち
馳希　としき　　馳哉　としや　　馳之　としゆき
馳朗　としろう　　馳生　はやお　　馳斗　はやと

緻
16画　糸部・常

音訓 チ

意味 きめが細かい。「緻密《ちみつ》」

●ちく●

竹
6画　竹部・教1

音訓 チク・たけ

名乗 たか・たけ

意味 ①植物の名。タケ。「竹林」②タケで作った笛。「糸竹《しちく》」

竹明　たけあき　　竹斗　たけと　　竹美　たけみ

逐
10画　辶部・常

音訓 チク・おう

意味 ①追う。追い払う。「駆逐《くちく》」②順にしたがう。「逐一《ちくいち》」

畜
10画　田部・常

音訓 チク

名乗 ます

意味 牛・馬などの動物を飼う。また、家畜。「畜産」

筑
12画　竹部・人

音訓 チク

意味 古代中国の弦楽器の一つ。琴に似て、竹で打ち鳴らす。

蓄
13画　艹部・常

音訓 チク・たくわえる

意味 少しずつ集める。使わないでとっておく。ためる。たくわえる。「貯蓄」

築
16画　竹部・教5

音訓 チク・きずく・つく

意味 建物や庭園を作る。きずく。「建築」

●ちつ●

秩
10画　禾部・常

音訓 チツ

名乗 さとし・ちち・つね

意味 順序が整っていること。「秩序《ちつじょ》」

窒
11画　穴部・常

音訓 チツ

意味 ①つまる。ふさがる。「窒息《ちっそく》」②窒素《ちっそ》。「窒化」

●ちまた●

巷　⇩こう(103ページ)

●ちゃ●

茶 9画 艹部・教2

音訓 チャ・サ

名乗 さ・ちゃ

意味 ①木の名。チャノキ。「茶園」②チャノキの葉を飲料用に加工したもの。「緑茶」③茶道《さどう》。茶《ちゃ》の湯。④茶色。

亜茶子 あさこ　日茶希 ひさき　美茶 みさ

●ちゃく●

着 12画 目部・教3

音訓 チャク・ジャク・き-る・き-せる・つ-く・つ-ける

意味 ①衣服などを身につける。着《き》る。「着用」②くっつける。「密着」③ある場所に行きつく。届く。「到着」④決まりがつく。落ちつく。「決着」⑤物事を始める。「着手」⑥衣服を数えることば。また、到着した順番を数えることば。

嫡 14画 女部・常

音訓 チャク・テキ

名乗 きみ・ただ

意味 正妻。また、正妻の生んだ跡継ぎ。「嫡男《ちゃくなん》」

●ちゅう●

中 4画 丨部・教1

音訓 チュウ・ジュウ・なか・あ-たる・うち

名乗 あたる・あつ・かなめ・ただ・ただし・ちゅう・な・なか・なかち・なかば・のり・よし

意味 ①まんなか。また、平均的なところ。「中心」②態度などがかたよらないこと。「中立」③内側。内部。ある範囲のうちであること。「車中」④物事が行われている途中。「会議中」⑤仲間うち。⑥あたる。「中毒・命中」⑦「中国」の略。

類義 央（47ページ）・心（151ページ）

中 あたる　中治 あつじ　中也 ちゅうや

丑 ⇩うし（42ページ）

仲 6画 亻部・教4

音訓 チュウ・なか

名乗 ちゅう・なか・なかし

意味 ①人と人との間柄。また、人と人の間に立つこと。「仲介《ちゅうかい》」「仲間《なかま》」②季節のまんなか。「仲秋」③兄弟の二番目。「伯仲《はくちゅう》」

仲哉 ちゅうや　仲俊 なかとし　仲実 なかみ

虫 6画 虫部・教1

音訓 チュウ・キ・むし

名乗 む・むし

意味 昆虫《こんちゅう》類。むし。「鈴虫《すずむし》」

沖 7画 氵部・常

音訓 チュウ・おき

名乗 おき・なか・のぼる・ふかし・わか

意味 ①のぼる。高く上がる。「沖天《ちゅうてん》」②おき。海・湖などの岸から遠く離れたところ。「沖合《おきあい》」

和沖 かずおき　沖 のぼる　正沖 まさおき

肘 ⇩ひじ（222ページ）

宙 8画 宀部・教6

音訓 チュウ

名乗 おき・ちゅう・ひろし・みち

意味 ①空。天。また、空間。「宇宙」②暗記していること。そらで覚えていること。③時間。

類義 穹（76ページ）・空（84ページ）・昊（102ページ）・天（196ページ）

秋宙 あきみち　宙太 おきた　和宙 かずみち
宇宙 たかみち　宙真 ちゅうま　宙也 ちゅうや
時宙 ときみち　宙 ひろし　宙 みち
宙香 みちか　光宙 みつおき　美宙 よしみち

抽 8画 扌部・常

音訓 チュウ・ぬ-く・ぬき-んでる

意味 引き出す。抜き出す。「抽出・抽象」

注 8画 氵部・教3

音訓 チュウ・そそ-ぐ・つ-ぐ

意味 ①一点に集中させる。「注意」②液体を流し入れる。そそぐ。つぐ。「注入」③文章や語句を説明するために書き入れる文句。「注釈」④注文。「発注」◆現代表記では「註釈→注釈」のように、「註」を「注」に書きかえる。→註（188ページ）

忠 8画 心部・教6

音訓 チュウ

名乗 あつ・あつし・きよし・じょう・すなお・ただ・ただし・ただす・ちゅう・つら・なり・のり・ほどこす

意味 ①真心を込めて物事をすること。「忠実」②真心を尽くして君主や国家に仕えること。「忠義」

忠 あつし　篤忠 あつただ　和忠 かずただ
謙忠 かねただ　忠 すなお　澄忠 すみただ
忠明 ただあき　忠 ただし　忠孝 ただたか
忠俊 ただとし　忠智 ただとも　忠成 ただなり
忠信 ただのぶ　忠浩 ただひろ　忠美 ただみ
忠義 ただよし　忠馬 ちゅうま　忠也 ちゅうや
忠佳 のりか　晴忠 はるただ　宏忠 ひろただ

昼 9画 日部・教2
晝 11画 人

音訓 チュウ・ひる

名乗 あき・あきら・ひる

意味 ①日の出から日没までの明るい間。ひる。⇔夜（244ページ）「昼夜《ちゅうや》」②正午。

昼 あきら　真昼 まひる

柱 9画 木部・教3
音訓 チュウ・はしら
名乗 はしら
意味 土台などの上に垂直に立てて屋根などを支える細長い材。はしら。また、はしらのようなもの。「円柱《えんちゅう》」

衷 9画 衣部・常
音訓 チュウ
名乗 あつ・ただ・ただし・よし
意味 ①心のなか。真心《まごころ》。「衷心《ちゅうしん》」②まんなか。かたよらない。「折衷《せっちゅう》」

酎 10画 酉部・常
音訓 チュウ
意味 酒。蒸留酒《じょうりゅうしゅ》。「焼酎《しょうちゅう》」

紐 ⇩ひも（223ページ）

紬 11画 糸部・人
音訓 チュウ・つむぎ
名乗 つむぎ
意味 くずまゆや真綿をつむいだ太い糸で織った絹織物。つむぎ。「結城《ゆうき》紬」

紬真 ちゅうま　紬也 ちゅうや　紬 つむぎ

厨 12画 广部・人
音訓 チュウ・ズ・くりや
意味 ①台所。炊事場《すいじば》。「厨房《ちゅうぼう》」②箱。櫃《ひつ》。「厨子《ずし》」

註 12画 言部・人
音訓 チュウ
名乗 あき・とき・のぶ
意味 ①文章や語句を説明するために書き入れる文句。「訳註」②注文。「受註《じゅちゅう》」◆現代表記では「註釈→注釈」のように、「注」に書きかえる。→注（187ページ）

鋳 15画 金部・常　22画 **鑄** 人
音訓 チュウ・シュ・い-る
名乗 い
意味 金属をとかして型に流し込む。鋳《い》る。「鋳造《ちゅうぞう》」「鋳型《いがた》」

駐 15画 馬部・常
音訓 チュウ
意味 ある場所にとどまる。「駐車」

●ちょ●

著 11画 艹部・教6　12画 **著** 人
音訓 チョ・チャク・あらわ-す・いちじる-しい
名乗 あき・あきら・つぎ・つぐ
意味 ①書物を書きあらわすこと。また、その書物。「著作」②目立つ。いちじるしい。「顕著《けんちょ》」

猪 11画 犭部・人　12画 **猪** 人
音訓 チョ・い・いのしし
名乗 い・しし
意味 動物の名。イノシシ。「猪突猛進《ちょとつもうしん》」

貯 12画 貝部・教4
音訓 チョ・たくわ-える
名乗 おさむ・もる
意味 金銭や物をためておく。たくわえる。「貯金」

儲 18画 亻部・人
音訓 チョ・もう-け・もう-ける
意味 ①利益を得る。もうける。②たくわえる。③跡継ぎ。皇太子。

●ちょう●

丁 2画 一部・教3
音訓 チョウ・テイ・ひのと
名乗 あたる・あつ・つよし・のり・よう・よろ・よろい
意味 ①十干《じっかん》の四番目。ひのと。②成人の男子。働き盛りの男子。「壮丁《そうてい》」③第四。四番目。④使われて仕事をする人。「馬丁《ばてい》」⑤心がこもっているさま。ねんごろ。「丁重《ていちょう》」⑥さいころの目の偶数。「丁半《ちょうはん》」⑦書物の紙数を数えることば。「落丁《らくちょう》・一丁」⑧銃・豆腐や料理を数えることば。また、はさみなど細長い物を数えることば。◆現代表記では「符牒《ふちょう》→符丁」「一挺《いっちょう》→一丁」「鄭重《ていちょう》→丁重」のように、「牒」「挺」「鄭」を「丁」に書きかえることがある。→牒（190ページ）・挺（194ページ）・鄭（195ページ）

弔 4画 弓部・常
音訓 チョウ・とむら-う
意味 死者の霊をなぐさめる。とむらう。「弔辞《ちょうじ》」

庁 5画 广部・教6　25画 **廳** 人
音訓 チョウ
意味 役所。公の事務を取り扱う所。「官庁」

兆 6画 儿部・教4
音訓 チョウ・きざ-す・きざ-し
名乗 かず・かた・ちょう・とき・よし
意味 ①数の名で、億の一万倍。また、きわめて数の多い意を表す。「一兆円」②前ぶれ。きざし。「前兆」

兆紀 かずき　兆太 ちょうた　秀兆 ひでよし

町
7画　田部・教1

音訓 チョウ・まち

名乗 まち

意味 ①市街地。また、地方公共団体の一つ。「町長」②尺貫法で、距離・面積を表す単位。

類義 街（59ページ）・市（122ページ）

小町 こまち　町香 まちか　町彦 まちひこ

長
8画　長部・教2

音訓 チョウ・ながい・おさ・たける

名乗 いへ・おさ・たけ・たけし・たつ・ちょう・つかさ・つね・なが・ながし・のぶ・ひさ・ひさし・まさ・まさる・ます・みち

意味 ①距離や時間の幅が大きい。また、長さ。「長寿・長身」②大きくなる。のびる。「成長」③年を取っている。年上。「年長」④組織・集団の中で最上位の人。おさ。また、長男。惣領《そうりょう》。「班長」⑤すぐれている点。「長所」◆現代表記では「伸暢→伸長」のように、「暢」を「長」に書きかえることがある。→暢（190ページ）

類義 永（43ページ）・延（46ページ）・伸（150ページ）・展（197ページ）

彰長 あきなが　長志 たけし　長徳 たけのり
長弥 たつや　長亮 ちょうすけ　長 つかさ
長治 ながはる　長美 ながよし　信長 のぶなが
長人 ひさと　幸長 ゆきなが　佳長 よしたけ

帖
8画　巾部・人

音訓 チョウ・ジョウ

名乗 さだ・ただ

意味 ①折り本。また、帳面。ノート。「手帖」②折り本・屏風《びょうぶ》・海苔《のり》などを数えることば。◆現代表記では「手帖→手帳」のように、「帖」を「帳」に書きかえることがある。→帳（同ページ）

挑
9画　扌部・常

音訓 チョウ・トウ・いどむ

意味 しかける。立ち向かう。いどむ。「挑戦《ちょうせん》」

挺
⇩てい（194ページ）

帳
11画　巾部・教3

音訓 チョウ・とばり

名乗 はる

意味 ①帳面。ノート。「日記帳」②垂れ幕。とばり。「×緞帳《どんちょう》」◆現代表記では「手帖→手帳」のように、「帖」を「帳」に書きかえることがある。→帖（同ページ）

張
11画　弓部・教5

音訓 チョウ・はる

名乗 ちょう・つよ・とも・ばり・はる

意味 ①たるまないように引き延ばす。張《は》る。また、広げる。「張力・拡張」②意見を展開する。「主張」③琴・弓・幕などを数えることば。

清張 きよはる　哲張 てつはる　張輝 はるき

彫
11画　彡部・常

音訓 チョウ・ほる

意味 模様などを刻む。彫《ほ》る。「彫刻」

眺
11画　目部・常

音訓 チョウ・ながめる

意味 遠くをのぞみ見る。ながめる。「眺望《ちょうぼう》」

釣
11画　金部・常

音訓 チョウ・つる

名乗 つり・つる

意味 ①魚をつる。「釣魚《ちょうぎょ》」②釣り銭。

頂
11画　頁部・教6

音訓 チョウ・いただく・いただき

名乗 かみ

意味 ①頭のてっぺん。②物のいちばん高い所。「頂上・頂点」③頭の上にのせる。また、もらう。いただく。「頂戴《ちょうだい》」

類義 峰（234ページ）・嶺（265ページ）

鳥
11画　鳥部・教2

音訓 チョウ・とり

名乗 ちょう・とり

意味 とり。両翼と二本の足をもつ動物の総称。「小鳥」

特別な読み 飛鳥《あすか》

飛鳥 あすか　千鳥 ちどり　美鳥 みどり

朝
12画　月部・教2

音訓 チョウ・あさ・あした

名乗 あき・あさ・あした・かた・さ・ちょう・つと・とき・とも・のり・はじめ

意味 ①夜が明けてからしばらく、または正午ごろまでの間。あさ。あした。「朝日」②天子が政治をとる所。天子が治める国。「朝廷」

類義 暁（81ページ）・曙（141ページ）・晨（154ページ）・旦（183ページ）

朝香 あさか　朝子 あさこ　朝斗 あさと
朝日 あさひ　朝陽 あさひ　朝美 あさみ
和朝 かずとも　朝輝 ともき　朝海 ともみ
朝也 ともや　朝之 ともゆき　朝 はじめ
春朝 はるとも　真朝 まあさ　光朝 みつとも

貼
12画　貝部・常

音訓 チョウ・テン・はる

名乗 なお・よし

意味 くっつける。はりつける。「貼付《ちょうふ・てんぷ》」

超
12画　走部・常

音訓 チョウ・こえる・こす

名乗 おき・き・こえる・たつ・とおる・

ゆき

【意味】①ある程度を上回る。超《こ》える。「超越」②他とかけ離れる。また、飛び抜けて優れる。「超絶」

【類義】越(45ページ)・駕(55ページ)・凌(260ページ)・陵(261ページ)

喋
12画　口部・人

【音訓】チョウ・しゃべ-る

【意味】話す。しゃべる。「お喋《しゃべ》り」

脹
12画　月部・人

【音訓】チョウ・は-れる・ふく-れる

【意味】内側から外へ盛り上がって大きくなる。ふくれる。はれる。「膨脹《ぼうちょう》」

腸
13画　月部・教4

【音訓】チョウ・はらわた

【意味】①消化器官の一つ。大きく大腸と小腸に分けられる。はらわた。②こころ。精神。

跳
13画　⻊部・常

【音訓】チョウ・トウ・は-ねる・と-ぶ

【意味】地をけってとび上がる。ジャンプする。はねる。「跳馬《ちょうば》・跳躍」

牒
13画　片部・人

【音訓】チョウ

【意味】文書を書きしるす札《ふだ》。また、書きつけ。公文書。「符牒《ふちょう》」◆現代表記では「符牒→符丁」のように、「丁」に書きかえることがある。→丁(188ページ)

徴
14画　彳部・常

徵
15画　人

【音訓】チョウ・しるし

【名乗】あき・あきら・おと・きよ・きよし・すみ・みる・よし

【意味】①前ぶれ。兆候《ちょうこう》。また、しるし。「象徴」②金品などを取り立てる。また、人を召し出す。「徴収」

【注意】「徽」「微」は形が似ているが別の字。→徽(72ページ)・微(222ページ)

暢
14画　日部・人

【音訓】チョウ

【名乗】いたる・かど・ちょう・とおる・なが・のぶ・のぶる・のぼる・まさ・みつ・みつる・よう

【意味】①長くなる。のびる。「伸暢《しんちょう》」②届く。とおる。「流暢《りゅうちょう》」◆現代表記では「伸暢→伸長」のように、「長」に書きかえることがある。→長(189ページ)

【類義】延(46ページ)・亨(101ページ)・伸(150ページ)・通(192ページ)・徹(196ページ)・展(197ページ)・透(201ページ)

志暢 しのぶ　暢 とおる　敏暢 としのぶ
暢宏 のぶひろ　暢光 まさみつ　暢代 まさよ

肇
⇩はじめ(215ページ)

嘲
15画　口部・常

【音訓】チョウ・あざけ-る

【意味】人を悪く言ったり笑ったりして馬鹿にする。あざける。「嘲笑《ちょうしょう》」

潮
15画　氵部・教6

【音訓】チョウ・しお・うしお

【名乗】うしお・しお

【意味】①海水の満ち引き。また、海水の流れ。「干潮《かんちょう》」「潮騒《しおさい》」②世の中の動き。傾向。「風潮《ふうちょう》」◆特に朝の満ち引きをいう。夕方の満ち引きは「汐」。→汐(165ページ)

潮 うしお　潮里 しおり　美潮 みしお

澄
15画　氵部・常

【音訓】チョウ・す-む・す-ます

【名乗】きよ・きよし・きよむ・す・すみ・ずみ・すむ・すめる・とおる

【意味】濁りがない。透き通っていて清い。澄《す》む。「清澄《せいちょう》・明澄《めいちょう》」

【類義】清(163ページ)

亜澄 あすみ　伊澄 いずみ　佳澄 かすみ
澄 きよし　清澄 きよすみ　澄斗 きよと
澄乃 きよの　澄 きよむ　澄美 すみ
澄香 すみか　澄子 すみこ　澄俊 すみとし
澄二 ちょうじ　澄 とおる　直澄 なおずみ
優澄 まさずみ　真澄 ますみ　芳澄 よしずみ

調
15画　言部・教3

【音訓】チョウ・しら-べる・ととの-う・ととの-える

【名乗】しげ・ちょう・つき・つぎ・つぐ・なり・のり・みつぎ

【意味】①ほどよくする。つり合いがとれる。ととのえる。「調和・協調」②おもむき。「格調」③わからないことなどを明らかにするために、いろいろな方法で確かめる。しらべる。「調査・調書」④音楽の調子。音色《ねいろ》。しらべ。⑤昔の租税の一つ。「租庸調」

蝶
15画　虫部・人

【音訓】チョウ

【名乗】ちょう

【意味】虫の名。チョウ。「蝶々《ちょうちょう》」

胡蝶 こちょう　蝶子 ちょうこ

聴
17画　耳部・常

聽
22画　人

【音訓】チョウ・き-く

【名乗】あき・あきら・さと・ちょう・とし・より

【意味】①音やことばを耳に入れて理解する。耳を傾ける。注意深くきく。「聴衆《ちょうしゅう》」②許す。聞き入れる。「聴許《ちょうきょ》」

懲
18画 心部・常　19画 懲 人

音訓 チョウ・こ-りる・こ-らす・こ-らしめる

意味 制裁を加えて二度としないようにする。こらしめる。また、こりる。「懲戒《ちょうかい》」

寵
19画 宀部・人

音訓 チョウ

名乗 たか・めぐみ・めぐむ・よし

意味 特別にかわいがること。「寵愛《ちょうあい》」

●ちょく●

直
8画 目部・教2

音訓 チョク・ジキ・ただ-ちに・なお-す・なお-る・すぐ・ひた

名乗 あたい・すぐ・すな・すなお・ただ・ただし・ただす・ちか・なお・なおき・なおし・なが・ね・のぶる・ま・まさ

意味 ①まっすぐ。曲がっていない。⇔曲（81ページ）「直線」②心や考えがまっすぐで正しいこと。素直なこと。「実直《じっちょく》」「正直《しょうじき》」③もとの状態にもどす。なおす。「手直し」④すぐに。じかに。「直営《ちょくえい》」⑤その番にあたる。「当直」⑥値うち。「安直」

実直 さねなお　直 すなお　素直 すなお
直 ただし　直成 ただなり　直幸 ただゆき
直志 ちかし　直 なお　直 なおき
直樹 なおき　直子 なおこ　直太郎 なおたろう
直人 なおと　直久 なおひさ　直人 なおひと
直美 なおみ　直哉 なおや　直行 なおゆき
直 のぶる　正直 まさなお　美直 みちか

勅
9画 力部・常

音訓 チョク・みことのり

名乗 きみ・ただ・て・とき

意味 天子のことばや命令。「詔勅《しょうちょく》」

捗
10画 扌部・常

音訓 チョク・はかど-る

意味 物事が順調に進む。「進捗《しんちょく》」

●ちん●

沈
7画 氵部・常

音訓 チン・ジン・シン・しず-む・しず-める

名乗 うし・ふか

意味 ①水中に没《ぼっ》する。しずむ。「沈没」②気分がしずむ。落ち込む。「沈痛」③物事に深入りする。「沈潜《ちんせん》」④落ち着いている。「沈黙」⑤落ちぶれる。

枕
⇩まくら（238ページ）

珍
9画 王部・常

音訓 チン・めずら-しい

名乗 いや・うず・くに・くる・たか・のり・はる・よし

意味 ①めったにない。貴重だ。「珍重《ちんちょう》」②普通とは変わっている。風変わりでおもしろい。「珍奇」

朕
10画 月部・常

音訓 チン

意味 天皇・帝王が自分を指し示すことば。われ。

陳
11画 阝部・常

音訓 チン・の-べる

名乗 かた・つら・のぶ・のぶる・のり・ひさ・むね・よし

意味 ①並べる。連《つら》ねる。「陳列」②ことばを並べる。申し述べる。「陳述」③古い。「陳腐」

賃
13画 貝部・教6

音訓 チン・ジン

名乗 かぬ・とう

意味 報酬や代償として支払う金銭。「賃金・家賃《やちん》」

椿
13画 木部・人

音訓 チュン・チン・つばき

名乗 つばき

意味 ①木の名。ツバキ。「寒椿」②思いがけない出来事。珍《ちん》。「椿事《ちんじ》」

椿 つばき

鎮
18画 金部・常　18画 鎭 人

音訓 チン・しず-める・しず-まる

名乗 おさむ・しげ・しず・しずむ・しずめ・しん・たね・つね・なか・まさ・まもる・やす・やすし

意味 ①おさえて落ち着かせる。しずめる。「鎮圧」②おさえとなるもの。おもし。「文鎮《ぶんちん》」

●つ●

津
⇩しん（152ページ）

●つい●

追
9画 辶部・教3

音訓 ツイ・タイ・お-う

意味 ①後からせまる。おう。「追跡」②過去にさかのぼる。「追憶」③つけくわえる。「追加」

椎
12画 木部・常

音訓 ツイ・しい・つち

名乗 しい・つち

意味 ①背骨。「脊椎《せきつい》」②木の名。シイ。③物を打ちたたく道具。つち。

椎花 しいか　椎那 しいな　椎真 しいま

槌 ⇩つち（同ページ）

墜 15画 土部・常
音訓 ツイ・お-ちる・お-とす
意味 ①地に落ちる。落とす。「墜落《ついらく》」②なくす。すたれる。「失墜《しっつい》」

●つう●

通 10画 辶部・教2
音訓 ツウ・ツ・とお-る・とお-す・かよ-う
名乗 つ・とお・とおり・とおる・とし・なお・のぶ・ひらく・みち・みつ・やす・ゆき
意味 ①ある経路にそって先へ進む。また、突き抜ける。とおる。「通過・貫通」②行き来する。かよう。「通学」③行き渡る。広く行われる。「通貨・共通」④知らせる。「通知」⑤全体に及ぶ。「通年」⑥ある領域の事柄に精通していること。また、その人。「食通」⑦手紙・文書を数えることば。
類義 亨（101ページ）・暢（190ページ）・徹（196ページ）・透（201ページ）

通 とおる　利通 としみち　正通 まさみち
通香 みちか　通子 みちこ　通成 みちなり
通広 みちひろ　通歩 みちほ　幸通 ゆきみち

痛 12画 疒部・教6
音訓 ツウ・トウ・いた-い・いた-む・いた-める
意味 ①体や心にいたみを感じる。いたむ。「苦痛」②程度がはなはだしい。激しい。「痛快」

●つえ●

杖 ⇩じょう（148ページ）

●つか●

塚 12画 土部・常
音訓 チョウ・つか
意味 ①土が小高く盛り上がっている所。つか。「貝塚《かいづか》」②土を小高く盛って造った墓。

●つかむ●

摑 14画 扌部・人
音訓 カク・つか-む
意味 手でしっかりとにぎる。つかむ。

●つき●

槻 15画 木部・人
音訓 キ・つき
名乗 けや・つき
意味 木の名。つき。ケヤキの古い呼び方。「槻弓《つきゆみ》」

伊槻 いつき　夏槻 かつき　紗槻 さつき
槻香 つきか　友槻 ともき　奈槻 なつき
真槻 まき　美槻 みつき　由槻子 ゆきこ

●つくだ●

佃 7画 亻部・人
音訓 デン・つくだ
意味 新たに開墾《かいこん》した耕地。

●つげ●

柘 9画 木部・人
音訓 シャ・つげ
意味 ①木の名。ヤマグワ。②木の名。ツゲ。「柘植《つげ》」③「柘×榴《ざくろ》」は果樹の名。

●つける●

漬 14画 氵部・常
音訓 シ・つ-ける・つ-かる
名乗 つき・ひた
意味 物を水などの中に入れる。ひたす。

●つじ●

辻 6画 辶部・人
音訓 つじ
意味 十字路。交差点。また、街頭。◆日本で作られたとされる字（国字）。

●つた●

蔦 14画 艹部・人
音訓 チョウ・つた
名乗 つた
意味 木の名。ツタ。

蔦雄 つたお　蔦子 つたこ

●つち●

槌 14画 木部・人
音訓 ツイ・つち
名乗 つち
意味 つち。物を打ちたたく道具。「金槌《かなづち》」

●つづる●

綴 ⇩てい（195ページ）

●つなぐ●

繋 ⇩けい（89ページ）

●つばき●

椿 ⇩ちん（191ページ）

●つばめ●

燕 ⇩えん（47ページ）

●つぼ●

坪 8画 土部・常
音訓 ヘイ・つぼ
名乗 つぼ・ひら
意味 尺貫法で、土地・建物の面積を表す単位。また、金箔《きんぱく》・皮革《ひかく》などの面積を表す単位。「建坪《たてつぼ》」

●つぼみ●

蕾 ⇩らい（255ページ）

●つむぎ●

紬 ⇩ちゅう（188ページ）

●つめ●

爪 4画 爪部・常
音訓 ソウ・つめ・つま
意味 ①手足のつめ。「爪牙《そうが》」②物をかけたり、ひっかいたりするためのもの。

●つる●

釣 ⇩ちょう（189ページ）

鶴 21画 鳥部・常
音訓 カク・つる
名乗 かく・ず・たず・つ・づ・つる・づる
意味 ①鳥の名。ツル。「千羽鶴《せんばづる》」②ツルの羽のように白い。

千鶴 ちづる　千鶴子 ちづこ　志鶴 しづる
美鶴 みつる　鶴乃 つるの　鶴子 つるこ

●てい●

丁 ⇩ちょう（188ページ）

汀 5画 氵部・人
音訓 テイ・なぎさ・みぎわ
名乗 てい・なぎさ・みぎわ
意味 波打ちぎわ。水ぎわ。なぎさ。「汀線《ていせん》」

汀 なぎさ　汀香 ていか　汀一 ていいち

低 7画 亻部・教4
音訓 テイ・ひくい・ひくめる・ひくまる
名乗 ひら
意味 位置・程度・価値などがひくい。⇔高（104ページ）「低空・最低」

呈 7画 口部・常
音訓 テイ
名乗 しめ・すすむ・のぶ
意味 ①差し出す。「進呈」②現す。現れる。「露呈」

廷 7画 廴部・常
音訓 テイ
名乗 たか・ただ・なが
意味 ①政務をとる所。「朝廷」②裁判を行う所。「法廷」

弟 7画 弓部・教2
音訓 テイ・ダイ・デ・おとうと
名乗 おと・くに・ちか・つぎ・ふと
意味 ①きょうだいのうち、年下の男性。おとうと。⇔兄（86ページ）②弟子。門人。「師弟」③謙遜《けんそん》の意を表す。「小弟」

定 8画 宀部・教3
音訓 テイ・ジョウ・さだめる・さだまる・さだか
名乗 さだ・さだむ・さだめ・つら・てい・また・やす
意味 ①決める。さだめる。また、決まり。「規定・固定」②必ず。さだめて。「必定《ひつじょう》」③仏教で、雑念をしりぞけて忘我《ぼうが》の境地に入ること。「禅定《ぜんじょう》」

定史 さだふみ　定信 さだのぶ　篤定 あつさだ
俊定 としさだ　定一 ていいち　定治 じょうじ

底 8画 广部・教4
音訓 テイ・そこ
名乗 さだ・ふか
意味 ①最も低い部分。そこ。「海底」②物事のもとになるもの。「底本《ていほん》」

抵 8画 扌部・常
音訓 テイ
名乗 あつ・やす・ゆき
意味 ①さからう。「抵抗」②ふれる。ぶつかる。「抵触」③それに相当する。「抵当」

邸 8画 阝部・常
音訓 テイ・やしき
名乗 いえ・もと
意味 大きな家。やしき。「豪邸《ごうてい》」

亭 9画 亠部・常
音訓 テイ・チン
名乗 たか・たかし・てい・なり

意味 ①庭園などに設けた休憩用の建物。あずまや。②宿場・旅館・料理屋など、客の集まる所。「料亭」③家のあるじ。亭主《ていしゅ》。

帝
9画　巾部・常

音訓 テイ・タイ・みかど
名乗 ただ・みかど

意味 ①天下を治める支配者。みかど。「皇帝」②宇宙を支配する神。造物主。「天帝」③帝国主義。

訂
9画　言部・常

音訓 テイ・ただす
名乗 かず・ただ・ただす

意味 文字や文章の誤りをただす。「訂正」

貞
9画　貝部・常

音訓 テイ・ジョウ
名乗 さだ・さだし・ただ・ただし・ただす・つら・てい・みさお

意味 ①節操がかたく正しい。また、心が正しい。「貞淑《ていしゅく》」②占《うらな》う。

秋貞 あきさだ　貞和 さだかず　貞治 さだはる
貞美 さだみ　貞 ただし　貞志 ただし
貞一郎 ていいちろう　貞司 ていじ　春貞 はるさだ

庭
10画　广部・教3

音訓 テイ・にわ
名乗 てい・なお・にわ・ば

意味 ①家の敷地の中で、建物のたっていない所。にわ。「庭園・校庭」②あることが行われる場所。③家の中。「家庭」

逓
10画　辶部・常

音訓 テイ

意味 ①次々に伝え送る。「逓信《ていしん》」②次第に変化する。「逓減《ていげん》」

悌
10画　忄部・人

音訓 テイ
名乗 てい・とも・やす・やすし・よし

意味 年長者によく仕えること。また、兄弟仲よくすること。「孝悌《こうてい》」

孝悌 たかやす　悌 やすし　悌光 よしみつ

挺
10画　扌部・人

音訓 テイ・チョウ
名乗 ただ・なほ・もち

意味 ①抜きん出る。人より優れている。②他より先に進み出る。「挺身《ていしん》」③はさみ・銃など、細長い物を数えることば。◆現代表記では「一挺《いっちょう》」→「一丁」のように、「丁」に書きかえることがある。→丁（188ページ）

釘
⇨くぎ（84ページ）

停
11画　亻部・教4

音訓 テイ・チョウ・とまる・とめる
名乗 とどむ

意味 ①一か所にとまって進まない。「停止」②物事を途中でやめる。「停戦」

偵
11画　亻部・常

音訓 テイ
名乗 さだ・ただ・よし

意味 様子をさぐる。うかがう。「偵察・探偵」

梯
11画　木部・人

音訓 テイ・はしご

意味 はしご。高いところへ登る道具。また、段階。「階梯《かいてい》」

逞
11画　辶部・人

音訓 テイ・たくま-しい
名乗 たくま・てい・とし・ゆき・ゆた・よし

意味 ①体格ががっしりして強そうなさま。たくましい。②思うままにふるまう。「不逞《ふてい》」

逞 たくま　逞一郎 ていいちろう　逞治 ていじ

堤
12画　土部・常

音訓 テイ・つつみ

意味 土手。堤防。「防波堤《ぼうはてい》」

提
12画　扌部・教5

音訓 テイ・ダイ・チョウ・さ-げる

意味 ①手にさげる。また、手をつなぐ。「提携」②かかげる。差し出す。「提示」③統治する。おさめる。「提督《ていとく》」

程
12画　禾部・教5

音訓 テイ・ほど
名乗 たけ・てい・のり・ほど・みな

意味 ①物事を進める基準となるもの。また、度合い。「程度・規程」②一定の長さや分量で区切った範囲。「日程」③道のり。「行程」

艇
13画　舟部・常

音訓 テイ

意味 小舟。ボート。「競艇《きょうてい》」

類義 舟（133ページ）・船（168ページ）

禎
13画　ネ部・人
14画　示部・人

音訓 テイ
名乗 さだ・さだむ・さち・ただ・ただし・つぐ・てい・とも・よし

意味 めでたいしるし。さいわい。

類義 祥（143ページ）・瑞（158ページ）

禎章 さだあき　禎臣 さだおみ　禎恵 さちえ
禎 ただし　禎希 ともき　英禎 ひでさだ
勝禎 まさよし　義禎 よしさだ　禎巳 よしみ

13画
鼎 鼎部・人
音訓 テイ・かなえ
名乗 あたる・かなえ・かね・ゆたか・よし
意味 ①かなえ。古代中国で用いた三本足の器。②王位・権威などの象徴。③三者が向かい合う。「鼎立《ていりつ》」

14画
綴 糸部・人
音訓 テイ・テツ・つづ-る・と-じる
名乗 せつ
意味 つなぎ合わせる。とじる。つづる。「補綴《ほてい》」
綴人 てつと　綴彦 てつひこ　綴朗 てつろう

15画
締 糸部・常
音訓 テイ・し-まる・し-める
名乗 てい
意味 かたく結ぶ。しめる。また、約束などを結ぶ。「締結《ていけつ》」

15画
鄭 阝部・人
音訓 テイ
名乗 くに
意味 ①丁寧《ていねい》。「鄭重《ていちょう》」②古代中国の国名。◆現代表記では「鄭重→丁重」のように、「丁」に書きかえることがある。→丁（188ページ）

16画
諦 言部・常
音訓 テイ・タイ・あきら-める
名乗 あき・あきら
意味 ①断念する。あきらめる。「諦念《ていねん》」②真理。「要諦《ようてい》・《ようたい》」③明らかにする。

16画
蹄 ⻊部・人
音訓 テイ・ひづめ
意味 馬や牛のひづめ。「馬蹄《ばてい》」

●でい●

8画
泥 氵部・常
音訓 デイ・どろ
名乗 どろ・ね
意味 ①水気を含んだ土。どろ。どろ状のもの。「泥土《でいど》」②こだわる。「拘泥《こうでい》」③中国の伝説上の虫。水がないと酔って泥のようになるという。「泥酔」

●てき●

8画
的 白部・教4
音訓 テキ・まと
名乗 あきら・いくは・まさ・まと
意味 ①目標。また、要点。「標的」②まとを射る。あてる。「的確」③［テキ］…に関する。「科学的」

8画
迪 辶部・人
音訓 テキ
名乗 すすむ・ただ・ただし・ただす・ひら・ふみ・みち
意味 道。道を進む。また、教え導く。「啓迪《けいてき》」
類義 教（80ページ）・訓（85ページ）・啓（87ページ）・途（199ページ）・道（203ページ）・諭（245ページ）・路（266ページ）
清迪 きよみち　迪奈 ふみな　正迪 まさみち
迪花 みちか　迪宏 みちひろ　義迪 よしみち

11画
笛 竹部・教3
音訓 テキ・ふえ
名乗 ふえ
意味 楽器のふえ。また、合図のために吹き鳴らすもの。「横笛《よこぶえ》」

14画
摘 扌部・常
音訓 テキ・つ-む・つ-まむ
名乗 つみ
意味 ①つむ。つまみ取る。「摘出・指摘」②あばき出す。「摘発」
香摘 かつみ　奈摘 なつみ　夢摘 むつみ

14画
滴 氵部・常
音訓 テキ・しずく・した-たる
意味 水のしずく。また、しずくとなってたれ落ちる。したたる。「一滴・雨滴《うてき》」

14画
適 辶部・教5
音訓 テキ・チャク・かな-う
名乗 あつ・あり・かなお・かのう・まさ・ゆき・ゆく・より
意味 ①ぴったり当てはまる。かなう。「適任・最適」②ある所へ行く。頼って行く。「適従《てきじゅう》」

15画
敵 攵部・教5
音訓 テキ・かたき・かな-う
名乗 とし・とも
意味 ①戦い争う相手。また、害を与える存在。かたき。敵《てき》。「強敵」②対等に立ち向かう。かなう。「匹敵《ひってき》」

17画
擢 扌部・人
音訓 タク・テキ・ぬき-んでる
意味 ①人材を引き抜く。選び出す。「抜擢《ばってき》」②優れる。抜きん出る。
注意 「擢」「燿」「耀」は、形が似ているが別の字。↓擢（59ページ）・燿（253ページ）・耀（253ページ）
擢真 たくま　擢美 たくみ　擢也 たくや

●でき●

13画
溺 氵部・常
音訓 デキ・ニョウ・おぼ-れる
意味 ①水の中でもがき苦しむ。おぼれる。「溺死《できし》」②熱中して我を忘れる。「溺愛《できあい》」

●てつ●

迭 8画 辶部・常
音訓 テツ
意味 他のものとかえる。「更迭《こうてつ》」

哲 10画 口部・常
音訓 テツ
名乗 あき・あきら・さと・さとし・さとる・てつ・てつし・てる・のり・よし
意味 ①道理に明るい。かしこい。「哲学・哲人」②見識が高く、道理をわきまえた人。「聖哲《せいてつ》」
類義 恵（87ページ）・慧（88ページ）・憲（93ページ）・賢（93ページ）・聡（173ページ）・智（186ページ）・敏（224ページ）・明（242ページ）・利（255ページ）・俐（256ページ）・伶（264ページ）・怜（264ページ）

哲子 あきこ　哲 あきら　壱哲 いってつ
哲志 さとし　哲美 さとみ　哲 さとる
哲明 てつあき　哲生 てつお　哲史 てつし
哲人 てつと　哲平 てっぺい　哲也 てつや
正哲 まさあき　実哲 みさと　哲乃 よしの

鉄 13画 金部・教3
音訓 テツ・くろがね
名乗 かね・きみ・てつ・てつし・とし・まがね
意味 ①金属元素の一つ。てつ。くろがね。「鋼鉄」②堅固で容易にゆるがないことを表す。「鉄則」

一鉄 いってつ　鉄央 てつお　鉄太 てった
鉄人 てつと　鉄平 てっぺい　鉄也 てつや

徹 15画 彳部・常
音訓 テツ・とお-る・とお-す
名乗 あきら・いたる・おさむ・てつ・とお・とおる・ひとし・みち・ゆき
意味 貫き通す。最後までする。「徹底・貫徹」
注意 「撤」は、形が似ているが別の字。↓撤（次項）
類義 亨（101ページ）・暢（190ページ）・通（192ページ）・透（201ページ）

徹 いたる　一徹 いってつ　徹 おさむ
徹臣 てつおみ　徹子 てつこ　徹志 てつし
徹人 てつと　徹成 てつなり　徹平 てっぺい
徹也 てつや　徹 とおる　浩徹 ひろゆき
正徹 まさゆき　徹花 みちか　徹江 ゆきえ

撤 15画 扌部・常
音訓 テツ
意味 取り除く。取り下げる。「撤回《てっかい》」
注意 「徹」は、形が似ているが別の字。↓徹（前項）

●てん●

天 4画 大部・教1
音訓 テン・あめ・あま
名乗 あま・あめ・かみ・そら・たか・たかし
意味 ①大空。「天空・満天」②天地万物を支配する存在。また、神の住む世界。「天命・昇天」③自然。また、生まれつき。「天然」④天気。「晴天」⑤物の上の部分。「天辺《てっぺん》」⑥天子・天皇。「天覧《てんらん》」◆①⑤⇕地（185ページ）
類義 穹（76ページ）・空（84ページ）・昊（102ページ）・宙（187ページ）
特別な読み 心天《ところてん》
ことば
【一天】いってん　空一面。また、天下。〔名前読み例〕かずたか
【晴天】せいてん　晴れた空。よい天気。〔名前読み例〕はるたか
【蒼天】そうてん　青空。大空。〔名前読み例〕あおたか
【天空】てんくう　広々とした空。大空。〔名前読み例〕あまたか・そらたか
【天馬】てんば　天上界に住むという馬。ペガサス。また、すぐれた馬。〔名前読み例〕てんま
【天佑・天祐】てんゆう　天の助け。

天翔 あまと　天音 あまね　天 そら
天花 そらか　天明 たかあき　天輝 たかき
天 たかし　天斗 たかと　天乃 たかの
天真 てんま　陽天 はるたか　美天 みそら

典 8画 八部・教4
音訓 テン
名乗 おき・すけ・つかさ・つね・とも・のり・ひろ・ふみ・みち・もり・よし・より
意味 ①儀式。また、手本。基準。「典型・式典」②書物。「古典」③特別のはからい。「特典」④規則に合っていて正しい。また、みやびやか。上品。「典雅《てんが》」⑤職務をつかさどる。
類義 鑑（67ページ）・規（70ページ）・鏡（80ページ）・則（175ページ）・範（218ページ）

彰典 あきのり　典太 おきた　慶典 けいすけ
実典 さねのり　新之典 しんのすけ　壮典 そうすけ
典 つかさ　典明 のりあき　典恵 のりえ
典佳 のりか　典子 のりこ　典隆 のりたか
典久 のりひさ　典之 のりゆき　典芳 のりよし
典哉 ふみや　美典 みのり　佑典 ゆうすけ

店 8画 广部・教2
音訓 テン・みせ・たな
意味 みせ。商品を並べて売る所。「商店」

点 9画 灬部・教2
音訓 テン・さ-す・た-てる・つ-ける・とも-す
意味 ①きわめて小さいしるし。「点線」②文章に使う補助的な記号。「句読点《くとうてん》」③特定の所。注目

すべき箇所。「要点」④評価やその値。また、試合などの得点。「採点」⑤ちょっとつける。また、火や明かりをつける。「点眼・点灯」⑥調べる。「点検」⑦品物を数えることば。

10画
展
尸部・教6

音訓 テン
名乗 のぶ・ひろ・より
意味 ①のびる。広がる。ひらく。「展開・発展」②見る。ながめる。「展望《てんぼう》」③ころがる。「展転《てんてん》」
類義 延（46ページ）・開（58ページ）・拡（60ページ）・広（99ページ）・伸（150ページ）・拓（181ページ）・長（189ページ）・暢（190ページ）

孝展 たかのぶ　千展 ちひろ　知展 ともひろ
尚展 ひさのぶ　展人 ひろと　展実 ひろみ

11画
添
氵部・常

音訓 テン・そ-える・そ-う
名乗 そえ・ます
意味 付け加える。そえる。「添付《てんぷ》」

11画
転
車部・教3
18画 轉 人

音訓 テン・ころ-がる・ころ-げる・ころ-がす・ころ-ぶ
名乗 うたた・ひろ
意味 ①くるくる回る。ころがる。「回転」②ひっくり返る。ころぶ。「転倒」③方向・場所などを変える。変化する。「転換」◆現代表記では「顚倒→転倒」のように、「顚」を「転」に書きかえることがある。
↓顚（同ページ）

13画
塡
土部・常

音訓 テン・チン・は-まる・は-める
名乗 さだ・ます・みつ・やす
意味 ①うめる。つめる。「充塡《じゅうてん》」②穴や枠などにぴったりおさまる。はまる。

19画
顚
頁部・人

音訓 テン
意味 ①いただき。一番高い所。②倒れる。ひっくり返る。「顚倒《てんとう》」◆現代表記では「顚倒→転倒」のように、「顚」を「転」に書きかえることがある。
↓転（同ページ）

21画
纏
糸部・人

音訓 テン・まつ-る・まつ-わる・まとい・まと-う・まと-まる・まと-める
名乗 まき・まとむ
意味 ①からみつく。まつわる。「纏綿《てんめん》」②身に着ける。「半纏《はんてん》」③まとい。陣営や町火消しのしるし。

●でん●

5画
田
田部・教1

音訓 デン・た
名乗 た・だ・ただ・みち
意味 ①たんぼ。稲を栽培する耕作地。「田園・水田《すいでん》」②特定の物を産出する所。「油田」

6画
伝
亻部・教4
13画 傳 人

音訓 デン・つた-わる・つた-える・つた-う
名乗 ただ・つぐ・つた・つたう・つたえ・つとう・つとむ・でん・のぶ・のり・よし
意味 ①知らせる。つたえる。「伝言」②授《さず》ける。また、広める。「伝来・宣伝」③言いつたえ。「伝説」④個人の一代記。「伝記」⑤やり方。方法。

13画
殿
殳部・常

音訓 デン・テン・との・どの・しんがり
名乗 あと・すえ・との・とのもり
意味 ①大きくて立派な建物。「宮殿《きゅうでん》」②男性への敬意を表す。また、氏名などに付いて敬意を表す。「貴殿《きでん》」③隊列や順番などの最後尾。しんがり。

13画
電
雨部・教2

音訓 デン
名乗 あきら・ひかり
意味 ①稲妻《いなずま》。また、稲妻のように素早い。「雷電《らいでん》」②電気。「充電」

●と●

◆斗 ⇩人気の字（198ページ）

戸 ⇩こ（95ページ）

6画
吐
口部・常

音訓 ト・は-く・つ-く
意味 口からはき出す。「吐息・×嘔吐《おうと》」

7画
兎
儿部・人

音訓 ト・うさぎ
名乗 う・うさぎ
意味 ①ウサギ。「野兎《のうさぎ》」②月のこと。「烏兎《うと》」

7画
杜
木部・人

音訓 ト・ズ・もり
名乗 あり・と・もり
意味 ①もり。森林。「杜《もり》の都」②植物の名。ヤマナシ。③ふさぎ止める。「杜絶《とぜつ》」◆現代表記では「杜絶→途絶」のように、「途」に書きかえることがある。↓途（199ページ）
注意 「杜」は「社」と形が似ているが、別の字。↓社（129ページ）
類義 森（154ページ）

晃杜 あきと　沙杜子 さとこ　春杜 はると
広杜 ひろと　杜生 もりお　悠杜 ゆうと

8画
妬
女部・常

音訓 ト・ねた-む・そね-む
意味 やきもちをやく。ねたむ。そねむ。「嫉妬《しっと》」

人気の字

4画

斗

斗部・常

音訓 ト・トウ

名乗 け・と・はかる・ほし・ます

意味 ①尺貫法の容積の単位。一斗は一升《いっしょう》の一〇倍。②ます。また、ひしゃく。「漏斗《ろうと》・《じょうご》」③ひしゃく形の星座。「北斗七星」④俗に、「闘」の代わりに使う字。↓闘（202ページ）「戦斗《せんとう》」

なりたち 象形。物の量をはかるための、柄《え》のあるひしゃくの形で、ますの意味を表す。

特別な読み 翻筋斗《もんどり》

四字熟語・ことわざ

【泰山北斗】《たいざんほくと》 その道の大家として尊敬される人。泰斗。「泰山」は中国の名山、「北斗」は北斗七星のこと。ともに最も優れたものとして尊ばれることから。

地名 北斗《ほくと》市

筆順

一字の名前

斗 はかる

二字の名前

❤一字目

斗花 とうか
斗子 とうこ
斗伍 とうご
斗悟 とうご
斗真 とうま
斗馬 とうま
斗也 とうや
斗弥 とうや
斗理 とうり
斗織 とおり
斗輝 とき
斗史 とし
斗南 となみ
斗萌 ともえ
斗和 とわ

❤二字目

彰斗 あきと
麻斗 あさと
礼斗 あやと
郁斗 いくと
緒斗 おと
快斗 かいと
海斗 かいと
奏斗 かなと
清斗 きよと
絢斗 けんと
脩斗 しゅうと
直斗 なおと
信斗 のぶと
隼斗 はやと
晴斗 はると
陽斗 はると
遥斗 はると
優斗 ひろと
郁斗 ふみと
昌斗 まさと
真斗 まなと
愛斗 まなと
樹斗 みきと
康斗 やすと
結斗 ゆいと
勇斗 ゆうと
悠斗 ゆうと
陸斗 りくと
琉斗 りゅうと
蓮斗 れんと

三字の名前

❤一字目

斗喜雄 ときお
斗輝也 ときや
斗希和 ときわ
斗玖真 とくま
斗詩子 としこ
斗史彦 としひこ
斗司郎 としろう
斗美江 とみえ
斗和子 とわこ

❤二字目

緒斗葉 おとは
於斗彦 おとひこ
早斗実 さとみ
佐斗瑠 さとる
津斗武 つとむ
飛斗志 ひとし

❤三字目

亜央斗 あおと
亜津斗 あつと
雅玖斗 がくと
加奈斗 かなと
希里斗 きりと
志津斗 しづと
奈緒斗 なおと
耶麻斗 やまと
和歌斗 わかと

読みごとの名前

❤と

蒼斗 あおと
碧斗 あおと
亮斗 あきと
敦斗 あつと
瑛斗 えいと
開斗 かいと
学斗 がくと
和斗 かずと
哉斗 かなと
胡斗葉 ことは
颯斗 そうと
剛斗 たけと
千紗斗 ちさと
徹斗 てつと
斗希 とき
斗貴 とき
尚斗 なおと
紀斗 のりと
勇斗 はやと
駿斗 はやと
春斗 はると
温斗 はると
遥斗 はると
暖斗 はると
紘斗 ひろと
雅斗 まさと
美斗 みと
皆斗 みなと
唯斗 ゆいと
佑斗 ゆうと
優斗 ゆうと
義斗 よしと
力斗 りきと
睦斗 りくと
梨斗 りと
廉斗 れんと

❤とう

斗惟 とうい
斗佳 とうか
斗雅 とうが
斗吾 とうご
斗治 とうじ
斗麻 とうま
斗磨 とうま
斗哉 とうや
斗李 とうり

ことば

【玉斗】《ぎょくと》 北斗七星の別名。〔名前読み例〕きよと

【星斗】《せいと》 星。星座。〔名前読み例〕せいと・ほしと

【泰斗】《たいと》 「泰山北斗《たいざんほくと》」の略。↓上段［四字熟語・ことわざ］〔名前読み例〕たいと・やすと

【斗魁】《とかい》 北斗七星のます形の四星。

【斗酒】《としゅ》 一斗の酒。また、多量の酒。

【南斗】《なんと》 夏、南の空の、いて座の中心部に見える六星。〔名前読み例〕なんと・みなと

【北斗】《ほくと》 北斗七星の略。〔名前読み例〕ほくと

【北斗七星】《ほくとしちせい》 北の空にひしゃく（斗）形に連なって見える、おおぐま座の七つの星。方位や時刻をはかる星として、古くから親しまれてきた。ななつぼし。

【漏斗】《ろうと》 口の小さい容器に液体を注ぎ入れるときに使う道具。じょうご。

徒
10画　彳部・教4

音訓 ト・あだ・いたずら・かち
名乗 かち・ただ・とも

意味 ①乗り物に乗らないで歩く。「徒歩」②門人。弟子。また、仲間。「生徒」③手に何も持たない。「徒手《としゅ》」④何の役にも立たない。むだに。「徒労」

途
10画　辶部・常

音訓 ト・ズ・みち
名乗 とお・みち・もち

意味 道。道筋。「途中・前途」◆現代表記では「杜絶→途絶」のように、「杜」を「途」に書きかえることがある。→杜（197ページ）

類義 迪（195ページ）・道（203ページ）・路（266ページ）

ことば【一途《いちず》】一つのことに打ちこむこと。

開途 かいと　途花 みちか　美途 みと

砥
10画　石部・人

音訓 シ・と
名乗 たいら・と・ひとし・ひら

意味 刃物などをとぐための石。砥石《といし》。

都
11画　阝部・教3　12画 都 人

音訓 ト・ツ・みやこ
名乗 いち・くに・さと・つ・づ・と・とし・ひろ・みや・みやこ

意味 ①大きなまち。みやこ。「都会」②国の中央政府のあるところ。また、東京都のこと。「首都」③すべて。みな。「都合《つごう》」◆見出しの下の方の字は「日」の上に点が付く。

類義 京（78ページ）・洛（255ページ）

晃都 あきと　瑛都 えいと　央都花 おとか
健都 けんと　古都実 ことみ　紗都子 さとこ
詩都 しづ　知奈都 ちなつ　菜都子 なつこ
美奈都 みなつ　都 みやこ　佑都 ゆうと
悠都 ゆうと　梨都子 りつこ　蓮都 れんと

兜
11画　儿部・人

音訓 トウ・ト・かぶと

意味 かぶと。頭部を保護するためにかぶる武具。

兜吾 とうご　兜太 とうた　勇兜 ゆうと

渡
12画　氵部・常

音訓 ト・わたる・わたす
名乗 ただ・わたり・わたる

意味 ①川・海などを越えて向こう側に移る。わたる。「渡航・渡来」②暮らす。世をわたる。「渡世《とせい》」③通り過ぎる。「過渡期《かとき》」④物などをこちらの手から他の人の手に移す。また、授ける。わたす。「譲渡《じょうと》」

類義 航（103ページ）・渉（144ページ）

春渡 はると　広渡 ひろと　渡 わたる

堵
12画　土部・人

音訓 ト
名乗 と

意味 垣根《かきね》。塀《へい》。「安堵《あんど》」（＝垣根の内で安心して暮らすことから、安心すること）

塗
13画　土部・常

音訓 ト・ぬる・まみれる
名乗 みち

意味 ①表面に色をつける。また、こするようにしてつける。ぬる。「塗装《とそう》」②泥《どろ》。また、泥などで汚れる。まみれる。「塗炭《とたん》」③道。道路。

賭
16画　貝部・常

音訓 ト・かける

意味 金品を出し合って勝負し、勝った方がその金品をとる。かける。かけ。「賭博《とばく》」

●ど●

土
3画　土部・教1

音訓 ド・ト・つち
名乗 ただ・つち・つつ・と・ど・のり・はに・ひじ

意味 ①地面。つち。「土足」②人のすみつく所。土地。また、地方。「風土」③土曜日のこと。④五行《ごぎょう》の一つ。

特別な読み 土筆《つくし》

夏土 なつと　隼土 はやと　美土里 みどり

奴
5画　女部・常

音訓 ド・ヌ・やつ・やっこ

意味 ①召し使い。「奴隷《どれい》」②人を卑しめていうことば。「守銭奴《しゅせんど》」

努
7画　力部・教4

音訓 ド・つとめる
名乗 つとむ

意味 力を尽くす。つとめる。「努力」

類義 勤（82ページ）・孜（123ページ）・勉（231ページ）・励（264ページ）

努 つとむ

度
9画　广部・教3

音訓 ド・ト・タク・たび
名乗 ただ・なか・なが・のぶ・のり・みち・もろ・わたる

意味 ①物事の程度。度合い。「限度」②測定する目盛り。また、その単位。「温度」③回数。たび。「一度」

怒
9画　心部・常

音訓 ド・ヌ・いかる・おこる

意味 ①腹を立てる。おこる。いかる。「激怒《げきど》」②勢いが激しい。「怒×濤《どとう》」

●とう●

刀 2画 刀部・教2
音訓 トウ・かたな
名乗 かたな・はかし
意味 武器として用いる片刃の刃物。かたな。「刀剣」
特別な読み 大刀《たち》・帯刀《たてわき》

冬 5画 夂部・教2
音訓 トウ・ふゆ
名乗 かず・とし・ふゆ
意味 四季の一つ。ふゆ。「冬眠」

千冬 ちふゆ　冬吾 とうご　冬亮 とうすけ
冬馬 とうま　冬里 とうり　冬花 ふゆか
冬樹 ふゆき　冬子 ふゆこ　冬都 ふゆと
冬音 ふゆね　冬実 ふゆみ　美冬 みふゆ

当 6画 ⺌部・教2
音訓 トウ・あ-たる・あ-てる
名乗 あつ・たえ・とう・まさ・まつ
意味 ①ぶつかる。適合する。また、物事に向き合う。あたる。「当選・当番」②いまの。現在の。「当地」③道理にかなっていること。そうあるべきこと。「当然・正当」④いま話題にしている物事。「当時」

灯 6画 火部・教4
燈 16画 人
音訓 トウ・ひ・あかし・あかり・ともしび
意味 ①ともしび。あかり。「街灯」②仏の教え。「法灯」③激しい火。烈火《れっか》。
類義 燭（150ページ）・明（242ページ）

灯真 とうま　灯也 とうや　灯華里 ひかり

投 7画 扌部・教3
音訓 トウ・な-げる
名乗 ゆき
意味 ①空中にほうる。なげる。「投球」②おくる。与える。「投資」③あきらめてなげ出す。「投降」④ぴったり合う。「意気投合《いきとうごう》」⑤身を寄せる。とどまる。「投宿」

豆 7画 豆部・教3
音訓 トウ・ズ・まめ
意味 ①穀物《こくもつ》のまめ。また、マメ科の植物。「大豆《だいず》」②小さい意を表す。また、子どもである意を表す。「豆電球」

到 8画 刂部・常
音訓 トウ・いた-る
名乗 いたる・ねむる・ゆき・よし
意味 ①目的の場所に着く。いたる。「到達」②行き届く。「周到」
類義 格（60ページ）・至（122ページ）・達（183ページ）

到 いたる　隆到 たかゆき　到吾 とうご
到真 とうま　到理 とうり　到明 よしあき

東 8画 木部・教2
音訓 トウ・ひがし・あずま
名乗 あがり・あきら・あずま・こち・と・とう・はじめ・はる・ひがし・ひで・もと
意味 ①方角の一つ。ひがし。「東西」②「東京」の略。◆五行《ごぎょう》説では春の季節に当てる。
特別な読み 東風《こち》・東雲《しののめ》

東 あずま　東輝 とうき　東子 とうこ
東真 とうま　東也 とうや　東 はじめ
東輝 はるき　東杜 はると　東美 はるみ

宕 8画 宀部・人
音訓 トウ
意味 ①大きい。おおまか。また、度を超える。②気まま。わがまま。

沓 ⇩くつ（85ページ）

逃 9画 辶部・常
音訓 トウ・に-げる・に-がす・のが-す・のが-れる
意味 捕まらないように避けて去る。にげる。のがれる。「逃走」

倒 10画 亻部・常
音訓 トウ・たお-れる・たお-す
意味 ①立っているものが支えを失って横になる。たおれる。たおす。「倒壊」②さかさまになる。また、ころぶ。「転倒」③程度や状態がはなはだしい。「圧倒」

党 10画 儿部・教6
音訓 トウ
名乗 あきら・とも・まさ
意味 ①同じ目的などで結ばれた集団。仲間。「悪党」②政党。「与党」③生まれ故郷。また、親族。「郷党」

凍 10画 冫部・常
音訓 トウ・こお-る・こご-える・い-てる・し-みる
意味 ①寒さで液体が固体になる。こおる。「冷凍」②寒くて体がかじかむ。こごえる。

唐 10画 口部・常
音訓 トウ・から
名乗 から・つね
意味 ①大げさに言うこと。ほら。「荒唐無稽《こうとうむけい》」②中国。また、外国。「唐土《とうど・もろこし》」③中国の国名。「遣唐使」

島 10画 山部・教3
嶋 14画 人
音訓 トウ・しま
名乗 しま・とう
意味 海や湖の中にある小さな陸地。しま。「島国」

透
10画　辶部・常

音訓 トウ・す-く・す-かす・す-ける・とお-る

名乗 す・すく・と・とう・とおる・ゆき

意味 ①通り抜ける。とおる。「浸透」②物を通して、中や向こう側が見える。すける。すきとおる。「透明」

類義 亨（101ページ）・暢（190ページ）・通（192ページ）・徹（196ページ）

透花 とうか　透子 とうこ　透真 とうま
透也 とうや　透 とおる　透和 とわ
美透 みゆき　透奈 ゆきな　透乃 ゆきの

桃
10画　木部・常

音訓 トウ・もも

名乗 とう・もも

意味 果樹の名。モモ。「桃李《とうり》（＝モモとスモモ）・桜桃（＝さくらんぼ）」

特別な読み 胡桃《くるみ》

胡桃 くるみ　小桃 こもも　桃吾 とうご
桃也 とうや　桃 もも　桃花 ももか
桃佳 ももか　桃子 ももこ　桃祢 ももね

討
10画　言部・教6

音訓 トウ・う-つ

意味 ①罪を言い立てて攻める。うつ。「討伐」②問いただす。また、くわしく調べる。「検討」

套
10画　大部・人

音訓 トウ

名乗 なが

意味 ①覆《おお》うもの。「外套《がいとう》」②古くさい。ありきたり。「常套《じょうとう》」

桐
10画　木部・人

音訓 トウ・ドウ・きり

名乗 きり・とう・どう・ひさ

意味 木の名。キリ。「青桐《あおぎり》」

桐花 きりか　桐斗 きりと　桐葉 きりは
桐子 とうこ　桐之介 とうのすけ　桐真 とうま

悼
11画　忄部・常

音訓 トウ・いた-む

意味 死を悲しむ。いたむ。「追悼《ついとう》」

陶
11画　阝部・常

音訓 トウ

名乗 すえ・ただ・とう・のぶ・よし

意味 ①焼き物。陶器。「陶芸」②教え導く。「薫陶《くんとう》」③楽しむ。また、うっとりする。「陶酔《とうすい》」④気持ちがふさぐ。「鬱陶《うっとう》しい」

陶花 とうか　陶吾 とうご　陶美 よしみ

盗
11画　皿部・常

盜
12画　人

音訓 トウ・ぬす-む

意味 人のものをひそかに取って自分のものにする。ぬすむ。また、盗人《ぬすびと》。「怪盗」

桶
11画　木部・人

音訓 トウ・おけ

名乗 とう

意味 水などを入れる木製の器。おけ。「湯桶《ゆとう》」

祷
11画　ネ部・人

禱
19画　示部・人

音訓 トウ・いの-る

名乗 いのる

意味 いのる。「祈祷《きとう》」

◆「祷」は「禱」の俗字。正字（正統の字体）は「禱」。

逗
11画　辶部・人

音訓 トウ・ズ

名乗 すみ

意味 旅先などにしばらくとどまる。滞在する。「逗留《とうりゅう》」

塔
12画　土部・常

音訓 トウ

意味 ①細く高くそびえる建造物。「鉄塔」②「卒塔婆《そとば》」の略。仏骨を安置するための建造物。また、供養《くよう》のために墓などに立てる細長い板。

搭
12画　扌部・常

音訓 トウ

意味 乗り物にのる。また、のせる。「搭乗《とうじょう》」

湯
12画　氵部・教3

音訓 トウ・ゆ

名乗 のり・ゆ

意味 ①水をわかしたもの。お湯。「熱湯」②温泉。また、風呂《ふろ》。「銭湯」③煎《せん》じ薬。「葛根湯《かっこんとう》」

棟
12画　木部・常

音訓 トウ・むね・むな

名乗 すけ・たか・たかし・みね・むなぎ・むね

意味 ①屋根の最も高い所。二枚の屋根面が接する所。また、そこに渡してある横木。棟木《むなぎ》。②むねの長い建物。「研究棟」③かしら。首領。「棟梁《とうりょう》」④家屋・建物などを数えることば。

痘
12画　疒部・常

音訓 トウ

意味 天然痘《てんねんとう》。皮膚《ひふ》に発疹《はっしん》のできる病気。

登
12画　癶部・教3

音訓 トウ・ト・のぼ-る

名乗 たか・ちか・と・ど・とう・とみ・とも・なり・なる・のぶ・のぼる・のり・み・みのる

意味 ①高い所や物の上にあがる。のぼる。「登頂」「登山《とざん》」②公《おおやけ》の場所に行く。「登校」③高い地位につく。また、人を取り立てる。「登用」④記録する。「登録」
類義 升（142ページ）・昇（142ページ）
瑛登 あきと　登子 たかこ　登悟 とうご
登真 とうま　登希子 ときこ　登和 とわ
登 のぼる　陽登 はると　比呂登 ひろと
美登 みと　雄登 ゆうと　陸登 りくと

答
12画 竹部・教2
音訓 トウ・こた-える・こた-え
名乗 さと・とし・とみ・とも・のり
意味 質問・問題などにこたえる。また、お返しをする。「答案・贈答」

等
12画 竹部・教3
音訓 トウ・ひと-しい・など・ら
名乗 しな・たか・と・とし・とも・ひとし
意味 ①差がない。ひとしい。「平等」②階級。順序。「一等・上等」③…など。…たち。「彼等《かれら》」
類義 均（82ページ）
孝等 たかとし　等真 とうま　等 ひとし

筒
12画 竹部・常
音訓 トウ・つつ
名乗 つつ・まる
意味 細長く丸く、中が空洞になっているもの。つつ。「水筒」

統
12画 糸部・教5
音訓 トウ・す-べる
名乗 おさ・おさむ・かね・すみ・すめる・つぐ・つづき・つな・つね・とう・とし・とも・のり・はじめ・むね・もと
意味 ①おおすじ。ひとつづきのもの。「血統・正統」②一つにまとめる。すべる。「統合」
類義 惣（172ページ）・総（173ページ）・綜（173ページ）
統 おさむ　統 つづき　統一郎 とういちろう
統香 とうか　統子 とうこ　統司 とうじ
統真 とうま　統也 とうや　統 はじめ
久統 ひさのり　美統 みのり　統実 もとみ

董
12画 艹部・人
音訓 トウ
名乗 しげ・しげる・ただ・ただし・ただす・なお・のぶ・まこと・まさ・よし
意味 ①古道具。「骨董《こっとう》」②見張る。正しおさめる。
注意 「董」は形が似ているが、別の字。→菫（159ページ）
董 しげる　董子 とうこ　董真 とうま

稲
14画 禾部・常
稻
15画 人
音訓 トウ・いね・いな
名乗 いな・いね・しね・とう・ね
意味 植物の名。イネ。「稲穂《いなほ》」
特別な読み 稲荷《いなり》
稲雄 いなお　稲香 いねか　稲也 いねや

踏
15画 足部・常
音訓 トウ・ふ-む・ふ-まえる
意味 足を地につける。ふむ。足ぶみする。「舞踏《ぶとう》」

糖
16画 米部・教6
音訓 トウ
名乗 あら
意味 砂糖。多く菓子・料理などに使われる甘味料。また、糖類。

頭
16画 頁部・教2
音訓 トウ・ズ・ト・あたま・かしら・こうべ
名乗 あき・あきら・かみ・さき・ず・とう
意味 ①首から上の部分、または顔より上の部分。あたま。②物の先端や上端。「巻頭」③物事のはじめ。「年頭」④上に立つ人。トップ。「船頭《せんどう》」⑤ほとり。あたり。「店頭」⑥動物を数えることば。

橙
16画 木部・人
音訓 トウ・だいだい
意味 果樹の名。ダイダイ。果実は食用で、正月飾りにも用いる。
橙花 とうか　橙子 とうこ　橙太 とうた

謄
17画 言部・常
音訓 トウ
意味 書き写す。「謄本《とうほん》」

藤
18画 艹部・常
音訓 トウ・ふじ
名乗 かつら・つ・とう・ひさ・ふじ
意味 木の名。フジ。また、つる性植物のこと。
藤 かつら　藤子 とうこ　藤吾 とうご
藤太 とうた　藤真 とうま　藤花 ふじか

闘
18画 門部・常
音訓 トウ・たたか-う
意味 争う。たたかう。「戦闘」

騰
20画 馬部・常
音訓 トウ・あ-がる・あ-げる
名乗 かり・のぶ・のぼる
意味 高くなる。はね上がる。「沸騰《ふっとう》」

●どう●

同
6画 冂部・教2
音訓 ドウ・おな-じ
名乗 あつ・あつむ・とも・のぶ・ひと

し

意味 ①違いがない。等しい。おなじ。「同一」②一緒にする。「協同」③集まる。「合同」

洞
9画　氵部・常

音訓 ドウ・トウ・ほら
名乗 あき・あきら・ひろ・ほら

意味 ①ほら穴。「洞窟《どうくつ》」②見抜く。見通す。「洞察《どうさつ》」③奥深い。

胴
10画　月部・常

音訓 ドウ

意味 身体のうち、頭や手足を除いた中間の部分。胴体。また、物の中央部。

動
11画　力部・教3

音訓 ドウ・うご-く・うご-かす
名乗 いつ・おき

意味 ①その場にじっとしていない。うごく。「運動」②心をうごかす。「感動」③身振り。ふるまい。「動作」④世の中の秩序を乱す。「騒動」

堂
11画　土部・教4

音訓 ドウ
名乗 あき・たか・どう・ひら

意味 ①神仏を祭る建物。「本堂」②多くの人の集まる大きな建物。「食堂」③部屋。住まい。「草堂」④他人の母への敬意を表す。「母堂」⑤屋号・雅号などに付けることば。

琥堂 こどう　志堂 しどう　堂人 たかひと

萄
11画　艹部・人

音訓 ドウ
名乗 とう・どう

意味 「葡萄《ぶどう》」は、果樹の名。→葡（227ページ）

萄子 とうこ　萄也 とうや

道
12画　辶部・教2

音訓 ドウ・トウ・みち
名乗 おさむ・おさめ・じ・ち・つな・つね・どう・なおし・ね・のり・まさ・みち・みつ・ゆき・より・わたる

意味 ①みち。人・車などが行き来するところ。また、道筋。「道路」②人が守り行うべき正しい道。教え。「道徳・人道」③わざ。技芸。「華道」④言う。語る。「報道」⑤仏教で、人が生まれ変わっていく世界。「六道」⑥道教。⑦都・府・県と並ぶ地方公共団体。

類義 迪（195ページ）・途（199ページ）・路（266ページ）

志道 しどう　忠道 ただみち　俊道 としみち
直道 なおみち　信道 のぶみち　正道 まさみち
道佳 みちか　道子 みちこ　道孝 みちたか
道俊 みちとし　道乃 みちの　道広 みちひろ
道琉 みちる　隆道 りゅうどう　道 わたる

童
12画　立部・教3

音訓 ドウ・わらべ・わらわ
名乗 のぶ・み・わか・わらわ

意味 子ども。わらべ。「童話」

働
13画　亻部・教4

音訓 ドウ・はたら-く

意味 仕事をする。はたらく。「労働」

◆日本で作られたとされる字（国字）。

銅
14画　金部・教5

音訓 ドウ・あかがね
名乗 かね

意味 ①金属元素の一つ。どう。あかがね。「銅像」②競技などで第三位を表すもの。「銅賞」

導
15画　寸部・教5

音訓 ドウ・みちび-く
名乗 おさ・みち

意味 ①案内する。また、教える。「導入・指導」②熱・電気などを伝える。「伝導」

撞
15画　扌部・人

音訓 トウ・ドウ・シュ・つ-く

意味 突く。突き当てる。「撞球《どうきゅう》」

瞳
17画　目部・常

音訓 ドウ・トウ・ひとみ
名乗 あきら・ひとみ

意味 ひとみ。黒目。また、目。「瞳孔《どうこう》」

類義 眸（235ページ）

瞳 あきら　瞳子 とうこ　瞳 ひとみ

●とうげ●

峠
9画　山部・常

音訓 とうげ

意味 ①とうげ。山道を上りつめて、そこから下りになるところ。②物事の勢いのもっとも盛んな時期。

◆日本で作られたとされる字（国字）。

●とく●

匿
10画　匸部・常

音訓 トク・ジョク・かく-す・かくま-う
名乗 のく

意味 隠す。かくまう。「匿名《とくめい》」

特
10画　牜部・教4

音訓 トク
名乗 こと・ただ・よし

意味 とりわけ。すぐれている。「特殊・特別」

◆もともとは「おすの牛」の意味。

得
11画　彳部・教4

音訓 トク・え-る・う-る
名乗 あり・う・え・とく・なり・のり・

やす

意味 ①手に入れる。「獲得」②利益。また、有利なこと。「損得」③身につく。また、よくわかる。「習得」

類義 益（45ページ）・徳（同ページ）・利（255ページ）

督 13画 目部・常

音訓 トク

名乗 おさむ・かみ・こう・すけ・すすむ・ただ・ただす・とく・まさ・よし

意味 ①見張る。取り締まる。統率する。「監督」②うながす。せき立てる。「督促《とくそく》」

徳 14画 彳部・教5　**德** 15画 人

音訓 トク

名乗 あきら・あつ・あつし・あり・いさお・え・かつ・さと・ただし・とく・とこ・とみ・なり・なる・のぼる・のり・みち・めぐむ・やす・よし

意味 ①すぐれた品性や人格。「仁徳・美徳」②めぐみ。恩恵。「報徳」③もうけ。利益。「徳用」

類義 益（45ページ）・恩（49ページ）・恵（87ページ）・幸（101ページ）・潤（139ページ）・得（203ページ）・利（255ページ）・竜（258ページ）

智徳 とものり　徳花 のりか　徳行 のりゆき
秀徳 ひでのり　美徳 みのり　徳 めぐむ
康徳 やすのり　徳乃 よしの　義徳 よしのり

篤 16画 竹部・常

音訓 トク・あつ-い

名乗 あつ・あつし・しげ・すみ・とく・ひろ

意味 ①まじめで行き届く。また、真心がある。手厚い。「篤志《とくし》・篤実《とくじつ》」②病気が重い。「危篤《きとく》」

類義 渥（35ページ）・厚（102ページ）・懇（109ページ）・淳（139ページ）・諄（140ページ）・惇（205ページ）・敦（205ページ）

篤子 あつこ　篤実 あつさね　篤 あつし
篤志 あつし　篤人 あつと　篤紀 あつのり
篤彦 あつひこ　篤仁 あつひと　篤也 あつや
篤行 あつゆき　篤郎 あつろう　清篤 きよあつ
篤真 とくま　友篤 ともあつ　義篤 よしあつ

●どく●

毒 8画 毋部・教4

音訓 ドク・タイ

意味 ①生命や健康に害のあるもの。どく。「猛毒」②人の心を傷つけるもの。「毒舌」

独 9画 犭部・教5

音訓 ドク・ひと-り

名乗 かつ

意味 ①ただ一人。ただ一つ。「孤独」②他をかえりみず、一人だけで。「独断」③「独逸《ドイツ》」の略。

読 14画 言部・教2

音訓 ドク・トク・トウ・よ-む

名乗 おと・よし・よみ

意味 本や文字をよむ。また、よんで理解する。「読書・朗読」

●とち●

栃 9画 木部・常

音訓 とち

意味 木の名。トチノキ。◆日本で作られたとされる字（国字）。

●とつ●

凸 5画 凵部・常

音訓 トツ・でこ

名乗 たかし

意味 中央がつき出ている。「凹凸《おうとつ》」「凸凹《でこぼこ》」

突 8画 穴部・常　**突** 9画 人

音訓 トツ・つ-く

意味 ①つき出る。「突起」②つき当たる。ぶつかる。「突撃」③急に。「突然」

●とどける●

届 8画 尸部・教6

音訓 カイ・とど-ける・とど-く

名乗 あつ・ゆき

意味 ①到着する。とどく。②わたす。とどける。

●とび●

鳶 14画 鳥部・人

音訓 エン・とび・とんび

意味 ①鳥の名。トンビ。トビ。②鳶口《とびぐち》。棒の先に鉄製のかぎをつけた消火道具。③鳶職《とびしょく》。土木・建築工事に従事する職人。④男性の和服用の外套《がいとう》。二重回し。

●とびら●

扉 ⇩ひ（220ページ）

●とも●

朋 ⇩ほう（233ページ）

●ともえ●

巴 ⇩は（212ページ）

●とら●

寅 11画 宀部・人
音訓 イン・とら
名乗 つら・とも・とら・のぶ・ふさ
意味 十二支の三番目。動物では虎に当てる。時刻では午前四時、または午前三時から五時の間。方位では東北東。
明寅 あきとら　寅吉 とらきち　寅子 とらこ
寅太郎 とらたろう　寅之介 とらのすけ　寅彦 とらひこ

●とり●

酉 7画 酉部・人
音訓 ユウ・とり
名乗 とり・なが・みのる・ゆう
意味 十二支の十番目。動物では鶏《にわとり》に当てる。時刻では午後六時、または午後五時から七時の間。方位では西。◆もともとは「酒」または「酒つぼ」の意味。

●とりで●

砦 ⇩さい（114ページ）

●とん●

屯 4画 屮部・常
音訓 トン・チュン・たむろ
名乗 たむろ・みつ・むら・より
意味 多くの人が寄り集まる。たむろする。「駐屯《ちゅうとん》」

沌 7画 氵部・人
音訓 トン
意味 ①万物が形をなさず、もやもやとうずまいているさま。「混沌《こんとん》」②水流のうずまくさま。③暗い。また、おろか。

豚 11画 豕部・常
音訓 トン・ぶた
意味 ①動物の名。ブタ。②自分の子どもについて謙遜《けんそん》の意を表す。「豚児《とんじ》」

惇 11画 忄部・人
音訓 トン・ジュン
名乗 あつ・あつし・じゅん・すなお・つとむ・とし・まこと・よし
意味 手厚い。真心がある。「惇朴《じゅんぼく・とんぼく》」
類義 渥（35ページ）・厚（102ページ）・懇（109ページ）・淳（139ページ）・諄（140ページ）・篤（204ページ）・敦（次項）
惇央 あつお　惇貴 あつき　惇 あつし
惇志 あつし　惇宏 あつひろ　惇 じゅん
惇奈 じゅんな　惇之介 じゅんのすけ　惇平 じゅんぺい
惇也 じゅんや　惇 すなお　忠惇 ただあつ
惇美 としみ　惇郎 としろう　智惇 ともあつ

敦 12画 攵部・人
音訓 トン
名乗 あつ・あつし・おさむ・たい・つとむ・つる・とし・のぶ
意味 手厚い。人情があつい。また、重んじる。「敦厚《とんこう》」
類義 渥（35ページ）・厚（102ページ）・懇（109ページ）・淳（139ページ）・諄（140ページ）・篤（204ページ）・惇（前項）
敦紀 あつき　敦子 あつこ　敦 あつし
敦史 あつし　敦徳 あつのり　敦久 あつひさ
敦大 あつひろ　敦美 あつみ　敦也 あつや
敦 おさむ　忠敦 ただあつ　敦 つとむ
朋敦 ともあつ　信敦 のぶあつ　正敦 まさあつ

頓 13画 頁部・常
音訓 トン・とみ-に
名乗 はや
意味 ①額を地につけて礼をする。「頓首《とんしゅ》」②その場にとどまる。とどこおる。「頓挫《とんざ》」③落ち着ける。「整頓」④急に。とみに。⑤一回。「頓服《とんぷく》」

遁 13画 辶部・人
音訓 トン・のが-れる
意味 にげる。また、かくれる。「遁走《とんそう》」

●どん●

丼 5画 二部・常
音訓 セイ・どんぶり・どん
意味 ①どんぶり。深くて厚みのある陶製の鉢《はち》。また、どんぶりに盛った飯の上に具をのせた料理。②職人などの腹掛けの前にある物入れ。

呑 7画 口部・人
音訓 トン・ドン・の-む
名乗 のみ
意味 丸飲みにする。飲みこむ。「併呑《へいどん》」

貪 11画 貝部・常
音訓 ドン・タン・むさぼ-る
意味 満足することなく欲しがる。むさぼる。「貪欲《どんよく》」

鈍 12画 金部・常
音訓 ドン・にぶ-い・にぶ-る・のろ-い・なま-る
意味 ①頭脳や感覚の働きが弱い。動作がのろい。にぶい。「鈍感」②刃物などの切れ味が悪い。「鈍器」③角度が直角より大きい。「鈍角」

曇 16画 日部・常
音訓 ドン・タン・くも-る
意味 空が雲で覆われる。くもる。「曇天」

●な●

名 ⇩めい（241ページ）

那　7画　阝部・常

音訓 ナ
名乗 とも・な・ふゆ・やす
意味 ①どの。なんぞ。「那辺」②梵語《ぼんご》の音を表す。「檀那《だんな》」③多い。④美しい。
類義 娃（33ページ）・花（52ページ）・佳（51ページ）・綺（71ページ）・昌（143ページ）・美（221ページ）・麗（265ページ）
ことば【刹那】《せつな》瞬間。もと仏教語で時間の最小単位。〔名前読み例〕せつな
【那由他・那由多】《なゆた》きわめて大きい数。また、一〇の七二乗あるいは一〇の六〇乗。〔名前読み例〕なゆた

愛那 あいな　杏那 あんな　佳那太 かなた
沙那 さな　那央 なお　那音 なおと
那知 なち　那月 なつき　菜那 なな
那奈子 ななこ　那美 なみ　那実恵 なみえ
那由加 なゆか　妃那 ひな　陽那 ひな
日那太 ひなた　妃那乃 ひなの　真希那 まきな
茉那 まな　結那 ゆいな　優那 ゆうな
優里那 ゆりな　理那 りな　和香那 わかな

◆**奈** ⇩人気の字（207ページ）

◆**菜** ⇩さい　人気の字（113ページ）

●ない●

内　4画　冂部・教2

音訓 ナイ・ダイ・うち
名乗 うち・うつ・ただ・ちか・ない・のぶ・はる・まさ・みつ
意味 ①ある範囲にはいるもの。なか。うち。⇔外（59ページ）「室内・予算内」②表向きでない。「内密」

●なえ●

苗 ⇩びょう（224ページ）

●なお●

猶 ⇩ゆう（247ページ）

●なぎ●

凪　6画　几部・人

音訓 なぎ・なぐ
意味 風がやんで波がおだやかになること。「夕凪《ゆうなぎ》」◆日本で作られたとされる字（国字）。

凪 なぎ　凪央 なぎお　凪子 なぎこ
凪沙 なぎさ　凪紗 なぎさ　凪斗 なぎと

梛　11画　木部・人

音訓 ダ・ナ・なぎ
名乗 なぎ
意味 木の名。ナギ。
注意「椰」は形が似ているが、別の字。↓椰（245ページ）

梛月 なつき　梛々 なな　梛穂 なほ
梛美 なみ　由梛 ゆうな　里梛 りな

●なぎさ●

渚 渚 ⇩しょ（140ページ）

●なぐ●

薙　16画　艹部・人

音訓 テイ・チ・なぐ
意味 ①横にはらって切り倒す。刈る。「薙刀《なぎなた》」②髪をそる。

●なし●

梨 ⇩り（256ページ）

●なぞ●

謎　17画　言部・常

音訓 ベイ・メイ・なぞ
意味 なぞ。実体のつかめないもの。

●なだ●

灘　22画　氵部・人

音訓 タン・ダン・なだ
意味 波が荒くて航海の困難な海域。なだ。

●なつ●

捺　11画　扌部・人

音訓 ダツ・ナツ・ナ・おす
名乗 とし
意味 おす。おさえつける。「捺印《なついん》」

捺輝 なつき　捺子 なつこ　捺美 なつみ

●なでる●

撫 ⇩ぶ（227ページ）

人気の字

8画

奈

大部・常

音訓 ナ

名乗 な・なに・なん

意味 ①どうして。どの。「奈辺」「奈何《いかん》」②外国語の音を漢字で書き表すのに使う字。「奈落」

なりたち 会意。神事に用いられる果樹の意味を表す。この字を借りて、疑問の「いかん」の意味を表す。

特別な読み 奈何《いかん》

地名 神奈川《かながわ》県・加奈陀《カナダ》・奈良《なら》県

筆順 一　ナ　大　太　夳　夼　夼　奈

参考 もともとは、木の名で、ベニリンゴ（カラナシ）のこと。

一字の名前

❤一字目

奈江 なえ
奈央 なお
奈音 なおと
奈知 なち
奈都 なつ
奈摘 なつみ
奈々 なな
奈南 ななみ
奈保 なほ
奈海 なみ
奈夕 なゆ
奈世 なよ
奈恵 なえ
奈生 なお
奈子 なこ
奈愛 なちか
奈月 なつき
奈鶴 なつる
奈苗 ななえ
奈乃 なの
奈穂 なほ
奈美 なみ
奈悠 なゆ
奈里 なり
奈咲 なえみ
奈緒 なお
奈沙 なさ
奈津 なつ
奈槻 なつき
奈菜 なな
奈直 ななお
奈歩 なほ
奈実 なみ
奈樹 なみき
奈弓 なゆみ
奈瑠 なる

❤二字目

愛奈 あいな
晶奈 あきな
有奈 ありな
一奈 いちな
咲奈 えみな
佳奈 かな
環奈 かんな
琴奈 ことな
紗奈 さな
純奈 じゅんな
芹奈 せりな
朋奈 ともな
新奈 にいな
葉奈 はな
帆奈 はんな
紘奈 ひろな
真奈 まな
美奈 みな
結奈 ゆいな
雪奈 ゆきな
莉奈 りな
瑠奈 るな
明奈 あきな
彩奈 あやな
安奈 あんな
詩奈 うたな
和奈 かずな
香奈 かな
清奈 きよな
咲奈 さきな
彩奈 さな
淳奈 じゅんな
知奈 ちな
夏奈 なつな
初奈 はつな
春奈 はるな
妃奈 ひな
史奈 ふみな
麻奈 まな
桃奈 ももな
夕奈 ゆうな
柚奈 ゆずな
梨奈 りな
麗奈 れいな
秋奈 あきな
綾奈 あやな
杏奈 あんな
恵奈 えな
花奈 かな
栞奈 かんな
慶奈 けいな
幸奈 さちな
静奈 しずな
瀬奈 せな
輝奈 てるな
菜奈 なな
羽奈 はな
遥奈 はるな
陽奈 ひな
郁奈 ふみな
未奈 みな
唯奈 ゆいな
優奈 ゆうな
里奈 りな
理奈 りな
玲奈 れな

三字の名前

❤一字目

奈絵海 なえみ
奈央太 なおた
奈千佳 なちか
奈都子 なつこ
奈津美 なつみ
奈央樹 なおき
奈緒斗 なおと
奈津生 なつお
奈津人 なつと
奈々恵 ななえ
奈緒子 なおこ
奈生実 なおみ
奈都紀 なつき
奈都乃 なつの
奈々子 ななこ
奈々瀬 ななせ
奈美果 なみか
奈由太 なゆた
奈留人 なるひと
奈帆子 なほこ
奈美夏 なみか
奈侑実 なゆみ
奈留美 なるみ
奈美枝 なみえ
奈優花 なゆか
奈利美 なりみ
奈琉実 なるみ

❤二字目

加奈絵 かなえ
夏奈太 かなた
紗奈江 さなえ
千奈美 ちなみ
葉奈子 はなこ
陽奈乃 ひなの
真奈登 まなと
美奈都 みなと
可奈子 かなこ
嘉奈人 かなと
素奈央 すなお
十奈美 となみ
葉奈代 はなよ
茉奈花 まなか
真奈美 まなみ
三奈美 みなみ
香奈子 かなこ
小奈都 こなつ
茅奈津 ちなつ
那奈美 ななみ
比奈太 ひなた
真奈斗 まなと
未奈都 みなと
梨奈子 りなこ

❤三字目

亜希奈 あきな
伊央奈 いおな
恵梨奈 えりな
紀寿奈 きずな
沙紀奈 さきな
志音奈 しおな
都己奈 つきな
茉希奈 まきな
美緒奈 みおな
里緒奈 りおな
麗美奈 れみな
明日奈 あすな
江美奈 えみな
恵玲奈 えれな
希世奈 きよな
佐千奈 さちな
樹里奈 じゅりな
仁以奈 にいな
麻理奈 まりな
優紀奈 ゆきな
梨々奈 りりな
和佳奈 わかな
有也奈 あやな
絵美奈 えみな
香梨奈 かりな
瑚々奈 ここな
紗理奈 さりな
世莉奈 せりな
麻依奈 まいな
満里奈 まりな
百合奈 ゆりな
玲於奈 れおな
和香奈 わかな

ことば

【奈何】《いかん》 どうしようか。どのようにしたらよいだろうか。また、ものごとのなりゆきや結果がどうであるか、ということ。

【奈辺】《なへん》 どのあたり。どこ。

●なな●

七　⇩しち（128ページ）

●なに●

何　⇩か（51ページ）

●なべ●

鍋　17画　金部・常
音訓　カ・なべ
意味　炊事道具のなべ。「土鍋《どなべ》」

●なら●

楢　13画　木部・人
音訓　ユウ・なら
名乗　しゅ・しゅう・なら・ゆ・ゆう
意味　木の名。ナラ。

●なん●

南　9画　十部・教2
音訓　ナン・ナ・みなみ
名乗　あけ・な・なみ・なん・み・みな・みなみ・よし
意味　方角の一つ。みなみ。「南極」

杏南 あんな　佳南 かな　香南恵 かなえ
果南 かなん　沙南 さな　千南 ちなみ
南緒 なお　南津輝 なつき　奈南 なな
日南太 ひなた　帆南海 ほなみ　実南 みな
南斗 みなと　南 みなみ　南美 みなみ
佑南 ゆうな　理南 りな　和佳南 わかな

軟　11画　車部・常
音訓　ナン・ゼン・やわ-らか・やわ-らかい
意味　①固さの程度が小さい。やわらかい。⇔硬（105ページ）「柔軟」②おだやか。「軟派」

楠　13画　木部・人
音訓　ナン・くす・くすのき
名乗　くす・ぐす・くすのき
意味　木の名。クスノキ。

難　18画　隹部・教6　19画 **難** 人
音訓　ナン・かた-い・むずか-しい
意味　①容易でない。むずかしい。「困難」②わざわい。苦しみ。「災難」③欠点。きず。「七難」④責める。とがめる。「非難」

●なんじ●

汝　6画　氵部・人
音訓　ジョ・なんじ
意味　同等以下の人を呼ぶことば。お前。

●に●

二　2画　二部・教1
音訓　ニ・ジ・ふた・ふた-つ
名乗　かず・さ・し・じ・すすむ・つぎ・つぐ・に・ふ・ぶ・ふた
意味　数の2。ふたつ。「無二《むに》」◆証書類では、文字の改変を防ぐため、「弐」の字で代用することがある。↓弐（同ページ）
類義　亜（33ページ）・乙（49ページ）・次（125ページ）・准（138ページ）・準（139ページ）・弐（同ページ）

英二 えいじ　寛二 かんじ　憲二 けんじ
浩二 こうじ　二葉 ふたば　二美 ふみ

尼　5画　尸部・常
音訓　ニ・ジ・あま
名乗　あま・さだ・ただ・ちか
意味　あま。出家して仏門に入った女性。また、修道女。「尼僧《にそう》」

弐　6画　弋部・常
音訓　ニ・ジ
名乗　すけ
意味　「二」の代わりに証書などで使う字。↓二（同ページ）「金弐万円也」

久弐花 くにか　健弐 けんじ　真弐 しんじ

●におう●

匂　4画　勹部・常
音訓　にお-う
意味　①香る。におう。多く、よい香りについていう。②美しく照りはえる。◆日本で作られたとされる字（国字）。

●にぎわう●

賑　14画　貝部・人
音訓　シン・にぎ-やか・にぎ-わう・にぎ-わす
名乗　とみ・とも
意味　①活気がある。にぎわう。にぎやか。②ほどこし与える。

●にく●

肉　6画　肉部・教2
音訓　ニク・しし
意味　①にく。動物のからだの皮下にあり、骨を包むやわらかな部分。「筋肉」②からだ。「肉体」③肉のつき具合。また、物の厚み。「肉太《にくぶと》」

④印肉《いんにく》。印を押すときに使う、顔料をしみこませたもの。⑤じかであること。「肉眼」

●にじ●

虹 9画 虫部・常
音訓 コウ・にじ
名乗 にじ
意味 にじ。雨上がりなどに、太陽と反対側の空に現れる七色のアーチ形のもの。「虹彩《こうさい》」◆昔、虹は竜の一種と考えられた。
虹希 こうき　虹子 こうこ　虹夏 にじか

●にじゅう●

廿 4画 十部・人
音訓 ジュウ・にじゅう
意味 二十。はたち。「廿日《はつか》」

●にち●

日 4画 日部・教1
音訓 ニチ・ジツ・ひ・か
名乗 あき・か・はる・ひ・ひる
意味 ①太陽。また、日ざし。「日光」「朝日」②昼間。「日中」③一昼夜《いっちゅうや》。二十四時間。「当日」④日曜日のこと。⑤「日本」の略。
類義 光（99ページ）・旦（183ページ）・陽（252ページ）
特別な読み 明日《あす・あした》・今日《きょう》・一日《ついたち》・日向《ひなた・ひゅうが》・向日葵《ひまわり》・日和《ひより》
朝日 あさひ　明日香 あすか　彩日 あやか
今日子 きょうこ　晴日 はるひ　日香留 ひかる
日出雄 ひでお　日向 ひなた　日那太 ひなた
日菜乃 ひなの　日茉莉 ひまり　日和 ひより
実日子 みかこ　優日 ゆうひ　由日子 ゆかこ

●にゅう●

入 2画 入部・教1
音訓 ニュウ・ジュ・い-る・い-れる・はい-る
名乗 いり・いる・しお・なり
意味 ①外から中に移動する。はいる。⇔出（137ページ）「入会」②必要とする。「入《い》り用」

乳 8画 乚部・教6
音訓 ニュウ・ちち・ち
名乗 ち
意味 ①ちち。乳汁《にゅうじゅう》。また、ちちに似たもの。「母乳」②ちぶさ。また、それに似たもの。③ちちを飲んで育つ時期。「乳児」

●にょ●

如 ⇩じょ（141ページ）

●にょう●

尿 7画 尸部・常
音訓 ニョウ
意味 小便。「尿道」

●にん●

✦**人** ⇩じん 人気の字（156ページ）

任 6画 亻部・教5
音訓 ニン・まか-せる・まか-す
名乗 あたる・じん・たえ・たか・たかし・ただ・たね・たもつ・と・とう・のり・ひで・まかし・まこと・よし
意味 ①任せられた仕事。役目。「責任」②役目に当てる。「任命」③ゆだねる。自由にさせる。「放任」④男気。「任侠《にんきょう》」

妊 7画 女部・常
音訓 ニン・はら-む
名乗 さね・もつ
意味 子をやどす。みごもる。「妊娠《にんしん》」

忍 7画 心部・常
音訓 ニン・しの-ぶ・しの-ばせる
名乗 おし・しの・しのぶ・たう
意味 ①たえる。がまんする。「忍耐」②むごい。「残忍」③隠れて行動する。「忍者」
忍枝 しのえ　忍 しのぶ　忍夫 しのぶ

認 14画 言部・教6
音訓 ニン・みと-める・したた-める
名乗 もろ
意味 見きわめる。みとめる。また、ゆるす。「認識・承認」

●ぬれる●

濡 17画 氵部・人
音訓 ジュ・ぬ-れる
意味 水がかかる。また、水がしみ込む。ぬれる。

●ね●

祢 9画 ネ部・人
禰 19画 示部・人
音訓 デイ・ネ
名乗 ない・ね
意味 父の霊廟《れいびょう》。◆「祢」は「禰」の俗字。正字（正統の字体）は「禰」。
注意 「弥」は形が似ているが、別の字。→弥（244ページ）

●ねい●

14画 **寧** 宀部・常
音訓 ネイ・むし-ろ
名乗 さだ・しず・やす・やすし
意味 ①落ち着いている。やすらか。「安寧《あんねい》」②心がこもっている。ねんごろ。「丁寧」
類義 安（36ページ）・晏（36ページ）・康（104ページ）・靖（164ページ）・泰（179ページ）・裕（247ページ）

寧香 しずか　寧希 しずき　寧人 しずと
寧音 しずね　智寧 ともやす　温寧 はるやす
寧明 やすあき　寧 やすし　寧乃 やすの
寧宏 やすひろ　寧穂 やすほ　若寧 わかやす

●ねこ●

猫 ⇩びょう（224ページ）

●ねつ●

15画 **熱** 灬部・教4
音訓 ネツ・ゼツ・あつ-い
名乗 あつ
意味 ①温度が高い。あつい。また、あつくなる。「発熱」②ある物事に打ち込む。夢中になる。「情熱」

●ねん●

6画 **年** 干部・教1
音訓 ネン・とし
名乗 かず・すすむ・ちか・と・とし・とせ・みのる
意味 ①一年。一年間。「年末」②年齢。とし。また、年数や学年などを数えることば。「若年《じゃくねん》・六年」
類義 歳（114ページ）・齢（265ページ）

年 すすむ　千年 ちとせ　年花 としか
年晴 としはる　年宏 としひろ　年美 としみ
年幸 としゆき　豊年 とよとし　徳年 のりとし

8画 **念** 心部・教4
音訓 ネン
名乗 むね
意味 ①心にかける。おもう。おもい。「信念」②よく気をつけること。「入念」③深く考える。「懸念《けねん》」
類義 意（38ページ）・思（124ページ）・想（173ページ）

11画 **捻** 扌部・常
音訓 ネン・ねじ-る・ひね-る
意味 力を加えて回す。ねじる。ひねる。「捻挫《ねんざ》」

11画 **粘** 米部・常
音訓 ネン・ねば-る
意味 ねばりけがある。ねばる。「粘着」

13画 **稔** 禾部・人
音訓 ジン・ネン・みの-る
名乗 とし・なり・なる・ねん・のり・みのる・ゆたか
意味 穀物がみのる。
類義 歳（114ページ）・実（128ページ）・秋（133ページ）・穣（149ページ）

稔明 としあき　稔雄 としお　稔佳 としか
稔一 としかず　稔樹 としき　稔子 としこ
稔紀 としのり　稔彦 としひこ　稔久 としひさ
稔広 としひろ　稔美 としみ　稔之 としゆき
稔人 なるひと　真稔 まさとし　稔 みのる

16画 **燃** 火部・教5
音訓 ネン・も-える・も-やす・も-す
意味 火がついて炎が上がる。もえる。もやす。「燃焼」

●の●

✦乃 ⇩ 人気の字（211ページ）

3画 **之** 丶部・人
音訓 シ・これ・の・ゆ-く
名乗 いたる・くに・これ・し・つな・の・のぶ・ひさ・ひで・やす・ゆき・よし・より
意味 ①これ。この。…の。②ゆく。でる。
類義 往（47ページ）・行（100ページ）・如（141ページ）

之 いたる　瑛之介 えいのすけ　和之 かずゆき
繁之 しげゆき　真之介 しんのすけ　貴之 たかゆき
野之香 ののか　博之進 ひろのしん　浩之 ひろゆき
雅之 まさゆき　麻之香 まのか　泰之 やすゆき
之也 ゆきや　義之 よしゆき　龍之介 りゅうのすけ

野 埜 ⇩や（245ページ）

●のう●

10画 **悩** 忄部・常
音訓 ノウ・なや-む・なや-ます
意味 思いわずらう。なやむ。「苦悩」

10画 **能** 月部・教5
音訓 ノウ・よ-く・あた-う
名乗 きよ・たか・ちから・の・のぶ・のり・ひさ・みち・むね・やす・よき・よし
意味 ①物事をなしとげる力。働き。「能力」②うまく仕事をすること。とりえがあること。「有能」③能楽。

宗能 かずたか　能理子 のりこ　能美 のりみ
能明 よしあき　能活 よしかつ　能乃 よしの

人気の字

2画

乃

ノ部・㊇

音訓 ダイ・ナイ・すなわ-ち・の
名乗 いまし・おさむ・だい・の・のり・ゆき・ゆく

意味 ①なんじ。おまえ。②すなわち。そこで。

なりたち 象形。母の胎内で、身をまるくした胎児の形。この字を借りて、なんじの意味や、すなわちの意味を表す。

特別な読み 木乃伊《ミィラ》

筆順 ノ 乃

参考 ひらがなの「の」の字形は、「乃」の草書体からできたもの。また、カタカナの「ノ」は「乃」の字体を省略したもの。

一字の名前

乃 おさむ

二字の名前

❤一字目
乃輔 だいすけ　乃斗 だいと　乃愛 のあ
乃恵 のえ　乃波 のなみ　乃々 のの
乃梨 のり　乃江 のりえ　乃彦 のりひこ
乃香 ゆきか　乃奈 ゆきな　乃也 ゆきなり

❤二字目
晶乃 あきの　麻乃 あさの　敦乃 あつの
彩乃 あやの　綾乃 あやの　郁乃 いくの
詩乃 うたの　一乃 かずの　克乃 かつの
香乃 かの　菊乃 きくの　希乃 きの
君乃 きみの　清乃 きよの　聖乃 きよの
桐乃 きりの　琴乃 ことの　聡乃 さとの
爽乃 さやの　静乃 しずの　志乃 しの
樹乃 じゅの　涼乃 すずの　芹乃 せりの
孝乃 たかの　愛乃 ちかの　月乃 つきの
朋乃 ともの　夏乃 なつの　蓮乃 はすの
花乃 はなの　温乃 はるの　雛乃 ひなの
姫乃 ひめの　紘乃 ひろの　寛乃 ひろの
文乃 ふみの　冬乃 ふゆの　雅乃 まさの
毬乃 まりの　理乃 みちの　桃乃 ももの
泰乃 やすの　勇乃 ゆうだい　夕乃 ゆうの
雪乃 ゆきの　結乃 ゆの　夢乃 ゆめの
桂乃 よしの　莉乃 りの　梨乃 りの

三字の名前

❤一字目
乃恵佳 のえか　乃絵実 のえみ　乃登香 のどか
乃ノ佳 ののか　乃々華 ののか　乃野子 ののこ
乃夫也 のぶや　乃理恵 のりえ　乃吏央 のりお
乃里香 のりか　乃梨子 のりこ　乃璃子 のりこ
乃理斗 のりと　乃利彦 のりひこ　乃梨代 のりよ

❤二字目
伊乃莉 いのり　瑛乃進 えいのしん　桜乃助 おうのすけ
和乃介 かずのすけ　華乃子 かのこ　菊乃介 きくのすけ
杏乃輔 きょうのすけ　健乃介 けんのすけ　幸乃丞 こうのすけ
湖乃夏 このか　木乃葉 このは　志乃香 しのか
真乃介 しんのすけ　素乃子 そのこ　埜乃子 ののこ
穂乃香 ほのか　帆乃美 ほのみ　美乃里 みのり
末乃琉 みのる　理乃加 りのか　隆乃介 りゅうのすけ

❤三字目
亜矢乃 あやの　依久乃 いくの　宇多乃 うたの
羽美乃 うみの　恵理乃 えりの　緒希乃 おきの
佳寿乃 かずの　佳菜乃 かなの　可弥乃 かやの
香耶乃 かやの　果莉乃 かりの　希久乃 きくの
希美乃 きみの　小都乃 ことの　沙千乃 さちの
沙和乃 さわの　多津乃 たつの　登輝乃 ときの
菜津乃 なつの　羽留乃 はるの　妃奈乃 ひなの
芙美乃 ふみの　芙結乃 ふゆの　まゆ乃 まゆの
美知乃 みちの　美奈乃 みなの　由依乃 ゆいの
由佳乃 ゆかの　由貴乃 ゆきの　優希乃 ゆきの
結芽乃 ゆめの　百合乃 ゆりの　よし乃 よしの
理紗乃 りさの　瑠美乃 るみの　和歌乃 わかの

読みごとの名前

❤だい
乃貴 だいき　乃都 だいと　悠乃 ゆうだい

❤の
絵里乃 えりの　洸乃輔 こうのすけ　紗千乃 さちの
紫乃 しの　淳乃 じゅんの　知佳乃 ちかの
友乃 ともの　仁乃 にの　乃亜 のあ
乃々子 ののこ　乃利代 のりよ　春乃 はるの
尚乃 ひさの　陽菜乃 ひなの　帆乃加 ほのか
真樹乃 まきの　樹乃 みきの　美彩乃 みさの
実乃里 みのり　裕乃介 ゆうのすけ　芳乃 よしの
律乃 りつの　里乃 りの　璃乃子 りのこ
莉乃香 りのか　琉美乃 るみの　わか乃 わかの

ことば

【乃翁】だいおう 我《われ》。
【乃公】だいこう 我《われ》。吾輩《わがはい》。
【乃祖】だいそ 祖先。
【乃至】ないし あるいは。また、数量などの範囲を示してその中間を省略する意を表す語。…から…まで。

納 10画 糸部・教6
音訓 ノウ・ナッ・ナ・ナン・トウ・おさ-める・おさ-まる・い-れる
名乗 いり・おさむ・とも・のり
意味 ①取りこむ。しまいこむ。「収納」②受け入れる。「受納」③おさめ入れる。差し出す。「納税」④物事を終わりにする。「納会」

脳 11画 月部・教6
音訓 ノウ
意味 ①頭蓋骨《ずがいこつ》に包まれた、灰白色の柔らかい組織。脳髄。「大脳」②頭の働き。「頭脳」

農 13画 辰部・教3
音訓 ノウ
名乗 あつ・たか・たみ・とき・とよ・なる
意味 田畑を耕し作物を作る。「農園」

濃 16画 氵部・常
音訓 ノウ・ジョウ・こ-い
名乗 あつ・あつし
意味 色・味などが強くはっきりしている。濃《こ》い。また、密度が大きい。⇔薄（215ページ）「濃厚」

●のぎ●

禾 ⇨か（51ページ）

●のり●

矩 ⇨く（83ページ）

●は●

刃 ⇨じん（155ページ）

巴 4画 巳部・人
音訓 ハ・ともえ
名乗 とも・ともえ
意味 わき出た水が渦をまいているような形。また、その模様。「三つ巴《どもえ》」
特別な読み 巴里《パリ》
一巴 かずは　琴巴 ことは　巴 ともえ
巴恵 ともえ　巴治 ともはる　巴菜 はな

把 7画 扌部・常
音訓 ハ・と-る
意味 ①手にとる。しっかり握る。「把握《はあく》」②握るところ。とって。

波 8画 氵部・教3
音訓 ハ・なみ
名乗 な・なみ・ば
意味 ①水面に起こるなみ。小さななみ、また、なみの総称。「波紋」②なみのように動き伝わるもの。「寒波《かんぱ》」
類義 漣（266ページ）・浪（267ページ）
ことば 【以呂波】いろは　いろは歌。また、かな文字の総称。〔名前読み例〕いろは
千波 ちなみ　千波矢 ちはや　十波 となみ
奈波 ななみ　波佳 なみか　波子 なみこ
波流 はる　帆波 ほなみ　美波 みなみ

杷 8画 木部・人
音訓 ハ
意味 ①「枇杷《びわ》」は、果樹の名。↓枇（220ページ）②穀物をかき集める農具。さらい。③刀剣や物のにぎりの部分。つか。
一杷 かずは　杷月 はつき　由寿杷 ゆずは

派 9画 氵部・教6
音訓 ハ
名乗 また
意味 ①本体やもとのものから分かれ出たもの。また、主義・思想を同じくする人々の集まり。「派閥《はばつ》」②もとから分かれ出る。「派生」③一部を分けて行かせる。「派遣」

破 10画 石部・教5
音訓 ハ・やぶ-る・やぶ-れる
意味 ①物をこわす。やぶる。「破壊」②そこなう。だめにする。「破綻《はたん》」③相手を打ち負かす。「打破」④最後までやり抜く。「読破」⑤一定の枠から外す。「破格」

琶 12画 王部・人
音訓 ハ
意味 「琵琶《びわ》」は、弦楽器の名。木製のしゃもじ形の胴に弦《げん》を張ったもの。↓琵（222ページ）
明琶 あきは　七琶 ななは　琶月 はつき

葉 ⇨よう（251ページ）

頗 14画 頁部・人
音訓 ハ・すこぶ-る
意味 ①かたよって公平でないこと。「偏頗《へんぱ》」②程度がはなはだしい。すこぶる。

播 15画 扌部・人
音訓 ハ・バン・ま-く
名乗 かし・すけ・ひろ
意味 ①種をまく。②広く及ぼす。「伝播《でんぱ》」

覇 19画 覀部・常
音訓 ハ
名乗 はる
意味 ①武力・権力によって天下を統治すること。「覇道」②競技などで優勝すること。「制覇」

●ば●

芭
7画　艹部・㊇

音訓 ハ・バ

意味 ①「芭蕉《ばしょう》」は、バショウ科の多年草。↓蕉（147ページ）②花。

青芭 あおば　和芭 かずは　芭月 はつき
芭奈 はな　芭流 はる　和香芭 わかば

馬
10画　馬部・㊖2

音訓 バ・マ・メ・うま・ま

名乗 うま・たけし・ば・ま・むま

意味 動物の名。ウマ。「駿馬《しゅんめ》・《しゅんば》」

類義 午（97ページ）・駒（108ページ）

特別な読み 海馬《とど》

伊玖馬 いくま　一馬 かずま　柊馬 しゅうま
駿馬 しゅんま　翔馬 しょうま　蒼馬 そうま
颯馬 そうま　拓馬 たくま　冬馬 とうま
徳馬 とくま　春馬 はるま　遥馬 はるま
悠馬 ゆうま　優馬 ゆうま　竜馬 りょうま

婆
11画　女部・㊕

音訓 バ・ばば

名乗 ばば

意味 ①年老いた女性。「老婆《ろうば》」②梵語《ぼんご》の音を表す。「×娑婆《しゃば》」

罵
15画　罒部・㊕

音訓 バ・ののし-る

意味 非難してどなる。ののしる。「罵倒《ばとう》」

●はい●

灰 ⇩かい（57ページ）

拝
8画　扌部・㊖6

拜
9画　手部・㊇

音訓 ハイ・おが-む

意味 ①頭をさげて礼をする。おがむ。「参拝」②あがめる。ありがたがる。「崇拝」③いただく。ありがたく受け取る。「拝命」④謙遜《けんそん》の意を表す。「拝見」

杯
8画　木部・㊕

盃
9画　皿部・㊇

音訓 ハイ・さかずき

意味 さかずき。酒を飲むための小さな器。「乾杯」

肺
9画　月部・㊖6

音訓 ハイ

意味 ①肺臓《はいぞう》。胸の左右にある呼吸器官。「心肺」②心。「肺肝《はいかん》」

背
9画　月部・㊖6

音訓 ハイ・せ・せい・そむ-く・そむ-ける

名乗 しろ・せ・のり

意味 ①せなか。また、物の後ろ側。「背景」②後ろを向く。「背走」③そむく。裏切る。「背信」④［せ・せい］身長。「背丈《せたけ》」

俳
10画　亻部・㊖6

音訓 ハイ

意味 ①芸人。役者。「俳優」②滑稽《こっけい》。たわむれ。③俳諧《はいかい》。俳句。

配
10画　酉部・㊖3

音訓 ハイ・くば-る

名乗 あつ・とも

意味 ①割り当てて渡す。くばる。「配達」②注意を行き届かせる。「配慮」③並べる。取り合わせる。「配列」④連れ合い。夫婦。「配偶者」

排
11画　扌部・㊕

音訓 ハイ

名乗 おし

意味 ①押しのける。「排除」②並べる。「排列《はいれつ》」

敗
11画　攵部・㊖4

音訓 ハイ・やぶ-れる

意味 ①戦いや試合に負ける。やぶれる。「敗戦」②壊れる。だめになる。「腐敗」③しそこなう。しくじる。「失敗」

廃
12画　广部・㊕

音訓 ハイ・すた-れる・すた-る

意味 ①役に立たなくなる。「荒廃」②やめる。また、捨てる。「廃止」③体がだめになる。

輩
15画　車部・㊕

音訓 ハイ・ともがら・やから

名乗 とも

意味 ①仲間。「先輩」②列をなして並ぶ。「輩出」

●ばい●

売
7画　士部・㊖2

賣
15画　貝部・㊇

音訓 バイ・マイ・う-る・う-れる

意味 代金と引き替えに物などを渡す。うる。⇕買（214ページ）「売店」

倍
10画　亻部・㊖3

音訓 バイ

名乗 ます・やす

意味 二倍。また、同じ数を数回加えること。「倍増」

梅
10画　木部・㊖4

梅
11画　㊇

音訓 バイ・うめ

名乗 うめ・め

意味 ①木の名。ウメ。②梅雨《つゆ》・《ばいう》。六月から七月ごろに降る長雨。◆見出しの下の方の字は「毋」の部分が「母」の形。

梅《うめ》　梅花《うめか》　梅香《うめか》
梅子《うめこ》　梅乃《うめの》　小梅《こうめ》

培　11画　土部・常
音訓 バイ・つちか-う
名乗 すけ・ます
意味 植物を養い育てる。つちかう。「栽培」

陪　11画　阝部・常
音訓 バイ
名乗 すけ・ます
意味 ①付き添う。ともにする。「陪席《ばいせき》」②加える。また、補佐する。「陪審《ばいしん》」

媒　12画　女部・常
音訓 バイ
意味 ①仲立ちをする。「媒介《ばいかい》」②結婚をとりもつ。仲人《なこうど》。「媒酌《ばいしゃく》」

買　12画　貝部・教2
音訓 バイ・か-う
意味 金銭を出して自分の所有とする。かう。かい求める。⇔売（213ページ）「購買」

煤　13画　火部・人
音訓 バイ・すす
意味 煙の中に含まれる黒い炭素の粉。すす。「煤煙《ばいえん》」

賠　15画　貝部・常
音訓 バイ
意味 損害を補《おぎな》う。つぐなう。「賠償《ばいしょう》」

●はう●

這　11画　辶部・人
音訓 ゲン・シャ・は-う
名乗 これ・ちか
意味 ①この。これ。「這般《しゃはん》（＝このこと）」②腹ばいになる。はう。

●はかま●

袴　11画　衤部・人
音訓 コ・はかま
名乗 こ
意味 はかま。和服の上につけて腰から下をおおう、ゆったりとした衣服。また、ももひき。

●はかり●

秤　⇩びん（225ページ）

●はぎ●

萩　12画　艹部・人
音訓 シュウ・はぎ
名乗 はぎ
意味 木の名。ハギ。
注意 「荻」は形が似ているが別の字。↓荻（48ページ）

小萩《こはぎ》　萩一郎《しゅういちろう》　萩佳《しゅうか》
萩亮《しゅうすけ》　萩乃《はぎの》　萩穂《はぎほ》

●はく●

白　5画　白部・教1
音訓 ハク・ビャク・しろ・しら・しろ-い
名乗 あき・あきら・きよ・きよし・し・しら・しろ・しろし・つぐも・はく・ぱく
意味 ①しろい。しろ。「純白」②何もついていない。何も書いていない。「空白」③けがれがない。「清廉潔白《せいれんけっぱく》」④明るくてはっきりしている。「明白」⑤ありのまま言う。申し上げる。「告白」
類義 潔（90ページ）・純（138ページ）・浄（148ページ）・清（163ページ）・聖（163ページ）

白《あきら》　白臣《きよおみ》　白《きよし》
白美《きよみ》　白良《きよら》　真白《ましろ》

伯　7画　亻部・常
音訓 ハク・ハ
名乗 お・おさ・く・たか・たけ・とも・のり・はか・はく・ほ・みち
意味 ①爵位の一つ。伯爵。②一番上の兄。長兄。「伯仲《はくちゅう》」③父母の兄・姉。「伯父《おじ》」④一芸に秀でた人。「画伯」

拍　8画　扌部・常
音訓 ハク・ヒョウ
名乗 ひら
意味 ①音楽のリズム。「拍子《ひょうし》」②手のひらを打ち合わせる。「拍手《はくしゅ》」

泊　8画　氵部・常
音訓 ハク・と-まる・と-める
意味 ①自宅以外のところにとまる。「宿泊」②船が港などにとまる。「停泊」③あっさりしている。「淡泊」

迫　8画　辶部・常
音訓 ハク・せま-る
名乗 せり・とお
意味 ①近づく。さしせまる。「迫力」②圧力をかけて苦しめる。「脅迫《きょうはく》」

柏　9画　木部・人
音訓 ハク・かしわ
意味 ①木の名。カシワ。②常緑樹の総称。「松柏《しょうはく》」

珀
9画　王部・人

音訓 ハク

名乗 すい・たま・はく

意味 「琥珀《こはく》」は、地質時代の樹脂が地中で化石になったもの。装身具などに用いる。アンバー。→琥（96ページ）

琥珀 こはく　珀輝 たまき　珀美 たまみ

剝
10画　刂部・常

音訓 ハク・は-がす・は-ぐ・は-がれる・は-げる・む-く

意味 表面をおおっている物や表面に付着している物をむきとる。はがす。はがれる。「剝奪《はくだつ》」

舶
11画　舟部・常

音訓 ハク

意味 海を渡る大きな船。「船舶《せんぱく》」

博
12画　十部・教4

音訓 ハク・バク・ひろ-い

名乗 とおる・はか・ひろ・ひろし・ひろむ

意味 広く行き渡る。広める。「博愛」「博士《はくし・はかせ》」

昭博 あきひろ　千博 ちひろ　博 とおる
俊博 としひろ　智博 ともひろ　直博 なおひろ
博香 ひろか　博樹 ひろき　博子 ひろこ
博 ひろし　博士 ひろし　博人 ひろと
博史 ひろふみ　博雅 ひろまさ　博美 ひろみ
博 ひろむ　博之 ひろゆき　芳博 よしひろ

箔
14画　竹部・人

音訓 ハク

意味 ①金属を薄くたたき延ばしたもの。「金箔《きんぱく》」②値打ち。貫禄《かんろく》。③すだれ。

薄
16画　艹部・常

音訓 ハク・うす-い・うす-める・うす-まる・うす-らぐ・うす-れる・すすき

名乗 いたる・うす

意味 ①厚みが少ない。うすい。「薄氷」②あっさりしている。淡い。⇔濃（212ページ）③少ない。「薄給《はっきゅう》」④心がこもっていない。「薄情」⑤せまる。近づく。「肉薄」⑥植物の名。ススキ。◆①④⇔厚（102ページ）

●ばく●

麦
7画　麦部・教2

音訓 バク・むぎ

名乗 つぎ・むぎ

意味 穀物の名。ムギ。「小麦」

麦香 むぎか　麦彦 むぎひこ　麦穂 むぎほ

莫
10画　艹部・人

音訓 ボ・バク・マク・なか-れ

名乗 きよし・さだ・しずか・つとむ・とお・とし・なか

意味 ①否定の意を表す。…ない。…するな。「莫大《ばくだい》」②むなしい。

漠
13画　氵部・常

音訓 バク

名乗 とお・ひろ

意味 ①水も草もない広大な砂原。砂漠《さばく》。②果てしなく広い。また、つかみどころがない。「漠然《ばくぜん》」③ものさびしい。

縛
16画　糸部・常

音訓 バク・しば-る

意味 たばねる。また、自由を奪う。しばる。「束縛」

爆
19画　火部・常

音訓 バク・ハク・は-ぜる

意味 大きな音を立ててはじける。また、はじけるように激しい。「爆発」

曝
19画　日部・人

音訓 ホク・バク・さら-す

意味 ①日にさらす。②あばく。「曝露《ばくろ》」◆現代表記では「曝露《ばくろ》→暴露」のように、「暴」に書きかえることがある。→暴（236ページ）

●はこ●

箱
15画　竹部・教3

音訓 ショウ・ソウ・はこ

名乗 はこ

意味 物を入れるはこ。「重箱」

●はし●

箸
15画　竹部・常

音訓 チョ・はし

名乗 あき・あきら・つく

意味 はし。食べ物などをはさむ道具。

●はじめる●

肇
14画　聿部・人

音訓 チョウ・はじ-める

名乗 けい・こと・ただ・ただし・とし・なか・はじむ・はじめ・はつ・ひらく・もと

意味 開始する。はじめる。「肇国《ちょうこく》」

類義 一（40ページ）・開（58ページ）・元（94ページ）・始（123ページ）・初（140ページ）・緒（140ページ）・創（172ページ）

肇 ただし　肇 はじめ　肇子 はつこ
肇美 はつみ　真肇 まこと　肇希 もとき

●はず●

筈
12画　竹部・人

音訓 カツ・はず

意味 ①当然そうなる意を表す。はず。

②弓矢の端の、弦をかける部分。

●はせる●

馳 ⇩ち（186ジ）

●はた●

畑 9画 田部・教3
音訓 はた・はたけ
意味 はたけ。水を張らない田畑。「畑作《はたさく》」◆日本で作られたとされる字（国字）。「畠」に通じる。↓畠（次項）

畠 10画 田部・人
音訓 はた・はたけ
名乗 はた・はたけ
意味 はたけ。◆日本で作られたとされる字（国字）。「畑」に通じる。↓畑（前項）

幡 ⇩はん（218ジ）

●はだ●

肌 6画 月部・常
音訓 キ・はだ
意味 ①皮膚《ひふ》。また、物をおおっている表皮。「美肌《びはだ》」②その人の気質。気性《きしょう》。

●はち●

八 2画 八部・教1
音訓 ハチ・や・や-つ・やっ-つ・よう
名乗 かず・はち・や・やつ・わ・わかつ
意味 ①数の8。やっつ。②数が多い意を表す。「八重《やえ》」◆末広がりの形から縁起のよい数とされる。また、きわめて多くの年代。
ことば【八千代】やちよ　八千年。
〔名前読み例〕やちよ
八起 かずき　喜八 きはち　美八子 みやこ
八重 やえ　八雲 やくも　八千帆 やちほ

鉢 13画 金部・常
音訓 ハチ・ハツ
名乗 ほ
意味 ①はち。底のやや深い容器。「植木鉢」②僧侶《そうりょ》の食器。「托鉢《たくはつ》」

蜂 ⇩ほう（234ジ）

●はつ●

発 9画 癶部・教3
音訓 ハツ・ホツ・あば-く・た-つ
名乗 あき・あきら・おき・しげ・ちか・とき・なり・はつ・ひらく
意味 ①出かける。「出発」②弾丸・矢などを放つ。うち出す。「発射」③外に現れる。外に出す。また、新たに始める。「発行」④伸びる。盛んになる。「発展」⑤明らかにする。ひらく。「発見」

髪 14画 髟部・常　**髮** 15画 人
音訓 ハツ・かみ
名乗 かみ
意味 かみの毛。「頭髪」

●ばつ●

伐 6画 イ部・常
音訓 バツ・ハツ・き-る
名乗 のり
意味 ①刃物で木などを切る。「伐採」②敵を切り殺す。うつ。「征伐」

抜 7画 扌部・常　**拔** 8画 人
音訓 バツ・ハツ・ぬ-く・ぬ-ける・ぬ-かす・ぬ-かる
名乗 やはず
意味 ①引っ張って取る。ぬく。②多くの中から選び出す。「抜粋《ばっすい》」③他より優れている。ぬきん出る。「抜群」

罰 14画 罒部・常
音訓 バツ・バチ
意味 ①罪や過《あやま》ちに対するこらしめ。仕置き。「処罰」②〔バチ〕悪事に対する神仏の報い。

閥 14画 門部・常
音訓 バツ・ハツ
意味 ①出身・利害などを同じくする人々の集まり。「派閥《はばつ》」②家がら。「門閥《もんばつ》」

●はと●

鳩 13画 鳥部・人
音訓 キュウ・はと
名乗 はと・やす
意味 ①鳥の名。ハト。「鳩舎《きゅうしゃ》」②一か所に集める。集まる。

●はなわ●

塙 13画 土部・人
音訓 カク・コウ・はなわ
名乗 きょう・こう
意味 ①はなわ。山の突き出た所。また、小高い所。②土がかたい。

●はに●

埴
11画　土部・人

音訓　ショク・はに

意味　粘土《ねんど》。ねばつち。「埴輪《はにわ》」

●はやぶさ●

隼
⇩じゅん（138ページ）

●はん●

反
4画　又部・教3

音訓　ハン・ホン・タン・そる・そらす・かえす・かえる

意味　①元へかえる。かえす。「反射」②繰り返す。「反復」③そむく。「反抗」④［タン］土地の面積を表す単位。また、布類の長さを表す単位。「反物《たんもの》」

半
5画　十部・教2

音訓　ハン・なかば

名乗　なか・なかば・なからい・はん

意味　①二等分した物の一方。半分。「半額」②中途。なかば。「半熟」③三〇分。「三時半」④奇数。「丁半」

氾
5画　氵部・常

音訓　ハン

意味　①水があふれ広がる。「氾濫《はんらん》」②すみずみまで広がる。

犯
5画　犭部・教5

音訓　ハン・ボン・おかす

意味　法やおきてを破る。「犯罪」

帆
6画　巾部・常

音訓　ハン・ほ

名乗　ほ

意味　ほ。風を受けて船を進ませる布。「帆船《はんせん》」「順風満帆《じゅんぷうまんぱん》」

亜輝帆　あきほ　　夏帆　かほ　　希帆　きほ
志帆　しほ　　夏帆　なつほ　　帆奈　はんな
秀帆　ひでほ　　帆高　ほたか　　帆南　ほなみ
帆乃佳　ほのか　　真帆　まほ　　瑞帆　みずほ
美帆　みほ　　優帆　ゆうほ　　莉帆　りほ

汎
6画　氵部・常

音訓　ハン

名乗　ひろ・ひろし・みな

意味　広く行き渡る。「汎愛《はんあい》・汎用《はんよう》」◆現代表記では「広汎→広範」のように、「範」に書きかえることがある。→範（218ページ）

隆汎　たかひろ　　汎人　ひろと　　汎子　みなこ

伴
7画　亻部・常

音訓　ハン・バン・ともなう

名乗　すけ・ちか・とも・はん・より

意味　引き連れる。ともなう。また、連れ。「同伴」

和伴　かずとも　　伴子　ともこ　　伴直　ともなお
伴信　とものぶ　　伴晴　ともはる　　伴理　ばんり

判
7画　刂部・教5

音訓　ハン・バン・わかる

名乗　さだ・ちか・なか・ゆき

意味　①印鑑《いんかん》。はんこ。「印判《いんばん》」②区別する。見分ける。「判断」③はっきりする。明白になる。「判明」④紙、また、衣服などの大きさ。⑤金貨の大きさ。「小判」

坂
7画　土部・教3

音訓　ハン・バン・さか

名乗　さか

意味　傾斜した道。さか。「坂道」◆「阪」に通じる。→阪（次項）

阪
7画　阝部・常

音訓　ハン・さか

意味　傾斜した道。さか。◆「坂」に通じる。→坂（前項）

版
8画　片部・教5

音訓　ハン・バン

意味　①木の札《ふだ》。②印刷をするもとになる板。版木《はんぎ》。また、印刷して本を出すこと。「出版《しゅっぱん》」③あるものに基づいて、別の場所・時代などで作ったもの。バージョン。「全国版《ばん》」

班
10画　王部・教6

音訓　ハン

名乗　つら・なか

意味　①いくつかに分ける。分配する。②グループ。組。「班長」③席次。順序。「首班《しゅはん》」

畔
10画　田部・常

音訓　ハン・あぜ

名乗　くろ・べ

意味　①田と田とを分ける境。あぜ。「畔道《あぜみち》」②ある場所のかたわら。ほとり。「湖畔《こはん》」

般
10画　舟部・常

音訓　ハン

名乗　かず・つら

意味　①同類の物事。種類。「一般」②ある局面。回。「今般《こんぱん》」③めぐる。また、はこぶ。

販
11画　貝部・常

音訓　ハン

名乗　ひさ

意味　物を売る。商売をする。「販売」

絆
11画　糸部・人

音訓　ハン・バン・きずな・ほだし・ほだす

意味　①きずな。断《た》ちがたい人と

人との結びつき。②つなぎとめる。ほだす。◆もともとは「牛馬などをつないでおく綱《つな》」の意味。

絆太 はんた　絆奈 はんな　絆里 ばんり

斑
12画　文部・常
音訓 ハン・ぶち・まだら・むら
名乗 あや
意味 種々の色が所々に混じっていること。まだら。ぶち。「斑点」

飯
12画　食部・教4
音訓 ハン・めし・いい
名乗 いい
意味 米などを炊いたもの。めし。また、食事。「炊飯・夕飯」

搬
13画　扌部・常
音訓 ハン
意味 運ぶ。移す。「運搬《うんぱん》」

煩
13画　火部・常
音訓 ハン・ボン・わずら-う・わずら-わす
意味 ①事が多くてめんどうなさま。「煩雑《はんざつ》」②思い悩む。「煩×悶《はんもん》」

頒
13画　頁部・常
音訓 ハン・わける
意味 ①広くわけ与える。「頒布《はんぷ》」②まだら。

範
15画　竹部・常
音訓 ハン
名乗 すすむ・のり
意味 ①一定の区切り。枠。「範囲」②手本。のり。「規範・師範」◆現代表記では「広汎→広範」のように、「汎」を「範」に書きかえることがある。↓汎（217ページ）

類義 鑑（67ページ）・規（70ページ）・鏡（80ページ）・則（175ページ）・典（196ページ）

和範 かずのり　茂範 しげのり　範 すすむ
智範 とものり　範明 のりあき　範久 のりひさ
範之 のりゆき　美範 みのり　義範 よしのり

幡
15画　巾部・人
音訓 ハン・はた
意味 旗。のぼり。
特別な読み 因幡《いなば》・八幡《はちまん》

繁
16画　糸部・常
繁　17画　人
音訓 ハン・しげる
名乗 えだ・しげ・しげし・しげる・とし・はん
意味 ①草木がしげる。増えて広がる。「繁茂《はんも》」②物事がさかんになる。「繁栄」③事が多くてわずらわしい。「頻繁《ひんぱん》」◆見出しの下の方の字は「毋」の部分が「母」の形。

類義 滋（126ページ）・蒼（173ページ）・茂（242ページ）

克繁 かつしげ　繁明 しげあき　繁樹 しげき
繁杜 しげと　繁春 しげはる　繁美 しげみ
繁保 しげやす　繁行 しげゆき　繁 しげる
孝繁 たかしげ　豊繁 とよしげ　繁奈 はんな

藩
18画　艹部・常
音訓 ハン
意味 ①垣根《かきね》。また、垣根のように王室を守る諸侯。②江戸時代、大名が支配した領地や統治機構。「藩主」

●ばん●

板
8画　木部・教3
音訓 ハン・バン・いた
名乗 いた
意味 ①いた。材木・金属・石などを薄く平らにしたもの。「合板・鉄板《てっぱん》」②印刷のために文字などを彫る木のいた。「板木《はんぎ》」

挽
10画　扌部・人
音訓 バン・ひ-く
意味 ①引く。また、引き戻す。「挽回《ばんかい》」②死者をいたむ。「挽歌《ばんか》」③のこぎりなどを使って材木を切る。また、うすなどを回して物を細かく砕く。「粗挽《あらび》き」

晩
12画　日部・教6
晚　11画　人
音訓 バン・おそ-い
名乗 かげ・くれ・ばん
意味 ①夕暮れ。また、夜。「今晩」②時期がおそい。「晩夏」

番
12画　田部・教2
音訓 バン・ハン・つが-い
名乗 つぎ・つぐ・つら・ふさ
意味 ①順序として割り当てられる位置。「当番」②見張りをすること。「番犬」③日常の。粗末な。「番茶」④勝負や取り組みを数えることば。「五番勝負」⑤二つで一組みになったもの。特に、動物の雌雄《しゆう》の一対。つがい。

蛮
12画　虫部・常
音訓 バン
意味 ①未開の異民族。②下品で荒々しいこと。「野蛮《やばん》」

盤
15画　皿部・常
音訓 バン
名乗 まる・やす
意味 ①大きな平たい器。大きな皿。「水盤」②皿状のもの。「円盤」③大きな平たい岩。「盤石《ばんじゃく》」④物をのせる平らな台。「碁盤《ごばん》」⑤勝負などの局面。

「序盤」⑥とぐろを巻く。わだかまる。⑦曲がりくねる。◆現代表記では「磐石→盤石」のように、「磐」を「盤」に書きかえることがある。→磐（同ページ）

蕃 15画 艹部・人
音訓 ハン・バン
名乗 しく・しげ・しげり・しげる・ふさ・ます・みつ・もり
意味 ①未開の異民族。②外国。③草が茂る。

磐 15画 石部・人
音訓 バン・いわ
名乗 いわ・いわお
意味 大きな石。いわ。「磐石《ばんじゃく》」
◆現代表記では「磐石→盤石」のように、「盤」に書きかえることがある。→盤（218ページ）
ことば【常磐《ときわ》】ときわ　いつまでも変わらないこと。
〔名前読み例〕
磐 いわお　磐雄 いわお　磐里 ばんり

●ひ●

比 4画 比部・教5
音訓 ヒ・くら-べる
名乗 これ・たか・たすく・ちか・つね・とも・なみ・ひ・ひさ
意味 ①同列に並ぶ。また、並べてくらべる。「比較・対比」②二つのものをくらべたときの割合。「比率」③たとえる。「比喩《ひゆ》」④仲間。同類。⑤時分。ころ。⑥親しむ。また、助ける。⑦「比律賓《フィリピン》」の略。
注意「此」は形が似ているが別の字。→此（108ページ）
亜紗比 あさひ　比 たすく　比紀 ともき
晴比 はるひ　春比古 はるひこ　比那太 ひなた
比奈乃 ひなの　比呂斗 ひろと　悠比 ゆうひ

日 ⇩にち（209ページ）

皮 5画 皮部・教3
音訓 ヒ・かわ
意味 ①かわ。動物・植物の外側をおおう薄い膜。「皮膚《ひふ》」②物事の表面。うわべ。「皮相」

妃 6画 女部・常
音訓 ヒ・きさき
名乗 え・き・ひめ
意味 きさき。皇族・王族の妻。また、天皇の妻で皇后《こうごう》に次ぐもの。「王妃」
類義 后（100ページ）
妃 きさき　沙妃 さき　妃那 ひな
妃奈乃 ひなの　妃麻里 ひまり　妃花 ひめか
美紗妃 みさき　瑞妃 みずき　優妃 ゆうき

否 7画 口部・教6
音訓 ヒ・いな
意味 ①同意しない。「拒否」②打ち消して反対の意味を表す。…ではない。「否定」③…か、そうでないか。「合否」④ふさがって通じない。

批 7画 扌部・教6
音訓 ヒ
意味 ①良否・是非《ぜひ》などを決める。「批判」②主権者が承認する。「批准《ひじゅん》」

庇 7画 广部・人
音訓 ヒ・かば-う・ひさし
意味 ①おおうように守る。かばう。「庇護《ひご》」②ひさし。日光・雨などを防ぐために家ののきに張り出した小さな屋根。

彼 8画 彳部・常
音訓 ヒ・かれ・かの
名乗 のぶ
意味 ①かれ。話し手・聞き手以外の男性を指し示す。②あれ。向こう。⇕此（108ページ）「彼方《かなた》」

披 8画 扌部・常
音訓 ヒ・ひら-く
名乗 ひら・ひろ
意味 開く。また、すっかり開いて見せる。「披露《ひろう》」

肥 8画 月部・教5
音訓 ヒ・こ-える・こえ・こ-やす・こ-やし
名乗 うま・くま・こえ・とみ・とも・みつ・ゆたか
意味 ①太る。「肥満」②土地が豊かになる。「肥沃《ひよく》」③農作物にほどこす栄養分。こやし。「肥料《ひりょう》」

非 8画 非部・教5
音訓 ヒ・あらず
意味 ①…ではない。「非凡」②悪い。正しくない。「非行」③悪くいう。そしる。「非難」④あやまち。欠点。⑤うまくいかない。「非業《ひごう》」

卑 9画 十部・常　**卑** 8画 人
音訓 ヒ・いや-しい・いや-しむ・いや-しめる
意味 ①身分・地位などが低い。価値が劣る。②品性が劣る。いやしい。「卑劣」③いやしめる。また、へりくだる。「卑屈・卑下《ひげ》」

飛 9画 飛部・教4
音訓 ヒ・と-ぶ・と-ばす
名乗 たか・ひ
意味 ①空をとぶ。「飛翔《ひしょう》」②とびはねる。また、とび散る。「飛躍」③空中に上がるように高い。④とぶように速い。「飛脚」
類義 翔（146ページ）
特別な読み 飛鳥《あすか》
安沙飛 あさひ　飛鳥 あすか　飛史 たかし

飛万里 ひまり　飛呂 ひろ　雄飛 ゆうひ

疲
10画 疒部・常
音訓 ヒ・つか-れる
意味 体力や気力を消耗して元気を失う。つかれる。また、衰《おとろ》える。「疲労」

秘
10画 禾部・教6

祕
10画 示部・人
音訓 ヒ・ひ-める
意味 ①隠す。「秘密」②奥深くてはかりしれない。「神秘」③通じが悪い。「便秘」

被
10画 ネ部・常
音訓 ヒ・こうむ-る・おお-う・かぶ-る
意味 ①おおう。おおいかぶさる。「被膜《ひまく》」②着る。「被服」③迷惑や恩恵などの作用を受ける。こうむる。「被害」

桧　檜　⇩ひのき（223ページ）

悲
12画 心部・教3
音訓 ヒ・かな-しい・かな-しむ
意味 ①心がひどく痛む。かなしむ。かなしい。「悲哀」②仏教で、あわれみ。「慈悲」

扉
12画 戸部・常
音訓 ヒ・とびら
意味 ドア。とびら。「門扉《もんぴ》」

費
12画 貝部・教4
音訓 ヒ・つい-やす・つい-える
名乗 もち
意味 ①金品・労力などを使って減らす。ついやす。「消費」②ある目的のために使う金銭。「学費」

斐
12画 文部・人
音訓 ヒ
名乗 あきら・あや・あやる・い・なが・よし
意味 ①模様があって美しいさま。②明らかなさま。
類義 綾（35ページ）・郁（39ページ）・絢（93ページ）・采（111ページ）・彩（112ページ）・章（144ページ）・彪（223ページ）・文（229ページ）・紋（244ページ）
特別な読み 甲斐《かい》

斐 あきら　朝斐 あさひ　斐 あや
斐華 あやか　斐子 あやこ　斐太 あやた
斐音 あやね　斐乃 あやの　斐彦 あやひこ
甲斐人 かいと　紗斐 さあや　斐奈 ひな

碑
14画 石部・常

碑
13画 人
音訓 ヒ・いしぶみ
意味 後世に伝えるために事跡などを石に彫って建てたもの。いしぶみ。「石《せき》碑《ひ》」

緋
14画 糸部・人
音訓 ヒ・あか
名乗 あけ
意味 明るい朱色。目が開かれるような、鮮やかな赤。「緋鯉《ひごい》」

緋音 あかね　緋莉 あかり　緋彦 あけひこ
緋美 あけみ　亜沙緋 あさひ　千緋路 ちひろ
晴緋 はるひ　緋沙子 ひさこ　緋菜 ひな
緋奈多 ひなた　緋呂 ひろ　悠緋 ゆうひ

罷
15画 罒部・常
音訓 ヒ・まか-る・や-める
意味 ①中止する。やめる。②やめさせる。免ずる。「罷免《ひめん》」③疲れる。④退出する。まかる。⑤他の動詞の上に付けて、意味を強める。また、謙譲《けんじょう》の意味を表す。

樋
15画 木部・人
音訓 トウ・とい・ひ
意味 水を引くために掛け渡した、竹製・木製などの管。とい。また、物の表面につけた細長いみぞ。「雨樋《あまどい》」

避
16画 辶部・常
音訓 ヒ・さ-ける・よ-ける
意味 遠ざかったり身をかわしたりして難をよける。さける。「回避」

●び●

尾
7画 尸部・常
音訓 ビ・お
名乗 お・すえ・つぐ
意味 ①動物のしっぽ。②物の末端。うしろ。「尾行」③動物の雌雄《しゆう》が交わる。「交尾」

枇
8画 木部・人
音訓 ビ
名乗 ひ
意味 「枇杷《びわ》」は、果樹の名。また、弦楽器の名。琵琶《びわ》。→杷（212ページ）

枇南 ひな　枇真里 ひまり　枇侶斗 ひろと

眉
9画 目部・常
音訓 ビ・ミ・まゆ
名乗 まゆ
意味 まゆ。目の上部に弓形にはえている毛。「眉毛《まゆげ》」

✦美　⇩人気の字（221ページ）

毘
9画 田部・人
音訓 ヒ・ビ
名乗 すけ・たる・てる・とも・のぶ・ひで・まさ・やす・よし
意味 ①たすける。力をそえる。②梵語《ぼんご》の音を表す。「毘沙門天《びしゃもんてん》」

人気の字

9画

美

羊部・教3

音訓 ビ・ミ・うつく-しい

名乗 あい・うま・うまし・きよし・し・とみ・はし・はる・び・ふみ・み・みつ・よ・よし・よしみ

意味 ①うつくしい。「美貌《びぼう》・優美」 ②立派である。すぐれている。「美点・賛美」

類義 娃（33ページ）・花（52ページ）・佳（51ページ）・綺（71ページ）・昌（143ページ）・那（206ページ）・麗（265ページ）

なりたち 会意。大きくて立派な羊の意味から、うまい、うつくしいの意味を表す。

四字熟語・ことわざ

【優美高妙】《ゆうびこうみょう》 雅《みやび》やかで美しく、高く優れていること。

地名 奄美《あまみ》市・香美《かみ》市・美濃《みの》・美作《みまさか》

筆順

一字の名前

美 きよし・よしみ

二字の名前

❤一字目

美花 はるか
美暢 はるのぶ
美羽 みう
美絵 みえ
美緒 みお
美桜 みおう
美織 みおり
美花 みか
美希 みき
美来 みく
美咲 みさき
美園 みその
美空 みそら
美月 みつき
美音 みと
美紀 みのり
美春 みはる
美結 みゆ
美優 みゆう
美怜 みれい
美秋 よしあき
美樹 よしき
美洋 よしひろ
美海 よしみ

❤二字目

歩美 あゆみ
功美 いさみ
景美 かげよし
和美 かずみ
邦美 くによし
琴美 ことみ
拓美 たくみ
珠美 たまみ
亜美 つぐみ
朋美 ともみ
智美 ともよし
直美 なおよし
夏美 なつみ
七美 ななみ
成美 なるみ
希美 のぞみ
秀美 ひでみ
史美 ふみよし
真美 まさみ
愛美 まなみ
茉美 まみ
麻美 まみ
都美 みやび
恵美 めぐみ
友美 ゆみ
良美 よしみ
瑠美 るみ

三字の名前

❤一字目

美衣奈 みいな
美佳子 みかこ
美貴弘 みきひろ
美久登 みくと
美沙希 みさき
美千花 みちか
美津弥 みつや
美奈子 みなこ
美音歌 みねか
美乃里 みのり
美羽矢 みはや
美帆奈 みほな

❤二字目

亜美夏 あみか
愛美莉 あみり
笑美花 えみか
久美子 くみこ
寿美麗 すみれ
奈美恵 なみえ
比美香 ひみか
富美也 ふみや
悠美歩 ゆみほ

❤三字目

亜由美 あゆみ
伊久美 いくみ
加寿美 かすみ
季世美 きよみ
湖乃美 このみ
志歩美 しほみ
多津美 たつみ
多真美 たまみ
菜緒美 なおみ
菜々美 ななみ
風久美 ふくみ
穂奈美 ほなみ
麻紗美 まさみ
麻由美 まゆみ
みな美 みなみ

読みごとの名前

❤はる

美子 はるこ
美乃 はるの
美陽 はるひ

❤み

卓美 たくみ
那美 なみ
美宇 みう
美央 みお
美津希 みづき
美音子 みねこ

❤よし

孝美 たかよし
修美 のぶよし
秀美 ひでよし
道美 みちよし
元美 もとよし
美宏 よしひろ

ことば

【華美】《かび》 はなやかで美しいこと。また、派手でぜいたくなこと。

【賞美・称美】《しょうび》 ほめたたえること。また、ほめながら味わい楽しむこと。

【善美】《ぜんび》 善と美。また、立派で美しいこと。〔名前読み例〕よしみ

【壮美】《そうび》 壮大で美しいこと。〔名前読み例〕あきみ・たけよし・まさみ・まさよし

【美音】《びおん》 美しい音や声。〔名前読み例〕みおん・みと・みね

【美果】《びか》 おいしい果実。また、よい結果。

【美姫】《びき》 美しい女性。〔名前読み例〕みき

【美珠】《びしゅ》 美しい珠《たま》。〔名前読み例〕よしみ

【美徳】《びとく》 道徳にかなった立派な行い。〔名前読み例〕みのり・よしのり

【美風】《びふう》 よい気風・ならわし。

【美妙】《びみょう》 何とも言えず美しいこと。〔名前読み例〕みさ

【美名】《びめい》 よい評判。名声。

【美麗】《びれい》 あでやかで美しいこと。〔名前読み例〕みら・みれ・みれい

【優美】《ゆうび》 上品で美しいこと。〔名前読み例〕まさみ・ゆうみ・ゆみ

備 12画 亻部・教5

音訓 ビ・そなえる・そなわる・つぶさに

名乗 そなう・そなわる・そのう・たる・とも・なが・なり・のぶ・び・まさ・みつ・みな・よ・よし・より

意味 ①前もって用意する。「準備」②必要なものがそろう。そなわる。「完備」③詳細に。つぶさに。

琵 12画 王部・人

音訓 ヒ・ビ

意味 「琵琶《びわ》」は、弦楽器の名。木製のしゃもじ形の胴に弦《げん》を張ったもの。↓琶（212ページ）

春琵 はるひ　琵沙子 ひさこ　美也琵 みやび

微 13画 彳部・常

音訓 ビ・ミ・かすか

名乗 いや・なし・まれ・よし

意味 ①ごくわずか。かすか。「微笑」②非常に小さい。きわめて細かい。「微生物」③おとろえる。「衰微」④身分が低い。⑤謙遜《けんそん》の意を表す。「微力」

注意 「徽」「微」は形が似ているが別の字。↓徽（72ページ）・徴（190ページ）

鼻 14画 鼻部・教3

音訓 ビ・はな

名乗 はな

意味 体の器官のはな。

●ひいらぎ●

柊 ⇩しゅう（134ページ）

●ひき●

匹 ⇩ひつ（同ページ）

疋 ⇩ひつ（同ページ）

●ひく●

挽 ⇩ばん（218ページ）

牽 ⇩けん（92ページ）

惹 ⇩じゃく（130ページ）

●ひこ●

彦 9画 彡部・人

音訓 ゲン・ひこ

名乗 お・げん・さと・のり・ひこ・ひろ・やす・よし

意味 ①才徳の優れた男子。「彦士《げんし》」②［ひこ］男子の美称。「日子《ひこ》」の意。「海幸彦《うみさちひこ》」

類義 士（120ページ）・男（184ページ）・夫（225ページ）・郎（268ページ）

惇彦 あつひこ　和彦 かずひこ　夏彦 なつひこ　雅彦 まさひこ　樹彦 みきひこ　義彦 よしひこ

●ひざ●

膝 15画 月部・常

音訓 シツ・ひざ

意味 ひざ。腿《もも》とすねをつなぐ関節部の前面。

●ひし●

菱 11画 艹部・人

音訓 リョウ・ひし

名乗 ひし

意味 水草の名。ヒシ。「菱形《ひしがた》」

菱子 りょうこ　菱太朗 りょうたろう　菱哉 りょうや

●ひじ●

肘 7画 月部・常

音訓 チュウ・ひじ

名乗 すけ・たすく

意味 ひじ。腕の関節。

●ひつ●

匹 4画 匸部・常

音訓 ヒツ・ヒキ・ひき

名乗 あつ・とも

意味 ①獣・虫・魚などを数えることば。②対《つい》になる相手。対等のもの。「匹敵《ひってき》」③身分が低い。「匹夫《ひっぷ》」④布地の単位。また、昔の金銭の単位。

必 5画 心部・教4

音訓 ヒツ・かならず

名乗 さだ

意味 ①かならず。きっと。「必勝」②そうしなくてはならない。「必見」

疋 5画 疋部・人

音訓 ショ・ヒツ・ヒキ・ひき

名乗 ただ・とも

意味 ①獣・虫・魚などを数えることば。②布地、また、昔の金銭の単位。◆「匹」に通じる。

泌 8画 氵部・常

音訓 ヒツ・ヒ・しみる

意味 液体がにじみ出る。「分泌《ぶんぴつ》」

畢 11画 田部・人

音訓 ヒツ

名乗 みな

意味 終わる。また、終える。「畢×竟《ひっきょう》」

筆
12画　竹部・教3

音訓 ヒツ・ふで
名乗 ふで
意味 ①ふで。文字や絵をかく道具。「絵筆《えふで》」②文字や絵をかく。また、かいたもの。「筆記」
特別な読み 土筆《つくし》

●ひとみ●

眸 ⇩ぼう（235ページ）

瞳 ⇩どう（203ページ）

●ひな●

雛
18画　隹部・人

音訓 スウ・ひな
名乗 ひな
意味 ①ひよこ。ひな。「雛鳥《ひなどり》」②［ひな］ひな人形。ひいな。③［ひな］小さい。かわいらしい。「雛菊《ひなぎく》」④幼少で、まだ一人前にならない者。
類義 乙（49ページ）・小（141ページ）・姫（同ページ）

雛佳 ひなか　雛姫 ひなき　雛子 ひなこ
雛太 ひなた　雛乃 ひなの　雛美 ひなみ

●ひのき●

桧
10画　木部・人

檜
17画　人

音訓 カイ・ひのき
意味 木の名。ヒノキ。
◆正字（正統の字体）は「檜」。「桧」は「檜」の俗字。

桧希 かいき　桧斗 かいと　桧 ひのき

●ひめ●

姫
10画　女部・常

音訓 キ・ひめ
名乗 ひめ
意味 ①貴人の娘。姫君。②女子の美称。「歌姫」③小さい。かわいらしい。「姫百合《ひめゆり》」
類義 媛（46ページ）・乙（49ページ）・小（141ページ）・雛（同ページ）

沙姫 さき　姫花 ひめか　姫子 ひめこ
姫菜 ひめな　茉姫 まき　美姫 みき
瑞姫 みずき　優姫 ゆうき　由姫乃 ゆきの

●ひも●

紐
10画　糸部・人

音訓 ジュウ・ニュウ・チュウ・ひも
名乗 くみ
意味 ひも。ものをしばったりする細長いもの。

●ひゃく●

百
6画　白部・教1

音訓 ヒャク・もも
名乗 お・と・はげむ・ひゃく・も・もも
意味 数の100。また、数の多い意を表す。「百科」
特別な読み 百合《ゆり》

小百合 さゆり　百絵 もえ　百恵 ももえ
百華 ももか　百希 ももき　百々子 ももこ
百太 ももた　百奈 ももな　百合 ゆり

●ひょう●

氷
5画　水部・教3

音訓 ヒョウ・こおり・ひ・こお-る
名乗 きよ・ひ
意味 こおり。水が固体になったもの。「氷河」

表
8画　衣部・教3

音訓 ヒョウ・おもて・あらわ-す・あらわ-れる
名乗 あき・あきら・うわ・お・おも・きぬ・こずえ・すず・と・よし
意味 ①おもて。外面。⇕裡（256ページ）・裏（256ページ）「表面」②明らかにする。あらわす。「発表」③表《ひょう》。複雑な事柄を整理して一目でわかるように示したもの。「一覧表」④役所・職場などに提出する文書。「辞表」⑤模範。手本。「師表」

俵
10画　亻部・教5

音訓 ヒョウ・たわら
意味 ①たわら。穀物などを入れるつつみ。「米俵《こめだわら》」②分け与える。

豹
10画　豸部・人

音訓 ヒョウ
意味 動物の名。ヒョウ。

票
11画　示部・教4

音訓 ヒョウ
意味 ①記録・証明用のふだ。また、紙片。「伝票《でんぴょう》」②選挙・採決に用いるふだ。「投票」

彪
11画　彡部・人

音訓 ヒュウ・ヒョウ
名乗 あき・あきら・あや・たけ・たけし・つよし・とら・ひで・よし
意味 ①虎の皮のあざやかな模様。②模様。あや。③あざやか。あきらか。
類義 綾（35ページ）・郁（39ページ）・絢（93ページ）・采（111ページ）・彩（112ページ）・章（144ページ）・斐（220ページ）・文（229ページ）・紋（244ページ）

彪 あきら　彪斗 あやと　彪彦 とらひこ
彪真 ひゅうま　彪太郎 ひょうたろう　彪也 ひょうや

評 12画 言部·教5
音訓 ヒョウ・ヘイ
名乗 さだ・ただ
意味 品定めする。批評する。「評価」

漂 14画 氵部·常
音訓 ヒョウ・ただよ-う
意味 ①浮かんでゆれる。また、さすらう。「漂流」②水・薬品などでさらす。「漂白」

標 15画 木部·教4
音訓 ヒョウ・しめ・しるし
名乗 あき・えだ・かた・こずえ・しな・しめき・すえ・たか・ひで
意味 ①目じるし。「標識」②まと。めあて。「目標」③手本。見本。「標本」④書き表す。また、目立つようにかかげる。「標示」⑤「しめ」しめなわ。

瓢 17画 瓜部·人
音訓 ヒョウ・ひさご・ふくべ
名乗 ひさ
意味 植物の名。ヒョウタン。また、その果実で作った容器。

●びょう●

苗 8画 艹部·常
音訓 ビョウ・ミョウ・なえ・なわ
名乗 え・たね・なえ・なり・みつ
意味 ①なえ。芽が出たばかりの草木。「苗木《なえぎ》」②植えつけて育てるもの。③子孫。
特別な読み 早苗《さなえ》
早苗 さなえ　奈苗 ななえ
花苗 かなえ

秒 9画 禾部·教3
音訓 ビョウ
意味 ①時間・角度・経緯度を表す単位。「秒速」②かすか。わずか。

病 10画 疒部·教3
音訓 ビョウ・ヘイ・や-む・やまい
意味 ①病気。やまい。②欠点。短所。

描 11画 扌部·常
音訓 ビョウ・えが-く・か-く
意味 物の形や状態を絵やことばで表す。えがく。かく。「描写」

猫 11画 犭部·常
音訓 ビョウ・ミョウ・ねこ
意味 動物の名。ネコ。「愛猫《あいびょう》」

廟 15画 广部·人
音訓 ビョウ
意味 ①祖先などの霊を祭る建物。「霊廟《れいびょう》」②王宮の正殿。政治を行う所。「廟議《びょうぎ》」

●ひん●

品 9画 口部·教3
音訓 ヒン・ホン・しな
名乗 かず・かつ・しな・ただ・のり・ひで
意味 ①しなもの。何かの用途に当てる物。「商品」②価値や等級。また、人柄。「品格」

浜 10画 氵部·常
音訓 ヒン・はま
名乗 はま
意味 はま。海や湖の水際に沿った陸地。「砂浜」

貧 11画 貝部·教5
音訓 ヒン・ビン・まず-しい
意味 ①財産が少ない。まずしい。「清貧」②少ない。とぼしい。「貧弱」

彬 11画 彡部·人
音訓 ヒン
名乗 あき・あきら・あや・しげし・ひで・もり・よし
意味 ①外形と内容が並びそなわる。②模様があざやかなこと。
注意 「淋」は形が似ているが、別の字。→淋（262ページ）
彬子 あきこ　彬史 あきふみ　彬 あきら
彬斗 あやと　千彬 ちあき　知彬 ともあき

稟 ⇩りん（262ページ）

賓 15画 貝部·常 ／ **賓** 14画 人
音訓 ヒン・まろうど
名乗 うら・つぐ・つら・まれ・みち
意味 ①大切にもてなすべき客。「来賓《らいひん》」②主に対して従になるもの。

頻 17画 頁部·常
音訓 ヒン・しき-り
名乗 かず・しげ・つら・はや
意味 たびたび。しきりに。「頻繁《ひんぱん》」

瀕 19画 氵部·人
音訓 ヒン
名乗 ちか・はま
意味 ①さし迫る。近づく。「瀕死」②水辺。岸。

●びん●

便 ⇩べん（231ページ）

敏 10画 攵部·常 ／ **敏** 11画 人
音訓 ビン・さと-い
名乗 さと・さとし・すすむ・つとむ・と・とし・はや・はやし・はる・びん・みぬ・ゆき・よし
意味 動きや頭の働きがすばやいこと。「敏腕・俊敏」
◆見出しの下の方の字は「毋」の部分が「母」の形。

類義 快(57ページ)・恵(87ページ)・慧(88ページ)・憲(93ページ)・賢(93ページ)・捷(144ページ)・迅(155ページ)・聡(173ページ)・速(175ページ)・智(186ページ)・哲(196ページ)・明(242ページ)・利(255ページ)・俐(256ページ)・伶(264ページ)・怜(264ページ)

克敏 かつとし　敏志 さとし　敏明 としあき
敏彦 としひこ　敏也 としや　敏 びん

秤
10画　禾部・人
音訓 ショウ・ビン・はかり
意味 はかり。重さをはかる道具。「天秤」

瓶
11画　瓦部・常
音訓 ビン・ヘイ・かめ
意味 びん。甕《かめ》。液体などを入れるガラス製などの容器。「花瓶《かびん》」

●ふ●

不
4画　一部・教4
音訓 フ・ブ・フツ
名乗 ず・ふ
意味 打ち消しを表す。…でない。…しない。「不可」
ことば【不二《ふじ》】①二つとないこと。②二つに見えるが、実際は一つであること。③富士山のこと。
【不世出《ふせいしゅつ》】めったに世に現れないほどすぐれていること。

不二雄 ふじお　不二子 ふじこ　不由美 ふゆみ

夫
4画　大部・教4
音訓 フ・フウ・おっと
名乗 あき・お・すけ・ぶ・ゆう・よし
意味 ①おっと。妻のある男性。「夫妻」②成人した男性。「丈夫《じょうふ》」③労働にたずさわる男性。「農夫」
類義 士(120ページ)・男(184ページ)・彦(222ページ)・郎(268ページ)

一夫 かずお　信夫 しのぶ　孝夫 たかお
斗紀夫 ときお　晴夫 はるお　雅夫 まさお

父
4画　父部・教2
音訓 フ・ホ・ちち
名乗 ちち・のり
意味 ①ちち。男親。⇔母(232ページ)「父母」②年老いた男性。「漁父」

付
5画　亻部・教4
音訓 フ・つ-ける・つ-く
名乗 とも
意味 ①くっつく。つき従う。「付属・付着」②渡す。与える。「交付」③よせる。届ける。「送付」④頼む。任せる。「付託」◆「附」に通じる。↓附(同ページ)

布
5画　巾部・教5
音訓 フ・ホ・ぬの
名乗 しき・しく・たえ・ぬの・のぶ・よし
意味 ①織物。ぬの。「布地《ぬのじ》」②一面に敷き広げる。「散布《さんぷ》」③広く行き渡らせる。「流布《るふ》」

布紗子 ふさこ　布美 ふみ　幸布 ゆきのぶ

扶
7画　扌部・常
音訓 フ・ホ・たすける
名乗 すけ・たもつ・ふ・もと
意味 力を貸す。たすける。「扶養」
ことば【扶桑《ふそう》】日本の別名。昔、中国で、東の海の日の出る島にあるとされた神木の意から。

巫
7画　工部・人
音訓 ブ・ム・フ・かんなぎ・みこ
意味 神に仕える女性。また、神がかりの状態で神託などを告げる女性。シャーマン。かんなぎ。「巫術《ふじゅつ》」◆「巫女《みこ》」は全体で「みこ」と読む熟字訓。「巫」には「み」の読みはないが、名前では今後そう読まれる可能性もある。
特別な読み 巫女《みこ》

巫 みこ　巫女 みこ

芙
7画　艹部・人
音訓 フ
名乗 はす・ふ
意味 植物の名。ハス。
ことば【芙蓉《ふよう》】①ハスの花。②モクフヨウ。夏から秋に白色などの花を開くアオイ科の落葉低木。

芙紗子 ふさこ　芙月 ふづき　芙美 ふみ
芙実也 ふみや　芙由樹 ふゆき　美芙由 みふゆ

府
8画　广部・教4
音訓 フ
名乗 あつ・くら・もと
意味 ①都・道・県と並ぶ地方公共団体。「府立」②役所。「政府」③物事の中心になる所。また、都。「学府」④財宝・文書などをしまっておく倉庫。「御府《ぎょふ》」

怖
8画　忄部・常
音訓 フ・こわ-い・お-じる・おそ-れる
意味 びくびくする。こわがる。「恐怖」

附
8画　阝部・常
音訓 フ・つ-ける・つ-く
名乗 ちか・つく・ます・より・よる
意味 ①くっつく。つき従う。「附属《ふぞく》・附着《ふちゃく》」②渡す。与える。③よせる。届ける。「送附《そうふ》」④頼む。任せる。「附託《ふたく》」◆「付」に通じる。↓付(同ページ)

阜
8画　阜部・常
音訓 フ
名乗 あつ・お・おか・たか・とおる・な
意味 ①大きな丘。②さかん。また、豊か。「阜財」

斧
8画　斤部・人
音訓 フ・おの
名乗 おの・はじめ
意味 おの。刃のついたくさび形の鉄片に柄《え》をつけたもの。木を切る道具・武器として使う。「石斧《せきふ》」

訃 9画 言部・常
音訓 フ
意味 人が死んだという知らせ。「訃報《ふほう》」

負 9画 貝部・教3
音訓 フ・ま-ける・ま-かす・お-う
名乗 え・おい・ひ・ます
意味 ①敗北する。また、劣《おと》る。まける。「勝負」②物を背中にのせる。せおう。「負荷」③面倒な物事を身に受ける。こうむる。「負担」④頼りにする。「抱負」⑤数学で、マイナスの数。⇔正（160ページ）「負数」

赴 9画 走部・常
音訓 フ・おもむ-く
名乗 はや・ゆき・ゆく
意味 向かって行く。おもむく。「赴任《ふにん》」

浮 10画 氵部・常
音訓 フ・う-く・う-かれる・う-かぶ・う-かべる
名乗 ちか
意味 ①水面や空中にただよう。うく。「浮遊」②よりどころがない。また、うわついている。「浮薄《ふはく》」

釜 ⇩かま（63ページ）

婦 11画 女部・教5
音訓 フ
名乗 ふ・め
意味 ①成人した女性。「婦女」②妻。夫のある女性。「新婦《しんぷ》」

符 11画 竹部・常
音訓 フ
意味 ①割り符。二分して一片ずつ持ち、後日合わせて証拠とするふだ。また、しるしのあるふだ。「切符」②ぴったり合う。「符合」③神仏の守りふだ。「護符《ごふ》」④しるし。記号。「音符」

富 12画 宀部・教5　**冨** 11画 冖部・人
音訓 フ・フウ・と-む・とみ
名乗 あつ・あつし・さかえ・と・とます・とみ・とめり・とめる・とよ・ひさ・ふく・みつる・ゆたか・よし
意味 ①財産や物が豊かにある。また、財産。「豊富《ほうふ》」「富貴《ふうき》」②富士山。「富岳《ふがく》」◆見出しの下の方の字は一番上の縦棒がない。

ことば【富貴花】ふうきか　ボタンの花の別名。〔名前読み例〕ふきか

富 あつし　紗富 さとみ　富恵 とみえ
富生 とみお　富之 とみゆき　富香 ふうか
富士雄 ふじお　富士子 ふじこ　富士斗 ふじと
富美花 ふみか　富由樹 ふゆき　富 ゆたか

普 12画 日部・常
音訓 フ
名乗 かた・ひろ・ひろし・ゆき
意味 ①広く行き渡る。「普及・普遍」②並でありふれている。「普段・普通」
注意 「普」は形が似ているが別の字。⇨晋（152ページ）

普子 ひろこ　普 ひろし　普隆 ひろたか
普美佳 ふみか　普実哉 ふみや　雅普 まさひろ

腐 14画 肉部・常
音訓 フ・くさ-る・くさ-れる・くさ-らす
意味 ①食品などがいたむ。朽《く》ちてただれる。くさる。「腐敗」②古くて役に立たない。「陳腐《ちんぷ》」③心をいためる。「腐心」

敷 15画 攵部・常
音訓 フ・し-く
名乗 しき・つら・のぶ・ひら
意味 押し広げる。しく。「敷設《ふせつ》」

膚 15画 月部・常
音訓 フ・はだ
意味 ①はだ。体の表皮。「皮膚」②うわべ。表面。「浅膚《せんぷ》」

賦 15画 貝部・常
音訓 フ
名乗 ふ・ます
意味 ①税を取り立てる。「賦役《ふえき》」②割り当てる。「割賦《かっぷ》」③さずけ与える。「天賦《てんぷ》」④詩歌をつくる。また、詩歌。

譜 19画 言部・常
音訓 フ
名乗 つぎ・つぐ
意味 ①物事を系統立てて書き表したもの。「年譜《ねんぷ》」②音楽の曲節を記したもの。楽譜。

貴譜 たかつぐ　譜希子 ふきこ　譜美 ふみ

●ぶ●

侮 8画 亻部・常　**侮** 9画 人
音訓 ブ・あなど-る
意味 ばかにする。あなどる。「侮辱《ぶじょく》」

武 8画 止部・教5
音訓 ブ・ム
名乗 いさ・いさむ・たけ・たけし・たける・たつ・ぶ・ふか・む・ん
意味 ①強い。勇ましい。「武勇」②戦いに関する事柄。「武士・尚武《しょうぶ》」③一歩《いっぽ》の半分の長さ。
類義 毅（72ページ）・豪（107ページ）・赳（77ページ）・強（79ページ）・健（92ページ）・剛（107ページ）・勇（246ページ）・雄（247ページ）
特別な読み 武蔵《むさし》

勇武 いさむ　武雄 たけお　武 たけし

武史 たけし　武斗 たけと　武紀 たけのり
武彦 たけひこ　武弘 たけひろ　武実 たけみ
武 たける　尚武 ひさたけ　盛武 もりたけ

部
11画　阝部・教3
音訓 ブ
名乗 きつ・とも・ぶ・もと
意味 ①全体をいくつかに区分けした、その一区分。「南部」②ある性質に該当するところ。部分。「細部」③新聞・書籍などを数えることば。「部数」

葡
12画　艹部・人
音訓 ホ・ブ
意味 「葡萄《ぶどう》」は、果樹の名。また、その果実。→萄（203ページ）

佳葡 かほ　葡乃香 ほのか　美葡子 みほこ

舞
15画　舛部・常
音訓 ブ・ま-う・まい
名乗 まい
意味 ①おどる。まう。「舞踊《ぶよう》」②励《はげ》ます。「鼓舞《こぶ》」

志乃舞 しのぶ　舞 まい　舞香 まいか
舞子 まいこ　舞人 まいと　舞美 まいみ

撫
15画　扌部・人
音訓 フ・ブ・な-でる
名乗 ただ・もち・やす・よし・より
意味 なでてかわいがる。なだめる。「慰撫《いぶ》」
特別な読み 撫子《なでしこ》

撫子 なでしこ

蕪
15画　艹部・人
音訓 ブ・かぶ・かぶら
名乗 しげ・しげる・ぶ
意味 ①野菜の名。カブ。②雑然と入り乱れている。

●ふう●

封
9画　寸部・常
音訓 フウ・ホウ
名乗 かね
意味 ①閉じ込める。「封印《ふういん》」②領地を与えて領主とする。また、領地。「封建《ほうけん》」③盛り土。

風
9画　風部・教2
音訓 フウ・フ・かぜ・かざ
名乗 かざ・かぜ・ふう
意味 ①かぜ。空気の流れ。「涼風」「疾風《しっぷう・はやて》」②様子。様式。また、やり方。慣習。「風習・和風」③おもむき。雰囲気《ふんいき》。「風情《ふぜい》」④うわさ。また、それとなく言う。「風評」⑤病気。
特別な読み 東風《こち》
ことば 【風花《かざばな》】晴れた日にちらつく雪。
〔名前読み例〕ふうか
【風太郎《ぷうたろう》】定職や住居の定まらない人。

風 ふう　風香 ふうか　風雅 ふうが
風輝 ふうき　風子 ふうこ　風汰 ふうた
風翔 ふうと　風馬 ふうま　風月 ふづき

楓
13画　木部・人
音訓 フウ・かえで
名乗 かえで
意味 木の名。カエデ。

楓 かえで　楓香 ふうか　楓希 ふうき
楓祐 ふうすけ　楓奈 ふうな　楓哉 ふうや

●ふき●

蕗
16画　艹部・人
音訓 ロ・ふき
名乗 ふき
意味 植物の名。フキ。

衣蕗 いぶき　千比蕗 ちひろ　蕗子 ふきこ

●ふく●

伏
6画　亻部・常
音訓 フク・ふ-せる・ふ-す
名乗 やす・より
意味 ①うつぶせになる。ふせる。「平伏」②かくれる。「潜伏《せんぷく》」③従う。「屈伏《くっぷく》・降伏《こうふく》」④陰暦六月の時節の名。猛暑の時節。「三伏《さんぷく》」

服
8画　月部・教3
音訓 フク
名乗 こと・はとり・もと・ゆき・よ
意味 ①着る物。「衣服」②身につける。また、心につけて離さない。「服×膺《ふくよう》」③薬や茶などを飲む。「服用」④つき従う。「服従」⑤つとめる。「服務」

副
11画　刂部・教4
音訓 フク・そ-える・そ-う
名乗 すえ・すけ・そえ・つぎ・ふく・ます
意味 ①添える。つけ加わる。②補助や控《ひか》えとなるもの。⇔正（160ページ）「副委員長」

幅
12画　巾部・常
音訓 フク・はば
意味 ①横の長さ。はば。「肩幅《かたはば》」②掛け軸。「画幅《がふく》」

復
12画　彳部・教5
音訓 フク・かえ-る
名乗 あきら・あつし・さかえ・しげる・なお・また・もち
意味 ①同じ道を行って帰る。「往復」②もとの状態に戻る。「回復」③くり返す。「反復《はんぷく》」④返事をする。こたえる。「復唱」⑤仕返しをする。「報復」

葺 12画 ⺾部・人
音訓 シュウ・ふ-く
名乗 ふき・ふく
意味 ①板・茅《かや》・瓦《かわら》などで屋根をおおう。ふく。「茅葺《かやぶ》き」②修理する。

腹 13画 月部・教6
音訓 フク・はら
名乗 はら
意味 ①はら。胸から腰までの部分の、前面の部分。「腹筋」②母親の胎内。「同腹」③心。心の中。「腹心」④物の中ほど。「中腹」

福 13画 ネ部・教3　**福** 14画 示部・人
音訓 フク
名乗 さき・さち・たる・とし・とみ・ふく・むら・もと・よ・よし
意味 運のよいこと。幸せ。また、天の助け。⇕禍（54ページ）「幸福」
類義 幸（101ページ）・倖（104ページ）・祉（123ページ）
福 ふく　福美 ふくみ　美福 みさき

複 14画 ネ部・教5
音訓 フク
意味 ①重なる。入りくむ。「複雑」②重ねて行う。「複製」③再び。また、二つ以上。「複数」

覆 18画 襾部・常
音訓 フク・フ・おお-う・くつがえ-す・くつがえ-る
意味 ①ひっくり返す。くつがえす。「転覆《てんぷく》」②くり返す。③かぶせる。おおう。「覆面」

●ふす●

臥 ⇩が（55ページ）

●ふつ●

払 5画 扌部・常　**拂** 8画 人
音訓 フツ・ヒツ・ホツ・はら-う
意味 ①取り除く。はらいのける。はらう。「払拭《ふっしょく》」②金銭を相手に渡す。支払い。

沸 8画 氵部・常
音訓 フツ・わ-く・わ-かす
意味 ①湯が煮え立つ。わく。「沸騰《ふっとう》」②わき出る。

●ぶつ●

仏 4画 亻部・教5　**佛** 7画 人
音訓 ブツ・フツ・ほとけ
名乗 さとる・たすく・ほとけ
意味 ①完全な悟りを得た聖者。仏陀《ぶっだ》。特に釈迦《しゃか》。「大仏」②死者。③仏教。④仏像。⑤慈悲深い人。⑥「仏蘭西《フランス》」の略。「日仏《にちふつ》」

物 8画 牛部・教3
音訓 ブツ・モツ・もの
名乗 こと・たね・もの
意味 もの。ものごと。「物質・生物」

●ふん●

吻 7画 口部・人
音訓 ブン・フン
意味 口先。くちびる。「接吻《せっぷん》」

粉 10画 米部・教4
音訓 フン・こ・こな
意味 ①こな。非常に細かな粒。「粉末・花粉」②おしろい。また、化粧する。「白粉《おしろい》」

紛 10画 糸部・常
音訓 フン・まぎ-れる・まぎ-らす・まぎ-らわす・まぎ-らわしい
名乗 お・もろ
意味 ①入り乱れる。もつれる。「紛争」②入りまじってわからなくなる。まぎれる。「紛失」③はっきり区別がつけにくい。まぎらわしい。

雰 12画 雨部・常
音訓 フン
意味 空気。大気。「雰囲気《ふんいき》」

焚 12画 火部・人
音訓 フン・た-く
意味 燃やす。たく。「焚《た》き火《び》」

噴 15画 口部・常
音訓 フン・ホン・ふ-く
意味 勢いよくふき出す。「噴射」

墳 15画 土部・常
音訓 フン
意味 土を高く盛り上げた墓。「古墳」

憤 15画 忄部・常
音訓 フン・いきどお-る
意味 ①腹を立てる。いきどおる。「憤慨《ふんがい》」②奮《ふる》い立つ。「発憤《はっぷん》」

奮 16画 大部・教6
音訓 フン・ふる-う
意味 意気を盛んにする。ふるう。「興奮」

●ぶん●

分 4画 刀部・教2
音訓 ブン・フン・ブ・わ-ける・わ-かれる・わ-かる・わ-かつ
名乗 くまり・ちか・わか
意味 ①一つのものを割っていくつかの部分にす

る。分ける。「分解・分類」②配《くば》る。分け与える。「分配」③理解する。わかる。④頃合い。「時分」⑤割り当てられた務め。また、身の程。「親分・本分」⑥物事の程度。「十分《じゅうぶん》」⑦割合・時間・温度などの単位。

文 4画 文部・㊫1
音訓 ブン・モン・ふみ・あや
名乗 あき・あや・いと・すじめ・とも・のぶ・のり・ひさ・ひとし・ふみ・ふみし・ふむ・ぶん・み・や・やす・ゆき・よし
意味 ①文章。また、手紙。「名文」②学問。学芸。「文武《ぶんぶ》両道」③模様。あや。「縄文《じょうもん》」④［モン］靴などの長さを表す単位。また、昔の貨幣の単位。
類義 綾（35ページ）・郁（39ページ）・学（61ページ）・絢（93ページ）・采（111ページ）・彩（112ページ）・章（144ページ）・斐（220ページ）・彪（223ページ）・紋（244ページ）

文佳 あやか　文子 あやこ　文人 あやと
文音 あやね　博文 ひろふみ　文晶 ふみあき
文緒 ふみお　文香 ふみか　文彦 ふみひこ
文也 ふみや　文太 ぶんた　雅文 まさふみ

聞 14画 耳部・㊫2
音訓 ブン・モン・き-く・き-こえる
名乗 ひろ・もん
意味 ①耳にする。きく。「見聞」②うわさ。評判。「風聞《ふうぶん》」

亜聞 あもん　我聞 がもん　聞太 ぶんた

●べ●

辺 ⇩へん（230ページ）

●へい●

丙 5画 一部・㊥
音訓 ヘイ・ひのえ
名乗 あき・あきら・え・ひのえ
意味 ①第三。三番目。「甲乙丙丁《こうおつへいてい》」②十干《じっかん》の三番目。ひのえ。

平 5画 干部・㊫3
音訓 ヘイ・ビョウ・ヒョウ・たい-ら・ひら
名乗 おさむ・さね・たいら・たか・つね・とし・なり・なる・はかる・ひとし・ひら・へい・ぺい・まさる・もち・やす・よし
意味 ①高低・凹凸《おうとつ》がない。たいら。「平面」②おだやか。「泰平・和平」③かたよらない。「公平」④乱れた世をしずめる。「平定」⑤ふだん。また、普通。なみ。「平素・平凡」⑥二乗。「平方」
類義 温（49ページ）・穏（49ページ）・和（269ページ）

一平 いっぺい　恭平 きょうへい　航平 こうへい
修平 しゅうへい　純平 じゅんぺい　翔平 しょうへい
蒼平 そうへい　平 たいら　徹平 てっぺい
平太 へいた　泰平 やすひら　洋平 ようへい

兵 7画 八部・㊫4
音訓 ヘイ・ヒョウ・つわもの
名乗 たけ・ひと・ひょう・へ・べ・へい・ぺい・むね
意味 ①戦闘に従事する者。また、軍人の階級。「兵士」②いくさ。戦争。「兵器」「兵法《へいほう・ひょうほう》」

恭兵 きょうへい　孝兵 こうへい　翔兵 しょうへい
兵太 ひょうた　陽兵 ようへい　亮兵 りょうへい

並 8画 一部・㊫6
音訓 ヘイ・なみ・なら-べる・なら-ぶ・なら-びに
名乗 なみ・なめ・ならぶ・み・みつ
意味 ①一列につらなる。ならぶ。「並列」②普通の程度。なみ。「並幅《なみはば》」

並恵 なみえ　並佳 なみか　並希 なみき

併 8画 亻部・㊥
音訓 ヘイ・あわ-せる・しか-し
名乗 つら・とも
意味 ①二つ以上のものを一緒にする。あわせる。「合併」②つらなる。ならぶ。

柄 9画 木部・㊥
音訓 ヘイ・がら・え・つか
名乗 え・えだ・かい・かみ・つか・へい・もと
意味 ①がら。布・織物などの模様。「図柄《ずがら》」②体格。また、身分・品格。「家柄」③取っ手。また、刀剣などのつか。④勢い。権力。「権柄《けんぺい》」⑤材料。たね。「話柄《わへい》」

陛 10画 阝部・㊫6
音訓 ヘイ
名乗 きざ・のぼる・のり・はし・より
意味 宮殿にのぼる階段。「陛下《へいか》（＝天子の尊称。階段の下にいる近臣を通じて申し上げる意から）」

閉 11画 門部・㊫6
音訓 ヘイ・と-じる・と-ざす・し-める・し-まる
意味 ①開いていたものをとじる。しめる。「閉鎖」②やめる。終わりにする。「閉会」◆⇕開（58ページ）

塀 12画 土部・㊥
音訓 ヘイ
意味 へい。建物のまわりに立てる仕切り。「土塀《どべい》」◆日本で作られたとされる字（国字）。

15画
幣
巾部・常
音訓 ヘイ・ぬさ
名乗 しで・ぬさ
意味 ①通貨。「貨幣」②ぬさ。神前に供える布。「御幣《ごへい》」③贈り物。貢《みつ》ぎ物。
注意 「弊」は形が似ているが、別の字。→弊（次項）

15画
弊
廾部・常
音訓 ヘイ
意味 ①悪い。害になる。「弊害《へいがい》」②疲れる。ぼろぼろになる。「弊衣《へいい》」③疲れる。「疲弊《ひへい》」④粗末。また、謙遜《けんそん》の意を表す。「弊社《へいしゃ》」
注意 「幣」は形が似ているが、別の字。→幣（前項）

15画
蔽
艹部・常
音訓 ヘイ・おお-う
意味 かぶせる。おおい隠す。「隠蔽《いんぺい》」

15画
餅
食部・常
音訓 ヘイ・もち
意味 もち。蒸したもち米をついた食品。

●べい●

6画
米
米部・教2
音訓 ベイ・マイ・こめ・よね
名乗 こめ・みつ・め・よね
意味 ①穀物の名。こめ。「白米《はくまい》」②「亜米利加《アメリカ》」の略。「米国・渡米」③メートル。

●へき●

14画
碧
石部・人
音訓 ヘキ・あお・みどり
名乗 あお・きよし・たま・へき・みどり
意味 深い青色。青緑色。「碧玉《へきぎょく》・紺碧《こんぺき》」

ことば
【碧海】《へきかい》 あおい海。〔名前読み例〕あおみ・たまみ
【碧空】《へきくう》 青く晴れた空。〔名前読み例〕あおぞら

碧唯 あおい　碧人 あおと　碧斗 あおと
碧葉 あおば　碧美 あおみ　碧恵 たまえ
碧貴 たまき　碧 みどり　碧子 みどりこ

16画
壁
土部・常
音訓 ヘキ・かべ
名乗 かべ
意味 ①かべ。建物の外部を囲む仕切りや内部の仕切り。「壁画」②仕切りとする建造物。とりで。「城壁」③かべのように切り立った所。がけ。「絶壁《ぜっぺき》」
注意 「璧」は形が似ているが、別の字。→璧（次項）

18画
璧
玉部・常
音訓 ヘキ・たま
意味 平たい円形で中央に穴のあいた玉《ぎょく》（＝宝石）。また、玉のように美しいものや優れたもののたとえ。「完璧《かんぺき》」
注意 「壁」は形が似ているが、別の字。→壁（前項）

18画
癖
疒部・常
音訓 ヘキ・くせ
意味 かたよった習性。くせ。「潔癖《けっぺき》」

●べつ●

7画
別
刂部・教4
音訓 ベツ・ヘツ・わか-れる・わ-ける
名乗 のぶ・わき・わく・わけ・わた
意味 ①区別する。わける。「選別」②離れて別々になる。わかれる。「別離」③同じでない。ほかの。「別件」④とりわけ。とくに。「特別」

14画
蔑
艹部・常
音訓 ベツ・さげす-む・ないがし-ろ
意味 見くだす。あなどる。「軽蔑《けいべつ》」

17画
瞥
目部・人
音訓 ヘツ・ベツ
意味 ちらりと見る。「一瞥《いちべつ》」

●へん●

4画
片
片部・教6
音訓 ヘン・かた
名乗 かた
意味 ①二つに分けたものの一方。「片方《かたほう》」②切れはし。「破片」③わずか。少し。また、完全でない。「片言《へんげん》・《かたこと》」④散らかっている場所をきれいに整える。かたす。かたづける。

5画
辺
辶部・教4
音訓 ヘン・あた-り・べ・ほとり
名乗 ほとり
意味 ①そば。あたり。ほとり。「身辺」②そのころ。「夕辺《ゆうべ》」③中央から離れている。「辺境」④数学で、多角形を構成する線。「底辺」

7画
返
辶部・教3
音訓 ヘン・ハン・かえ-す・かえ-る
名乗 のぶ
意味 もとに戻す。かえす。「返却」

9画
変
夊部・教4
音訓 ヘン・か-わる・か-える
意味 ①今までと違った状態になる。かわる。「変化」②事件。突然の出来事。「事変」③普通でない。「変人」④音楽で、半音低い音。フラット。

11画
偏
亻部・常
音訓 ヘン・かたよ-る・ひとえ-に
名乗 つら・とも・なか・ゆき・より
意味 ①一方に寄る。中心からそれている。かたよる。「偏見」②漢字の構成部分の一つ。へん。「木偏《きへん》」③一途《いちず》に。ひとえに。

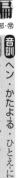

遍 12画 辶部・常
音訓 ヘン・あまね-く
意味 ①すみずみまで行き渡る。「普遍」②回数を数えることば。「一遍《いっぺん》」

編 15画 糸部・教5
音訓 ヘン・あ-む
名乗 つら・よし
意味 ①組み合わせてまとめる。組み入れる。あむ。「編入」「編み物」②原稿を集めて書物を作る。「編集」③まとまった詩歌や文章。また、書物の中の部類分け。「長編」④詩文を数えることば。◆現代表記では「長篇→長編」など、「篇」を「編」に書きかえる。
↓篇（次項）

篇 15画 竹部・人
音訓 ヘン
意味 ①まとまった詩歌や文章。また、書物の中の部類分け。「長篇」②詩文を数えることば。◆現代表記では「長篇→長編」など、「編」に書きかえる。↓編（前項）

●べん●

弁 5画 廾部・教5
音訓 ベン・わきまえる
名乗 さだ・そなう・そのう・なか・わけ
意味 ①正しく判断して処理する。わきまえる。「弁償」②用に当てる。「弁当」③花びら。「花弁」④液体や気体の流通を調整する装置。「安全弁」⑤話すこと。話し方。「弁舌」⑥とりしきる。「合弁《ごうべん》」⑦髪をあむ。「弁髪《べんぱつ》」⑧かんむり。◆本来、①②は「辨」、③④は「瓣」、⑤は「辯」と書いた。⑥⑦の「弁」は俗字。正字（正統の字体）は⑥は「辨」、⑦は「辮」。

便 9画 イ部・教4
音訓 ベン・ビン・たよ-り
名乗 やす
意味 ①都合がよい。「便利」②交通機関の運行や輸送。「宅配便」③手紙。たより。「便箋《びんせん》」④排泄《はいせつ》物。「便所」⑤くつろぐ。安らか。⑥口先がうまい。

勉 10画 力部・教3　**勉** 9画 人
音訓 ベン・つと-める
名乗 かつ・つとむ・まさる・ます・やす
意味 熱心に行う。つとめる。「勤勉」◆見出しの下の方の字は左側が七画（「ノ」がつながっている）。
類義 勤（82ページ）・孜（123ページ）・努（199ページ）・励（264ページ）

勉也 かつや　勉 つとむ　勉 まさる

娩 10画 女部・人
音訓 ベン
意味 子を産む。出産する。「分娩《ぶんべん》」

鞭 18画 革部・人
音訓 ヘン・ベン・むち
意味 ①牛馬などを打つむち。また、むちで打つ。「鞭×撻《べんたつ》」②むち状のもの。「鞭毛《べんもう》」

●ほ●

帆 ⇩はん（217ページ）

甫 7画 用部・人
音訓 フ・ホ
名乗 かみ・すけ・とし・なみ・のり・はじめ・ほ・まさ・み・もと・よし
意味 ①元服した男子の名に添えることば。②物事の始まり。はじめ。③大きい。広い。
類義 恢（58ページ）・寛（65ページ）・広（99ページ）・弘（99ページ）・宏（101ページ）・浩（104ページ）・紘（104ページ）・洋（249ページ）

京甫 きょうすけ　甫 はじめ　甫信 もとのぶ

歩 8画 止部・教2　**歩** 7画 人
音訓 ホ・ブ・フ・ある-く・あゆ-む
名乗 あゆ・あゆみ・あゆむ・すすむ・ほ・ぽ
意味 ①徒歩で行く。前進する。あゆむ。「散歩」②歩数や歩幅を数えることば。③「ブ」割合・長さ・土地の面積などの単位。「歩合《ぶあい》」◆見出しの下の方の字は「少」の部分の右側の「丶」がない。

歩 あゆみ　歩美 あゆみ　歩 あゆむ
歩夢 あゆむ　一歩 かずほ　果歩 かほ
香歩 かほ　史歩 しほ　歩乃佳 ほのか

保 9画 イ部・教5
音訓 ホ・ホウ・たも-つ
名乗 お・たもつ・ほ・まもる・もち・もり・や・やす・やすし・より
意味 ①持ち続ける。そのままの状態を続ける。たもつ。「保存」②大切に養い育てる。また、大切に守る。「保育・保護」③うけ合う。「保証」◆現代表記では「哺育《ほいく》→保育」のように、「哺」を「保」に書きかえることがある。↓哺（次項）

沙保里 さおり　保 たもつ　奈保 なほ
宏保 ひろやす　保乃花 ほのか　保 まもる
美保 みほ　保晃 やすあき　保雄 やすお
保香 やすか　保志 やすし　保之 やすゆき

哺 10画 口部・常
音訓 ホ
意味 食物を与えて育てる。「哺乳類《ほにゅうるい》」◆現代表記では「哺育《ほいく》→保育」のように、「保」に書きかえることがある。↓保（前項）

10画 **捕** 扌部・常
音訓 ホ・と-らえる・と-らわれる・と-る・つか-まえる・つか-まる
意味 逃げようとする人や動物をつかまえる。とらえる。「捕獲」

10画 **圃** 口部・人
音訓 ホ
名乗 その
意味 野菜や果樹の畑。また、畑仕事。「田圃《でんぽ》」
花圃 かほ　圃乃香 ほのか　美圃 みその

12画 **補** ネ部・教6
音訓 ホ・おぎな-う
名乗 さだ・すけ・たすく・ます・みつ
意味 ①不足しているものを満たす。おぎなう。また、おぎない助ける。「補充・補助」②官職を授ける。「補任《ほにん》」③正式の職につく前の資格。「候補」◆現代表記では「輔佐→補佐」のように、「輔」を「補」に書きかえる。→輔(同ページ)

13画 **蒲** 艹部・人
音訓 ホ・フ・がま
名乗 ほ
意味 ①草の名。ガマ。②木の名。カワヤナギ。「蒲柳《ほりゅう》」③草の名。ショウブ。「菖蒲《しょうぶ》」④ガマで織った敷物。僧などが使う。「蒲団《ふとん》」
特別な読み 菖蒲《あやめ》・香蒲《がま》
菖蒲 あやめ　花蒲 かほ　蒲乃夏 ほのか

14画 **輔** 車部・人
音訓 フ・ホ・すけ・たす-ける
名乗 すけ・たすく・たすけ
意味 付き添ってたすける。また、助けて正しくする。「輔佐」◆現代表記では「輔佐→補佐」のように、「補」に書きかえる。→補(同ページ)
注意「舗」は形が似ているが別の字。→舗(次項)
類義 介(56ページ)・佐(109ページ)・助(141ページ)・丞(148ページ)・佑(246ページ)・侑(246ページ)・祐(247ページ)・翼(254ページ)
英輔 えいすけ　恭輔 きょうすけ　圭輔 けいすけ
恒輔 こうすけ　俊輔 しゅんすけ　慎輔 しんすけ
宗輔 そうすけ　大輔 だいすけ　輔 たすく
雄輔 ゆうすけ　洋輔 ようすけ　龍之輔 りゅうのすけ

15画 **舗** 人部・常
音訓 ホ
意味 ①店。「店舗《てんぽ》」②敷《し》き並べる。「舗装《ほそう》」
注意「輔」は形が似ているが別の字。→輔(前項)

穂 **穗** ⇩すい(158ページ)

●ぼ●

5画 **母** 母部・教2
音訓 ボ・モ・はは
意味 ①はは。女親。⇔父(225ページ)「母子」②物を生みだすもとになるもの。もと。また、出身地。「母国・酵母」

5画 **戊** 戈部・人
音訓 ボウ・ボ・つちのえ
名乗 しげ・しげる
意味 十干《じっかん》の五番目。つちのえ。「戊辰《ぼしん》」

7画 **牡** 牛部・人
音訓 ボ・おす
名乗 お
意味 動物のおす。「牡牛《おうし》」

11画 **菩** 艹部・人
音訓 ハイ・ホク・ホ・ボ
名乗 かおる・さとる・すけ
意味 ①草の名。ホトケグサ。②梵語《ぼんご》の音を表す。「菩薩《ぼさつ》・菩提樹《ぼだいじゅ》」

12画 **募** 力部・常
音訓 ボ・つの-る
名乗 つのる
意味 ①人や物を広く求める。「募集」②勢いなどがいっそう激しくなる。つのる。

13画 **墓** 土部・教5
音訓 ボ・はか
名乗 つか
意味 はか。遺体や遺骨を葬《ほうむ》る場所。「墓地」

14画 **慕** 小部・常
音訓 ボ・した-う
名乗 もと
意味 なつかしく思う。恋しく思う。「慕情《ぼじょう》」

14画 **暮** 日部・教6
音訓 ボ・く-れる・く-らす
意味 ①日がくれる。また、ゆうぐれ。「薄暮《はくぼ》」②季節や年の終わり。「暮春」③日々を送る。生活する。くらす。

19画 **簿** 竹部・常
音訓 ボ
意味 帳面。書きつけをする冊子。「名簿」

●ほう●

4画 **方** 方部・教2
音訓 ホウ・かた
名乗 あたる・お・かた・くに・しげ・すけ・たか・ただし・たもつ・つね・なみ・のり・ふさ・ほう・まさ・まさし・み・みち・やす・より
意味 ①向き。また、その向きにある場所。「方角」②手段。てだて。「方法」③いくつかあるうちの一つ。

「一方」④四角。「正方形」⑤正しい。きちんとしている。「品行方正」⑥おおよその時間、また、程度。「夕方」⑦わざ。また、薬の調合法。「処方」⑧尊敬の意を表す。「次の方《かた》」

特別な読み 彼方《かなた》

彼方 かなた　方貴 まさき　方弥 まさや

包
5画　勹部・教4

音訓 ホウ・つつ-む・くる-む
名乗 かた・かつ・かぬ・かね・しげ
意味 おおう。つつむ。「包装」

芳
7画　艹部・常

音訓 ホウ・かんば-しい・かぐわ-しい
名乗 か・かおる・かんばし・はな・ふさ・ほう・みち・もと・よ・よし
意味 ①香りがよい。かんばしい。「芳香」②敬意を表す。「芳名」③よい評判。ほまれ。④香りのよい花。
類義 郁(39ページ)・栄(44ページ)・花(52ページ)・華(53ページ)・馨(60ページ)・薫(85ページ)・光(99ページ)・香(103ページ)・望(235ページ)・誉(249ページ)

芳子 かおるこ　邦芳 くによし　芳 はな
昌芳 まさよし　芳佳 よしか　芳樹 よしき
芳孝 よしたか　芳人 よしと　芳乃 よしの

邦
7画　阝部・常

音訓 ホウ・くに
名乗 くに・ほう
意味 ①国。国土。国家。「連邦」②日本の。「邦楽」
類義 国(107ページ)・和(269ページ)

篤邦 あつくに　邦明 くにあき　邦絵 くにえ
邦佳 くにか　邦子 くにこ　邦彦 くにひこ
邦之 くにゆき　邦成 ほうせい　良邦 よしくに

奉
8画　大部・常

音訓 ホウ・ブ・たてまつ-る
名乗 うけ・とも・な・ほう・まさ・やす・よし
意味 ①ささげる。たてまつる。「奉納《ほうのう》」②ささげ持つ。③目上の人につかえる。「奉公」④おおせに従う。うけたまわる。「奉職」

宝
8画　宀部・教6

音訓 ホウ・たから
名乗 かね・たか・たかし・たから・たけ・とみ・とも・ほ・ほう・みち・よし
意味 ①たから。希少で価値の高い物。「財宝」②大切にする。「重宝《ちょうほう》」③天子・神仏などへの尊敬の意を表す。「宝×祚《ほうそ》」
類義 貨(54ページ)

宝志 たかし　千宝 ちほ　浩宝 ひろたか

抱
8画　扌部・常

音訓 ホウ・だ-く・いだ-く・かか-える
名乗 もち
意味 ①腕の中にかかえこむ。だく。「抱擁《ほうよう》」②思いをいだく。「抱負《ほうふ》」

法
8画　氵部・教4

音訓 ホウ・ハッ・ホッ・のり
名乗 かず・つね・のり・はかる・ほう
意味 ①きまり。特に、法律。「憲法」②やり方。手段。「手法」③礼儀。また、模範。「作法《さほう》」④仏の教え。また、仏事。「法要」⑤直径の長さ。
類義 紀(68ページ)・規(70ページ)・矩(83ページ)・則(175ページ)

智法 とものり　法佳 のりか　法史 のりふみ
法雅 のりまさ　法子 ほうこ　美法 みのり

泡
8画　氵部・常

音訓 ホウ・あわ
意味 水に浮かぶあわ。あぶく。「発泡」

放
8画　攵部・教3

音訓 ホウ・はな-す・はな-つ・はな-れる・ほう-る
名乗 ゆき・ゆく
意味 ①外に向けて出す。「放射」②追いやる。「追放」③自由にする。「解放」④思うままにする。そのままにしておく。「放任」⑤ほうり投げる。「放棄《ほうき》」

朋
8画　月部・人

音訓 ホウ・とも
名乗 とも・ほう
意味 友人。仲間。「朋友」
類義 友(246ページ)

有朋 ありとも　和朋 かずとも　朋 とも
朋晃 ともあき　朋彰 ともあき　朋恵 ともえ
朋佳 ともか　朋貴 ともき　朋子 ともこ
朋大 ともひろ　朋美 ともみ　朋也 ともや

胞
9画　月部・常

音訓 ホウ
意味 ①胎児を包む膜。胎盤。「胞衣《えな》」②母の胎内。「同胞」③生物体を組織する基本単位。「細胞」

倣
10画　亻部・常

音訓 ホウ・なら-う
名乗 より
意味 まねをする。ならう。「模倣《もほう》」

俸
10画　亻部・常

音訓 ホウ
名乗 たま
意味 給料。「年俸《ねんぽう》」

峰 山部・常 10画 **峯** 人 10画

音訓 ホウ・みね
名乗 お・たか・たかし・ね・ほう・みね
意味 ①山の頂上。また、高い山。「最高峰」 ②刀や刃物の背の部分。「峰打ち」
類義 頂（189ページ）・嶺（265ページ）

峰雄 たかお　峰 たかし　夏峰 なつね
秀峰 ひでたか　峰子 みねこ　峰孝 みねたか

砲 石部・常 10画

音訓 ホウ
意味 大砲・鉄砲など、弾丸を発射する火器。「砲撃」

崩 山部・常 11画

音訓 ホウ・くずれる・くずす
意味 ①みずから支える力を失って壊れる。くずれる。「崩壊」 ②天子が死ぬ。「崩御《ほうぎょ》」

訪 言部・教6 11画

音訓 ホウ・おとずれる・たずねる・とう
名乗 こと・み・みる
意味 ①人をたずねる。おとずれる。「訪問」 ②出向いて探し求める。「探訪《たんぼう》」

捧 扌部・人 11画

音訓 ホウ・ささげる
名乗 かた・たか・もち
意味 両手で高く持つ。また、さしあげる。「捧げ物」

萌 艹部・人 11画 **萠** 人 11画

音訓 モウ・ホウ・ボウ・もえる
名乗 きざし・め・めぐみ・めみ・もえ・もゆ
意味 草木の芽が出る。また、物事が起こりはじめる。「萌芽《ほうが》」

ことば 【萌黄《もえぎ》】 黄色がかった緑色。

綾萌 あやめ　十萌 ともえ　夏萌 なつめ
萌以 めい　萌生 めい　萌 めぐみ
萌 もえ　萌香 もえか　由萌 ゆめ

逢 ⇩あう（33ページ）

報 土部・教5 12画

音訓 ホウ・むくいる
名乗 お・つぐ・のり
意味 ①返す。また、仕返しをする。むくいる。「報酬・報復」 ②知らせる。通知。「報告」

蜂 虫部・常 13画

音訓 ホウ・はち
意味 虫の名。ハチ。「蜂蜜《はちみつ》」

豊 豆部・教5 13画

音訓 ホウ・レイ・ゆたか
名乗 あつ・お・かた・て・と・とし・とよ・のぼる・ひろ・ひろし・ぶん・ほう・みのる・もり・ゆた・ゆたか・よし
意味 ①物が多い。ゆたか。「豊富」 ②農作物がよく実る。⇕凶（78ページ）「豊穣《ほうじょう》」

篤豊 あつとよ　泰豊 たいほう　豊秋 とよあき
豊恵 とよえ　豊香 とよか　豊和 とよかず
豊子 とよこ　豊隆 とよたか　豊輝 とよてる
豊俊 とよとし　豊治 とよはる　豊浩 とよひろ
豊也 ひろや　光豊 みつとよ　豊 ゆたか

飽 食部・常 13画

音訓 ホウ・あきる・あかす
名乗 あき・あきら・あく
意味 ①腹いっぱい食べる。「飽食」 ②満ち足りる。また、同じ物事が続いてうんざりする。「飽和」

蓬 艹部・人 14画

音訓 ホウ・よもぎ
名乗 しげ
意味 ①草の名。ヨモギ。 ②ほつれて乱れる。「蓬髪《ほうはつ》」 ③仙人のすみか。「蓬×莱《ほうらい》」

鳳 鳥部・人 14画

音訓 ホウ・おおとり
名乗 たか
意味 おおとり。鳳凰《ほうおう》。古代中国で、聖人が世に出るときに現れるとされた想像上の鳥。◆オスを「鳳」、メスを「凰」という。↓凰（48ページ）

鳳志 たかし　鳳也 たかや　義鳳 よしたか

褒 衣部・常 15画

音訓 ホウ・ほめる
名乗 よし
意味 賞賛する。ほめる。「褒美《ほうび》」

鋒 金部・人 15画

音訓 ホウ・ほこさき
意味 ①刃物の先端。ほこさき。「鋭鋒《えいほう》」 ②軍隊の先陣。「先鋒《せんぽう》」 ③するどい勢い。「舌鋒《ぜっぽう》」

縫 糸部・常 16画

音訓 ホウ・ぬう
名乗 ぬい
意味 ①針でぬう。また、ぬい目。「裁縫《さいほう》」 ②とりつくろう。

鵬 鳥部・人 19画

音訓 ホウ・おおとり
名乗 とも・ゆき
意味 想像上の大きな鳥。

●ぼう●

亡 3画 亠部・教6
音訓 ボウ・モウ・ム・な-い・ほろ-びる・ほろ-ぼす
意味 ①ほろびる。また、うしなう。「滅亡」②死ぬ。「亡霊」③逃げる。逃げて姿を隠す。「逃亡」

乏 4画 ノ部・常
音訓 ボウ・とぼ-しい
意味 物が足りない。とぼしい。「欠乏」

卯 ⇩う（42ページ）

忙 6画 忄部・常
音訓 ボウ・いそが-しい・せわ-しい
意味 用事が多くて他のことに構っていられない。いそがしい。「多忙」

坊 7画 土部・常
音訓 ボウ・ボッ
意味 ①僧侶。また、僧のように頭をそった人。②僧の住まい。「僧坊」③幼い子などへの親しみの意を表す。また、人の様子を表す語に付けて、そのような人である意を表す。「坊や・食いしん坊」④村や町の一区画。市街。

妨 7画 女部・常
音訓 ボウ・ホウ・さまた-げる
意味 邪魔をする。さまたげる。「妨害」

防 7画 阝部・教5
音訓 ボウ・ふせ-ぐ
名乗 ふせ
意味 ①さえぎり止める。ふせぐ。また、守る。「防衛・防止」②つつみ。土手。「堤防」
特別な読み 周防《すおう》

忘 7画 心部・教6
音訓 ボウ・わす-れる
意味 記憶がなくなる。わすれる。「忘却」

房 8画 戸部・常
音訓 ボウ・ふさ
名乗 お・のぶ・ふさ・ぼう
意味 ①部屋。「工房」②住まい。「山房《さんぼう》」③ふさ。たばねた糸の先を散らして垂らしたもの。また、花や実が群がってついたもの。「花房《はなぶさ》」

清房 きよふさ　房江 ふさえ　房子 ふさこ
房之介 ふさのすけ　房美 ふさみ　房義 ふさよし

肪 8画 月部・常
音訓 ボウ・ホウ
意味 動物のあぶら。「脂肪」

茅 8画 艹部・人
音訓 ボウ・かや・ち
名乗 あき・かや・ち
意味 ①草の名。カヤ。チガヤ。屋根をふくのに用いる。②かやでふいた屋根。また、その家。「茅屋《ぼうおく》（＝かやぶきの粗末な家）」

茅人 かやと　茅乃 かやの　茅晶 ちあき

冒 9画 日部・常
音訓 ボウ・おか-す
意味 ①むりやり押し切ってする。おかす。「冒険」②おおいかぶさる。「冒頭」

某 9画 木部・常
音訓 ボウ・それがし・なにがし
名乗 いろ
意味 人の名や場所・時などをはっきり示さない場合に使うことば。「某氏《ぼうし》」

昴 ⇩すばる（159ページ）

剖 10画 刂部・常
音訓 ボウ・ホウ
意味 ①切りさく。「解剖」②見分ける。

紡 10画 糸部・常
音訓 ボウ・ホウ・つむ-ぐ
名乗 つむ
意味 繊維をよって糸にする。つむぐ。「紡績」

紡希 つむき　紡玖 つむぐ

望 11画 月部・教4
音訓 ボウ・モウ・のぞ-む・もち
名乗 のぞみ・のぞむ・ぼう・み・もち
意味 ①遠くを見る。「展望」②願う。のぞみ。「希望」③よい評判。ほまれ。「信望」④満月。「望月」
類義 栄（44ページ）・願（67ページ）・希（69ページ）・光（99ページ）・芳（233ページ）・誉（249ページ）

歩望 あゆみ　一望 かずみ　希望子 きみこ
拓望 たくみ　希望 のぞみ　望 のぞみ
望 のぞむ　大望 ひろみ　宏望 ひろもち
雅望 まさもち　望央 みお　望結 みゆ

眸 11画 目部・人
音訓 ボウ・ひとみ
名乗 ひとみ
意味 ひとみ。眼球の黒い部分。また、目。「眸子《ぼうし》」
類義 瞳（203ページ）

傍 12画 亻部・常
音訓 ボウ・かたわ-ら・そば
名乗 かた・ちか
意味 かたわら。そば。すぐ近く。「傍観」

帽 12画 巾部・常
音訓 ボウ
意味 頭にかぶるもの。帽子。「脱帽」

棒 12画 木部・教6
音訓 ボウ
意味 細長い木や鉄。また、まっすぐな線。「鉄棒・横棒」

貿 12画 貝部・教5
音訓 ボウ
意味 互いに物品を取りかえる。「貿易」

貌 14画 豸部・常
音訓 ボウ・かたち
意味 ①顔かたち。容姿。「美貌《びぼう》」②物のすがた。「全貌」

暴 15画 日部・教5
音訓 ボウ・バク・あばく・あば-れる
意味 ①荒々しい。あばれる。「暴風雨」②度を過ごす。「暴飲」③突然。「暴落」④あばく。「暴露」◆現代表記では「曝露《ばくろ》」→「暴露」のように、「曝」を「暴」に書きかえることがある。→曝（215ページ）

膨 16画 月部・常
音訓 ボウ・ホウ・ふく-らむ・ふく-れる
意味 物が内から外へ盛り上がって大きくなる。ふくらむ。「膨大《ぼうだい》」

謀 16画 言部・常
音訓 ボウ・ム・はかる・たばか-る・はかりごと
名乗 こと・のぶ・はかる
意味 計略をめぐらす。はかる。「陰謀」

●ほお●

頰 16画 頁部・常
音訓 キョウ・ほお
名乗 つら・ほ・ほお・ほほ
意味 ほお。顔の両側。ほっぺた。「頰紅《ほおべに》」
注意 「頬」は、名づけには認められていない字体。

●ほく●

北 5画 匕部・教2
音訓 ホク・きた
名乗 きた・きたばしり・た・ほく
意味 ①方角の一つ。きた。「北極・北斗七星」②背を向けて逃げる。「敗北《はいぼく》」

北斗 ほくと　北登 ほくと

●ぼく●

卜 2画 卜部・人
音訓 ホク・ボク・うらなう
意味 吉凶《きっきょう》を判断する。占う。「卜占《ぼくせん》」

木 4画 木部・教1
音訓 ボク・モク・き・こ
名乗 き・こ・しげ・ぼく
意味 ①き。樹木。「大木」②木材。また、木で作った物。「木刀」③飾り気がない。「木×訥《ぼくとつ》」④木曜日のこと。⑤五行《ごぎょう》の一つ。
類義 樹（132ページ）
特別な読み 木乃伊《ミイラ》・木綿《もめん・ゆう》

真木子 まきこ　瑞木 みずき　木綿花 ゆうか

朴 6画 木部・常
音訓 ボク・ハク・ほお
名乗 すなお・なお
意味 ①飾り気がない。すなお。「素朴」②木の名。ホオノキ。「朴葉《ほおば》」

牧 8画 牛部・教4
音訓 ボク・まき
名乗 ぼく・まき
意味 ①家畜を放し飼いにする。「牧場《ぼくじょう・まきば》」②人々を治める。また、導く。「牧師」③役人。地方長官。
注意 「攷」は形が似ているが別の字。→攷（123ページ）

睦 13画 目部・常
音訓 ボク・むつ-まじい・むつ-む
名乗 あつし・ちか・ちかし・とき・とも・のぶ・まこと・む・むつ・むつみ・よし・りく
意味 仲よくする。また、仲がよい。「親睦《しんぼく》」
類義 好（100ページ）・親（155ページ）・和（269ページ）
ことば 【睦月】むつき　陰暦一月の別名。〔名前読み例〕むつき

睦 あつし　和睦 かずちか　睦志 ちかし
睦 むつみ　睦美 むつみ　睦也 むつや

僕 14画 亻部・常
音訓 ボク・しもべ
意味 ①自分を指し示すことば。ぼく。②召し使い。「下僕」

墨 14画 土部・常　**墨** 15画 人
音訓 ボク・すみ
名乗 すみ
意味 ①書画を書くためのすみ。また、すみで書いたもの。「水墨画」②書画を書く道具。「白墨」③いれずみ。④大工が直線を引く道具。「墨縄《すみなわ》」

撲 15画 扌部・常
音訓 ボク・ハク
意味 たたく。なぐる。「打撲」

●ほたる●

蛍 ⇩けい（87ページ）

●ぼつ●

没 7画 氵部・常
音訓 ボツ
意味 ①沈む。また、はまり込む。「水没」

②死ぬ。「没年」③ない。「没交渉」

勃 9画 力部・常
音訓 ボツ・ホツ
名乗 おき・ひら・ひろ
意味 ①物事が急に起こる。「勃発《ぼっぱつ》」②盛んに起こるさま。③むっとするさま。

●ほとんど●

殆 9画 歹部・人
音訓 タイ・ほとんど
名乗 ちか
意味 ①危ない。「危殆《きたい》」②おおかた。ほとんど。

●ほり●

堀 11画 土部・常
音訓 クツ・ほり
名乗 ほり
意味 ほり。地面を掘って水を通したところ。

●ほろ●

幌 13画 巾部・人
音訓 コウ・ほろ
名乗 あきら
意味 ほろ。車などに取りつけるおおい。

幌 あきら　幌一郎 こういちろう　幌介 こうすけ

●ほん●

本 5画 木部・教1
音訓 ホン・もと
名乗 なり・はじめ・もと
意味 ①書物。書籍。「絵本」②もとづく。よりどころ。「基本・根本《こんぽん》」③正式な。主要な。「本職」④この。今話題になっている。「本日」⑤細長いものや技などを数えることば。「三本勝負」

奔 8画 大部・常
音訓 ホン・はしる
意味 ①勢いよくはしる。「奔走」②逃げる。「出奔《しゅっぽん》」③思うままにふるまう。「奔放《ほんぽう》」

翻 18画 羽部・常　**飜** 21画 飛部・人
音訓 ホン・ひるがえる・ひるがえす
意味 ①風になびく。ひるがえる。②思うままにする。「翻弄《ほんろう》」③ひっくり返す。また、急に変える。「翻意」④入れかえる。作りかえる。「翻訳」

●ぼん●

凡 3画 几部・常
音訓 ボン・ハン・およそ・すべて
名乗 ちか・ちなみ・つね
意味 ①ごく普通である。ありふれている。「平凡《へいぼん》」②すべて。おおむね。「凡例《はんれい》」

盆 9画 皿部・常
音訓 ボン
意味 ①ぼん。物をのせるための浅い器。②ぼんのような形のもの。「盆地」③盂蘭盆会《うらぼんえ》。

●ま●

茉 ⇩まつ（239ページ）

麻 11画 麻部・常
音訓 マ・あさ
名乗 あさ・お・ぬさ・ま
意味 ①草の名。アサ。また、アサの類。「亜麻・胡麻《ごま》」②アサの繊維で作った糸や布。③しびれる。「麻酔」

麻子 あさこ　麻人 あさと　麻美 あさみ
卓麻 たくま　真麻 まあさ　麻衣子 まいこ
麻央 まお　麻奈 まな　麻也 まや
麻由 まゆ　麻里子 まりこ　耶麻斗 やまと

摩 15画 手部・常
音訓 マ・さする・する
名乗 きよ・なず・ま
意味 ①こする。また、さする。「摩擦《まさつ》」②近づく。迫る。「摩天楼《まてんろう》」③梵語《ぼんご》の「マ」の音を表す。「摩×訶不思議《まかふしぎ》」

和摩 かずま　志摩子 しまこ　摩希 まき

磨 16画 石部・常
音訓 マ・みがく
名乗 おさむ・きよ・な・ま・みがく
意味 ①こすって汚れを落としたり、削ってなめらかにしたりする。みがく。「研磨」②みがき極める。「切×磋琢磨《せっさたくま》」
類義 研（90ページ）・瑳（110ページ）

伊玖磨 いくま　琢磨 たくま　磨希 まき

魔 21画 鬼部・常
音訓 マ
意味 ①人をまどわす悪神。また、そのような不気味なもの。「悪魔」②人をまどわす不思議な術。「魔法」③一つのことに異常なほど執着する人。

●まい●

毎 6画 母部・教2　**毎** 7画 人
音訓 マイ・ごと
名乗 かず・つね
意味 それぞれの。…するたびに。「毎週」

妹 8画 女部・教2
音訓 マイ・いもうと
名乗 いも
意味 ①きょうだいのうち、年下の女性。いもうと。⇔姉（123ページ）「姉妹」②昔、男性が女性を親しんで呼んだことば。

枚 8画 木部・教6
音訓 マイ・バイ
名乗 かず・ひら・ふむ
意味 ①薄くて平たいものを数えることば。②序列・能力の段階や田畑の区画を数えることば。「前頭五枚目」③数える。「枚挙《まいきょ》」

苺 ⇩いちご（39ページ）

昧 9画 日部・常
音訓 マイ
名乗 くらし・まい・やみ・よ
意味 ①暗い。ほの暗い。「曖昧《あいまい》」②道理に暗い。おろか。「愚昧《ぐまい》」

埋 10画 土部・常
音訓 マイ・う·める・う·まる・う·もれる・うず·める
名乗 うめ
意味 土の中に入れておおう。うめる。「埋蔵」

●まき●

槙 14画 木部・人　**槇** 14画 人
音訓 テン・まき
名乗 こずえ・しん・まき
意味 木の名。マキ。

槙《こずえ》　槙一郎《しんいちろう》　槙吾《しんご》
槙恵《まきえ》　槙子《まきこ》　槙弥《まきや》

●まく●

幕 13画 巾部・教6
音訓 マク・バク
意味 ①張りめぐらす布。「横断幕」②劇場で舞台前面に垂らす大きな布。また、場面の一区切り。「幕間《まくあい》」③天幕を張った陣営。また、将軍が政治を行う場所。「幕府《ばくふ》」

蒔 ⇩じ（127ページ）

膜 14画 月部・常
音訓 マク
意味 ①生物体内の器官をおおい包む薄い皮。「被膜《ひまく》」②物の表面をおおう薄い皮。「鼓膜《こまく》」

●まくら●

枕 8画 木部・常
音訓 シン・チン・まくら
名乗 やす・より
意味 まくら。寝るときに頭をのせて支えるもの。

●まさ●

柾 9画 木部・人
音訓 まさ・まさき
名乗 ただ・まさ
意味 ①木の名。マサキ。②縦にまっすぐに通った木目。「柾目《まさめ》」◆日本で作られたとされる字（国字）。

和柾《かずまさ》　敏柾《としまさ》　柾晃《まさあき》
柾臣《まさおみ》　柾《まさき》　柾希《まさき》
柾直《まさなお》　柾乃《まさの》　柾美《まさみ》

●ます●

鱒 23画 魚部・人
音訓 ソン・ます
意味 魚の名。マス。

●また●

又 2画 又部・常
音訓 ユウ・また
名乗 すけ・たすく・また・やす・ゆう
意味 ①再び。もう一度。②同じく。やはり。③さらに。それに加えて。④あるいは。または。

亦 6画 亠部・人
音訓 エキ・ヤク・また
名乗 すえ・ひとし・また
意味 同様に。やはり。

俣 9画 亻部・人
音訓 また
意味 また。分かれている所。◆日本で作られたとされる字（国字）。

●まつ●

末 5画 木部・教4
音訓 マツ・バツ・すえ
名乗 すえ・とめ・とも・ひろし・ほず・ま・まつ
意味 ①終わり。すえ。「月末」②物の端。「末端」③つまらない。「×瑣末《さまつ》」④下位。「末席《まっせき》《ばっせき》」
注意 「末」は形が似ているが、別の字。↓未（240ページ）

抹 8画 扌部・常
音訓 マツ・バツ
意味 ①塗る。塗りつぶす。「抹消《まっしょう》」「一抹《いちまつ》」②こする。なでる。また、さっと過ぎる。

③粉にする。「抹茶《まっちゃ》」

沫
8画　氵部・㊇
音訓 バツ・マツ・あわ
名乗 あわ・みずたま・わ
意味 ①水の砕けて飛び散ったもの。しぶき。「飛沫《ひまつ》」②水のあわ。「泡沫《ほうまつ・うたかた》」

茉
8画　艹部・㊇
音訓 バツ・マツ・マ
名乗 ま
意味 「茉莉《まつり》」は木の名。ジャスミンの一種。→莉（257ページ）「茉莉花《まつりか》」

恵茉 えま　陽茉梨 ひまり　茉希 まき
茉奈 まな　茉莉 まり　茉莉恵 まりえ
茉莉花 まりか　茉莉子 まりこ　佑茉 ゆうま

●まで●

迄
7画　辶部・㊇
音訓 キツ・まで
名乗 いたる
意味 …まで。動作・状態の限度や、到達点を表す。

●まゆ●

繭 ⇩けん（93ページ）

●まり●

毬
11画　毛部・㊇
音訓 キュウ・いが・まり
名乗 まり
意味 ①まり。ボール。②いが。クリなどのとげのある外皮。「毬栗《いがぐり》」
類義 球（77ページ）・鞠（次項）

毬花 まりか　毬子 まりこ　毬弥 まりや

鞠
17画　革部・㊇
音訓 キク・まり
名乗 つぐ・ます・まり・みつ
意味 ①まり。ボール。「蹴鞠《けまり・しゅうきく》」②身を丸くかがめる。③育てる。④取り調べる。
類義 球（77ページ）・毬（前項）

鞠之介 きくのすけ　鞠絵 まりえ　鞠子 まりこ

●まろ●

麿
18画　麻部・㊇
音訓 まろ
名乗 まろ
意味 自分を指し示すことば。まろ。◆日本で作られたとされる字（国字）。

●まん●

万
3画　一部・㊎2

萬
12画　艹部・㊇
音訓 マン・バン・よろず
名乗 かず・かつ・すすむ・たか・つむ・つもる・ま・まさ・まん・よろず
意味 ①数の名で、千の十倍。また、数が非常に多い意を表す。「百万円」「万能《ばんのう》」②決して。「万々《ばんばん》」
◆証書などでは「萬」とも書く。「金壱萬円」

万葉 かずは　万真 かずま　万 すすむ
万里 ばんり　万緒 まお　万智 まち
万奈 まな　万梨佳 まりか　万里子 まりこ

満
12画　氵部・㊎4
音訓 マン・み-ちる・み-たす
名乗 あり・ま・ます・まろ・まん・みき・みち・みつ・みつる
意味 いっぱいになる。みちる。「満期・満天」
類義 充（135ページ）

志満子 しまこ　利満 としみち　寛満 ひろみつ
昌満 まさみつ　満智 まち　満信 みちのぶ
満希 みつき　満成 みつなり　満 みつる

慢
14画　忄部・㊌
音訓 マン
意味 ①おこたる。なまける。「怠慢《たいまん》」②いばる。また、あなどる。「傲慢《ごうまん》」③進みがおそい。ゆるやか。「緩慢《かんまん》」

漫
14画　氵部・㊌
音訓 マン・そぞ-ろ
名乗 ひろ・みつ
意味 ①広く行き渡る。みなぎる。「漫々」②むやみに。「散漫」③何とはなしに。そぞろに。「漫遊」

蔓
14画　艹部・㊇
音訓 マン・つる
名乗 なが・のぶ
意味 ①植物のつる。また、つる草。②草木が伸びて広がる。また、好ましくないものが勢いを得て広がる。はびこる。「蔓延《まんえん》」③手がかり。つて。

●み●

巳
3画　巳部・㊇
音訓 シ・み
名乗 み
意味 十二支の六番目。動物では蛇に当てる。時刻では午前十時、または午前九時から十一時の間。方位では南南東。
注意 「已」「己」は形が似ているが別の字。↓已（36ページ）・己（95ページ）

卓巳 たくみ　知巳 ともみ　雅巳 まさみ

末
5画　木部・教4

音訓 ミ・ビ・いまだ・ひつじ
名乗 いま・いや・ひつじ・ひで・み

意味 ①まだ…していない。まだ…でない。「未完・未来」②十二支の八番目。動物では羊に当てる。時刻では午後二時、または午後一時から三時の間。方位では南南西。

注意 「未」は形が似ているが、別の字。↓末（238ページ）

亜未 あみ　彩未 あやみ　歩未 あゆみ
唯久未 いくみ　拓未 たくみ　朋未 ともみ
奈未 なみ　愛未 まなみ　未緒 みお
未華子 みかこ　未来子 みきこ　未来 みく
未奈都 みなと　未由 みゆ　未来 みらい

味
8画　口部・教3

音訓 ミ・あじ・あじ-わう
名乗 あじ・うまし・ちか・み

意味 ①食べ物のあじ。うまみ。「美味」②飲食する。あじわう。また、物事をよく考えて理解する。「吟味《ぎんみ》」③物事のおもむきやおもしろみ。「興味」④物事の内容。中身。「意味」

弥　彌
⇩や（244ページ）

実　實
⇩じつ（128ページ）

箕
⇩き（71ページ）

魅
15画　鬼部・常

音訓 ミ
名乗 み

意味 ①もののけ。化け物。「×魑魅×魍×魎《ちみもうりょう》」②取りつきまどわす。心をひきつける。「魅了」

●みお●

澪
16画　氵部・人

音訓 レイ・みお
名乗 みお

意味 ①海や川で、船が行き来する水路。「澪標《みおつくし》（＝航路を示すために水中に立てた杭《くい》）」②船が通ったあとに残る水の筋。航跡。

澪 みお　澪奈 みおな　澪花 れいか

●みさき●

岬
8画　山部・常

音訓 コウ・みさき
名乗 みさき

意味 みさき。海や湖に突き出ている陸地。

岬一 こういち　岬紀 こうき　岬 みさき

●みつ●

密
11画　山部・教6

音訓 ミツ・ビツ・ひそ-か
名乗 たか・たかし・ちか・ひそか・みつ

意味 ①隠して人に知られない。ひそか。「秘密」②ぎっしりと詰まっている。また、関係が深い。「密集・親密」③細やか。「精密」

蜜
14画　虫部・常

音訓 ミツ・ビツ
名乗 みつ

意味 ①植物が花から出す甘い液。また、はちみつ。「蜜蜂《みつばち》」②砂糖などを溶かして作る甘い液。「黒蜜」

特別な読み 蜜柑《みかん》

蜜恵 みつえ　蜜花 みつか　蜜希 みつき

●みどり●

碧
⇩へき（230ページ）

緑
⇩りょく（262ページ）

翠
⇩すい（158ページ）

●みね●

峰　峯
⇩ほう（234ページ）

嶺
⇩れい（265ページ）

●みの●

蓑
13画　艹部・人

音訓 サ・サイ・みの

意味 みの。藁《わら》などで編んだ雨具。

●みゃく●

脈
10画　月部・教4

音訓 ミャク

意味 ①血液が流れる管。「動脈」②脈拍《みゃくはく》。血管の規則正しい動き。③すじになって続いているもの。「山脈」

●みょう●

妙
7画　女部・常

音訓 ミョウ・たえ
名乗 さ・たえ・ただ・たふ・たゆ・み

意味 ①きわめて優れていること。「巧妙・絶妙・

美妙」②変わっている。普通でない。「奇妙」

妙 たえ　妙香 たえか　妙希 たえき
妙子 たえこ　妙美 たえみ　妙司 ただし

●みん●

民 5画 氏部・教4
音訓 ミン・たみ
名乗 たみ・ひと・み・みたみ・みん・もと
意味 ①一般の人。治められる側の人。「人民」②…の人々。…した人々。「居留民」
民恵 たみえ　民生 たみお　民香 たみか

眠 10画 目部・常
音訓 ミン・メン・ねむ-る・ねむ-い
意味 寝る。ねむる。「睡眠」

●む●

矛 5画 矛部・常
音訓 ム・ボウ・ほこ
名乗 たけ・ほこ
意味 ほこ。長い柄《え》の先に両刃の剣をつけた武器。

牟 6画 牛部・人
音訓 ボウ・ム
名乗 ます・もと
意味 ①牛の鳴き声。②奪う。むさぼる。③［ム］梵語《ぼんご》などの音を表す。「釈迦牟尼《しゃかむに》」

務 11画 力部・教5
音訓 ム・つと-める・つと-まる
名乗 かね・ちか・つとむ・つよ・なか・みち・む
意味 ①与えられた仕事をする。はたらく。つとめる。「勤務」②なすべき仕事。つとめ。「任務」
勇務 いさむ　務 つとむ　務志 つよし

無 12画 灬部・教4
音訓 ム・ブ・な-い
名乗 な・なし・む
意味 ①なにもない。存在しない。⇔有（246ページ）「有無」②…がない。…でない。「無休」③あってないもののように軽んじる。ないがしろにする。「無視」

夢 13画 夕部・教5
音訓 ム・ボウ・ゆめ
名乗 ゆめ
意味 ゆめ。眠っている間に見る心的現象。また、実現させたいと思っている願いや空想。「夢中」「初夢《はつゆめ》」
歩夢 あゆむ　拓夢 たくむ　大夢 ひろむ
夢月 むつき　夢津美 むつみ　恵夢 めぐむ
夢 ゆめ　夢香 ゆめか　夢子 ゆめこ
夢二 ゆめじ　夢翔 ゆめと　夢美 ゆめみ

霧 19画 雨部・常
音訓 ム・きり
名乗 きり
意味 きり。地表や水面近くで水蒸気が細かな水滴となり、煙のように立ちこめるもの。「濃霧」
霧香 きりか　霧子 きりこ　霧人 きりと

●むく●

椋 ⇩りょう（261ページ）

●むこ●

婿 ⇩せい（163ページ）

●むすめ●

娘 10画 女部・常
音訓 ジョウ・むすめ
名乗 ら
意味 ①女の子ども。むすめ。「愛娘《まなむすめ》」②未婚の若い女性。

●むつまじい●

睦 ⇩ぼく（236ページ）

●めい●

名 6画 口部・教1
音訓 メイ・ミョウ・な
名乗 あきら・かた・な・なづく・もり
意味 ①名前。「氏名」②優れている。評判が高い。「名作・名誉」③人数を数えることば。「数名」
名 あきら　香名美 かなみ　比名太 ひなた
美名子 みなこ　結名 ゆいな　理名 りな

命 8画 𠆢部・教3
音訓 メイ・ミョウ・いのち・みこと
名乗 あきら・かた・とし・な・なが・のぶ・のり・まこと・みこと・みち・もり・や・よし・より
意味 ①いのち。生命。「寿命《じゅみょう》」②言いつけ。命令。「任命」③さだめ。巡り合わせ。「運命」④名付ける。「命名」⑤［みこと］神や貴人の名に添えて尊敬の意を表す。
類義 生（161ページ）
孝命 たかよし　命子 のりこ　命 みこと

8画
明 日部・教2
音訓 メイ・ミョウ・ミン・あ-かり・あか-るい・あか-るむ・あか-らむ・あき-らか・あ-ける・あ-く・あ-くる・あ-かす
名乗 あか・あかり・あかる・あき・あきら・あきらけい・あけ・きよし・くに・てる・とおる・とし・のり・はる・ひろ・みつ・みん・めい・よし
意味 ①光があふれて物がよく見える。あかるい。また、あかり。「明暗」「明星《みょうじょう》」②はっきりしている。また、くっきりと澄んでいる。さやか。「明白」③疑問点をはっきりさせる。「解明」④かしこい。「英明・賢明・聡明」⑤夜が明ける。夜明け。「黎明《れいめい》」⑥ものを見分ける力。また、視力。「失明」⑦次の。「明後日《みょうごにち》・明晩《みょうばん》」⑧神。「神明《しんめい》」
類義 恵（87ページ）・慧（88ページ）・憲（93ページ）・賢（93ページ）・晃（104ページ）・昌（143ページ）・昭（143ページ）・燭（150ページ）・晟（162ページ）・聡（173ページ）・智（186ページ）・哲（196ページ）・灯（200ページ）・敏（224ページ）・利（255ページ）・俐（256ページ）・亮（260ページ）・伶（264ページ）・怜（264ページ）・朗（267ページ）
特別な読み 明日《あす・あした》
明莉 あかり　明子 あきこ　明奈 あきな
明 あきら　明美 あけみ　明日香 あすか
孝明 たかあき　千明 ちあき　聡明 としあき
尚明 なおあき　英明 ひであき　宏明 ひろあき

9画
迷 ⻌部・教5
音訓 メイ・マイ・まよ-う
名乗 めい
意味 ①行くべき道がわからない。また、判断がつかない。「迷路」②筋が通らない。「迷答」

9画
姪 女部・人
音訓 テツ・めい
意味 めい。兄弟姉妹の娘。⇕甥（47ページ）

10画
冥 冖部・常
音訓 メイ・ミョウ
名乗 うみ・そら・めい
意味 ①暗い。また、奥深い。「晦冥《かいめい》」②道理にくらい。おろか。③あの世。死後の世界。「冥途《めいど》」④目に見えない神仏の働き。「冥加《みょうが》」

13画
盟 皿部・教6
音訓 メイ・モウ
名乗 あき・ちか
意味 約束を交わす。また、仲間としての約束。誓い。「盟友・同盟」
盟子 めいこ　盟太 めいた　盟也 めいや

14画
銘 金部・常
音訓 メイ
名乗 あき・かた・な
意味 ①器物や石碑に刻みこんだ文。「銘文」②心に刻みこんで忘れない。「銘記」③戒めとすることば。④特に名の通った品物。「銘柄」

14画
鳴 鳥部・教2
音訓 メイ・な-く・な-る・な-らす
名乗 なき・なり・なる
意味 ①鳥などがなく。②物が音を発する。「雷鳴」

●めつ●

13画
滅 氵部・常
音訓 メツ・ベツ・ほろ-びる・ほろ-ぼす
意味 ①絶《た》えてなくなる。「破滅」②明かりが消える。「点滅」③仏陀《ぶっだ》や高僧の死。「入滅《にゅうめつ》」

●めん●

8画
免 儿部・常
音訓 メン・まぬか-れる
意味 ①のがれる。まぬがれる。「免責」②罪を許す。「放免」③職などをやめさせる。「免職」

9画
面 面部・教3
音訓 メン・おも・おもて・つら
名乗 おも・つら・み・も
意味 ①人の顔。「面前」②仮面。マスク。「能面」③うわべ。外側。「表面」④向き。方向。「全面」⑤顔を合わせる。向き合う。「面会」⑥平たいものを数えることば。

14画
綿 糸部・教5
音訓 メン・わた
名乗 つら・まさ・ます・やす・わた
意味 ①植物の名。ワタ。「綿花《めんか》」②植物のわたから製した繊維。もめん。また、繭《まゆ》から製したわた。③細長く続く。「連綿」④細かい。「綿密」
特別な読み 木綿《もめん・ゆう》
綿美 まさみ　木綿花 ゆうか　木綿子 ゆうこ

16画
麺 麦部・常
音訓 メン
意味 うどん・そばなどの総称。「乾麺」

●も●

8画
茂 艹部・常
音訓 モ・しげ-る
名乗 あり・いかし・し・しげ・しげい・しげみ・しげる・たか・とお・とも・とよ・も・もち・もと・ゆた
意味 草木がしげる。「繁茂」
類義 滋（126ページ）・蒼（173ページ）・繁（218ページ）
和茂 かずしげ　茂樹 しげき　茂彦 しげひこ
茂美 しげみ　茂也 しげや　茂行 しげゆき
茂 しげる　輝茂 てるしげ　茂恵 もえ

模 14画 木部・教6
音訓 モ・ボ
名乗 かた・のり
意味 ①手本。ひながた。「模範」②似せる。まねる。「模写」③手さぐりで探し求める。「模索」④ありさま。形。また、大きさ。「模様」「規模《きぼ》」

●もう●

毛 4画 毛部・教2
音訓 モウ・け
名乗 あつ・け
意味 ①人や動物の、け。「毛髪・羽毛」②細く小さい。わずか。「毛細血管」③草木が生える。また、穀物の実り。「二毛作」④割合・通貨の単位。⑤尺貫法で、長さ・重さを表す単位。

妄 6画 女部・常
音訓 モウ・ボウ・みだり
意味 ①節度がない。常軌を逸している。「妄想」②うそ。でたらめ。「妄言《もうげん》」

盲 8画 目部・常
音訓 モウ
意味 ①目が不自由なこと。②暗い。また、気がつかない。「盲点」③むやみに。「盲愛」④管の一端がふさがっている。「盲腸」

孟 8画 子部・人
音訓 モウ
名乗 おさ・たけ・たけし・つとむ・とも・なが・はじむ・はじめ・はる・もと
意味 ①はじめ。特に、四季の初めの月。「孟春《もうしゅん》」②中国、戦国時代の思想家である孟子《もうし》のこと。
和孟 かずたけ　孟司 たけし　孟紀 たけのり
孟彦 たけひこ　孟 はじめ　孟雄 はるお

耗 10画 耒部・常
音訓 モウ・コウ
意味 すりへる。使ってへらす。「消耗」

猛 11画 犭部・常
音訓 モウ・たけ-る
名乗 たか・たけ・たけお・たけき・たけし・たける
意味 勢いが激しい。荒々しい。「猛威・猛烈」
猛生 たけお　猛 たけし　猛斗 たけと
猛宏 たけひろ　猛也 たけや　猛 たける

蒙 13画 艹部・人
音訓 モウ・こうむ-る
意味 ①道理にくらい。おろか。「蒙昧《もうまい》」②おおいかぶさる。また、受ける。こうむる。

網 14画 糸部・常
音訓 モウ・あみ
意味 ①あみ。糸・針金などで目をあらく編んだもの。「虫取り網」②あみの目のように張りめぐらしたもの。「交通網」
注意 「綱」は形が似ているが、別の字。↓綱（106ページ）

●もうけ●

儲 ⇩ちょ（188ページ）

●もえ●

萌 蕄 ⇩ほう（234ページ）

●もく●

木 ⇩ぼく（236ページ）

目 5画 目部・教1
音訓 モク・ボク・め・ま
名乗 あき・あきら・ま・み・め・より
意味 ①め。まなこ。また、物を見る。目くばせする。「目撃」「目玉」②要点。また、ねらい。「目的・眼目」③見出し。「目次」④人の上に立つ人。「頭目」⑤分類した小さな区分。「科目」⑥縦・横に交わった線で囲まれているところ。「網の目」⑦計器類の量を読むための印。目盛り。⑧体験。境遇。「憂《う》き目」

黙 15画 黒部・常
默 16画 黒部・人
音訓 モク・だま-る
意味 口をきかない。だまる。「沈黙」

●もち●

勿 4画 勹部・人
音訓 ブツ・モチ・なか-れ
名乗 な
意味 ①禁止の意を表す。…するな。…してはいけない。②否定の意を表す。…ない。
ことば 【勿論】 もちろん　言うまでもなく。無論《むろん》。

餅 ⇩へい（230ページ）

●もどす●

戻 ⇩れい（264ページ）

●もみ●

籾 9画 米部・人
音訓 もみ
意味 ①もみ殻《がら》。穀物の実の皮。②もみ米。もみ殻のついたままの米。◆日本で作られたとされる字（国字）。

●もみじ●

椛　11画　木部・人
音訓 かば・もみじ
意味 ①紅葉《こうよう》・《もみじ》。木の葉が赤や黄色に色づくこと。②「樺」の略字。↓樺（63ページ）◆シラカバなど、カバノキ科の植物。日本で作られたとされる字（国字）。
椛 もみじ　和椛 わかば

●もらう●

貰　12画　貝部・人
音訓 セイ・もらう
意味 物を贈られる。もらう。「貰《もら》い物」

●もり●

杜 ⇩と（197ページ）

●もん●

文 ⇩ぶん（229ページ）

門　8画　門部・教2
音訓 モン・かど
名乗 かど・かな・と・ひろ・もん・ゆき
意味 ①出入り口。「校門」②家。家柄。「名門」③学問や芸を学ぶ所。また、その仲間。「門下生」④物事の分類上の種別。「部門」
亜門 あもん　門汰 もんた　佑門 ゆうと

紋　10画　糸部・常
音訓 モン
名乗 あや・もん
意味 ①模様。あや。「紋様・波紋」②家を表すしるし。「家紋」
類義 綾（35ページ）・章（144ページ）・郁（39ページ）・絢（93ページ）・采（111ページ）・彩（112ページ）・斐（220ページ）・彪（223ページ）・文（229ページ）
紋加 あやか　紋子 あやこ　紋司 もんじ

問　11画　口部・教3
音訓 モン・とう・とい・とん
名乗 ただ・よ
意味 ①たずねる。といただす。「質問」②おとずれる。見舞う。「訪問」

●もんめ●

匁　4画　勹部・人
音訓 もんめ
意味 もんめ。尺貫法の重さの単位。また、昔の貨幣の単位。◆日本で作られたとされる字（国字）。

●や●

也　3画　乚部・人
音訓 ヤ・なり
名乗 あり・ただ・なり・また・や
意味 断定を表す。…である。
和也 かずなり　一也 かずや　沙也香 さやか
淳也 じゅんや　慎也 しんや　拓也 たくや
達也 たつや　哲也 てつや　智也 ともや
直也 なおや　晴也 はるや　也寸志 やすし

矢 ⇩し（122ページ）

冶　7画　冫部・常
音訓 ヤ
名乗 じ・はる・や・よし
意味 ①金属をとかす。また、金属をとかして器物を作る。「鍛冶《かじ》・《たんや》」②なまめかしい。「艶冶《えんや》」
注意 「治」は形が似ているが別の字。↓治（126ページ）

夜　8画　夕部・教2
音訓 ヤ・よ・よる
名乗 やす・よ・よる
意味 よる。日没から日の出までの時間。⇔昼（187ページ）「夜景」「小夜《さよ》・月夜」
小夜子 さよこ　星夜 せいや　真夜 まよ

弥　8画　弓部・常
彌　17画　人
音訓 ビ・ミ・や・いや
名乗 いや・いよ・ひさ・ひさし・ひろ・ます・まね・み・みつ・や・やす・よし・わたり・わたる
意味 ①ますます。いよいよ。②久しい。遠い。また、行き渡る。③梵語《ぼんご》の音を表す。「阿弥陀《あみだ》」
注意 「祢」は形が似ているが、別の字。↓祢（209ページ）
類義 久（75ページ）・恒（102ページ）
ことば 【弥栄】いやさか　ますます栄えること。祝いの挨拶《あいさつ》に使うことば。〔名前読み例〕やえ
【沙弥】しゃみ　出家して十戒を受け、比丘《びく》になるための修行をしている男の僧。
【弥生】やよい　陰暦三月の別名。〔名前読み例〕やよい
亜弥 あや　伸弥 しんや　卓弥 たくや
真弥 まや　弥恵 やえ　弥太郎 やたろう

耶　9画　耳部・人
音訓 ヤ・か・や
名乗 や
意味 疑問の意を表す。…であるか。

一耶 かずや　花耶乃 かやの　紗耶香 さやか
麻耶 まや　美耶子 みやこ　耶恵 やえ

屋 ⇩おく（48ページ）

哉 ⇩さい（111ページ）

野 11画 里部・教2　埜 11画 土部・人

音訓 ヤ・ショ・の
名乗 とお・なお・ぬ・の・ひろ

意味 ①広々とした土地。のはら。「広野《こうや・ひろの》」②自然のまま。「野生」③洗練されていない。また、荒っぽい。「野蛮」④範囲。「分野」⑤民間。「在野《ざいや》」

志野 しの　野乃子 ののこ　穂野香 ほのか

椰 13画 木部・人

音訓 ヤ
名乗 や・やし

意味 木の名。ヤシ。「椰子《やし》」

注意 「梛」は形が似ているが、別の字。↓梛（206ページ）

亜椰 あや　紗椰香 さやか　大椰 ひろや

●やく●

厄 4画 厂部・常

音訓 ヤク

意味 ①わざわい。災難。「厄難《やくなん》」②不吉なめぐり合わせ。厄年《やくどし》。

役 7画 彳部・教3

音訓 ヤク・エキ
名乗 つら・まもる・ゆき

意味 ①つとめ。職務。「役職・大役」②演劇などで、受け持って演じる役目。「主役」③戦争。「戦役《せんえき》」

約 9画 糸部・教4

音訓 ヤク・つづ-める
名乗 なり

意味 ①束《たば》ねる。合わせる。②取り決める。誓う。「約束・契約」③およそ。だいたい。「約五分」④省略する。簡単にする。「要約」⑤質素にする。ひかえる。「節約」⑥整数で割り切る。「約分」

訳 11画 言部・教6

音訓 ヤク・わけ
名乗 つぎ・つぐ

意味 ①文の意味を説き明かす。解釈する。②ある言語を他の言語に直す。また、その直したもの。「訳文」③［わけ］理由。また、意味。「言い訳《わけ》」

薬 16画 艹部・教3　藥 18画 人

音訓 ヤク・くすり
名乗 くす・くすし・くすり

意味 ①くすり。病気や傷をなおす効果のあるもの。「薬局」②化学作用を及ぼす物質。「火薬」

躍 21画 ⻊部・常

音訓 ヤク・おど-る

意味 とびあがる。おどり動く。「跳躍」

●やみ●

闇 ⇩あん（36ページ）

●ゆ●

由 5画 田部・教3

音訓 ユ・ユウ・ユイ・よし・よ-る
名乗 ただ・みち・ゆ・ゆう・ゆき・よし・より

意味 ①基《もと》づく。依《よ》る。「自由」②いわれ。わけ。「由縁・由来」「理由」「由緒《ゆいしょ》」③通る。経《へ》る。「経由」④手段。方法。

亜由夢 あゆむ　真由 まゆ　美由紀 みゆき
由依 ゆい　由一 ゆいち　由子 ゆうこ
由太 ゆうた　由馬 ゆうま　由佳 ゆか
由紀恵 ゆきえ　由実 ゆみ　由伸 よしのぶ

油 8画 氵部・教3

音訓 ユ・ユウ・あぶら

意味 植物や鉱物からとる、液状のあぶら。「香油《こうゆ》」

柚 ⇩ゆう（247ページ）

喩 12画 口部・常

音訓 ユ・たと-える
名乗 あき・さとる

意味 あることを説明するために、似た事物を引き合いに出して言う。たとえる。「比喩《ひゆ》」

注意 「諭」は形が似ているが、別の字。↓諭（同ページ）

愉 12画 忄部・常

音訓 ユ・たの-しい・たの-しむ
名乗 ゆ

意味 明るく満ち足りた気持ちである。こころよい。たのしい。よろこぶ。「愉快《ゆかい》」

類義 悦（45ページ）・嘉（54ページ）・快（57ページ）・楽（61ページ）・歓（66ページ）・喜（70ページ）・嬉（72ページ）・欣（82ページ）・慶（88ページ）

美愉 みゆ　愉伊 ゆい　愉香 ゆか

湯 ⇩とう（201ページ）

諭 16画 言部・常

音訓 ユ・さと-す
名乗 さと・さとし・さとす・さとる・つぐ・みち・ゆ・よし

意味 教えみちびく。言い聞かせる。さとす。「教諭」
注意「喩」は形が似ているが、別の字。↓喩（245ページ）
類義 教（80ページ）・訓（85ページ）・啓（87ページ）・迪（195ページ）
亜諭美 あゆみ　諭志 さとし　諭吉 ゆきち

16画
輸
車部・教5
音訓 ユ・シュ
意味 車・船などで運ぶ。送る。「輸送」

18画
癒
疒部・常
音訓 ユ・い-える・い-やす
意味 病気がなおる。いえる。また、いやす。「治癒《ちゆ》」

●ゆい●

11画
唯
口部・常
音訓 ユイ・イ・ただ
名乗 い・ただ・ゆい
意味 ただそれだけ。「唯一《ゆいいつ》」
注意「惟」は形が似ているが、別の字。↓惟（38ページ）
類義 只（182ページ）
唯久 ただひさ　真唯 まい　唯 ゆい
結唯 ゆい　唯花 ゆいか　唯斗 ゆいと

●ゆう●

夕 ⇩せき（164ページ）

4画
友
又部・教2
音訓 ユウ・とも
名乗 すけ・とも・ゆ・ゆう
意味 ともだち。仲間。「友愛・親友」
類義 朋（233ページ）
友恵 ともえ　友佳 ともか　友希 ともき
友美 ともみ　麻友香 まゆか　友一 ゆういち
友介 ゆうすけ　友太郎 ゆうたろう　友奈 ゆうな
友真 ゆうま　友也 ゆうや　友花 ゆか
友加里 ゆかり　友美佳 ゆみか　友梨 ゆり

4画
尤
尢部・人
音訓 ユウ・もっと-も
名乗 あや・もと・ゆう
意味 ①特にすぐれている。「尤物《ゆうぶつ》」②道理に合っている。もっとも。③ただし。とはいえ。

由 ⇩ゆ（245ページ）

6画
有
月部・教3
音訓 ユウ・ウ・あ-る
名乗 あ・あり・くに・すみ・たもつ・とお・とも・なお・なり・みち・もち・ゆ・ゆう・り
意味 ①存在する。ある。⇔無（241ページ）「有望・有利」②持っている。「所有」
有紗美 あさみ　有紗 ありさ　有 ゆう
有太 ゆうた　有登 ゆうと　有也 ゆうや
有佳 ゆか　有紀 ゆき　有希子 ゆきこ

7画
佑
亻部・人
音訓 ユウ・ウ
名乗 すけ・たすく・ゆう
意味 助ける。「佑助《ゆうじょ》・天佑《てんゆう》」
類義 介（56ページ）・佐（109ページ）・助（141ページ）・丞（148ページ）・輔（232ページ）・侑（同ページ）・祐（247ページ）・翼（254ページ）
恭佑 きょうすけ　圭佑 けいすけ　颯佑 そうすけ
佑 ゆう　佑香 ゆうか　佑樹 ゆうき
佑介 ゆうすけ　佑都 ゆうと　佑奈 ゆうな

7画
邑
邑部・人
音訓 ユウ・むら
名乗 くに・さと・さとし・すみ・むら
意味 ①むら。人が集まり住む所。「都邑」②諸侯などの領地。
美邑 みくに　邑子 ゆうこ　邑太 ゆうた

西 ⇩とり（205ページ）

8画
侑
亻部・人
音訓 ユウ・ウ
名乗 あつむ・いく・すけ・すすむ・ゆ・ゆう・ゆき
意味 勧《すす》める。また、たすける。
類義 介（56ページ）・佐（109ページ）・助（141ページ）・丞（148ページ）・輔（232ページ）・佑（同ページ）・祐（247ページ）・翼（254ページ）
侑 ゆう　侑希 ゆうき　侑斗 ゆうと
侑真 ゆうま　侑也 ゆうや　侑恵 ゆきえ

9画
勇
力部・教4
音訓 ユウ・いさ-む
名乗 いさ・いさお・いさみ・いさむ・お・さ・そよ・たけ・たけし・とし・はや・ゆ・ゆう・よ
意味 元気や気力がある。また、強い。いさましい。「勇敢・勇気」
類義 毅（72ページ）・赳（77ページ）・強（79ページ）・健（92ページ）・剛（107ページ）・豪（107ページ）・武（226ページ）・雄（247ページ）
勇 いさみ　勇人 はやと　勇 ゆう
勇気 ゆうき　勇吾 ゆうご　勇介 ゆうすけ
勇太 ゆうた　勇斗 ゆうと　勇平 ゆうへい

9画
幽
幺部・常
音訓 ユウ・かす-か
名乗 はる・ゆう
意味 ①暗い。かすか。「幽明」②奥深い。「幽玄」③世間から離れる。隠れる。「幽境」④人を閉じ込める。「幽閉」⑤あの世。また、死者。「幽霊」

宥 9画 宀部・人
音訓 ユウ・なだ-める
名乗 すけ・ひろ
意味 ①大目に見る。許す。「宥恕《ゆうじょ》」②やわらげ静める。なだめる。「宥和《ゆうわ》」
千宥 ちひろ　宥介 ゆうすけ　宥奈 ゆうな

柚 9画 木部・人
音訓 ユウ・ユ・ゆず
名乗 ゆ
意味 果樹の名。ユズ。「柚子《ゆず》」
柚花 ゆうか　柚太 ゆうた　柚香 ゆか
柚 ゆず　柚子 ゆず　柚希 ゆずき
柚菜 ゆずな　柚葉 ゆずは　柚月 ゆづき

祐 9画 ネ部・人　**祐** 10画 示部・人
音訓 ユウ
名乗 さち・すけ・たすく・ち・ひろ・まさ・ます・みち・むら・ゆ・ゆう・よし
意味 神がたすける。また、神のたすけ。「祐助《ゆうじょ》・天祐《てんゆう》」
注意 「裕」は形が似ているが、別の字。→裕（同ページ）
類義 介（56ページ）・佐（109ページ）・助（141ページ）・丞（148ページ）・輔（232ページ）・佑（246ページ）・侑（246ページ）・翼（254ページ）
圭祐 けいすけ　俊祐 しゅんすけ　祐衣 ゆい
祐希 ゆうき　祐斗 ゆうと　祐平 ゆうへい
祐也 ゆうや　祐香 ゆか　祐美花 ゆみか

郵 11画 阝部・教6
音訓 ユウ
意味 ①文書・命令などを運ぶ人馬の中継ぎ場。②手紙などを送り届ける業務。「郵便」

◆悠 ⇩ 人気の字（248ページ）

湧 12画 氵部・常
音訓 ユウ・ヨウ・わ-く
名乗 いさむ・ゆう・わか・わき・わく
意味 水などがわき出る。「湧出《ゆうしゅつ》」
湧花 ゆうか　湧太 ゆうた　湧奈 ゆうな

猶 12画 犭部・常
音訓 ユウ・なお
名乗 さね・なお・より
意味 ①ためらう。「猶予《ゆうよ》」②それでもやはり。

遊 12画 辶部・教3
音訓 ユウ・ユ・あそ-ぶ
名乗 とも・なが・ゆ・ゆき
意味 ①好きなことをして楽しむ。あそぶ。「遊戯《ゆうぎ》」②よその土地に出かける。「遊学」③自由に動きまわる。「遊星・遊牧」④何もしないでいる。「遊民」⑤およぐ。「遊泳」
遊 ゆう　遊佳 ゆうか　遊助 ゆうすけ
遊太 ゆうた　遊斗 ゆうと　遊月 ゆづき

裕 12画 ネ部・常
音訓 ユウ・ユ
名乗 しげ・すけ・ひろ・ひろし・ひろむ・まさ・みち・やす・ゆ・ゆう・ゆたか・よし
意味 ①満ち足りている。ゆとりがある。「裕福・余裕」②やすらか。
注意 「祐」は形が似ているが、別の字。→祐（同ページ）
類義 安（36ページ）・晏（36ページ）・康（104ページ）・靖（164ページ）・泰（179ページ）・寧（210ページ）・悠（248ページ）・優（250ページ）
隆裕 たかひろ　千裕 ちひろ　裕樹 ひろき
裕史 ひろし　裕美 ひろみ　裕之 ひろゆき
雅裕 まさひろ　保裕 やすひろ　裕樹 ゆうき
裕子 ゆうこ　裕二 ゆうじ　裕輔 ゆうすけ
裕太 ゆうた　裕也 ゆうや　裕 ゆたか

雄 12画 隹部・常
音訓 ユウ・お・おす
名乗 あき・お・かず・かた・かつ・たか・たけ・たけし・のり・まさ・ゆ・ゆう・ゆき・よし
意味 ①生物のおす。⇔雌（125ページ）「雌雄《しゆう》」②強く、勇ましい。おおしい。また、優れる。「雄大・英雄」
類義 毅（72ページ）・赳（77ページ）・強（79ページ）・健（92ページ）・剛（107ページ）・豪（107ページ）・武（226ページ）・勇（246ページ）
雄彰 たけあき　雄史 たけし　雄彦 たけひこ
雄大 たけひろ　雄琉 たける　智雄 ともお
陽雄 はるお　英雄 ひでお　雄 ゆう
雄一郎 ゆういちろう　雄貴 ゆうき　雄志 ゆうし
雄介 ゆうすけ　雄星 ゆうせい　雄斗 ゆうと
雄平 ゆうへい　雄馬 ゆうま　雄也 ゆうや

釉 12画 釆部・人
音訓 ユウ・うわぐすり
名乗 つや・てる
意味 うわぐすり。陶磁器《とうじき》の表面に塗るガラス質の溶液。「釉薬《ゆうやく》」
釉香 ゆうか　釉輝 ゆうき　釉斗 ゆうと

誘 14画 言部・常
音訓 ユウ・さそ-う・いざな-う
名乗 みち
意味 ①何かをしようと呼びかける。さそう。いざなう。「勧誘」②そそのかす。まどわす。「誘惑」③引き起こす。「誘発」

憂 15画 心部・常
音訓 ユウ・うれ-える・うれ-い・う-い
名乗 ゆう
意味 心配する。また、なげき悲しむ。「憂鬱《ゆううつ》」

人気の字

悠

11画

心部・常

音訓 ユウ・はる-か

名乗 ちか・なが・はる・はるか・ひさ・ひさし・ゆ・ゆう

意味 ①どこまでも続くさま。はるか。「悠遠・悠久」②ゆったりしているさま。「悠々」③憂える。

類義 泰（179ページ）・裕（247ページ）・優（250ページ）・遥（251ページ）・遼（261ページ）

なりたち 形声。心に長く感じられる、はるか、の意味を表す。

四字熟語・ことわざ

【悠悠閑閑】ゆうゆうかんかん　ゆったりと構えて落ち着いているさま。

【悠悠自適】ゆうゆうじてき　俗事のわずらわしさから離れて、自分の思いのままに静かに暮らすこと。

筆順

亻 亻丨 亻丨丿 亻丨攵 攸 攸 悠 悠 悠

一字の名前

悠 はるか・ひさし・ゆう

二字の名前

❤一字目

悠子 ちかこ　悠士 ちかし　悠花 はるか
悠季 はるき　悠人 はると　悠登 はると
悠乃 はるの　悠彦 はるひこ　悠臣 ひさおみ
悠史 ひさし　悠斗 ひさと　悠年 ひさとし
悠道 ひさみち　悠世 ひさよ　悠愛 ゆあ
悠衣 ゆい　悠市 ゆういち　悠雅 ゆうが
悠希 ゆうき　悠喜 ゆうき　悠輝 ゆうき
悠樹 ゆうき　悠隼 ゆうしゅん　悠翔 ゆうしょう
悠仁 ゆうじん　悠生 ゆうせい　悠成 ゆうせい
悠晟 ゆうせい　悠聖 ゆうせい　悠太 ゆうた
悠人 ゆうと　悠斗 ゆうと　悠仁 ゆうと
悠翔 ゆうと　悠陽 ゆうひ　悠真 ゆうま
悠馬 ゆうま　悠香 ゆか　悠輝 ゆき
悠高 ゆたか　悠月 ゆづき　悠美 ゆみ

❤二字目

秋悠 あきひさ　和悠 かずひさ　君悠 きみひさ
清悠 きよちか　実悠 さねひさ　茂悠 しげはる
志悠 しゆう　高悠 たかちか　隆悠 たかひさ
時悠 ときひさ　利悠 としひさ　朋悠 ともはる
豊悠 とよひさ　直悠 なおちか　奈悠 なゆ
陽悠 はるちか　史悠 ふみひさ　布悠 ふゆ
茉悠 まゆ　真悠 まゆ　光悠 みつなが
心悠 みゆ　幸悠 ゆきひさ　義悠 よしひさ

三字の名前

❤一字目

悠唯斗 ゆいと　悠衣奈 ゆいな　悠一朗 ゆういちろう
悠太郎 ゆうたろう　悠之介 ゆうのすけ　悠香利 ゆかり
悠貴子 ゆきこ　悠津樹 ゆつき　悠美江 ゆみえ
悠理香 ゆりか　悠里奈 ゆりな　悠里也 ゆりや

❤二字目

亜悠夢 あゆむ　芙悠野 ふゆの　麻悠佳 まゆか
真悠歩 まゆほ　実悠紀 みゆき　美悠里 みゆり

❤三字目

小芙悠 こふゆ　千布悠 ちふゆ　美芙悠 みふゆ

読みごとの名前

❤ちか

悠栄 ちかえ　悠乃 ちかの　仁悠 にちか
春悠 はるちか　匡悠 まさちか　美悠 みちか

❤ひさ

智悠 ともひさ　悠江 ひさえ　悠子 ひさこ
悠則 ひさのり　幹悠 みきひさ　康悠 やすひさ

❤ゆ

小悠理 さゆり　麻悠夏 まゆか　美悠 みゆ
悠亜 ゆあ　悠維 ゆい　悠華 ゆか
悠貴 ゆき　悠萌 ゆめ　璃悠 りゆ

❤ゆう

健悠 けんゆう　泉悠 みゆう　悠夏 ゆうか
悠子 ゆうこ　悠吾 ゆうご　悠司 ゆうじ
悠士郎 ゆうじろう　悠佑 ゆうすけ　悠惺 ゆうせい
悠汰 ゆうた　悠都 ゆうと　悠奈 ゆうな
悠平 ゆうへい　悠也 ゆうや　悠里 ゆうり

❤はる

一悠 かずはる　悠佳 はるか　悠樹 はるき
悠斗 はると　悠良 はるよし　泰悠 やすはる

ことば

【悠遠】ゆうえん　はるかに遠いこと。

【悠久】ゆうきゅう　はてしなく長く続くこと。永遠。〔名前読み例〕ちかひさ・はるひさ

【悠然】ゆうぜん　ゆったりと落ち着いているさま。のどか。

【悠長】ゆうちょう　長く久しい。落ち着いていて気が長いさま。

【悠悠】ゆうゆう　ゆったりと落ち着いているさま。十分に余裕があるさま。また、時間や空間が限りなく続くさま。

【悠揚】ゆうよう　ゆったりとしてこせこせしないさま。〔名前読み例〕はるあき・ひさたか

融 16画 鬲部・常
音訓 ユウ・と-ける
名乗 あき・あきら・すけ・とお・とおる・なが・ながし・みち・ゆう・よし
意味 ①固体が液体になる。とける。「融解《ゆうかい》」②とけ合う。また、打ちとける。「融合・融和」③通じる。とおる。「融通《ゆうずう》」

✦**優** ⇩人気の字（250ページ）

●ゆるむ●

弛 ⇩し（122ページ）

●よ●

与 3画 一部・常　**與** 13画 臼部・人
音訓 ヨ・あた-える・あずか-る・くみ-する
名乗 あたえ・あと・あとう・くみ・すえ・たく・とも・のぶ・ひとし・もろ・よ・よし
意味 ①さずける。あたえる。「授与」②仲間になる。関係する。「関与」

伊与 いよ　珠与 たまよ　与 ひとし
真与 まよ　与一 よいち　与史朗 よしろう

予 4画 亅部・教3
音訓 ヨ・あらかじ-め・かね-て
名乗 たのし・まさ・やす・やすし・よ
意味 ①前もって。あらかじめ。「予定」②ためらう。ぐずぐずする。「猶予《ゆうよ》」③自分を指し示すことば。われ。④楽しむ。

真予 まよ　美千予 みちよ　予 やすし

世 ⇩せい（160ページ）

余 7画 へ部・教5
音訓 ヨ・あま-る・あま-す
名乗 よ・われ
意味 ①あまり。残り。「余分」②そのほか。それ以外。「余談」③その数より少し多い意を表す。「三千余」④自分を指し示すことば。われ。

夜 ⇩や（244ページ）

誉 13画 言部・常
音訓 ヨ・ほま-れ・ほ-める
名乗 しげ・たか・たかし・のり・ほまる・ほまれ・ほむ・ほん・もと・やす・よ・よし
意味 ほめたたえる。また、よい評判。「栄誉・名誉」
類義 栄（44ページ）・光（99ページ）・芳（233ページ）・望（235ページ）

佳誉 かよ　誉志 たかし　誉 ほまれ

預 13画 頁部・教5
音訓 ヨ・あず-ける・あず-かる
名乗 さき・ふさ・まさ・やす・よし
意味 ①託《たく》す。あずける。「預金」②前もって。あらかじめ。「預言《よげん》」

輿 17画 車部・人
音訓 ヨ・こし
名乗 お・こし
意味 ①乗り物。こし。「神輿《みこし》」②多い。おおぜいの。「輿論《よろん》」

●よう●

幼 5画 力部・教6
音訓 ヨウ・おさな-い・いとけない
名乗 わか
意味 年が小さい。また、未熟だ。おさない。「幼児」

用 5画 用部・教2
音訓 ヨウ・もち-いる
名乗 ちか・なか・もち・よう
意味 ①使う。もちいる。「運用」②役に立つ。「実用」③必要とする。「無用」④用事。「急用」⑤大小便をする。「小用」

羊 6画 羊部・教3
音訓 ヨウ・ひつじ
名乗 よう
意味 動物の名。ヒツジ。「羊毛」

妖 7画 女部・常
音訓 ヨウ・あや-しい
名乗 よう
意味 ①不思議だ。また、疑わしい。あやしい。「妖怪」②なまめかしい。「妖艶《ようえん》」

洋 9画 氵部・教3
音訓 ヨウ
名乗 うみ・おき・きよ・なみ・ひろ・ひろし・ふかし・み・よ・よう・よし
意味 ①広い海。「太平洋・大洋」②外国。特に、西洋。「洋食」③広く大きい。「×茫洋《ぼうよう》」
類義 海（57ページ）・恢（58ページ）・寛（65ページ）・広（99ページ）・弘（99ページ）・宏（101ページ）・浩（104ページ）・紘（104ページ）・甫（231ページ）

彰洋 あきひろ　一洋 かずひろ　光洋 こうよう
大洋 たいよう　孝洋 たかひろ　千洋 ちひろ
知洋 ともひろ　洋夏 ひろか　洋 ひろし
洋斗 ひろと　洋美 ひろみ　幸洋 ゆきひろ
洋 よう　洋一 よういち　洋子 ようこ
洋司 ようじ　洋介 ようすけ　洋平 ようへい

人気の字

17画

優

イ部・教6

音訓 ユウ・ウ・やさ-しい・すぐ-れる・まさ-る
名乗 かつ・ひろ・まさ・まさる・ゆ・ゆう・ゆたか

意味 ①すぐれている。他よりまさる。「優秀・優良」②上品で美しい。しとやか。また、優しい。「優雅・優美」③手厚い。「優遇」④ゆとりがある。⑤役者。「俳優」

類義 英（44ページ）・佳（51ページ）・嘉（54ページ）・好（100ページ）・高（104ページ）・秀（133ページ）・俊（137ページ）・駿（138ページ）・勝（144ページ）・泰（179ページ）・大（180ページ）・卓（181ページ）・悠（248ページ）・裕（247ページ）

なりたち 形声。面をつけて舞う人、わざおぎ（＝俳優）の意味を表し、転じて、やさしい、すぐれるの意味も表す。

四字熟語・ことわざ

【温良優順《おんりょうゆうじゅん》】性格がおだやかで素直で、優しく従順であること。

【優美高妙《ゆうびこうみょう》】優雅で美しく、高くすぐれていること。

筆順

一字の名前

優 まさる・ゆう・ゆたか

二字の名前

❤一字目

優輝 ひろき　優翔 ひろと　優奈 ひろな
優樹 まさき　優斗 まさと　優大 まさひろ
優愛 ゆあ　優衣 ゆい　優一 ゆういち
優花 ゆうか　優芽 ゆうが　優希 ゆうき
優子 ゆうこ　優作 ゆうさく　優二 ゆうじ
優太 ゆうた　優大 ゆうだい　優斗 ゆうと
優那 ゆうな　優奈 ゆうな　優妃 ゆうひ
優真 ゆうま　優海 ゆうみ　優哉 ゆうや
優妃 ゆき　優月 ゆづき　優理 ゆり

❤二字目

明優 あきひろ　晃優 あきまさ　一優 かずひろ
勝優 かつまさ　賢優 けんゆう　千優 ちひろ
知優 ともひろ　真優 まひろ　茉優 まゆ
美優 みう　道優 みちまさ　美優 みひろ
心優 みゆ　美優 みゆ　義優 よしまさ

三字の名前

❤一字目

優以子 ゆいこ　優一郎 ゆういちろう　優太朗 ゆうたろう
優之介 ゆうのすけ　優紀恵 ゆきえ　優貴奈 ゆきな
優樹菜 ゆきな　優美子 ゆみこ　優里也 ゆりや

❤二字目

亜優美 あゆみ　紗優里 さゆり　千優美 ちゆみ
真優佳 まゆか　茉優子 まゆこ　美優紀 みゆき

❤三字目

千風優 ちふゆ　美芙優 みふゆ

読みごとの名前

❤ひろ

貴優 たかひろ　知優 ちひろ　優人 ひろと
優史 ひろふみ　茉優 まひろ　幸優 ゆきひろ

❤まさ

和優 かずまさ　壮優 たけまさ　優江 まさえ
優臣 まさおみ　優仁 まさひと　光優 みつまさ

❤ゆ

深優 みゆ　優衣斗 ゆいと　優佳 ゆか

❤ゆう

心優 みゆう　優香 ゆうか　優樹 ゆうき
優佑 ゆうすけ　優聖 ゆうせい　優人 ゆうと
優菜 ゆうな　優陽 ゆうひ　優平 ゆうへい

ことば

【優男《やさおとこ》】上品で優美な男。また、柔弱な男。やさしい男。

【優位《ゆうい》】他よりもまさった地位。

【優越《ゆうえつ》】他よりすぐれていること。

【優雅《ゆうが》】しとやかで気品があること。〔名前読み例〕ひろまさ・ゆうが

【優秀《ゆうしゅう》】非常にすぐれているさま。〔名前読み例〕まさひで・ゆうほ

【優駿《ゆうしゅん》】非常にすぐれた競争馬。

【優勝《ゆうしょう》】勝って一位になること。

【優勢《ゆうせい》】勢いがまさっていること。

【優長《ゆうちょう》】すぐれていること。また、落ち着いていて気が長いこと。〔名前読み例〕ひろなが・ゆうちょう

【優等《ゆうとう》】他よりすぐれていること。

【優美《ゆうび》】上品で美しいこと。〔名前読み例〕まさみ・ゆうみ・ゆみ

【優遊《ゆうゆう》】ゆったりする。

【優優《ゆうゆう》】ゆったりと楽しむさま。

【優良《ゆうりょう》】すぐれていること。〔名前読み例〕まさよし・ゆら

【優麗《ゆうれい》】上品で美しいこと。〔名前読み例〕ゆら

要
9画　覀部・教4

音訓 ヨウ・かなめ・い-る

名乗 かなめ・しの・とし・め・もとむ・やす・よ・よう

意味 ①大事なところ。かなめ。「要点」②求める。また、なくてはならない。「要求・必要」③まとめる。しめくくる。「要約」

要 かなめ　要美 としみ　要 よう
要一 よういち　要子 ようこ　要平 ようへい

容
10画　宀部・教5

音訓 ヨウ・い-れる・かたち

名乗 いるる・おさ・かた・なり・ひろ・ひろし・まさ・もり・やす・よ・よう・よし

意味 ①中に入れる。また、中身。「容器」②すがた。形。「容姿」③聞き入れる。許す。「容認」④簡単だ。たやすい。「容易」⑤ゆとりがある。「従容《しょうよう》」

晃容 あきひろ　千容 ちひろ　容 ひろし
容子 ようこ　容平 ようへい　容宏 よしひろ

庸
11画　广部・常

音訓 ヨウ

名乗 いさお・つね・のぶ・のり・もち・もちう・やす・よ・よう

意味 ①つね。不変。「中庸《ちゅうよう》」②平凡である。「凡庸《ぼんよう》」③やとう。用《もち》いる。「登庸」④昔の租税の一つ。「租庸調《そようちょう》」

類義 恒（102ページ）・常（148ページ）

庸久 つねひさ　庸之 のぶゆき　庸花 やすか
庸 よう　庸一郎 よういちろう　庸介 ようすけ

揚
12画　扌部・常

音訓 ヨウ・あ-げる・あ-がる

名乗 あき・あきら・たか・のぶ

意味 ①高く上げる。また、引き上げる。「掲揚《けいよう》」②声を高める。③気分が高まる。勢いがさかんになる。「高揚」④ほめる。「称揚」⑤ゆったりしている。「鷹揚《おうよう》」⑥油であげる。

注意 「揚」は形が似ているが、別の字。↓楊（253ページ）

揚彦 あきひこ　揚 あきら　揚美 たかみ
武揚 たけあき　光揚 てるあき　揚介 ようすけ

揺　搖
12画　扌部・常　13画　人

音訓 ヨウ・ゆ-れる・ゆ-る・ゆ-らぐ・ゆ-るぐ・ゆ-する・ゆ-さぶる・ゆ-すぶる

意味 ゆらゆらとゆれる。ゆする。「動揺」

注意 「揺」は形が似ているが、別の字。↓瑶（253ページ）

葉
12画　艹部・教3

音訓 ヨウ・ショウ・は

名乗 たに・のぶ・は・ば・ふさ・よ・よう

意味 ①植物の、は。「青葉・若葉」②薄く平たいもの。また、薄く平たいものを数えることば。③時代の一区切り。「中葉」

特別な読み 紅葉《もみじ》

ことば 【大葉】おおば　大きな葉。また、青じそ。
【葉月】はつき・はづき　陰暦八月の別名。〔名前読み例〕はつき・はづき

青葉 あおば　明葉 あきは　彩葉 いろは
乙葉 おとは　一葉 かずは　双葉 ふたば
万葉 まよ　美葉 みよ　紅葉 もみじ
泰葉 やすは　柚葉 ゆずは　葉 よう
葉子 ようこ　葉介 ようすけ　葉太 ようた
葉平 ようへい　四葉 よつば　若葉 わかば

◆陽 ⇩ 人気の字（252ページ）

遥　遙
12画　辶部・人　14画　辶部・人

音訓 ヨウ・はる-か

名乗 すみ・とお・のぶ・のり・はる・はるか・みち

意味 ①距離的・時間的に遠い。はるか。②さまよう。ぶらぶら歩く。「×逍遥《しょうよう》」

類義 悠（248ページ）・遼（261ページ）

大遥 たいよう　千遥 ちはる　遥 はるか
遥香 はるか　遥希 はるき　遥大 はるた
遥斗 はると　遥奈 はるな　遥真 はるま
遥馬 はるま　遥也 はるや　遥子 ようこ

溶
13画　氵部・常

音訓 ヨウ・と-ける・と-かす・と-く

意味 ①水などにとける。「溶液」②金属が熱でとける。「溶岩」

腰
13画　月部・常

音訓 ヨウ・こし

意味 ①こし。背骨が骨盤とつながる部分。また、ウエスト。「腰痛《ようつう》」②めん類などの弾力。③刀・袴《はかま》など、腰に付けるものを数えることば。

傭
13画　亻部・人

音訓 ヨウ・やと-う

名乗 とも・なお

意味 賃金を払って人を使う。「傭兵《ようへい》」

蓉
13画　艹部・人

音訓 ヨウ

名乗 はす・よう

意味 「芙蓉《ふよう》」は、ハスの花。また、夏から秋に淡紅色または白色の花を開くアオイ科の落葉低木。モクフヨウ。↓芙（225ページ）

蓉乃 はすの　蓉美 はすみ　蓉夏 ようか
蓉子 ようこ　蓉司 ようじ　蓉平 ようへい

人気の字

12画

陽

阝部・教3

音訓 ヨウ・ひ

名乗 あき・あきら・お・おき・きよ・きよし・たか・てる・なか・はる・ひ・ひさ・や・よう

意味 ①日《ひ》。太陽。また、日の当たる場所。「陽光・太陽」②明るく暖かい。「陽春」③おもて側。また、うわべだけ見せかける。「陽動」④易《えき》で、天・明・男・父・奇数など積極的・能動的なもの。⇔陰（41ページ）「陽気」

類義 光（99ページ）・旦（183ページ）・日（209ページ）

なりたち 形声。丘の日の当たる側、ひなたの意味を表す。

特別な読み 紫陽花《あじさい》・陽炎《かげろう》

四字熟語・ことわざ

【陰徳あれば陽報あり】《いんとくあればようほうあり》 ひそかに善行を積めばよい報いがはっきりと現れる。

地名 城陽《じょうよう》市・南陽《なんよう》市

筆順

参考 易では、「陽」と「陰」（地・暗・女・子・偶数など消極的・受動的なもの）によって宇宙や万物が生成すると考えられていた。

一字の名前

陽 あきら・きよし・たか・はる・よう

二字の名前

❤一字目

陽人 あきと　陽友 あきとも　陽葉 あきは

陽宏 あきひろ　陽明 はるあき　陽生 はるお

陽花 はるか　陽香 はるか　陽希 はるき

陽葵 はるき　陽輝 はるき　陽大 はるた

陽太 はるた　陽斗 はると　陽翔 はると

陽奈 はるな　陽菜 はるな　陽音 はるね

陽乃 はるの　陽彦 はるひこ　陽久 はるひさ

陽仁 はるひと　陽大 はるひろ　陽帆 はるほ

陽真 はるま　陽彩 ひいろ　陽咲 ひさき

陽月 ひづき　陽菜 ひな　陽愛 ひより

陽一 よういち　陽子 ようこ　陽祐 ようすけ

陽生 ようせい　陽太 ようた　陽汰 ようた

❤二字目

朝陽 あさひ　岳陽 がくよう　一陽 かずあき

和陽 かずはる　清陽 きよはる　光陽 こうよう

翔陽 しょうや　貴陽 たかあき　千陽 ちあき

智陽 ちはる　輝陽 てるひ　時陽 ときはる

友陽 ともあき　夏陽 なつひ　晴陽 はるひ

心陽 みはる　悠陽 ゆうひ　吉陽 よしあき

三字の名前

❤一字目

陽太朗 はるたろう　陽香里 ひかり　陽早子 ひさこ

陽那太 ひなた　陽奈乃 ひなの　陽菜乃 ひなの

陽乃里 ひのり　陽茉梨 ひまり　陽一郎 よういちろう

❤二字目

真陽奈 まひな　美陽菜 みひな

❤三字目

亜紗陽 あさひ　羽琉陽 はるひ　由羽陽 ゆうひ

読みごとの名前

❤あき

陽朋 あきとも　陽奈 あきな　遥陽 はるあき

❤はる

陽佳 はるか　陽紀 はるき　陽士 はると

❤ひ

旭陽 あさひ　陽南 ひな　陽真李 ひまり

❤や

彩陽 さや　聖陽 せいや　真陽 まさや

❤よう

陽一 よういち　陽花 ようか　陽司 ようじ

陽介 ようすけ　陽大 ようだい　陽平 ようへい

ことば

【秋陽】《しゅうよう》 秋の陽光。〔名前読み例〕あきはる・あきひ・しゅうよう・ときはる・としはる

【春陽】《しゅんよう》 春の陽光。〔名前読み例〕しゅんよう・はるあき・はるひ

【夕陽】《せきよう・ゆうひ》 夕日。〔名前読み例〕ゆうひ・ゆうや・ゆうよう

【太陽】《たいよう》 太陽系の中心の恒星。また、希望・明るさ・偉大さなどのたとえ。〔名前読み例〕たいよう・もとはる

【重陽】《ちょうよう》 陰暦九月九日の節句。菊の節句。

【朝陽】《ちょうよう》 朝日。〔名前読み例〕あさひ・あさや・ともはる・ともひさ

【陽夏】《ようか》 夏。〔名前読み例〕はるか・ひなつ・ようか

【陽気】《ようき》 ほがらかで明るいこと。また、万物を活動させる陽の気。〔名前読み例〕はるき・ひさき

【陽光】《ようこう》 太陽の光。〔名前読み例〕はるみ・ようこう

【陽春】《ようしゅん》 陽気の満ちた暖かい春。また、陰暦正月の別名。〔名前読み例〕あきはる・ようしゅん

13画
楊
木部・人

音訓 ヨウ
名乗 やす
意味 木の名。ヤナギ。「楊枝《ようじ》」
注意「揚」は形が似ているが、別の字。↓揚（251ページ）

楊葉 やすは　楊夏 ようか　楊介 ようすけ

13画
瑤
王部・人

音訓 ヨウ
名乗 たま・よう
意味 美しい玉。また、玉のように美しい。
注意「揺」は形が似ているが、別の字。↓揺（251ページ）

瑤恵 たまえ　瑤緒 たまお　瑤花 たまか
瑤希 たまき　瑤一 よういち　瑤子 ようこ
瑤介 ようすけ　瑤太 ようた　瑤平 ようへい

14画
様
木部・教3

15画 樣 人

音訓 ヨウ・さま
意味 ①状態。「様子」②方法。「様式」③図柄。「模様」④尊敬の意を表す。「神様」

14画
瘍
疒部・常

音訓 ヨウ
意味 できもの。はれもの。「潰瘍《かいよう》」

14画
踊
⻊部・常

音訓 ヨウ・おど-る・おど-り
名乗 おどり
意味 ①おどりあがる。②リズムに合わせておどる。ダンス。「舞踊」

15画
窯
穴部・常

音訓 ヨウ・かま
意味 陶器などを焼くかま。「窯業《ようぎょう》」

15画
養
食部・教4

音訓 ヨウ・やしなう
名乗 おさ・かい・きよ・すけ・のぶ・まもる・やす・よう・よし
意味 ①育てる。やしなう。「養育」②体をいやす。「静養」③体力をつけるもの。「栄養」④心豊かに育てる。教育する。「教養」

16画
擁
扌部・常

音訓 ヨウ
意味 ①抱きかかえる。「抱擁《ほうよう》」②守り助ける。「擁護《ようご》」

16画
謡
言部・常

17画 謠 人

音訓 ヨウ・うたい・うた-う
意味 ①節をつけてうたう。また、はやり歌。「童謡」②能楽のうたい。「謡曲」③うわさ。デマ。「謡言《ようげん》」
類義 唄（43ページ）・歌（54ページ）・唱（144ページ）

謡花 ようか　謡子 ようこ　謡太 ようた

18画
曜
日部・教2

音訓 ヨウ
名乗 あき・あきら・てらす・てる・よう
意味 ①光り輝く。②太陽・月と五星（火・水・木・金・土）。「七曜」③一週間を太陽・月・五星にあてて呼ぶ名称。「日曜日」
類義 暉（71ページ）・輝（73ページ）・熙（72ページ）・光（99ページ）・晃（104ページ）・煌（106ページ）・晶（145ページ）・照（145ページ）・燿（次項）・耀（同ページ）

曜花 あきか　曜 あきら　曜一郎 よういちろう
曜子 ようこ　曜介 ようすけ　曜平 ようへい

18画
燿
火部・人

音訓 ヨウ
名乗 てる・よう
意味 光り輝く。輝き。
注意「櫂」「擢」「耀」は形が似ているが、別の字。↓櫂（59ページ）・擢（195ページ）・耀（次項）
類義 暉（71ページ）・輝（73ページ）・熙（72ページ）・光（99ページ）・晃（104ページ）・煌（106ページ）・晶（145ページ）・照（145ページ）・曜（前項）・耀（次項）

燿晶 てるあき　燿子 ようこ　燿太 ようた

20画
耀
羽部・人

音訓 ヨウ
名乗 あき・あきら・てる・よう
意味 光り輝く。輝き。「栄耀《えいよう》」
注意「櫂」「擢」「燿」は、形が似ているが別の字。↓櫂（59ページ）・擢（195ページ）・燿（前項）
類義 暉（71ページ）・輝（73ページ）・熙（72ページ）・光（99ページ）・晃（104ページ）・煌（106ページ）・晶（145ページ）・照（145ページ）・曜（同ページ）・燿（前項）

耀 あきら　耀子 ようこ　耀司 ようじ

24画
鷹
鳥部・人

音訓 ヨウ・オウ・たか
名乗 たか・まさ・よう
意味 鳥の名。タカ。「鷹揚《おうよう》」

鷹志 たかし　鷹也 たかや　雅鷹 まさたか

●よく●

7画
抑
扌部・常

音訓 ヨク・おさ-える・そもそも
名乗 あきら
意味 勢いをとどめる。また、封じ込める。「抑制」

7画
沃
氵部・常

音訓 ヨク・オク・ヨウ
意味 ①水を流し込む。②土地が豊かになる。「肥沃《ひよく》」③元素の名。ヨード。「沃素《ようそ》」

10画
浴
氵部・教4

音訓 ヨク・あ-びる・あ-びせる
名乗 あみ
意味 ①水や湯に体をひたしたりかけたりする。あびる。「入浴」②身に受ける。こうむる。「日光浴」

11画
欲
欠部・教6

音訓 ヨク・ほっ-する・ほ-しい
意味 ①自分のものにしたいと思う。欲しがる。「欲望」②欲しがる気持ち。「食欲」

11画
翌
羽部・教6

音訓 ヨク
名乗 あき・あきら・あけ・すけ
意味 その次の。「翌日」

17画
翼
羽部・常

音訓 ヨク・つばさ
名乗 すけ・たすく・つばさ
意味 ①鳥のつばさ。羽。②飛行機のはね。「尾翼《びよく》」③左右に張り出した部分。④助ける。かばう。「扶翼《ふよく》」
類義 羽(42ページ)・介(56ページ)・佐(109ページ)・助(141ページ)・丞(148ページ)・輔(232ページ)・佑(246ページ)・侑(246ページ)・祐(247ページ)

大翼 だいすけ　翼 たすく　翼 つばさ

●よど●

11画
淀
氵部・人

音訓 デン・よど・よど-む
意味 ①水の流れが滞《とどこお》っている所。よどみ。②物事が順調に進まない。止まって動かない。

●よもぎ●

蓬 ⇩ほう(234ページ)

●よろい●

鎧 ⇩がい(59ページ)

●ら●

8画
拉
扌部・常

音訓 ラ・ロウ・ラツ・ひし-ぐ
意味 ①引っ張って連れていく。「拉致《らち》」②押しつぶされる。ひしぐ。

13画
裸
ネ部・常

音訓 ラ・はだか
意味 はだか。体に衣服などをつけていないこと。「裸体」

17画
螺
虫部・人

音訓 ラ・にし
意味 ①巻き貝。「法螺貝《ほらがい》」②うずまき状のもの。「螺旋《らせん》」

19画
羅
罒部・常

音訓 ラ
名乗 つら・ら
意味 ①薄く織った絹布。「綺羅《きら》・綾羅《りょうら》」②つらねる。「羅列」③鳥をとる網。「網羅」④梵語《ぼんご》などの音を表す。「阿修羅《あしゅら》」「羅馬《ローマ》」

愛羅 あいら　彰羅 あきら　紗久羅 さくら
沙羅 さら　聖羅 せいら　泰羅 たいら

●らい●

7画
来
木部・教2

8画
來
人部・人

音訓 ライ・く-る・きた-る・きた-す
名乗 き・きたる・く・くる・こ・な・ゆき・らい
意味 ①こちらに近づいてくる。「来訪」②これから先の。「将来・未来」③ある時点から今まで。このかた。「以来」

来 きたる　来実 くみ　航来 こうき
未来斗 みきと　未来 みく　瑞来 みずき
未来 みらい　悠来 ゆうき　来輝 らいき

11画
徠
彳部・人

音訓 ライ
名乗 とめ
意味 ①こちらに近づいてくる。来る。②いたわる。ねぎらう。

美徠 みらい　徠香 らいか　徠希 らいき

11画
萊
艹部・人

音訓 ライ
名乗 しげる
意味 ①植物の名。アカザ。②草が生えて荒れる。荒れ地。

ことば 【蓬萊】ほうらい　仙人が住むという神山。

13画
雷
雨部・常

音訓 ライ・かみなり・いかずち
名乗 あずま・いかずち・らい
意味 ①かみなり。空気中の放電によって、光と音が生じる気象現象。いかずち。「雷雨」②大きな音を立てて爆発する兵器。「地雷」③かみなりのようにはげしいさま。「迅雷《じんらい》」

雷 あずま　雷 らい　雷太 らいた

16画
頼
頁部・常

16画
賴
貝部・人

音訓 ライ・たの-む・たの-もしい・たよ-る
名乗 たのむ・のり・よ・よし・より
意味 あてにする。たよりとする。「依頼・信頼」

類義 依（37ページ）・寄（70ページ）・拠（78ページ）

智頼 ともより　美頼 みらい　頼之 よしゆき
頼佳 よりか　頼一 よりかず　頼子 よりこ

蕾
16画　艹部・人
音訓 ライ・つぼみ
名乗 つぼみ
意味 花のつぼみ。

蕾 つぼみ　蕾花 らいか　蕾太 らいた

●らく●

洛
9画　氵部・人
音訓 ラク
名乗 みやこ
意味 都《みやこ》。また、京都のこと。「上洛《じょうらく》」
類義 京（78ページ）・都（199ページ）

落
12画　艹部・教3
音訓 ラク・お-ちる・お-とす
名乗 おち・なり
意味 ①位置・程度などがおちる。「落石・落選」②おさまりがつく。できあがる。「落着」③人々が集まり住む場所。「集落」

絡
12画　糸部・常
音訓 ラク・から-む・から-まる・から-める
名乗 つら・なり
意味 ①まといつく。からむ。「籠絡《ろうらく》」②つなぐ。「連絡」

酪
13画　酉部・常
音訓 ラク
意味 牛や羊の乳からつくった飲料。また、乳製品。「酪農《らくのう》」

●らつ●

辣
14画　辛部・常
音訓 ラツ
意味 ①味がからい。「辛辣《しんらつ》」②厳しい。あくどい。「悪辣《あくらつ》」

●らん●

乱
7画　乚部・教6
音訓 ラン・みだ-れる・みだ-す
名乗 おさむ・らん
意味 ①秩序がない。みだれる。「散乱」②戦争・騒動などで世の中がみだれること。「争乱」③むやみに。みだりに。「乱用」

卵
7画　卩部・教6
音訓 ラン・たまご
意味 ①鳥・魚などのたまご。「卵黄」②卵子。雌《めす》の生殖細胞。

嵐 ⇩あらし（36ページ）

覧
17画　見部・教6
22画　覽　人
音訓 ラン・み-る
名乗 かた・ただ・み・みる
意味 よく見る。広く見渡す。「回覧」

濫
18画　氵部・常
音訓 ラン・みだ-りに
意味 ①水があふれる。「氾濫《はんらん》」②むやみに。みだりに。「濫用《らんよう》」③浮かべる。

藍
18画　艹部・常
音訓 ラン・あい
名乗 あい
意味 ①草の名。アイ。②あい色。濃い青色。「藍碧《らんぺき》」③梵語《ぼんご》の音を表す。「伽藍《がらん》」

藍 あい　藍佳 あいか　藍久 あいく
藍子 あいこ　藍斗 あいと　藍那 あいな
藍美 あいみ　藍良 あいら　藍里 あいり

蘭
19画　艹部・人
音訓 ラン
名乗 か・らん
意味 ①植物の名。ラン科の植物の総称。また、フジバカマ。「鈴蘭」②立派なもののたとえ。③「和蘭（または和蘭陀・阿蘭陀《オランダ》）」の略。

蘭 らん　蘭花 らんか　蘭子 らんこ

欄
20画　木部・常
21画　欄　人
音訓 ラン
意味 ①てすり。「欄干《らんかん》」②印刷物などの区切られた部分。「解答欄」

●り●

吏
6画　口部・常
音訓 リ
名乗 おさ・さと・つかさ・り
意味 役人。「官吏」
注意 「史」は形が似ているが、別の字。→史（120ページ）

江吏子 えりこ　吏志 さとし　吏久斗 りくと

利
7画　刂部・教4
音訓 リ・き-く
名乗 かが・かず・さと・と・とおる・とし・のり・まさ・みち・みのる・よし・より
意味 ①もうけ。「利益」②都合のよいこと。有利なこと。「便利」③よく切れる。するどい。「鋭利」④理解がはやい。かしこい。「利発」
類義 益（45ページ）・恵（87ページ）・慧（88ページ）・憲（93ページ）・賢（93ページ）・潤（139ページ）・聡（173ページ）・智（186ページ）・哲（196ページ）・

得（203ページ）・徳（204ページ）・敏（224ページ）・明（242ページ）・俐（同ページ）・伶（264ページ）・怜（264ページ）

克利 かつとし　貴利斗 きりと　利 とおる
利晃 としあき　真利 まさとし　真利子 まりこ
美乃利 みのり　泰利 やすとし　利奈 りな

里
7画　里部・教2

音訓 リ・さと
名乗 さと・さとし・のり・り
意味 ①村落。いなか。また、ふるさと。「郷里」②尺貫法で、距離を表す単位。「一里」

ことば【海里】かいり　海上の距離を表す単位。〔名前読み例〕かいり
【千里】せんり　一千里。また、きわめて遠い道のり。〔名前読み例〕かずさと・せんり・ちさと・ちり
【万里】ばんり　一万里。また、きわめて遠い道のり。〔名前読み例〕ばんり・まり

愛里 あいり　明里 あかり　亜里紗 ありさ
伊央里 いおり　恵里佳 えりか　香緒里 かおり
里志 さとし　里美 さとみ　志央里 しおり
朱里 しゅり　冬里 とうり　万里子 まりこ
美里 みさと　悠里 ゆうり　友加里 ゆかり
有里 ゆり　由里子 ゆりこ　里緒 りお
里花 りか　里希 りき　里玖 りく
里沙 りさ　里奈 りな　里乃 りの

李
7画　木部・人

音訓 リ・すもも
名乗 き・すもも・もも
意味 果樹の名。スモモ。「桃李《とうり》」（＝モモとスモモ）」

注意「李」は形が似ているが、別の字。→季（68ページ）

亜李沙 ありさ　李香 ももか　優李 ゆうり
李緒 りお　李希 りき　李紗 りさ

俐
9画　亻部・人

音訓 リ
名乗 さと・さとし
意味 かしこい。また、こざかしい。「伶俐《れいり》」

類義 恵（87ページ）・慧（88ページ）・憲（93ページ）・賢（93ページ）・聡（173ページ）・智（186ページ）・哲（196ページ）・敏（224ページ）・明（242ページ）・利（255ページ）・伶（264ページ）・怜（264ページ）

哩
10画　口部・人

音訓 リ
名乗 り
意味 ①語調を整える字。また、意味を強めるために添える字。②マイル。ヤード・ポンド法で、距離を表す単位。

浬
10画　氵部・人

音訓 リ・かいり
意味 ①海里《かいり》。海上の距離を表す単位。②ノット。船舶の速度を表す単位。

千浬 せんり　悠浬 ゆうり　浬花 りか

◆莉 ⇩ 人気の字（257ページ）

梨
11画　木部・常

音訓 リ・なし
名乗 なし・り・りん
意味 果樹の名。ナシ。

ことば【花梨】かりん　果樹の名。カリン。〔名前読み例〕かりん
【梨園】りえん　俳優、特に歌舞伎《かぶき》役者の社会。

愛梨 あいり　亜梨紗 ありさ　恵梨花 えりか
乃梨子 のりこ　陽茉梨 ひまり　真梨 まり
実乃梨 みのり　結梨 ゆうり　友梨 ゆり
由梨亜 ゆりあ　梨恵 りえ　梨枝子 りえこ
梨央 りお　梨音 りおん　梨花 りか
梨香子 りかこ　梨輝 りき　梨久 りく
梨子 りこ　梨紗 りさ　梨奈 りな
梨乃 りの　梨美 りみ　梨々花 りりか

理
11画　王部・教2

音訓 リ・ことわり
名乗 あや・おさ・おさむ・さ・さだ・さだむ・さと・すけ・たか・ただ・ただし・ただす・とし・のり・まさ・まろ・みち・よし・り
意味 ①物事のすじみち。法則。「道理・真理」②とりさばく。ととのえる。「処理」③玉の表面に現れる細かなすじ。また、いろいろな物の表面に見えるすじ。「木理《もくり・もくめ・きめ》」④自然科学系の学問。また、物理学。「理科」

理 おさむ　希理人 きりと　理志 さとし
理之 のりゆき　理人 まさと　真理 まり
理宏 みちひろ　理恵 りえ　理恵子 りえこ
理生 りお　理花 りか　理玖 りく
理子 りこ　理沙 りさ　理仁 りひと

痢
12画　疒部・常

音訓 リ
意味 下痢《げり》。腹くだし。

裡
12画　衤部・人

音訓 リ
意味 ①うら。おもての反対側。⇔表（223ページ）②物事の内側。「脳裡《のうり》」

裏
13画　衣部・教6

音訓 リ・うら
名乗 うら
意味 ①うら。おもての反対側。⇔表（223ページ）「裏面《りめん・うらめん》」②物事の内側。「脳裏」

人気の字

莉

10画　艹部・人

音訓 リ
名乗 り
意味 「茉《まっ》莉《り》」は、木の名。ジャスミンの一種。茉莉花《まつりか》。→茉（239ページ）

なりたち 形声。艹＋利。

筆順

二字の名前

❤一字目

莉愛 りあ　莉一 りいち　莉枝 りえ
莉恵 りえ　莉絵 りえ　莉央 りお
莉生 りお　莉緒 りお　莉桜 りおう
莉音 りおん　莉花 りか　莉佳 りか
莉香 りか　莉貴 りき　莉久 りく
莉来 りく　莉子 りこ　莉胡 りこ
莉沙 りさ　莉紗 りさ　莉世 りせ
莉多 りた　莉津 りつ　莉都 りと
莉那 りな　莉奈 りな　莉菜 りな
莉乃 りの　莉帆 りほ　莉歩 りほ
莉真 りま　莉実 りみ　莉美 りみ
莉代 りよ　莉良 りら　莉梨 りり

❤二字目

娃莉 あいり　愛莉 あいり　藍莉 あいり
朱莉 あかり　明莉 あかり　彩莉 あやり
杏莉 あんり　江莉 えり　枝莉 えり
恵莉 えり　絵莉 えり　桜莉 おうり
海莉 かいり　彩莉 さいり　早莉 さり
汐莉 しおり　珠莉 じゅり　樹莉 じゅり
乃莉 のり　陽莉 はるり　万莉 まり
茉莉 まり　真莉 まり　麻莉 まり
実莉 みり　結莉 ゆいり　佑莉 ゆうり
悠莉 ゆうり　結莉 ゆうり　夕莉 ゆり
由莉 ゆり　結莉 ゆり　里莉 りり
璃莉 りり　留莉 るり　琉莉 るり

三字の名前

❤一字目

莉衣彩 りいさ　莉枝子 りえこ　莉恵子 りえこ
莉央奈 りおな　莉緒菜 りおな　莉花子 りかこ
莉華子 りかこ　莉玖斗 りくと　莉紗子 りさこ
莉津子 りつこ　莉奈子 りなこ　莉穂子 りほこ
莉々夏 りりか　莉々子 りりこ　莉々弥 りりや

❤二字目

亜莉紗 ありさ　恵莉花 えりか　絵莉子 えりこ
絵莉奈 えりな　花莉奈 かりな　希莉斗 きりと
紗莉奈 さりな　乃莉子 のりこ　真莉奈 まりな
優莉那 ゆりな　由莉也 ゆりや　瑠莉奈 るりな

❤三字目

亜衣莉 あいり　阿香莉 あかり　安玖莉 あぐり
依央莉 いおり　衣乃莉 いのり　伊麻莉 いまり
恵美莉 えみり　香緒莉 かおり　夏帆莉 かほり
綺良莉 きらり　紗央莉 さおり　早由莉 さゆり
詩緒莉 しおり　千絵莉 ちえり　陽花莉 ひかり
陽茉莉 ひまり　美加莉 みかり　美登莉 みどり
実乃莉 みのり　夕夏莉 ゆかり　由香莉 ゆかり

ことば

【茉莉花】まつりか　ジャスミンの一種。茉莉。〔名前読み例〕まりか

履

15画　尸部・常

音訓 リ・は-く・ふ-む
名乗 さき・ふみ
意味 ①靴などをはく。また、はきもの。「草履《ぞうり》」②着実に行う。経験する。「履歴」

璃

15画　王部・常

音訓 リ
名乗 あき・り
意味 ①「琉璃《るり》（瑠璃《るり》）」は、玉の名。青色の美しい宝石。中国の七宝の一つ、またはラピスラズリをいう。→琉（260ページ）・瑠（263ページ）②「×玻璃《はり》」は、玉の名。中国の七宝の一つで、水晶の類。また、ガラスのこと。

愛璃 あいり　亜璃紗 ありさ　海璃 かいり
沙由璃 さゆり　汐璃 しおり　悠璃 ゆうり
璃恵 りえ　璃音 りお　璃佳 りか
璃玖 りく　璃子 りこ　璃沙 りさ
璃那 りな　璃乃 りの　璃帆子 りほこ
璃美 りみ　瑠璃 るり　瑠璃子 るりこ

鯉

18画　魚部・人

音訓 リ・こい
名乗 こい・り
意味 魚の名。コイ。「鯉《こい》のぼり」

離

19画　隹部・常

音訓 リ・はな-れる・はな-す
名乗 あき・あきら・つら
意味 くっついていたものを分ける。また、隔《へだ》たりができる。はなれる。「分離」

●りき●

力　⇩りょく（262ページ）

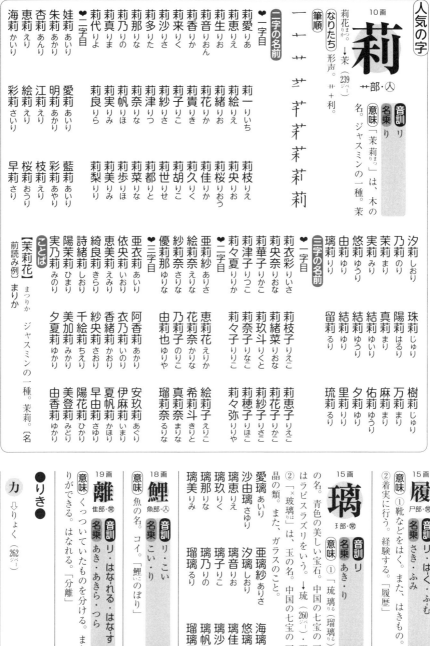

●りく●

陸
11画 阝部・教4

音訓 リク・ロク・おか

名乗 あつ・あつし・くが・たかし・ひとし・みち・む・むつ・りく・ろく

意味 ①水におおわれていない土地。陸地。おか。「大陸」②連なるさま。「陸続」③「六」の代わりに証書などで使う字。↓六（269ページ）「金陸万円也」

特別な読み 常陸《ひたち》・陸奥《みちのく・むつ》

陸 あつし　広陸 ひろむ　陸人 りくと

陸斗 りくと　陸翔 りくと　陸也 りくや

●りつ●

立
5画 立部・教1

音訓 リツ・リュウ・た-つ・た-てる

名乗 たか・たかし・たち・たつ・たつる・たて・たる・はる

意味 ①まっすぐにたつ。また、起き上がる。「起立」②しっかり定まる。なりたつ。「確立」③機関・施設などをもうける。「創立」④ある位につける。「擁立《ようりつ》」⑤新しい季節が始まる。「立春」

立志 たかし　立樹 たつき　立則 たつのり

立真 たつま　立 たつる　智立 ともたつ

律
9画 彳部・教6

音訓 リツ・リチ

名乗 おと・ただし・ただす・のり・りつ

意味 ①おきて。さだめ。「法律」②音楽の調子。音階。「音律・旋律」③日本・中国の音楽で、音程の単位。

貴律 たかのり　美律 みのり　律 りつ

律佳 りつか　律希 りつき　律子 りつこ

栗
⇩くり（85ページ）

率
⇩そつ（176ページ）

慄
13画 忄部・常

音訓 リツ

意味 恐れてふるえる。「戦慄《せんりつ》」

●りゃく●

略
11画 田部・教5

音訓 リャク・ほぼ

名乗 とる・のり・もと

意味 ①はぶく。「省略」②おおよそ。あらまし。「略図」③はかりごと。「戦略」④かすめとる。「略奪」⑤境界内を治める。◆現代表記では「掠奪→略奪」など、「掠」を「略」に書きかえる。↓掠（次項）

掠
11画 扌部・人

音訓 リャク・かす-める・かす-る

名乗 くら・とり

意味 奪いとる。かすめる。「掠奪《りゃくだつ》」◆現代表記では「掠奪→略奪」など、「略」に書きかえる。↓略（前項）

●りゅう●

柳
9画 木部・常

音訓 リュウ・やなぎ

名乗 りゅう

意味 木の名。ヤナギ。また、ヤナギのように細いもの。「柳眉《りゅうび》」

柳一郎 りゅういちろう　柳子 りゅうこ　柳哉 りゅうや

流
10画 氵部・教3

音訓 リュウ・ル・なが-れる・なが-す

名乗 いたる・しく・とも・はる

意味 ①水などがながれる。「海流・電流」②時が経《た》つ。③世の中に広まる。「流通」④技芸などの系統。また、やり方。「流儀」⑤階層。等級。「一流」

流 いたる　静流 しずる　壮流 たける

流樹 りゅうき　流星 りゅうせい　流香 るか

留
10画 田部・教5

音訓 リュウ・ル・と-める・と-まる・とど-める・とど-まる

名乗 たね・と・とめ・ひさ・る

意味 ①動かないようにする。また、後に残す。とめる。とどめる。「保留」②液体を蒸発させ、出てきた気体を冷却して成分を分離・精製する。「蒸留」◆現代表記では「蒸溜→蒸留」など、「溜」を「留」に書きかえることがある。↓溜（259ページ）

波留 はる　美知留 みちる　留衣 るい

留実 るみ　留美奈 るみな　留里 るり

竜
10画 竜部・常

龍
16画 龍部・人

音訓 リュウ・リョウ・たつ

名乗 かみ・きみ・しげみ・たつ・とお・とおる・めぐむ・りゅう・りょう

意味 ①想像上の動物の名。たつ。りゅう。「飛竜」②すぐれた人物や物事。「臥竜《がりょう》」③天子に関する物事に付けることば。「竜駕《りょうが・りゅうが》（＝天子の乗り物）」④めぐみ。いつくしみ。

類義 恩（49ページ）・恵（87ページ）・幸（101ページ）・徳（204ページ）

竜樹 たつき　竜実 たつみ　竜也 たつや

竜義 たつよし　竜郎 たつろう　龍 めぐむ

龍一 りゅういち　竜悟 りゅうご　竜二 りゅうじ

龍太郎 りゅうたろう　竜斗 りゅうと　龍之介 りゅうのすけ
龍平 りゅうへい　龍真 りゅうま　龍雅 りょうが
竜佑 りょうすけ　竜太 りょうた　龍馬 りょうま

隆
11画　阝部・常
りゅう・る

音訓 リュウ
名乗 お・おき・しげ・たか・たかし・とき・なが・もり・ゆたか・りゅう・る

意味 ①高く盛り上がる。「隆起」②さかんになる。「隆昌《りゅうしょう》・隆盛・興隆」

類義 栄（44ページ）・旺（48ページ）・興（106ページ）・昌（143ページ）・晟（162ページ）・盛（163ページ）・壮（171ページ）

隆子 たかこ　隆 たかし　隆史 たかし
隆宏 たかひろ　隆昌 たかまさ　隆盛 たかもり
敏隆 としたか　尚隆 なおたか　広隆 ひろたか
正隆 まさたか　隆太 りゅうた　隆之介 りゅうのすけ

粒
11画　米部・常

音訓 リュウ・つぶ

意味 つぶ。丸くて小さなもの。また、つぶのようなもの。「粒子」

◆琉
⇩人気の字（260ページ）

笠
⇩かさ（61ページ）

硫
12画　石部・常

音訓 リュウ

意味 鉱物の名。硫黄《いおう》。「硫酸」

溜
13画　氵部・人

音訓 リュウ・たまる・ためる
名乗 りゅう・る

意味 ①したたる。②水などがたまる。「溜飲《りゅういん》」③液体を蒸発させ、出てきた気体を冷却して成分を分離・精製する。「蒸溜《じょうりゅう》」◆現代表記では「蒸溜→蒸留」など、「留」に書きかえることがある。→留（258ページ）

劉
15画　刂部・人

音訓 リュウ
名乗 つら・のぶ・りゅう

意味 ①ころす。②めぐる。③声などがさわやか。

●りょ●

侶
9画　亻部・常

音訓 リョ
名乗 くみ・とも・ろ

意味 仲間。連れ。「伴侶《はんりょ》」

旅
10画　方部・教3

音訓 リョ・たび
名乗 たか・たび・もろ

意味 ①たび。よその土地へ出かけること。「旅行」②軍団。軍隊。「旅団」

虜
13画　虍部・常
12画　虜　人

音訓 リョ・ロ・とりこ

意味 生けどりにする。また、生けどりにした人。とりこ。「捕虜《ほりょ》」

慮
15画　心部・常

音訓 リョ・おもんぱかる
名乗 のぶ

意味 思いめぐらす。また、考え。「配慮」

●りょう●

了
2画　亅部・常

音訓 リョウ・おわる・おえる
名乗 あき・あきら・あら・さと・さとし・さとる・すみ・のり・りょう

意味 ①終わる。「終了」②はっきりわかること。また、明らか。「了解」◆現代表記では「諒解《りょうかい》→了解」など、「諒」を「了」に書きかえる。→諒（261ページ）

類義 覚（60ページ）・暁（81ページ）・悟（97ページ）・惺（163ページ）

了佳 あきか　了美 さとみ　了久 のりひさ
了 りょう　了英 りょうえい　了輔 りょうすけ
了太郎 りょうたろう　了平 りょうへい　了真 りょうま

両
6画　一部・教3

音訓 リョウ
名乗 ふた・ふる・もろ

意味 ①二つ。また、二つあるもののどちらも。「両手・両方」②昔の貨幣の単位。「千両箱」③車・電車などを数えることば。「六両編成」

良
7画　艮部・教4

音訓 リョウ・よい
名乗 あきら・お・かず・かた・さね・すけ・たか・つかさ・つぎ・なおし・なが・ながし・はる・ひこ・ひさ・ふみ・まこと・み・よし・ら・りょう・ろ・ろう

意味 ①性質・状態などがすぐれている。好ましい。よい。「善良・優良」②まことに。

類義 可（51ページ）・佳（51ページ）・吉（74ページ）・好（100ページ）・淑（136ページ）・善（169ページ）・令（263ページ）

特別な読み 良人《おっと》

愛良 あいら　和良 かずよし　咲良 さくら
紗良 さら　泰良 たいら　隆良 たかよし
良 まこと　優良 まさよし　良佳 よしか
良貴 よしき　良斗 よしと　良久 よしひさ
良 りょう　良子 りょうこ　良介 りょうすけ
良太 りょうた　良太郎 りょうたろう　良平 りょうへい

人気の字

11画 **琉** 王部・人

音訓 リュウ・ル

意味 「琉璃《るり》」は、玉の名。青色の美しい宝石。中国の七宝の一つ、またはラピスラズリをいう。瑠璃《るり》。↓璃（257ページ）

なりたち 形声。王（玉）＋流。

地名 琉球《りゅうきゅう》

筆順 一 丁 王 王' 王亠 王云 玏 琉 琉

参考 「瑠」に同じ。↓瑠（263ページ）

一字の名前

琉 りゅう

二字の名前

❤一字目

琉一 りゅういち　琉我 りゅうが　琉輝 りゅうき
琉玖 りゅうく　琉悟 りゅうご　琉司 りゅうじ
琉心 りゅうしん　琉介 りゅうすけ　琉輔 りゅうすけ
琉生 りゅうせい　琉聖 りゅうせい　琉太 りゅうた
琉大 りゅうだい　琉斗 りゅうと　琉翔 りゅうと
琉平 りゅうへい　琉真 りゅうま　琉馬 りゅうま
琉也 りゅうや　琉矢 りゅうや　琉衣 るい
琉偉 るい　琉花 るか　琉希 るき
琉奈 るな　琉音 るね　琉未 るみ
琉実 るみ　琉璃 るり　琉々 るる

❤二字目

壱琉 いちる　一琉 いつる　開琉 かいりゅう
智琉 さとる　静琉 しずる　翔琉 しょうりゅう
武琉 たける　龍琉 たつる　羽琉 はる
晴琉 はる　雅琉 まさる　柚琉 ゆずる

三字の名前

❤一字目

琉太郎 りゅうたろう　琉之介 りゅうのすけ　琉衣子 るいこ
琉貴哉 るきや　琉美那 るみな　琉璃恵 るりえ
琉理香 るりか　琉璃子 るりこ　琉々佳 るるか

❤二字目

久琉海 くるみ　那琉希 なるき　七琉実 なるみ
羽琉華 はるか　波琉輝 はるき　羽琉斗 はると
羽琉奈 はるな　羽琉美 はるみ　梨琉佳 りるか

❤三字目

亜太琉 あたる　香緒琉 かおる　小葉琉 こはる
千羽琉 ちはる　妃香琉 ひかる　美久琉 みくる
未知琉 みちる　実乃琉 みのる　実羽琉 みはる

読みごとの名前

❤りゅう

綺琉 きりゅう　史琉 しりゅう　蒼琉 そうりゅう
琉華 りゅうか　琉生 りゅうき　琉真 りゅうしん
琉世 りゅうせい　琉仁 りゅうと　琉陽 りゅうひ

❤る

花歩琉 かほる　聡琉 さとる　壮琉 たける
奈琉 なる　菜琉実 なるみ　葉琉 はる
羽琉子 はるこ　波琉人 はると　昌琉 まさる
光琉 みつる　芽琉 める　理琉 りる
琉以 るい　琉惟 るい　琉唯斗 るいと
琉可 るか　琉夏 るか　琉輝 るき
琉希也 るきや　琉那 るな　琉美 るみ
琉美佳 るみか　琉実子 るみこ　琉美菜 るみな
琉里 るり　琉梨 るり　琉里佳 るりか
琉梨奈 るりな　琉々花 るるか　琉々子 るるこ

9画 **亮** 亠部・人

音訓 リョウ
名乗 あき・あきら・かつ・きよし・まこと・よし・より・りょう・ろ・すけ・たすく・とおる・ふさ・まこ

意味 ①明らか。また、明るい。②まこと。

類義 允（41ページ）・晃（104ページ）・摯（125ページ）・実（128ページ）・昌（143ページ）・昭（143ページ）・信（152ページ）・真（153ページ）・晟（162ページ）・誠（164ページ）・明（242ページ）・諒（261ページ）・朗（267ページ）

亮人 あきと　亮奈 あきな　亮 あきら
圭亮 けいすけ　雅亮 まさあき　亮 りょう
亮一 りょういち　亮華 りょうか　亮子 りょうこ
亮介 りょうすけ　亮太 りょうた　亮真 りょうま

10画 **料** 斗部・教4

音訓 リョウ
名乗 かず

意味 ①推量する。おしはかる。「料簡《りょうけん》」②もとになるもの。「材料」③代金。また、手当て。「料金」④おさめる。切り盛りする。「料理」

10画 **凌** 冫部・人

音訓 リョウ・しの-ぐ
名乗 しのぎ・しのぐ・りょう

意味 ①他のものを越える。また、乗り切る。しのぐ。「凌駕《りょうが》」②人を踏みつけにする。おかす。「凌辱《りょうじょく》」

類義 越（45ページ）・駕（55ページ）・超（189ページ）・陵（261ページ）

凌 しのぐ　凌平 りょうへい　凌真 りょうま

11画 **涼** 氵部・常
10画 **凉** 冫部・人

音訓 リョウ・すず-しい・すず-む
名乗 きよ・すけ・すず・りょう

意味 ①気温が適度に低く、心地よい。すずしい。「涼風」②冷え冷えとものさびしい。「荒涼」◆見出しの下の方の字は左側が二画。

涼花 すずか　涼音 すずね　涼葉 すずは
美涼 みすず　涼 りょう　涼香 りょうか
涼子 りょうこ　涼介 りょうすけ　涼太 りょうた

猟
11画　犭部・常

音訓 リョウ・かり
名乗 さち

意味 ①鳥獣をかりたててとらえる。狩《か》り。「狩猟《しゅりょう》」②探し求める。あさる。「猟奇《りょうき》」

陵
11画　阝部・常

音訓 リョウ・みささぎ
名乗 おか・たか

意味 ①大きな丘。「丘陵《きゅうりょう》」②天子の墓所。「陵墓《りょうぼ》」③越える。しのぐ。また、おかす。「陵駕《りょうが》」

類義 越（45ページ）・駕（55ページ）・超（189ページ）・凌（260ページ）

陵 りょう　陵平 りょうへい　陵真 りょうま

崚
11画　山部・人

音訓 リョウ
名乗 たかし

意味 山の高くけわしいさま。

類義 峨（55ページ）・嵯（110ページ）・峻（137ページ）

崚 たかし　崚太 りょうた　崚登 りょうと

菱 ⇩ひし（222ページ）

梁
11画　木部・人

音訓 リョウ・はり・やな
名乗 たかし・はり・むね・やな・やね

意味 ①はり。柱の上にかけ渡し、屋根を支える木材。②かけ橋。「橋梁《きょうりょう》」③やな。水流をせきとめて魚をとらえるしかけ。「橋梁《きょうりょう》」

量
12画　里部・教4

音訓 リョウ・はかる
名乗 かず・さと・とも・はかり・はかる・りょう

意味 ①容積や重さ。「分量」②重さ・容積などをはかる。「計量」③おしはかる。推測する。「推量」④人間の実力・能力の大きさ。「力量」

量博 かずひろ　量美 かずみ　量行 かずゆき

椋
12画　木部・人

音訓 リョウ・むく
名乗 くら・むく

意味 木の名。ムクノキ。

椋子 りょうこ　椋亮 りょうすけ　椋平 りょうへい

稜
13画　禾部・人

音訓 ロウ・リョウ
名乗 いず・いつ・かど・たか・たる・りょう・ろう

意味 かど。とがったところ。「稜角《りょうかく》・稜線」

稜 りょう　稜子 りょうこ　稜太 りょうた

僚
14画　亻部・常

音訓 リョウ
名乗 あきら・とき・とも・よし

意味 ①同じ役目をもつ仲間。「同僚」②役人。「官僚」

領
14画　頁部・教5

音訓 リョウ
名乗 おさ・むね

意味 ①土地などを自分のものとすること。「領地」②うなじ。首の後ろの部分。また、襟《えり》。「領袖《りょうしゅう》」③大事な所。「本領」④取り仕切る。「首領」⑤受け取る。おさめる。「領収」⑥装束《しょうぞく》・鎧《よろい》・襖《ふすま》などを数えることば。

綾 ⇩あや（35ページ）

寮
15画　宀部・常

音訓 リョウ
名乗 いえ・つか・とも・まつ

意味 ①共同宿舎。「学生寮」②役所。また役人。「図書寮《ずしょりょう》」③数寄屋《すきや》。「茶寮《さりょう・ちゃりょう》」

遼
15画　辶部・人

音訓 リョウ
名乗 とお・はる・はるか・りょう

意味 空間的・時間的にへだたっている。遠い。はるか。「遼遠《りょうえん》」

類義 悠（248ページ）・遥（251ページ）

遼花 はるか　遼希 はるき　遼人 はると
遼美 はるみ　遼 りょう　遼一 りょういち
遼佳 りょうか　遼子 りょうこ　遼太 りょうた
遼太郎 りょうたろう　遼平 りょうへい　遼真 りょうま

諒
15画　言部・人

音訓 リョウ
名乗 あき・あさ・すけ・まこと・まさ・みち・りょう

意味 ①知る。明らかにする。「諒解《りょうかい》」②まこと。真実。「諒直《りょうちょく》」◆現代表記では「諒解→了解」など、「了」に書きかえる。→了（259ページ）

類義 允（41ページ）・摯（125ページ）・実（128ページ）・信（152ページ）・真（153ページ）・誠（164ページ）・亮（260ページ）

諒斗 あきと　諒宏 あきひろ　諒美 あさみ
諒人 まさと　芳諒 よしあき　諒 りょう
諒一 りょういち　諒子 りょうこ　諒太 りょうた

燎
16画　火部・人

音訓 リョウ
名乗 りょう

意味 ①焼く。燃やす。「燎原《りょうげん》」

②山林を焼いてする狩り。また、その火。③かがり火。

燎 りょう　燎子 りょうこ　燎真 りょうま

療
17画　疒部・常

音訓 リョウ

意味 病気を治す。「医療・治療」

瞭
17画　目部・常

音訓 リョウ

名乗 あき・あきら

意味 はっきりしている。明らか。「明瞭《めいりょう》」

瞭奈 あきな　瞭也 あきなり　瞭 あきら
千瞭 ちあき　瞭 りょう　瞭太朗 りょうたろう

糧
18画　米部・常

音訓 リョウ・ロウ・かて

意味 かて。生きていくための食べ物。また、学問・修養などの資となるもの。「食糧《しょくりょう》」

●りょく●

力
2画　力部・教1

音訓 リョク・リキ・ちから

名乗 いさお・いさむ・お・か・ちか・ちから・つとむ・よし・りき

意味 ①身体的・精神的なちから。「体力・知力」②ちからを尽くす。努《つと》める。「力投」

一力 かずちか　力 つとむ　力 りき
力斗 りきと　力也 りきや　力哉 りきや

緑
14画　糸部・教3

綠
14画　人

音訓 リョク・ロク・みどり

名乗 つか・つな・のり・みどり・ろく

意味 みどり色。また、みどり色の樹木や草。「新緑」「緑青《ろくしょう》」◆見出しの下の方の字は右上が「彑」の形。

緑 みどり　緑子 みどりこ　緑弥 ろくや

●りん●

林
8画　木部・教1

音訓 リン・はやし

名乗 き・きみ・きむ・しげ・しげる・とき・な・はやし・ふさ・もと・もり・よし・りん

意味 ①はやし。木が群がって生えている所。「森林」②多くの人や物の集まり。また、多い。「林立《りんりつ》・書林《しょりん》」

果林 かりん　林樹 しげき　林 しげる
林香 りんか　林檎 りんご　林太郎 りんたろう

厘
9画　厂部・常

音訓 リン・テン

意味 ①尺貫法で、長さ・重さの単位。②一割の一〇〇分の一。「九分九厘《くぶくりん》」③通貨の単位。

倫
10画　亻部・常

音訓 リン

名乗 おさむ・しな・つぐ・つね・とし・とも・のり・ひと・ひとし・みち・もと

意味 ①人として踏み行うべき道。「倫理」②仲間。たぐい。「絶倫」

特別な読み 倫敦《ロンドン》

倫 おさむ　和倫 かずとし　倫輝 ともき
倫世 ともよ　倫香 のりか　倫 ひとし
倫恵 みちえ　倫子 りんこ　倫太郎 りんたろう

淋
11画　氵部・人

音訓 リン・さび-しい

名乗 りん

意味 ①したたる。そそぐ。「淋雨《りんう》」②にぎわいを感じさせない。物足りない。さびしい。③性病の一つ。「淋病《りんびょう》」

注意「彬」は形が似ているが、別の字。→彬(224ページ)

琳
12画　王部・人

音訓 リン

名乗 たま・りん

意味 ①美しい玉の名。また、青色の宝玉。②玉がふれあって鳴る音を表す。

花琳 かりん　香琳 かりん　琳 りん
琳花 りんか　琳子 りんこ　琳斗 りんと

鈴 ⇩れい(264ページ)

稟
13画　禾部・人

音訓 ヒン・リン

名乗 うくる・りん

意味 ①命令を受ける。②生まれながらの性質。「天稟《てんぴん》」③申し上げる。「稟議《りんぎ・ひんぎ》」

注意「禀」は、名づけには認められていない字体。

綸
14画　糸部・人

音訓 リン

名乗 お・くみ

意味 ①糸。ひも。②つかさどる。治める。③天子のことば。「綸言《りんげん》」

花綸 かりん　綸 りん　綸花 りんか
綸子 りんこ　綸太郎 りんたろう　綸平 りんぺい

輪
15画　車部・教4

音訓 リン・わ

名乗 もと・りん・わ

意味 ①車輪。また、自転車や自動車。「後輪・駐輪」

②まるい形のもの。「日輪」③順番にまわる。「輪廻《りんね》」④咲いている花を数えることば。
類義 環（66ページ）・圏（92ページ）
美輪子 みわこ　輪 りん　輪太郎 りんたろう

凜 15画 冫部・人　凛 15画 人
音訓 リン
意味 ①寒さが厳しい。②きりりと引き締まっている。「凜々《りり》しい」。「凜乎《りんこ》」（＝凜々しいさま）・凜々《りんりん》」◆正字（正統の字体）は「凜」。「凛」は「凜」の俗字。
香凜 かりん　凜 りん　凜花 りんか
凜佳 りんか　凜子 りんこ　凜介 りんすけ
凜太 りんた　凜太郎 りんたろう　凜人 りんと
凜之介 りんのすけ　凜平 りんぺい　凜矢 りんや

隣 16画 阝部・常
音訓 リン・となる・となり
名乗 さと・ただ・ちか・となり・なが
意味 となり。となり合う。「隣接」

臨 18画 臣部・教6
音訓 リン・のぞむ
名乗 み
意味 ①高い所から見おろす。のぞむ。「君臨」②その場やその時に当たる。「臨海」③人が訪ねてくることについて、尊敬の意を表す。「降臨」④見てそのとおりに写す。

鱗 24画 魚部・人
音訓 リン・うろこ
名乗 りん
意味 ①魚などのうろこ。②うろこの形に似たもの。「鱗雲《うろこぐも》」

麟 24画 鹿部・人
音訓 リン
名乗 りん
意味 ①「麒麟《きりん》」は、中国の想像上の動物。また、哺乳《ほにゅう》類のキリン。「麒麟児（＝優れた才能をもつ若者）」◆オスを「麒」、メスを「麟」という。↓麒（72ページ）②大鹿《おおじか》。③光りかがやくさま。
麟子 りんこ　麟太郎 りんたろう　麟平 りんぺい

●る●

流 ⇩りゅう（258ページ）
留 ⇩りゅう（258ページ）
✦琉 ⇩りゅう 人気の字（260ページ）

瑠 14画 王部・常
音訓 ル・リュウ
名乗 る
意味 「瑠璃《るり》」は、玉の名。青色の美しい宝石で中国の七宝の一つ。琉璃《るり》。↓璃（257ページ）◆「琉」に同じ。↓琉（260ページ）
武瑠 たける　瑠介 りゅうすけ　瑠晟 りゅうせい
瑠也 りゅうや　瑠衣 るい　瑠花 るか
瑠輝 るき　瑠心 るみ　瑠美佳 るみか
瑠璃 るり　瑠璃子 るりこ　瑠璃奈 るりな

●るい●

涙 10画 氵部・常　淚 11画 人
音訓 ルイ・レイ・なみだ
意味 なみだ。また、泣く。「感涙」

累 11画 糸部・常
音訓 ルイ
名乗 たか
意味 ①かさね加える。「累計」②好ましくない影響。巻き添え。「係累」

塁 12画 土部・常　壘 18画 人
音訓 ルイ・とりで
名乗 かさ・たか
意味 ①とりで。城から離れた要所に築く小規模な城。また、要塞《ようさい》。「城塁」②野球のベース。「一塁」
塁 るい　塁子 るいこ　塁斗 るいと

類 18画 頁部・教4　類 19画 人
音訓 ルイ・たぐい
名乗 とも・なし・のり・よし
意味 ①同じ仲間であること。たぐい。「類似・人類」②似る。「類例」③くらべる。「比類」④生物の分類の一つ。「哺乳類《ほにゅうるい》」◆見出しの下の方の字は「大」の上に点が付く。
類 るい　類佳 るいか　類子 るいこ

●れい●

令 5画 人部・教4
音訓 レイ・リョウ
名乗 なり・のり・はる・よし・れい
意味 ①命ずる。言いつける。「命令」②おきて。「法令」③長官。「県令」④よい。立派な。「令名《れいめい》（＝よい評判）」⑤親族への尊敬の意を表す。「令嬢」
類義 可（51ページ）・善（169ページ）・佳（51ページ）・吉（74ページ）・好（100ページ）・淑（136ページ）・良（259ページ）
令輝 はるき　令 れい　令佳 れいか
令子 れいこ　令司 れいじ　令奈 れいな

礼
5画 ネ部・教3　18画 禮 示部・人

音訓 レイ・ライ
名乗 あき・あきら・あや・いや・うや・かた・と・なり・のり・ひろ・ひろし・まさ・まさし・みち・ゆき・よし・れい
意味 ①儀式。また、礼儀や作法。「礼節・儀礼」②社会的慣習。また、規範。道徳。③感謝の気持ちを表すもの。「礼状」④敬《うやま》う。また、おじぎ。「敬礼」
注意 「札」は形が似ているが別の字。↓札（117ページ）

礼 あきら　礼佳 あやか　有礼 ありのり
克礼 かつのり　正礼 まさあき　礼 まさし
美礼 みのり　礼子 れいこ　礼奈 れいな

冷
7画 冫部・教4

音訓 レイ・つめ-たい・ひ-える・ひ-や・ひ-やす・ひ-やかす・さ-める・さ-ます
名乗 きよ・すず・すずし・れい
意味 ①温度が低い。つめたい。また、温度が下がる。ひえる。「寒冷」②気持ちがつめたい。情が薄い。「冷淡」③感情に走らない。「冷静」④ぞっとする。ひやりとする。⑤ばかにする。ひやかす。「冷笑」

励
7画 力部・常

音訓 レイ・はげ-む・はげ-ます
名乗 い・すすむ・つとむ・はげむ・れい
意味 ①力を尽くして行う。はげむ。「勉励《べんれい》」②力づける。すすめる。はげます。「激励」
類義 勤（82ページ）・孜（123ページ）・努（199ページ）・勉（231ページ）

励 すすむ　励 つとむ　励子 れいこ
励司 れいじ　励太 れいた　励奈 れいな

戻
7画 戸部・常

音訓 レイ・ライ・もど-す・もど-る
意味 ①かえす。もどす。「返戻《へんれい》」②道理にそむく。もとる。「暴戻《ぼうれい》」

伶
7画 イ部・人

音訓 レイ・リョウ
名乗 とし・れい
意味 ①かしこい。また、小才がきく。「伶俐《れいり》」②わざおぎ。楽師。俳優。「伶人《れいじん》」
注意 「怜」は形が似ているが、別の字。↓怜（同ページ）
類義 恵（87ページ）・慧（88ページ）・憲（93ページ）・賢（93ページ）・聡（173ページ）・智（186ページ）・哲（196ページ）・敏（224ページ）・明（242ページ）・利（255ページ）・俐（256ページ）・怜（同ページ）

伶 れい　伶子 れいこ
美伶 みれい　伶那 れいな　伶司 れいじ　伶哉 れいや

例
8画 イ部・教4

音訓 レイ・たと-える・ため-し
名乗 ただ・ため・つね・とも・みち
意味 ①同じ事柄の中の見本。「例文」②ならわし。しきたり。「慣例」③いつもの通りであること。「定例」④決められた事柄。規定。「条例」⑤たとえる。

怜
8画 忄部・人

音訓 レイ・リョウ・レン
名乗 さと・さとし・とき・れ・れい
意味 ①かしこい。「怜×悧《れいり》」②憐《あわ》れむ。いつくしむ。
注意 「伶」は形が似ているが、別の字。↓伶（同ページ）
類義 恵（87ページ）・慧（88ページ）・憲（93ページ）・賢（93ページ）・聡（173ページ）・智（186ページ）・哲（196ページ）・敏（224ページ）・明（242ページ）・利（255ページ）・俐（256ページ）・伶（同ページ）

怜 さとし　怜史 さとし　知怜 ちさと
真怜 まさと　美怜 みれい　怜子 りょうこ
怜太 りょうた　怜 れい　怜華 れいか
怜奈 れいな　怜良 れいら　怜央 れお

玲
9画 王部・人

音訓 レイ・リョウ
名乗 あきら・たま・ほまれ・れ・れい
意味 ①玉などがふれあって鳴る美しい音。②さえざえとして美しいさま。「玲×瓏《れいろう》」

玲 あきら　英玲奈 えれな　寿美玲 すみれ
玲輝 たまき　玲 ほまれ　美玲 みれい
玲太 りょうた　玲 れい　玲一郎 れいいちろう
玲華 れいか　玲子 れいこ　玲菜 れいな
玲哉 れいや　玲央 れお　玲美 れみ

羚
11画 ⺶部・人

音訓 レイ・リョウ
意味 動物の名。カモシカ。「羚羊《れいよう・かもしか》」

羚真 りょうま　羚太 れいた　羚奈 れいな

鈴
13画 金部・常

音訓 レイ・リン・すず
名乗 かね・すず・りん・れい
意味 すず。空洞の球に小さな玉を入れ、振って鳴らすもの。また、ベル。「風鈴」

鈴 すず　鈴夏 すずか
花鈴 かりん　鈴音 すずね　鈴之介 すずのすけ
鈴子 すずこ
美鈴 みすず　鈴 りん　鈴実 れいみ

零
13画 雨部・常

音訓 レイ・こぼ-れる・こぼ-す
意味 ①ゼロ。れい。「零下」②極めて小さい。「零細」③落ちぶれる。「零落」④水滴などが落ちる。「零雨」⑤こぼす。

零 れい　零士 れいじ　零也 れいや

霊
15画 雨部・常

音訓 レイ・リョウ・たま
名乗 たま・よし・れい

意味 ①たましい。特に、死者のたましい。「幽霊」②神秘的な力。また、不思議な働きをするもの。「霊験《れいげん》」

15画
黎
黍部・人
音訓 レイ・リ
名乗 たみ・れい
意味 ①たくさん。もろもろ。②黒い。③頃《ころ》。時分。「黎明《れいめい》」

黎子 れいこ　黎介 れいすけ　黎也 れいや

16画
隷
隶部・常
音訓 レイ
意味 つきしたがう。「奴隷《どれい》」

澪 ⇨みお（240ページ）

17画
齢
歯部・常
音訓 レイ・よわい
名乗 とし・なか・よ
意味 とし。よわい。「年齢」
類義 歳（114ページ）・年（210ページ）

17画
嶺
山部・人
音訓 レイ・リョウ・みね
名乗 ね・みね
意味 山のいただき。みね。「銀嶺《ぎんれい》」「高嶺《たかね》」
類義 頂（189ページ）・峰（234ページ）

秋嶺 あきみね　嶺子 みねこ　美嶺 みれい
嶺 れい　嶺太 れいた　嶺奈 れいな

19画
麗
鹿部・常
音訓 レイ・うるわ-しい・うら-らか
名乗 あきら・かず・つぐ・つら・よし・より・ら・れ・れい
意味 ①整っていて美しい。うるわしい。「華麗・綺麗・壮麗」②空が明るく晴れて日がのどかに照っているさま。うららか。「麗日《れいじつ》」
類義 娃（33ページ）・花（52ページ）・佳（51ページ）・綺（71ページ）・昌（143ページ）・那（206ページ）・美（221ページ）

麗 あきら　純麗 すみれ　美麗 みれい
麗 れい　麗一 れいいち　麗香 れいか
麗子 れいこ　麗司 れいじ　麗太 れいた
麗央 れお　麗奈 れな　麗美 れみ

●れき●

14画
暦
日部・常
16画
曆
人
音訓 レキ・こよみ
名乗 かず・とし
意味 ①天体の運行を計算すること。また、こよみ。カレンダー。「西暦」②めぐりあわせ。運命。

暦美 かずみ　暦 こよみ　暦哉 としや

14画
歴
止部・教4
16画
歷
人
音訓 レキ・へ-る
名乗 ちか・つぐ・つね・ひさ・ふる・ゆき
意味 ①順を追って通る。順に経過する。また、経過してきた事柄。「歴史・経歴」②はっきりしている。明らか。「歴然」③ことごとく。また、次々に。「歴訪」

●れつ●

6画
列
刂部・教3
音訓 レツ・つら-なる・つら-ねる
名乗 しげ・つら・とく・のぶ
意味 ①並ぶ。また、順に長く並んだもの。「列挙・行列」②仲間。③多数の。「列国」

6画
劣
力部・常
音訓 レツ・おと-る
意味 及ばない。悪い。おとる。「劣化」

10画
烈
灬部・常
音訓 レツ・はげ-しい
名乗 いさお・たけ・たけし・つよ・つら・やす・よし
意味 ①勢いが激しい。「強烈」②気性が強く、道義心にあつい。「烈士《れっし》」③すぐれた功績。「武烈」
類義 勲（85ページ）・功（99ページ）

烈 いさお　烈志 つよし　烈也 れつや

12画
裂
衣部・常
音訓 レツ・さ-く・さ-ける
意味 ばらばらにする。さく。引きさく。「破裂」

●れん●

10画
連
辶部・教4
音訓 レン・つら-なる・つら-ねる・つ-れる
名乗 つぎ・つら・まさ・むらじ・やす・れん
意味 ①続く。つらなる。「連続」②つながる。また、協力する。「連結・連合」③引き連れる。「連行」④仲間。連れ。
類義 続（175ページ）

連 れん　連一 れんいち　連司 れんじ
連太 れんた　連太郎 れんたろう　連之介 れんのすけ

10画
恋
心部・常
音訓 レン・こ-う・こい・こい-しい
意味 心がひかれる。思い焦がれる。恋う。また、その気持ち。こい。「恋愛」

類義 愛（34ページ）・好（100ページ）

絵恋 えれん　花恋 かれん　佳恋 かれん

恋 れん　恋子 れんこ　恋奈 れんな

廉
13画　广部・常

音訓 レン・かど

名乗 おさ・かど・きよ・きよし・すが・すなお・ただし・やす・ゆき・れん

意味 ①私欲がなく、清く正しい。いさぎよい。「清廉潔白」②値段が安い。「廉価」③かど。事項。理由。

類義 潔（90ページ）

佳廉 かれん　廉人 きよと　廉 すなお

廉 れん　廉司 れんじ　廉太 れんた

蓮
13画　艹部・人

音訓 レン・はす・はちす

名乗 はす・れん

意味 植物の名。ハス。はちす。

注意 「蓮」（二点しんにょうのもの）は、名づけには認められていない字体。

ことば 【白蓮】びゃくれん　白いハスの花。清らかな心のたとえ。

【木蓮】もくれん　モクレン科の落葉高木。春、暗紅紫色の花をつける。

【蓮華】れんげ　①ハスの花。また、レンゲソウ。②陶製のさじ。

亜蓮 あれん　恵蓮 えれん　花蓮 かれん

香蓮 かれん　蓮奈 はすな　蓮乃 はすの

蓮美 はすみ　蓮 れん　蓮一 れんいち

蓮佳 れんか　蓮夏 れんか　蓮子 れんこ

蓮司 れんじ　蓮介 れんすけ　蓮太 れんた

蓮太郎 れんたろう　蓮斗 れんと　蓮翔 れんと

蓮那 れんな　蓮也 れんや　蓮弥 れんや

煉
13画　火部・人

音訓 レン・ね-る

名乗 れん

意味 ①金属を打ちきたえる。②ねり固める。「煉瓦《れんが》」③心身や技をきたえる。「試煉《しれん》」◆現代表記では「試煉→試練」など、「練」に書きかえることがある。→練（次項）

練
14画　糸部・教3

練
15画　人

音訓 レン・ね-る

意味 ①生糸《きいと》・生絹《きぎぬ》を煮て白く柔らかくする。ねる。練り絹。②心身や技をきたえる。「練習・熟練」③ねり固める。◆現代表記では「試煉《しれん》→試練」など、「煉」を「練」に書きかえることがある。→煉（前項）

漣
14画　氵部・人

音訓 レン・さざなみ

名乗 なみ

意味 ①さざなみ。水面に細かく立つ波。②涙の流れるさま。

類義 波（212ページ）・浪（267ページ）

絵漣 えれん　夏漣 かれん　漣子 なみこ

美漣 みなみ　漣 れん　漣也 れんや

錬
16画　金部・常

鍊
17画　人

音訓 レン・ね-る

名乗 れん

意味 ①金属を打ちきたえる。「錬金術」②心身や技をきたえる。「鍛錬《たんれん》」

錬 れん　錬志 れんし　錬太郎 れんたろう

憐
16画　忄部・人

音訓 レン・あわ-れむ

名乗 ちか

意味 ①かわいそうに思う。あわれむ。「哀憐」②かわいく思う。いとおしむ。「可憐《かれん》」

簾
19画　竹部・人

音訓 レン・す・すだれ

名乗 れん

意味 すだれ。竹などを編み連ねて作ったもの。日よけ・目隠しなどに使う。

●ろ●

呂
7画　口部・常

音訓 ロ・リョ

名乗 おと・とも・なが・ふえ・ろ

意味 ①背骨。②音楽の調子。③「ロ」の音の当て字。「風呂」

ことば 【以呂波・伊呂波】いろは　いろは歌。また、かな文字の総称。〔名前読み例〕いろは

一呂 いちろ　千緋呂 ちひろ　陽呂 ひろ

飛呂斗 ひろと　比呂乃 ひろの　比呂美 ひろみ

炉
8画　火部・常

音訓 ロ

意味 ①火をたく設備や器具。「暖炉《だんろ》」②金属などを加熱・溶解・反応させる装置。「溶鉱炉《ようこうろ》」

賂
13画　貝部・常

音訓 ロ・まいない

意味 金品を不正に贈る。また、その金品。「賄賂《わいろ》」

路
13画　⻊部・教3

音訓 ロ・じ・みち

名乗 じ・のり・みち・ゆく・ろ・ろう

意味 ①人や車が往来する道。また、人がふみ行うべき道。「通路」②筋道。「理路」③重要な地位。「要路」

類義 迪（195ページ）・途（199ページ）・道（203ページ）

一路 いちろ　真路 しんじ　春路 はるみち
比路斗 ひろと　路佳 みちか　路子 みちこ
路乃 みちの　路彦 みちひこ　路久 みちひさ

魯 15画 魚部・人
音訓 ロ
意味 おろか。「魯鈍」

櫓 19画 木部・人
音訓 ロ・やぐら
意味 ①船をこぐ、さお状の道具。「櫓杭《ろぐい》」②やぐら。物見や攻防のための高い建造物。

露 21画 雨部・常
音訓 ロ・ロウ・つゆ
名乗 あき・あきら・つゆ・ろ
意味 ①つゆ。水蒸気が冷たい物体の上で水滴となったもの。「夜露《よつゆ》」②つゆのように儚《はかな》い。「露命」③むき出しにあらわす。「暴露《ばくろ》」④つゆにさらす。屋根などがない。「露天」⑤「露西亜《ロシア》」の略。

露香 つゆか　露子 つゆこ　露美 ろみ

鷺 ⇩さぎ（115ページ）

●ろう●

老 6画 老部・教4
音訓 ロウ・お-いる・ふ-ける
名乗 おい・おみ・おゆ・たけ・とし
意味 ①年をとる。老いる。「老人」②経験を積んでいる。「老練」

労 7画 力部・教4
音訓 ロウ・いたわ-る・ねぎら-う
名乗 つとむ・もり
意味 ①働く。「勤労」②疲れる。「疲労」③なぐさめる。ねぎらう。「慰労《いろう》」

弄 7画 廾部・常
音訓 ロウ・もてあそ-ぶ
意味 手に持っていじくる。「翻弄《ほんろう》」また、なぶりものにする。もてあそぶ。

◆**郎 郎** ⇩人気の字（268ページ）

浪 10画 氵部・常
音訓 ロウ・なみ
名乗 なみ
意味 ①波。特に、大きな波。「波浪《はろう》」②さまよう。さすらう。「浪人・流浪《るろう》」③むやみに。むだに。「浪費」
類義 波（212ページ）・漣（266ページ）

千浪 ちなみ　浪恵 なみえ　浪香 なみか
浪子 なみこ　浪斗 なみと　美浪 みなみ

朗 10画 月部・教6　**朗** 11画 人
音訓 ロウ・ほが-らか
名乗 あき・あきら・お・さえ・とき・ほがら・ろう
意味 ①曇りがなく明るい。「清朗《せいろう》」②心が晴れ晴れとして明るい。ほがらか。「朗報」③声が高らかに澄んでよく通る。「朗読」◆見出しの下の方の字は左側が七画（「良」）の形。
類義 昌（143ページ）・昭（143ページ）・晟（162ページ）・晴（163ページ）・明（242ページ）・亮（260ページ）
ことば 【晴朗】せいろう　空が晴れ渡ってうららかなさま。〔名前読み例〕はるお
【明朗】めいろう　明るくほがらかなこと。〔名前読み例〕あきお・はるお

朗恵 あきえ　朗子 あきこ　朗人 あきと
朗奈 あきな　朗芳 あきよし　朗 あきら
篤朗 あつろう　一朗 いちろう　栄一朗 えいいちろう
悦朗 えつろう　桜二朗 おうじろう　希一朗 きいちろう
京太朗 きょうたろう　慶太朗 けいたろう　健太朗 けんたろう
光一朗 こういちろう　幸多朗 こうたろう　洸太朗 こうたろう
小太朗 こたろう　悟朗 ごろう　俊一朗 しゅんいちろう
史朗 しろう　慎太朗 しんたろう　卓朗 たくろう
達朗 たつろう　太朗 たろう　哲朗 てつろう
俊朗 としろう　直太朗 なおたろう　英朗 ひでお
寛朗 ひろあき　雅朗 まさお　義朗 よしあき
芳朗 よしろう　竜太朗 りゅうたろう　倫太朗 りんたろう

狼 10画 犭部・人
音訓 ロウ・おおかみ
名乗 ろう
意味 ①動物の名。オオカミ。「虎狼《ころう》」②乱れる。「狼×藉《ろうぜき》」③あわてる。「狼×狽《ろうばい》」

廊 12画 广部・常　**廊** 13画 人
音訓 ロウ
名乗 ろう
意味 建物同士、部屋同士をつなぐ細い通路。「回廊」

楼 13画 木部・常
音訓 ロウ
名乗 いえ・たか・つぎ・より・ろう
意味 ①高層の建物。たかどの。「楼閣《ろうかく》」②物見やぐら。③遊女屋。「×妓楼《ぎろう》」
注意 「桜」は形が似ているが別の字。↓桜（48ページ）

漏 14画 氵部・常
音訓 ロウ・も-る・も-れる・も-らす
意味 ①水・光などがもれ出る。「漏水」②手抜かりがある。「遺漏《いろう》」③秘密などが外に知れる。

人気の字

9画
郎
阝部・常

10画
郞
人

音訓 ロウ
名乗 いらつこ・お・ろ・ろう

意味 ①男子。特に、若い男子。「新郎・野郎」②家来。

類義 士（120ジベー）・男（184ジベー）・彦（222ジベー）・夫（225ジベー）

なりたち 形声。もともとは地名を表したが、字を借りて、よい男の意味を表す。

筆順

参考 (1)「太郎」「一郎」など、男性の名前に使われることが多い。(2)見出しの下の方の字は左側が七画（「良」の形）。

一字の名前

郎《ろう》

二字の名前

❤二字目

秋郎《あきお》　篤郎《あつろう》　郁郎《いくろう》
功郎《いさお》　一郎《いちろう》　逸郎《いつろう》
悦郎《えつお》　和郎《かずお》　勝郎《かつろう》
悟郎《ごろう》　幸郎《さちお》　重郎《しげろう》
志郎《しろう》　次郎《じろう》　卓郎《たくろう》
拓郎《たくろう》　達郎《たつお》　辰郎《たつろう》
多郎《たろう》　恒郎《つねお》　鉄郎《てつろう》
俊郎《としお》　利郎《としろう》　敏郎《としろう》
知郎《ともお》　朋郎《ともろう》　陽郎《はるお》
秀郎《ひでお》　英郎《ひでろう》　紘郎《ひろお》
雅郎《まさろう》　宗郎《むねろう》　泰郎《やすろう》
良郎《よしろう》　義郎《よしろう》　陸郎《りくお》

三字の名前

❤三字目

秋吾郎《あきごろう》　紋大郎《あやたろう》　伊佐郎《いさお》
伊千郎《いちろう》　栄一郎《えいいちろう》　永治郎《えいじろう》
寛士郎《かんじろう》　貫太郎《かんたろう》　樹一郎《きいちろう》
京志郎《きょうしろう》　久仁郎《くにお》　慶市郎《けいいちろう》
健太郎《けんたろう》　浩三郎《こうざぶろう》　光太郎《こうたろう》
孝太郎《こうたろう》　虎太郎《こたろう》　琥太郎《こたろう》
朔太郎《さくたろう》　茂太郎《しげたろう》　修一郎《しゅういちろう》
柊太郎《しゅうたろう》　翔太郎《しょうたろう》　丈太郎《じょうたろう》
慎太郎《しんたろう》　清四郎《せいしろう》　宗一郎《そういちろう》
泰二郎《たいじろう》　哲治郎《てつじろう》　冬吾郎《とうごろう》
智太郎《ともたろう》　尚大郎《なおたろう》　彪太郎《ひょうたろう》
文多郎《ふみたろう》　光悟郎《みつごろう》　康治郎《やすじろう》
祐一郎《ゆういちろう》　雄史郎《ゆうしろう》　悠太郎《ゆうたろう》
雪太郎《ゆきたろう》　凜太郎《りんたろう》　玲太郎《れいたろう》

読みごとの名前

❤お

彰郎《あきお》　朝郎《あさお》　敦郎《あつお》
一郎《かずお》　公郎《きみお》　祥郎《さちお》
滋郎《しげお》　静郎《しずお》　紀郎《すみお》
澄郎《すみお》　孝郎《たかお》　武郎《たけお》
周郎《ちかお》　哲郎《てつお》　寿郎《としお》
夏郎《なつお》　伸郎《のぶお》　徳郎《のりお》
春郎《はるお》　晴郎《はるお》　久郎《ひさお》
史郎《ふみお》　冬郎《ふゆお》　将郎《まさお》
樹郎《みきお》　光郎《みつお》　宗郎《むねお》
安郎《やすお》　行郎《ゆきお》　芳郎《よしお》

❤ろう

秋太郎《あきたろう》　有太郎《ありたろう》　幾郎《いくろう》
瑛太郎《えいたろう》　悦郎《えつろう》　桜一郎《おういちろう》
克郎《かつろう》　寛一郎《かんいちろう》　紀一郎《きいちろう》
菊吾郎《きくごろう》　樹太郎《きたろう》　君太郎《きみたろう》
久治郎《きゅうじろう》　京太郎《きょうたろう》　清志郎《きよしろう》
敬太郎《けいたろう》　賢一郎《けんいちろう》　健三郎《けんざぶろう》
航志郎《こうしろう》　宏汰郎《こうたろう》　小次郎《こじろう》
小太郎《こたろう》　吾郎《ごろう》　三郎《さぶろう》
三四郎《さんしろう》　史郎《しろう》　治郎《じろう》
清重郎《せいじゅうろう》　誠史郎《せいしろう》　竜郎《たつろう》
達郎《たつろう》　哲郎《てつろう》　俊郎《としろう》
智郎《ともろう》　直太郎《なおたろう》　洋司郎《ようじろう》
陽太郎《ようたろう》　佳郎《よしろう》　理一郎《りいちろう》
隆太郎《りゅうたろう》　亮太郎《りょうたろう》　倫太郎《りんたろう》
伶一郎《れいいちろう》　礼二郎《れいじろう》　蓮太郎《れんたろう》

ことば

【郎子】《いらっこ》　奈良時代、若い男性を親しんで呼んだ語。

【郎女】《いらつめ》　奈良時代、若い女性を親しんで呼んだ語。

【女郎花】《おみなえし》　オミナエシ科の多年草。秋の七草の一つ。

【太郎】《たろう》　長男。また、最初のもの。最大・最高のもの。〔名前読み例〕たろう

【藤四郎】《とうしろう》　素人《しろうと》。「しろうと」をさかさまにして人名めかしていう。

【風太郎】《ぷうたろう》　定職をもたず、ぶらぶらしている人。

21画 **蠟** 虫部・㊇
音訓 ロウ
意味 ろう。ワックス。「蠟燭《ろうそく》」

22画 **籠** 竹部・常
音訓 ロウ・かご・こ-もる・こ-める・こ
意味 ①かご。竹などを編んで作った入れ物。②中に閉じこもる。「籠城《ろうじょう》」③中にとりこむ。「籠絡《ろうらく》」

●ろく●

4画 **六** 八部・教1
音訓 ロク・リク・む・む-つ・むっ-つ・むい
名乗 む・むつ・ろく
意味 数の6。むっつ。「六月」◆証書類では、文字の改変を防ぐため、「陸」の字で代用することがある。↓陸（258ページ）

五十六 いそろく　寛六 ひろむ　六三四 むさし
六樹 むつき　六美 むつみ　六輔 ろくすけ

6画 **肋** 月部・㊇
音訓 ロク・あばら
意味 あばら骨。胸部の内臓を保護する骨。「肋骨《ろっこつ》」

鹿 ⇩しか（127ページ）

12画 **禄** ネ部・㊇　13画 **祿** 示部・㊇
音訓 ロク
名乗 さち・とし・とみ・よし・ろく
意味 ①幸運。「天禄《てんろく》」②給与。「俸禄《ほうろく》」

16画 **録** 金部・教4　16画 **錄** ㊇
音訓 ロク
名乗 とし・ふみ・よし・ろく
意味 ①書きしるす。また、書きしるしたもの。「記録」②保存する。「録画」

19画 **麓** 鹿部・常
音訓 ロク・ふもと
意味 山のすその部分。ふもと。「山麓《さんろく》」

●ろん●

15画 **論** 言部・教6
音訓 ロン・あげつら-う
名乗 とき・のり
意味 筋道を立てて考えを述べる。「論文・議論」論じる。また、筋道を立てた話や文章。

論也 ときや　論彦 のりひこ　宏論 ひろのり

●わ●

8画 **和** 口部・教3
音訓 ワ・オ・やわ-らぐ・やわ-らげる・なご-む・なご-やか・あ-える
名乗 あい・あき・か・かず・かた・かつ・かのう・たか・ちか・とし・とも・な・のどか・ひとし・ふみ・まさ・ます・みきた・やす・やすし・やまと・やわ・やわら・よし・より・わ・わたる
意味 ①仲良くする。また、争いをやめて仲直りする。「和平」②やわらぐ。なごやか。おだやか。「温和」③合わせる。調合する。「中和」④日本。また、日本のものや日本語。「和紙」⑤二つ以上の数を加えて得た値。⑥のどか。うららか。
類義 温（49ページ）・穏（49ページ）・好（100ページ）・親（155ページ）・平（229ページ）・邦（233ページ）・睦（236ページ）・倭（次項）
特別な読み 和尚《おしょう》

ことば
【和泉】《いずみ》 旧国名の一つで、現在の大阪府南部。〔名前読み例〕いずみ
【温和】《おんわ》 おだやかで優しい性質。〔名前読み例〕はるかず・はるな
【日和】《ひより》 空模様。よい天気。〔名前読み例〕あきかず・はるかず・ひな・ひより
【大和】《やまと》 日本。また、旧国名の一つで、現在の奈良県全域。〔名前読み例〕たいわ・ひろかず・やまと
【和音】《わおん》 二つ以上の音が同時に鳴るときの合成音の響き。〔名前読み例〕かずと・かずね
【和歌】《わか》 五・七調を基調とする日本固有の詩歌。〔名前読み例〕わか
【和平】《わへい》 平和。〔名前読み例〕わへい
【和洋】《わよう》 日本と西洋。〔名前読み例〕かずひろ

和 かず　和晶 かずあき　和葵 かずき
和輝 かずき　和樹 かずき　和子 かずこ
和紗 かずさ　和志 かずし　和斗 かずと
和直 かずなお　和久 かずひさ　和真 かずま
和正 かずまさ　和美 かずみ　和也 かずや
和幸 かずゆき　和義 かずよし　佐和子 さわこ
友和 ともかず　和 のどか　陽和 はるかず
浩和 ひろかず　優和 まさかず　美和 みわ
和 やまと　和花 わか　和香 わか
和花奈 わかな　和奏 わかな　和 わたる

10画 **倭** イ部・㊇
音訓 イ・ワ・やまと
名乗 かず・しず・ふさ・まさ・やす・やまと
意味 やまと。昔の日本の名称。「倭国《わこく》」
類義 和（前項）

倭也 かずや　沙倭 さわ　倭 やまと

2 漢字からさがす
わ

話 13画 言部・教2
音訓 ワ・カイ・はなす・はなし
意味 ①語る。はなす。はなし。「会話・童話」②ことば。「白話《はくわ》（＝中国語の口語）」

●わい●

隈 12画 阝部・人
音訓 ワイ・くま
意味 ①山や川の曲がって入り組んだところ。隈《くま》。また、奥まって隠れたところ。片隅《かたすみ》。「隈《くま》なく」②光と陰、また濃い色と薄い色が接するところ。陰影。
類義 阿（33ページ）

賄 13画 貝部・常
音訓 ワイ・カイ・まかなう・まいない
意味 ①金品を不正に贈る。また、その金品。「賄賂《わいろ》」②食事をととのえて出す。また、限られたもので間に合わせる。まかなう。

●わき●

脇 10画 月部・常
音訓 キョウ・わき
名乗 おさむ
意味 ①わき。胸の両側。わきの下。②すぐそば。かたわら。「脇道」

●わく●

或 ⇩ある（36ページ）

枠 8画 木部・常
音訓 わく
意味 ①わく。まわりをふちどって囲むもの。「窓枠」②ある制限の範囲。「予算枠」◆日本で作られたとされる字（国字）。

湧 ⇩ゆう（247ページ）

惑 12画 心部・常
音訓 ワク・まどう
名乗 まどい
意味 迷う。まどう。「困惑」

●わし●

鷲 23画 鳥部・人
音訓 シュウ・ジュ・わし
名乗 しゅう・わし
意味 鳥の名。ワシ。

鷲一郎 しゅういちろう　鷲治 しゅうじ　鷲介 しゅうすけ
鷲太 しゅうた　鷲真 しゅうま　鷲也 しゅうや

●わびる●

詫 13画 言部・人
音訓 タ・わびる
意味 謝罪する。わびる。

●わら●

藁 17画 艹部・人
音訓 コウ・わら
意味 わら。稲・麦などの茎を干したもの。

●わらび●

蕨 15画 艹部・人
音訓 ケツ・わらび
名乗 わらび
意味 植物の名。ワラビ。

●わん●

湾 12画 氵部・常
音訓 ワン
名乗 みずくま
意味 ①海岸が陸地に入りこんだところ。入り海。「湾岸」②弓なりに曲がる。「湾曲」

腕 12画 月部・常
音訓 ワン・うで・かいな
意味 ①うで。人間の肩から手首までの部分。「腕力《わんりょく》」②腕前。能力。「敏腕《びんわん》」

椀 12画 木部・人
音訓 ワン
名乗 つき・まり
意味 飯・汁などを盛る木製の食器。「椀種《わんだね》」

碗 13画 石部・人
音訓 ワン
意味 飯・汁などを盛る陶磁製の食器。「茶碗」

コラム① ひらがな・カタカナ・記号からさがす

第2章で紹介した二九九八字の漢字のほか、ひらがな・カタカナ・記号も名前に使うことができます。文字の下にそれぞれ元になった漢字と参照ページを示しました。

＊ひらがな

あ 安 36	か 加 51	さ 左 109	た 太 178	な 奈 207	は 波 212	ま 末 238	や 也 244	ら 良 259	わ 和 269	ん 无	が	ざ	だ	ば	ぱ
い 以 37	き 幾 70	し 之 210	ち 知 185	に 仁 155	ひ 比 219	み 美 221	◆	り 利 255	ゐ 為 38	◆	ぎ	じ	ぢ	び	ぴ
う 宇 42	く 久 75	す 寸 159	つ 川 167	ぬ 奴 199	ふ 不 225	む 武 226	ゆ 由 245	る 留 258	◆	◆	ぐ	ず	づ	ぶ	ぷ
え 衣 37	け 計 86	せ 世 160	て 天 196	ね 祢 209	へ 部 227	め 女 141	◆	れ 礼 264	ゑ 恵 87	◆	げ	ぜ	で	べ	ぺ
お 於 47	こ 己 95	そ 曽 172	と 止 120	の 乃 211	ほ 保 231	も 毛 243	よ 与 249	ろ 呂 266	を 遠 46	◆	ご	ぞ	ど	ぼ	ぽ

＊カタカナ

ア 阿 33	カ 加 51	サ 散 119	タ 多 176	ナ 奈 207	ハ 八 216	マ 末 238	ヤ 也 244	ラ 良 259	ワ 和 269	ン 尓	ガ	ザ	ダ	バ	パ
イ 伊 37	キ 幾 70	シ 之 210	チ 千 167	ニ 二 208	ヒ 比 219	ミ 三 119	◆	リ 利 255	ヰ 井 160	◆	ギ	ジ	ヂ	ビ	ピ
ウ 宇 42	ク 久 75	ス 須 157	ツ 川 167	ヌ 奴 199	フ 不 225	ム 牟 241	ユ 由 245	ル 流 258	◆	◆	グ	ズ	ヅ	ブ	プ
エ 江 100	ケ 介 56	セ 世 160	テ 天 196	ネ 祢 209	ヘ 部 227	メ 女 141	◆	レ 礼 264	ヱ 恵 87	◆	ゲ	ゼ	デ	ベ	ペ
オ 於 47	コ 己 95	ソ 曽 172	ト 止 120	ノ 乃 211	ホ 保 231	モ 毛 243	ヨ 与 249	ロ 呂 266	ヲ 乎 95	◆	ゴ	ゾ	ド	ボ	ポ

＊小字《しょうじ》

（「きょうこ」の「ょ」、「てっぺい」の「っ」など、小さく書いて表す音）

ぁ	ぃ	ぅ	ぇ	ぉ	ゃ	ゅ	ょ	っ	ゎ
ァ	ィ	ゥ	ェ	ォ	ャ	ュ	ョ	ッ	ヮ

＊記号

ー	々	ゝ	ゞ
長音（伸ばす音）	漢字の繰り返し	かなの繰り返し	

コラム② ローマ字をヒントにさがす

アルファベットは名前には使えませんが、「Rで始まる名前」「Aの入った名前」など、漢字や音からさがすのとは違った観点で名前を考える手がかりになります。ここでは、パスポートで使われるヘボン式ローマ字を一覧にしました。

ん N(M)	わ WA	ら RA	や YA	ま MA	は HA	な NA	た TA	さ SA	か KA	あ A
◆	ゐ I	り RI	◆	み MI	ひ HI	に NI	ち CHI	し SHI	き KI	い I
◆	◆	る RU	ゆ YU	む MU	ふ FU	ぬ NU	つ TSU	す SU	く KU	う U
◆	ゑ E	れ RE	◆	め ME	へ HE	ね NE	て TE	せ SE	け KE	え E
◆	を O	ろ RO	よ YO	も MO	ほ HO	の NO	と TO	そ SO	こ KO	お O

◆	◆	◆	◆	ぱ PA	ば BA	◆	だ DA	ざ ZA	が GA	◆
◆	◆	◆	◆	ぴ PI	び BI	◆	ぢ JI	じ JI	ぎ GI	◆
◆	◆	◆	◆	ぷ PU	ぶ BU	◆	づ ZU	ず ZU	ぐ GU	◆
◆	◆	◆	◆	ぺ PE	べ BE	◆	で DE	ぜ ZE	げ GE	◆
◆	◆	◆	◆	ぽ PO	ぼ BO	◆	ど DO	ぞ ZO	ご GO	◆

ぴゃ PYA	びゃ BYA	じゃ JA	ぎゃ GYA	りゃ RYA	みゃ MYA	ひゃ HYA	にゃ NYA	ちゃ CHA	しゃ SHA	きゃ KYA
ぴゅ PYU	びゅ BYU	じゅ JU	ぎゅ GYU	りゅ RYU	みゅ MYU	ひゅ HYU	にゅ NYU	ちゅ CHU	しゅ SHU	きゅ KYU
ぴょ PYO	びょ BYO	じょ JO	ぎょ GYO	りょ RYO	みょ MYO	ひょ HYO	にょ NYO	ちょ CHO	しょ SHO	きょ KYO

ヘボン式ローマ字表記の注意点

＊撥音《はつおん》の「ん」はNで表すが、B・M・Pの前はMで表記する。
【例】じゅん JUN　しんぺい SHIMPEI
＊促音《そくおん》の「っ」は子音を重ねる。
【例】てっぺい TEPPEI
＊長音（伸ばす音）は、原則として記入しない。ただし、「おう」「おお」はOまたはOHで表すことができる。
【例】ゆうか YUKA　ようこ YOKO／YOHKO

第3章

意味からさがす

意味からさがす

この章の使いかた

■この章の特徴

この章は、「美しい」「賢い」などの意味から、漢字や名づけに応用できそうなことばをさがせるようにしたものです。漢字の意味を重視して名づけたいとき、意味や願いを込めた名前をつけたいときなどにおすすめです。

■意味からさがすときのポイント

意味からさがすときは、漢字やことばの意味をさまざまな角度から考えると選択肢が広がります。この章でも、一つの意味からできるだけ多くの漢字やことばをさがせるように、意味を広めにとらえて収録しました。それぞれの漢字の細かなニュアンスや使いかたの違いなどを考慮したいときには、第2章「漢字からさがす」の漢字解説なども参考にしてみてください。

また、漢字やことばには複数の意味があることがあります。気になる漢字が見つかったら、ほかにどんな意味があるかということも第2章などで確認しておくとよいでしょう。

■「意味からさがす」リストの見かた

①― 賢い

②― 漢字

利 255　明 242　怜 264　恵 87
哲 196　敏 224　敏 224　惠 87
智 186　聡 173　鋭 44　慧 88
叡 45　憲 93　賢 93

③― ことばから名づけ

けんめい【賢明】〔形動〕…まさあき・やすあき
さとし【聡し・敏し】〔形〕〔古〕…さとし
そうめい【聡明】〔名・形動〕…そうめい・としあき
はくが【博雅】〔名・形動〕…ひろまさ

①意味の見出し

＊名づけによく使われる意味のうち、似た意味の漢字やことばがいくつかあるものを、意味の見出しとして取り上げました。
＊意味の見出しは、五十音順に並べました。
＊「朝」と「夜明け」、「行く」と「進む」など、似ている意味は一つの見出しにまとめました。

②漢字

＊各見出しの意味に合う漢字の例を示しました。
＊漢字は、画数の少ないもの→多いものの順に並べました。画数が同じ場合は、代表的な読み（音訓）の五十音順で並べました。
＊漢字の下には、第2章「漢字からさがす」でその漢字を解説しているページ数を示しました。漢字の読みや画数、詳しい意味などを調べたいときには、このページを参照してみてください。

③ことばから名づけ

＊各見出しの意味に似た意味のことば（類語）のうち、名前に応用できそうなものの一例を挙げました。
＊五十音順に並べました。
＊「ことばから名づけ」は、次の内容で構成しました。

(1)まず、ことばの読みを掲げました。日本語はひらがなで、外来語はカタカナで示しました。
(2)次に、漢字表記または外来語のつづりを示しました。漢字表記は【　】、つづりは［　］で示しました。
(3)〔　〕にことばの品詞（動詞、名詞など）を示しました。また、古語は（古）と示しました。
(4)「…」の後に、そのことばを名前として応用したときの読み方の一例を示しました。

■コラム

＊以下の九つの見出しをもうけ、各見出しに合う漢字を集めました。
・「あお」のいろいろ
・「あか」のいろいろ
・「みどり」のいろいろ
・「こころ」のいろいろ
・「ひかり」のいろいろ
・「おさめる」のいろいろ
・「ひらく」のいろいろ
・男の子の名前に合う意味の字
・女の子の名前に合う意味の字
＊それぞれの漢字について、簡単な意味の説明と、その漢字を使った熟語などの例を示しました。

愛・愛する

漢字

好 100　恋 265　愛 34　慈 126

ことばから名づけ

あい【愛】〔名〕…あい
あいしん【愛心】〔名〕…あきみ・ひでむね
けいあい【恵愛】〔名〕…としあき・よしのり
このむ【好む】〔動〕…このむ
じあい【慈愛】〔名〕…しげのり・やすあき
ゆうあい【友愛】〔名〕…ともちか・ゆあ

明るい

漢字

明 242　昭 143　亮 260　朗 267

ことばから名づけ

あきらか【明らか】〔形動〕…あきら
さやか【清か】〔形動〕…さやか
めい【明】〔名〕…めい
めいろう【明朗】〔形動〕…あきお
ライト［light］〔形〕…らいと

朝・夜明け

漢字

旦 183　明 242　晨 154　暁 81
朝 189　暁 81　曙 141

ことばから名づけ

あかつき【暁】〔名〕…あかつき
あさ【朝】〔名〕…あさ・はじめ
ありあけ【有明】〔名〕…ありあけ・なりあき
ぎょうてん【暁天】〔名〕…あきたか
しののめ【東雲】〔名〕…しののめ
てんめい【天明】〔名〕…たかあき・てんめい
れいめい【黎明】〔名〕…れいめい

行く・進む

漢字

之 210　行 100　如 141　往 47
晋 152　進 154

ことばから名づけ

あゆむ【歩む】〔動〕…あゆむ
ゴー［go］〔動〕…ごう
しんこう【進行】〔名〕…のぶゆき
すすむ【進む】〔動〕…すすむ
とおる【通る】〔動〕…とおる
わたる【渡る】〔動〕…わたる

受け継ぐ

漢字

承 142　紹 144　継 88

ことばから名づけ

けいしょう【継承】〔名〕…ひですけ
しゅせい【守成】〔名〕…もりしげ
しょうけい【承継】〔名〕…よしつぐ

うた・うたう

漢字

吟 83　唄 43　唱 144　詠 44
詩 124　歌 54　謡 253　謠 253

ことばから名づけ

うた【歌】〔名〕…うた

美しい

漢字

花 52　那 206　佳 51　昌 143
娃 33　美 221　綺 71　麗 265

ことばから名づけ

かれい【佳麗】〔名・形動〕…かれい
しゅうれい【秀麗】〔名・形動〕…ひでより
じゅんび【純美】〔名・形動〕…あつみ
たんれい【端麗】〔名・形動〕…ただよし
てんれい【典麗】〔名・形動〕…のりよし
びれい【美麗】〔名・形動〕…みれい

大きい

漢字

大 180　太 178　巨 77　恢 58
洪 102　浩 104　紘 104　景 88

ことばから名づけ

おおきい【大きい】〔形〕…おおき
しだい【至大】〔名・形動〕…ゆきひろ

教え導く

漢字

迪 195　訓 85　教 80　啓 87
陶 201　導 203　諭 245

ことばから名づけ

いくえい【育英】〔名〕…いくえい・やすひで
さとし【諭し】〔名〕…さとし

おだやか

漢字

平 229　妥 177　和 269　温 49
温 49　静 164　穏 49　靜 164

ことばから名づけ

おんわ【温和】〔名・形動〕…はるな・まさかず
しずか【静か】〔形動〕…しずか
たいら【平ら】〔形動〕…たいら
のどか【長閑か・閑か】〔形動〕…のどか
まどか【円か】〔形動〕…まどか
わじゅん【和順】〔名・形動〕…かずのり・かずより

column

＊「あお」のいろいろ

青…色の三原色のあお。ブルー。また、みどり。「青空・青葉」
紺…赤みを含んだ濃い青。こんいろ。
蒼…深くすんだ青。また、草色。「蒼天《そうてん》」
碧…浅緑から濃い青緑のあいだの色。青緑。「碧《あお》い海」「碧空《へきくう》」
藍…藍からとる染料のような濃い青。あいいろ。

＊「あか」のいろいろ

丹…濃い黄赤色。「丹《に》塗りの鳥居」
朱…黄を帯びた赤。しゅいろ。「朱肉」
赤…三原色のあか。レッド。「赤とんぼ」
紅…鮮やかな赤。べにいろ。「紅葉」
緋…明るい朱色。「緋鯉《ひごい》」

＊「みどり」のいろいろ

翠…黄色がかった緑。「×翡翠《ひすい》」
碧…青緑。
緑…青と黄の中間色。「新緑」

思いやり

漢字

仁 155　恕 141　情 148

ことばから名づけ

じん【仁】〔名〕…じん
じんあい【仁愛】〔名〕…さねちか・まさあき
じんけい【仁恵】〔名〕…ひとえ・よしえ
じんじ【仁慈】〔名〕…とよちか・まさじ
じんしん【仁心】〔名〕…ひとみ・まさむね
じんとく【仁篤】〔名〕…さねあつ・よしひろ

香り

漢字

匂 208　芳 233　郁 39　香 103
薫 85　薰 85　馨 60

ことばから名づけ

かおり【香り】〔名〕…かおり
かほう【佳芳】〔名〕…よしみち
くんこう【薫香】〔名〕…くにか・ゆきか
せいこう【清香】〔名〕…きよか・さやか・せいか

駆ける・走る

漢字

走 171　翔 146　馳 186　駆 83

ことばから名づけ

かける【翔る】〔動〕…かける
かける【駆ける】〔動〕…かける
はせる【馳せる】〔動〕…はせる

賢い

漢字

利 255　明 242　怜 264　恵 87
哲 196　敏 224　敏 224　惠 87
智 186　聡 173　鋭 44　慧 88
叡 45　憲 93　賢 93

ことばから名づけ

けんめい【賢明】〔形動〕…まさあき・やすあき
さとし【聡し・敏し】〔形〕〔古〕…さとし
そうめい【聡明】〔名・形動〕…そうめい・としあき
はくが【博雅】〔名・形動〕…ひろまさ
めいたつ【明達】〔名〕…あきたつ・ひろたつ
めいてつ【明哲】〔名・形動〕…あきのり・めいてつ
めいびん【明敏】〔名・形動〕…あきとし・はるとし
ゆうち【有知・有智】〔名〕…ありとも

勝つ

漢字

克 107　捷 144　勝 144

ことばから名づけ

しょうり【勝利】〔名〕…かつとし
まさる【勝る】〔動〕…まさる

清い

漢字

白 214　浄 148　純 138　淨 148
清 163　皓 105　聖 163　潔 90

ことばから名づけ

きよし【清し】〔形〕〔古〕…きよし
きよら【清ら】〔名・形動〕〔古〕…きよら
せいじゅん【清純】〔名・形動〕…きよすみ

健康

漢字

健 92　康 104

ことばから名づけ

げんき【元気】〔名・形動〕…げんき
けんご【堅固】〔名・形動〕…けんご
けんしょう【健勝】〔名・形動〕…けんしょう
じょうぶ【丈夫】〔形動〕…たけお
せいえい【清栄】〔名〕…きよはる・せいえい
せいこう【清康】〔名・形動〕…きよやす
そうけん【壮健】〔名・形動〕…まさたけ
まめ【忠実】〔名・形動〕…ただよね
ゆうけん【勇健】〔名・形動〕…はやたけ

こえる

漢字

凌 260　越 45　超 189　駕 55

ことばから名づけ

しのぐ【凌ぐ】〔動〕…しのぐ
りょうが【凌駕・陵駕】〔名〕…りょうが

しあわせ

漢字

幸 101　祉 123　祉 123　倖 104
祥 143　禎 194　福 228　福 228

ことばから名づけ

けいふく【慶福】〔名〕…のりとし・よしとみ
さち【幸】〔名〕…さち
しこう【至幸】〔名・形動〕…むねゆき
せいふく【清福】〔名〕…きよとし
ふく【福】〔名〕…ふく
まさきく【真幸く】〔副〕〔古〕…まさき

真実・まこと

漢字

允 41　実 128　信 152　真 153
眞 153　誠 164　實 128　摯 125
諒 261

ことばから名づけ

じっしょう【実正】〔名・形動〕…さねただ
しょうしん【正真】〔名〕…しょうま・ただまさ
しんじつ【真実】〔名・形動・副〕…まさみ・まみ
しんせい【真正】〔名・形動〕…まさただ
しんせい【真成】〔名・形動〕…まさしげ・まさなり
しんせい【真誠】〔名・形動〕…まさあき・まさのぶ
せいじつ【正実】〔名・形動〕…まさみ
まこと【真・実・誠】〔名・副〕…まこと

column

＊「こころ」のいろいろ

心…こころ。「心身」
仁…思いやり、いつくしむ心。「仁愛」
丹…うそ偽りのない心。「丹心《たんしん》」
志…心に決めた目標。また、思いやりの心。「志望・厚志」
実…誠実な心。「忠実」
忠…真心。「忠義」
恕…思いやりの心。「仁恕《じんじょ》」
恋…こいしく思う心。「恋愛」
愛…いとおしいと思う心。「愛情」
懐…心にいだく思い。また、なつかしい思い。「述懐」

すべて

漢字

一 40　全 169　皆 57　惣 172
総 173

ことばから名づけ

ぜん【全】〔名〕…ぜん
みな【皆】〔名・副〕…みな

澄む

漢字

冴 115　朗 267　清 163　澄 190

ことばから名づけ

きよむ【清む】〔動〕〔古〕…きよむ
さえ【冴え】〔名〕…さえ
さやか【清か】〔形動〕…さやか
せいちょう【清澄】〔名・形動〕…きよずみ
ちょうてつ【澄徹】〔名〕…ちょうてつ
ちょうめい【澄明】〔名・形動〕…きよあき
とうてつ【透徹】〔名〕…ゆきみち
めいてつ【明徹】〔名・形動〕…あきみち・めいてつ

空・天

漢字

天 196　穹 76　空 84　昊 102
宙 187　乾 64

ことばから名づけ

あおぞら【青空】〔名〕…あおぞら
くもい【雲居】〔名〕〔古〕…くもい
スカイ［sky］〔名〕…すかい
そうきゅう【蒼穹】〔名〕…そうきゅう
そら【空】〔名〕…そら
てん【天】〔名〕…てん
てんくう【天空】〔名〕…あまたか

尊敬

漢字

尚 142　高 104　崇 158　貴 71
敬 87　尊 176

ことばから名づけ

きょうけい【恭敬】〔名〕…のりゆき・やすたか
けいあい【敬愛】〔名〕…としなり・ひろあき
すうけい【崇敬】〔名〕…たかひろ
そんけい【尊敬】〔名〕…たかあき

助ける

漢字

介 56　丞 148　佐 109　助 141
佑 246　侑 246　祐 247　祐 247
済 111　援 46　輔 232　翼 254

ことばから名づけ

たすく【助く】〔動〕〔古〕…たすく
ゆうじょ【佑助・祐助】〔名〕…ゆうすけ

正しい

漢字

公 98　方 232　正 160　是 160
貞 194　善 169　雅 55

ことばから名づけ

しせい【至正】〔名〕…のりただ・よしまさ

しんり【真理】〔名〕…まり
せいぎ【正義】〔名〕…せいぎ・まさよし
ほうせい【方正】〔名・形動〕…しげまさ

つつしみ深い

漢字

恭 79　粛 136　欽 82　慎 154
愼 154　謹 83　謹 83

ことばから名づけ

おんきょう【温恭】〔名・形動〕…はるゆき
きょうけん【恭謙】〔名・形動〕…やすあき・よしたか

強い

漢字

武 226　勇 246　赳 77　剛 107
強 79　健 92　雄 247　豪 107
毅 72　驍 81

ことばから名づけ

えいぶ【英武】〔名〕…ひでたけ
ごう【剛】〔名〕…ごう・たけし・つよし
じょうぶ【丈夫】〔形動〕…たけお
つよし【強し】〔形〕〔古〕…つよし
ゆうぶ【勇武】〔名・形動〕…いさむ
ゆうもう【勇猛】〔名・形動〕…はやたけ

手本

漢字

則 175　規 70　範 218　鏡 80
鑑 67

ことばから名づけ

きかん【亀鑑】〔名〕…きかん
きく【規矩】〔名〕…のりつね

到達する

漢字

至 122　到 200　格 60　達 183

ことばから名づけ

いたる【至る・到る】〔動〕…いたる

とおる

漢字

亨 101　通 192　透 201　暢 190
徹 196　融 249

ことばから名づけ

とうてつ【透徹】〔名〕…ゆきみち
とおる【通る・透る・徹る】〔動〕…とおる

友達

漢字

友 246　朋 233

ことばから名づけ

アミ［ami・amie フランス］〔名〕…あみ
しんゆう【心友】〔名〕…みゆ
ちいん【知音】〔名〕…さとね
ちき【知己】〔名〕…ともき
とも【友・朋】〔名〕…とも
ほうゆう【朋友】〔名〕…ほうゆう
ゆうじん【友人】〔名〕…ともひと・ゆうと
りょうゆう【良友】〔名〕…よしとも・りょうゆう

努力する

漢字

力 262　孜 123　努 199　励 264
勉 231　勤 82　勤 82

ことばから名づけ

ちゅうきん【忠勤】〔名〕…ただとし
つとむ【努む・勉む】〔動〕〔古〕…つとむ
りっこう【力行】〔名〕…よしゆき

仲がよい

漢字

好 100　和 269　睦 236　親 155

ことばから名づけ

きょうわ【協和】〔名〕…やすかず
しんぼく【親睦】〔名〕…ちかのぶ
しんわ【親和】〔名〕…ちかまさ・よりかず
むつむ【睦む】〔動〕…むつむ
ゆうこう【友好】〔名〕…ともよし
わしん【和親】〔名〕…かずちか

成し遂げる

漢字

成 160　完 64　果 53　奏 171
貫 65　済 111　就 134　遂 158

ことばから名づけ

けつじつ【結実】〔名〕…ゆうみ・ゆみ
じょうじゅ【成就】〔名〕…あきなり
せいぎょう【成業】〔名〕…なりかず
そうこう【奏功】〔名〕…そうこう
そうする【奏する】〔動〕…そう
たいせい【大成】〔名〕…たいせい
たっせい【達成】〔名〕…たっせい

のぼる

漢字

上 147　升 142　昇 142　登 201

ことばから名づけ

えいたつ【栄達】〔名〕…えいたつ
ちゅうてん【沖天】〔名〕…おきたか
のぼる【上る・登る・昇る】〔動〕…のぼる

はじめる・はじめ

漢字

一 40　元 94　初 140　甫 231
始 123　孟 243　開 58　創 172
源 95　緒 140　肇 215　緒 140

ことばから名づけ

いろは【以呂波・伊呂波】〔名〕…いろは
そうし【創始】〔名〕…そうし
はじむ【始む】〔動〕〔古〕…はじむ
はじめ【初め・始め】〔名〕…はじめ
ほうが【萌芽】〔名〕…めめ

はっきり・明らか

漢字

了 259　白 214　昌 143　明 242
昭 143　亮 260　晃 104　章 144
彰 147　歴 265　歴 265　瞭 262
顕 94　顯 94

ことばから名づけ

ぶんめい【分明】〔名・形動〕…ぶんめい
めいりょう【明亮】〔名・形動〕…あきすけ
めいりょう【明瞭】〔名・形動〕…はるあき

速い

漢字

迅 155
快 57
疾 128
速 175
敏 224
捷 144
敏 224

ことばから名づけ

はやし【速し】〔形〕〔古〕…はやし

はるか

漢字

悠 248
遥 251
遙 251
遼 261

ことばから名づけ

こうえん【広遠・宏遠】〔名・形動〕…こうえん
はる【遥】〔形動〕〔古〕…はる
はるか【遥か】〔副・形動〕…はるか
りょうえん【遼遠】〔名・形動〕…はるとお

繁栄・さかん

漢字

壮 171
壯 171
旺 48
昌 143
栄 44
晟 162
盛 163
隆 259
榮 44
興 106
繁 218
繁 218

ことばから名づけ

えいが【栄華】〔名〕…えいか・えいが
こうりゅう【興隆】〔名〕…おきたか
さかえ【栄え】〔名〕…さかえ
しょうけい【昌慶】〔名〕…まさよし
しょうせい【昌盛】〔名〕…あきしげ・まさもり
りゅうしょう【隆昌】〔名〕…たかまさ
りゅうせい【隆盛】〔名・形動〕…たかもり

光・輝く

漢字

光 99
晃 104
晶 145
暉 71
煌 106
照 145
輝 73
熙 72
曜 253
燿 253
耀 253

ことばから名づけ

あかり【明かり】〔名〕…あかり
こうか【光華】〔名〕…こうか・みつか
こうき【光輝】〔名〕…こうき
こうさい【光彩】〔名〕…みさ
こうみょう【光明】〔名〕…みつあき
こうよう【光耀】〔名〕…こうよう・てるあき
ひかり【光】〔名〕…ひかり
ほかげ【火影】〔名〕…ほかげ
ライト［light］〔名〕…らいと

column

＊「ひかり」のいろいろ

月…月の光。「月が差し込む」
日…日の光。「日差し」
光…ひかり。輝き。「日光」
瑛…玉の光。
景…日の光。
陽…日の光。「春陽《しゅんよう》」
暉…輝き。
照…光。「日照」
影…光。「月影」

広い・広がる

漢字
広 99　弘 99　宏 101　甫 231
延 46　拡 60　恢 58　洸 103
洋 249　浩 104　紘 104　展 197
寛 65　滉 105　寬 65　廣 99

ことばから名づけ
こうそう【広壮】〔名・形動〕…ひろまさ
こうだい【広大】〔名・形動〕…こうた・ひろまさ
はくだい【博大】〔名・形動〕…ひろき・ひろはる
ひろし【広し】〔形〕〔古〕…ひろし
ゆうだい【雄大】〔形動〕…たけひろ・ゆうだい

真心をこめる

漢字
忠 187　厚 102　淳 139　惇 205
渥 35　敦 205　寧 210　諄 140
鄭 195　篤 204　懇 109

ことばから名づけ
あつし【篤し】〔形〕〔古〕…あつし
しせい【至誠】〔名・形動〕…のりたか・ゆきのぶ
せいい【誠意】〔名〕…あきよし・ともおき
せいじつ【誠実】〔名・形動〕…まさみ・よしさね
たんせい【丹誠】〔名〕…あきたか
ていちょう【丁重】〔名・形動〕…のりしげ
まごころ【真心】〔名〕…まみ
ゆうあく【優渥】〔名・形動〕…ひろあつ

まもる

漢字
守 131　衛 44　衞 44　護 98

ことばから名づけ
じゅんしゅ【順守】〔名〕…しげもり
まもる【守る・護る】〔動〕…まもる

みがく

漢字
研 90　瑳 110　磨 237

ことばから名づけ
けんま【研磨】〔名〕…けんま
たくま【琢磨】〔名〕…たくま
れんま【錬磨・練磨】〔名〕…れんま

道

漢字
迪 195　途 199　道 203　路 266

ことばから名づけ
こうろ【行路】〔名〕…こうろ・ゆきみち
みち【道・路・途・径】〔名〕…みち

満ちる

漢字
充 135　満 239

ことばから名づけ
じゅうじつ【充実】〔名〕…よしみ
みちる【満ちる・充ちる】〔動〕…みちる
みつ【満つ・充つ】〔動〕…みつ

実る・実り

漢字

実 128　稔 210　實 128　穣 149

ことばから名づけ

けつじつ【結実】〔名〕…ゆうみ・ゆみ
なる【生る】〔動〕…なる
みのり【実り】〔名〕…みのり
みのる【実る】〔動〕…みのる

名誉

漢字

光 99　栄 44　望 235　誉 249

ことばから名づけ

えいこう【栄光】〔名〕…えいこう
えいめい【栄名】〔名〕…はるな
えいよ【栄誉】〔名〕…まさよ
こうえい【光栄】〔名・形動〕…みつえ
こうき【光輝】〔名〕…こうき
ほまれ【誉れ】〔名〕…ほまれ
よぼう【誉望】〔名〕…たかみ・よしもち

めぐみ

漢字

幸 101　恩 49　恵 87　竜 258　惠 87　徳 204　德 204　龍 258

ことばから名づけ

じんけい【仁恵】〔名〕…ひとえ
てんゆう【天佑・天祐】〔名〕…たかすけ
とく【徳】〔名〕…とく・めぐむ
ほうけい【芳恵】〔名〕…よしえ
めぐみ【恵み】〔名〕…めぐみ

めでたい

漢字

吉 74　祥 143　祥 143　嘉 54　慶 88

ことばから名づけ

けいふく【慶福】〔名〕…のりとし・よしとみ
ことぶき【寿】〔名〕…ことぶき
たいけい【大慶】〔名〕…ひろやす・まさよし

column

＊「おさめる」のいろいろ

収…とりまとめる。「収集」
治…世の中をおさめる。「統治」
修…正しくととのえる。また、学ぶ。「修正・研修」
納…しまっておく。また、金品を渡す。「収納・納入」
脩…ととのえおさめる。
理…ととのえる。さばく。「理髪・管理」
領…受け入れる。また、統治する。「領収」
蔵…しまっておく。「蔵書」

＊「ひらく」のいろいろ

拓…未開の土地をひらく。また、新しい状況などを作り出す。「拓殖《たくしょく》」
披…押し開ける。また、すっかり開いてみせる。「披露《ひろう》」
発…明らかにする。「発見」
展…のばす。広げる。「親展《しんてん》」
啓…道をひらく。導く。「啓蒙《けいもう》」
開…閉じているものをあける。「開放」

模様

漢字

文 229　采 111　郁 39　紋 244
彩 112　絢 93　斐 220　綾 35

ことばから名づけ

あいろ【文色】〔名〕…あいろ
あや【綾・文・彩】〔名〕…あや
あやめ【文目】〔名〕〔古〕…あやめ
さいもん【彩文】〔名〕…さあや

安らか

漢字

安 36　晏 36　泰 179　康 104
裕 247　靖 164　寧 210

ことばから名づけ

あんき【安気】〔名・形動〕…あき・やすき
あんこう【安康】〔名〕…さだやす
あんたい【安泰】〔名・形動〕…やすひろ
たいぜん【泰然】〔形動〕…やすなり

優秀

漢字

大 180　好 100　秀 133　妙 240
英 44　佳 51　卓 181　俊 137
高 104　勝 144　達 183　傑 90
嘉 54　賢 93　駿 138　優 250

ことばから名づけ

すぐる【優る・勝る】〔動〕〔古〕…すぐる
たかし【高し】〔形〕〔古〕…たかし
たける【長ける】〔動〕…たける
まさる【勝る・優る】〔動〕…まさる
ゆう【優】〔名〕…ゆう
ゆうしゅう【優秀】〔形動〕…まさひで
ゆうりょう【優良】〔名・形動〕…まさよし・ゆら

豊か

漢字

沢 181　富 226　豊 234　穣 149
穰 149

ことばから名づけ

とむ【富む】〔動〕…とむ
ふうき【富貴】〔名・形動〕…ふうき・ふき
ほうじゅん【豊潤】〔名・形動〕…とよひろ
ほうじょう【豊穣】〔名・形動〕…とよしげ
ほうふ【豊富】〔名・形動〕…とよあつ
ほうも【豊茂】〔名〕…とよしげ
ゆたか【豊か】〔形動〕…ゆたか

よい

漢字

可 51　令 263　吉 74　好 100
良 259　佳 51　淑 136　善 169
徽 72

ことばから名づけ

かりょう【佳良】〔名・形動〕…よしはる
せいりょう【精良】〔名・形動〕…きよかず
ぜん【善】〔名〕…ぜん・ただし
ぜんりょう【善良】〔名・形動〕…よしお・よしはる
りょう【良】〔名〕…りょう
りょうこう【良好】〔形動〕…よしたか

喜ぶ

漢字

欣 82　悦 45　喜 70　愉 245
嘉 54　歓 66　慶 88

ことばから名づけ

えつ【悦】〔名〕…えつ
えっき【悦喜】〔名〕…のぶゆき・よしき
かんき【歓喜】〔名〕…やすき
きえつ【喜悦】〔名〕…よしのぶ
きんき【欣喜】〔名〕…よしき
きんこう【欣幸】〔名〕…よしゆき
けいする【慶する】〔動〕…けい
たいけい【大慶】〔名〕…ひろみち・まさよし

わかる・悟る

漢字

了 259　知 185　悟 97　覚 60
暁 81　惺 163　曉 81

ことばから名づけ

かくち【覚知】〔名〕…あきとも
ごどう【悟道】〔名〕…のりみち
さとる【悟る・覚る】〔動〕…さとる
たいご【大悟】〔名〕…たいご・だいご
ひらく【開く】〔動〕…ひらく
りかい【理会】〔名〕…りえ
りょうご【了悟】〔名〕…あきのり・りょうご
りょうする【了する】〔動〕…りょう
りょうち【了知】〔名〕…あきとも

笑う

漢字

咲 116　莞 64　笑 143

ことばから名づけ

えみ【笑み】〔名〕…えみ
えむ【笑む】〔動〕…えむ
かんじ【莞爾】〔形動〕…かんじ
ろうしょう【朗笑】〔名〕…あきえ

column

＊男の子の名前に合う意味の字

士…教養・学徳のある立派な男子。また、さむらい。「紳士・武士」
夫…成人した男性。「偉丈夫《いじょうぶ》」
男…おとこ。
俠…おとこぎ。おとこだて。「義俠《ぎきょう》」
彦…才徳のすぐれた男性。
郎…男子。特に、年若い男子。「新郎」
雄…おおしい。強くすぐれている。また、生物のおす。「雄大」

＊女の子の名前に合う意味の字

女…おんな。
妃…きさき。「王妃」
妙…きわめてすぐれている。また、この上なく美しい。「絶妙」
娃…美しい。また、美女。
珈…女性の髪飾り。
姫…ひめ。また、女性の美称。「お姫様・歌姫」
媛…美しい女性。「才媛《さいえん》」

コラム③ 品詞からさがす

名詞・動詞・形容詞などの品詞を意識しながら、名前を考える方法もあります。

ここでは名詞・動詞・形容詞などの語をそのまま名前に応用する例を挙げますが、「ひろし」→「ひろと」「まひろ」など、いろいろな形で名前の一部に活用することもできます。

＊動詞

人やものの動きを表す動詞を使った名前は、力強く前向きな印象を与えます。「る」「む」などウ段の音で終わるため、安定感を感じさせるのも特徴です。

名前の一例

歩 あゆむ　　薫 かおる
翔 かける　　悟 さとる
忍 しのぶ　　保 たもつ
透 とおる　　望 のぞむ
守 まもる　　実 みのる
恵 めぐむ　　譲 ゆずる

＊形容詞・形容動詞

形容詞と形容動詞は、ものの性質や状態を表します。名づけでは「こんな子に育ってほしい」という願いを込めるのに最適の品詞です。なお、「〜し」と「〜き」は形容詞の古語の形です。

形容詞の名前の一例

篤 あつし　　聡 さとし
高 たかし　　猛 たけし
正 ただし　　久 ひさし
広 ひろし　　安 やすし
毅 つよき　　直 なおき

形容動詞の名前の一例

明 あきら　　新 あらた
静 しずか　　のどか
遥 はるか　　ほのか
円 まどか　　豊 ゆたか

＊名詞

ものの名を表す名詞は、名づけにもぴったりの品詞と言えます。わかりやすく、覚えやすい名前を考えたいときにもおすすめです。

名前の一例

愛 あい　　あかり
旭 あさひ　　泉 いずみ
息吹 いぶき　　香 かおり
光輝 こうき　　心 こころ
桜 さくら　　空 そら
大地 だいち　　琢磨 たくま
司 つかさ　　渚 なぎさ
望 のぞみ　　響 ひびき
誠 まこと　　緑 みどり
南 みなみ　　都 みやこ
恵 めぐみ　　柚 ゆず
夢 ゆめ　　若葉 わかば

第4章

音から さがす

音から
さがす

この章の使いかた

■この章の特徴

名前の呼びやすさ、響きのよさを重視したいときには音《おと》からさがすのがおすすめです。この章では、名前や漢字の音（読み）から、さまざまな表記を調べられるようにしました。

また、330ページからの「後ろの音から名前をさがす」は、「き」→「あき・あつき・いつき・いぶき…」、「はる」→「こはる・ちはる・ともはる…」など、名前の後半の音（読み）から名前全体の音をさがせるようにしたものです。後ろの音から名前を考えたいときや、家族・兄弟でそろえた名前を考えたいときなどに活用できます。

■音からさがすときのポイント

先に名前の音を決めてそれに漢字をあてる名づけは近年、人気のある方法ですが、名づけの際に気をつけたいポイントがいくつかあります。

＊音からおかしなことばが連想されないか

たとえば、「かいな」という音の名前からは、腕《うで》の意味の「腕《かいな》」が連想される可能性があります。つけたい名前の音と同じ音をもつことばにはどんなものがあるか、国語辞典などで確かめておくのがよいでしょう。連想に注意したい音の例はコラム「気をつけたい名前の漢字や音」（352ページ）でも取り上げていますので、参考にしてみてください。

＊名前にふさわしい意味の漢字か

名づけに使える漢字の中には、「悪」「毒」など、名前にはあまりふさわしくないような意味のものも含まれています。音に合う漢字をさがすということばかりに気を取られて、おかしな意味の漢字をあててしまわないよう、漢字の意味は必ず調べておきましょう。

＊難読でないか

音に漢字をあてる方法では、難読になりやすい傾向があります。漢字を考えるときには、「読みやすい字・名前かどうか」ということも考慮にいれておくことが大切です。

■「音からさがす」リストの見かた

①—【あい】
②—**連想** 愛・藍・eye
③—
安以
亜伊
娃
愛
愛依
藍

①音の見出し

＊名前の音の一例を示しました。
＊音の見出しは、【 】の形で示し、五十音順に並べました。

②連想

＊音の見出しから連想されることばの例を挙げました。
＊複数のことばが連想される場合は、漢字の画数順に挙げました。外来語は最後に示しました。
＊一つのことばに漢字表記やつづりが複数ある場合は、「五月（皐月）」のように、（ ）に入れて示しました。
＊名前に使えない字は、字の右上に×印をつけました。

③名前の例

＊それぞれ見出しの音に合う名前の表記例を示しました。
＊一字目の漢字の画数が少ないもの→多いものの順に並べました。一字目の画数が同じ場合は二字目の画数順、二字目も同じ場合は三字目…としました。ひらがな・カタカナと、くりかえし記号の「々」は漢字の後に置きました。

■漢字

＊各見開きページの左端に、漢字欄をもうけました。
＊読みの見出しは、名前によく使われるものを中心に取り上げ、五十音順に並べました。
＊それぞれの見出しに合う漢字の一例を、「…」の後に画数順で並べました。画数が同じ漢字は、代表的な読みの五十音順で並べました。
＊漢字の下に、第2章「漢字からさがす」でその漢字を解説しているページ数を示しました。
＊この欄に掲げた漢字は一例です。名づけに使える全漢字をこの本で取り上げたすべての読みからさがしたいときには巻末の「漢字の読み索引」（415ページ）が便利です。

■後ろの音から名前をさがす

◎音の見出し

＊名前の後半によく使われる音（読み）の一例を、見出しとして挙げました。
＊見出しは【 】の形で示し、五十音順に並べました。

◎名前の例

＊それぞれ見出しに合う名前の音を示しました。
＊名前例は、先頭の音の五十音順で並べました。

あ

【あい】
連想 愛・藍・eye
安以
亜伊
娃
愛
愛依
藍
【あいか】
亜依佳
娃香
愛花
愛華
藍加
あいか
【あいき】
愛希
藍輝

【あいこ】
亜以子
阿衣子
愛子
藍湖
【あいと】
亜衣都
愛斗
愛翔
藍人
【あいな】
安衣奈
亜衣菜
娃那
逢奈
愛奈
愛菜
藍那
【あいみ】
亜以美
愛心
愛実
愛弥

愛美
藍海
【あいら】
亜衣良
愛良
藍羅
【あいり】
安以里
亜衣利
阿衣李
娃理
愛莉
愛梨
藍里
あいり
【あおい】
連想 青い・葵
亜緒衣
吾央唯
青泉
葵
愛央以
蒼依

蒼唯
蒼維
碧生
碧惟
あおい
【あおと】
亜央斗
青登
蒼斗
蒼都
碧人
【あおば】
連想 青葉
亜音葉
青葉
蒼芭
蒼馬
碧波
【あかね】
連想 茜
朱祢
有華音
茜

紅音
愛歌音
あかね
【あかり】
連想 明かり
安佳里
朱理
朱璃
灯
亜香利
亜華里
明里
明莉
紅里
紅璃
愛加里
愛花里
あかり
【あき】
連想 秋
亜紀
亜輝
亞樹

秋
暁
晶
【あきえ】
安稀江
明笑
晃枝
彰恵
聡絵
【あきお】
明朗
昭郎
晃央
章雄
【あきこ】
亜希子
明子
昭子
彬子
瑛子
暁湖
【あきと】
亮仁

晃都
朗人
彬人
瑛人
暁斗
彰斗
聡斗
諒音
耀斗
【あきとし】
明敏
秋寿
彰俊
【あきな】
有紀奈
亜希菜
明菜
秋七
晶奈
耀奈
【あきなり】
秋成
彰成

顕也
【あきひさ】
明尚
晶悠
彰久
【あきひと】
明一
晃仁
瑛人
晶人
諒人
【あきひろ】
明優
秋浩
晃宏
陽大
輝弘
【あきほ】
亜樹保
明歩
秋穂
陽帆
【あきみ】

亜輝海
明弥
秋生
晃美
暁美
【あきみつ】
明充
秋光
【あきむね】
秋心
彰宗
【あきら】
昌
明
玲
晃
晟
朗
章
彬
瑛
晶
陽

聖
彰
【あこ】
亜子
亜瑚
愛子
あこ
【あさか】
亜沙華
亜紗香
麻佳
【あさこ】
安彩子
亜沙子
麻子
【あさと】
旭斗
亜沙斗
麻人
朝登
【あさひ】
連想 朝日
旭
亜紗妃
朝日
朝陽
あさひ
【あさみ】
有咲美
亜紗海
麻美
朝弥
【あすか】
明日佳
明日香
飛鳥
あすか
【あずさ】
連想 梓
亜寿沙
亜寿彩
梓
あずさ
【あすな】
亜須奈
明日那
明日菜
【あずな】
亜寿奈
あずな
【あすみ】
安純
阿珠美
明日美
愛澄
【あずみ】
有澄
亜寿美
亜純
愛純
あずみ
【あたる】
連想 当たる
中
亜多琉
あたる
【あつき】
淳輝
敦生
篤樹
【あつこ】
亜津子
温子
敦子
【あつし】
淳
惇
敦
敦志
篤
篤史
【あつのり】
厚紀
敦典
篤範
【あつひこ】
淳彦
敦彦
篤比古
【あつひろ】
厚浩
淳弘
敦大
篤洋
【あつむ】
同
侑
修
篤夢
【あつや】
厚哉
惇也
篤矢
【あのん】
愛音
あのん
【あまね】
天音
安茉祢
周
海祢
【あみ】
連想 ami (amie)
安弥
有未
亜美
愛実
愛海
【あもん】
亜門
吾紋
【あや】
連想 綾
文
亜耶
郁
彩
絢
綾
【あやか】
文歌
礼果
亜矢香
彩花
彩夏
絢加
絢香
斐夏
綾香
綾華
綺佳
【あやこ】
文子
礼子
亜弥子
紋子
絢子
綾子
【あやと】
朱翔
亜矢登
彪斗

漢字

＊あ…安36 有246 亜33 阿33 愛34
＊あい…和269 娃33 逢33 愛34 藍255
＊あき…旭81 光99 尭81 昂102 昌143 明242 映44 秋133 昭143 亮260 晃104 晟162 哲196 朗267 啓87 章144 晨154 彬224 瑛44 暁81 皓105 晶145 陽252 愛34 暉71 煌106 照145 聖163 彰147 聡173 輝73 諒261 謙93 顕94 耀253
＊あさ…旦183 旭81 麻237 朝189 諒261
＊あつ…厚102 淳139 惇205 温49 貴71 敦205 富226 徳204 諄140 篤204
＊あや…文229 礼264 英44 郁39 恵87 純138 紋244 彩112 彪223 彬224 理256 絢93 斐220 綾35 綺71 彰147 禮264

綾人

【あやな】
文菜
彩名
絢奈
綾南
綺那

【あやね】
文祢
礼音
朱音
郁音
紋音
彩音
絢音
斐音
愛耶音
綾祢
綺音

【あやの】
文乃
礼乃
亜也乃
彩乃
彩野
綾乃

【あやみ】
文実
亜弥美
彩心
絢海
綾泉

【あやめ】
連想 文目・菖蒲
彩萌
菖
菖蒲
絢芽
綺女
あやめ

【あやり】
文璃
理莉
絢梨
綾理

【あゆ】
安優
有由
亜夕
亜悠
歩
愛結

【あゆか】
安由佳
亜柚香
歩佳
愛結花

【あゆこ】
亜由子
亜祐子
歩子
愛由子

【あゆな】
亜優菜
歩那
愛侑奈

【あゆみ】
連想 歩み
安優実
亜弓
亜由美
歩実
愛弓
愛祐美
あゆみ

【あゆむ】
連想 歩む
安由夢
亜由夢
亜悠夢
阿夕夢
歩
歩武
歩夢

【あらた】
連想 新た
安良太
亜良汰
吾良太
新
新大
新太
新多
新汰

【ありか】
連想 在り処
安利果
有華
亜李香

【ありさ】
有紗
亜莉沙
愛梨咲
ありさ

【ありす】
有寿
亜梨子
阿璃寿
愛莉珠
アリス

【あん】
安
杏
晏
あん

【あんじゅ】
安珠
安樹
杏樹
晏寿

【あんな】
安那
安奈
安菜
杏奈
杏和
杏菜
杏椰
晏那
晏奈
あんな

【あんり】
安梨
安璃
杏里
杏梨
晏莉

い

【いお】
伊緒
依央
惟於
偉生

【いおり】
連想 庵
一織
衣央里
伊緒里
伊織
依央莉
泉央梨

【いく】
衣玖
依来
育
郁
唯紅

【いくこ】
衣久子
伊紅子
育子
郁子
泉久子

【いくと】
育人
征登
郁斗
郁翔

【いくみ】
育海
郁実
唯久未
維久美

【いさこ】
衣紗子
伊沙子
惟彩子

【いさみ】
功実
伊佐美
勇
勇美
勲海

【いすず】
五十鈴
以紗
衣涼
いすず

【いずみ】
連想 泉
伊寿実
和泉
泉
泉美
いずみ

【いたる】
連想 至る
至
周
到
達

【いちか】
一千賀

一花
一華
市佳
衣知佳
衣愛
伊千佳
依知花
泉千花
都果
唯智香

【いちご】
連想 苺
一悟
苺
いちご

【いちろう】
一郎
一朗
市郎
伊知郎
逸朗

【いつき】
一葵
一輝
一樹
乙希
衣津紀
泉月
逸貴
樹
厳

【いっけい】
連想 一計
一啓
一慧
逸慶

【いつこ】
以津子
伊都子
逸子

【いっこう】
連想 一行・一考
一光
一行
逸高

【いっせい】
連想 一斉
一成
一誠
壱正
壱星

【いつみ】
一実
伊津美
逸美

【いと】
連想 糸・意図
衣都
糸
絃
維人

【いのり】
連想 祈り
衣乃理
伊紀
祈

【いぶき】
連想 息吹
衣舞姫
伊吹
伊芙紀
依吹
依風希
息吹
維生季
いぶき

【いよ】
衣世
伊与
伊予
伊代

【いろは】
連想 以呂波（伊呂波）
以呂波
色葉
彩羽
いろは

う

【うきょう】
右京
宇恭
羽響

【うしお】
連想 潮
丑雄
汐
潮

【うた】
連想 歌
宇太
羽汰
詩
歌
うた

【うの】
連想 uno
卯野
羽乃
うの

【うみ】
連想 海
羽未
羽美
海
うみ

【うらら】
連想 麗ら
宇良々
うらら

え

【えい】
永
栄
瑛

【えいき】
連想 英気
永輝
英紀
映樹
栄喜
栄輝
瑛希
瑛輝

【えいこ】
英子
映子
栄子
恵衣子
詠子
瑛子

【えいご】
連想 英語
永護
英悟
瑛吾

漢字

＊あり…光 99　在 114　有 246　作 115　惟 38
＊あん…安 36　杏 36　晏 36　庵 36　鞍 36
＊い…一 40　以 37　生 161　衣 37　伊 37　依 37　惟 38　唯 246　偉 38

＊いく…生 161　育 39　征 162　郁 39　活 62　幾 70
＊いち…一 40　市 122　壱 39　逸 39　都 199
＊いつ…一 40　乙 49　壱 39　逸 39　敬 87
＊え…衣 37　江 100　依 37　英 44　枝 123　栄 44　重 136　恵 87　笑 143　絵 58　衛 44
＊えい…永 43　英 44　映 44　栄 44　詠 44　瑛 44　榮 44　鋭 44　衛 44　衞 44　叡 45

【えいさく】
栄作
瑛作
【えいし】
英士
詠史
瑛志
【えいじ】
永治
英慈
瑛司
【えいすけ】
永介
栄輔
詠佑
【えいた】
永大
英大
映太
栄汰
詠太
瑛大
瑛太
衛汰
叡多
【えいたろう】
永多朗
栄太郎
瑛太朗
【えいと】
連想 eight
永翔
英登
栄斗
瑛人
瑛斗
【えいみ】
映実
詠美
瑛海
【えつこ】
江津子
英都子
悦子
恵津子
絵都子

【えな】
衣奈
江那
恵那
笑奈
絵菜
【えま】
連想 絵馬
英茉
恵麻
絵真
【えみ】
連想 笑み
依実
英海
恵美
笑
絵美
【えみか】
恵実夏
笑美花
絵美華
【えみり】
恵美梨
絵美里
えみり
【えむ】
連想 M
恵夢
絵夢
【えり】
連想 襟
江璃
英理
枝里
恵利
笑里
絵梨
【えりか】
連想 Erica
依里佳
恵莉佳
絵里香
【えりこ】
江梨子
枝里子
栄里子
恵理子
【えりな】
江里奈
枝利菜
絵里菜
【える】
連想 得る・L
依琉
笑留
絵瑠
【えれな】
江玲菜
恵玲那
絵麗奈
【えれん】
恵恋
恵漣
絵蓮

お

【おうか】
連想 桜花・×謳歌
央佳
桜華
櫻花
【おうき】
旺毅
皇希
桜輝
【おうすけ】
央輔
旺介
桜佑
【おさむ】
治
紀
修
脩
理
【おと】
連想 音
乙
於都
音
【おとか】
乙香
央都夏
音花
【おとね】
乙音
於都音
音祢
【おとは】
乙葉
央都葉
音羽
【おりえ】
於梨江
緒理恵
織絵

か

【かい】
連想 甲斐・貝・櫂
花衣
快
海
【かいき】
快貴
海希
海輝
【かいしゅう】
快修
海舟
開秀
【かいせい】
連想 快晴
快聖
海青
櫂世
【かいた】
快太
海汰
皆太
【かいと】
連想 kite
快斗
快翔
海斗
海音
海翔
海渡
桧杜
開斗
魁人
【かいり】
連想 海里
快利
海里
海李
海浬
海莉
桧李
桧梨
浬
【かえ】
加栄
加恵

佳英
香恵
華枝

【かえで】
連想 楓
楓
かえで

【かお】
花音
佳央
香央
夏緒
華乙

【かおり】
連想 香り
花音梨
花織
香
香織
夏央里
馨
かおり

【かおる】
連想 香る
郁
香
薫
かおる

【がく】
連想 学・楽
学
岳
賀久
雅久
楽

【がくと】
学登
岳翔
楽斗

【がくよう】
岳陽
楽洋

【かける】
連想 掛ける・翔る・駆ける
翔
翔琉

【かこ】
佳子
香湖
華子

【かざね】
風音

【かず】
連想 数
加寿
和

【かずあき】
一晃
一彰
和明
和亮
和暁

【かずお】
一生
一雄
和央

【かずき】
一希
一輝
千樹
和貴
和輝

【かずこ】
佳寿子
果鶴子
和子
香寿子
夏壽子

【かずさ】
一沙
一爽
佳寿紗
和沙
和咲
和紗

【かずし】
一司
一志
和史

【かずしげ】
一繁
和茂

【かずたか】
一隆
和孝
和貴

【かずと】
一翔
千登
和斗
和音
和都

【かずとし】
一俊
一敏
和寿

【かずひこ】
一彦
千彦
寿彦
和彦
数彦

【かずひさ】
一尚
和久

【かずひで】
一秀
和英
数英

【かずひろ】
一博
和宏
和寛

【かずほ】
一帆
一歩
和穂

【かずま】
一真
一磨
主真
和真
数馬

【かすみ】
連想 霞
佳純
香珠美
夏澄

【かずみ】
一美
和実
和海

【かずや】
一弥
一哉
和也
数也

【かずよし】
一善
一義
和好

漢字

＊お…小 141　夫 225　生 161　青 162　和 269　音 50　郎 268　朗 267　雄 247　緒 140　穂 158

＊おう…王 47　央 47　応 47　旺 48　欧 48　皇 102　桜 48　凰 48　横 48　櫻 48　鷗 48

＊おと…吟 83　音 50　律 258　響 80

＊か…日 209　加 51　花 52　佳 51　珂 53　香 103　夏 53　華 53　歌 54　嘉 54　霞 55

＊かい…介 56　会 57　快 57　海 57　皆 57　海 57　桧 223　開 58　魁 58　檜 223　櫂 59

＊がく…学 61　岳 61　楽 61　樂 61

＊かず…一 40　千 167　万 239　主 131　壱 39　寿 132　知 185　和 269　春 137　順 139　数 159

【かつき】
克希
佳月
勝輝

【かづき】
香月
夏都希
華月

【かつのり】
克典
克憲
勝教

【かつみ】
克実
香摘
勝海

【かつや】
且也
克哉
勝矢

【かな】
可菜
佳奈
奏
夏南
華那

【かなえ】
加菜恵
香奈恵
香苗
奏絵

【かなこ】
佳菜子
香南子
奏子

【かなた】
連想 彼方
佳那太
哉多
奏太

【かなと】
可那斗
哉斗
奏人
奏斗
奏杜
奏音
奏翔
奏登
夏南都

【かなみ】
加奈実
奏美
夏波

【かなめ】
連想 要
奏芽
要

【かの】
佳乃
香乃
華野

【かのこ】
連想 鹿の子
夏之子
華乃子
歌乃子

【かのん】
連想 canon
花音
佳音
香音
夏音
華音
歌音
かのん

【かほ】
加穂
花穂
佳甫
果保
珈帆
香歩
香穂
夏帆
華帆
歌歩

【かほり】
花保梨
香帆里
香穂里
かほり

【かや】
花耶
佳弥
香也

【かやこ】
佳矢子
夏椰子
華也子

【かやの】
佳也乃
香矢野
夏夜乃

【かよ】
佳代
香世
夏葉

【かよこ】
加世子
夏夜子
嘉代子

【かりな】
花里那
果莉奈
香梨菜

【かりん】
連想 花梨
花梨
佳凛
夏琳

【かれい】
連想 華麗
佳怜
華麗

【かれん】
連想 可憐
加恋
佳恋
華蓮

【かんご】
完吾
寛吾
幹悟

【かんじ】
連想 莞爾・幹事・感じ・漢字
貫路
寛治
幹司

【かんた】
完多
莞太
栞大
貫汰
敢太
寛大
寛太
幹汰
歓太
環汰

【かんたろう】
勘太朗
貫太郎
幹多郎

【かんな】
連想 ×鉋・canna
柑南
莞奈
栞和
栞菜
幹那
寛奈
歓奈
環那
かんな
カンナ

き

【きいち】
希一
貴一
輝一

【きえ】
希江
季絵
紀恵

【ききょう】
連想 桔梗
紀京
桔梗
喜響

【きこ】
希子
季湖
紀子
姫子
葵子

【きさ】
希咲
季紗
紀沙

【きさき】
連想 后（妃）
季咲
紀沙樹
貴紗希

【きっぺい】
吉平
桔平
橘平

【きはや】
希羽耶

葵早

【きほ】
希歩
季穂
紀帆

【きみか】
希未香
君花
紀美佳

【きみこ】
公子
希未子
君子
紀実子
喜美子

【きょういち】
共一
恭市
響一

【きょうか】
連想 強化・教科
杏夏
京華
恭香

【きょうこ】
今日子
杏子
京子
恭子
響子

【きょうご】
京悟
恭吾
響吾

【きょうすけ】
匡輔
杏介
京助
恭佑

【きょうた】
京太
恭大
響多

【きょうへい】
匡平
京平
恭平
響平

【きよか】
希世歌
清香
聖華

【きよてる】
清照
清輝
聖光

【きよみ】
清海
稀代美
聖美

【きら】
連想 綺羅
希良
稀羅
綺羅
輝良

【きらら】
希羅々
輝良々
きらら

【きらり】
連想 きらり
希羅里
きらり

【きり】
連想 桐・霧
希梨
紀璃
綺理

【きりこ】
連想 切り子
希莉子
貴理子
輝里子

く

【くにこ】
久仁子
玖仁子
邦子

【くにひろ】
邦広
邦弘
国洋

【くみ】
久実
来海
紅美

【くらら】
久良々
紅良々
くらら

【くるみ】
連想 胡桃
久瑠未
玖留実
来留美
胡桃
紅瑠美
薫実
くるみ

【くれあ】
久玲愛
紅阿

【くれは】
来玲葉
紅羽
紅葉

け

【けい】
圭
京
恵
啓
敬
慶
慧

【けいいちろう】
恵一郎
啓一郎
敬一郎
慶一朗
慧一郎

【けいか】
桂果
蛍夏
慶佳

【けいき】
圭紀
桂希
蛍樹

【けいこ】
京子
桂子
啓子
恵子
慶子

漢字

＊かつ…一 40　克 107　活 62　勉 231　勝 144
＊かん…完 64　柑 64　莞 64　栞 127　貫 65
敢 65　寛 65　幹 66　歓 66　環 66　観 66
＊き…生 161　気 68　妃 219　希 69　来 254

季 68　祈 68　紀 68　姫 223　規 70　葵 33
喜 70　貴 71　綺 71　輝 73　毅 72　樹 132
＊きょう…叶 62　匡 78　杏 36　京 78　享 79
香 103　恭 79　強 79　教 80　郷 79　経 87
梗 105　喬 80　慶 88　興 106　鏡 80　響 80

＊くに…州 133　地 185　邦 233　邑 246　国 107
郁 39　洲 134　訓 85　晋 152　國 107　都 199
＊けい…圭 86　京 78　径 86　計 86　恵 87
桂 87　啓 87　渓 87　経 87　蛍 87　恵 87
敬 87　景 88　慶 88　憬 88　慧 88　馨 60

【けいご】
連想 敬語
圭悟
啓吾
慧悟

【けいし】
圭史
恵嗣
慶司

【けいじ】
啓司
敬治
慶次

【けいじゅ】
恵珠
桂樹

【けいしゅう】
京秀
恵秋

【けいしろう】
桂史朗
慶士郎
慧志郎

【けいすけ】
圭祐
恵介
桂亮
慶介

【けいぞう】
恵蔵
啓造
慶三

【けいた】
圭太
恵太
桂大
啓太
慶多

【けいたろう】
圭多郎
恵太朗
敬太郎

【けいと】
連想 毛糸
圭斗
恵都
敬人

【けいな】
圭奈
京奈
恵名
渓菜
景南

【けん】
連想 剣・拳・鍵
建
健
憲
賢
謙

【けんいち】
建一
健一
賢市
謙一
顕一

【げんき】
連想 元気
元気
弦輝
源樹

【けんご】
連想 堅固
研吾
健悟
謙伍

【けんし】
連想 剣士
健士
憲史
謙志

【けんじ】
健司
憲次
賢児
賢治

【けんしろう】
健史朗
賢士郎

【けんじろう】
健二郎
健次朗
謙二郎

【けんしん】
健心
賢信
謙真

【けんすけ】
研介
健亮
賢佑

【けんぞう】
連想 建造
兼蔵
健造
賢三

【けんた】
研多
健太
憲太
賢大
謙太

【げんた】
元太
玄汰
源多

【けんたろう】
建太朗
拳太朗
健太郎
賢太郎
謙多朗

【けんと】
研人
健翔
賢斗

【けんのすけ】
研之助
健ノ介
賢之助

【けんや】
研哉
健矢
賢也

【けんゆう】
健勇
賢優

こ

【こう】
功
光
孝
航
煌

【ごう】
剛
郷
豪
轟

【こういち】
光一
孝一
幸市
航一
晃一
浩一

【こういちろう】
光一郎
孝一朗
康一郎

【こうえい】
連想 光栄
光瑛
航栄

【こうか】
連想 効果
光華
紅花
洸香

【こうが】
光雅
航河
煌我

【こうき】
連想 高貴
広輝
弘樹
光樹
幸輝
恒希
洸希
航基
晃紀
浩貴
康喜
煌喜

【こうさく】
連想 工作・耕作
公作
宏作
康作

【こうし】
広嗣
光志
晃史
煌士

【こうじ】
孝治
幸司
耕治
晃司
浩二

康司

【こうしろう】
公志朗
幸四郎
煌士郎

【こうじろう】
孝二郎
幸治郎
晃次郎

【こうすけ】
光翼
幸介
紘輔
康介

【こうせい】
連想 公正・恒星
光聖
孝成
幸星
洸聖
航青
晃世
晄生
紘生
康誠
煌正

【こうた】
功汰
弘太
光多
孝太
恒汰
洸太
晃太
浩太
滉汰
煌大

【こうだい】
連想 広大
宏大
晃大
康大
皓大
煌大

【こうたろう】
公多朗
功太郎
光太郎
孝太郎
幸太郎
航太郎
晃太郎
浩太朗
康太朗
滉太朗

【こうのすけ】
光之介
孝之助
幸之助

【こうへい】
連想 公平
公平
孝平
洸平
航平
康平

【こうみ】
小海
香美
虹実

【こうめい】
連想 公明・高名
孝明
晃明
康明

【こうや】
連想 広野
光哉
康也
煌耶

【こうよう】
連想 紅葉
公庸
光陽
向陽
航洋

【ここ】
連想 此処
湖子
瑚々
ここ

【ここあ】
連想 cocoa
瑚々愛
ここあ

【ここな】
湖々奈
瑚々那
瑚々奈
ここな

【ここね】
瑚々祢
湖々音
ここね

【ここみ】
来々美
湖々泉
瑚々美
ここみ

【こころ】
連想 心
心
鼓々呂
瑚々路
こころ

【こじろう】
小司郎
小次郎
小治郎
虎士朗
琥二郎

【こずえ】
連想 梢
小寿枝
梢
こず恵
こずえ

【こすず】
小寿々
小鈴
こすず

【こたろう】
己太郎
小太朗
虎太郎
虎多朗
湖太郎
琥大郎
琥太郎
鼓太朗
瑚太郎

【こと】
連想 古都・言・琴
小都
琴
湖音

【ことせ】
古都世
琴世
琴瀬

漢字

＊けん…建 90　研 90　拳 92　健 92　堅 92
絢 93　絹 93　憲 93　賢 93　謙 93　顕 94
＊げん…元 94　玄 94　弦 94　舷 95　源 95
＊こ…己 95　子 121　小 141　木 236　乎 95
虎 96　胡 96　湖 96　琥 96　瑚 98
＊ご…五 97　午 97　伍 97　吾 97　冴 115
悟 97　梧 98　瑚 98　護 98
＊こう…公 98　広 99　弘 99　光 99　好 100
行 100　江 100　亙 100　孝 101　亨 101　宏 101
幸 101　昂 102　厚 102　恒 102　皇 102　紅 102
香 103　洸 103　虹 209　耕 103　航 103　高 104
倖 104　晃 104　晄 104　浩 104　紘 104　剛 107
康 104　港 105　皓 105　滉 105　煌 106　興 106
＊ごう…合 106　剛 107　強 79　郷 79　豪 107

【ことね】
古都音
采音
采祢
琴音
琴嶺
【ことは】
小都葉
琴葉
詞羽
【ことみ】
小都泉
言美
采実
琴水
琴美
【こなつ】
小奈津
小夏
来夏
【このか】
小乃果
木野香
好花
好夏
湖乃夏
【このは】
連想 木の葉
好羽
好葉
このは
【このみ】
連想 木の実
小乃美
好未
好美
湖之美
このみ
【こはく】
連想 琥珀
虎伯
湖白
琥珀
【こはる】
連想 小春
小春
小晴
小陽
小遥
小暖
呼春
湖春
こはる
【こふゆ】
小冬
湖冬
こふゆ
【こゆき】
連想 小雪
小由紀
小雪
来幸
湖雪

さ

【さあや】
沙亜弥
咲彩
紗綾
【さえ】
連想 冴え
早絵
冴
咲衣
紗恵
彩江
【さえり】
冴梨
咲江莉
紗衣里
【さお】
沙緒
咲音
紗央
【さおり】
早織
沙央梨
沙織
咲緒里
紗央莉
【さき】
小葵
早紀
沙妃
沙樹
咲
咲希
咲紀
紗貴
紗輝
彩季
【さきこ】
早希子
早紀子
佐貴子
咲子
【さきな】
早希奈
沙紀菜
咲那
咲菜
紗喜奈
【さきょう】
左京
早響
【さく】
連想 咲く
早玖
咲
紗久
朔
【さくたろう】
作太郎
咲太郎
咲多朗
朔太郎
朔汰朗
【さくみ】
沙久実
作美
朔海
【さくや】
作弥
咲久哉
朔也
【さくら】
連想 桜
早久羅
沙久良
咲紅良
桜
紗玖良
朔良
彩久羅
櫻
さくら
【さくらこ】
桜子
桜湖
櫻子
さくら子
【さすけ】
早輔
佐介
沙佑
【さち】
連想 幸
佐智
幸
咲千
紗知
【さちえ】
沙知絵
幸恵
祥枝
【さちか】
早千香
幸歌
祥佳
【さちこ】
佐知子
幸子
咲智子
紗千子
祥子
【さちほ】
早智帆
幸歩
祥穂
【さちや】
佐智也
幸哉
祥矢
【さつき】
連想 五月（皐月）
沙月
皐月
彩月
【さと】
連想 里
里
咲都
紗斗
【さとこ】
沙都子
里湖
智子
聖子
聡子
【さとし】
怜史
悟司
敏
智

聡

【さとみ】
里美
怜美
理美
聡実
さとみ

【さとる】
連想 悟る
了
悟
哲
聡
慧

【さな】
早奈
佐奈
沙南
咲七
咲菜
紗那
紗奈
紗菜
彩奈
さな

【さなえ】
連想 早苗
早苗
紗奈江
紗苗

【さねあつ】
実温
実篤

【さほ】
早穂
咲帆
彩保

【さや】
沙夜
咲耶
紗也
彩弥
爽

【さやか】
連想 明か（清か）
沙也加
沙耶香
清花
清佳
爽夏
さやか

【さやの】
沙弥乃
紗矢乃
爽乃

【さゆみ】
佐由実
紗弓

【さゆり】
連想 小百合
小百合
沙友里
彩夕里

【さよ】
連想 小夜
小夜
佐予
沙代
紗世
彩葉

【さよこ】
小夜子
早葉子
咲世子
紗夜子

【さら】
連想 沙羅
早良
沙羅
咲良
咲羅
紗良
紗羅
爽良
さら

【さり】
沙璃
咲梨
彩里

【さりな】
沙梨奈
咲里那
紗理奈

【さわ】
連想 沢
佐和
沙和
咲環
紗和
彩和

【さわこ】
佐和子
咲和子
紗和子

し

【しいな】
史唯奈
椎南
詩衣那

【じえい】
治映
慈衛

【しお】
連想 塩・潮（汐）
史緒
志於
紫央

【しおね】
汐音
志緒袮
紫央音

【しおみ】
史於美
汐海
志央未

【しおり】
連想 栞
史織
汐里
汐璃
志央莉
志織
栞
紫織
詩音莉
詩織
しをり

【しおん】
連想 紫苑
士恩
史音
志温
紫苑
詩音

【しき】
連想 四季・指揮
四季

漢字

＊さ…左 109　早 171　佐 109　沙 109　咲 116
紗 110　皐 105　彩 112　嵯 110　瑳 110
＊さき…幸 101　咲 116　祥 143　祥 143　福 228
＊さく…作 115　朔 117　開 58

＊さち…幸 101　征 162　祐 247　倖 104　祥 143
禎 194　福 228
＊さと…了 259　仁 155　里 256　知 185　怜 264
恵 87　悟 97　哲 196　敏 224　理 256　覚 60
智 186　聖 163　聡 173　慧 88　賢 93　諭 245

＊さや…清 163　爽 172
＊し…士 120　之 210　史 120　司 122　至 122
志 123　思 124　梓 35　紫 124　嗣 124　詩 124
＊じ…二 208　士 120　史 120　司 122　示 125
次 125　志 123　児 126　治 126　嗣 124　路 266

志希
紫紀
【しげくに】
茂邦
重国
【しげと】
茂登
重斗
慈人
【しげみ】
連想 茂み（繁み）
茂美
重美
滋実
慈美
繁実
【しこう】
連想 至高・志向・思考・施行
史光
至高

志功
【しずか】
連想 静か
静
静香
寧花
【しずく】
連想 滴
雫
静久
滴
寧玖
しずく
【しづ】
志津
紫都
詩都
【しなこ】
史南子
志那子
詩菜子
【しの】
志乃

紫野
詩乃
【しのぶ】
連想 忍ぶ
仁
史乃歩
志伸
忍
しのぶ
【しほ】
史歩
志帆
志穂
紫帆
詩保
【しま】
連想 島・縞
志磨
紫麻
詩真
【しもん】
士紋
志文

【しゅう】
連想 集
秀
周
柊
修
脩
【しゆう】
志勇
志悠
【しゅういち】
秀一
周一
宗一
修市
【しゅうか】
秀佳
秋花
柊香
【しゅうこ】
周子
柊子
修子

【しゅうご】
周護
宗吾
秋悟
【しゅうじ】
周次
柊二
修司
【しゅうすけ】
秀介
周輔
秋亮
【しゅうせい】
秀星
柊晴
修聖
【しゅうた】
州太
周太
柊大
【しゅうと】
連想 shoot
秀翔

修人
脩斗
【しゅうへい】
周平
柊平
修平
【しゅうま】
秀磨
修馬
脩真
【しゅうや】
秀哉
周弥
柊也
【しゅり】
守李
朱里
朱梨
珠莉
珠璃
【じゅり】
寿利
珠里

珠璃
樹梨
樹理
【じゅりあ】
寿里阿
珠莉亜
樹理愛
【しゅん】
連想 旬
俊
隼
舜
駿
瞬
【じゅん】
連想 純・順・準
准
純
隼
絢
潤
【じゅんいち】
純市
順一
潤一
【しゅんいちろう】
俊一朗
駿一郎
瞬一郎
【しゅんき】
俊希
隼輝
駿紀
【しゅんけい】
俊慧
駿慶
【じゅんこ】
純子
淳子
絢子
順子
潤子
【しゅんじ】
俊二
隼次

駿治
【じゅんじ】
純次
順司
潤二
【しゅんすけ】
隼佑
竣介
駿祐
【しゅんた】
俊太
隼大
瞬太
【しゅんたろう】
俊太郎
隼太郎
駿太朗
【じゅんな】
純菜
絢那
潤奈
【しゅんのすけ】
俊之助

峻之介
駿之介

【じゅんのすけ】
純乃介
淳之介
順之輔

【しゅんぺい】
俊平
隼平
駿平

【じゅんぺい】
純平
隼平
淳平
順平

【しゅんや】
俊也
隼弥
駿矢

【じゅんや】
准弥
隼也
淳哉

【しょう】
連想 将・章・笙・賞
匠
昇
将
翔
彰

【じょう】
丈
丞
穣
譲

【しょういち】
将一
章市
翔一
彰一

【しょうえい】
尚瑛
翔英
照永

【しょうか】
尚華
湘夏
翔花

【しょうき】
将輝
祥希
翔貴

【しょうこ】
尚子
祥子
笑子
翔子
彰子

【しょうご】
連想 正午
将悟
渉吾
翔梧

【しょうじ】
昇志
祥司
翔二

【しょうすけ】
祥輔
章介
翔祐

【しょうた】
正汰
匠太
尚太
昇太
昌太
祥多
笑多
渉太
勝太
翔大
翔太

【しょうだい】
祥大
勝大

【しょうたろう】
正太郎
匠太朗
翔大朗

【じょうたろう】
丈太郎
丞太朗
定太郎
城太郎
穣太朗

【しょうと】
祥登
勝斗
翔人

【しょうのすけ】
昇之介
笑乃輔
勝之助

【しょうへい】
匠平
昇平
将平
笑平
翔平

【しょうま】
尚真
将馬
翔麻
翔磨
奨馬

【しょうや】
昇哉
祥也
翔矢

【しん】
連想 心・芯・信・真・新
信
真
晋
進
新

【じん】
連想 仁・gin
仁
迅
尋

【しんいち】
真一
慎一
新市

【しんご】
伸吾
真悟
慎吾
槙吾

【しんさく】
晋作
秦朔

【しんじ】
信次
真司
晋二
慎史

【しんすけ】
伸介

漢字

＊しげ…成 160　茂 242　栄 44　重 136　恵 87
盛 163　滋 126　慈 126　薫 85　繁 218　穣 149
＊じゅ…寿 132　珠 131　壽 132　樹 132
＊しゅう…州 133　舟 133　秀 133　周 133　宗 133
秋 133　柊 134　洲 134　修 134　脩 134　蹴 135
＊しゅん…旬 137　俊 137　春 137　隼 138　駿 138
＊じゅん…旬 137　洵 138　准 138　純 138　隼 138
淳 139　絢 93　順 139　準 139　潤 139　諄 140
＊しょう…小 141　正 160　匠 142　尚 142　昇 142
昌 143　昭 143　政 162　省 162　荘 171　将 143
祥 143　笑 143　渉 144　章 144　清 163　勝 144
晶 145　翔 146　奨 145　照 145　聖 163　彰 147
＊しん…心 151　伸 150　臣 150　信 152　真 153
晋 152　紳 154　進 154　慎 154　新 154　槙 238

晋輔
進亮

【しんたろう】
信太郎
紳太朗
慎太郎

【しんのすけ】
心之介
進之佑
槙之助

【しんぺい】
芯平
信平
新平

【しんや】
連想 深夜
真弥
晋矢
慎也

す

【すぐる】
卓
俊
逸
勝
優

【すず】
連想 鈴・錫
寿々
鈴
すず

【すずか】
寿々花
紗華
涼歌
鈴佳

【すずな】
寿々南
紗奈
紗菜
涼那
鈴奈

【すずは】
寿々葉
涼羽
鈴葉

【すすむ】
連想 進む
励
晋
進
勧

【すばる】
連想 昴
昴
すばる

【すみか】
朱美夏
純加
澄香

【すみと】
純斗
澄音
澄都

【すみれ】
連想 菫
純玲
菫
すみれ

せ

【せい】
連想 正・生・所為・聖
世唯
成
青
星
晴
聖

【せいいち】
征一
星一
清一
誠一

【せいか】
連想 成果・盛夏・聖火・聖歌
星花
清佳
聖香

【せいき】
連想 世紀・生気・生起
星紀
清葵
聖輝

【せいこ】
成子
清子
聖子

【せいご】
成悟
晴吾
惺吾

【せいじ】
成司
惺治
聖二
誠士

【せいた】
成太
征太
晟汰
靖大

【せいと】
星杜
聖人
誓斗

【せいな】
星七
清奈
聖菜

【せいや】
連想 星夜・聖夜
征也
星哉
清也
晴矢
聖弥

【せいら】
星羅
晴羅
聖良

【せつこ】
節子
瀬都子

【せな】
世菜
成那
瀬奈

【せり】
連想 芹
世梨
瀬莉
瀬理

【せりな】
世理奈
芹那
瀬里菜

【せんり】
連想 千里
千里
茜理

そ

【そう】
奏
爽
創
湊
蒼
颯
聡

【そういちろう】
宗一郎
奏一郎
蒼一朗

【そうき】
連想 想起
壮紀
創貴
颯希

【そうご】
連想 相互
奏吾
湊吾
蒼悟

【そうし】
連想 壮士・相思・創始
壮志
宗司
蒼史

【そうすけ】
壮祐
宗介
宗助
奏佑
荘助
爽亮
創介
想介
蒼介
颯介
総介
聡佑
聡亮

【そうた】
宗大
奏太
爽多
創太
湊大
蒼大
蒼太
颯大
颯太
颯多郎

【そうだい】
連想 壮大
壮大
蒼大

【そうたろう】
奏太郎
蒼太朗

【そうと】
壮人
奏人
創斗
蒼翔
颯人

【そうま】
壮磨
爽馬
創真
湊真
蒼真
蒼麻
颯真
颯馬
聡真

【そうめい】
連想 聡明
颯明
聡明

【そうや】
爽哉
創也
蒼矢

【そな】
想那
想奈

【そのか】
苑佳
園花
園香

【そよか】
素世香
そよ花
そよ夏
そよか

【そら】
連想 空
天
空
昊
想良
そら

漢字
*すけ…介 56 右 42 丞 148 佐 109 助 141
佑 246 典 196 祐 247 亮 260 裕 247 資 125
輔 232 翼 254
*すず…紗 110 涼 260 鈴 264

た

【たいが】
連想 大河
大我
大河
大峨
大雅
太河
太賀
太駕
泰河
泰雅

【たいき】
連想 大気・大器
大希
大葵
大貴
太基
泰樹

【だいき】
大己
大希
大紀
大喜
大貴
大輝
大毅
大樹
大騎
太貴
太輝
太樹

【だいご】
連想 醍醐
大吾
大悟
太悟

*せい…世 160 正 160 生 161 成 160 征 162
青 162 斉 162 政 162 星 162 晟 162 清 163
盛 163 晴 163 聖 163 誠 164 靖 164 静 164
*せん…千 167 仙 167 茜 33 泉 167 扇 168
*そう…双 170 壮 171 早 171 走 171 宗 133

【たいし】
連想 大志
大志
太司
泰士

【たいじゅ】
連想 大樹
大樹
泰寿

【たいしん】
大心
太進
泰慎

【たいすけ】
太介
泰助
泰輔

【だいすけ】
大介
大佑
大亮
大輔
代助

【たいせい】
連想 大成・体制
大星
太聖
泰正

【たいぞう】
太蔵
泰三

【たいち】
大智
太一
太知
泰地
泰治

【だいち】
連想 大地
大地
大治
大智
大馳
太知

【だいと】
連想 大都
大斗
大都
大翔
大登

奏 171 相 171 荘 171 爽 172 創 172 湊 172
想 173 蒼 173 颯 118 総 173 綜 173 聡 173
*た…大 180 太 178 多 176 汰 177
*たい…大 180 太 178 代 179 泰 179
*だい…乃 211 大 180 太 178 代 179 泰 179

太登
【たいよう】
連想 太陽
大洋
大遥
太陽
泰耀
【たいら】
連想 平ら
太良
平
【たえ】
連想 妙
多恵
多笑
妙
【たかあき】
孝明
孝昭
高彰
隆明
貴晃
【たかえ】
多佳枝
孝恵
貴絵
【たかお】
孝夫
高雄
隆央
【たかこ】
多佳子
多香子
多賀子
孝子
貴子
【たかし】
天
尭
崇
隆史
貴司
【たかと】
天翔
崇斗
貴登
【たかとも】
尚友
隆知
【たかね】
連想 高値・高嶺
天音
多歌音
【たかのり】
孝則
隆典
貴紀
【たかひこ】
孝彦
高彦
貴彦
【たかひろ】
孝弘
孝浩
高広
崇裕
隆大
貴博
【たかふみ】
孝文
尊史
貴文
【たかまさ】
崇雅
隆正
貴将
【たかみ】
多加海
隆実
貴美
【たかみち】
孝道
隆路
貴満
【たかや】
孝弥
高哉
隆矢
【たかゆき】
孝行
隆之
貴幸
【たかより】
孝頼
隆順
【たから】
連想 宝
宝
貴良
【たき】
連想 滝
多希
多季
滝
【たく】
卓
拓
琢
【たくと】
卓登
拓人
琢斗
【たくま】
連想 琢磨
卓真
卓麻
拓真
拓馬
拓磨
琢真
琢磨
逞
【たくみ】
連想 巧み・匠
巧
匠
托実
卓巳
卓実
卓美
拓実
拓海
琢己
琢海
【たくや】
卓也
卓哉
拓也
拓哉
琢矢
【たくろう】
卓郎
拓朗
琢郎
【たけし】
岳士
武
武志
健
猛
豪史
毅
【たけと】
岳都
武登
健人
【たけのり】
武則
剛紀
剛教
健徳
【たけひろ】
丈博
岳弘
武浩
武博
剛大
健裕
雄大
【たける】
連想 猛る・長ける
岳琉
武
建
剛
健
猛
【たすく】
連想 助く・task
匡
佑
将
資
翼
【ただあき】
正明
匡彰
忠昭
忠彰
唯明
【ただおみ】
正臣
匡臣
【ただし】
正
匡
匡史
忠士
直
【たつき】
辰輝
達紀
樹
樹生

龍希

【たつのり】
辰徳
竜憲
達典

【たつみ】
連想 辰巳（巽）
辰巳
巽
達実

【たつや】
立哉
辰哉
竜矢
達也
龍弥

【たまえ】
玉枝
珠江
珠絵

【たまお】
玉緒
珠央
珠緒

【たまき】
珠希
環
たまき

【たまみ】
玲美
珠未
瑶美

【たまよ】
多真世
珠代

【たみ】
連想 民
多実
多海
多美

【たみよ】
民世
多弥代
多美世

【たもん】
太門
多紋
多聞

【たろう】
太郎
太朗
多朗

ち

【ちあき】
千明
千秋
千晶
知亜紀

【ちえ】
連想 千重・知恵
千恵
千笑
智絵

【ちえり】
千恵里
千絵莉
知恵理

【ちか】
千夏
千華
知佳
知歌
智香

【ちかこ】
千香子
千歌子
智佳子

【ちから】
連想 力
力
主税
周良

【ちさ】
千彩
知紗
智沙

【ちさき】
千沙紀
千咲貴
智咲

【ちさと】
千沙都
千怜
知里

【ちず】
連想 地図
千寿
千鶴
知寿

【ちせ】
千世
千瀬
智世

【ちづる】
千弦
千絃
千鶴

【ちとせ】
連想 千歳
千都勢
千歳
ちとせ

【ちな】
千南
知那
智奈

【ちなつ】
千奈津
千夏
知奈都
知夏
智菜津

【ちなみ】
千菜実
知奈美
智波

【ちはや】
千早
千駿
知隼

【ちはる】
千春
千遥
知春
智陽
ちはる

【ちひろ】
連想 千尋
千大
千尋
千博
千裕
千寛
知紘
知優
智広
智弘
ちひろ

漢字

*たか…天196 丘76 宇42 考100 孝101 岳61 享79 尭81 空84 昂102 宗133 尚142 卓181 宝233 荘171 飛219 恭79 高104 峻137 峰234 教80 啓87 阜105 崇158 隆259 貴71 喬80 堯81 敬87 尊176 陽252 誠164 誉249 毅72 賢93 顕94 鷹253

*たく…巧99 卓181 拓181 琢182 琢182

*たけ…丈148 壮171 竹186 岳61 長189 武226 威37 赳77 剛107 強79 健92 彪223 猛243 偉38 雄247 豪107 毅72

*ただ…正160 只182 匡78 忠187 直191

*たつ…辰182 竜258 健92 樹132 龍258

*たま…玉81 玲264 珠131 瑶253 碧230

【ちほ】
千帆
千歩
知穂
智歩
【ちや】
千夜
千耶
智弥
【ちより】
千代里
知世里

つ

【つかさ】
連想 司
司
典
【つきこ】
月子
都希子
【つぐみ】
連想 ×鶫
壬
亜未
亜海
都玖実
つぐみ
【つとむ】
孜
努
勉
勤
【つばき】
連想 椿
椿
つばき
【つばさ】
連想 翼
翼
つばさ
【つむぎ】
連想 紬
紬
つむぎ
【つよし】
剛
剛志
強
健司
豪
豪史
毅

て

【ていこ】
汀子
定子
貞子
禎子
【ていじ】
定二
貞司
禎治
【てつ】
連想 鉄
哲
鉄
徹
鋼
【てつと】
哲人
哲杜
鉄斗
徹人
【てっぺい】
哲兵
鉄平
徹平
【てつや】
哲也
哲哉
鉄矢
徹弥
【てるあき】
光明
晃明
照章
輝明
輝秋
【てるき】
光季
瑛希
照貴
輝樹
【てるみ】
光美
瑛海
輝実
【てるみつ】
照允
輝光
輝満
【てんか】
連想 天下
天花
天夏
典果
【てんま】
天真
天馬

と

【とあ】
斗亜
斗愛
【とうか】
冬花
桃佳
橙歌
【とうこ】
透湖
桐子
陶子
塔子
橙子
瞳子
【とうご】
透吾
桐悟
統吾
【とうま】
斗真
斗馬
冬馬
冬麻
灯真
透真
登真
橙真
【とうや】
冬弥
透也
藤矢
【とおる】
連想 通る
亨
亮
透
暢
徹
融
【とき】
連想 時・×鴇
斗輝
都希
翔貴
登紀
【ときお】
斗紀夫
季央
時生
【ときこ】
季子
時子
都紀子
【ときや】
十輝也
迅矢
季哉
【としあき】
寿明
利明
俊昌
俊彰
敏昭
敏彰
【としえ】
寿栄
利恵
敏江
【としお】
俊央
敏夫
登志雄
【としき】
利樹
俊希
敏紀
【としたか】
利高
俊孝
敏隆
【としなり】
年成
利也
敏成
【としのり】
俊紀
敏則
稔典

【としひで】
利英
俊秀
敏英

【としみ】
利美
俊実
敏実

【としみつ】
俊光
隼充
敏満

【としや】
利哉
俊也
駿矢

【としゆき】
俊之
敏行
稔幸

【とみ】
連想 富
都実
富美

【とむ】
斗夢
富夢

【とも】
連想 友・供
友
朋
智

【ともあき】
友章
知明
朋彰
智秋
智昭

【ともあつ】
友敦
知温
智篤

【ともえ】
連想 巴
巴
友恵
朋江

【ともか】
友夏
知佳
智華

【ともかず】
友和
朋知
智一

【ともき】
友喜
友樹
知季
朋希
智紀

【ともこ】
友子
知子
朋子
倫子
智子

【ともたか】
友貴
朋孝
智隆

【ともな】
友那
知奈
朋菜

【とものぶ】
知暢
朋信
智伸

【とものり】
知憲
倫則
智規

【ともはる】
大晴
友春
知治
智温
朝晴

【ともひと】
友仁
知士
智人

【ともひろ】
友弘
知大
智宏

【ともみ】
巴実
友美
知美
朋美
智実

【ともや】
友也
友弥
知哉
朋也
智也

【ともやす】
朋保
智寧

【ともゆき】
友幸
知之
智行

【ともよ】
友代
知世
倫世
智代

【ともよし】
友義
知良
智好
智義

【ともより】
友頼
智順

【とわ】
連想 永久（永遠）
十和
永遠
都和

【とわこ】
十環子
杜和子
登和子

な

【なえ】
連想 苗
奈恵
苗
菜依

【なお】
七音
那央
那生
尚

漢字

＊てつ…哲196 鉄196 綴195 徹196
＊てる…旭81 光99 昭143 晃104 皓105 暉71 煌106 照145 輝73 燿253 耀253
＊と…仁155 斗198 音50 都199

＊とう…冬200 桃201 透201 桐201 統202
＊とし…才110 世160 迅155 寿132 利255 季68 紀68 俊137 要251 峻137 隼138 敏224 逸39 淑136 淳139 惇205 理256 暁81 智186 稔210 聡173 繁218 駿138

＊とも…丈148 大180 公98 巴212 友246 知185 朋233 和269 倫262 智186 朝189 寛65 誠164 禎194 睦236 諄140 興106
＊な…七128 那206 奈207 南208 菜113
＊なお…亨101 尚142 直191 真153 順139

直
奈央
奈緒
南音
菜生
菜緒
【なおき】
尚生
尚希
尚輝
直毅
直樹
【なおこ】
七緒子
尚子
直子
奈央子
菜緒子
【なおと】
那音
尚人
尚斗
直人

直翔
【なおひさ】
尚久
直尚
直悠
【なおひろ】
尚浩
尚裕
直広
直寛
【なおみ】
尚実
直美
奈緒美
菜緒美
【なおみち】
尚理
直道
【なおや】
尚也
直弥
直哉
【なおゆき】

尚之
尚幸
直行
【なか】
那花
奈佳
菜夏
【なぎさ】
連想 渚
汀
渚
なぎさ
【なぎと】
凪人
渚十
【なごみ】
連想 和み
七五三
奈瑚美
なごみ
【なずな】
連想 ×薺
菜寿奈

なずな
【なつ】
連想 夏
七都
奈津
夏
【なつお】
奈都音
夏央
夏生
【なつき】
奈月
奈津紀
夏希
夏葵
菜月
【なつこ】
那津子
夏子
菜都子
【なつほ】
七津穂
奈津帆

夏帆
夏穂
【なつみ】
奈都美
南津実
夏実
夏海
なつみ
【なつめ】
連想 ×棗
夏芽
なつめ
【なな】
連想 七
七奈
七菜
那菜
奈和
奈南
奈々
南々
菜南
菜々

なな
【ななえ】
七絵
奈々恵
菜苗
菜々絵
【ななお】
七生
七緒
奈々緒
【ななか】
七華
奈々佳
菜々果
【ななこ】
七湖
奈那子
奈々子
南菜子
菜々子
【ななせ】
七瀬
奈々瀬

菜々世
【ななみ】
七海
奈波
奈々実
菜々海
菜々美
【なほ】
那歩
南帆
菜穂
【なみ】
連想 波
七海
那実
奈美
南海
菜実
【なみか】
那美花
奈美果
波夏
【なゆ】

七夕
那優
菜結
【なゆこ】
七夕子
奈由子
菜友子
【なゆた】
連想 那由多
那由多
奈祐太
【なりまさ】
成昌
成将
業正
【なりみ】
成美
菜里美
【なる】
連想 成る・鳴る
成
那琉

愛
【なるき】
成樹
育輝
稔紀
【なるみ】
成美
奈瑠美
菜琉海
愛海
稔美

に

【にいな】
仁以菜
仁衣那
新奈
【にじか】
虹花
虹香
虹歌

【にじほ】
虹帆
虹歩
虹穂

【にちか】
二千夏
仁知香
日歌

【にな】
仁奈
仁菜
丹奈

ね

【ねお】
連想 neo
音央
祢生
祢緒

【ねね】
音々
祢音
嶺々
ねね

の

【のあ】
乃亜
乃阿
乃愛
のあ

【のえ】
乃恵
乃笑
乃絵
乃慧
野恵
のえ

【のえる】
連想 Noël
乃枝留
野恵瑠
のえる

【のこ】
乃子
埜湖

【のぞみ】
連想 望み
希光
希実
希美
望
のぞ美
のぞみ

【のぞむ】
連想 望む
希夢
望

【のどか】
連想 長閑か
和
温
のど花
のどか

【のの】
乃々
埜乃
のの

【ののか】
乃々佳
乃々果
野乃花
埜々香
のの香

【のぶあき】
伸章
延彰
信明
宣昭

【のぶあつ】
伸厚
信淳
宣篤

【のぶてる】
伸輝
信照
信輝
宣光

【のぶひろ】
伸宏
延大
信宏
信洋
修弘

【のぶや】
伸也
延哉
信弥

【のぶゆき】
伸行
伸幸
信之
宣行

【のり】
乃梨
紀
則

【のりお】
典央
紀夫
則雄
徳男

【のりか】
乃里香
典夏
紀佳
徳香

【のりこ】
乃莉子
紀子
倫子
規子
教子
徳子

【のりたけ】
法武
紀毅
憲剛

【のりゆき】
典之
典征
紀之
紀幸
則之
哲行
徳之
範幸
憲行

は

【はじめ】
連想 初め（始め）
一
元
初
甫

漢字

*なり…也 244 生 161 成 160 斉 162 愛 34
*ね…音 50 祢 209 峰 234 嶺 265 禰 209
*の…乃 211 之 210 野 245
*のぶ…允 41 布 225 亘 100 伸 150 延 46
宜 72 恒 102 洵 138 信 152 宣 167 悦 45
修 134 展 197 惟 38 喜 70 順 139 董 202
敦 205 葉 251 総 173 暢 190 諄 140 薫 85
*のり…功 99 礼 264 里 256 宜 72 宗 133
昇 142 典 196 法 233 紀 68 軌 68 宣 167
則 175 律 258 記 70 哲 196 倫 262 規 70
教 80 理 256 詞 124 順 139 智 186 統 202
愛 34 雅 55 準 139 慎 154 数 159 徳 204
駕 55 慶 88 範 218 憲 93 謙 93 禮 264
*は…巴 212 羽 42 波 212 葉 251

春
朔
新
肇

【はすみ】
羽純
葉澄
蓮美

【はづき】
連想 葉月
羽月
葉月
葉都希
はづき

【はつね】
連想 初音
初音
華津音
葉津祢

【はつみ】
羽津美
初美
はつ美

【はな】
連想 花（華）
巴奈
羽那
花
英
華
葉奈
葉南
はな

【はなえ】
花恵
花笑
英江
華恵

【はなか】
花香
花華
華佳
華歌

【はなこ】
花子
英子
華子

【はやた】
迅大
隼汰
逸太
馳多
駿大
駿太

【はやて】
連想 疾風
疾風
隼豊
はやて

【はやと】
迅斗
勇人
勇翔
隼
隼人
隼都
速斗
捷人
馳斗
駿人

【はる】
連想 春
羽琉
春
温
晴
陽
遥
暖
はる

【はるあき】
治晃
春昭
春暁
啓明
陽章

【はるおみ】
春臣
悠臣

【はるか】
連想 遥か
永
春香
春華
悠
晴夏
陽花
遥
遥香
遼河
はるか

【はるき】
治樹
春樹
晴喜
陽生
陽希
陽葵
陽輝
遥希
暖季
遼希

【はると】
春翔
温人
晴翔
陽人
陽仁
陽斗
陽音
陽翔
遥斗
遥都

【はるな】
春菜
晴南
陽奈
陽菜
遥那

【はるひ】
春日
春陽
陽日
はるひ

【はるひと】
治人
春一
悠仁
温人
陽仁

【はるま】
春馬
晴馬
陽馬
遥真
遥磨
暖真
榛真
遼真

【はるみ】
春美
陽泉
遥未

【はるや】
治也
春野
晴也
晴弥
陽矢
遥也

【はるやす】
春康
温寧

【はるゆき】
春雪
晴之
陽幸
遼行

【はんな】
帆奈
絆菜
はんな

ひ

【ひいな】
連想 雛
日以奈
日依菜
緋衣奈
ひいな

【ひかり】
連想 光
日加里
日花梨
光
灯佳里
景
陽香里
ひかり

【ひかる】
連想 光る
光
晃
晄
輝
ひかる

【ひさ】
久
妃沙
悠
斐紗
陽咲

【ひさえ】
久江
比紗恵

陽冴

【ひさし】
久志
久嗣
仁
寿
尚史
恒志
悠

【ひづる】
日鶴
飛鶴

【ひであき】
秀彰
秀顕
英明

【ひでか】
日出花
秀香
英佳

【ひでき】
日出紀
秀樹
英紀
英輝
栄毅

【ひでと】
日出登
秀斗
栄人

【ひでとし】
秀利
秀敏
英俊

【ひでまさ】
秀正
秀真
英柾
栄雅

【ひでみ】
日出美
秀実
英巳
栄美

【ひでゆき】
寿行
秀雪
英之

【ひでよし】
秀美
英好
英良

【ひとし】
一史
人志
仁
斉

【ひとみ】
連想 瞳
一美
仁美
日登海
瞳
ひとみ

【ひな】
連想 雛
日奈
比七
妃那
陽南
陽菜
緋奈
雛
ひな

【ひなこ】
比奈子
陽奈子
陽菜子
雛子
ひなこ

【ひなた】
連想 日向
日向
日那多
比名太
飛奈太
陽那太
ひなた

【ひなと】
日南斗
飛那斗
陽奈人

【ひなの】
日菜乃
妃奈之
陽南乃
雛乃
ひな乃
ひなの

【ひなみ】
妃奈美
陽波
雛美
ひなみ

【ひびき】
連想 響き
日々貴
緋美希
響

【ひふみ】
一二三
一二美
比芙美
緋史

【ひまり】
日茉莉
日真里
妃鞠
飛万里
緋真理
ひまり

【ひめ】
連想 姫
妃
姫
媛
陽芽
ひめ

【ひめか】
日女花
妃香
姫佳
姫華

【ひめの】
姫乃
媛乃
緋芽乃

【ひゅうが】
日向
彪雅

【ひゅうま】
彪真
彪磨

【ひより】
連想 日和
日代里
日世理
日和
妃代里
陽葉里
陽愛
緋依
ひより

漢字

＊はな…花52 芳233 英44 華53
＊はや…迅155 早171 快57 勇246 剣92
隼138 敏224 逸39 敬87 馳186 駿138
＊はる…大180 元94 日209 玄94 合106
花52 治126 青162 東200 明242 栄44
春137 美221 晏36 桜48 華53 浩104
時126 脩134 温49 絢93 晴163 陽252
遥251 暖185 榮44 遙251 遼261 櫻48
＊ひさ…久75 央47 寿132 尚142 恒102

＊ひで…一40 禾51 寿132 秀133 英44
季68 栄44 偉38 愛34 嗣124 薫85
＊ひと…一40 人156 士120 公98 仁155
史120 仙167 民241 侍126 倫262 寛65
＊ひめ…妃219 姫223 媛46

【ひろ】
大
比呂
浩
優
【ひろあき】
宏昭
洋晃
紘明
裕章
【ひろおき】
弘沖
洋興
【ひろか】
宏佳
浩香
紘加
【ひろかず】
大和
浩和
博員
裕一
【ひろき】
大輝
比路希
広希
弘樹
紘生
裕紀
【ひろこ】
洋子
浩子
紘子
博子
裕子
【ひろし】
大志
宏
宙
博士
寛
【ひろしげ】
大滋
宏重
【ひろたか】
大貴
拓孝
博隆
裕高
寛孝
【ひろたけ】
大岳
寛武
【ひろつね】
浩恒
博経
【ひろと】
大翔
比呂登
広人
広翔
浩仁
紘都
寛人
裕斗
嘉人
優斗
【ひろとし】
弘敏
博俊
寛利
【ひろな】
比呂菜
宏奈
紘椰
寛那
優奈
【ひろのぶ】
宏伸
博信
博暢
【ひろのり】
宏典
洋憲
浩則
【ひろみ】
大望
広海
宏美
紘実
裕美
寛巳
【ひろみち】
浩理
啓道
裕道
【ひろみつ】
宏満
博光
【ひろむ】
大陸
央夢
広務
弘
博
【ひろや】
大也
宏哉
尋矢
【ひろやす】
洋泰
浩康
博保
【ひろゆき】
弘征
宏行
浩之
紘行
博雪
寛幸

ふ

【ふうか】
風花
風香
楓歌
【ふうが】
連想 風雅・fuga
風河
風雅
【ふうこ】
布有子
風子
楓子
【ふうた】
風太
富汰
楓大
【ふうと】
風翔
楓斗
楓登
【ふうま】
風馬
富真
楓麻
【ふき】
連想 蕗
芙季
歩紀
富希
【ふさこ】
二紗子
房子
総子
【ふじこ】
不二子
富士子
藤子
【ふたば】
連想 二葉（双葉）
二芭
双葉
ふたば
【ふみ】
連想 文
文
史
芙実
歩美
風海
ふみ
【ふみえ】
文恵
芙美枝
郁江
【ふみか】
郁香
詞花
富美佳
【ふみこ】
文子
史子
芙美子
富美子
【ふみと】
文人
史都
郁斗
【ふみや】
文也
文弥
史矢
郁哉
【ふゆ】
連想 冬
冬
芙由
歩優
【ふゆか】
冬香
冬華
歩由花

風優香

【ふゆき】
冬輝
芙雪

【ふゆみ】
冬海
芙弓

【ぶんた】
文太
文多
聞汰

へ

【へいすけ】
平祐
平輔
兵介

【へいた】
平太
平汰
兵太

【べにか】
紅香
紅華

ほ

【ほうせい】
連想 方正
邦成
朋生

峯星

【ほくと】
連想 北斗
北斗
北翔

【ほしか】
帆史佳
星夏
星華

【ほずみ】
歩純
保澄
穂寿美

【ほたる】
連想 蛍
蛍
ほたる

【ほなみ】
帆七海
帆波
歩那実
保奈美
穂波

【ほのか】
連想 ×仄か
帆乃夏
帆之歌
歩乃榎
保乃佳
浦乃夏
穂野香
穂ノ花
ほの花
ほのか

ま

【まあこ】
茉愛子
真有子
麻亜子

【まあさ】
茉朝
真阿紗
真麻
麻安沙

【まあや】
万亜矢
真絢
真綾
麻彩

【まい】
連想 舞
茉唯
真以
眞生
麻衣
舞

【まいか】
苺佳
茉依果
真依加
麻以花
舞歌

【まいこ】
茉衣子
真以子
真依子
真惟子
麻衣子
舞子

【まお】
万緒
茉生
茉緒
真央
真生
真音
真雄
眞緒
麻央
麻緒
萬央

【まおみ】
真緒美
まおみ

【まおり】
真緒里
麻織

【まき】
茉希
真樹
麻紀

【まきこ】
万希子
真紀子
槙子

【まきと】
真輝杜
蒔人
槙斗

【まこ】
茉子
真子
麻子

【まこと】
連想 誠
実
信
真人
真琴
麻琴
誠
諒
まこと

【まさあき】
正彰
柾晃

漢字

*ひろ…丈148 大180 仁155 央47 広99
弘99 宏101 洸103 祐247 洋249 浩104
紘104 泰179 容251 啓87 皓105 尋157
博215 裕247 寛65 滉105 廣99 優250

*ふみ…文229 史120 典196 郁39 章144
*へい…丙229 平229 兵229
*ほ…帆217 秀133 歩231 保231 穂158
*ほう…芳233 邦233 法233 朋233 豊234
*ま…万239 茉239 真153 眞153 馬213

麻237 満239 磨237
*まき…真153 眞153 蒔127 槙238 槇238
*まさ…大180 公98 仁155 正160 匡78
尚142 昌143 征162 政162 将143 真153
理256 勝144 雅55 聖163 賢93 優250

真彬
【まさお】
正雄
昌雄
柾生
真央
雅夫
【まさおき】
正意
昌興
【まさかず】
正知
政和
将一
雅和
【まさかつ】
正勝
政克
【まさき】
連想 柾
正樹
匡輝
茉咲

将生
真紀
雅樹
【まさくに】
正州
雅邦
【まさこ】
真紗子
麻佐子
雅子
【まさし】
仁
正
匡史
柾志
雅
優士
【まさたか】
大貴
正隆
政高
真孝
雅敬

【まさたけ】
正武
雅竹
【まさつね】
正恒
将常
【まさと】
真人
真斗
理仁
聖人
優翔
【まさとし】
政敏
雅俊
優利
【まさなり】
政也
真成
勝成
【まさひで】
柾英
将偉

雅秀
【まさひと】
聖仁
誠史
賢人
【まさひろ】
正大
理裕
雅弘
【まさみ】
壮美
真実
雅弥
絹美
【まさむね】
正宗
真心
雅宗
【まさや】
柾矢
雅哉
聖也
【まさゆき】

昌行
理之
優幸
【まさよ】
真紗代
晶代
雅世
【まさよし】
正義
昌好
雅美
優良
【まさる】
連想 勝る
大
昌琉
健
勝
優
【まじゅ】
真珠
真樹
【ましろ】

眞白
麻代
ましろ
【ますみ】
茉純
真澄
【まち】
連想 町（街）
万智
茉知
真千
真智
【まちこ】
万千子
真知子
街子
【まどか】
円
窓夏
圓花
まどか
【まな】
万南

茉那
茉奈
真那
真奈
真和
麻菜
愛
愛菜
【まなえ】
真奈依
麻苗
愛恵
【まなか】
茉那佳
真央
麻奈香
愛花
愛華
【まなつ】
連想 真夏
真奈津
真夏
【まなと】

学斗
真人
真斗
眞奈人
愛斗
愛翔
【まなぶ】
連想 学ぶ
仕
学
真歩
【まなみ】
茉南
真奈実
麻菜美
愛実
愛海
愛美
【まの】
万野
茉乃
麻乃
【まひろ】

茉紘
真央
真弘
麻央
まひろ
【まほ】
連想 真秀
茉歩
真帆
真穂
【まみ】
茉美
真心
真実
麻未
麻美
【まみか】
万美歌
真海夏
麻美佳
【まもる】
連想 守る
守

葵
衛
護

【まや】
茉耶
真弥
麻也
麻耶

【まゆ】
連想 眉・繭
茉由
真由
真優
麻結
繭

【まゆか】
万優香
麻有佳
繭花

【まゆこ】
茉結子
真由子
麻友子
繭子

【まゆみ】
連想 檀
真弓
眞由美
麻夕美
繭美
まゆみ

【まゆり】
万由梨
真百合
麻悠里

【まよ】
万葉
真夜
麻世

【まり】
連想 毬（鞠）
万璃
茉莉
真理
麻里

【まりあ】
真梨愛
麻理亜

【まりえ】
万莉絵
真理恵
毬恵

【まりか】
万梨佳
茉莉花
真里華
毬歌

【まりこ】
真梨子
真理子
麻里子
鞠子

【まりな】
真理菜
満里奈
鞠奈

【まりの】
茉莉乃
真里野
毬乃

【まりん】
連想 marine
茉鈴
真凜

み

【みあ】
心愛
海亜
美亜

【みあや】
心彩
実絢
美綾

【みいな】
実依菜
海伊南
美以奈

【みう】
心羽
光羽
実生
美羽
美優
望有
みう

【みえ】
実枝
海恵
美笑
美絵

【みお】
連想 澪
三緒
心緒
光生
実央
海音
美央
美緒
珠央
望央
澪

【みおな】
未央那
美緒菜
澪奈

【みおり】
光織
実央梨
美緒理
美織
澪里

【みか】
心花
実佳
海華
美佳
美香
望加

【みき】
連想 神酒・幹
未来
弥希
海輝
美紀
美姫
美貴
幹
樹

【みきこ】
三希子
美貴子
幹子

【みきと】
未希斗
幹人
樹杜

【みきや】
三樹也
幹耶

漢字

＊まち…町 189　街 59
＊まな…学 61　真 153　眞 153　愛 34
＊まゆ…眉 220　繭 93
＊まり…毬 239　鞠 239

＊まれ…希 69　稀 71
＊み…己 95　三 119　巳 239　心 151　水 157　文 229　史 120　生 161　未 240　光 99　見 90　臣 150　実 128　弥 244　海 57　泉 167　美 221　洋 249　益 45　海 57　珠 131　扇 168　視 124　深 154　望 235　御 78　視 124　實 128　彌 244　観 66　鑑 67
＊みき…幹 66　樹 132

樹哉
【みく】
未来
未來
弥久
海玖
美玖
【みこ】
連想 巫女・御子
美子
望子
【みさ】
連想 missa
心彩
光紗
実佐
美沙
美紗
美咲
【みさお】
連想 操
美佐緒
美沙音
操
【みさき】
連想 岬
心咲
実沙季
実紗希
海咲
美早紀
美沙貴
美咲
深幸
みさき
【みさこ】
実佐子
美咲子
美紗子
【みさと】
実怜
美沙都
美里
【みずき】
連想 水木
水希
美寿紀
瑞葵
瑞輝
瑞樹
みずき
【みすず】
実紗
美鈴
みすゞ
【みずほ】
連想 瑞穂
水穂
美寿歩
瑞穂
みず穂
みずほ
【みそら】
穹
海空
美空
みそら
【みち】
連想 未知・道
未知
実知
美知
美智
路
【みちか】
心愛
美周
美智香
道佳
路花
【みちたか】
通孝
道隆
道喬
【みちとし】
充俊
倫敏
道利
【みちる】
連想 満ちる
美知留
みちる
【みつえ】
光恵
美都依
満江
【みつき】
光月
光輝
実月
美月
美津紀
満希
【みづき】
心月
美月
美都希
望月
【みつひろ】
光洋
光博
充博
晃大
【みつる】
光流
充
美絃
満
【みと】
水都
美杜
美音
【みどり】
連想 緑
美登利
翠
碧
緑
みどり
【みな】
心菜
弥奈
美奈
美南
珠奈
【みなこ】
未那子
皆子
美那子
美奈子
【みなつ】
実奈津
美夏
【みなと】
連想 港
実那登
皆人
皆斗
南翔
港
湊
【みなみ】
連想 南
海波
皆美
南
美波
美漣
みな美
みなみ
【みねこ】
美音子
美祢子
峯子
【みの】
実乃
海乃
美野
【みのり】
連想 実り
実乃梨
海乃里
美乃理
美紀
美徳
みのり
【みのる】
連想 実る
実
稔
豊
穣
【みはや】
美羽矢
美早
【みはる】
心春
心晴
心陽
心暖
海晴
美春
美遥
【みひろ】
心広
心優
海大
美尋
美優
【みふゆ】
三冬
美冬
美芙夕
【みほ】
未歩
実穂

海帆
美秀
美穂

【みほこ】
未穂子
実帆子
美歩子

【みみ】
光海
海美
美々

【みやこ】
連想 都
京
美耶子
都
みやこ

【みゆ】
心結
心優
光悠
実由
実結
海夕
美由
美結
美優

【みゆう】
心結
美優

【みゆき】
連想 行幸・深雪
幸
美由紀
美由樹
美幸
美雪
美優希
深雪
みゆき

【みゆり】
実有利
美優里

【みよ】
連想 御代
三四
実世
美代

【みらい】
連想 未来
未来
未來
望来
みらい

【みり】
連想 milli
心利
実莉
海璃
美理

【みれい】
実鈴
美玲
美麗

【みわ】
未和
光和
実和
海環
美和

【みわこ】
未和子
実和子
美和子

む

【むつき】
連想 睦月
陸希
睦月
睦生
睦樹

【むつみ】
陸未
睦実
睦美

め

【めい】
芽
芽以
芽生
芽依
明
萌生
萌衣
めい

【めいこ】
芽生子
芽依子
明子
萌以子

【めいな】
芽衣那
芽奈
明菜

【めぐみ】
連想 恵み
仁
恵
恵実
恵美
萌
愛実
愛海
めぐみ

【めぐむ】
連想 恵む
仁
恵
恵夢
愛
徳
めぐむ

【めり】
芽里
芽李
萌梨

【める】
芽留
萌瑠

も

【もあ】
百亜
百愛

【もえ】
連想 萌え
百依
百恵
茂絵
萌
もえ

【もえか】
百絵佳
萌花

漢字

＊みち…礼 264　行 100　至 122　充 135　成 160
有 246　吾 97　孝 101　芳 233　利 255　学 61
享 79　径 86　長 189　迪 195　典 196　宝 233
信 152　訓 85　修 134　恕 141　通 192　途 199
能 210　倫 262　教 80　康 104　進 154　理 256
陸 258　順 139　達 183　道 203　満 239　裕 247
遥 251　義 74　慶 88

＊みつ…三 119　光 99　充 135　美 221　満 239

＊みな…水 157　汎 217　皆 57　南 208

＊みね…峻 137　峰 234　節 166　嶺 265　巌 67

＊む…六 269　武 226　務 241　睦 236　夢 241

＊むつ…六 269　睦 236

＊むね…心 151　志 123　宗 133　意 38

＊めい…名 241　命 241　明 242　盟 242　鳴 242

萌果

【もえこ】
百恵子
萌子

【もえな】
百依奈
萌那
萌菜

【もえり】
百絵梨
萌莉

【もか】
連想 mocha
百花
百香
茂夏
もか

【もこ】
茂子
もこ

【もとか】
初佳
雅花
寛佳
幹香
もとか

【もとき】
元気
元樹
基
基樹
幹貴
資紀

【もとこ】
心子
朔子
素子
基子

【もとなり】
元也
元就
基斉
資成

【もとはる】
元治
元春
基晴

【もとひろ】
元大
元宏
基浩
基博
資広

【もとや】
元也
基哉
源弥

【もな】
百奈
もな

【もね】
百音
茂音
もね

【もも】
連想 百・桃
百
桃
もも

【ももえ】
百栄
李恵
桃恵
桃絵

【ももか】
百花
百佳
百華
百香
百々歌
李佳
桃花
桃香
桃夏
もも香

【ももこ】
百子
百々子
桃子
ももこ

【ももな】
百梛
百々奈
李那
桃菜

【ももね】
百音
桃祢
ももね

【ももは】
百波
百葉
茂々葉
桃巴
桃羽
桃葉

【もゆ】
百柚
百優

【もりみち】
守道
盛亨
盛道
森道
護通

や

【やえ】
連想 八重
八重
弥絵
耶恵

【やすあき】
恭彰
泰昭
康明
康章
靖明

【やすお】
保雄
泰生
寧央

【やすき】
安紀
保樹
康喜

【やすこ】
安子
育子
弥寿子
恭子
寧子

【やすし】
仁
快嗣
恭史
泰司
康志
靖史

【やすは】
恭羽
泰葉
康波

【やすひと】
恭仁
康仁
賢人

【やすひろ】
安紘
恭寛
泰大
泰弘
康宏
靖裕

【やすゆき】
保幸
恭之
康行
靖幸

【やちよ】
連想 八千代
八千代
弥知代
耶智世

【やひろ】
連想 八尋
八尋
弥央
弥宏

【やまと】
連想 大和（倭）
山都
山登
大和
和
耶真斗
倭

【やや】
弥也
弥耶

【やよい】
連想 弥生
弥生
弥宵
彌生

ゆ

【ゆあ】
友愛
由亜
結愛
優亜

ゆあ

【ゆい】
夕泉
友惟
由
由衣
由依
唯
結
結衣
優以
優衣
ゆい

【ゆいあ】
由亜
唯愛
結愛

【ゆいか】
由衣香
由佳
柚衣花
唯佳
唯華
結花
結佳
優以香

【ゆいと】
由仁
由都
惟人
唯翔
結人
結仁
結斗
結翔
優衣斗

【ゆいな】
夕維奈
由依菜
唯那
悠衣奈
結奈
結菜
優衣奈
ゆいな

【ゆう】
連想 夕・勇・結う・雄・優
由羽
有
佑
侑
勇
悠
結
裕
雄
優

【ゆうあ】
友愛
悠亜
結愛
優亜

【ゆういち】
友壱
侑一
勇一
祐一
雄一
優市

【ゆういちろう】
佑一朗
勇市郎
悠一郎

【ゆうか】
夕夏
木綿花
友香
由有加
由佳
有佳
佑佳
柚華
悠歌
裕香
優花

【ゆうが】
連想 優雅
勇我
悠河
雄雅
優芽
優雅

【ゆうき】
連想 有機・勇気
夕季
友紀
有紀
佑基
勇気
柚樹
祐己
悠生
悠希
裕貴
雄樹
優希

【ゆうこ】
木綿子
由子
侑子
裕子
優子

【ゆうご】
勇伍
悠悟
裕悟
雄吾
優吾
優護

【ゆうこう】
勇航
優光

【ゆうさく】
勇作
祐作
悠朔

【ゆうし】
連想 有史・有志・勇士・勇姿・雄志・雄姿
侑史
勇士
雄志

【ゆうじ】
悠司
裕士
雄治

【ゆうしん】
勇伸
祐慎
悠真
結心
雄心
優心

【ゆうすけ】
佑助
祐介
悠介
裕亮
優輔

漢字

＊もと…元 94　心 151　求 76　志 123　初 140
朔 117　素 170　基 70　統 202　幹 66　源 95
＊もも…百 223　李 256　桃 201
＊もり…守 131　盛 163　森 154　衛 44　護 98

＊や…也 244　弥 244　哉 111　耶 244　埜 245
＊やす…安 36　育 39　保 231　恭 79　泰 179
康 104　裕 247　靖 164　誉 249　寧 210　賢 93
＊ゆ…夕 164　友 246　由 245　有 246　侑 246
柚 247　祐 247　悠 248　結 91　裕 247

＊ゆい…由 245　唯 246　結 91　維 38
＊ゆう…夕 164　友 246　右 42　由 245　有 246
佑 246　侑 246　郁 39　勇 246　宥 247　柚 247
祐 247　祐 247　悠 248　結 91　湧 247　裕 247
遊 247　雄 247　釉 247　優 250

【ゆうせい】
連想 優勢
友誠
由征
佑世
勇星
祐聖
悠生
裕成
雄成
雄星
優清

【ゆうた】
友多
由太
佑汰
侑多
勇汰
悠太
結太
裕太
雄大
優太

【ゆうだい】
連想 雄大
侑大
勇大
悠泰
雄大
優大

【ゆうたろう】
佑太朗
勇多郎
悠太郎
優汰郎

【ゆうと】
由登
佑都
悠人
悠仁
悠斗
悠翔
結斗
雄仁
優斗
優翔

【ゆうな】
夕奈
柚菜
悠奈
結奈
結菜
裕奈
優那
優奈
優菜

【ゆうの】
有乃
祐乃
悠乃

【ゆうのすけ】
勇之介
裕乃介
優之助

【ゆうひ】
連想 夕日
夕陽
雄飛
優妃

【ゆうま】
有眞
佑磨
悠真
悠馬
結真
裕麻
優真
ゆうま

【ゆうみ】
夕海
結実
優心
優美

【ゆうや】
友也
侑弥
勇哉
祐也
裕哉
雄弥

【ゆうり】
連想 有利
夕璃
柚莉
悠里
結梨

【ゆか】
友香
由佳
有華
侑花
優花

【ゆかり】
連想 縁
夕夏莉
友佳理
由加里
柚香里
縁

【ゆき】
連想 雪
友貴
幸
柚希
悠生
優希

【ゆきえ】
夕希江
由紀恵
雪絵

【ゆきこ】
由希子
有紀子
幸子
雪子
結貴子

【ゆきと】
幸杜
倖人
雪斗

【ゆきな】
由紀奈
幸菜
雪奈
優樹菜

【ゆきね】
友季音
幸音
雪峰

【ゆきの】
倖野
雪乃
薫乃

【ゆきひろ】
行広
志浩
幸大
幸宏
征博

【ゆきまさ】
行柾
幸昌
雪正

【ゆず】
連想 柚（柚子）
柚
柚子
結寿
柚花

【ゆずか】
結寿歌
ゆず香

【ゆずき】
夕寿希
由寿紀
柚妃
柚希
柚季
柚樹
ゆずき

【ゆずな】
由鶴那
柚那
柚奈
結寿菜
優寿奈

【ゆずは】
夕鶴羽
由寿葉
柚葉
ゆずは

【ゆたか】
連想 豊か
由多加
裕
寛
豊
優
穣

【ゆづき】
夕月
柚月
悠都希
結月
優月

【ゆづる】
連想 弓弦
弓弦
由絃

【ゆな】
侑那
柚奈
結奈
結菜
優那
優奈

【ゆま】
友茉
有麻
悠真
優真

【ゆみ】
連想 弓
由実
由美
侑実
悠海
結心
結望
裕美
優心

【ゆみか】
弓佳
友実香
由美佳
優美花

【ゆみこ】
弓子
由美子
祐未子
結美子
裕実子

【ゆめ】
連想 夢
悠萌
結女
夢
優芽
ゆめ

【ゆめか】
由芽香
夢花
夢佳
夢果
ゆめか

【ゆめと】
夢斗
夢杜

【ゆゆ】
友結
由結
結々

【ゆら】
由良
由羅
悠良
優良

【ゆり】
連想 百合
夕里
友梨
由里
由莉
百合
ゆり

【ゆりあ】
夕里亜
由梨愛
百合亜
ゆりあ

【ゆりえ】
友利恵
由梨衣
百合絵

【ゆりか】
友理香
百合花
優梨香

【ゆりこ】
由里子
有璃子
優里子

【ゆりな】
夕莉菜
百合奈
優里那

よ

【よう】
連想 洋・陽
洋
要
陽
遥
耀

【よういち】
洋一
庸一
陽一
遥市

【よういちろう】
洋一朗
陽一朗
瑶一郎

【ようこ】
葉子
陽子
瑶子
蓉子
耀子

【ようじ】
要治
庸司
耀二

【ようすけ】
洋輔
葉佑
陽介

【ようた】
洋汰
陽大
陽太
遥大
耀多

【ようたろう】
洋太郎
蓉太朗
遙太郎

【ようへい】
洋平
要平
葉平
瑶平
耀平

【よしあき】
佳明
美晃
義彰

【よしえ】
由絵
好恵
佳江

【よしお】
由生
良央
喜生
義雄
嘉朗

【よしか】
芳佳
佳夏
美歌

【よしかつ】
由克
義勝

【よしき】
良貴

漢字

＊ゆき…千167 之210 行100 至122 先167 志123 往47 幸101 征162 侑246 起70 恭79 倖104 透201 雪166 逞194 詣88 維38 徹196 薫85 薰85 鵬234

＊よ…与249 予249 四122 世160 代179 夜244 誉249

＊よう…洋249 要251 容251 庸251 揺251 葉251 陽252 遥251 傭251 楊253 瑶253 蓉251 謡253 曜253 燿253 耀253 鷹253

＊よし…由245 吉74 好100 快57 克107 芳233 良259 佳51 欣82 尚142 弥244 美221 祥143 哲196 容251 淑136 理256 賀55 喜70 順139 善169 愛34 義74 嘉54 徳204 儀74 慶88 慧88 賢93

美樹
嘉希
【よしたか】
芳孝
良隆
義高
【よしてる】
芳光
佳輝
義照
【よしと】
由人
良仁
佳都
義人
【よしとも】
美智
義朝
【よしの】
佳乃
美乃
愛乃
【よしのぶ】
芳伸
佳宜
義信
【よしのり】
由則
好紀
義徳
慶典
【よしはる】
欣晴
善大
嘉治
【よしひこ】
美彦
喜彦
義彦
【よしひさ】
良久
佳久
義寿
【よしひで】
吉英
芳秀
祥英
【よしひろ】
佳寛
善大
義弘
【よしふみ】
好文
芳史
良章
義史
【よしほ】
吉穂
芳帆
嘉歩
【よしまさ】
芳雅
良昌
善匡
義正
【よしみ】
連想 好（誼）
好
芳美
良美
佳実
美
嘉美
【よしや】
良哉
佳也
義弥
【よしゆき】
良行
祥雪
義之
嘉幸
【よりか】
依香
順花
愛歌

ら

【らいか】
礼香
来佳
良衣夏
【らいき】
礼輝
來希
頼樹
【らいた】
徠太
雷太
頼汰
【らいと】
連想 light・right
礼人
来都
瀬斗
【らな】
良那
良奈
らな
【らら】
良々
らら
【らん】
連想 蘭・run
嵐
藍
蘭
らん

り

【りあ】
莉愛
梨亜
梨愛
【りいち】
利壱
里市
理一
【りえ】
里江
里依
里恵
李絵
莉栄
梨枝
理恵
理絵
【りえこ】
利衣子
里恵子
梨英子
理恵子
【りお】
里央
里緒
李雄
莉央
莉緒
梨緒
理央
理生
璃音
【りおな】
利央菜
里緒菜
莉音奈
梨緒奈
【りおん】
里音
莉音
梨音
理恩
璃音
【りか】
利佳
里香
里華
里歌
莉夏
梨花
理加
理香
璃佳
【りかこ】
利佳子
里花子
里佳子
莉華子
理香子
【りき】
力
利紀
里貴
理希
【りく】
連想 陸
利玖
莉玖
梨玖
理久
陸
璃久
【りくと】
吏久斗
利玖音
里久人
陸人
陸仁
陸斗
陸音
陸翔
璃久斗

【りこ】
莉子
梨子
理子
璃子
璃湖
りこ

【りさ】
利沙
里佐
里沙
里紗
里彩
李咲
梨沙
梨彩
理佐
理紗
理彩
璃沙

【りさこ】
利佐子
莉咲子
梨紗子

【りせ】
連想 lycée
里世
莉世
理瀬

【りつ】
律
梨都
璃津

【りつき】
立樹
律紀
律樹

【りと】
李斗
莉都
理人
璃音

【りな】
吏那
里奈
里菜
李菜
莉奈
梨奈
梨南
理名
璃七
璃奈

【りの】
里乃
莉乃
理乃
璃乃

【りのあ】
莉乃愛
梨乃愛
りのあ

【りのん】
莉音
理音
璃音

【りほ】
里穂
梨歩
璃帆

【りほこ】
里帆子
梨穂子
理保子

【りみ】
里美
理実
璃海

【りゅう】
連想 竜
流
竜
隆
琉
龍

【りゅういち】
竜一
隆市
琉一
龍一

【りゅうが】
流河
劉牙
龍雅

【りゅうき】
連想 隆起
隆樹
琉生
琉輝
龍輝
龍樹

【りゅうご】
竜悟
琉悟
龍吾

【りゅうじ】
竜二
隆司
龍志

【りゅうすけ】
竜助
竜輔
隆介
隆輔
龍介
龍佑

【りゅうせい】
連想 流星
流星
竜成
隆成
琉生
琉成
瑠星
龍生

【りゅうた】
竜太
隆太
琉汰
龍太

【りゅうたろう】
竜多朗
劉太郎
龍太郎

【りゅうと】
連想 lute
流翔
隆人
琉斗
瑠音
龍登

【りゅうのすけ】
竜乃介
竜之輔
隆之輔
琉ノ介
劉之助
龍之介

【りゅうへい】
柳平
竜平
隆平
龍平

漢字

＊より…因 41　依 37　従 136　偉 38　順 139　愛 34　頼 254　麗 265

＊ら…良 259　等 202　羅 254

＊らい…礼 264　来 254　來 254　徠 254　雷 254　頼 254　頼 254　蕾 255　禮 264　瀬 160　瀨 160

＊らん…嵐 36　覧 255　藍 255　蘭 255

＊り…吏 255　利 255　里 256　李 256　俐 256　哩 256　浬 256　莉 257　梨 256　理 256　璃 257　織 150

＊りつ…立 258　律 258

＊りゅう…立 258　流 258　留 258　竜 258　隆 259　琉 260　瑠 263　龍 258

【りゅうま】
竜馬
琉麻
龍真
【りゅうや】
竜也
琉也
龍哉
【りょう】
了
良
亮
涼
陵
崚
諒
遼
燎
【りょうか】
菱夏
涼香
綾華
【りょうが】
連想 凌駕
涼雅
遼河
【りょうけい】
良慶
亮啓
【りょうご】
良悟
亮悟
竜吾
【りょうじ】
良司
亮二
遼士
【りょうすけ】
良輔
亮祐
涼介
綾介
遼佑
【りょうせい】
良成
亮誠
涼晴
陵生
諒晟
【りょうた】
良太
亮太
亮多
竜大
涼太
崚太
綾太
諒多
遼太
龍太
【りょうたろう】
了太郎
亮太朗
涼多郎
遼太郎
【りょうと】
亮人
凌斗
崚翔
稜登
【りょうへい】
良平
亮兵
燎平
【りょうま】
竜馬
凌馬
稜麻
龍真
【りょうや】
良矢
亮也
綾哉
【りら】
連想 lilas
里良
梨羅
【りり】
莉里
理李
璃々
りり
【りりあ】
莉々亜
梨々愛
璃々亜
りりあ
【りりか】
梨理花
梨々香
理々花
璃莉果
【りりこ】
梨々子
理梨子
璃々子
【りりな】
里々椰
莉里奈
莉々菜
【りる】
利流
理瑠
璃瑠
【りん】
連想 鈴
倫
梨
琳
鈴
綸
凜
凛
りん
【りんか】
林香
倫佳
梨花
梨華
琳歌
鈴花
鈴夏
凜果
凛伽
凛佳
【りんこ】
倫子
琳子
鈴子
凛子
【りんたろう】
林太郎
倫多郎
琳汰朗
凜太郎
凛太朗
【りんな】
琳菜
凜奈
凛那
【りんね】
連想 輪廻
琳音
鈴音
凜音

る

【るあ】
留愛
琉亜
瑠亜
【るい】
流惟
留衣
留依
琉生
琉偉
琉維
塁
瑠以
瑠依
【るか】
流河
留花
琉佳
【るき】
留希
琉生
琉輝
瑠己
瑠希
【るな】
連想 luna
留那
留奈
琉奈
琉南
瑠七
【るみ】
留美
琉美
瑠海
【るり】
連想 瑠璃
留里
琉理
瑠璃
るり
【るりこ】
留理子
琉里子
瑠璃子
【るりな】
留莉菜
琉梨奈

瑠璃奈

れ

【れあ】
連想 rare
玲亜
玲愛
麗亜

【れい】
連想 礼・例・零・lei
怜
玲衣
鈴
澪
麗

【れいか】
伶香
怜佳
麗花

【れいこ】
礼子
怜子
玲子
鈴子
澪子

【れいじ】
礼司
励次
玲史

【れいと】
令人
伶斗
嶺登

【れいな】
礼菜
怜那
玲奈
澪奈
麗七

【れいら】
怜良
玲良
麗良

【れお】
玲央
玲雄
玲緒
麗央
麗生
麗雄

【れおな】
玲於奈
玲緒那
麗央奈

【れおん】
玲音
玲恩
麗音

【れな】
玲奈
玲南
麗那
麗菜

【れみ】
玲海
玲美
麗美

【れみな】
玲実奈
玲泉那
麗美奈

【れん】
恋
連
廉
蓮
練
漣
錬

【れんたろう】
連多郎
廉太朗
蓮太郎
蓮太朗
錬太郎

【れんと】
連都
廉登
蓮人
蓮斗
蓮翔
漣音

ろ

【ろか】
呂香
路花

【ろみ】
呂実
路美
ろみ

わ

【わか】
連想 若・和歌
和佳
和香
和華
和歌

【わかこ】
若子
和香子
和歌子

【わかな】
連想 若菜
若奈
若菜
和花那
和佳奈
和奏
新奈
稚奈
環華奈
わかな

【わかの】
若乃
和花乃
和華乃
和歌乃

【わかば】
連想 若葉
若葉
和佳葉
和香葉
和樺
わかば

【わこ】
和子
倭子

【わたる】
連想 渡る
亘
航
渉
渡
道

漢字

*りょう…了 259　令 263　良 259　亮 260　竜 258
凌 260　凉 260　菱 222　涼 260　椋 261　稜 261
綾 35　諒 261　遼 261　龍 258　燎 261　瞭 262
*りん…林 262　倫 262　梨 256　琳 262　鈴 264
綸 262　凜 263　麟 263

*る…流 258　留 258　琉 260　瑠 263
*るい…累 263　塁 263　類 263
*れい…令 263　礼 264　励 264　伶 264　怜 264
玲 264　鈴 264　澪 240　嶺 265　禮 264　麗 265

*れん…恋 265　連 265　廉 266　蓮 266　漣 266
錬 266　鍊 266
*ろう…郎 268　郞 268　朗 267　浪 267
*わ…和 269　倭 269　環 66
*わか…若 130　新 154　稚 186

後ろの音から名前をさがす

あ

【あ】
くれあ
ここあ
じゅりあ
とあ
のあ
まりあ
みあ
もあ
ゆあ
ゆいあ
ゆうあ
ゆりあ
りあ
りのあ
りりあ
るあ
れあ

【あき】
かずあき
くにあき
たかあき
ただあき
ちあき
てるあき
としあき
ともあき
のぶあき
はるあき
ひであき
ひろあき
まさあき
もとあき
やすあき
よしあき

【あつ】
さねあつ
ともあつ
のぶあつ
むねあつ

【あや】
さあや
まあや
みあや

い

【い】
あい
あおい
えい
かい
けい
せい
まい
めい
やよい
ゆい
りりい
るい
れい

【いち】
きいち
きょういち
けいいち
けんいち
こういち
しゅういち
じゅんいち
しょういち
しんいち
せいいち
たいち
ゆういち
よういち
りいち
りゅういち

う

【う】
こう
ごう
しゅう
しょう
じょう
そう
みう
ゆう
よう
りゅう
りょう

え

【え】
あきえ
おりえ
かえ
かなえ
きえ
こずえ
さえ
さちえ
さなえ
たえ
たかえ
たまえ
ちえ
としえ
ともえ
ななえ
のえ
はなえ
ひさえ
ふみえ
まなえ
まりえ
みえ
みつえ
もえ
ももえ
やえ
ゆきえ
ゆりえ
よしえ
りえ

【えい】
こうえい
じえい
しょうえい

【えり】
さえり
ちえり
もえり

お

【お】
あきお
いお
うしお
かお
かずお
さお
しお
たかお
たまお
ときお
としお
なお
なつお
ななお
ねお
のりお
まお
まさお
みお
みさお
やすお
よしお
りお
れお

【おき】
ひろおき
まさおき

【おみ】
しおみ
ただおみ
なおみ
はるおみ
まおみ

【おり】
いおり
かおり
さおり
しおり
まおり
みおり

【おん】
しおん
りおん
れおん

か

【か】
あいか
あさか
あすか
あやか
あゆか

いちか
えみか
えりか
おうか
おとか
きみか
きょうか
さやか
しずか
しゅうか
すずか
すみか
せいか
そのか
そよか
ちか
ともか
ななか
なみか
のどか
ののか
のりか
はるか

ひめか
ひろか
ふうか
ふみか
ふゆか
ほしか
ほのか
まいか
まどか
まなか
まみか
まゆか
まりか
みか
みちか
もか
もとか
ももか
ゆいか
ゆうか
ゆか
ゆずか
ゆみか

ゆめか
ゆりか
よしか
りか
りりか
りんか
るか
れいか
わか

【が】

ぎんが
こうが
たいが
ひゅうが
ふうが
ゆうが
りゅうが
りょうが

【かず】

たかかず
ともかず
はるかず
ひろかず

まさかず

【かつ】

まさかつ
よしかつ

き

【き】

あき
あつき
いつき
いぶき
かいき
かずき
かつき
げんき
こうき
さき
さつき
しゅんき
たいき
だいき
たつき

たまき
ちあき
てるき
としき
ともき
なおき
なつき
なるき
はるき
ひでき
ひびき
ひろき
ふゆき
まき
まさき
みき
みずき
みつき
みゆき
むつき
もとき
やすき
ゆうき

ゆき
ゆずき
よしき
りき
りゅうき
るき

【きょう】

うきょう
ききょう
さきょう

く

【く】

いく
がく
たく
みく
りく

【くに】

きよくに
しげくに
まさくに

け

【けい】

いっけい
しゅんけい
りょうけい

こ

【こ】

あいこ
あきこ
あこ
あさこ
あつこ
あやこ
あゆこ
いくこ
えいこ
えつこ
えりこ
かずこ

かなこ
かのこ
かよこ
きこ
きみこ
きょうこ
きりこ
くにこ
けいこ
ここ
さきこ
さくらこ
さちこ
さとこ
さよこ
さわこ
しゅうこ
じゅんこ
しょうこ
せいこ
たかこ
ちかこ
つきこ

とうこ
ときこ
ともこ
とわこ
なおこ
なつこ
ななこ
なゆこ
のりこ
はなこ
ひなこ
ひろこ
ふうこ
ふさこ
ふじこ
ふみこ
まいこ
まきこ
まこ
まさこ
まちこ
まゆこ
まりこ

みさこ
みなこ
みねこ
みほこ
みやこ
めいこ
もえこ
もとこ
ももこ
やすこ
ゆうこ
ゆきこ
ゆみこ
ゆりこ
ようこ
りえこ
りかこ
りこ
りさこ
りほこ
りりこ
りんこ
るりこ
れいこ
わかこ

【ご】

いちご
えいご
かんご
きょうご
けいご
けんご
しゅうご
しょうご
しんご
せいご
そうご
だいご
とうご
ゆうご
りゅうご
りょうご

【こう】

いっこう
しこう
ゆうこう

さ

【さ】

あずさ
ありさ
かずさ
きさ
ちさ
つかさ
つばさ
なぎさ
ひさ
まあさ
みさ
りさ

【さき】

きさき
さき
ちさき
まさき
みさき

【さく】

えいさく
こうさく
しんさく
ゆうさく

【さと】

あさと
ちさと
まさと
みさと

し

【し】

あつし
えいし
かずし
けいし
けんし
こうし
さとし
そうし
たいし
たかし
たけし
ただし
つよし
ひさし
ひとし
ひろし
まさし
むさし
やすし
ゆうし

【じ】

えいじ
かんじ
けいじ
けんじ
こうじ
しゅうじ
しゅんじ
じゅんじ
しょうじ
しんじ
せいじ
ていじ
ゆうじ
ようじ
りゅうじ
りょうじ
れいじ

【しげ】

かずしげ
くにしげ
はるしげ
ひろしげ

【じゅ】

あんじゅ
けいじゅ
たいじゅ
まじゅ

【しゅう】

かいしゅう
けいしゅう

【しん】

えいしん
けんしん
たいしん
ゆうしん

す

【ず】

かず
すず
ちず
ゆず

【すけ】

えいすけ
おうすけ
きょうすけ
けいすけ
けんすけ
こうすけ
さすけ
しゅうすけ
しゅんすけ
しょうすけ
しんすけ
そうすけ
たいすけ
だいすけ
へいすけ
ゆうすけ
ようすけ
りゅうすけ
りょうすけ

【すず】

いすず
こすず
みすず

【すみ】

あすみ
かすみ
ますみ

【ずみ】

あずみ
いずみ
かずみ
ほずみ

せ

【せ】

ことせ
ちせ
ちとせ
ななせ
ももせ
りせ

【せい】

いっせい
かいせい
こうせい
しゅうせい
たいせい
ほうせい
ゆうせい
りゅうせい
りょうせい

そ

【ぞう】

けいぞう
けんぞう
たいぞう
ゆうぞう

た

【た】
あらた
えいた
かいた
かなた
かんた
きょうた
けいた
けんた
げんた
こうた
しゅうた
しゅんた
しょうた
せいた
そうた
なゆた
はやた
ひなた
ふうた
ぶんた
へいた
ゆうた
ようた
らいた
りゅうた
りょうた

【だい】
こうだい
しょうだい
そうだい
ゆうだい

【たか】
かずたか
としたか
ともたか
ひろたか
まさたか
みちたか
よしたか

【たけ】
のりたけ
ひろたけ
まさたけ

ち

【ち】
さち
たいち
だいち
まち
みち

【ちか】
いちか
さちか
にちか
みちか

つ

【つ】
なつ
りつ

【つき】
あつき
いつき
かつき
さつき
たつき
なつき
みつき
むつき
りつき

【づき】
かづき
はづき
みづき
ゆづき

【つね】
ひろつね
まさつね

【づる】
ちづる
ひづる
ゆづる

て

【てる】
きよてる
のぶてる
よしてる

と

【と】
あいと
あおと
あきと
あさと
あやと
いくと
えいと
かいと
がくと
かずと
かなと
けいと
けんと
しげと
しゅうと
だいと
たかと
たくと
たけと
ちさと
てつと
なおと
はやと
はると
ひでと
ひなと
ひろと
ふみと
ほくと
まきと
まこと
まさと
まなと
みきと
みさと
みなと
やまと
ゆいと
ゆうと
ゆきと
よしと
りくと
りゅうと
れんと

【とし】
あきとし
かずとし
ひでとし
ひろとし
まさとし
みちとし

【とも】
たかとも
よしとも

な

【な】
あいな
あきな
あすな
あずな
あやな
あゆな
あんな
えな
えりな
えれな
かな
かりな
かんな
ここな
さな
さりな
じゅんな
すずな
せりな
ともな
なずな
なな
にな
はな
はるな
ひいな
ひな
ひろな
まな
まりな
みいな
みおな
みな
ももな
ゆいな
ゆうな
ゆきな
ゆずな
ゆな
ゆりな
りおな
りな
りりな
るな
るりな
れいな
れおな
れな
わかな

【なえ】
かなえ
さなえ
ななえ
はなえ
まなえ
【なつ】
こなつ
ちなつ
まなつ
みなつ
【なみ】
かなみ
ちなみ
ななみ
ひなみ
ほなみ
まなみ
みなみ
【なり】
あきなり
としなり
まさなり
もとなり

ね

【ね】
あかね
あまね
あやね
おとね
かざね
ここね
ことね
しおね
たかね
ねね
はつね
もね
ももね
ゆきね
りんね

の

【の】
あやの
うの
かの
かやの
さやの
しの
のの
ひなの
ひめの
まの
まりの
みの
ゆうの
ゆきの
よしの
りの
わかの
【のすけ】
けんのすけ
こうのすけ
しゅんのすけ
じゅんのすけ
しょうのすけ
しんのすけ
ゆうのすけ
りゅうのすけ
【のぶ】
しのぶ
とものぶ
ひろのぶ
よしのぶ
【のり】
あつのり
かつのり
たかのり
たけのり
たつのり
としのり
とものり
ひろのり
よしのり
【のん】
あのん
かのん
りのん

は

【は】
いろは
おとは
くれは
ことは
このは
すずは
ももは
やすは
ゆずは
【ば】
あおば
ふたば
わかば
【はや】
きはや
ちはや
みはや
【はる】
こはる
ちはる
ともはる
みはる
もとはる
よしはる

ひ

【ひ】
あさひ
はるひ
ゆうひ
【ひこ】
あつひこ
かずひこ
たかひこ
よしひこ
【ひさ】
あきひさ
かずひさ
なおひさ
よしひさ
【ひで】
かずひで
としひで
まさひで
よしひで
【ひと】
あきひと
ともひと
はるひと
まさひと
やすひと
【ひろ】
あきひろ
あつひろ
かずひろ
くにひろ
しげひろ
たかひろ
たけひろ
ちひろ
ともひろ
なおひろ
のぶひろ
まさひろ
まひろ
みつひろ
みひろ
もとひろ
もりひろ
やすひろ
やひろ
ゆきひろ
よしひろ

ふ

【ふみ】
たかふみ
ひふみ
よしふみ
【ふゆ】
こふゆ
みふゆ

へ

【へい】
きょうへい
こうへい
しゅうへい
しょうへい
そうへい
たいへい
ようへい
りゅうへい
りょうへい
【ぺい】
きっぺい
しゅんぺい
じゅんぺい
しんぺい
てっぺい

ほ

【ほ】
あきほ
かずほ
かほ
きほ

さちほ
さほ
しほ
ちほ
なつほ
なほ
にじほ
まほ
みずほ
みほ
よしほ
りほ

ま

【ま】
えま
かずま
しま
しゅうま
しょうま
そうま
たくま
てんま
とうま
はるま
ひゅうま
ふうま
ゆうま
ゆま
りゅうま
りょうま
【まさ】
たかまさ
なりまさ
ひでまさ
ゆきまさ
よしまさ

み

【み】
あきみ
あさみ
あすみ
あずみ
あみ
あゆみ
いくみ
いさみ
いずみ
うみ
えいみ
えみ
かすみ
かずみ
かつみ
かなみ
きよみ
くみ
くるみ
こうみ
ここみ
ことみ
このみ
さくみ
さとみ
しげみ
たかみ
たくみ
たつみ
たまみ
ちなみ
つぐみ
としみ
ともみ
なおみ
なごみ
なつみ
ななみ
なみ
なるみ
のぞみ
はるみ
ひでみ
ひとみ
ひふみ
ひろみ
ふみ
ほなみ
まおみ
まさみ
ますみ
まなみ
まみ
まゆみ
みなみ
むつみ
めぐみ
ゆうみ
ゆみ
よしみ
りみ
るみ
れみ
ろみ
【みち】
たかみち
なおみち
ひろみち
もりみち
【みつ】
あきみつ
てるみつ
としみつ
ひろみつ
よしみつ

む

【む】
あつむ
あゆむ
いさむ
えむ
おさむ
すすむ
つとむ
とむ
なごむ
のぞむ
ひろむ
めぐむ
もとむ
【むね】
あきむね
まさむね
やすむね

め

【め】
あやめ
かなめ
なつめ
ひめ
ゆめ
【めい】
こうめい
そうめい

も

【もん】
あもん
しもん
たもん

や

【や】
あつや
あや
かずや
かつや
かや
けんや
こうや
さくや
さちや
さや
しゅうや
しゅんや
じゅんや
しょうや
しんや
せいや
そうや
たかや
たくや
たつや
ちや
てつや
とうや
ときや
としや
ともや
なおや
のぶや
はるや
ひろや
ふみや
まあや
まさや
まや
みきや
もとや
やや
ゆうや
よしや
りゅうや
りょうや
【やす】
たかやす
ともやす
はるやす
ひろやす

ゆ

【ゆ】
あゆ
なゆ
ふゆ
まゆ
みふゆ
みゆ

【ゆう】
けんゆう
しゆう
みゆう

【ゆき】
こゆき
たかゆき
としゆき
ともゆき
なおゆき
のぶゆき
のりゆき
はるゆき
ひでゆき
ひろゆき
まさゆき
みゆき
やすゆき
よしゆき

【ゆみ】
あゆみ
さゆみ
ふゆみ
まゆみ

【ゆり】
さゆり
まゆり
みゆり

よ

【よ】
いよ
かよ
さよ
たまよ
たみよ
ともよ
まさよ
まよ
みよ
やちよ

【よう】
がくよう
こうよう
たいよう

【よし】
かずよし
ともよし
ひでよし
まさよし

【より】
たかより
ちより
ともより
ひより

ら

【ら】
あいら
うらら
きら
きらら
くらら
さくら
さら
せいら
そら
たいら
たから
ちから
みそら
ゆら
らら
りら
れいら

り

【り】
あいり
あかり
あんり
いおり
いのり
えみり
えり
かいり
かおり
かほり
きらり
さおり
さゆり
さり
しおり
しゅり
じゅり
ちえり
ひかり
ひまり
ひより
まおり
まゆり
まり
みおり
みどり
みのり
みり
ゆうり
ゆかり
ゆり
りり
るり

【りん】
かりん
まりん

る

【る】
あたる
いたる
える
かおる
かける
こはる
さとる
すぐる
すばる
たける
ちはる
とおる
なる
のえる
はる
ひかる
ほたる
まさる
まもる
みちる
みつる
みのる
みはる
める
りる

れ

【れい】
かれい
みれい

【れん】
えれん
かれん

ろ

【ろう】
いちろう
えいたろう
かんたろう
けいいちろう
けいしろう
けいたろう
けんしろう
けんたろう
こういちろう
こうしろう
こうじろう
こうたろう
こじろう
こたろう
さくたろう
しゅんたろう
しょうたろう
じょうたろう
しんたろう
そういちろう
そうたろう
たくろう
たろう
ゆういちろう
ゆうたろう
よういちろう
ようたろう
りゅうたろう
りょうたろう
りんたろう
れんたろう

わ

【わ】
さわ
とわ
みわ

第5章

テーマから さがす

テーマからさがす

この章の使いかた

■この章の特徴

この章では、さまざまなテーマから名づけるヒントを集めました。由来のある名前をつけたい、好きなものにちなんで名づけたい、また歴史上の人物などにあやかって名づけたいときなどにおすすめです。

■テーマからさがすときのポイント

テーマから名前をつけるときには、名づけに使える漢字かどうかをきちんと確認することが大切です。たとえば、果物のレモンから「檸檬《れもん》」という名前をつけたいとしても、二〇一五年三月現在、「檸」の字も「檬」の字も、名づけには認められていません。よく見かけるような漢字でも名づけに認められていないことがあるため、思い込みは禁物です。

また、歴史上の人物や有名人にあやかって名づけるときにも、漢字の確認は必要です。名づけに使える漢字は時代によって変化しており、過去には名前に使えた漢字が現在の法律では名づけに認められていないということもありますし、芸名などは届け出が必要ないため、使えない漢字を使っているということもあります。

名づけに使える漢字は、第2章「漢字からさがす」や、巻末の「漢字の読み索引」にすべて掲載していますので、名づけの際に参考にしてください。

なお、名づけに認められていない漢字の右上に×印をつけています。

■この章で取り上げたテーマ

＊この章では大きく、以下の五つのテーマを取り上げました。

- 自然のものから名づける
- 人物にあやかって名づける
- 生まれた月から名づける
- 地名から名づける
- ことばから名づける

＊それぞれのテーマの中に小テーマをもうけ、テーマに合ったものや人の名前、ことばなど、名づけのヒントとなる情報を紹介しました。

■「テーマからさがす」リストの見かた

①　②　③

宝石

琥珀　こはく　▼黄・赤色。アンバー。
珊瑚　さんご　▼赤・桃色など。コーラル。
真珠　しんじゅ　▼白色。パール。
藍玉　らんぎょく　▼青緑色。アクアマリン。
瑠璃　るり　▼青色。ラピスラズリ。
❣ヒント　オパール・菫青石《きんせいせき》・シェル・シトリン・翠玉《すいぎょく》・水晶《すいしょう》・青玉《せいぎょく》・天青石《てんせいせき》・×翡翠《ひすい》・ルチル・ルビー

①小テーマ

＊五つの大きなテーマを、それぞれ小さなテーマに分けました。

②名前に使える例

＊それぞれのテーマに合うもののうち、そのままの形で名前に使えそうな例を挙げました。もちろん、ひらがなにしたり一部を使ったり、この例を応用して名づけることもできます。
＊例は五十音順に並べました。
＊まず漢字表記と読みを示し、その後「▼」に続けて簡単な解説を示しました。人物名の場合は姓も「▼」の後に示しました。

③❣ヒント

＊それぞれのテーマに合うもののうち、一部を使ったり読みを変えたりすることで、名前に応用できそうな例を挙げました。
＊例は五十音順に並べました。
＊例は表記と読みを示し、適宜（　）で簡単な解説を示しました。また、外来語のつづりも（　）で示しました。
＊人物名はフルネームで挙げました。
＊名前に使えない字は、字の右上に×印をつけました。

■コラム

＊以下の五つのコラムをもうけ、名前のヒントを示しました。
色の名前から名づける／登場人物の名前にあやかる／生まれた時間から名づける／季語から名づける／『源氏物語』の帖の名から名づける
＊名前に使えない字は、字の右上に×印をつけました。

自然のものから名づける

花・星・風…
美しい自然をヒントにした
名づけを紹介します。

果物

杏子 あんず ▼バラ科。「杏」とも。
苺 いちご ▼バラ科。
花梨 かりん ▼バラ科。
桃 もも ▼バラ科。
柚 ゆず ▼ミカン科。「柚子」とも。

ヒント 桜桃《おうとう》・カシス・柑子《こうじ》・酸塊《すぐり》・李《すもも》・橙《だいだい》・橘《たちばな》・梨《なし》・枇杷《びわ》・葡萄《ぶどう》・蜜柑《みかん》・メロン・ライム・林檎《りんご》

花

藍 あい ▼秋、赤い花。濃青の染料にする。
葵 あおい ▼アオイ科の植物の総称。
菖蒲 あやめ ▼初夏、青紫や白の花。
梅 うめ ▼早春、白や紅の花。
カンナ ▼夏から秋、赤や黄などの花。
桔梗 ききょう ▼夏から秋、青紫色の花。
菊 きく ▼秋、白や黄などの花。
桜 さくら ▼春、白や淡紅色の花。
紫苑 しおん ▼秋、淡紫色の花。
蘇芳 すおう ▼春、黄色の花。赤色の染料。
菫 すみれ ▼春、濃紫色の花。
撫子 なでしこ ▼夏から秋、淡紅色の花。
向日葵 ひまわり ▼夏、黄色の花。
牡丹 ぼたん ▼初夏、紅・白・黄などの花。
百合 ゆり ▼ユリ科の植物の総称。

ヒント 朝顔《あさがお》・紫陽花《あじさい》・エリカ・コスモス(秋桜)・小手毬《こでまり》・山茶花《さざんか》・鈴蘭《すずらん》・ダリア・満天星《どうだんつつじ》・花水木《はなみずき》・風信子《ヒヤシンス》・藤《ふじ》・芙蓉《ふよう》・鳳仙花《ほうせんか》・マーガレット・万作《まんさく》・木蓮《もくれん》・桃《もも》・夕顔《ゆうがお》

草木

茜 あかね ▼アカネ科のつる性多年草。
麻 あさ ▼クワ科の一年草。
梓 あずさ ▼カバノキ科の落葉高木。
一位 いちい ▼イチイ科の常緑高木。
楓 かえで ▼カエデ科の高木。もみじ。
桂 かつら ▼カツラ科の落葉高木。
桐 きり ▼ノウゼンカズラ科の落葉高木。
榊 さかき ▼ツバキ科の常緑高木。
沙羅 さら ▼フタバガキ科の常緑高木。
紫檀 したん ▼マメ科の常緑高木。
芹 せり ▼セリ科の多年草。
柊 ひいらぎ ▼モクセイ科の常緑小高木。
檜 ひのき ▼ヒノキ科の常緑高木。
真木 まき ▼マキ科の高木。「槙」とも。
檀 まゆみ ▼ニシキギ科の落葉低木。

ヒント アイビー・翌檜《あすなろ》・銀杏《いちょう》・稲《いね》・空木《うつぎ》(卯木《うつぎ》)・榎《えのき》・万年青《おもと》・樫《かし》・柏《かしわ》・伽羅《きゃら》・クローバー・月桂樹《げっけいじゅ》・×欅《けやき》・珊瑚樹《さんごじゅ》・薄《すすき》・蔦《つた》・白檀《びゃくだん》・ポプラ・柾《まさき》・マロニエ・椋《むく》の木《き》

星

玉斗　ぎょくと　▼北斗七星の別名。
銀河　ぎんが　▼夜空に見える星の集まり。
啓明　けいめい　▼明けの明星《みょうじょう》。金星。
恒星　こうせい　▼自ら光を発する星。
辰星　しんせい　▼天体の総称。
昴　すばる　▼プレアデス星団。
星河　せいが　▼銀河。「せいか」とも。
星夜　せいや　▼星の美しい夜。
太白　たいはく　▼金星。
北辰　ほくしん　▼北極星。
北斗　ほくと　▼北斗七星。北斗星。
流星　りゅうせい　▼流れ星。

ヒント　青星《あおぼし》（シリウス）・赤星《あかぼし》（アンタレス）・天《あま》の川《がわ》・煌星《きらぼし》・銀漢《ぎんかん》（天の川）・真珠星《しんじゅぼし》（スピカ）・心星《しんぼし》・彗星《すいせい》・天漢《てんかん》（天の川）・天狼星《てんろうせい》（シリウス）・火夏星《ひなつぼし》（火星）・星空《ほしぞら》・星《ほし》の林《はやし》（星の集まり）・南十字星《みなみじゅうじせい》・明星《みょうじょう》・ミルキーウェー・麦星《むぎぼし》（アルクトゥルス）・夕星《ゆうずつ》（宵の明星）

月

寒月　かんげつ　▼冬の夜に冴え渡る月。
月華　げっか　▼月の光。
弦月　げんげつ　▼上弦または下弦の月。
月夜　つきよ　▼月の明るい夜。
白道　はくどう　▼月の軌道。
望　ぼう　▼満月。
明月　めいげつ　▼清らかに澄んだ満月。
夕月　ゆうづき　▼夕方の月。

ヒント　暁月夜《あかつきづくよ》・《あかときづくよ》（夜明け方の月。有明《ありあけ》の月）・十六夜《いざよい》（陰暦十六日の夜の月）・×朧月《おぼろづき》（春の夜のかすんで見える月）・玉兎《ぎょくと》（月。兎《うさぎ》がすむとの伝説から）・月輪《げつりん》（月。輪のように円いことから）・朔月《さくげつ》（新月）・三五《さんご》の月《つき》（中秋の名月）・中秋《ちゅうしゅう》（陰暦八月十五日。月見をする）・月影《つきかげ》（月の光）・月《つき》の桂《かつら》（月にあるという桂の木）・月《つき》の剣《つるぎ》（三日月）・月《つき》の都《みやこ》（月の中にあるという宮殿）・弓張月《ゆみはりづき》（上弦、または下弦の月）

風

嵐　あらし　▼激しく吹く風。
凱風　がいふう　▼おだやかな南風。
恵風　けいふう　▼恵みの風。春風。
光風　こうふう　▼晴れた春の日の風。
朔風　さくふう　▼北風。
涼風　すずかぜ　▼涼しい風。
清風　せいふう　▼さわやかな風。
青嵐　せいらん　▼青葉の頃のやや強い風。
天風　てんぷう　▼空高く吹く風。
疾風　はやて　▼急に激しく吹き起こる風。
春風　はるかぜ　▼春の風。
帆風　ほかぜ　▼追い風。順風。
雄風　ゆうふう　▼勢いよく爽やかな風。
緑風　りょくふう　▼青葉を吹く初夏の風。

ヒント　朝風《あさかぜ》・貝寄風《かいよせ》（三月下旬頃に吹く西風）・花信風《かしんふう》（花の咲く時節を知らせる風）・金風《きんぷう》（秋の風）・薫風《くんぷう》（若葉の香りを運ぶ初夏の風）・東風《こち》・そよ風《かぜ》・南風《はえ》・真風《まじ》・《まぜ》（南または南西の風）

雨・雪・気象

青空 あおぞら ▼青く晴れた空。
朝霧 あさぎり ▼明け方に立つ霧。
雲海 うんかい ▼海のように見える雲。
霞 かすみ ▼春、空や遠景がぼやける現象。
彩雲 さいうん ▼美しく彩られた雲。
紫雲 しうん ▼紫色の雲。吉兆とされる。
翠雨 すいう ▼青葉に降る雨。
瑞雨 ずいう ▼穀物の生長を促す雨。
雪華 せっか ▼雪の結晶。
天花 てんか ▼雪。「天華」とも。
夕霧 ゆうぎり ▼夕方に立つ霧。
六花 りっか ▼雪の別名。
緑雨 りょくう ▼新緑の頃に降る雨。

ヒント 茜空《あかねぞら》・風花《かざばな》（晴天の日、花が舞うようにちらつく雪）・喜雨《きう》・暁紅《ぎょうこう》（朝焼け）・慈雨《じう》・春雷《しゅんらい》・青雲《せいうん》・麦雨《ばくう》（五月雨《さみだれ》）・初雪《はつゆき》・花《はな》の雨《あめ》（桜が咲く頃の雨）・氷雨《ひさめ》（冷たい雨）・村雨《むらさめ》（にわか雨）・夕虹《ゆうにじ》・夕映《ゆうば》え（夕焼け）・夕日《ゆうひ》・綿雪《わたゆき》

水

雫 しずく ▼したたり落ちる粒状の水。
大河 たいが ▼大きな川。
渚 なぎさ ▼海・湖などの波うちぎわ。
港 みなと ▼船が停泊するところ。

ヒント 漣《さざなみ》（細波《さざなみ》・小波《さざなみ》）・水天《すいてん》（水と空。水に映る天）・蒼波《そうは》（あおい波）・滝《たき》・波紋《はもん》・早瀬《はやせ》（急流）・水鏡《みずかがみ》（水面に姿・形が映ること）

鉱物・元素

ヒント（鉱物）
輝安鉱《きあんこう》（アンチモンの硫化鉱物）
紅簾石《こうれんせき》（ケイ酸塩鉱物の一種）
天藍石《てんらんせき》（リン酸塩鉱物の一種）

ヒント（元素）
クロム（金属元素。元素記号Cr）
コバルト（鉄族元素。元素記号Co）
セレン（酸素族元素。元素記号Se）

宝石

琥珀 こはく ▼黄・赤色。アンバー。
珊瑚 さんご ▼赤・桃色など。コーラル。
真珠 しんじゅ ▼白色。パール。
藍玉 らんぎょく ▼青緑色。アクアマリン。
瑠璃 るり ▼青色。ラピスラズリ。

ヒント オパール・菫青石《きんせいせき》・シェル・シトリン・翠玉《すいぎょく》・水晶《すいしょう》・青玉《せいぎょく》・天青石《てんせいせき》・×翡翠《ひすい》・ルチル・ルビー

column

＊色の名前から名づける

浅×葱《あさぎ》…緑がかった薄い藍色。浅黄。
亜麻色《あまいろ》…黄色がかった薄茶色。
紺碧《こんぺき》…黒みがかった濃い青色。
真紅《しんく》…濃い赤色。深紅。
×縹《はなだ》…薄い藍色。
萌黄《もえぎ》…黄色がかった緑色。
桃花色《ももはないろ》…桃の花のような淡赤色。
雄黄《ゆうおう》…赤みがかった黄色。

人物にあやかって名づける

偉人やあこがれの人物のように
大成してほしいという
願いをこめて。

歴史

信長 のぶなが ▼織田《おだ》・戦国武将。

政子 まさこ ▼北条《ほうじょう》・鎌倉時代尼将軍。

義経 よしつね ▼源《みなもと》・平安末期の武将。

龍馬 りょうま ▼坂本《さかもと》・幕末の志士。

ヒント 市川房枝《いちかわふさえ》・井上馨《いのうえかおる》・壱与《いよ》・岩崎弥太郎《いわさきやたろう》・勝海舟《かつかいしゅう》・西郷隆盛《さいごうたかもり》・聖徳太子《しょうとくたいし》・高杉晋作《たかすぎしんさく》・武田信玄《たけだしんげん》・徳川家康《とくがわいえやす》・豊臣秀吉《とよとみひでよし》・福沢諭吉《ふくざわゆきち》

科学

吟子 ぎんこ ▼荻野《おぎの》・日本の女医第一号。

寅彦 とらひこ ▼寺田《てらだ》・物理学、気象学。

秀樹 ひでき ▼湯川《ゆかわ》・理論物理学。

英世 ひでよ ▼野口《のぐち》・細菌学。

玲於奈 れおな ▼江崎《えさき》・物理学。

ヒント 北里柴三郎《きたざとしばさぶろう》（細菌学）・長岡半太郎《ながおかはんたろう》（物理学）・福井謙一《ふくいけんいち》（化学）・本多光太郎《ほんだこうたろう》（冶金《やきん》学）

芸術

青児 せいじ ▼東郷《とうごう》・洋画家。

大観 たいかん ▼横山《よこやま》・日本画家。

広重 ひろしげ ▼歌川《うたがわ》・浮世絵師。

北斎 ほくさい ▼葛飾《かつしか》・浮世絵師。

廉太郎 れんたろう ▼滝《たき》・作曲家。

ヒント 尾形光琳《おがたこうりん》（画家、工芸家）・黒田清輝《くろだせいき》（画家）・酒井抱一《さかいほういつ》（画家）・橋本雅邦《はしもとがほう》（画家）・棟方志功《むなかたしこう》（版画家）

文学

治 おさむ ▼太宰《だざい》・『斜陽』など。

中也 ちゅうや ▼中原《なかはら》・『山羊《やぎ》の歌』など。

芙美子 ふみこ ▼林《はやし》・『放浪記』など。

龍之介 りゅうのすけ ▼芥川《あくたがわ》・『羅生門』など。

ヒント 安部公房《あべこうぼう》・泉鏡花《いずみきょうか》・上田秋成《うえだあきなり》・大伴旅人《おおとものたびと》・金子《かねこ》みすゞ・谷崎潤一郎《たにざきじゅんいちろう》・永井荷風《ながいかふう》・樋口一葉《ひぐちいちよう》・正岡子規《まさおかしき》・与謝野晶子《よさのあきこ》

column

＊登場人物の名前にあやかる

薫《かおる》…紫式部『源氏物語』

貫一《かんいち》…尾崎紅葉『金色夜叉』

清顕《きよあき》…三島由紀夫『豊饒《ほうじょう》の海』

三四郎《さんしろう》…夏目漱石『三四郎』

信乃《しの》…曲亭馬琴『南総里見八犬伝』

純一《じゅんいち》…森鷗外『青年』

美登利《みどり》…樋口一葉『たけくらべ』

倭建命《やまとたけるのみこと》…『古事記』

生まれた月から名づける

生まれ月や季節も
名づけのヒントにしやすいもの。
各月に関することばを
集めました。

一月

青陽 せいよう ▼春、特に新春。

初春 はつはる ▼春の初め。新春。

睦月 むつき ▼一月の別名。

ヒント

月の別名 正月《しょうがつ》・太郎月《たろうづき》・孟春《もうしゅん》

二十四節気 小寒《しょうかん》（六日ごろ）・大寒《だいかん》（二〇日ごろ）

季語 初日《はつひ》・譲《ゆず》り葉《は》・若水《わかみず》

二月

如月 きさらぎ ▼二月の別名。

盛春 せいしゅん ▼二月の別名。

仲春 ちゅうしゅん ▼二月の別名。

仲陽 ちゅうよう ▼二月の別名。

ヒント

月の別名 梅見月《うめみづき》・木芽月《このめづき》・令月《れいげつ》

二十四節気 雨水《うすい》（一九日ごろ）・立春《りっしゅん》（四日ごろ）

三月

嘉月 かげつ ▼三月の別名。

季春 きしゅん ▼三月の別名。

竹秋 ちくしゅう ▼三月の別名。

弥生 やよい ▼三月の別名。

ヒント

月の別名 晩春《ばんしゅん》

二十四節気 啓×蟄《けいちつ》（六日ごろ）・春分《しゅんぶん》（二一日ごろ）

四月

卯月 うづき ▼四月の別名。

清明 せいめい ▼二十四節気。五日ごろ。

正陽 せいよう ▼四月の別名。

麦秋 ばくしゅう ▼四月の別名。

ヒント

月の別名 卯《う》の花月《はなづき》・夏初月《なつはづき》・花残月《はなのこしづき》・《はなのこりづき》

二十四節気 穀雨《こくう》（二〇日ごろ）

五月

雨月 うげつ ▼五月の別名。

早月 さつき ▼五月の別名。

皐月 さつき ▼五月の別名。

立夏 りっか ▼二十四節気。六日ごろ。

ヒント

月の別名 菖蒲月《あやめづき》・早苗月《さなえづき》・橘月《たちばなづき》

二十四節気 小満《しょうまん》（二一日ごろ）

雑節 八十八夜《はちじゅうはちや》

六月

季月　きげつ　▼六月の別名。

夏至　げし　▼二十四節気。二二日ごろ。

真珠　しんじゅ　▼六月の誕生石。

ヒント

月の別名　風待月《かぜまちづき》・涼暮月《すずくれづき》・旦月《たんげつ》・常夏月《とこなつづき》・松風月《まつかぜづき》・水無月《みなづき》

二十四節気　×芒種《ぼうしゅ》（六日ごろ）

雑節　入梅《にゅうばい》

七月

文月　ふづき　▼七月の別名。ふみづき。

蘭月　らんげつ　▼七月の別名。

涼月　りょうげつ　▼七月の別名。

ヒント

月の別名　秋初月《あきはづき》・相月《そうげつ》・七夕月《たなばたづき》・愛逢月《めであいづき》

二十四節気　小暑《しょうしょ》（八日ごろ）・大暑《たいしょ》（二四日ごろ）

八月

壮月　そうげつ　▼八月の別名。

竹春　ちくしゅん　▼八月の別名。

葉月　はづき　▼八月の別名。はつき。

ヒント

月の別名　桂月《かつらづき》・紅染月《こうぞめづき》・木染月《こぞめづき》・仲秋《ちゅうしゅう》・月見月《つきみづき》

二十四節気　処暑《しょしょ》（二四日ごろ）・立秋《りっしゅう》（八日ごろ）

九月

玄月　げんげつ　▼九月の別名。

長月　ながつき　▼九月の別名。

白露　はくろ　▼二十四節気。八日ごろ。

ヒント

月の別名　菊月《きくづき》・粛霜《しゅくそう》・寝覚月《ねざめづき》・紅葉月《もみじづき》

二十四節気　秋分《しゅうぶん》（二三日ごろ）

雑節　二百十日《にひゃくとおか》

十月

神無月　かんなづき　▼十月の別名。

小春　こはる　▼十月の別名。

陽月　ようげつ　▼十月の別名。

ヒント

月の別名　時雨月《しぐれづき》・初冬《しょとう》・初霜月《はつしもづき》・孟冬《もうとう》

二十四節気　寒露《かんろ》（九日ごろ）・霜降《そうこう》（二三日ごろ）

column

＊生まれた時間から名づける

小夜《さよ》…よる。

春宵《しゅんしょう》…春の宵。

早暁《そうぎょう》…明け方。

黄昏《たそがれ》…夕暮れ。

真昼《まひる》…昼のさなか。

未明《みめい》…夜明け前。

夕景《ゆうけい》…夕方。

黎明《れいめい》…明け方。

十一月

霜月 しもつき ▼十一月の別名。
小雪 しょうせつ ▼二十四節気。二三日ごろ。
子月 ねづき ▼十一月の別名。

ヒント

月の別名 神楽月《かぐらづき》・神帰月《かみきづき》・霜降月《しもふりづき》・子《ね》の月《つき》・雪待月《ゆきまちづき》・雪見月《ゆきみづき》
二十四節気 立冬《りっとう》（八日ごろ）
誕生石 トパーズ（黄玉《おうぎょく》）

十二月

弟月 おとづき ▼十二月の別名。
師走 しわす ▼十二月の別名。
冬至 とうじ ▼二十四節気。二二日ごろ。
瑠璃 るり ▼十二月の誕生石。

ヒント

月の別名 梅初月《うめはつづき》・乙子月《おとごづき》・極月《ごくげつ》・除月《じょげつ》・年積月《としつみづき》・春待月《はるまちづき》
二十四節気 大雪《たいせつ》（七日ごろ）

column

＊季語から名づける

【春】

麗《うら》らか…晴れて日がのどかに照るさま。
陽炎《かげろう》…晴れた日にゆらめく気。
風光《かぜひか》る…春の陽光の中、風が吹き渡る。
菜《な》の花《はな》…アブラナの花。
花衣《はなごろも》…桜襲《さくらがさね》の衣。花見に着る衣。
雲雀《ひばり》…ヒバリ科の鳥。
山笑《やまわら》う…草木が芽吹いた春の山。
若草《わかくさ》…生え出て間もない草。

【夏】

泉《いずみ》…地下からわき出した水。
一八《いちはつ》…アヤメ科の多年草。
鹿《か》の子《こ》…シカの子。
雲《くも》の峰《みね》…入道雲。
夏木立《なつこだち》…生い茂った夏の木立。
蛍《ほたる》…ホタル科の昆虫。
南風《みなみかぜ》…南から吹いてくる風。みなみ。
夕涼《ゆうすず》み…夏の夕方、屋外などで涼むこと。

【秋】

金木犀《きんもくせい》…モクセイ科の常緑小高木。
木《こ》の実《み》…木になる果実。
十五夜《じゅうごや》…満月の夜。
秋麗《しゅうれい》…秋空が晴れ渡りのどかなこと。
重陽《ちょうよう》…陰暦九月九日の菊の節句。
萩《はぎ》…秋の七草の一つ。
花野《はなの》…花が咲き乱れる秋の野。
水澄《みずす》む…水の流れが清く感じられる。

【冬】

風花《かざはな》…花びらが舞うように降る雪。
寒椿《かんつばき》…寒中に咲く椿。
千鳥《ちどり》…チドリ科の鳥の総称。
初氷《はつごおり》…その冬初めて張った氷。
吹雪《ふぶき》…風をともなって降る雪。
冬北斗《ふゆほくと》…冬の北斗七星。
三冬《みふゆ》…陰暦の十、十一、十二月の称。
柚湯《ゆずゆ》…冬至の日にユズを入れた風呂。

地名から名づける

日本や世界の地名も
名づけの参考になります。
思い出の地やゆかりの地の名を
ヒントにしても。

外国の地名

泰　タイ　▼東南アジアの国。

智利　チリ　▼南米の国。

ヒント　亜細亜《アジア》・亜米利加《アメリカ》・英吉利《イギリス》・伊太利《イタリア》・英蘭《イングランド》・和蘭《オランダ》・加奈陀《カナダ》・瑞西《スイス》・瑞典《スウェーデン》・西班牙《スペイン》・西蔵《チベット》・聖林《ハリウッド》（アメリカ）・仏蘭西《フランス》・越南《ベトナム》・伯林《ベルリン》（ドイツ）・欧羅巴《ヨーロッパ》・羅馬《ローマ》（イタリア）・露西亜《ロシア》・倫敦《ロンドン》（イギリス）

日本の地名

明日香　あすか　▼奈良県高市《たかいち》郡明日香村。

奄美　あまみ　▼鹿児島県奄美市。

伊万里　いまり　▼佐賀県伊万里市。

恵那　えな　▼岐阜県恵那市。

青梅　おうめ　▼東京都青梅市。

香美　かみ　▼兵庫県美方《みかた》郡香美町。

桐生　きりゅう　▼群馬県桐生市。

蔵王　ざおう　▼宮城県刈田《かった》郡蔵王町。

鈴鹿　すずか　▼三重県鈴鹿市。

須磨　すま　▼兵庫県神戸市須磨区。

武雄　たけお　▼佐賀県武雄市。

千歳　ちとせ　▼北海道千歳市。

美瑛　びえい　▼北海道上川《かみかわ》郡美瑛町。

美祢　みね　▼山口県美祢市。

三春　みはる　▼福島県田村郡三春町。

美馬　みま　▼徳島県美馬市。

結城　ゆうき　▼茨城県結城市。

由布　ゆふ　▼大分県由布市。

由良　ゆら　▼和歌山県日高郡由良町。

留萌　るもい　▼北海道留萌市。

旧国名

安芸　あき　▼広島県。

壱岐　いき　▼長崎県。

和泉　いずみ　▼大阪府。

出雲　いずも　▼島根県。

伊勢　いせ　▼三重県。

伊予　いよ　▼愛媛県。

甲斐　かい　▼山梨県。

上総　かずさ　▼千葉県。

紀伊　きい　▼和歌山県・三重県。

志摩　しま　▼三重県。

周防　すおう　▼山口県。

長門　ながと　▼山口県。

日向　ひゅうが　▼宮崎県。

武蔵　むさし　▼東京都・埼玉県・神奈川県。

大和　やまと　▼奈良県。

ヒント　安房《あわ》（千葉）・加賀《かが》（石川）・薩摩《さつま》（鹿児島）・信濃《しなの》（長野）・遠江《とおとうみ》（静岡）・飛騨《ひだ》（岐阜）・常陸《ひたち》（茨城）・三河《みかわ》（愛知）・美濃《みの》（岐阜）・陸奥《むつ》（福島・宮城・岩手・秋田）

ことばから名づける

思いや願いを込めるのにぴったりの名づけです。
辞書でことばの意味を調べながら考えるのがおすすめ。

四字熟語

ヒント

英俊豪傑《えいしゅんごうけつ》（才知や能力が秀でる）
温厚篤実《おんこうとくじつ》（情にあつくまじめである）
格調高雅《かくちょうこうが》（品があって美しい）
気宇壮大《きうそうだい》（度量が並外れて大きい）
行雲流水《こううんりゅうすい》（さまざまに移り変わる）
公明正大《こうめいせいだい》（公正で堂々としている）
明鏡止水《めいきょうしすい》（静かに落ち着いた心）

国語辞典にあることば

一路　いちろ　▼ひとすじの道。
息吹　いぶき　▼呼吸。生気。
光輝　こうき　▼輝く光。輝かしい名誉。
大志　たいし　▼遠大な志望。
大樹　たいじゅ　▼大きな樹木。
大智　だいち　▼きわめてすぐれた知恵。
泰斗　たいと　▼その道の大家。
琢磨　たくま　▼学問・技芸の向上に励む。
知恵　ちえ　▼筋道立てて考える心の働き。
時世　ときよ　▼時節。時代。時流。
日向　ひなた　▼日の当たる場所。
真帆　まほ　▼十分に風をはらんだ帆。
勇気　ゆうき　▼いさましい意気。
雄大　ゆうだい　▼大きく堂々としたさま。

ヒント　維新《いしん》・威風《いふう》・英気《えいき》・栄光《えいこう》・佳麗《かれい》・可憐《かれん》・莞爾《かんじ》（ほほえむ）・寛大《かんだい》・希望《きぼう》・綺麗《きれい》・剛毅《ごうき》・恒心《こうしん》（常に正しい心）・公正《こうせい》・素直《すなお》・聡明《そうめい》・飛翔《ひしょう》・風雅《ふうが》・雄図《ゆうと》（雄大な計画）・隆盛《りゅうせい》・凌駕《りょうが》

特別な読みのことば

乙女　おとめ　▼若い女性。少女。
神楽　かぐら　▼神前で奏する舞楽。
早苗　さなえ　▼稲の若い苗。
永久　とわ　▼いつまでも続くこと。
永遠　とわ　▼「永久《とわ》」に同じ。
日和　ひより　▼天気。空模様。
紅葉　もみじ　▼秋に色づいた木の葉。
大和　やまと　▼日本。
木綿　ゆう　▼神事の際に使う糸。
百合　ゆり　▼白・黄などの花。

ヒント

明日《あした・あす》
温和《おとな》しい（大人しい）
流石《さすが》
時雨《しぐれ》（晩秋から初冬の小雨）
東雲《しののめ》（東の空が白む、明け方）
七夕《たなばた》
博士《はかせ》
忠実《まめ》（勤勉。達者）
海神《わたつみ》（海の神。大海）

枕詞《まくらことば》

ヒント

梓弓《あずさゆみ》（「ひく」「はる」などにかかる）
天飛《あまと》ぶや（「雁《かり》」「鳥」にかかる）
高光《たかひか》る（「日《ひ》」にかかる）
千早振《ちはやぶ》る（「神」などにかかる）
春日《はるひ》（地名「春日《かすが》」にかかる）
久方《ひさかた》の（「空」「光《ひかり》」などにかかる）
八雲立《やくもた》つ（地名「出雲《いずも》」にかかる）

古語

蔵人 くろうど ▼平安時代の天皇の側近。
千尋 ちひろ ▼とても長いこと。
真秀 まほ ▼完全である。
八千代 やちよ ▼八千年。また、長い年月。

ヒント 狭霧《さぎり》（霧）・玉梓《たまずさ》（使者、手紙）・玉響《たまゆら》（わずかの間）・益荒男《ますらお》（立派な男子）・瑞穂《みずほ》（みずみずしく実った稲の穂）

外来語

ヒント

アース（earth・地球）
アート（art・芸術）
アリア（aria《イタリア》・オペラなどの独唱曲）
エイト（eight・八）
ガイ（guy・男）
カノン（canon・追復曲）
スカイ（sky・空）
セント（Saint・聖人）
タクト（Taktstock《ドイツ》の略・指揮棒）
タスク（task・任務）
トライ（try・試み）
ナイト（knight・騎士）
ネオ（neo・新しい）
ハート（heart・こころ）
ホープ（hope・希望）
マリン（marine・海）
ライト（light・光）
リード（lead・先導）
レント（lento《イタリア》・音楽で、ゆっくり）

column

＊『源氏物語』の帖の名から名づける

葵《あおい》…第九帖
柏木《かしわぎ》…第三十六帖
桐×壺《きりつぼ》…第一帖
紅梅《こうばい》…第四十三帖
胡蝶《こちょう》…第二十四帖
賢木《さかき》…第十帖
早蕨《さわらび》…第四十八帖
玉×鬘《たまかずら》…第二十二帖
常夏《とこなつ》…第二十六帖
橋姫《はしひめ》…第四十五帖
初音《はつね》…第二十三帖
×帚木《ははきぎ》…第二帖
真木柱《まきばしら》…第三十一帖
澪標《みおつくし》…第十四帖
紅葉賀《もみじのが》…第七帖
夕顔《ゆうがお》…第四帖
夕霧《ゆうぎり》…第三十九帖
夢浮橋《ゆめのうきはし》…第五十四帖
蓬生《よもぎう》…第十五帖
若菜《わかな》…第三十四・三十五帖

コラム④ 終わりの字からさがす

名前の一番最後にくることが多い漢字を一覧にしました。終わりの字から名づけたいとき、前にくる字との組み合わせで名前を考えたいときにお使いください。

男の子

読み	漢字・ページ
あき	昌 143　明 242　秋 133　昭 143　晃 104　章 144　彬 224　暁 81　晶 145　陽 252　彰 147　顕 94
いち	一 40　市 122　壱 39
お	夫 225　央 47　生 161　男 184　於 47　郎 268　朗 267　雄 247
おみ	臣 150
が	牙 55　我 55　雅 55　駕 55
かず	一 40　和 269　数 159
き	己 95　生 161　気 68　希 69　季 68　紀 68　記 70　起 70　基 70　葵 33　喜 70　揮 71　貴 71　暉 71　輝 73　毅 72　機 72　樹 132　騎 72
く	久 75　玖 76　来 254　駆 83
ご	伍 97　吾 97　冴 115　悟 97　梧 98
し	士 120　史 120　司 122　志 123　嗣 124
じ	二 208　司 122　示 125　次 125　児 126　侍 126　治 126　慈 126　路 266　爾 127
しょう	祥 143　章 144　翔 146
しん	心 151　伸 150　真 153　進 154　新 154
すけ	介 56　丞 148　佐 109　助 141　佑 246　典 196　祐 247　亮 260　資 125　輔 232
せい	世 160　正 160　生 161　成 160　星 162　晟 162　晴 163　惺 163　聖 163　誠 164
た	大 180　太 178　多 176　汰 177
たか	天 196　孝 101　高 104　崇 158　隆 259　貴 71　敬 87　尊 176
てる	光 99　照 145　輝 73
と	十 135　人 156　仁 155　斗 198　杜 197　音 50　都 199　翔 146　登 201
とし	年 210　寿 132　利 255　俊 137　敏 224
とも	友 246　知 185　朋 233　智 186　朝 189
なり	也 244　成 160　斉 162
のぶ	伸 150　信 152　宣 167　展 197　暢 190
のり	礼 264　典 196　紀 68　則 175　規 70　教 80　徳 204　範 218　憲 93
はる	治 126　春 137　温 49　晴 163　陽 252
ひこ	彦 222
ひさ	久 75　寿 132　尚 142　悠 248
ひと	人 156　仁 155
ひろ	大 180　広 99　弘 99　宏 101　拓 181　洸 103　洋 249　浩 104　紘 104　尋 157　博 215　裕 247　寛 65　滉 105
ふみ	文 229　史 120　郁 39
へい	平 229　兵 229
ほ	帆 217　歩 231　穂 158
ま	真 153　馬 213　麻 237　磨 237
まさ	大 180　正 160　匡 78　昌 143　政 162　柾 238　将 143　真 153　雅 55　優 250
み	巳 239　生 161　未 240　実 128　海 57　美 221　望 235
みつ	三 119　允 41　光 99　充 135　満 239

- や　也 244　矢 122　弥 244　哉 111　耶 244
- やす　保 231　康 104　靖 164　寧 210
- ゆき　之 210　行 100　幸 101　倖 104
- よし　芳 233　良 259　美 221　義 74　嘉 54
- る　流 258　留 258　琉 260　瑠 263
- ろう　郎 268　朗 267

女の子

- あ　亜 33　愛 34
- あき　明 242　秋 133　彬 224　瑛 44　暁 81　晶 145　陽 252
- あや　彩 112　絢 93　綾 35
- い　以 37　生 161　衣 37　伊 37　依 37　唯 246　惟 38　維 38
- え　衣 37　江 100　依 37　枝 123　栄 44　重 136　恵 87　笑 143　絵 58
- お　央 47　生 161　音 50　緒 140
- おり　織 150
- おん　苑 46　音 50　恩 49
- か　加 51　花 52　佳 51　果 53　珈 53　香 103　夏 53　華 53　歌 54　嘉 54

- き　生 161　妃 219　希 69　季 68　祈 68　紀 68　姫 223　記 70　葵 33　喜 70　貴 71　稀 71　綺 71　輝 73　樹 132
- く　久 75　玖 76　来 254　紅 102
- こ　子 121　湖 96　瑚 98
- さ　佐 109　沙 109　砂 110　咲 116　紗 110　彩 112　瑳 110
- さき　幸 101　咲 116
- さと　里 256　怜 264　郷 79　聖 163
- じゅ　珠 131　樹 132
- すみ　純 138　澄 190
- せ　世 160　勢 163　瀬 160
- ち　千 167　知 185　智 186
- つ　津 152　都 199
- つき　月 90　槻 192
- と　斗 198　音 50　都 199　翔 146　登 201
- な　七 128　那 206　奈 207　南 208　菜 113　梛 206
- なみ　波 212　南 208
- ね　音 50　祢 209
- の　乃 211　野 245

- は　巴 212　羽 42　波 212　杷 212　葉 251
- ば　芭 213　葉 251
- はる　花 52　春 137　晴 163　陽 252
- ひ　日 209　妃 219　陽 252　緋 220
- ひろ　広 99　洸 103　洋 249　紘 104　尋 157　裕 247　優 250
- ほ　帆 217　歩 231　保 231　穂 158
- ま　茉 239　真 153　麻 237
- み　心 151　水 157　生 161　未 240　実 128　海 57　美 221　望 235
- め　女 141　芽 55　萌 234
- や　弥 244　耶 244　椰 245
- ゆ　夕 164　由 245　悠 248　結 91　優 250
- ゆう　夕 164　悠 248　結 91　優 250
- よ　世 160　代 179　夜 244
- ら　良 259　羅 254
- り　利 255　里 256　李 256　莉 257　梨 256　理 256　璃 257
- る　流 258　留 258　琉 260　瑠 263
- れん　恋 265　蓮 266
- わ　和 269　輪 262　環 66

コラム⑤ 気をつけたい名前の漢字や音

＊漢字の組み合わせ

一字一字はよい意味の漢字でも、組み合わせによって、思いがけず名前にふさわしくない意味になってしまったり、性別に合わない名前になってしまったりすることがあります。後で知って「しまった！」と思うことがないように、国語辞典や漢和辞典でよく調べておくことが大切です。

予期しない意味になる例

大葉→おおば（青じそ）
和尚→おしょう（僧のこと）
良人→おっと（夫）
果菜→かさい（果物と野菜）
佳人→かじん（美しい女性）
香蒲→がま（ガマ科の多年草）
菊菜→きくな（春菊の別名）
海月・水月→くらげ
香華→こうばな（仏前に供える花と香）
沙弥→さみ・しゃみ（男性の修行僧）
春心→しゅんしん（好色な気持ち）
新香→しんこう（おしんこ、漬物）
信士→しんじ（男性の戒名《かいみょう》に添える語）
空音→そらね（うそ）
早世→そうせい（若くして死ぬこと）
蒼生→そうせい（多くの人民）
玉菜→たまな（キャベツ）
達磨→だるま
心太・心天→ところてん
徳利→とっくり（酒などを入れる容器）
海馬→とど（アシカ科の哺乳《ほにゅう》類）
羽音→はおと（鳥・虫の羽の音）
海星→ひとで
舟人→ふなびと（船頭）
未生→みしょう（まだ生まれないこと）
水子→みずこ（流産・堕胎《だたい》した胎児）
明太→めんたい（明太子）
洋菜→ようさい（西洋野菜）

＊別のことばを連想させる音

名前の音《おと》で気をつけたいのは、同じ音をもつ、よくない意味のことばを連想させないかという点です。近年名前に使われるようになってきた音や、珍しい名前の音などは特に注意が必要です。

連想に注意したい例

いさな→勇魚・鯨（クジラ）
えな→胞衣（胎児を包む膜・胎盤など）
おうな→（女性。また、老女）
かいな→腕（うで）
すずな→（カブの別称）
のこ→鋸（のこぎり）
やや→児・稚（赤ん坊。「ややこ」とも）
ゆな→湯女（昔、湯屋にいた遊女）
ゆゆ→由々しい（忌まわしい、不吉だ）
れいと→late（遅い）
わこ→和子（良家の男の子）

第6章

こだわりでさがす

こだわりでさがす

この章の使いかた

■この章の特徴

ひらがなで名づけたい、数字の入った名前をつけたい……など、こだわりで名前や漢字をさがせるようにしました。また、364ページからの「形から漢字をさがす」は好きな形を含む漢字を選びたいときにおすすめです。

■こだわりでさがすときのポイント

「こういう名前をつけたい」というこだわりは大事にしながらも、いろいろな可能性をさぐってみるのがおすすめです。たとえば、ひらがなで名づけたいのなら、ひらがなの名前だけをさがすよりひらがなと漢字を組み合わせた名前も候補に入れたほうが選択肢が広がりますし、数字の入った名前をつけたいときには数字を名前の前・中・後の、どの位置に入れるかでも印象が変わります。

また、こだわりを追求しすぎて、名前のほかの要素がおろそかにならないように注意することも大切です。特に、漢字の意味や読み、姓とのバランスなどはよく確認しておきましょう。漢字の意味や読みについては、第2章「漢字からさがす」なども参考になります。

■「こだわりでさがす」リストの見かた

①— **数字を取り入れる**

「一・二・三…」のほか、証書などで用いる「壱・弐・参…」の字を使うこともできます。

②— **漢字**

一 40　九 75　七 128　十 135　二 208

八 216　三 119　千 167　万 239　五 97

③— ●零●

零《れい》

零馬《れいま》

④— ●一（壱）●

篤一《あつひと》

一恵《いちえ》

一征《いっせい》

一久《かずひさ》

克一《かつひと》

慶一《けいいち》

光壱《こういち》

周一郎《しゅういちろう》

①こだわり見出し

＊全部で十二のこだわり見出しをもうけました。

②漢字

＊こだわり見出しに合った漢字があるときは、その漢字の一例を挙げました。

＊漢字は、画数の少ないもの→多いものの順に並べました。画数が同じ場合は、代表的な読み（音訓）の五十音順で並べました。

＊漢字の下には、第2章「漢字からさがす」でその漢字を解説しているページ数を示しました。漢字の読みや画数、意味などを調べたいときには、このページを参照してみてください。

③小見出し

＊名前の例を挙げる際、必要に応じて小見出しを掲げました。

④名前の例

＊名前の例は、五十音順に並べました。読みが同じものは、一字目の画数の少ないもの→多いものの順に並べました。

＊356ページの「ひらがな・カタカナを使う」では、ひらがな（カタカナ）だけの名前→ひらがな（カタカナ）と漢字を使った名前の順とし、それぞれ五十音順に並べました。

■「形から漢字をさがす」の見かた

① イ

②

仁 155	佐 109	依 37	保 231
仙 167	作 115	佳 51	倖 104
代 179	伸 150	侑 246	倭 269
伊 37	佑 246	俊 137	健 92
任 209	伶 264	信 152	優 250

①形の見出し

＊漢字の一部分の形のうち、名前に好まれそうなものを中心に選んで掲げました。

＊形の見出しは画数順に並べました。

②漢字

＊漢字は、画数の少ないもの→多いものの順、画数が同じ場合は代表的な読み（音訓）の五十音順で並べました。

＊形の見出しと同じ形の漢字（力、夕など）は省略しました。

＊漢字の下には、第2章「漢字からさがす」でその漢字を解説しているページ数を示しました。

ひらがな・カタカナを使う

漢字とは違った印象にしたいとき、名前にいろいろな意味をもたせたいときにおすすめです。ひらがな・カタカナと漢字を組み合わせることもできます。

●ひらがな●

あい
あおい
あおば
あかり
あやか
あやめ
いずみ
いろは
えま
かな
くるみ
こころ
ことね
こなつ
このは
こはる
こもも
こゆき
さおり
さくら
さや
しおり
しほ
すずか
すみれ
せいら
そのみ
そら
たくみ
ともか
なぎさ
のぞみ
はづき
はな
はるか
ひかり
ひな
ひなた
ひかる
ひびき
ひまり
ひより
ふみか
まい
まお
まこ
まこと
まな
まゆみ
みう
みお
みき
みすず
みづき
みどり
みなみ
みゆ
みらい
めい
めぐみ
ももか
ゆい
ゆうか
ゆうな
ゆず
ゆみ
ゆりな
ゆりゑ
りおな
るり
わかば
あす花《あすか》
あゆ美《あゆみ》
いち奈《いちな》
かず葉《かずは》
くる実《くるみ》
さく良《さくら》
さや香《さやか》
すず佳《すずか》
そよ香《そよか》
ちか子《ちかこ》
なつ美《なつみ》
はる菜《はるな》
穂の花《ほのか》
まな美《まなみ》
みず穂《みずほ》
美その《みその》
もも花《ももか》
ゆき菜《ゆきな》
ゆず葉《ゆずは》
ゆめ香《ゆめか》
よし乃《よしの》

●カタカナ●

アキ
アリサ
エミリ
エリ
カイト
カオル
カナ
カリン
ケンジ
ケント
ココ
サユリ
サラ
ジュン
チヒロ
トオル
ナナ
ナミ
ネネ
ハルト
ヒロ
マナ
マヤ
ミユ
メイ
リサ
リホ
ルリ
ワタル
帆ノ香《ほのか》
マリ子《まりこ》
龍ノ介《りゅうのすけ》
ルイ子《るいこ》
レイ奈《れいな》

左右対称の漢字を使う

字の見た目から考える名づけです。左右対称の漢字を組み合わせた名前は、安定感のある印象です。

漢字

一 40	人 156	三 119	士 120	大 180
水 157	太 178	天 196	日 209	文 229
木 236	央 47	平 229	未 240	由 245
圭 86	合 106	早 171	亜 33	杏 36
芙 225	来 254	里 256	英 44	幸 101
昊 102	実 128	昌 143	宙 187	茉 239
來 254	音 50	春 137	奏 171	南 208
美 221	華 53	高 104	栞 127	晋 152
泰 179	容 251	基 70	章 144	爽 172
貴 71	晶 145	富 226	爾 127	蕾 255

亜未 あみ
文華 あやか
英里 えり
央太 おうた

華音里 かおり
奏美 かなみ
來美 くるみ
昊平 こうへい

実一 さねかず
春爾 しゅんじ
晋一 しんいち
爽太 そうた
太貴 たいき
貴章 たかあき
富英 とよひで
英人 ひでと
日茉里 ひまり
文音 ふみね
芙由音 ふゆね
茉央 まお
茉奏 まかな
昌士 まさし
未華 みか
南実 みなみ
美春 みはる
未来 みらい
基貴 もとき
泰幸 やすゆき
由貴人 ゆきと
由茉 ゆま
里央南 りおな

小学校で習う漢字を使う

小学校で習う漢字は全一〇〇六字（第2章「漢字からさがす」で(教)のマークがついているもの）。ここではその一部を使った例を紹介します。

漢字

一 40	人 156	子 121	大 180	月 90
心 151	太 178	永 43	央 47	史 120
生 161	衣 37	羽 42	花 52	希 69
志 123	里 256	英 44	果 53	河 53
京 78	空 84	実 128	和 269	音 50
海 57	泉 167	奏 171	美 221	風 227
桜 48	夏 53	航 103	純 138	笑 143
真 153	流 258	朗 267	菜 113	都 199
陸 258	貴 71	結 91	湖 96	晴 163
葉 251	陽 252	愛 34	樹 132	優 250

愛花 あいか
泉 いずみ
衣都夏 いつか
一貴 いつき

永史 えいし
永真 えいま
英実 えいみ
海里 かいり

貴和子 きわこ
航希 こうき
桜子 さくらこ
史音 しおん
樹一 じゅいち
樹里 じゅり
純太 じゅんた
奏太朗 そうたろう
大貴 だいき
大志 たいし
太一 たいち
菜月 なつき
夏実 なつみ
一志 ひとし
風子 ふうこ
真子 まこ
真菜 まな
真実 まみ
優大 ゆうだい
陽一朗 よういちろう
陽太 ようた
里花 りか
陸真 りくま

小さい「ゃ」「ゅ」「ょ」「っ」を使う

「しゅう」「りょう」「てっぺい」のように、小さい「ゃ」「ゅ」「ょ」「っ」を使った名前の一例です。

●ゃ●

佐紗　さしゃ
茶美　ちゃみ

●ゅ●

安珠　あんじゅ
慶樹　けいじゅ
恵秋　けいしゅう
周　しゅう
柊一　しゅういち
秀子　しゅうこ
修司　しゅうじ
修人　しゅうと
脩平　しゅうへい
周真　しゅうま
朱里　しゅり
俊　しゅん
醇　じゅん
隼一　しゅんいち
惇司　じゅんじ
俊輔　しゅんすけ
春太　しゅんた
純奈　じゅんな
純也　じゅんや
清秋　せいしゅう
大樹　たいじゅ
忠二　ちゅうじ
真珠　まじゅ
隆一　りゅういち
琉生　りゅうせい
柳太　りゅうた

●ょ●

響一　きょういち
京佳　きょうか
香子　きょうこ
恭介　きょうすけ
匡平　きょうへい
翔　しょう
祥子　しょうこ
章悟　しょうご
丈二　じょうじ
将太　しょうた
丈太郎　じょうたろう
翔平　しょうへい
彪真　ひょうま
遼　りょう
諒一　りょういち
亮介　りょうすけ
良太　りょうた
涼平　りょうへい
竜馬　りょうま

●っ●

一輝　いっき
一慶　いっけい
一成　いっせい
一平　いっぺい
橘平　きっぺい
徹人　てっと
鉄平　てっぺい
六花　りっか

伸ばす音を取り入れる

「ケーコ」「コーヘー」「ユーカ」など、伸ばす音を取り入れた名前を集めました。

瑛太　えいた
桜季　おうき
希一　きいち
京平　きょうへい
恵子　けいこ
啓祐　けいすけ
敬太郎　けいたろう
健勇　けんゆう
豪　ごう
光晟　こうせい
晄平　こうへい
航洋　こうよう
修平　しゅうへい
昌平　しょうへい
晋太郎　しんたろう
誠一　せいいち
清太　せいた
聖也　せいや
奏　そう
蒼子　そうこ
颯介　そうすけ
宗太　そうた
蒼平　そうへい
聡真　そうま
颯明　そうめい
大耀　たいよう
中也　ちゅうや
冬一郎　とういちろう
藤太　とうた
冬真　とうま
冬里　とうり
遠子　とおこ
透　とおる
楓香　ふうか
風汰　ふうた
麻亜沙　まあさ
美玲　みれい
由宇　ゆう
結花　ゆうか
結輝　ゆうき
優悟　ゆうご
友仁　ゆうじん
勇介　ゆうすけ
悠生　ゆうせい
裕太　ゆうた
悠人　ゆうと
優奈　ゆうな
悠平　ゆうへい
優梨　ゆうり
瑶子　ようこ
洋介　ようすけ
葉平　ようへい
竜二　りゅうじ
龍平　りゅうへい
綾香　りょうか
亮司　りょうじ
遼太郎　りょうたろう
怜司　れいじ
麗奈　れいな

数字を取り入れる

「一・二・三…」のほか、証書などで用いる「壱・弐・参…」の字を使うこともできます。

漢字

一 40	九 75	七 128	十 135	二 208
八 216	三 119	千 167	万 239	五 97
六 269	四 122	伍 97	兆 188	弐 208
百 223	壱 39	京 78	参 119	萬 239
零 264	億 49			

●零●
零《れい》
零馬《れいま》

●一（壱）●
篤一《あつひと》
一恵《いちえ》
一歌《いちか》
壱太《いちた》
壱哉《いちや》
一晃《いっこう》
一征《いっせい》
一久《かずひさ》
克一《かつひと》
慶一《けいいち》
光壱《こういち》
周一郎《しゅういちろう》
智一《ともかず》
勇一《ゆういち》

●二（弐）●
淳二《あつじ》
寛二《かんじ》
玖二子《くにこ》
康二《こうじ》
虎二朗《こじろう》
秀二《しゅうじ》
勝弐《しょうじ》
真弐《しんじ》
進二《しんじ》
拓二《たくじ》
二紗子《ふさこ》
雄二朗《ゆうじろう》

●三（参）●
隼三《しゅんぞう》
三恵子《みえこ》
三紗《みさ》
三鈴《みすず》
三輝《みつき》
参彦《みつひこ》
三保《みほ》
三和《みわ》

●四●
啓四郎《けいしろう》
四葉《よつば》

●五（伍）●
五佳《いつか》
伍斗《いつと》
秀五《しゅうご》
龍伍《りゅうご》

●六●
六輔《ろくすけ》
六花《ろっか》

●七●
彩七《あやな》
七樹《ななき》
七海《ななみ》
七夕子《なゆこ》

●八●
心八《しんや》
八重子《やえこ》

●九●
九恵《かずえ》
九平《きゅうへい》

●十●
宗十朗《そうじゅうろう》
十波《となみ》
十和子《とわこ》

●百●
百都《もと》
百輝《ももき》
百合《ゆり》

●千●
千真《かずま》
紗千絵《さちえ》
千吾《せんご》
千太朗《せんたろう》
千梨《せんり》
千亜紀《ちあき》
千恵美《ちえみ》
千香《ちか》
千咲《ちさ》
千里《ちさと》
千乃《ちの》
千世美《ちよみ》
美千《みち》
千翔《ゆきと》

●万（萬）●
万葉《かずは》
万希《まき》
万沙人《まさと》
万奈美《まなみ》
万穂《まほ》
万結子《まゆこ》
萬作《まんさく》

●億以上●
億都《おくと》
京子《けいこ》
京太《けいた》
兆治《ちょうじ》
那由多《なゆた》
秀億《ひでやす》

●組み合わせ●
一十《かずと》
一二三《かずふみ》
三四郎《さんしろう》
七三子《なみこ》
二千花《にちか》
二三子《ふみこ》
二三四《ふみよ》
万三《まんぞう》
三千香《みちか》
六三四《むさし》
八千帆《やちほ》

「々」「ゝ」「ゞ」を使う

同じ字を続けるときには「々」「ゝ」「ゞ」で表すことができます。「々」は漢字、「ゝ」はかな、「ゞ」は濁点のついたかなを続けるときに使います。

●々●

依寿々 いすず
輝々 きき
希羅々 きらら
瑚々 ここ
胡々音 ここね
湖々美 ここみ
瑚々路 こころ
小寿々 こすず
紗々子 ささこ
沙々乃 ささの
紗々羽 ささは
紗々世 ささよ
珠々 すず
寿々花 すずか
寿々人 すずと
寿々音 すずね
奈々 なな
菜々 なな
菜々恵 ななえ
那々緒 ななお
七々夏 ななか
菜々子 ななこ
南々世 ななせ
那々葉 ななは
菜々美 ななみ
音々 ねね
祢々華 ねねか
埜々 のの
乃々佳 ののか
乃々葉 ののは
美々 びび
日々花 ひびか
日々輝 ひびき
美寿々 みすず
実々 みみ
美々香 みみか
芽々 めめ
百々 もも
百々花 ももか
茂々音 ももね
良々 らら
良々歌 ららか
梨々 りり
璃々 りり
梨々花 りりか
理々子 りりこ
琉々 るる
瑠々加 るるか
琉々奈 るるな

●ゝ・ゞ●

こゝろ こころ
すゞ香 すずか
すゞ子 すずこ
なゝみ ななみ
のゝ子 ののこ
みすゞ みすず
もゝ花 ももか
りゝ奈 りりな

万葉仮名風の名前

「やま」を「也麻」、「はな」を「波奈」のように書き表すものを万葉仮名といいます。一つの音に一つの漢字を当てた万葉仮名風の名前を紹介します。

安紀 あき
羽実 うみ
恵美理 えみり
江梨 えり
衣里香 えりか
香緒瑠 かおる
加那 かな
香里奈 かりな
紀恵 きえ
貴子 きこ
紀美 きみ
樹由 きゆ
来瑠実 くるみ
沙緒里 さおり
沙紀 さき
紗都 さと
沙斗志 さとし
紗菜 さな
紗也子 さやこ
志保 しほ
志麻 しま
知帆 ちほ
斗紀也 ときや
都志子 としこ
奈緒美 なおみ
奈那 なな
南穂 なほ
那未 なみ
奈由太 なゆた
羽菜 はな
日加里 ひかり
日菜子 ひなこ
日南乃 ひなの
穂奈美 ほなみ
真樹 まき
麻子 まこ
真紗斗 まさと
磨耶 まや
真由子 まゆこ
麻里子 まりこ
真理乃 まりの
実樹也 みきや
美来 みく
未来里 みくり
実乃里 みのり
美帆 みほ
美也子 みやこ
美由 みゆ
由恵 ゆえ
由紀奈 ゆきな
由梨 ゆり
由里也 ゆりや
梨緒 りお
理樹 りき
里太 りた
梨奈 りな
理保子 りほこ
瑠里 るり
和香 わか

外国風の名前

海外でも呼びやすい名前を集めました。個性的なものから、日本でなじみやすいものまでいろいろあります。

亜嵐《あらん》
亜利紗《ありさ》
亜梨朱《ありす》
安《あん》
杏奈《あんな》
安音《あんね》
杏理《あんり》
恵麻《えま》
絵美里《えみり》
笑美留《えみる》
枝理花《えりか》
絵里寿《えりす》
恵瑠紗《えるさ》
英玲奈《えれな》
絵蓮《えれん》
可梨名《かりな》
佳恋《かれん》
来都《くると》
景都《けいと》
健《けん》
絢人《けんと》
沙羅《さら》
早梨《さり》
史門《しもん》
樹理《じゅり》
珠里亜《じゅりあ》
穣《じょう》
譲二《じょうじ》
清良《せいら》
杜真《とま》
登夢《とむ》
野亜《のあ》
帆南《はんな》
真亜玖《まあく》
茉莉《まり》
真梨愛《まりあ》
真理恵《まりえ》
麻里矢《まりや》
実玖《みく》
芽亜里《めあり》
めぐ
芽里彩《めりさ》
百那《もな》
百仁花《もにか》
優菜《ゆうな》
理緒《りお》
梨紗《りさ》
里那《りな》
鈴《りん》
琉以《るい》
留香《るか》
瑠奈《るな》
瑠々《るる》
玲真《れいま》
礼弥《れいや》
麗良《れいら》
玲於《れお》
玲奈《れな》
麗美《れみ》

濁音・半濁音を取り入れる

「が」「じ」のように「゛」のついた濁音、「ぺ」など「゜」のついた半濁音を取り入れた名前です。

亜久里《あぐり》
梓《あずさ》
壱平《いっぺい》
伊都美《いづみ》
瑛司《えいじ》
凱《がい》
楓《かえで》
岳斗《がくと》
神楽《かぐら》
一紗《かずさ》
和成《かずしげ》
寛治《かんじ》
義一《ぎいち》
銀次《ぎんじ》
元気《げんき》
玄太《げんた》
剛《ごう》
小次郎《こじろう》
梢《こずえ》
悟朗《ごろう》
重行《しげゆき》
雫《しずく》
諄《じゅん》
純平《じゅんぺい》
穣二《じょうじ》
迅《じん》
慎吾《しんご》
進平《しんぺい》
卓《すぐる》
昴《すばる》
宗次郎《そうじろう》
大悟《だいご》
泰樹《たいじゅ》
千景《ちかげ》
千草《ちぐさ》
千鶴《ちづる》
亜美《つぐみ》
希美《のぞみ》
のどか
信美《のぶよし》
昇《のぼる》
肇《はじめ》
万里《ばんり》
英明《ひであき》
文太《ぶんた》
円《まどか》
学《まなぶ》
みかげ
瑞穂《みずほ》
貢《みつぐ》
翠《みどり》
雅《みやび》
愛実《めぐみ》
優志《ゆうじ》
柚子《ゆず》
優月《ゆづき》
義伸《よしのぶ》
よつば
亮河《りょうが》

一字・二字・三字の名前

字数から名前を考えるという方法もあります。姓とのバランスで決めたり、きょうだいと揃えたりするのもよいでしょう。

●一字●

愛 あい
晟 あきら
淳 あつし
彩 あや
歩 あゆみ
新 あらた
杏 あん
苺 いちご
海 かい
香 かおる
慧 けい
煌 こう
咲 さき
桜 さくら
哲 さとし
暁 さとる
繁 しげる
駿 しゅん
隼 じゅん
祥 しょう
晋 すすむ
直 すなお
颯 そう
泰 たい
匠 たくみ
樹 たつき
椿 つばき
紬 つむぎ
健 つよし
亮 とおる
巴 ともえ
光 ひかり
眞 まこと
澪 みお
碧 みどり
湊 みなと
恵 めぐみ
結 ゆい
有 ゆう
譲 ゆずる
諒 りょう
蓮 れん
航 わたる

●二字●

愛季 あき
煌斗 あきと
彩乃 あやの
綾芽 あやめ
英祐 えいすけ
瑛斗 えいと
絵麻 えま
和真 かずま
花澄 かすみ
小春 こはる
早彩 さあや
櫻子 さくらこ
絢菜 じゅんな
蒼介 そうすけ
大輝 だいき
太一 たいち
大地 だいち
太陽 たいよう
拓海 たくみ
陽菜 はるな
広翔 ひろと
正毅 まさき
美咲 みさき
大和 やまと
夕奈 ゆうな
雄真 ゆうま
洋太 ようた
梨花 りか
麗佳 れいか
和奏 わかな

●三字●

亜以加 あいか
明香音 あかね
明日香 あすか
亜都彦 あつひこ
亜里佐 ありさ
伊呂波 いろは
絵美華 えみか
絵美莉 えみり
佳央梨 かおり
貴沙紀 きさき
紀代彦 きよひこ
賢士朗 けんしろう
健太郎 けんたろう
光一郎 こういちろう
恒之介 こうのすけ
虎次郎 こじろう
虎太郎 こたろう
朔太朗 さくたろう
紗耶子 さやこ
小百合 さゆり
史之助 しのすけ
樹里亜 じゅりあ
進吾郎 しんごろう
蒼汰郎 そうたろう
宗之助 そうのすけ
そよ佳 そよか
辰比古 たつひこ
知奈津 ちなつ
千代輔 ちよすけ
斗志彦 としひこ
直多朗 なおたろう
奈々江 ななえ
奈那子 ななこ
菜々美 ななみ
比奈太 ひなた
日真里 ひまり
比呂樹 ひろき
芙美花 ふみか
帆乃夏 ほのか
真佐人 まさと
真智子 まちこ
真那斗 まなと
美喜斗 みきと
芽衣子 めいこ
弥栄子 やえこ
勇二朗 ゆうじろう
優香里 ゆかり
由貴彦 ゆきひこ
有希也 ゆきや
友理奈 ゆりな
龍之介 りゅうのすけ
莉々夏 りりか

男女どちらでもよい名前

男の子にも女の子にもつけられる、中性的な印象の名前の一例です。

藍希 あいき
亜生 あお
碧 あお
葵 あおい
青空 あおぞら
青葉 あおば
玲 あきら
晶 あきら
麻紀 あさき
朝希 あさき
旭 あさひ
飛鳥 あすか
歩 あゆむ
伊織 いおり
郁 いく
伊澄 いずみ
和泉 いずみ
一瑚 いちご

五樹 いつき
衣月 いつき
伊吹 いぶき
息吹 いぶき
薫 かおる
馨 かおる
和 かず
一希 かずき
和紀 かずき
一美 かずみ
和海 かずみ
加津美 かつみ
克美 かつみ
桂 かつら
希良 きら
綺羅 きら
邦栄 くにえ
京 けい

桂 けい
景 けい
恵都 けいと
心 こころ
五月 さつき
紫苑 しおん
忍 しのぶ
純 じゅん
潤 じゅん
彗 すい
素直 すなお
清 せい
晴 せい
千里 せんり
空 そら
辰美 たつみ
達実 たつみ
環 たまき
千晶 ちあき
千怜 ちさと
千聖 ちさと
千歳 ちとせ
千春 ちはる

千尋 ちひろ
司 つかさ
翼 つばさ
智 とも
知実 ともみ
朝美 ともみ
永久 とわ
那央 なお
直 なお
渚 なぎさ
夏生 なつお
夏樹 なつき
七央 ななお
七海 ななみ
希海 のぞみ
葉月 はづき
陽 はる
遥 はるか
春陽 はるひ
光 ひかる
秀実 ひでみ
秀与 ひでよ
日向 ひなた

日奈多 ひなた
響 ひびき
一二三 ひふみ
広栄 ひろえ
弘実 ひろみ
洋海 ひろみ
史生 ふみお
郁央 ふみお
穂希 ほまれ
真生 まお
麻央 まお
真希 まき
真 まこと
真琴 まこと
昌美 まさみ
真実 まさみ
真澄 ますみ
真紘 まひろ
守 まもる
葵 まもる
真世 まよ
瑞紀 みずき
光希 みつき

実月 みつき
緑 みどり
南 みなみ
実 みのる
未来 みらい
恵 めぐむ
友 ゆう
悠 ゆう
優 ゆう
悠希 ゆうき
優喜 ゆうき
夕陽 ゆうひ
悠里 ゆうり
結月 ゆづき
良実 よしみ
芳美 よしみ
律 りつ
涼 りょう
凜 りん
瑠衣 るい
琉加 るか
怜 れい
玲央奈 れおな

形から漢字をさがす

イ

仁 155　仙 167　代 179　伊 37　任 209
佐 109　作 115　伸 150　佑 246　伶 264
依 37　佳 51　侑 246　俊 137　信 152
保 231　倖 104　倭 269　健 92　優 250

力

加 51　功 99　助 141　努 199　励 264
勇 246　勉 231　務 241　勤 82　勝 144

口

右 42　可 51　叶 62　司 122　吉 74
名 241　吟 83　君 85　呉 97　吾 97
吹 157　呂 266　周 133　和 269　哉 111
咲 116　哲 196　啓 87　唱 144　唯 246
喜 70　喬 80　善 169　嗣 124　嘉 54

夕

外 59　多 176　夜 244　夢 241

大

太 178　天 196　夫 225　央 47　奈 207
奏 171　爽 172　奨 145　奬 145

女

好 100　如 141　妃 219　妙 240　委 37
始 123　娃 33　姫 223　媛 46　嬉 72

宀

安 36　宇 42　守 131　完 64　宏 101
実 128　宗 133　宙 187　定 193　宝 233
宣 167　宥 247　宮 77　容 251　寅 205
富 226　寛 65　寬 65　實 128　寧 210

寸

寺 125　寿 132　専 167　将 143　將 143
專 167　尋 157　尊 176　導 203

山

岳 61　岬 240　峨 55　峻 137　峰 234
峯 234　崇 158　崚 261　嵐 36　嵩 61
嵯 110　嶺 265　巌 67　巖 67

氵

江 100　汐 165　沙 109　汰 177　河 53
治 126　波 212　法 233　海 57　活 62
洸 103　津 152　洋 249　海 57　浩 104
涉 144　流 258　浪 267　淑 136　淳 139
渚 140　渉 144　深 154　清 163　涼 260
温 49　湖 96　港 105　滋 126　渚 140
湊 172　渡 199　満 239　溫 49　源 95
滉 105　準 139　漣 266　潔 90　潤 139
潮 190　澄 190　濤 240　瀬 160　瀨 160

忄

快 57　怜 264　恒 102　恆 102　悦 45
悟 97　悌 194　惟 38　惇 205　惺 163
愉 245　慎 154　愼 154　憬 88　憶 49

彳

行 100　径 86　征 162　律 258　徳 204
徹 196　德 204　衛 44　衞 44　衡 106

弓

弘 99　弦 94　弥 244　強 79　彌 244

艹

花 52　芹 167　芭 213　芙 225　芳 233
苺 39　英 44　苑 46　芽 55　若 130
苗 224　茉 239　茂 242　茜 33　草 171
荘 171　茶 187　華 53　莞 64　莊 171
莉 257　菊 74　菜 113　菖 144　菫 159
菱 222　萌 234　萠 234　葵 33　董 202
萩 214　葉 251　蒔 127　蒼 173　蓉 251
蓮 266　蔵 174　薗 46　薫 85　蕾 255
薰 85　藏 174　藤 202　藍 255　蘭 255

心

志 123　忍 209　忠 187　恵 87　恋 265
悠 248　惠 87　惣 172　愛 34　意 38
慈 126　想 173　慶 88　慧 88　憲 93

阝（左）

阿 33　陶 201　陸 258　隆 259　陽 252

阝（右）

那 206　邦 233　郁 39　耶 244　郎 268
郞 268　鄕 79　都 199　都 199

辶

迅 155　通 192　透 201　連 265　進 154
達 183　道 203　遊 247　遥 251　遼 261

木

末 240　朱 131　杏 36　杜 197　李 256
果 53　枝 123　松 142　東 200　林 262
栄 44　柊 134　柚 247　柳 258　桜 48
栗 85　桂 87　栞 127　桃 201　桐 201
梅 213　梓 35　梧 98　梢 144　梛 206
梅 213　梨 256　森 154　椎 191　楽 61
椿 191　楠 208　楓 227　椰 245　榮 44
榎 45　樺 63　槙 238　槇 238　樂 61
樹 132　橘 182　檎 98　櫂 59　櫻 48

月

有 246　育 39　朋 233　胤 41　胡 96
朔 117　能 210　朗 267　脩 134　望 235
朗 267　期 71　朝 189

日

旦 183　旭 81　早 171　旺 48　昊 102
昂 102　昇 142　昌 143　明 242　映 44
春 137　昭 143　昴 159　星 162　晃 104
晄 104　時 126　晋 152　晟 162　晨 154
暁 81　景 88　晶 145　晴 163　智 186
暉 71　暦 265　曉 81　曆 265　曙 141

王

王 47　玖 76　珈 53　珂 53　珊 119
珀 215　玲 264　珠 131　現 94　琢 182
理 256　琉 260　瑛 44　琴 82　琥 96
琶 212　琵 222　琳 262　瑚 98　瑞 158
瑶 253　瑳 110　瑠 263　璃 257　環 66

水

永 43　氷 223　求 76　泉 167　泰 179

禾

秀 133　秋 133　秦 152　稀 71　稚 186
稔 210　稜 261　種 131　稲 202　穂 158
穏 49　積 165　穗 158　穣 149　穰 149

石

研 90　砂 110　硯 92　碧 230　碓 61
磐 219　磨 237　礎 170

白

百 223　皆 57　皇 102　皐 105　皓 105

ネ

礼 264　祈 68　神 152　祢 209　祐 247
祥 143　祷 201　禅 169　禎 194　福 228

竹

笑 143
等 202
節 166
範 218
篤 204

糸

紀 68
紅 102
紘 104
紗 110
純 138
素 170
紡 235
紋 244
経 87
絃 95
紺 109
紹 144
紳 154
紬 188
絆 217
絵 58
結 91
絢 93
紫 124
統 202
継 88
絹 93
綾 35
維 38
綺 71
綱 106
緒 140
総 173
綜 173
綴 195
緋 220
綿 242
緑 262
綠 262
綸 262
縁 47
緣 47
緖 140
緯 39
縞 129
繁 218
縫 234
徽 72
蘭 93
織 150

羽

習 134
翔 146
翠 158
翼 254

舟

航 103
舷 95
船 168
舵 177
艦 67

言

計 86
記 70
詠 44
詞 124
詩 124
詢 139
誠 164
誉 249
誓 164
諄 140
調 190
諒 261
諭 245
謡 253
謙 93
謠 253
護 98
譲 149
讃 120
讓 149

貝

貞 194
貢 103
財 115
貫 65
賀 55
貴 71
資 125
賛 119
賢 93

車

軌 68
輔 232
輝 73
輪 262

金

鉄 196
鈴 264
銀 83
錦 83
錬 266
鏡 80
鐘 147
鑑 67

雨

雫 127
雪 166
雲 43
電 197
雷 254
零 264
霞 55
霧 241
露 267

頁

頂 189
順 139
須 157
頌 147
領 261
頼 254
題 94
類 263
類 263
顯 94

馬

馳 186
駆 83
駕 55
駈 83
駒 108
駿 138
騎 72
驍 81

コラム⑥ 特別な読みの名前

名前の読みは原則として自由なので、漢字の音訓や名乗にない読みを当てた名前をつけることもできます。ここでは、当て字など、特別な読み方をする名前を紹介します。

＊当て字（熟字訓）

漢字の音訓には関係なく、あることばに漢字を当てたものを当て字といいますが、中でも名づけに使われることが多いのが、「熟字訓《じゅくじくん》」と呼ばれる当て字です。

熟字訓は「七夕《たなばた》」のように、二つ以上の漢字の組み合わせ全体に、それと意味の似た訓を当てたものです。伝統的な熟字訓は比較的読みやすいと言えますが、一般化していないものは難読になるおそれがあるため、こり過ぎには注意が必要です。

なお、熟字訓は漢字の組み合わせ全体に対する読みなので、たとえば「七夕」を「たなばた」と読むからと言って、「七」を「たな」と読む、ということではありません。

伝統的な熟字訓を用いた名前の一例

飛鳥　あすか	菖蒲　あやめ
息吹　いぶき	乙女　おとめ
神楽　かぐら	今日(子)　きょう(こ)
雲母　きらら	胡桃　くるみ
五月　さつき	七五三　しめ
主税　ちから	永久　とわ
永遠　とわ	向日葵　ひまわり
紅葉　もみじ	主水　もんど
大和　やまと	弥生　やよい
木綿　ゆう	百合　ゆり

場合によっては読みにくい名前の一例

海潮　うしお	桜花　さくら
菫花　すみれ	大空　そら
青空　そら	蒼空　そら

＊読みの一部を使った読み方

「桜」の「おう」という音読みの一部をとって「お」と読ませたり、「心」の「こころ」という訓読みの一部をとって「ここ」「こ」と読ませたりするような方法も、近年の名づけではよく見られるようになってきています。このような漢字の読み方は本来的なものではないため、難読になりやすい傾向があるということは心に留めておきましょう。なお、本書では、これらの本来的ではない読み方を用いた名前例は一部の例外を除いて挙げていません。

名前の一例

愛桜　あいら	奏和　かなと
心美　ここみ	心春　こはる
心暖　こはる	希愛　のあ
望愛　のあ	実桜　みお
凜音　りおん	璃空　りく
莉心　りこ	蓮音　れおん

第7章 イメージからさがす

イメージからさがす

この章の使いかた

■この章の特徴

この章では、「春」「海」「ほんわか」「素直」「スポーツ」など、さまざまなもの・ことばのイメージから名前や漢字をさがせるようにしました。赤ちゃんへの思い・願いを名前に込めたいときや、季節・自然などを連想させる名前をつけたいときに役立ちます。

■イメージからさがすときのポイント

イメージからさがすときには、好きなものや、こんな子に育って欲しいという願いから自由にイメージをふくらませて、思いついた漢字やことばをどんどんメモしていきましょう。連想のヒントには、国語辞典、漢和辞典、類語辞典、百科事典などの辞典・事典を使うのもおすすめです。

イメージがだんだん固まってきたら、メモした漢字やことばをうまく応用したり、組み合わせたり、ほかの漢字をつけ加えたりして名前を考えてみてください。

ただし、イメージのこりすぎには要注意。あまりにこってしまうと、イメージがほかの人に伝わりにくくなってしまったり、読みにくい名前になってしまったりすることもあります。

■この章で取り上げた見出し

＊この章では、全部で四一の見出しを取り上げ、それぞれの見出しから連想されるイメージの例を紹介しています。

＊この章で取り上げた見出しは以下の通りです。

- 海　・風　・大地　・空
- 宇宙　・晴れ　・川　・山
- 樹木　・水　・希望、未来　・春
- 夏　・秋　・冬　・いきいき
- きらきら　・きりり　・のびのび　・ふわり
- ほんわか　・わくわく　・しっかり　・おおらか
- 新しい　・広い　・たくましい　・華やか
- 素直　・向上心　・清楚　・気品
- 和風　・誠実　・とぶ　・結ぶ
- 音楽　・美術　・文学　・学問
- スポーツ

■「イメージからさがす」リストの見かた

①
海のイメージ

②
漢字

大 180　広 99　汀 193　江 100　舟 133
汐 165　帆 217　青 162　波 212　海 57
津 152　洋 249　航 103　浬 256　浪 267
渚 140　港 105　湊 172　渡 199　蒼 173
碧 230　漣 266　潮 190　澪 240

③
蒼海　あおみ
出帆　いずほ
櫂　かい
航路　こうじ
珊瑚　さんご
大洋　たいよう
凪子　なぎこ
渚　なぎさ
夏海　なつみ
七海　ななみ
波音　なみと
遼海　はるか
大海　ひろみ
岬　みさき

①イメージの見出し

＊イメージのもととなる事柄・ことばを見出しとして挙げました。

②漢字

＊見出しから連想される漢字の一例を示しました。
＊漢字は、画数の少ないもの→多いものの順に並べました。画数が同じ場合は、代表的な読み（音訓）の五十音順で並べました。
＊漢字の下には、第2章「漢字からさがす」でその漢字を解説しているページ数を示しました。漢字の読みや画数、意味などを調べたいときには、このページを参照してください。

③名前の例

＊見出しのイメージに合う名前の例を挙げました。
＊名前の例は、五十音順に並べました。読みが同じものは、一字目の画数の少ないもの→多いものの順に並べました。

海のイメージ

漢字

大 180　広 99　汀 193　江 100　舟 133
汐 165　帆 217　青 162　波 212　海 57
津 152　洋 249　航 103　浬 256　浪 267
渚 140　港 105　湊 172　渡 199　蒼 173
碧 230　漣 266　潮 190　澪 240

蒼海 あおみ
櫂 かい
珊瑚 さんご
凪子 なぎこ
夏海 なつみ
波音 なみと
大海 ひろみ
海里 みさと
漣 れん
出帆 いずほ
航路 こうじ
大洋 たいよう
渚 なぎさ
七海 ななみ
遼海 はるか
岬 みさき
美波 みなみ
航 わたる

風のイメージ

漢字

気 68　迅 155　凪 206　帆 217　快 57
吹 157　風 227　疾 128　扇 168　流 258
清 163　爽 172　涼 260　嵐 36　翔 146
鈴 264　颯 118　薫 85　翼 254

息吹 いぶき
薫 かおる
風音 かざね
清人 きよと
爽音 さやと
鈴香 すずか
颯太 そうた
迅矢 としや
大気 はるき
風太 ふうた
快翔 かいと
翔流 かける
夏鈴 かりん
東風 こち
迅 じん
颯 そう
つばさ
疾風 はやて
風香 ふうか
真帆 まほ

大地のイメージ

漢字

大 180　土 199　広 99　地 185　実 128
拓 181　歩 231　恵 87　原 94　耕 103
郷 79　野 245　陸 258　峻 261　開 58
穣 149

碧土 あおと
開地 かいち
耕太朗 こうたろう
泰地 たいち
峻 たかし
悠久 ちかひさ
広野 ひろの
恵実 めぐみ
穣 ゆたか
陸人 りくと
歩 あゆむ
広大 こうだい
大 だい
大地 だいち
拓也 たくや
千歩 ちほ
みのり
百恵 もえ
陸生 りくお
峻 りょう

空のイメージ

漢字

大 180　月 90　天 196　広 99　羽 42
気 68　光 99　穹 76　空 84　昊 102
昇 142　青 162　虹 209　飛 219　航 103
高 104　鳥 189　雲 43　翔 146　陽 252
遥 251　蒼 173　碧 230　澄 190

碧空 あおぞら
茜 あかね
一天 かずたか
蒼大 そうた
空斗 そらと
天翔 たかと
虹加 にじか
陽天 はるたか
美穹 みそら
蒼羽 あおは
天心 あまみ
行雲 こううん
そら
太陽 たいよう
天穹 たかひろ
遥 はるか
大空 ひろたか
夕映 ゆえい

宇宙のイメージ

漢字

大 180　月 90　天 196　斗 198　宇 42
光 99　金 82　宙 187　恒 102　昴 159
星 162　飛 219　航 103　彗 158　銀 83

魁星 かいせい
銀河 ぎんが
恒輝 こうき
すばる
星斗 せいと
天文 たかふみ
月斗 つきと
北辰 ほくしん
星華 ほしか
星夜 ほしよ
明星 めいせい
佳月 かづき
玄天 げんてん
彗 すい
星河 せいか
太白 たいはく
宇宙 たかみち
遥宇 はるたか
北斗 ほくと
星七 ほしな
光年 みつとし
遊星 ゆうせい

晴れのイメージ

漢字

快 57　青 162　晏 36　朗 267　爽 172
晴 163　陽 252　蒼 173　澄 190　麗 265

うらら
蒼天 そうてん
陽気 はるき
澄晴 すみはる
晴朗 はるお
ひなた

川のイメージ

漢字

川 167　江 100　州 133　河 53　流 258
渉 144　清 163　渡 199　澄 190　瀬 160

川音 かわね
清流 せいりゅう
七瀬 ななせ
紗江 さえ
大河 たいが
悠河 ゆうが

山のイメージ

漢字

山 119　岳 61　青 162　峨 55　高 104
峻 137　峰 234　崚 261　登 201　嵯 110
稜 261　錦 83　嶺 265　麓 269

青嶺　あおね
岳登　がくと
銀嶺　ぎんれい
大麓　だいろく
峻　たかし
岳大　たけひろ
富士子　ふじこ
峰子　みねこ
深山　みやま
勇登　ゆうと
美岳　よしたか
秋峰　あきみね
清峻　きよたか
泰山　たいざん
山　たかし
岳人　たけと
登　のぼる
美嶺　みね
峯高　みねたか
山登　やまと
雄高　ゆたか
稜太郎　りょうたろう

樹木のイメージ

漢字

太 178　木 236　立 258　枝 123　茂 242
林 262　高 104　梢 144　森 154　葉 251
幹 66　緑 262　樹 132　繁 218

青葉　あおば
樹　いつき
樹美　きみ
茂生　しげお
茂高　しげたか
樹太郎　じゅたろう
玉樹　たまき
大樹　ひろき
樹葉　みきは
美森　みもり
林太郎　りんたろう
一葉　いちよう
一樹　かずき
梢　こずえ
繁樹　しげき
静枝　しずえ
樹里　じゅり
春樹　はるき
実枝子　みえこ
みどり
葉平　ようへい
若葉　わかば

水のイメージ

漢字

水 157　江 100　青 162　波 212　洸 103
浄 148　泉 167　浩 104　純 138　粋 157
透 201　流 258　浪 267　雫 127　清 163
爽 172　涼 260　湖 96　滉 105　聖 163
蒼 173　潤 139　澄 190　露 267

泉　いずみ
洸貴　こうき
雫　しずく
潤也　じゅんや
澄明　すみあき
透　とおる
洸　ひろし
充流　みつる
水美　みはる
清滉　きよひろ
爽湖　さわこ
潤　じゅん
澄美　すみ
爽太　そうた
浩輝　ひろき
真澄　ますみ
水音　みと
涼清　りょうせい

希望、未来のイメージ

漢字

久 75	叶 62	未 240	羽 42	光 99
希 69	求 76	志 123	来 254	祈 68
幸 101	昇 142	拓 181	明 242	栄 44
進 154	望 235	悠 248	開 58	翔 146
満 239	瑞 158	夢 241	輝 73	憬 88

明日真 あすま
開智 かいち
志道 しどう
大志 たいし
拓実 たくみ
成志 なるし
望 のぞむ
光 ひかり
大望 ひろみ
広夢 ひろむ
将生 まさき
未来翔 みきと
未来 みく
光希 みつき
有羽 ゆう
有望 ゆみ
ゆめ
夢希 ゆめき

春のイメージ

漢字

花 52	芽 55	若 130	咲 116	春 137
桜 48	桃 201	萌 234	新 154	蕾 255

新 あらた
咲耶 さくや
桜 さくら
陽菜 はるな
萌 もえ
桃香 ももか

夏のイメージ

漢字

水 157	空 84	苗 224	海 57	南 208
夏 53	蛍 87	渚 140	梨 256	葉 251

彩夏 あやか
星南 せいな
汀 なぎさ
陽南太 ひなた
向日葵 ひまわり
真夏 まなつ

秋のイメージ

漢字

夕 164	月 90	果 53	実 128	夜 244
紅 102	秋 133	萩 214	稔 210	穂 158

秋香 あきか
禾穂 かほ
稔実 としみ
名月 なつき
実乃里 みのり
紅葉 もみじ

冬のイメージ

漢字

冬 200	白 214	北 236	冴 115	梅 213
雪 166	聖 163	銀 83	凛 263	

聖歌 きよか
冴里 さえり
椿 つばき
冬真 とうま
白馬 はくば
柚子 ゆず

いきいきのイメージ

漢字

生 161　旬 137　壮 171　旺 48　若 130
茂 242　活 62　健 92　盛 163　新 154
瑞 158　精 164　輝 73　潤 139　繁 218

旺《あきら》
活也《かつや》
健《けん》
康輝《こうき》
潤《じゅん》
潤奈《じゅんな》
壮一朗《そういちろう》
健勝《たけまさ》
春若《はるわか》
瑞生《みずき》
勇健《ゆうけん》
活輝《かつき》
精美《きよみ》
元気《げんき》
茂樹《しげき》
旬介《しゅんすけ》
精児《せいじ》
健人《たけと》
敏輝《としき》
瑞佳《みずか》
康生《やすお》
若子《わかこ》

きらきらのイメージ

漢字

月 90　日 209　旭 81　光 99　宝 233
明 242　昭 143　星 162　晃 104　晄 104
珠 131　晟 162　閃 168　蛍 87　皓 105
晶 145　陽 252　煌 106　照 145　輝 73
澄 190　燦 119　瞬 138　燿 253　鏡 80

昌《あきら》
光輝《こうき》
煌太《こうた》
天道《たかみち》
光珠《てるみ》
陽日《はるひ》
日向《ひなた》
光彩《みさ》
夕暉《ゆうき》
旭《あさひ》
虹輝《こうき》
向陽《こうよう》
月子《つきこ》
輝光《てるみつ》
光《ひかる》
美煌《みあき》
光明《みつあき》
瑠璃《るり》

きりりのイメージ

漢字

正 160　冴 115　利 255　怜 264　律 258
清 163　颯 118　潔 90　凜 263　整 164

整《おさむ》
美冴《みさえ》
凜《りん》
潔士《きよし》
律紀《りつき》
凜佳《りんか》

のびのびのイメージ

漢字

伸 150　育 39　長 189　泰 179　展 197
裕 247　楽 61　寛 65　暢 190　遼 261

育恵《いくえ》
天真《てんま》
裕里《ゆうり》
伸也《しんや》
暢之《のぶゆき》
由寛《よしひろ》

ふわりのイメージ

漢字

羽 42　宙 187　香 103　柔 135　風 227
綿 242　舞 227　優 250

羽美《うみ》　風香《ふうか》
風翔《ふうと》　舞《まい》
優羽《ゆうは》　柔美《よしみ》

ほんわかのイメージ

漢字

和 269　温 49　暖 185　優 250

なごみ　のどか
温和《はるかず》　暖人《はると》
春陽《はるひ》　ほの佳《ほのか》
優仁《まさと》　優和《ゆうわ》

わくわくのイメージ

漢字

希 69　笑 143　望 235　喜 70　楽 61
夢 241　嬉 72

笑夢《えむ》　嬉々《きき》
幸喜《こうき》　望《のぞみ》
明希《はるき》　嬉恵《よしえ》

しっかりのイメージ

漢字

丈 148　定 193　剛 107　強 79　堅 92
鉄 196　毅 72

堅剛《けんごう》　丈士郎《じょうしろう》
健実《たけみ》　定一《ていいち》
鉄志《てつし》　定世《やすよ》

おおらかのイメージ

漢字

大 180　円 45　太 178　広 99　多 176
伸 150　長 189　浩 104　泰 179　容 251
野 245　悠 248　温 49　裕 247　雅 55
楽 61　寛 65　豊 234　暢 190　穏 49
憩 89

明朗《あきお》　寛太《かんた》
泰《たい》　千裕《ちひろ》
寛裕《ともひろ》　豊広《とよひろ》
暢恵《のぶえ》　暢雅《のぶまさ》
温佳《はるか》　陽気《はるき》
弘毅《ひろき》　寛子《ひろこ》
雅人《まさと》　円《まどか》
泰大《やすひろ》　悠《ゆう》
悠多《ゆうた》　温《ゆたか》

新しいのイメージ

漢字

一 40　元 94　生 161　未 240　初 140
芽 55　始 123　若 130　発 216　起 70
朔 117　清 163　萌 234　新 154　輝 73

発也《あきや》
新《あらた》
一輝《かずき》
朔太郎《さくたろう》
清輝《せいき》
始《はじめ》
初心《はつみ》
瑞希《みずき》
芽生《めい》
芽吹《めぶき》
若菜《わかな》

発《あきら》
息吹《いぶき》
元《げん》
新一《しんいち》
一《はじめ》
初輝《はつき》
春明《はるあき》
未知《みち》
萌生《めい》
萌《もえ》
若葉《わかば》

広いのイメージ

漢字

大 180　広 99　弘 99　宇 42　宏 101
空 84　海 57　洸 103　洋 249　原 94
浩 104　紘 104　泰 179　野 245　博 215
裕 247　寛 65　滉 105

海斗《かいと》
宏太《こうた》
壮大《そうた》
大《だい》
千尋《ちひろ》
遥野《はるの》
広《ひろし》
広壮《ひろまさ》
弘泰《ひろやす》
光広《みつひろ》

寛《かん》
洸洋《こうよう》
空広《そらひろ》
千広《ちひろ》
範大《のりひろ》
洋晃《ひろあき》
浩大《ひろはる》
広海《ひろみ》
真滉《まひろ》
雄大《ゆうだい》

たくましいのイメージ

漢字

力 262　丈 148　大 180　壮 171　武 226
勇 246　剛 107　烈 265　強 79　健 92
逞 194　猛 243　雄 247　頑 67　獅 125
鉄 196　魁 58　豪 107　毅 72

魁《かい》
剛毅《ごうき》
逞《たくま》
豪雄《たけお》
丈大《たけひろ》
強毅《つよき》
大武《ひろたけ》
勇毅《ゆうき》
雄心《ゆうしん》
雄登《ゆうと》

剛《ごう》
豪健《ごうけん》
猛男《たけお》
武《たけし》
武道《たけみち》
豪《つよし》
剛美《まさみ》
雄剛《ゆうごう》
勇壮《ゆうそう》
勇猛《ゆたか》

華やかのイメージ

漢字

色 149　花 52　紅 102　咲 116　美 221
華 53　珠 131　彩 112　都 199　絢 93
晴 163　煌 106　綾 35　綺 71　錦 83
麗 265

煌彦 あきひこ
絢 あや
彩乃 あやの
咲花 えみか
華麗 かれい
綺羅 きら
紗綾 さあや
珠綺 たまき
華 はな
美麗 みれい
煌 あきら
綾華 あやか
綺美 あやみ
錦人 かねと
綺咲 きさき
絢斗 けんと
咲姫 さき
錦 にしき
美華 みか
麗華 れいか

素直のイメージ

漢字

直 191　純 138　真 153　粋 157　素 170
淳 139　順 139

淳 あつし
純 じゅん
温良 はるよし
順佳 あやか
素直 すなお
真純 ますみ

向上心のイメージ

漢字

上 147　向 100　克 107　志 123　孜 123
努 199　昇 142　高 104　進 154　磨 237

克己 かつみ
昇 しょう
高志 たかし
志織 しおり
進 しん
琢磨 たくま

清楚のイメージ

漢字

白 214　純 138　清 163　楚 170　澄 190

佳澄 かすみ
清純 きよずみ
澄良 きよら
真白 ましろ
かれん
清雅 きよまさ
純玲 すみれ
百合花 ゆりか

気品のイメージ

漢字

典 196　美 221　高 104　姫 223　淑 136
紳 154　媛 46　貴 71　雅 55　麗 265

紳太郎 しんたろう
媛佳 ひめか
優美 ゆみ
典雅 のりまさ
雅 みやび
淑貴 よしき

和風のイメージ

漢字

月 90
日 209
竹 186
邦 233
京 78
松 142
東 200
和 269
桜 48
扇 168
梅 213
倭 269
菊 74
雪 166
毬 239
琴 82
雅 55
絹 93
雛 223
鶴 193

葵 あおい
桜雅 おうが
万葉 かずは
絹子 きぬこ
蔵人 くろうど
小町 こまち
月乃 つきの
巴 ともえ
真幸 まさき
大和 やまと

伊織 いおり
和臣 かずおみ
桔梗 ききょう
京香 きょうか
琴子 ことこ
主税 ちから
紬 つむぎ
穂乃香 ほのか
主水 もんど
雪乃 ゆきの

誠実のイメージ

漢字

公 98
仁 155
正 160
孝 101
実 128
忠 187
直 191
厚 102
洵 138
信 152
貞 194
律 258
真 153
勉 231
淳 139
勤 82
義 74
慎 154
誠 164
廉 266
徳 204
儀 74
潔 90
諒 261
篤 204

諒奈 あきな
一誠 いっせい
実直 さねなお
慎也 しんや
忠 ただし
篤実 とくみ
誠 まこと
誠実 まさみ
慎美 よしみ

篤志 あつし
公平 こうへい
正真 しょうま
孝廉 たかゆき
忠実 ただよし
信実 のぶざね
正直 まさなお
真心 まみ
諒平 りょうへい

とぶのイメージ

漢字

羽 42
空 84
宙 187
飛 219
航 103
鳥 189
翔 146
跳 190
翼 254

快翔 かいと
翔真 しょうま
美羽 みう

航介 こうすけ
翼 つばさ
雄飛 ゆうひ

結ぶのイメージ

漢字

糸 122
実 128
和 269
紐 223
絆 217
結 91
縁 47

糸恵 いとえ
成実 なるみ
結花 ゆうか

友縁 ともよし
結人 ゆいと
結実 ゆみ

音楽のイメージ

漢字

声 160　弦 94　音 50　奏 171　律 258
唄 43　絃 95　唱 144　琴 82　琶 212
琵 222　楽 61　鼓 96　節 166　鈴 264
歌 54　調 190　謡 253　響 80　鐘 147

彩歌 あやか
唱子 うたこ
音香 おとか
楽 がく
和音 かずね
奏音 かなと
佳音 かのん
響子 きょうこ
絃希 げんき
琴美 ことみ
小夜 さよ
奏介 そうすけ
想奈太 そなた
拓斗 たくと
響 ひびき
真鼓 まこ
美絃 みつる
謡史 ようじ
律 りつ
和奏 わかな

美術のイメージ

漢字

工 98　巧 99　匠 142　色 149　作 115
美 221　造 174　陶 201　絵 58　創 172

彩絵 あやえ
絵人 かいと
創 そう
匠 たくみ
美苑 みその
陶絵 よしえ

文学のイメージ

漢字

文 229　言 94　紀 68　栞 127　章 144
詠 44　詞 124　創 172　詩 124　綾 35

文 あや
詞花 ことか
栞 しおり
詩乃 しの
文彰 ふみあき
和歌子 わかこ

学問のイメージ

漢字

文 229　学 61　知 185　研 90　修 134
勉 231　教 80　智 186　博 215　識 127

文子 あやこ
叡智 えいち
俊英 としひで
博士 ひろし
修文 まさふみ
学 まなぶ

スポーツのイメージ

漢字

力 262　克 107　走 171　武 226　球 77
爽 172　道 203　磨 237　蹴 135　競 80

球児 きゅうじ
競一 きょういち
蹴斗 しゅうと
琢磨 たくま
弓弦 ゆづる
塁 るい

最終確認！ 名づけのチェックリスト

「これだ！」と思える名前が見つかったら、届け出をする前に、さまざまな観点から最終チェックをしましょう。中には「気にしないからいいや」という項目もあるかもしれませんが、一通り確認しておけば安心です。

漢字をチェック

□ 名づけに使えない字が入っていないか（必須）。

★名づけに使える字は、第２章「漢字からさがす」を参照してください。法務省のホームページ「戸籍統一文字情報」で使える字を検索することもできます（検索画面で「子の名に使える漢字」にチェックを入れてください）。

□ 思い込みで漢字を間違えていないか（必須）。

★別の字と間違えていないか、字の形を勘違いしていないかなど、もう一度確認しましょう。

□ 漢字の意味はよいか。

□ 漢字同士の組み合わせの意味がおかしくないか。

★一字ずつはよい意味でも、組み合わせることによって名前にふさわしくない意味が生じることもあります（→352ページ・コラム⑤）。

□ 電話などで説明しやすい字か。

★字の形がわかりやすかったり、その字を使った有名な熟語があったりすれば説明しやすい字だと言えます。

□ パソコン・携帯電話などで、表示・変換しにくい字ではないか。

音をチェック

□ 発音しやすいか。

★「が」「ざ」などの濁音や、同じ音が多すぎないか、かたい音とやわらかい音のバランスはよいかなど、実際に発音して確認しましょう。

□ 難読になっていないか。

★漢字の読みについては、第２章「漢字からさがす」の「音訓」「名乗」欄が参考になります。

□ 音から名前にふさわしくないことばが連想されないか。

★漢字はよい意味でも、音からよくない意味の同音語が連想されてしまうと印象が悪いものです（→352ページ・コラム⑤）。国語辞典や古語辞典などで同音語を調べておくのもよいでしょう。

見た目をチェック

□ 見た目（字面）のバランスはよいか。

★縦書き／横書き、手書き／パソコンで入力など、いろいろな方法で名前を書いてみることで、見た目のバランスをチェックすることができます。

□ 似たような形の字ばかりになっていないか。

★似た部首の漢字ばかりになっていないかという点も、あわせて確認しておきましょう。

□ 全体の画数が多すぎたり、逆に少なすぎたりしないか。

姓とのバランスをチェック

□ 姓と名前を続けて読んだときに、問題がないか。

★「水田真理（→水溜まり）」など、フルネームで読むと予想外の意味のことばを連想させてしまうこともあります。何度も声に出して確認しましょう。

□ 姓と名前の意味やイメージがちぐはぐになっていないか。また、姓と名があまりにもそろいすぎていないか。

★たとえば姓に「小」の字があるのに名前に「大」を使うと、姓と名で意味が反対になり、ちぐはぐな印象になってしまいます。また、逆に姓と名が合いすぎている名前も、わざとらしい印象を与えることがあります。

□ 読んだとき、あるいは書いたときに姓と名の切れ目がわかりにくくないか。

★たとえば「あさお・かなみ」「森・高太郎」のような名前は、「あさおか・なみ」「森高・太郎」と間違われてしまうおそれがあります。

□ 姓の文字数に対して、名前の文字数が多すぎたり少なすぎたりしないか。

全体をチェック

□ 同じ名前の有名人や、名前から連想されるできごとなどに問題はないか。

★同名の有名人にどんな人がいるか、名前から事件などが連想されないかなどの確認には、ネット検索を活用するのも便利です。

□ 性別がわかりにくくないか。

★中性的な名前がよいという場合は気にする必要はありませんが、「光悠（みゆ／てるひさ）」のように、読みを変えると逆の性別の名前になる例もあるということは覚えておいてよいでしょう。

□ その名前に愛着が持てるか。

★最後は、その名前を気に入っているか、その名前に愛着を持てるか、再確認しましょう。ここまできたら、あとは届け出をするだけです！

よ-り 自 125
よる 因 41 附 225 夜 244
よ-る 由 245 因 41 依 37 拠 78 寄 70 選 168
よろい 丁 188 甲 99 鎧 59
よろこ-ぶ 欣 82 悦 45 喜 70 歓 66 慶 88
よろし 宜 72
よろ-しい 宜 72
よろず 万 239 萬 239
よわい 齢 265
よわ-い 弱 130
よわ-まる 弱 130
よわ-める 弱 130
よわ-る 弱 130
よん 四 122

ら

ら 良 259 拉 254 荒 102 浦 43 娘 241 等 202 裸 254 螺 254 羅 254 麗 265
らい 礼 264 戻 264 来 254 來 254 徠 254 莱 254 雷 254 蕾 255 頼 254 賴 254 禮 264 瀬 160 瀨 160
らく 洛 255 落 255 絡 255 楽 61 酪 255 樂 61
らつ 拉 254 辣 255
らん 乱 255 卵 255 嵐 36 覧 255 藍 255 濫 255 蘭 255 欄 255 欄 255 覽 255

り

り 亥 37 有 246 吏 255 利 255 里 256 李 256 俐 256 降 103 哩 256 浬 256 莉 257 梨 256 理 256 痢 256 裡 256 裏 256 履 257 璃 257 黎 265 織 150 鯉 257 離 257
りき 力 262
りく 六 269 陸 258 睦 236
りち 律 258
りつ 立 258 律 258 栗 85 率 176 慄 258
りゃく 略 258 掠 258
りゅう 立 258 柳 258 流 258 留 258 竜 258 笠 61 隆 259 粒 259 琉 260 硫 259 溜 259 瑠 263 劉 259 龍 258
りょ 呂 266 侶 259 旅 259 虜 259 虜 259 慮 259
りょう 了 259 令 263 両 259 良 259 伶 264 怜 264 亮 260 玲 264 凌 260 竜 258 料 260 凉 260 菱 222 涼 260 猟 261 陵 261 崚 261 梁 261 羚 264 椋 261 量 261 稜 261 綾 35 漁 78 僚 261 領 261 寮 261 遼 261 諒 261 霊 264 龍 258 燎 261 嶺 265 療 262 瞭 262 糧 262
りょく 力 262 緑 262 綠 262
りん 林 262 厘 262 倫 262 梨 256 淋 262 琳 262 稟 262 鈴 264 綸 262 輪 262 凜 263 凛 263 隣 263 臨 263 鱗 263 麟 263

る

る 児 126 兒 126 流 258 留 258 隆 259 琉 260 溜 259 瑠 263
るい 涙 263 淚 263 累 263 塁 263 壘 263 類 263 類 263

れ

れ 怜 264 玲 264 麗 265
れい 令 263 礼 264 戻 264 冷 264 励 264 伶 264 例 264 怜 264 玲 264 涙 263 淚 263 羚 264 湖 96 豊 234 鈴 264 零 264 霊 264 黎 265 澪 240 隷 265 嶺 265 齢 265 禮 264 麗 265
れき 暦 265 歴 265 曆 265 歷 265
れつ 列 265 劣 265 烈 265 裂 265
れん 怜 264 連 265 恋 265 廉 266 蓮 266 煉 266 練 266 漣 266 練 266 錬 266 憐 266 鍊 266 鎌 63 簾 266

ろ

ろ 芦 35 良 259 呂 266 炉 266 侶 259 亮 260 郎 268 郎 268 虜 259 路 266 虜 259 賂 266 魯 267 蕗 227 櫓 267 露 267 鷺 115
ろう 老 267 良 259 労 267 弄 267 拉 254 郎 268 狼 267 郞 268 浪 267 朗 267 朗 267 廊 267 路 266 滝 181 稜 261 廊 267 楼 267 漏 267 糧 262 瀧 181 露 267 蠟 269 籠 269
ろく 六 269 肋 269 鹿 127 陸 258 禄 269 祿 269 緑 262 綠 262 録 269 錄 269 麓 269
ろん 論 269

わ

わ 八 216 王 47 我 55 沫 239 和 269 倭 269 稚 186 話 270 窪 85 輪 262 環 66
わい 隈 270 賄 270
わか 小 141 王 47 分 228 幼 249 件 90 沖 187 若 130 雀 130 童 203 湧 247 新 154 稚 186
わが 吾 97
わ-が 吾 97
わか-い 若 130
わ-かす 沸 228
わかつ 八 216
わ-かつ 分 228
わか-る 判 217
わ-かる 分 228
わか-れる 岐 68 別 230 訣 90
わ-かれる 分 228
わき 別 230 脇 270 湧 247
わきま-える 弁 231
わく 別 230 或 36 画 55 若 130 枠 270 湧 247 惑 270 稚 186
わ-く 沸 228 湧 247
わけ 弁 231 別 230 訳 245
わ-ける 分 228 別 230 頒 218
わざ 技 72 事 126 業 81
わざ-と 態 179
わざわ-い 災 111 禍 54 禍 54
わし 鷲 270
わず-か 僅 82
わずら-う 患 65 煩 218
わずら-わす 煩 218
わす-れる 忘 235
わた 別 230 津 152 綿 242
わたくし 私 123
わたし 私 123
わたす 済 111
わた-す 渡 199
わたり 亘 100 弥 244 渉 144 済 111 涉 144 渡 199 彌 244
わたる 亘 100 杭 84 弥 244 和 269 度 199 航 103 渉 144 移 38 済 111 涉 144 渡 199 道 203 彌 244
わた-る 亘 100 渉 144 涉 144 渡 199
わつ 斡 35
わに 赤 165
わね 羽 42
わ-びる 詫 270
わめ-く 喚 65
わら 藁 270
わら-う 笑 143
わらび 蕨 270
わらべ 童 203
わらわ 童 203
わり 割 62
わ-る 割 62
わる-い 悪 33 惡 33
われ 我 55 吾 97 余 249
わ-れる 割 62
わん 湾 270 腕 270 椀 270 碗 270

ん

ん 武 226

ゆげ 弓 76
ゆ-さぶる 揺 251 搖 251
ゆず 柚 247
ゆ-すぶる 揺 251 搖 251
ゆずり 譲 149 讓 149
ゆ-する 揺 251 搖 251
ゆずる 宛 35 遜 176 謙 93 譲 149 讓 149
ゆず-る 譲 149 讓 149
ゆた 支 120 茂 242 逞 194 豊 234
ゆたか 大 180 完 64 担 183 肥 219 浩 104 泰 179 冨 226 隆 259 温 49 最 114 富 226 裕 247 溫 49 寛 65 鼎 195 稔 210 豊 234 寬 65 胄 106 碩 165 優 250 穣 149 穰 149
ゆた-か 豊 234
ゆだ-ねる 委 37
ゆび 指 123
ゆみ 弓 76
ゆめ 夢 241
ゆ-らぐ 揺 251 搖 251
ゆ-る 揺 251 搖 251
ゆる-い 緩 66
ゆ-るぐ 揺 251 搖 251
ゆるす 恕 141
ゆる-す 許 78 赦 129
ゆる-む 弛 122 緩 66
ゆる-める 弛 122 緩 66
ゆる-やか 緩 66
ゆ-れる 揺 251 搖 251
ゆ-わえる 結 91

よ

よ 与 249 予 249 四 122 世 160 生 161 代 179 吉 74 芳 233 余 249 昌 143 服 227 夜 244 俗 175 美 221 昧 238 勇 246 洋 249 要 251 宵 143 帯 179 容 251 淑 136 帶 179 問 244 庸 251 葉 251 備 222 節 166 福 228 與 249 誉 249 預 249 福 228 節 166 頼 254 賴 254 輿 249 齡 265
よい 宵 143
よ-い 好 100 良 259 佳 51 善 169
よう 八 216 央 47 幼 249 用 249 羊 249 妖 249 沃 253 昇 142 頁 89 洋 249 要 251 容 251 庸 251 葉 251 湧 247 揚 251 揺 251 陽 252 遥 251 搖 251 溶 251 腰 251 傭 251 蓉 251 楊 253 瑶 253 暢 190 遙 251 様 253 瘍 253 踊 253 影 44 樣 253 窯 253 養 253 擁 253 謡 253 謠 253 曜 253 燿 253 耀 253 鷹 253
よ-う 酔 158 醉 158
ようや-く 漸 169
ようろう 丁 188
よき 能 210 移 38
よぎ-る 過 54
よく 可 51 抑 253 沃 253 浴 254 欲 254 翌 254 翼 254
よ-く 克 107 能 210
よ-ける 避 220
よこ 横 48 橫 48
よこいと 緯 39
よこしま 邪 130
よご-す 汚 47
よご-れる 汚 47
よし 力 262 工 98 之 210 女 141 与 249 允 41 介 56 元 94 孔 99 仁 155 壬 155 中 187 夫 225 文 229 可 51 且 62 甘 64 兄 86 功 99 巧 99 召 142 正 160 布 225 平 229 由 245 令 263 礼 264 伊 37 因 41 吉 74 休 76 圭 86 好 100 考 100 合 106 旨 122 至 122 自 125 充 135 如 141 成 160 全 169 兆 188 伝 197 任 209 快 57 狂 78 芹 167 君 85 攻 101 孝 101 克 107 佐 109 志 123 寿 132 秀 133 住 135 身 150 辰 182 甫 231 芳 233 冶 244 利 255 良 259 英 44 往 47 佳 51 玩 67 宜 72 欣 82 幸 101 斉 162 祉 123 治 126 実 128 若 130 叔 136 尚 142 承 142 昌 143 典 196 到 200 表 223 奉 233 宝 233 弥 244 命 241 明 242 林 262 和 269 為 38 栄 44 紀 68 彦 222 侯 102 香 103 祉 123 持 126 柔 135 祝 136 俊 137 是 160 省 162 宣 167 洗 167 衷 188 珍 191 南 208 美 221 毘 220 祐 247 洋 249 亮 260 益 45 悦 45 宴 46 華 53 記 70 恭 79 屑 84 恵 87 桂 87 倹 92 候 103 剛 107 時 126 殊 131 修 134 祝 136 純 138 恕 141 祥 143 称 143 粋 157 泰 179 致 185 悌 194 哲 196 特 203 能 210 敏 224 祐 247 容 251 烈 265 惟 38 啓 87 康 104 済 111 菜 113 斎 114 淑 136 惇 205 淳 139 祥 143 曹 172 逞 194 陳 191 偵 194 陶 201 彪 223 彬 224 敏 224 冨 226 理 256 爲 38 偉 38 椅 38 営 44 媛 46 温 49 賀 55 凱 59 覚 60 款 65 喜 70 貴 71 欽 82 惠 87 敬 87 堅 92 最 114 滋 126 循 139 順 139 勝 144 晶 145 善 169 巽 176 達 183 貼 189 董 202 斐 220 備 222 富 226 裕 247 雄 247 禄 269 愛 34 意 38 葦 38 虞 49 溫 49 雅 55 楽 61 寛 65 幹 66 義 74 僅 82 傾 88 源 95 資 125 慈 126 舜 138 詳 147 頌 147 飾 150 慎 154 愼 154 新 154 聖 163 誠 164 節 166 羨 168 詮 168 禅 169 滝 181 禎 194 鼎 195 傳 197 督 204 微 222 福 228 豊 234 睦 236 與 249 誉 249 預 249 祿 269 榮 44 嘉 54 寬 65 膏 106 穀 108 瑳 110 齊 162 實 128 壽 132 粹 157 精 164 静 164 態 179 徴 190 禎 194 徳 204 読 204 福 228 僚 261 縁 47 緣 47 樂 61 歓 66 嬉 72 毅 72 煕 72 儀 74 誼 74 慶 88 稽 88 慧 88 潔 90 儉 92 権 93 穀 108 賛 119 賞 147 節 166 選 168 蔵 174 徵 190 德 204 撫 227 編 231 褒 234 養 253 霊 264 衛 44 衞 44 叡 45 燕 47 憲 93 賢 93 儒 132 親 155 靜 164 整 164 膳 169 諭 245 融 249 頼 254 賴 254 録 269 錄 269 徽 72 謙 93 厳 95 燦 119 鮮 169 禪 169 濯 182 彌 244 職 150 繕 169 藏 174 類 263 禮 264 艶 47 瀧 181 寵 191 類 263 麗 265 馨 60 巌 67 嚴 95 譲 149 巖 67 讓 149
よしのり 義 74
よしみ 交 99 好 100 美 221 修 134 嘉 54 誼 74 親 155
よすが 縁 47 緣 47
よ-せる 寄 70
よそお-う 粧 145 装 172 裝 172
よつ 四 122
よ-つ 四 122
よっ-つ 四 122
よど 淀 254
よど-む 淀 254
よね 米 230
よぶ 召 142 呼 96
よ-ぶ 呼 96 喚 65
よぼろ 丁 188
よみ 幹 66 読 204
よみがえ-る 蘇 170
よみし 嘉 54
よみ-する 嘉 54
よむ 頌 147
よ-む 訓 85 詠 44 読 204
よめ 嫁 54
よもぎ 蓬 234
より 之 210 屯 205 方 232 可 51 乎 95 代 179 目 243 由 245 亥 37 因 41 仮 51 自 125 伏 227 形 86 杖 148 即 174 伴 217 利 255 依 37 奇 68 居 77 若 130 尚 142 枕 238 典 196 附 225 命 241 和 269 為 38 郎 174 保 231 亮 260 株 63 帰 70 郡 86 時 126 従 136 席 165 託 181 展 197 陛 229 倣 233 異 38 移 38 寄 70 從 136 率 176 偏 230 爲 38 偉 38 賀 55 階 58 閑 65 順 139 遂 158 随 158 道 203 猶 247 備 222 愛 34 幹 66 義 74 資 125 蒐 135 楼 267 隠 42 穀 108 雑 118 適 195 縁 47 緣 47 穀 108 遵 139 選 168 撫 227 穏 49 輯 135 親 155 頼 254 賴 254 聴 190 雜 118 職 150 蹟 165 繕 169 麗 265 籍 166 襲 135 聽 190

※名前にふさわしくない意味の漢字もあります。名づけの際は必ず意味の確認を！

もも 百 223 李 256 股 96 桃 201
も-やす 燃 210
もゆ 萌 234 萠 234
もよお-す 催 114
もら-う 貰 244
も-らす 漏 267
もり 戸 95 収 132 司 122 主 131 守 131 收 132 壮 171 托 181 名 241 囲 37 声 160 壯 171 杜 197 労 267 典 196 命 241 林 262 狩 131 保 231 宴 46 容 251 執 128 庶 140 盛 163 彬 224 隆 259 閑 65 策 117 衆 134 森 154 該 59 豊 234 関 66 精 164 諸 141 衝 147 蕃 219 衛 44 衞 44 諸 141 積 165 謹 83 績 165 謹 83 護 98 籍 166
もる 貯 188
も-る 盛 163 漏 267
もれ 守 131
も-れる 漏 267
もろ 与 249 支 120 収 132 收 132 両 259 壱 39 委 37 専 167 度 199 師 124 修 134 恕 141 紛 228 旅 259 脩 134 庶 140 專 167 衆 134 遂 158 與 249 認 209 諸 141 諸 141 艶 47
もろもろ 諸 141 諸 141
もん 文 229 門 244 紋 244 問 244 聞 229
もんめ 匁 244

や

や 八 216 也 244 文 229 乎 95 矢 122 行 100 谷 107 冶 244 舎 129 弥 244 命 241 夜 244 屋 48 哉 111 施 124 室 128 保 231 耶 244 家 53 射 129 移 38 野 245 埜 245 陽 252 数 159 椰 245 彌 244
やいば 刃 155
やか 宅 181 屋 48 家 53
やかた 館 66
やかま-しい 喧 92
やから 輩 213
やき 焼 145 燒 145
やく 厄 245 亦 238 役 245 疫 45 約 245 益 45 訳 245 薬 245 藥 245 躍 245
や-く 灼 130 焼 145 燒 145
やぐら 櫓 267
やけ 宅 181
や-ける 焼 145 燒 145
やさ-しい 易 45 優 250
やし 椰 245
やしき 邸 193
やしな-う 養 253
やしろ 社 129 社 129
やす 又 238 子 121 之 210 文 229 方 232 予 249 叶 62 広 99 処 140 平 229 安 36 休 76 行 100 考 100 全 169 存 176 伏 227 快 57 希 69 妥 177 那 206 易 45 育 39 庚 102 侃 64 宜 72 居 77 協 79 昆 108 坦 183 枕 238 定 193 抵 193 奉 233 弥 244 夜 244 和 269 祇 74 彦 222 柔 135 甚 155 怠 177 毘 220 便 231 勉 231 保 231 要 251 晏 36 宴 46 家 53 恭 79 恵 87 耕 103 修 134 徐 141 祥 143 席 165 息 175 泰 179 通 192 悌 194 能 210 倍 213 勉 231 容 251 烈 265 連 265 倭 269 尉 38 逸 39 救 77 健 92 康 104 済 111 寂 130 術 137 祥 143 得 203 庸 251 逸 39 運 43 温 49 凱 59 換 65 閑 65 恵 87 順 139 遂 158 属 175 湛 184 裕 247 愛 34 虞 49 溫 49 鳩 216 資 125 慈 126 靖 164 暖 185 置 186 填 197 誉 249 預 249 楊 253 廉 266 隠 42 魁 58 静 164 遜 176 徳 204 寧 210 綿 242 慰 38 縁 47 緣 47 億 49 歓 66 緩 66 慶 88 廣 99 德 204 撫 227 盤 218 養 253 燕 47 穏 49 懐 58 憩 89 賢 93 錫 130 儒 132 靜 164 彌 244 鎮 191 鎭 191 懷 58
やす-い 安 36 易 45
やすき 穏 49
やすし 仁 155 予 249 安 36 存 176 寿 132 易 45 欣 82 和 269 保 231 恭 79 泰 179 悌 194 康 104 術 137 靖 164 壽 132 静 164 寧 210 靜 164 簡 66 鎮 191 鎭 191
やす-まる 休 76
やすむ 休 76
やす-む 休 76
やす-める 休 76
やす-らか 安 36
や-せる 痩 172 瘦 172
やつ 八 216 奴 199
や-つ 八 216
やっこ 奴 199
やっ-つ 八 216
やど 宿 136
やと-う 雇 96 傭 251
やど-す 宿 136
やどる 次 125 舎 129
やど-る 宿 136
やな 梁 261
やなぎ 柳 258
やに 脂 124
やね 梁 261
やはぎ 矢 122
やはず 抜 216 拔 216
やぶ-る 破 212
やぶ-れる 破 212 敗 213
やま 山 119
やまい 病 224
やまと 和 269 倭 269
やみ 昧 238 闇 36
やむ 已 36
や-む 已 36 止 120 病 224
やめ-る 罷 220
や-める 止 120 辞 126
やり 槍 173
や-る 遣 93
やわ 和 269 柔 135
やわら 和 269 柔 135
やわ-らか 柔 135 軟 208
やわ-らかい 柔 135 軟 208
やわ-らぐ 和 269
やわ-らげる 和 269

ゆ

ゆ 弓 76 夕 164 五 97 水 157 友 246 由 245 朽 76 有 246 油 245 侑 246 柚 247 勇 246 祐 247 祐 247 悠 248 結 91 湯 201 喩 245 愉 245 遊 247 裕 247 雄 247 楢 208 諭 245 輸 246 優 250 癒 246
ゆい 由 245 唯 246 惟 38 結 91 維 38 遺 38
ゆう 又 238 夕 164 夫 225 友 246 尤 246 右 42 由 245 有 246 酉 205 佑 246 邑 246 油 245 侑 246 郁 39 柚 247 勇 246 幽 246 宥 247 祐 247 祐 247 郵 247 悠 248 結 91 猶 247 湧 247 遊 247 裕 247 雄 247 釉 247 楢 208 熊 85 誘 247 憂 247 融 249 優 250
ゆ-う 結 91
ゆう-べ 夕 164
ゆえ 故 96
ゆか 床 142 縁 47 緣 47
ゆかり 因 41 縁 47 緣 47
ゆき 乃 211 之 210 千 167 介 56 元 94 五 97 公 98 升 142 文 229 以 37 弘 99 生 161 由 245 礼 264 行 100 至 122 而 126 如 141 先 167 迂 42 亨 101 言 94 孝 101 志 123 秀 133 肖 142 走 171 足 175 投 200 判 217 役 245 来 254 育 39 往 47 享 79 幸 101 征 162 抵 193 到 200 届 204 服 227 放 233 門 244 侑 246 來 254 為 38 是 160 政 162 促 175 赴 226 帰 70 起 70 恭 79 倖 104 時 126 徐 141 恕 141 将 143 祥 143 晋 152 致 185 通 192 透 201 敏 224 移 38 許 78 教 80 將 143 祥 143 章 144 進 154 雪 166 逞 194 敏 224 偏 230 爲 38 運 43 雲 43 款 65 喜 70 敬 87 就 134 循 139 順 139 遂 158 随 158 超 189 道 203 普 226 遊 247 雄 247 勧 65 詣 88 詩 124 戦 168 廉 266 維 38 適 195 歴 265 謁 45 駕 55 潔 90 遵 139 徹 196 謁 45 薫 85 戰 168 歷 265 薰 85 禮 264 鵬 234
ゆく 乃 211 水 157 征 162 放 233 赴 226 許 78 雲 43 款 65 巽 176 路 266 適 195 謁 45 衝 147 謁 45
ゆ-く 之 210 行 100 往 47 征 162 逝 162

身 150 実 128 看 64 省 162 相 171 訪 234 診 154 箕 71 察 117 實 128 徵 190 徴 190 親 155 覧 255 観 66 覽 255 鑑 67
み-る 見 90 看 64 視 124 視 124 診 154 覧 255 観 66 覽 255
みわ 神 152 神 152
みん 民 241 明 242 眠 241

む

む 亡 235 六 269 矛 241 虫 187 牟 241 身 150 巫 225 武 226 務 241 陸 258 無 241 睦 236 夢 241 謀 236 霧 241
むい 六 269
むか 向 100
むかう 向 100
む-かう 向 100
むか-える 迎 89
むかし 昔 165
むき 向 100
むぎ 麦 215
むく 椋 261
む-く 向 100 剥 215
むく-いる 報 234 酬 135
むくろ 骸 59
むけ 向 100
む-ける 向 100
むこ 婿 163
むご-い 惨 119 酷 108
む-こう 向 100
むさぼ-る 貪 205
むし 虫 187
むし-ろ 寧 210
む-す 蒸 149
むずか-しい 難 208 難 208
むすび 産 119
むす-ぶ 結 91
むすめ 娘 241
むせ-ぶ 咽 41
むち 貴 71 鞭 231
むつ 六 269 陸 258 睦 236 輯 135
む-つ 六 269
むっ-つ 六 269
むつ-まじい 睦 236
むつみ 睦 236
むつ-む 睦 236
むと 人 156
むな 胸 79 棟 201
むなぎ 棟 201
むな-しい 空 84 虚 78 虛 78
むね 心 151 主 131 旨 122 至 122 志 123 兵 229 肯 101 斉 162 宗 133 念 210 指 123 胸 79 致 185 能 210 崇 158 陳 191 梁 261 極 81 順 139 棟 201 統 202 意 38 較 60 寛 65 概 59 寬 65 齊 162 領 261 緑 47 緣 47 醜 135
むべ 宜 72
むま 沼 142 馬 213
むら 屯 205 村 176 邑 246 幸 101 卒 176 軍 86 県 90 城 148 宣 167 祐 247 祐 247 域 39 混 109 奥 48 紫 124 斑 218 奧 48 群 86 福 228 福 228 縣 90 樹 132
むらさき 紫 124
むらじ 連 265
む-らす 蒸 149
むれ 軍 86 群 86
む-れ 群 86
む-れる 群 86 蒸 149
むろ 室 128 混 109

め

め 人 156 女 141 目 243 米 230 芽 55 妻 111 要 251 馬 213 梅 213 眼 67 梅 213 婦 226 萌 234 萠 234 雌 125
めい 皿 118 名 241 芽 55 命 241 明 242 迷 242 姪 242 冥 242 盟 242 銘 242 鳴 242 謎 206
めぐ 恵 87 惠 87 愛 34
めぐみ 仁 155 恩 49 恵 87 萌 234 萠 234 惠 87 寵 191
めぐむ 仁 155 恵 87 竜 258 惠 87 愛 34 徳 204 德 204 龍 258 寵 191
めぐ-む 恵 87 惠 87
めく-る 捲 92
めぐ-る 巡 138 廻 58
めし 召 142 飯 218
めす 召 142 速 175 雌 125
め-す 召 142
めずら-しい 珍 191
めつ 滅 242
め-でる 愛 34
めみ 萌 234 萠 234
めん 免 242 面 242 眠 241 綿 242 麺 242

も

も 母 232 百 223 茂 242 面 242 雲 43 最 114 喪 172 裳 147 模 243 藻 174
もう 亡 235 毛 243 妄 243 盲 243 孟 243 耗 243 萌 234 萠 234 望 235 猛 243 盟 242 蒙 243 網 243
もう-け 儲 188
もう-ける 設 166 儲 188
もう-す 申 150
もう-でる 詣 88
もえ 萌 234 萠 234 然 169
も-える 萌 234 萠 234 燃 210
もく 木 236 目 243 黙 243 默 243
もぐ-る 潜 168
も-し 若 130
も-しくは 若 130
も-す 燃 210
もち 已 36 才 110 勿 243 以 37 四 122 申 150 平 229 用 249 会 57 仰 80 行 100 式 127 有 246 含 67 住 135 杖 148 或 36 往 47 卓 181 抱 233 茂 242 挟 79 後 97 施 124 持 126 保 231 荷 53 時 126 将 143 値 185 挺 194 途 199 採 111 捧 234 將 143 接 166 望 235 庸 251 握 35 殖 149 須 157 費 220 復 227 虞 49 試 125 撫 227 餅 230 懐 58 積 165 操 174 繕 169 懷 58
もち-いる 用 249
もちう 庸 251
もつ 妊 209 物 228
も-つ 持 126
もっ-て 以 37
もっと-も 尤 246 最 114
もっぱ-ら 専 167 專 167
もてあそ-ぶ 弄 267 玩 67
もと 一 40 下 51 干 63 才 110 大 180 元 94 止 120 収 132 心 151 太 178 尤 246 旧 76 玄 94 司 122 主 131 台 181 本 237 民 241 企 67 收 132 如 141 牟 241 花 52 我 55 求 76 近 82 孝 101 志 123 初 140 身 150 体 177 扶 225 甫 231 芳 233 固 96 始 123 宗 133 征 162 性 162 其 176 邸 193 東 200 府 225 服 227 茂 242 孟 243 林 262 科 53 柄 229 紀 68 祇 74 県 90 故 96 思 124 首 131 泉 167 祖 169 胎 177 株 63 帰 70 起 70 郡 86 原 94 根 109 索 117 朔 117 師 124 修 134 真 153 眞 153 素 170 祖 169 租 170 倫 262 基 70 規 70 許 78 情 148 部 227 略 258 棋 71 喬 80 順 139 智 186 統 202 意 38 雅 55 楽 61 寛 65 幹 66 群 86 源 95 資 125 誠 164 節 166 福 228 誉 249 寬 65 魂 109 需 132 精 164 端 184 肇 215 福 228 慕 232 樂 61 質 128 請 164 節 166 輪 262 縣 90 親 155 簡 66 職 150 礎 170
もとい 元 94 紀 68 素 170 基 70 幹 66 資 125 礎 170
もとき 材 114 基 70 幹 66
もど-き 擬 74
もとし 元 94 材 114 基 70 幹 66
もど-す 戻 264
もと-づく 基 70
もとむ 亘 100 求 76 志 123 要 251 索 117 素 170 須 157 需 132
もとめ 需 132
もと-める 求 76
もとや 基 70
もと-より 固 96
もど-る 戻 264
もの 者 129 物 228 者 129
もぶ 申 150
もみ 紅 102 籾 243
もみじ 椛 244

まね-く 招 142
まば-ら 疎 170
まぼろし 幻 94
まま 継 88
まみ-える 見 90
まみ-れる 塗 199
まめ 豆 200
まもり 衛 44 衞 44
まも-り 衛 44 衞 44
まもる 士 120 守 131 役 245 保 231 葵 33 養 253 衛 44 衞 44 衡 106 鎮 191 鎭 191 護 98
まも-る 守 131 衛 44 衞 44 護 98
まゆ 眉 220 繭 93
まゆずみ 黛 179
まゆみ 檀 185
まよ-う 迷 242
まり 毬 239 椀 270 鞠 239
まる 丸 67 円 45 団 184 巻 64 卷 64 筒 202 圓 45 團 184 盤 218
まる-い 丸 67 円 45 圓 45
まる-める 丸 67
まれ 少 141 希 69 稀 71 微 222 賓 224 賔 224 鮮 169
まろ 丸 67 理 256 満 239 観 66 麿 239
まろうど 客 75 賓 224 賔 224
まわ-す 回 57
まわ-り 周 133
まわ-る 回 57 廻 58
まん 万 239 政 162 萬 239 満 239 慢 239 漫 239 蔓 239

み

み 己 95 子 121 三 119 巳 239 王 47 心 151 仁 155 水 157 太 178 文 229 方 232 巨 77 史 120 示 125 申 150 生 161 未 240 民 241 目 243 光 99 后 100 好 100 耳 125 充 135 位 37 角 60 究 76 形 86 見 90 伺 122 臣 150 身 150 体 177 甫 231 妙 240 良 259 固 96 参 119 実 128 並 229 味 240 弥 244 胤 41 海 57 皆 57 看 64 査 110 省 162 泉 167 相 171 胎 177 南 208 眉 220 美 221 面 242 洋 249 益 45 海 57 候 103 貢 103 珠 131 酒 131 真 153 眞 153 扇 168 規 70 現 94 視 124 深 154 訪 234 望 235 御 78 堅 92 視 124 証 145 診 154 登 201 童 203 幹 66 試 125 誠 164 微 222 関 66 箕 71 察 117 實 128 像 174 閲 45 横 48 監 66 毅 72 窮 77 稽 88 質 128 穂 158 魅 240 窺 42 橫 48 親 155 穗 158 彌 244 覧 255 観 66 臨 263 鏡 80 顧 97 覽 255 鑑 67
み-える 見 90
みお 澪 240
みがく 琢 182 琢 182 磋 110 磨 237
みが-く 研 90 磨 237
みかど 帝 194
みき 基 70 満 239 幹 66 樹 132
みぎ 右 42
みきた 和 269
みぎわ 汀 193
みけ 食 149
みこ 巫 225
みこと 命 241 尊 176
みことのり 勅 191 詔 145
みさ 節 166 節 166 操 174
みさお 貞 194 節 166 節 166 操 174
みさき 岬 240
みささぎ 陵 261
みじか-い 短 184
みじ-め 惨 119
みず 壬 155 水 157 瑞 158
みずうみ 湖 96
みずから 自 125
みずくま 湾 270
みずたま 沫 239
みずのえ 壬 155
みせ 店 196
み-せる 見 90
みそ 衣 37
みぞ 泉 167 溝 105
みそら 穹 76
み-たす 充 135 満 239
みだ-す 乱 255
みたま 魂 109
みたみ 民 241
みだ-ら 淫 41
みだ-り 妄 243
みだ-りに 濫 255
みだ-れる 乱 255
みち 十 135 孔 99 方 232 玄 94 田 197 由 245 礼 264 行 100 交 99 光 99 至 122 充 135 成 160 有 246 岐 68 亨 101 吾 97 孝 101 条 148 伯 214 芳 233 利 255 学 61 庚 102 享 79 径 86 参 119 宙 187 長 189 迪 195 典 196 宝 233 命 241 例 264 皆 57 紀 68 信 152 俗 175 待 177 度 199 祐 247 訓 85 修 134 峻 137 恕 141 真 153 眞 153 造 174 通 192 途 199 能 210 祐 247 倫 262 教 80 康 104 術 137 唱 144 條 148 進 154 務 241 理 256 陸 258 順 139 遂 158 随 158 達 183 道 203 満 239 裕 247 遥 251 義 74 路 266 跡 165 塗 199 綱 106 碩 165 総 173 徳 204 賓 224 誘 247 遙 251 慶 88 衝 147 徹 196 導 203 德 204 賔 224 諒 261 儒 132 諭 245 融 249 講 106 禮 264 巌 67 巖 67
みちび-く 導 203
みちる 庚 102
み-ちる 充 135 満 239
みつ 十 135 三 119 允 41 円 45 屯 205 内 206 広 99 弘 99 光 99 充 135 全 169 米 230 完 64 克 107 秀 133 臣 150 図 157 即 174 足 175 庚 102 参 119 実 128 苗 224 肥 219 並 229 弥 244 明 242 映 44 架 53 看 64 叙 141 泉 167 卽 174 則 175 美 221 益 45 恭 79 貢 103 晃 104 晄 104 師 124 称 143 閃 168 通 192 敍 141 盛 163 密 240 温 49 御 78 循 139 順 139 尋 157 道 203 備 222 補 232 満 239 溢 39 圓 45 溫 49 寛 65 載 114 舜 138 照 145 詳 147 慎 154 愼 154 塡 197 寬 65 實 128 需 132 碩 165 暢 190 漫 239 蜜 240 廣 99 潤 139 蕃 219 鞠 239 彌 244 題 181 纂 120
み-つ 三 119
みつぎ 貢 103 租 170 税 164 調 190
みつぐ 貢 103 嗣 124
みつ-ぐ 貢 103
みっ-つ 三 119
みつる 十 135 光 99 在 114 充 135 庚 102 冨 226 富 226 満 239 溢 39 爾 127 碩 165 暢 190
みと-める 認 209
みどり 碧 230 翠 158 緑 262 綠 262
みな 水 157 尽 155 汎 217 皆 57 南 208 挙 78 悉 128 畢 222 程 194 備 222 該 59 慣 66 盡 155
みなと 港 105 湊 172
みなみ 南 208
みなもと 源 95
みにく-い 醜 135
みぬ 敏 224 敏 224
みね 峻 137 峰 234 峯 234 棟 201 節 166 節 166 嶺 265 巌 67 巖 67
みの 蓑 240
みのる 升 142 成 160 年 210 秀 133 酉 205 利 255 季 68 実 128 秋 133 登 201 稔 210 豊 234 實 128 穂 158 獲 61 穗 158 穫 61 穣 149 穰 149
みの-る 実 128 稔 210 實 128
みみ 耳 125
みや 宮 77 都 199 都 199
みゃく 脈 240
みやこ 京 78 洛 255 都 199 都 199 畿 72
みやつこ 造 174
みやび 雅 55
みゆき 幸 101
みよ 候 103
みょう 名 241 妙 240 苗 224 命 241 明 242 冥 242 猫 224
みよし 好 100
みる 子 121 三 119 臣 150

ぼっ 坊 235
ぼつ 没 236 勃 237
ほっ-する 欲 254
ほど 高 104 程 194 節 166 節 166
ほとけ 仏 228 佛 228
ほどこす 忠 187
ほどこ-す 施 124
ほとり 辺 230
ほとん-ど 殆 237
ほね 骨 108
ほのお 炎 46 焔 46
ほほ 頬 236
ほぼ 略 258
ほまる 誉 249
ほまれ 玲 264 誉 249
ほま-れ 誉 249
ほむ 誉 249 賞 147
ほむら 炎 46 焔 46
ほ-める 誉 249 賞 147 褒 234
ほら 秀 133 洞 203
ほり 堀 237
ほ-る 掘 85 彫 189
ほ-れる 惚 108
ほろ 幌 237
ほろ-びる 亡 235 滅 242
ほろ-ぼす 亡 235 滅 242
ほん 反 217 本 237 奔 237 品 224 誉 249 噴 228 翻 237 飜 237
ぼん 凡 237 犯 217 盆 237 煩 218

ま

ま 万 239 午 97 正 160 末 238 目 243 守 131 実 128 直 191 茉 239 真 153 眞 153 馬 213 麻 237 間 65 萬 239 満 239 實 128 増 174 增 174 摩 237 磨 237 魔 237
まい 米 230 毎 237 売 213 毎 237 苺 39 妹 238 枚 238 昧 238 迷 242 埋 238 詣 88 賣 213 舞 227
まいない 賂 266 賄 270
まい-る 参 119
ま-う 舞 227
まえ 前 169
まが 禍 54 禍 54
まかし 任 209
まか-す 任 209
ま-かす 負 226
まか-せる 任 209 委 37
まかな-う 賄 270
まがね 鉄 196
まか-る 罷 220
ま-がる 曲 81
まき 在 114 巻 64 牧 236 巻 64 真 153 眞 153 蒔 127 槙 238 槇 238 薪 155 纏 197
まぎ-らす 紛 228
まぎ-らわしい 紛 228
まぎ-らわす 紛 228
まぎ-れる 紛 228
まく 莫 215 捲 92 幕 238 膜 238
ま-く 巻 64 卷 64 捲 92 蒔 127 撒 119 播 212
まくら 枕 238
まく-る 捲 92
ま-ける 負 226
ま-げる 曲 81
まこ 真 153 眞 153
まご 孫 176
まこと 一 40 允 41 丹 183 充 135 任 209 良 259 実 128 周 133 卓 181 命 241 洵 138 信 152 亮 260 純 138 真 153 眞 153 惇 205 淳 139 情 148 欽 82 董 202 詢 139 慎 154 愼 154 誠 164 節 166 睦 236 實 128 精 164 諄 140 節 166 諒 261
まさ 一 40 才 110 上 147 大 180 万 239 允 41 王 47 元 94 公 98 少 141 仁 155 内 206 方 232 予 249 且 62 巨 77 正 160 礼 264 各 60 匡 78 旬 137 庄 142 成 160 全 169 壮 171 存 176 多 176 当 200 応 47 完 64 求 76 均 82 芹 167 芸 89 壯 171 甫 231 利 255 学 61 宜 72 斉 162 若 130 尚 142 昌 143 征 162 長 189 直 191 的 195 奉 233 和 269 栄 44 祇 74 客 75 荘 171 信 152 政 162 相 171 毘 220 柾 238 祐 247 格 60 剛 107 修 134 莊 171 将 143 真 153 眞 153 晟 162 党 200 祐 247 容 251 連 265 倭 269 逸 39 済 111 粛 136 將 143 理 256 逸 39 温 49 萱 63 款 65 順 139 勝 144 晶 145 属 175 董 202 道 203 備 222 萬 239 裕 247 雄 247 溫 49 雅 55 幹 66 絹 93 傑 90 聖 163 誠 164 督 204 預 249 維 38 榮 44 豪 107 齊 162 端 184 暢 190 適 195 綿 242 縁 47 緣 47 縄 149 蔵 174 諒 261 叡 45 薫 85 鴨 63 賢 93 整 164 應 47 薫 85 優 250 藝 89 藏 174 鎮 191 鎭 191 禮 264 譲 149 讓 149 鷹 253
まさき 柾 238
まさし 一 40 仁 155 方 232 正 160 礼 264 匡 78 昌 143 政 162 雅 55 精 164 禮 264
まさ-に 将 143 將 143
まさり 俊 137 雅 55
まさる 大 180 甲 99 平 229 多 176 克 107 果 53 昌 143 卓 181 長 189 俊 137 勉 231 勉 231 健 92 捷 144 最 114 勝 144 智 186 雅 55 潤 139 賢 93 優 250
まさ-る 勝 144 優 250
ま-ざる 交 99 混 109 雑 118 雜 118
まし 尚 142 益 45
まじ-える 交 99
まじな-い 呪 132
ま-じる 交 99 混 109 雑 118 雜 118
まじ-わる 交 99
ます 丈 148 升 142 太 178 斗 198 加 51 牟 241 孜 123 寿 132 助 141 沢 181 尚 142 松 142 昌 143 長 189 附 225 弥 244 和 269 施 124 負 226 勉 231 祐 247 益 45 真 153 眞 153 畜 186 倍 213 勉 231 祐 247 偶 84 済 111 剰 148 曽 172 添 197 培 214 陪 214 副 227 賀 55 滋 126 勝 144 剩 148 殖 149 曾 172 補 232 満 239 塡 197 壽 132 増 174 綿 242 遺 38 賜 125 潤 139 增 174 蕃 219 賦 226 賢 93 錫 130 鞠 239 彌 244 贈 174 贈 174 鱒 238
ま-す 益 45 増 174 增 174
ま-ず 先 167
まず-しい 貧 224
ますます 益 45
ま-ぜる 交 99 混 109 雑 118 雜 118
また 又 238 叉 109 也 244 加 51 全 169 亦 238 完 64 股 96 定 193 革 60 派 212 俣 238 益 45 真 153 眞 153 復 227
また-がる 跨 97
また-ぐ 跨 97
またし 完 64
またた-く 瞬 138
まだら 斑 218
まち 市 122 町 189 待 177 街 59 需 132
まつ 末 238 当 200 松 142 茉 239 抹 238 沫 239 待 177 須 157 遅 186 尞 261
ま-つ 待 177
まった-く 全 169
まっと-うする 全 169
まつ-り 祭 111
まつりごと 政 162
まつ-る 祭 111 纏 197
まつ-わる 纏 197
まで 迄 239
まと 的 195
まど 円 45 窓 172 圓 45
まとい 纏 197
まどい 惑 270
まと-う 纏 197
まど-う 惑 270
まどか 円 45 団 184 圓 45 團 184
まど-か 円 45 圓 45
まと-まる 纏 197
まとむ 纏 197
まと-める 纏 197
まな 学 61 真 153 眞 153 眼 67 愛 34
まなこ 眼 67
まなぶ 仕 120 学 61
まな-ぶ 学 61
まにま-に 随 158
まぬか-れる 免 242
まね 弥 244 彌 244

※名前にふさわしくない意味の漢字もあります。名づけの際は必ず意味の確認を！

深 154 淵 46 湛 184
ふ-かす 更 101
ふか-まる 深 154
ふか-める 深 154
ふき 吹 157 茸 228 蕗 227
ふく 伏 227 服 227 冨 226 副 227 富 226 幅 227 復 227 葺 228 腹 228 福 228 福 228 複 228 覆 228
ふ-く 吹 157 拭 149 葺 228 噴 228
ふくべ 瓢 224
ふく-む 含 67
ふく-める 含 67
ふく-らむ 膨 236
ふく-れる 脹 190 膨 236
ふくろ 袋 179
ふけ 吹 157
ふけ-る 耽 184
ふ-ける 老 267 更 101
ふさ 方 232 旧 76 札 117 処 140 芝 129 成 160 角 60 芳 233 英 44 弦 94 房 235 林 262 重 136 宣 167 亮 260 華 53 記 70 倭 269 寅 205 紘 95 章 144 幾 70 隅 84 滋 126 惣 172 葉 251 番 218 業 81 預 249 維 38 種 131 総 173 聡 173 緩 66 諄 140 蕃 219 薫 85 興 106 薫 85
ぶさ 英 44
ふさ-がる 塞 114
ふさ-ぐ 塞 114
ふし 句 83 節 166 節 166
ふじ 葛 62 藤 202
ふ-す 伏 227 臥 55
ふすま 襖 48
ふせ 防 235
ふせ-ぐ 防 235
ふ-せる 伏 227
ふた 二 208 双 170 両 259 蓋 59
ふだ 札 117
ぶた 豚 205
ふたた-び 再 111
ふた-つ 二 208
ふち 淵 46 縁 47 緣 47
ぶち 斑 218
ふつ 不 225 仏 228 払 228 佛 228 拂 228 沸 228
ぶつ 仏 228 勿 243 佛 228 物 228
ふで 筆 223
ふと 人 156 大 180 太 178 弟 193
ふと-い 太 178
ふところ 懐 58 懷 58
ふとし 大 180 太 178 膏 106
ふと-る 太 178
ふな 舟 133 船 168
ふなど 岐 68
ふなばた 舷 95
ふね 舟 133 航 103 船 168 槽 174
ふの 史 120
ふひと 史 120
ふ-まえる 踏 202
ふみ 文 229 冊 117 史 120 志 123 良 259 迪 195 典 196 和 269 郁 39 奎 87 美 221 記 70 書 140 章 144 詞 124 履 257 録 269 錄 269 簡 66 籍 166
ぶみ 郁 39
ふみし 文 229
ふむ 文 229 枚 238 書 140
ふ-む 践 168 踏 202 履 257
ふもと 麓 269
ふ-やす 殖 149 増 174 增 174
ふゆ 生 161 冬 200 那 206 寒 65
ふり 振 152
ふる 旧 76 古 95 両 259 雨 42 昔 165 故 96 振 152 経 87 歴 265 歷 265
ふ-る 降 103 振 152
ぶる 陣 155
ふる-い 旧 76 古 95
ふる-う 揮 71 震 155 奮 228
ふ-るう 振 152
ふる-える 震 155
ふる-す 古 95
ふ-れる 振 152 触 150
ふん 分 228 冊 117 吻 228 粉 228 書 140 紛 228 雰 228 焚 228 噴 228 墳 228 憤 228 奮 228
ぶん 分 228 文 229 吻 228 蚊 54 豊 234 聞 229

へ

へ 兵 229
べ 戸 95 辺 230 缶 64 兵 229 畔 217
へい 丙 229 平 229 兵 229 坪 193 並 229 併 229 柄 229 病 224 陛 229 瓶 225 閉 229 評 224 塀 229 幣 230 弊 230 蔽 230 餅 230
べい 皿 118 米 230 謎 206
ぺい 平 229 兵 229
ぺーじ 頁 89
へき 碧 230 壁 230 璧 230 癖 230
べき 糸 122
へこ-む 凹 47
べ-し 可 51
へだ-たる 隔 60
へだ-てる 隔 60
へつ 別 230 瞥 230
べつ 別 230 滅 242 蔑 230 瞥 230
べに 紅 102
へび 蛇 130
へ-らす 減 95
へり 縁 47 緣 47
へりくだ-る 遜 176 謙 93
へ-る 経 87 減 95 歴 265 歷 265
へん 片 230 辺 230 返 230 変 230 偏 230 遍 231 編 231 篇 231 鞭 231
べん 弁 231 便 231 勉 231 勉 231 娩 231 鞭 231

ほ

ほ 火 51 父 225 布 225 帆 217 秀 133 伯 214 扶 225 甫 231 歩 231 步 231 宝 233 保 231 畝 43 浦 43 哺 231 捕 232 圃 232 菩 232 葡 227 補 232 蒲 232 鉢 216 輔 232 穂 158 舗 232 頬 236 穗 158
ぼ 母 232 戊 232 牡 232 姥 43 莫 215 菩 232 募 232 墓 232 慕 232 暮 232 模 243 簿 232
ぽ 歩 231 步 231
ほう 方 232 包 233 芳 233 邦 233 妨 235 朋 233 奉 233 宝 233 抱 233 法 233 泡 233 放 233 肪 235 祝 136 封 227 保 231 胞 233 祝 136 倣 233 俸 233 峰 234 峯 234 砲 234 剖 235 紡 235 逢 33 捧 234 崩 234 訪 234 萌 234 萠 234 棚 183 報 234 蜂 234 豊 234 飽 234 鞄 63 蓬 234 鳳 234 褒 234 鋒 234 薫 85 縫 234 膨 236 薫 85 鵬 234
ぼう 亡 235 乏 235 卯 42 戊 232 矛 241 忙 235 牟 241 妄 243 坊 235 妨 235 防 235 忘 235 苺 39 茅 235 房 235 肪 235 昴 159 冒 235 某 235 畝 43 剖 235 紡 235 眸 235 萌 234 萠 234 望 235 傍 235 帽 235 棒 236 貿 236 夢 241 貌 236 暴 236 膨 236 謀 236
ほうむ-る 葬 172
ほう-る 放 233
ほお 朴 236 頬 236
ほか 外 59 他 176
ほがら 朗 267 朗 267
ほが-らか 朗 267 朗 267
ほぎ 寿 132 壽 132
ほく 卜 236 北 236 菩 232 曝 215
ぼく 卜 236 木 236 目 243 朴 236 牧 236 睦 236 僕 236 墨 236 墨 236 撲 236
ほこ 矛 241
ほこさき 鋒 234
ほこ-る 誇 96
ほころ-びる 綻 184
ほし 斗 198 参 119 星 162
ほ-しい 欲 254
ほしいまま 恣 124 縦 136 縱 136
ほす 干 63
ほ-す 干 63 乾 64
ほず 上 147 末 238 秀 133
ほそ-い 細 114
ほそ-る 細 114
ほだ-し 絆 217
ほだ-す 絆 217
ほたる 蛍 87
ほっ 法 233
ほつ 払 228 拂 228 発 216 勃 237

悠 248 榮 44 壽 132 彌 244
ひさ-しい 久 75
ひさむ 生 161
ひし 菱 222
ひじ 一 40 土 199 肘 222
ひし-ぐ 拉 254
ひじり 聖 163
ひそか 密 240
ひそ-か 密 240
ひそむ 潜 168
ひそ-む 潜 168
ひた 直 191 牽 92 漬 192
ひたい 額 61
ひたく 昇 142
ひた-す 浸 152
ひだり 左 109
ひた-る 浸 152
ひつ 匹 222 疋 222 必 222
払 228 泌 222 拂 228 畢 222
尋 157 筆 223
びつ 密 240 蜜 240
ひつぎ 棺 65
ひつじ 未 240 羊 249
ひづめ 蹄 195
ひで 一 40 之 210 禾 51
未 240 次 125 成 160 任 209
求 76 寿 132 秀 133 英 44
季 68 幸 101 昆 108 征 162
東 200 栄 44 毘 220 品 224
啓 87 淑 136 彪 223 彬 224
偉 38 堪 65 愛 34 継 88
傑 90 嗣 124 続 175 榮 44
豪 107 壽 132 静 164 標 224
薫 85 衡 106 靜 164 薰 85
ひでし 秀 133
ひでる 英 44
ひと 一 40 人 156 士 120
云 43 公 98 仁 155 史 120
仙 167 他 176 民 241 即 174
兵 229 侍 126 者 129 客 75
者 129 卽 174 単 183 翁 48
倫 262 單 183 寛 65 聖 163
寬 65 儒 132
ひど-い 酷 108
ひとえ 単 183 單 183
ひとえ-に 偏 230
ひとし 一 40 人 156
与 249 仁 155 文 229 平 229
伍 97 旬 137 同 202 亦 238
均 82 宛 35 斉 162 和 269
恒 102 恆 102 洵 138 将 143
砥 199 倫 262 斎 114 將 143
陸 258 欽 82 結 91 等 202
雅 55 舜 138 準 139 與 249
齊 162 精 164 徹 196 衡 106
整 164
ひと-しい 均 82 斉 162
等 202 齊 162
ひと-つ 一 40 壱 39
ひとみ 眸 235 瞳 203
ひと-り 独 204
ひな 夷 37 雛 223
ひね-る 捻 210
ひのえ 丙 229
ひのき 桧 223 檜 223
ひのと 丁 188
ひびき 響 80 響 80
ひび-く 響 80 響 80
ひま 閑 65 暇 54 隙 89
ひめ 女 141 妃 219 姫 223
媛 46
ひ-める 秘 220 祕 220
ひも 紐 223 襟 83
ひ-や 冷 264
ひ-やかす 冷 264
ひゃく 百 223
びゃく 白 214
ひ-やす 冷 264
ひゅう 彪 223
ひょう 氷 223 平 229
兵 229 拍 214 表 223 俵 223
豹 223 票 223 彪 223 評 224
漂 224 標 224 瓢 224
びょう 平 229 苗 224
秒 224 病 224 猫 224 描 224
廟 224
ひら 永 43 平 229 夷 37
行 100 旬 137 成 160 位 37
均 82 低 193 英 44 坦 183
坪 193 迪 195 拍 214 披 219
枚 238 勃 237 挙 78 砥 199
救 77 啓 87 堂 203 開 58
準 139 数 159 権 93 敷 226
衡 106
ひらかす 開 58
ひらき 啓 87 開 58
ひらく 拓 181 発 216
通 192 啓 87 推 158 開 58
肇 215 墾 109
ひら-く 拓 181 披 219
啓 87 開 58
ひら-ける 開 58
ひらめ-く 閃 168
ひる 日 209 昼 187 晝 187
ひ-る 干 63
ひるがえ-す 翻 237
飜 237
ひるがえ-る 翻 237
飜 237
ひろ 口 98 丈 148 大 180
丑 42 戸 95 公 98 仁 155
太 178 央 47 外 59 巨 77
玄 94 広 99 弘 99 四 122
礼 264 光 99 先 167 托 181
汎 217 迂 42 完 64 宏 101
谷 107 寿 132 助 141 拡 60
官 64 穹 76 昊 102 竺 127
周 133 宗 133 拓 181 坦 183
典 196 披 219 弥 244 明 242
門 244 栄 44 恢 58 紀 68
彦 222 厚 102 洪 102 郊 102
洸 103 拾 133 宣 167 祖 169
洞 203 勃 237 宥 247 祐 247
洋 249 倶 84 浩 104 紘 104
恕 141 祥 143 祖 169 孫 176
泰 179 展 197 祐 247 容 251
郭 60 啓 87 梧 98 康 104
祥 143 転 197 都 199 野 245
埜 245 淵 46 賀 55 敬 87
景 88 皓 105 衆 134 尋 157
測 175 達 183 都 199 博 215
普 226 裕 247 解 58 寛 65
滉 105 蒼 173 漠 215 豊 234
榮 44 演 47 嘉 54 寛 65
壽 132 碩 165 聞 229 漫 239
緩 66 熙 72 勲 85 廣 99
潤 139 播 212 衛 44 衞 44
勳 85 衡 106 篤 204 厳 95
鴻 106 彌 244 優 250 簡 66
轉 197 禮 264 嚴 95
ひろ-い 広 99 弘 99
宏 101 博 215 寛 65 寬 65
廣 99
ひろ-う 拾 133
ひろ-がる 広 99 拡 60
廣 99
ひろ-げる 広 99 拡 60
廣 99
ひろし 大 180 公 98
仁 155 央 47 広 99 弘 99
末 238 礼 264 光 99 汎 217
完 64 宏 101 寿 132 拡 60
京 78 昊 102 周 133 拓 181
坦 183 宙 187 厚 102 洪 102
洸 103 洋 249 浩 104 紘 104
恕 141 泰 179 容 251 啓 87
敬 87 湖 96 皓 105 尋 157
博 215 普 226 裕 247 寛 65
滉 105 豊 234 演 47 寬 65
壽 132 熙 72 廣 99 潤 139
鴻 106 禮 264
ひろじ 寛 65 寬 65
ひろ-まる 広 99 廣 99
ひろむ 弘 99 拡 60
坦 183 恕 141 啓 87 博 215
裕 247 熙 72
ひろ-める 広 99 弘 99
廣 99
ひん 品 224 浜 224 貧 224
彬 224 稟 262 賓 224 賓 224
頻 224 瀕 224
びん 便 231 秤 225 敏 224
貧 224 敏 224 瓶 225

ふ

ふ 二 208 双 170 不 225
夫 225 父 225 生 161 付 225
布 225 缶 64 吹 157 扶 225
巫 225 芙 225 甫 231 歩 231
斧 225 府 225 怖 225 附 225
阜 225 步 231 訃 226 負 226
赴 226 風 227 釜 63 浮 226
乾 64 経 87 婦 226 符 226
冨 226 富 226 普 226 蒲 232
節 166 輔 232 腐 226 節 166
撫 227 敷 226 膚 226 賦 226
覆 228 譜 226
ぶ 二 208 不 225 夫 225
分 228 生 161 巫 225 歩 231
侮 226 武 226 步 231 奉 233
侮 226 部 227 葡 227 無 241
撫 227 舞 227 蕪 227
ふう 夫 225 封 227 風 227
冨 226 富 226 楓 227
ふえ 呂 266 笛 195
ふ-える 殖 149 増 174
增 174
ふか 玄 94 作 115 沈 191
底 193 武 226 甚 155 深 154
淵 46 奥 48 測 175 奧 48
興 106
ふか-い 深 154
ふかし 玄 94 沖 187
究 76 洸 103 洋 249 淑 136

祝 136 春 137 祖 169 原 94 朔 117 祝 136 素 170 祖 169 基 70 啓 87 順 139 創 172 朝 189 統 202 業 81 源 95 新 154 端 184 肇 215
はじ-め 初 140
はじ-めて 初 140
はじ-める 始 123 創 172 肇 215
はしら 柱 188
は-じらう 恥 185
はし-る 走 171 奔 237
は-じる 恥 185 羞 134
はす 芙 225 蓉 251 蓮 266
はず 筈 215
は-ずかしい 恥 185
はずかし-める 辱 150
はず-す 外 59
はず-む 弾 185 彈 185
はず-れる 外 59
は-せる 馳 186
は-ぜる 爆 215
はた 果 53 畑 216 将 143 秦 152 畠 216 將 143 旗 71 綺 71 端 184 幡 218 機 72
はだ 肌 216 膚 226
はだか 裸 254
はたけ 畑 216 畠 216
はたす 果 53 毅 72
は-たす 果 53
はたら-く 働 203
はち 八 216 鉢 216 蜂 234
ばち 罰 216
はちす 蓮 266
はっ 法 233
はつ 伐 216 初 140 抜 216 拔 216 発 216 逸 39 逸 39 鉢 216 肇 215 髪 216 閥 216 髮 216
ばつ 末 238 伐 216 抜 216 拔 216 茉 239 抹 238 沫 239 罰 216 閥 216
は-て 果 53
は-てる 果 53
はと 鳩 216
はとり 服 227 織 150
はな 花 52 芳 233 英 44 華 53 鼻 222
はなし 話 270
はな-す 放 233 話 270 離 257
はな-つ 放 233
はなは-だ 甚 155
はなは-だしい 甚 155
はなぶさ 英 44
はな-れる 放 233 離 257
はなわ 塙 216
はに 土 199 赤 165 埴 217
はにゅう 赤 165
はね 羽 42
は-ねる 跳 190
はは 母 232
はば 巾 82 幅 227
ばば 婆 213
はば-む 阻 169
はぶく 省 162
はぶ-く 省 162
はべ-る 侍 126
はま 浜 224 濱 224
は-まる 塡 197
は-む 食 149
は-める 塡 197
はもと 羽 42
はや 已 36 迅 155 早 171 快 57 征 162 赴 226 勇 246 剣 92 隼 138 速 175 敏 224 逸 39 粛 136 捷 144 敏 224 逸 39 敬 87 馳 186 頓 205 劍 92 駿 138 頻 224
はや-い 迅 155 早 171 疾 128 速 175 捷 144
はやお 駿 138
はやし 林 262 隼 138 速 175 敏 224 敏 224 馳 186 駿 138
は-やす 生 161
はやと 隼 138
はやぶさ 隼 138
はや-まる 早 171 速 175
はやみ 速 175
はや-める 早 171 速 175
はや-る 逸 39 逸 39
はら 胎 177 原 94 腹 228
はらい 暗 36
はら-う 払 228 拂 228
は-らす 晴 163 腫 131
はら-む 妊 209
はらわた 腸 190
はり 針 152 梁 261 榛 154
ばり 張 189
はる 大 180 元 94 日 209 内 206 玄 94 立 258 令 263 会 57 合 106 全 169 花 52 冶 244 良 259 始 123 治 126 青 162 知 185 東 200 明 242 孟 243 栄 44 施 124 春 137 昭 143 相 171 珍 191 美 221 幽 246 晏 36 桜 48 華 53 浩 104 時 126 敏 224 流 258 啓 87 脩 134 帳 189 張 189 敏 224 悠 248 絢 93 温 49 開 58 喜 70 給 77 遇 84 喧 92 晴 163 遅 186 陽 252 遥 251 溫 49 詮 168 暖 185 榮 44 閤 61 榛 154 遙 251 遼 261 蘇 170 覇 212 櫻 48
は-る 張 189 貼 189
はるか 永 43 玄 94 仮 51 悠 248 遥 251 遙 251 遼 261
はる-か 悠 248 遥 251 遙 251
はるき 開 58
はれ 晴 163
は-れる 晴 163 脹 190 腫 131
はん 凡 237 反 217 半 217 氾 217 犯 217 帆 217 汎 217 伴 217 判 217 坂 217 阪 217 返 230 版 217 板 218 垣 60 班 217 畔 217 般 217 絆 217 販 217 斑 218 飯 218 番 218 搬 218 煩 218 頒 218 幡 218 範 218 蕃 219 繁 218 繁 218 藩 218
ばん 万 239 伴 217 判 217 坂 217 版 217 板 218 挽 218 絆 217 晩 218 晚 218 番 218 蛮 218 萬 239 播 212 盤 218 蕃 219 磐 219

ひ

ひ 一 40 火 51 日 209 比 219 皮 219 氷 223 灯 200 妃 219 否 219 批 219 庇 219 昆 108 彼 219 披 219 肥 219 非 219 卑 219 枇 220 泌 222 卑 219 飛 219 毘 220 負 226 疲 220 秘 220 祕 220 被 220 菊 74 啓 87 扉 220 悲 220 費 220 斐 220 琵 222 陽 252 碑 220 碑 220 緋 220 罷 220 樋 220 燈 200 避 220
び 未 240 批 219 尾 220 枇 220 弥 244 眉 220 美 221 毘 220 梶 62 備 222 琵 222 微 222 鼻 222 彌 244
ひいず 禾 51 秀 133
ひい-でる 秀 133
ひいらぎ 柊 134
ひ-える 冷 264
ひか-える 控 105
ひがし 東 200
ひかり 光 99 景 88 電 197
ひかる 火 51 玄 94 光 99 晃 104 晄 104 閃 168 皓 105 輝 73
ひか-る 光 99
ひき 引 41 匹 222 疋 222 牽 92
ひき-いる 率 176
ひく 渥 35
ひ-く 引 41 曳 44 挽 218 牽 92 惹 130 弾 185 彈 185
ひく-い 低 193
ひく-まる 低 193
ひく-める 低 193
ひ-ける 引 41
ひこ 久 75 光 99 位 37 良 259 彦 222 孫 176
ひさ 一 40 九 75 久 75 之 210 上 147 引 41 比 219 文 229 永 43 央 47 旧 76 古 95 史 120 仙 167 向 100 玖 76 寿 132 良 259 阿 33 奄 46 往 47 学 61 者 129 尚 142 昔 165 長 189 弥 244 栄 44 契 86 故 96 胡 96 恒 102 恆 102 者 129 宣 167 桐 201 剛 107 修 134 書 140 能 210 留 258 亀 70 商 144 常 148 陳 191 販 217 冨 226 悠 248 喜 70 遅 186 富 226 陽 252 榮 44 壽 132 説 166 歴 265 歷 265 瓢 224 彌 244 藤 202
ひざ 膝 222
ひさご 瓢 224
ひさし 十 135 久 75 仁 155 永 43 央 47 古 95 寿 132 序 141 庇 219 奄 46 尚 142 長 189 弥 244 栄 44 恒 102 恆 102 亀 70 常 148

ののし-る 罵 213
の-ばす 伸 150 延 46
のびる 伸 150
の-びる 伸 150 延 46
のぶ 一 40 山 119 之 210
与 249 引 41 允 41 円 45
収 132 内 206 文 229 永 43
史 120 申 150 正 160 布 225
江 100 曳 44 休 76 亘 100
收 132 存 176 伝 197 同 202
列 265 応 47 言 94 更 101
伺 122 寿 132 秀 133 初 140
序 141 伸 150 身 150 辰 182
声 160 呈 193 別 230 返 230
延 46 祁 68 宜 72 治 126
述 137 所 140 長 189 彼 219
房 235 命 241 恒 102 恆 102
施 124 重 136 洵 138 叙 141
信 152 政 162 宣 167 度 199
毘 220 悦 45 修 134 書 140
将 143 振 152 陣 155 席 165
通 192 展 197 能 210 移 38
惟 38 寅 205 啓 87 経 87
康 104 脩 134 敍 141 將 143
常 148 進 154 設 166 掃 172
曹 172 堆 179 陳 191 陶 201
庸 251 淵 46 喜 70 喬 80
散 119 順 139 殖 149 惣 172
達 183 註 188 登 201 董 202
童 203 敦 205 葉 251 備 222
揚 251 遥 251 圓 45 寛 65
業 81 献 93 照 145 頌 147
誠 164 靖 164 羨 168 傳 197
睦 236 與 249 演 47 寬 65
壽 132 説 166 総 173 聡 173
暢 190 蔓 239 遙 251 緩 66
遵 139 諄 140 震 155 選 168
撰 169 誕 184 敷 226 養 253
劉 259 慮 259 薫 85 樹 132
整 164 薦 169 謀 236 應 47
薰 85 騰 202
のぶる 伸 150 辰 182
延 46 述 137 直 191 信 152
宣 167 陳 191 暢 190
の-べる 伸 150 延 46
述 137 陳 191
のぼ-す 上 147
のぼ-せる 上 147
のぼり 昇 142
のぼる 上 147 升 142
沖 187 伸 150 昂 102 昇 142
乗 148 乘 148 陞 229 登 201
豊 234 暢 190 徳 204 德 204
騰 202
のぼ-る 上 147 昇 142
登 201
のみ 已 36 呑 205
の-む 呑 205 飲 41
のり 乃 211 丁 188 了 259
工 98 士 120 寸 159 土 199
云 43 化 51 斤 82 升 142
仁 155 中 187 父 225 文 229
方 232 以 37 永 43 玄 94
功 99 仙 167 代 179 令 263
礼 264 行 100 曲 81 刑 86
考 100 至 122 式 127 舟 133
成 160 存 176 伝 197 任 209
伐 216 位 37 応 47 芸 89
見 90 言 94 孝 101 告 107
似 126 児 126 車 129 肖 142
状 148 伸 150 図 157 伯 214
甫 231 利 255 里 256 学 61
官 64 季 68 宜 72 尭 81
効 101 兒 126 実 128 周 133
宗 133 述 137 昇 142 狀 148
制 160 知 185 忠 187 典 196
法 233 命 241 明 242 威 37
廻 58 紀 68 軌 68 祇 74
彦 222 後 97 祝 136 昭 143
乗 148 背 213 政 162 宣 167
祖 169 則 175 珍 191 度 199
品 224 律 258 益 45 格 60
記 70 恭 79 矩 83 訓 85
悟 97 剛 107 師 124 修 134
祝 136 准 138 純 138 書 140
恕 141 称 143 乘 148 祖 169
致 185 哲 196 能 210 納 212
陛 229 倫 262 勘 65 基 70
規 70 郷 79 教 80 啓 87
経 87 険 92 視 124 章 144
剰 148 率 176 陳 191 得 203
庸 251 理 256 略 258 営 44
賀 55 閑 65 幾 70 御 78
卿 80 堯 81 勤 82 敬 87
視 124 詞 124 斯 124 順 139
勝 144 詔 145 象 145 剩 148
尋 157 然 169 智 186 朝 189
程 194 湯 201 登 201 答 202
統 202 道 203 報 234 雄 247
遥 251 愛 34 意 38 雅 55
寛 65 義 74 業 81 勤 82
載 114 路 266 準 139 慎 154
愼 154 数 159 誠 164 節 166
詮 168 稚 186 傳 197 稔 210
誉 249 閣 61 寬 65 實 128
製 164 像 174 徳 204 模 243
遙 251 緑 262 綠 262 慰 38
駕 55 毅 72 熙 72 儀 74
慶 88 稽 88 権 93 糊 97
縄 149 穂 158 節 166 調 190
德 204 範 218 論 269 機 72
險 92 憲 93 賢 93 頼 254
賴 254 應 47 謹 83 謙 93
講 106 穗 158 績 165 騎 72
謹 83 藝 89 類 263 禮 264
識 127 類 263 議 74 譲 149
鑑 67 讓 149
のる 宜 72
の-る 乗 148 乘 148 載 114
のろ-い 鈍 205
のろ-う 呪 132
のん 音 50 暖 185

は

は 刃 155 巴 212 甲 99
羽 42 把 212 芭 213 伯 214
波 212 杷 212 春 137 派 212
華 53 破 212 歯 124 琶 212
葉 251 端 184 頗 212 播 212
覇 212
ば 芭 213 波 212 庭 194
馬 213 婆 213 場 149 葉 251
罵 213
はい 灰 57 貝 57 拝 213
杯 213 背 213 拜 213 盃 213
肺 213 俳 213 配 213 排 213
敗 213 菩 232 廃 213 輩 213
ばい 貝 57 売 213 苺 39
枚 238 唄 43 倍 213 梅 213
梅 213 培 214 陪 214 媒 214
買 214 煤 214 賣 213 賠 214
はい-る 入 209
は-う 這 214
は-え 栄 44 榮 44
は-える 生 161 映 44
栄 44 榮 44
はか 伯 214 博 215 墓 232
儒 132
はかし 刀 200
は-がす 剥 215
ば-かす 化 51
はかど-る 捗 191
はがね 鋼 106
はかま 袴 214
はか-らう 計 86
はかり 秤 225 量 261
ばか-り 許 78
はかりごと 謀 236
はかる 斗 198 平 229
成 160 図 157 法 233 計 86
恕 141 量 261 億 49 謀 236
はか-る 図 157 計 86
測 175 量 261 諮 125 謀 236
は-がれる 剥 215
はぎ 萩 214
はく 白 214 朴 236 伯 214
拍 214 泊 214 迫 214 柏 214
珀 215 剝 215 舶 215 博 215
箔 215 撲 236 薄 215 爆 215
は-く 吐 197 穿 168 掃 172
履 257
は-ぐ 剥 215
ばく 麦 215 莫 215 博 215
漠 215 幕 238 暴 236 縛 215
爆 215 曝 215
ぱく 白 214
はぐく-む 育 39
はげ-しい 烈 265 劇 89
激 89
はげ-ます 励 264
はげむ 百 223 励 264
はげ-む 励 264
は-げる 剥 215
ば-ける 化 51
はこ 函 64 箱 215
はこぶ 運 43
はこ-ぶ 運 43
はざま 峡 79 峽 79
はさ-まる 挟 79
はさ-む 挟 79 挿 172
はし 美 221 陛 229 階 58
間 65 端 184 箸 215 橋 80
はじ 恥 185
はじ-く 弾 185 彈 185
はしご 梯 194
はしばみ 榛 154
はじ-まる 始 123
はじむ 一 40 元 94
孟 243 基 70 創 172 肇 215
はじめ 一 40 大 180
元 94 玄 94 本 237 吉 74
児 126 初 140 甫 231 斧 225
始 123 兒 126 叔 136 東 200
孟 243 紀 68 哉 111 首 131

※名前にふさわしくない意味の漢字もあります。名づけの際は必ず意味の確認を！

なに 何 51 奈 207
なにがし 某 235
なの 七 128
なべ 鍋 208
なほ 挺 194
なま 生 161
なま-ける 怠 177
なま-めかしい 艶 47
なま-めく 艶 47
なまり 鉛 47
なま-る 鈍 205
なみ 双 170 比 219 方 232 冊 117 因 41 次 125 甫 231 波 212 並 229 南 208 洋 249 浪 267 淵 46 漣 266
なみだ 涙 263 淚 263
なめ 並 229
なめ-らか 滑 62
な-める 嘗 147
なや-ます 悩 210
なや-む 悩 210
なら 漢 66 楢 208 漢 66
ならう 温 49 溫 49
なら-う 倣 233 習 134
なら-す 均 82
な-らす 馴 139 慣 66 鳴 242
なら-びに 並 229
ならぶ 双 170 並 229
なら-ぶ 並 229
なら-べる 並 229
なら-わし 習 134
なり 入 209 也 244 化 51 功 99 仕 120 生 161 平 229 本 237 令 263 礼 264 考 100 匠 142 成 160 有 246 位 37 亨 101 均 82 形 86 孝 101 克 107 作 115 足 175 体 177 育 39 往 47 玩 67 宜 72 効 101 斉 162 周 133 尚 142 性 162 忠 187 苗 224 威 37 為 38 音 50 哉 111 柔 135 城 148 政 162 亭 193 発 216 約 245 記 70 校 103 造 174 容 251 規 70 救 77 教 80 済 111 崇 158 曽 172 得 203 爲 38 詞 124 就 134 遂 158 晴 163 然 169 曾 172 登 201 備 222 落 255 絡 255 愛 34 雅 55 業 81 慈 126 勢 163 誠 164 稔 210 齊 162 態 179 徳 204 鳴 242 勲 85 熟 137 震 155 調 190 德 204 燕 47 勳 85 整 164 謹 83 績 165 謹 83 禮 264
なる 去 77 功 99 平 229 考 100 匠 142 成 160 完 64 育 39 済 111 遂 158 登 201 愛 34 誠 164 稔 210 農 212 徳 204 鳴 242 震 155 德 204 燕 47 親 155
な-る 成 160 為 38 爲 38 鳴 242
な-れる 馴 139 慣 66
なろう 準 139
なわ 苗 224 縄 149
なん 何 51 男 184 奈 207 南 208 納 212 軟 208 楠 208 難 208 難 208
なんじ 汝 208 爾 127

に

に 二 208 仁 155 丹 183 尼 208 弐 208 似 126 児 126 兒 126 荷 53 煮 129 煮 129 爾 127
にい 新 154
に-える 煮 129 煮 129
にお 薫 85 薰 85
にお-う 匂 208 臭 134 臭 134
にが-い 苦 83
に-がす 逃 200
にが-る 苦 83
にぎ-やか 賑 208
にぎ-る 握 35
にぎ-わう 賑 208
にぎ-わす 賑 208
にく 肉 208
にく-い 憎 174 憎 174
にく-しみ 憎 174 憎 174
にく-む 悪 33 惡 33 憎 174 憎 174
にく-らしい 憎 174 憎 174
に-げる 逃 200
にご-す 濁 182
にご-る 濁 182
にし 西 160 螺 254
にじ 虹 209
にしき 錦 83
にじゅう 廿 209
にせ 偽 74 僞 74
にち 日 209
にな-う 担 183 荷 53
にぶ-い 鈍 205
にぶ-る 鈍 205
にゃ 若 130
にゃく 若 130
に-やす 煮 129 煮 129
にゅう 入 209 乳 209 柔 135 紐 223
にょ 女 141 如 141
にょう 女 141 尿 209 溺 195
に-る 似 126 煮 129 煮 129
にわ 庭 194
にわか 俄 55
にわとり 鶏 89 鷄 89
にん 人 156 刃 155 仁 155 任 209 妊 209 忍 209 認 209

ぬ

ぬ 奴 199 怒 199 淳 139 野 245 埜 245
ぬい 縫 234 繍 135
ぬ-う 縫 234
ぬか 額 61
ぬ-かす 抜 216 拔 216
ぬ-かる 抜 216 拔 216
ぬき 札 117 貫 65
ぬき-んでる 抽 187 擢 195
ぬ-く 抜 216 抽 187 拔 216
ぬ-ぐ 脱 183
ぬく-い 温 49 溫 49
ぬぐ-う 拭 149
ぬ-ける 抜 216 拔 216
ぬ-げる 脱 183
ぬさ 札 117 麻 237 幣 230
ぬし 主 131
ぬす-む 盗 201 盜 201
ぬの 布 225
ぬま 沼 142
ぬめ-る 滑 62
ぬ-る 塗 199
ぬる-い 温 49 溫 49
ぬ-れる 濡 209

ね

ね 子 121 兄 86 直 191 泥 195 音 50 祢 209 根 109 値 185 峰 234 峯 234 道 203 稲 202 稻 202 嶺 265 禰 209
ねい 寧 210
ねが-う 願 67
ね-かす 寝 154 寢 154
ねぎら-う 労 267
ねこ 猫 224
ねじ-る 捻 210
ねた-む 妬 197 嫉 128
ねつ 熱 210
ねば-る 粘 210
ねむ-い 眠 241
ねむる 到 200
ねむ-る 眠 241 睡 158
ねら-う 狙 169
ね-る 寝 154 煉 266 寢 154 練 266 練 266 錬 266 鍊 266
ねん 年 210 念 210 捻 210 粘 210 然 169 稔 210 燃 210
ねんご-ろ 懇 109

の

の 乃 211 之 210 能 210 野 245 埜 245
のう 生 161 悩 210 能 210 納 212 脳 212 農 212 濃 212
のが-す 逃 200
のが-れる 逃 200 遁 205
のき 宇 42 退 177 軒 92 除 141
のぎ 禾 51
のく 匿 203
の-く 退 177
のこぎり 鋸 78
のこ-す 残 120 遺 38
のこ-る 残 120 遺 38
の-せる 乗 148 乘 148 載 114
のぞ 希 69
のぞ-く 除 141
のぞみ 希 69 望 235
のぞむ 希 69 望 235
のぞ-む 望 235 臨 263
のたま-う 宣 167
のち 后 100 後 97 終 134
のっと-る 則 175
のど 咽 41 喉 105
のどか 和 269 温 49 溫 49
のど-か 閑 65

どの 殿 197
とのもり 殿 197
と-ばす 飛 219
とばり 帳 189
とび 鳶 204
とびら 扉 220
と-ぶ 飛 219 翔 146 跳 190
とぼ-しい 乏 235
とます 冨 226 富 226
とまる 止 120
と-まる 止 120 泊 214 留 258 停 194
とみ 十 135 吉 74 多 176 私 123 臣 150 幸 101 祉 123 肥 219 宝 233 祉 123 美 221 冨 226 智 186 登 201 答 202 富 226 禄 269 寛 65 福 228 祿 269 寬 65 賑 208 聡 173 徳 204 福 228 德 204
とみ-に 頓 205
と-む 冨 226 富 226
とむら-う 弔 188
とめ 止 120 末 238 留 258 徠 254
とめり 冨 226 富 226
とめる 冨 226 富 226
と-める 止 120 泊 214 留 258 停 194
とも 丈 148 大 180 与 249 云 43 元 94 公 98 止 120 巴 212 比 219 匹 222 文 229 友 246 以 37 叶 62 疋 222 付 225 末 238 各 60 共 78 伍 97 交 99 全 169 同 202 有 246 言 94 作 115 那 206 伯 214 伴 217 呂 266 委 37 供 79 具 83 幸 101 始 123 述 137 知 185 典 196 朋 233 肥 219 併 229 奉 233 宝 233 茂 242 孟 243 例 264 和 269 栄 44 皆 57 孤 96 相 171 毘 220 侶 259 挙 78 倶 84 郡 86 兼 92 致 185 悌 194 徒 199 党 200 納 212 配 213 流 258 倫 262 寅 205 偶 84 曹 172 張 189 部 227 偏 230 階 58 衆 134 智 186 朝 189 登 201 答 202 等 202 統 202 備 222 遊 247 量 261 寛 65 幹 66 義 74 群 86 歳 114 誠 164 節 166 詮 168 禎 194 睦 236 與 249 傭 251 榮 44 箇 54 寬 65 雑 118 算 119 賑 208 禎 194 僚 261 諄 140 節 166 敵 195 輩 213 寮 261 興 106 雜 118 類 263 鵬 234 類 263
ともえ 巴 212
ともがら 輩 213
ともしび 灯 200 燈 200
とも-す 点 196
ともな-う 伴 217
とも-に 倶 84
とよ 仁 155 茂 242 晨 154 冨 226 富 226 農 212 豊 234
とら 玄 94 虎 96 寅 205 彪 223 寛 65 寬 65
とら-える 捉 175
と-らえる 捕 232
とら-われる 囚 133
と-らわれる 捕 232
とり 酉 205 取 131 鳥 189 掠 258
とりこ 虜 259 虜 259
とりで 砦 114 塁 263 塞 114 壘 263
とる 乞 98 取 131 執 128 略 258 操 174
と-る 把 212 采 111 取 131 捕 232 採 111 執 128 摂 166 撮 117 攝 166
どろ 泥 195
とん 屯 205 団 184 沌 205 呑 205 盾 138 惇 205 豚 205 問 244 敦 205 頓 205 遁 205 團 184
どん 丼 205 呑 205 貪 205 鈍 205 曇 205
とんび 鳶 204
どんぶり 丼 205

な

な 七 128 己 95 水 157 中 187 勿 243 穴 89 号 106 字 125 多 176 名 241 声 160 那 206 来 254 奈 207 波 212 阜 225 奉 233 命 241 來 254 林 262 和 269 南 208 称 143 納 212 魚 78 菜 113 梛 206 捺 206 無 241 銘 242 樹 132 磨 237
ない 乃 211 内 206 祢 209 禰 209
な-い 亡 235 無 241
ないがし-ろ 蔑 230
なえ 苗 224
な-える 萎 38
なお 三 119 公 98 収 132 巨 77 矢 122 正 160 而 126 收 132 如 141 多 176 朴 236 有 246 亨 101 均 82 君 85 作 115 侃 64 斉 162 実 128 若 130 尚 142 直 191 修 134 真 153 眞 153 通 192 庭 194 梗 105 脩 134 野 245 埜 245 順 139 植 149 貼 189 董 202 猶 247 復 227 較 60 傭 251 齊 162 實 128 竪 132 端 184 縄 149 縦 136 縱 136 縮 136
なおき 直 191
なおし 良 259 直 191 道 203 竪 132
なお-す 治 126 直 191
なお-る 治 126 直 191
なか 支 120 収 132 心 151 水 157 中 187 央 47 半 217 弁 231 用 249 件 90 考 100 收 132 仲 187 沖 187 局 81 判 217 参 119 尚 142 度 199 莫 215 班 217 偏 230 務 241 極 81 掌 145 殖 149 陽 252 肇 215 齢 265 鎮 191 鎭 191 髄 158
なが 久 75 大 180 元 94 永 43 市 122 存 176 亨 101 寿 132 条 148 廷 193 酉 205 良 259 呂 266 延 46 長 189 直 191 命 241 孟 243 栄 44 竿 115 待 177 度 199 修 134 祥 143 套 201 掲 87 脩 134 祥 143 條 148 悠 248 隆 259 詠 44 温 49 揭 87 遅 186 斐 220 備 222 遊 247 溫 49 誠 164 羨 168 榮 44 演 47 壽 132 増 174 暢 190 蔓 239 增 174 融 249 隣 263
なが-い 永 43 長 189
ながき 修 134
なかし 仲 187
ながし 永 43 良 259 長 189 修 134 亀 70 融 249
なが-す 流 258
なかち 中 187
なかば 中 187 央 47 半 217
なか-ば 半 217
なが-める 眺 189
なからい 半 217
なか-れ 勿 243 莫 215
なが-れる 流 258
なき 泣 76 鳴 242
なぎ 凪 206 渚 140 梛 206 渚 140
なぎさ 汀 193 渚 140 渚 140
な-く 泣 76 鳴 242
な-ぐ 凪 206 薙 206
なぐさ-む 慰 38
なぐさ-める 慰 38
なぐ-る 殴 48
なげ-かわしい 嘆 184 嘆 184
なげ-く 嘆 184 嘆 184 歎 184
な-げる 投 200
なご-む 和 269
なご-やか 和 269
なさ-け 情 148
なし 梨 256 無 241 微 222 類 263 類 263
なじ-る 詰 75
な-す 成 160 為 38 済 111 爲 38
なず 摩 237
なぞ 謎 206
なぞら-える 准 138 準 139 擬 74
なだ 灘 206
なだ-める 宥 247
なっ 納 212
なつ 夏 53 捺 206 暑 140 暑 140
なつ-かしい 懐 58 懷 58
なつ-かしむ 懐 58 懷 58
なつ-く 懐 58 懷 58
なづく 号 106 名 241
なつ- ける 懐 58 懷 58
な-でる 撫 227
など 等 202
なな 七 128
なな-つ 七 128
なな-め 斜 129

※名前にふさわしくない意味の漢字もあります。名づけの際は必ず意味の確認を！

てつ 迭 196 姪 242 哲 196 鉄 196 綴 195 徹 196 撤 196 鋼 106

てつし 哲 196 鉄 196

てのひら 掌 145

てら 寺 125 刹 117

てらし 照 145

てらす 暉 71 照 145 曜 253

て-らす 照 145

てり 照 145

てる 央 47 史 120 旭 81 光 99 灼 130 秀 133 英 44 明 242 映 44 栄 44 珂 53 昭 143 毘 220 晃 104 晄 104 晟 162 哲 196 啓 87 彩 112 瑛 44 揮 71 皓 105 晶 145 晴 163 釉 247 陽 252 暉 71 煌 106 照 145 榮 44 瑳 110 彰 147 監 66 輝 73 熙 72 燕 47 燭 150 顕 94 曜 253 燿 253 耀 253 顯 94

て-る 照 145

で-る 出 137

て-れる 照 145

てん 天 196 辿 183 典 196 店 196 点 196 厘 262 展 197 添 197 転 197 貼 189 塡 197 殿 197 槙 238 槇 238 轉 197 顛 197 纏 197

でん 田 197 伝 197 佃 192 淀 254 傳 197 殿 197 電 197 鮎 35

と

と 乙 49 十 135 人 156 士 120 土 199 戸 95 止 120 仁 155 太 178 斗 198 外 59 礼 264 吐 197 任 209 年 210 百 223 兎 197 亨 101 図 157 杜 197 利 255 妬 197 東 200 表 223 門 244 音 50 度 199 徒 199 途 199 砥 199 透 201 敏 224 留 258 兜 199 都 199 敏 224 富 226 翔 146 達 183 都 199 渡 199 堵 199 登 201 等 202 富 226 遠 46 塗 199 豊 234 聡 173 賭 199 頭 202 禮 264

ど 土 199 戸 95 奴 199 努 199 所 140 度 199 怒 199 登 201

とい 樋 220

と-い 問 244

とう 刀 200 斗 198 永 43 玄 94 仔 122 広 99 冬 200 当 200 灯 200 任 209 投 200 豆 200 沓 85 到 200 東 200 宕 200 柔 135 甚 155 挑 189 逃 200 洞 203 桐 201 純 138 速 175 倒 200 党 200 凍 200 唐 200 島 200 透 201 桃 201 討 201 套 201 納 212 桶 201 兜 199 断 185 悼 201 陶 201 盗 201 逗 201 祷 201 萄 203 勝 144 痛 192 盜 201 塔 201 搭 201 湯 201 棟 201 痘 201 登 201 答 202 等 202 筒 202 統 202 董 202 道 203 寛 65 跳 190 賃 191 稲 202 寬 65 嶋 200 読 204 稻 202 廣 99 踏 202 撞 203 樋 220 橙 202 燈 200 糖 202 頭 202 謄 202 瞳 203 櫂 59 藤 202 闘 202 禱 201 騰 202

と-う 訪 234 問 244

どう 同 202 洞 203 桐 201 胴 203 動 203 堂 203 萄 203 道 203 童 203 働 203 銅 203 憧 147 導 203 撞 203 瞳 203

とうげ 峠 203

とうと-い 貴 71 尊 176

とうと-ぶ 尚 142 貴 71 尊 176

とお 十 135 曳 44 在 114 有 246 迂 42 更 101 延 46 昊 102 治 126 卓 181 迫 214 茂 242 拾 133 通 192 途 199 莫 215 竜 258 深 154 野 245 埜 245 達 183 遥 251 遠 46 較 60 漠 215 遙 251 徹 196 遼 261 融 249 龍 258 懸 94

とお-い 遠 46

とおし 遠 46

とお-す 通 192 徹 196

とおり 通 192

とおる 川 167 公 98 亘 100 亨 101 利 255 享 79 阜 225 明 242 亮 260 泰 179 通 192 透 201 竜 258 貫 65 済 111 疏 170 達 183 超 189 博 215 閑 66 暢 190 澄 190 徹 196 叡 45 融 249 龍 258

とお-る 通 192 透 201 徹 196

とが 科 53

と-かす 解 58 溶 251

とが-る 尖 167

とき 可 51 示 125 世 160 気 68 旬 137 迅 155 兆 188 言 94 辰 182 季 68 刻 107 国 107 斉 162 宗 133 昔 165 其 176 林 262 怜 264 侯 102 秋 133 祝 136 春 137 信 152 則 175 勅 191 発 216 氣 68 訓 85 候 103 時 126 祝 136 朗 267 牽 92 國 107 斎 114 釈 130 常 148 晨 154 隆 259 朗 267 凱 59 期 71 暁 81 註 188 朝 189 解 58 催 114 節 166 農 212 睦 236 齊 162 説 166 聡 173 僚 261 鋭 44 稽 88 節 166 論 269 曉 81 鴻 106 讃 120

とぎ 伽 51 炊 157 研 90

ときわ 松 142 常 148

とく 仁 155 列 265 更 101 啄 182 匿 203 特 203 釈 130 得 203 督 204 説 166 徳 204 読 204 德 204 篤 204

と-く 解 58 溶 251 説 166

とぐ 炊 157

と-ぐ 研 90

どく 毒 204 独 204 読 204

とげ 刺 123

と-ける 解 58 溶 251 融 249

とげる 遂 158

と-げる 遂 158

とこ 床 142 常 148 徳 204 德 204

ところ 処 140 所 140

とざ-す 鎖 110

と-ざす 閉 229

とし 子 121 才 110 牛 77 仁 155 功 99 世 160 代 179 冬 200 平 229 考 100 迅 155 尖 167 年 210 老 267 亨 101 系 86 言 94 寿 132 臣 150 甫 231 利 255 伶 264 英 44 延 46 季 68 斉 162 宗 133 知 185 命 241 明 242 和 269 威 37 紀 68 哉 111 施 124 秋 133 俊 137 信 152 星 162 勇 246 要 251 翁 48 記 70 恵 87 校 103 峻 137 隼 138 振 152 通 192 莫 215 敏 224 倫 262 逸 39 健 92 牽 92 淑 136 粛 136 惇 205 淳 139 章 144 捷 144 逞 194 都 199 捺 206 敏 224 理 256 逸 39 期 71 貴 71 暁 81 勤 82 惠 87 敬 87 軽 88 歯 124 順 139 棲 163 惣 172 揃 176 智 186 都 199 答 202 等 202 統 202 敦 205 禄 269 幹 66 勤 82 歳 114 載 114 資 125 舜 138 準 139 照 145 数 159 聖 163 詮 168 馳 186 鉄 196 稔 210 福 228 豊 234 祿 269 豪 107 齊 162 壽 132 聡 173 肇 215 福 228 暦 265 鋭 44 毅 72 慧 88 趣 132 蔵 174 敵 195 叡 45 穏 49 曉 81 憲 93 賢 93 繁 218 曆 265 録 269 錄 269 駿 138 聴 190 繁 218 齢 265 験 94 藏 174 鏡 80 驚 80 驍 81 聽 190 驗 94

としなが 寿 132 壽 132

と-じる 閉 229 綴 195

とせ 年 210 歳 114

とち 栃 204

とつ 凸 204 突 204 突 204

とつ-ぐ 嫁 54

とど-く 届 204

とど-ける 届 204

とどこお-る 滞 179 滯 179

ととのう 整 164

ととの-う 調 190 整 164

ととの-える 調 190 整 164

とど-まる 止 120 留 258

とどむ 乙 49 止 120 停 194

とど-める 止 120 留 258

とどろ-く 轟 107

となう 唱 144

とな-える 称 143 唱 144

となお 唱 144

となり 隣 263

とな-る 隣 263

との 外 59 殿 197

つぐ 乙 49 二 208 及 76
子 121 司 122 世 160 字 125
次 125 丞 148 伝 197 亜 33
告 107 序 141 尾 220 亞 33
依 37 庚 102 治 126 受 132
承 142 知 185 胤 41 紀 68
貢 103 従 136 倫 262 從 136
紹 144 接 166 族 175 著 188
訳 245 皓 105 詔 145 著 188
統 202 番 218 報 234 継 88
嗣 124 頌 147 蒸 149 続 175
禎 194 傳 197 緒 140 語 98
静 164 説 166 漸 169 禎 194
賓 224 歴 265 緒 140 縄 149
諾 182 調 190 賓 224 謂 39
靜 164 諭 245 歷 265 鞠 239
講 106 繋 89 譜 226 麗 265
襲 135
つ-ぐ 次 125 亜 33 亞 33
注 187 接 166 継 88 嗣 124
つくえ 机 68
つくす 刈 63
つ-くす 尽 155 盡 155
つくだ 佃 192
つぐな-う 償 147
つぐみ 壬 155
つぐも 白 214
つくり 作 115
つくる 作 115
つく-る 作 115 造 174
創 172
つくろ-う 繕 169
つげ 柘 192
つ-ける 付 225 附 225
点 196 就 134 着 187 漬 192
つ-げる 告 107
つじ 辻 192
つた 伝 197 傳 197 蔦 192
つたう 伝 197 傳 197
つた-う 伝 197 傳 197
つたえ 伝 197 傳 197
つた-える 伝 197 傳 197
つたな-い 拙 166
つた-わる 伝 197 傳 197
つち 己 95 土 199 地 185
椎 191 槌 192 壊 58 壞 58
つちか-う 培 214
つちのえ 戊 232
つちのと 己 95
つつ 土 199 筒 202
つづき 胤 41 統 202
つづく 続 175
つづ-く 続 175
つづ-ける 続 175
つつし-む 慎 154 愼 154
謹 83 謹 83
つつみ 堤 194
つづみ 鼓 96
つつむ 温 49 溫 49
つつ-む 包 233
つづ-める 約 245
つづら 葛 62
つづ-る 綴 195
つと 朝 189
つどい 集 134
つとう 伝 197 傳 197
つど-う 集 134
つと-まる 務 241 勤 82
勤 82
つとむ 力 262 工 98
功 99 司 122 伝 197 劫 107
孜 123 努 199 励 264 労 267
事 126 孟 243 勉 231 格 60
剣 92 拳 92 耕 103 莫 215
敏 224 勉 231 乾 64 強 79
惇 205 敏 224 務 241 勤 82
敦 205 義 74 勤 82 奨 145
傳 197 魁 58 奬 145 精 164
勲 85 劍 92 謂 39 薫 85
勳 85 墾 109 薰 85
つと-める 努 199 勉 231
勉 231 務 241 勤 82 勤 82
つな 之 210 卓 181 紀 68
是 160 純 138 斯 124 統 202
道 203 維 38 綱 106 緑 262
綠 262 縄 149 繋 89
つな-がる 繋 89
つなぐ 維 38
つな-ぐ 繋 89
つぬ 角 60
つね 久 75 凡 237 比 219
方 232 永 43 玄 94 平 229
式 127 毎 237 似 126 寿 132
序 141 村 176 毎 237 英 44
実 128 昔 165 長 189 典 196
法 233 例 264 恒 102 恆 102
則 175 矩 83 素 170 秩 186
唐 200 倫 262 経 87 康 104
常 148 曽 172 庸 251 尋 157
曾 172 統 202 道 203 愛 34
雅 55 幹 66 継 88 綱 106
實 128 壽 132 歴 265 縄 149
懐 58 積 165 歴 265 厳 95
職 150 鎮 191 鎭 191 懷 58
識 127 嚴 95
つの 角 60
つのる 募 232
つの-る 募 232
つば 唾 177
つばき 椿 191
つばさ 翼 254
つばめ 燕 47
つぶ 粒 259
つぶさ-に 具 83 悉 128
備 222
つぶ-す 潰 58
つぶら 円 45 圓 45
つぶ-ら 円 45 圓 45
つぶ-れる 潰 58
つぼ 坪 193
つぼね 局 81
つぼみ 蕾 255
つま 爪 193 妻 111 詳 147
つまき 蒸 149
つまび-らか 詳 147
審 155
つ-まむ 摘 195
つ-まる 詰 75
つみ 祇 74 租 170 罪 115
摘 195 積 165 績 165
づみ 積 165
つむ 万 239 紡 235 萬 239
錘 158 積 165
つ-む 詰 75 摘 195 積 165
つむぎ 紬 188
つむ-ぐ 紡 235
つめ 爪 193
つめ-たい 冷 264
つ-める 詰 75
つもる 万 239 萬 239
積 165
つ-もる 積 165
つや 色 149 釉 247 艶 47
つゆ 露 267
つよ 威 37 赳 77 剛 107
烈 265 強 79 健 92 張 189
務 241 豪 107 毅 72 矯 80
厳 95 嚴 95
つよ-い 勁 87 強 79
毅 72
つよき 毅 72
つよし 丁 188 侃 64
勁 87 耐 177 剛 107 強 79
健 92 梗 105 彪 223 堅 92
幹 66 豪 107 毅 72 諺 95
つよ-まる 強 79
つよ-める 強 79
つら 汁 135 正 160 行 100
糸 122 列 265 位 37 串 84
系 86 役 245 享 79 忠 187
定 193 併 229 星 162 宣 167
貞 194 面 242 陣 155 班 217
般 217 烈 265 連 265 寅 205
貫 65 常 148 接 166 陳 191
偏 230 葛 62 属 175 揃 176
番 218 絡 255 楚 170 賓 224
綿 242 諸 141 賓 224 敷 226
編 231 劉 259 頻 236 諸 141
頻 224 羅 254 離 257 麗 265
つら-い 辛 152
つら-なる 列 265 連 265
つらぬ-く 貫 65
つら-ねる 列 265 連 265
つり 釣 189
つる 弦 94 絃 95 釣 189
敦 205 蔓 239 鶴 193
つ-る 釣 189
づる 鶴 193
つるぎ 剣 92 劍 92
つ-れる 連 265
つわもの 兵 229

て

て 手 131 勅 191 豊 234
で 手 131 出 137 弟 193
てい 丁 188 汀 193 体 177
低 193 呈 193 廷 193 弟 193
卓 181 定 193 底 193 抵 193
邸 193 亭 193 帝 194 訂 194
貞 194 釘 84 挺 194 庭 194
逓 194 悌 194 逮 179 第 181
逞 194 停 194 偵 194 梯 194
堤 194 提 194 程 194 滞 179
艇 194 禎 194 鼎 195 滯 179
綴 195 禎 194 締 195 鄭 195
錠 149 諦 195 蹄 195 薙 206
鵜 42
でい 泥 195 祢 209 禰 209
てき 的 195 迪 195 荻 48
笛 195 嫡 187 摘 195 滴 195
適 195 敵 195 擢 195
でき 溺 195 閲 66
でこ 凸 204
てだて 術 137

すく-ない 少 141 寡 54
すぐる 克 107 択 181
英 44 卓 181 俊 137 逸 39
捷 144 逸 39 勝 144 精 164
賢 93 驍 81
すぐれ 勝 144
すぐ-れる 勝 144 優 250
すぐろ 勝 144
すけ 又 238 允 41 介 56
夫 225 方 232 友 246 右 42
左 109 如 141 丞 148 弐 208
芸 89 佐 109 助 141 肘 222
伴 217 扶 225 甫 231 佑 246
良 259 依 37 育 39 延 46
承 142 昌 143 制 160 典 196
侑 246 為 38 哉 111 相 171
毘 220 宥 247 祐 247 亮 260
高 104 差 110 将 143 席 165
祐 247 凉 260 救 77 脩 134
將 143 紹 144 培 214 陪 214
副 227 菩 232 翌 254 理 256
涼 260 爲 38 援 46 淵 46
款 65 喬 80 棚 183 棟 201
補 232 裕 247 虞 49 勧 65
資 125 奨 145 督 204 維 38
蔭 42 奬 145 輔 232 賛 119
播 212 養 253 諒 261 融 249
薩 118 翼 254 藝 89 讃 120
すげ 菅 65 管 66
す-ける 透 201
すご-い 凄 162
すこ-し 少 141
す-ごす 過 54
すこぶ-る 頗 212
すこ-やか 健 92
すさ-まじい 凄 162
すさ-む 荒 102
すじ 条 148 條 148 筋 82
すじめ 文 229
すす 進 154 煤 214
すず 冷 264 表 223 紗 110
宰 111 凉 260 涼 260 鈴 264
錫 130
すすき 薄 215
すすぐ 漱 173
すす-ぐ 雪 166 漱 173
濯 182
すずし 冷 264
すず-しい 凉 260 涼 260
すすみ 進 154
すすむ 一 40 二 208
上 147 万 239 収 132 且 62
生 161 收 132 丞 148 先 167
存 176 年 210 亨 101 呈 193
歩 231 励 264 延 46 函 64
享 79 効 101 昇 142 迪 195
步 231 侑 246 軍 86 前 169
益 45 貢 103 将 143 晋 152
敏 224 乾 64 亀 70 阜 105
粛 136 將 143 進 154 敏 224
達 183 萬 239 勧 65 奨 145
新 154 督 204 奬 145 漸 169
摯 125 範 218 謹 83 謹 83
すす-む 進 154
すず-む 凉 260 涼 260
すずめ 雀 130
すす-める 進 154 勧 65
奨 145 奬 145 薦 169
すずり 硯 92
すそ 裾 159
すた-る 廃 213
すだれ 簾 266
すた-れる 廃 213
ずつ 宛 35
すて 捨 129 棄 71
すで-に 已 36 既 70
す-てる 捨 129 棄 71
すな 直 191 砂 110 淳 139
すなお 朴 236 侃 64
忠 187 直 191 是 160 政 162
純 138 素 170 惇 205 淳 139
温 49 順 139 溫 49 廉 266
質 128
すなど-る 漁 78
すなわ-ち 乃 211 即 174
卽 174 則 175
すね 強 79 髄 158
すばる 昴 159
すぶる 総 173
すべ 皇 102 術 137
すべから-く 須 157
すべ-て 凡 237 全 169
総 173
すべ-る 滑 62
す-べる 統 202 総 173
すぼ-む 窄 117
す-まう 住 135
す-ます 済 111 澄 190
すみ 了 259 処 140 好 100
在 114 有 246 角 60 究 76
住 135 邑 246 宜 72 紀 68
宣 167 炭 184 恭 79 純 138
栖 163 済 111 宿 136 淑 136
肅 136 清 163 逗 201 奥 48
隅 84 棲 163 統 202 遥 251
奧 48 誠 164 維 38 精 164
徴 190 墨 236 遙 251 潔 90
潜 168 徵 190 澄 190 墨 236
篤 204
ずみ 泉 167 純 138 澄 190
すみ-やか 速 175
すみれ 菫 159
すむ 清 163 澄 190
す-む 住 135 栖 163 済 111
清 163 棲 163 澄 190
すめら 皇 102
すめる 統 202 澄 190
すもも 李 256
す-る 刷 117 為 38 爲 38
摺 159 摩 237 擦 117
するど-い 鋭 44
す-れる 擦 117
すわ-る 坐 110 座 110
す-わる 据 159
すん 寸 159

せ

せ 世 160 成 160 客 75
施 124 背 213 畝 43 清 163
勢 163 瀬 160 瀨 160
ぜ 是 160
せい 井 160 世 160 正 160
生 161 丼 205 西 160 成 160
声 160 斉 162 制 160 姓 162
征 162 性 162 青 162 城 148
背 213 政 162 星 162 牲 162
省 162 凄 162 逝 162 晟 162
栖 163 済 111 情 148 清 163
盛 163 甥 47 犀 114 婿 163
晴 163 惺 163 棲 163 税 164
貰 244 歳 114 勢 163 聖 163
誠 164 靖 164 齊 162 精 164
製 164 誓 164 静 164 請 164
錆 118 靜 164 整 164 醒 164
ぜい 成 160 税 164 説 166
せき 夕 164 尺 130 斥 165
石 165 汐 165 赤 165 岩 67
刺 123 昔 165 析 165 席 165
脊 165 隻 165 釈 130 寂 130
惜 165 戚 165 責 165 堰 46
跡 165 関 66 碩 165 潟 62
錫 130 積 165 績 165 蹟 165
籍 166
せ-く 急 77
せち 刹 117 節 166 節 166
せつ 切 166 舌 166 折 166
刹 117 拙 166 契 86 窃 166
屑 84 殺 117 接 166 設 166
雪 166 絶 166 準 139 摂 166
節 166 説 166 綴 195 節 166
攝 166
ぜつ 舌 166 絶 166 熱 210
ぜに 銭 168
せば-まる 狭 79 狹 79
せば-める 狭 79 狹 79
せま-い 狭 79 狹 79
せま-る 迫 214
せみ 蟬 166
せむ 譲 149 讓 149
せ-める 攻 101 責 165
せり 芹 167 迫 214
せ-る 競 80
せわ-しい 忙 235
せん 山 119 千 167 川 167
仙 167 占 167 亘 100 先 167
尖 167 串 84 茜 33 宣 167
専 167 浅 167 洗 167 染 167
泉 167 穿 168 扇 168 栓 168
閃 168 專 167 旋 168 船 168
釧 168 揃 176 戦 168 腺 168
煎 168 羨 168 詮 168 践 168
箋 168 銭 168 銑 168 潜 168
選 168 遷 169 線 169 撰 169
還 66 戰 168 薦 169 繊 169
鮮 169 檀 185 蟬 166 纖 169
ぜん 全 169 宣 167 染 167
前 169 単 183 軟 208 善 169
然 169 單 183 禅 169 漸 169
膳 169 禪 169 繕 169

そ

そ 十 135 三 119 衣 37
征 162 狙 169 阻 169 祖 169
素 170 祖 169 租 170 措 170
曽 172 粗 170 組 170 酢 117
曾 172 疎 170 訴 170 疏 170
塑 170 楚 170 想 173 遡 170
噌 170 錯 117 礎 170 蘇 170
襲 135
ぞ 曽 172 曾 172
そう 三 119 双 170 爪 193
扱 35 庄 142 争 171 壮 171
早 171 壯 171 走 171 宋 171
宗 133 爭 171 荘 171 奏 171

草 171 送 171 相 171 莊 171
哨 144 倉 172 捜 172 挿 172
桑 172 巣 172 巢 172 曽 172
掃 172 曹 172 爽 172 窓 172
曾 172 搜 172 創 172 喪 172
葬 172 痩 172 装 172 湊 172
惣 172 裝 172 僧 173 想 173
蒼 173 滝 181 颯 118 僧 173
層 173 遭 173 総 173 漱 173
漕 173 槍 173 綜 173 聡 173
増 174 憎 174 噌 170 痩 172
層 173 槽 174 踪 174 增 174
憎 174 箱 215 操 174 燥 174
霜 174 醬 147 騒 174 叢 174
贈 174 繰 85 藻 174 贈 174
瀧 181 騷 174
そ-う 沿 46 添 197 副 227
ぞう 三 119 左 109 造 174
象 145 創 172 雑 118 漕 173
像 174 増 174 憎 174 增 174
憎 174 蔵 174 憶 49 雜 118
藏 174 贈 174 贈 174 臓 174
臟 174
そうろう 候 103
そえ 添 197 副 227
そ-える 添 197 副 227
そく 即 174 束 175 足 175
卽 174 促 175 則 175 捉 175
速 175 息 175 側 175 測 175
塞 114 燭 150
そ-ぐ 削 115 殺 117
ぞく 俗 175 族 175 粟 36
属 175 続 175 賊 175
そこ 底 193
そこ-なう 害 59 損 176
そこ-ねる 損 176
そそぐ 雪 166 漱 173
そそ-ぐ 注 187 雪 166
濯 182
そそのか-す 唆 110
そぞ-ろ 漫 239
そだ-つ 育 39
そだ-てる 育 39
そち 帥 157
そつ 卒 176 帥 157 率 176
そで 袖 134
そと 外 59
そなう 弁 231 備 222
そな-える 供 79 具 83
備 222
そなわる 備 222
そな-わる 具 83 備 222
そね-む 妬 197 嫉 128
その 苑 46 其 176 圃 232
園 46 薗 46
そ-の 其 176
そのう 弁 231 備 222
そば 側 175 傍 235
そば-める 側 175
そ-まる 染 167
そむ-く 背 213
そむ-ける 背 213
そめ 染 167
そ-める 初 140 染 167
そもそも 抑 253
そよ 勇 246
そよ-ぐ 戦 168 戰 168
そら 天 196 穹 76 空 84
昊 102 冥 242 漢 66 漢 66
そ-らす 反 217
そ-る 反 217
そ-れ 其 176
それがし 某 235
そ-れる 逸 39 逸 39
そろ 候 103
そろ-う 揃 176
そろ-える 揃 176
そん 寸 159 存 176 村 176
孫 176 尊 176 巽 176 損 176
遜 176 噂 43 樽 183 鱒 238
ぞん 存 176

た

た 大 180 手 131 太 178
他 176 田 197 北 236 多 176
汰 177 妥 177 陀 177 為 38
泰 179 球 77 唾 177 爲 38
楕 177 詑 270 駄 177
だ 太 178 田 197 打 177
妥 177 陀 177 舵 177 蛇 130
唾 177 梛 206 堕 177 惰 177
楕 177 駄 177
たい 大 180 太 178 代 179
台 181 汰 177 体 177 対 177
苔 177 毒 204 耐 177 待 177
退 177 怠 177 胎 177 殆 237
追 191 帝 194 恭 79 帯 179
泰 179 帶 179 堆 179 逮 179
袋 179 脱 183 隊 179 替 179
貸 179 敦 205 碓 43 滞 179
滯 179 態 179 確 61 黛 179
諦 195 戴 179 鯛 179
だい 乃 211 大 180 太 178
内 206 代 179 台 181 弟 193
耐 177 泰 179 第 181 提 194
醍 181 題 181
だいだい 橙 202
たいら 水 157 平 229
坦 183 砥 199
たい-ら 平 229
たう 允 41 忍 209 県 90
甚 155 耐 177 絶 166 縣 90
たえ 才 110 巧 99 布 225
当 200 任 209 克 107 妙 240
係 86 紗 110 堪 65 絶 166
た-える 耐 177 堪 65
絶 166
たお-す 倒 200
たお-れる 倒 200
たか 乙 49 及 76 子 121
山 119 女 141 上 147 万 239
王 47 公 98 升 142 太 178
天 196 比 219 方 232 右 42
丘 76 古 95 正 160 生 161
台 181 平 229 立 258 宇 42
共 78 仰 80 行 100 好 100
考 100 竹 186 任 209 位 37
応 47 貝 57 攻 101 孝 101
社 129 肖 142 臣 150 廷 193
伯 214 良 259 学 61 岳 61
官 64 岩 67 宜 72 穹 76
享 79 尭 81 空 84 固 96
幸 101 昂 102 社 129 宗 133
尚 142 卒 176 卓 181 阜 225
宝 233 茂 242 和 269 威 37
栄 44 垣 60 香 103 姿 123
荘 171 宣 167 専 167 珍 191
亭 193 飛 219 峨 55 宮 77
挙 78 恭 79 高 104 剛 107
財 115 峻 137 莊 171 将 143
渉 144 能 210 峰 234 峯 234
旅 259 貨 54 教 80 啓 87
険 92 阜 105 祭 111 捧 234
將 143 涉 144 章 144 梢 144
崇 158 專 167 堆 179 琢 182
堂 203 密 240 猛 243 理 256
隆 259 陵 261 累 263 貴 71
喬 80 堯 81 極 81 敬 87
堅 92 最 114 象 145 尊 176
琢 182 棟 201 登 201 等 202
萬 239 雄 247 揚 251 陽 252
塁 263 嵩 61 資 125 誠 164
節 166 楚 170 農 212 誉 249
稜 261 楼 267 榮 146 閣 61
旗 71 鳳 234 稼 54 毅 72
稿 106 賞 147 節 166 標 224
懐 58 薫 85 橋 80 険 92
賢 93 應 47 薰 85 嬌 80
謙 93 厳 95 爵 130 顕 94
壘 263 懷 58 寵 191 嚴 95
顯 94 鷹 253
たかい 高 104
たか-い 高 104
たが-い 互 97
たが-う 違 38
たかし 山 119 上 147
大 180 天 196 丘 76 仙 167
凸 204 立 258 充 135 任 209
孝 101 岳 61 穹 76 京 78
尭 81 昂 102 宗 133 尚 142
卓 181 宝 233 郁 39 俊 137
荘 171 亭 193 峨 55 恭 79
高 104 剛 107 峻 137 莊 171
峰 234 峯 234 阜 105 崇 158
堆 179 密 240 陸 258 隆 259
崚 261 梁 261 貴 71 喬 80
堯 81 敬 87 最 114 竣 138
尊 176 棟 201 嵩 61 幹 66
傑 90 誠 164 節 166 誉 249
確 61 賞 147 節 166 樹 132
矯 80 駿 138
たか-まる 高 104
たか-める 高 104
たがやす 耕 103
たがや-す 耕 103
たから 宝 233 財 115
聖 163
たき 滝 181 瀧 181
たきぎ 薪 155
たく 干 63 与 249 巧 99
宅 181 托 181 択 181 沢 181
卓 181 拓 181 看 64 度 199
託 181 啄 182 琢 182 琢 182
與 249 濯 182 擢 195 櫂 59
た-く 炊 157 焚 228
だく 諾 182 濁 182
だ-く 抱 233
たぐ-い 類 263 類 263
たくま 逞 194
たくま-しい 逞 194
たくみ 工 98 巧 99
伎 67 匠 142 技 72
たく-み 巧 99
たく-む 巧 99

たくら-む 企 67
たくわ-える 貯 188 蓄 186
たけ 丈 148 広 99 矛 241 全 169 壮 171 竹 186 老 267 壯 171 伯 214 兵 229 岳 61 虎 96 竺 127 長 189 武 226 宝 233 孟 243 威 37 計 86 建 90 恒 102 恆 102 茸 182 勇 246 赳 77 高 104 剛 107 烈 265 強 79 健 92 盛 163 彪 223 猛 243 偉 38 貴 71 程 194 雄 247 嵩 61 義 74 献 93 節 166 境 80 豪 107 毅 72 廣 99 節 166 驍 81
たげ 全 169
たけお 猛 243
たけき 猛 243
たけし 丈 148 大 180 亥 37 壮 171 壯 171 英 44 長 189 武 226 孟 243 威 37 建 90 洸 103 勇 246 赳 77 剛 107 馬 213 烈 265 乾 64 健 92 梗 105 断 185 彪 223 猛 243 雄 247 傑 90 滝 181 豪 107 毅 72 諺 95 矯 80 瀧 181 驍 81
たける 武 226 威 37 建 90 剛 107 健 92 猛 243
たけ-る 猛 243
た-ける 長 189
たこ 凧 182
たし-か 確 61
たし-かめる 確 61
た-す 足 175
たず 原 94 鶴 193
だ-す 出 137
たす-かる 助 141
たすく 又 238 介 56 比 219 仏 228 右 42 匡 78 丞 148 佐 109 助 141 肘 222 佛 228 佑 246 相 171 祐 247 亮 260 将 143 祐 247 救 77 將 143 補 232 資 125 輔 232 賛 119 翼 254
たすけ 輔 232
たす-ける 助 141 扶 225 援 46 輔 232
たずさ-える 携 88
たずさ-わる 携 88
たず-ねる 訊 157 訪 234 尋 157
ただ 一 40 九 75 十 135 子 121 工 98 三 119 士 120 土 199 也 244 允 41 公 98 孔 99 止 120 中 187 内 206 兄 86 矢 122 只 182 正 160 田 197 旦 183 尼 208 疋 222 由 245 伊 37 江 100 匡 78 考 100 地 185 充 135 旬 137 多 176 伝 197 任 209 位 37 均 82 伸 150 身 150 即 174 但 182 廷 193 妙 240 侃 64 径 86 忽 108 斉 162 周 133 帖 189 制 160 征 162 忠 187 直 191 迪 195 例 264 按 36 紀 68 祇 74 糾 77 信 152 政 162 即 174 単 183 衷 188 勅 191 帝 194 訂 194 貞 194 度 199 品 224 柾 238 格 60 恭 79 宰 111 祥 143 涉 144 真 153 眞 153 粋 157 孫 176 挺 194 徒 199 特 203 唯 246 惟 38 規 70 済 111 斎 114 産 119 粛 136 祥 143 渉 144 第 181 偵 194 陶 201 問 244 理 256 覚 60 萱 63 款 65 喬 80 欽 82 達 183 單 183 弾 185 渡 199 董 202 評 224 雅 55 資 125 禎 194 傳 197 督 204 維 38 閣 61 齊 162 竪 132 彰 147 粹 157 精 164 端 184 嫡 187 肇 215 禎 194 監 66 儀 74 質 128 縄 149 蔵 174 彈 185 撫 227 叡 45 薫 85 賢 93 隣 263 薰 85 矯 80 覧 255 蹟 165 藏 174 覽 255
たたう 湛 184
たたえ 湛 184
たた-える 称 143 湛 184 讃 120
たたか-う 戦 168 戰 168 鬪 202
ただし 公 98 仁 155 中 187 方 232 且 62 正 160 旦 183 匡 78 位 37 延 46 侃 64 忽 108 斉 162 征 162 忠 187 直 191 迪 195 按 36 紀 68 糾 77 荘 171 是 160 政 162 衷 188 貞 194 律 258 格 60 恭 79 矩 83 恕 141 莊 171 将 143 真 153 眞 153 規 70 淳 139 將 143 理 256 覚 60 善 169 董 202 雅 55 義 74 禎 194 廉 266 維 38 齊 162 竪 132 精 164 端 184 肇 215 禎 194 徳 204 儀 74 質 128 德 204 憲 93 賢 93 整 164
ただ-し 但 182
ただ-しい 正 160
ただす 正 160 匡 78 孜 123 治 126 征 162 忠 187 直 191 迪 195 糾 77 政 162 訂 194 貞 194 律 258 格 60 矩 83 規 70 理 256 温 49 董 202 溫 49 督 204 端 184 憲 93
ただ-す 正 160 匡 78 糾 77 訂 194 質 128
ただ-ちに 直 191
たたみ 畳 149 疊 149
たた-む 畳 149 疊 149
ただよ-う 漂 224
たち 立 258 剣 92 達 183 楯 183 劍 92 質 128 館 66
だち 達 183
たちばな 橘 182
たちま-ち 忽 108
たつ 刈 63 立 258 作 115 辰 182 幸 101 長 189 武 226 建 90 起 70 挙 78 竜 258 健 92 琢 182 断 185 植 149 琢 182 達 183 超 189 竪 132 奪 183 樹 132 龍 258
た-つ 立 258 建 90 発 216 起 70 経 87 断 185 裁 114 絶 166
だつ 脱 183 捺 206 奪 183
たつき 樹 132
たっと-い 貴 71 尊 176
たっと-ぶ 尚 142 貴 71 尊 176
たつみ 巽 176
たつる 立 258 建 90
たて 干 63 立 258 建 90 盾 138 健 92 達 183 楯 183 竪 132 館 66 縦 136 縱 136
たていと 経 87
たてまつ-る 奉 233
た-てる 立 258 建 90 点 196 樹 132
たと-える 例 264 喩 245
たど-る 辿 183
たな 店 196 棚 183
たなごころ 掌 145
たに 谷 107 渓 87 葉 251
たね 子 121 休 76 任 209 苗 224 物 228 胤 41 甚 155 栽 111 留 258 植 149 殖 149 誠 164 種 131 稼 54 鎮 191 鎭 191
たのし 予 249 凱 59 喜 70 楽 61 樂 61
たの-しい 愉 245 楽 61 樂 61
たの-しむ 娯 97 愉 245 楽 61 樂 61
たのむ 頼 254 賴 254
たの-む 頼 254 賴 254
たの-もしい 頼 254 賴 254
たば 束 175
たばか-る 謀 236
たび 度 199 旅 259
たふ 妙 240
た-べる 食 149
たま 丸 67 瓦 55 玉 81 圭 86 玖 76 珂 53 珊 119 珀 215 玲 264 珠 131 俸 233 球 77 瑛 44 琥 96 弾 185 琳 262 瑞 158 瑶 253 碧 230 魂 109 賜 125 賞 147 彈 185 霊 264 環 66 璧 230
たま-う 給 77
たまき 釧 168 環 66
たまご 卵 255
たましい 魂 109
たまたま 偶 84
たま-に 偶 84
たまもの 賜 125
た-まる 溜 259
だま-る 黙 243 默 243
たまわ-る 賜 125
たみ 人 156 民 241 彩 112 農 212 黎 265
たむろ 屯 205
ため 例 264 為 38 爲 38 集 134
ため-し 例 264
ため-す 試 125
た-める 溜 259 矯 80
たもう 賜 125 錫 130

※名前にふさわしくない意味の漢字もあります。名づけの際は必ず意味の確認を！

たもつ 方 232 全 169 存 176 任 209 有 246 完 64 寿 132 扶 225 侇 79 保 231 将 143 惟 38 將 143 維 38 壽 132
たも-つ 保 231
た-やす 絶 166
たゆ 妙 240
たゆ-む 弛 122
たよ-り 便 231
たよ-る 頼 254 賴 254
たらし 足 175 帯 179 帶 179
た-らす 垂 157
たり 足 175 垂 157 粛 136 給 77
た-りる 足 175
たる 立 258 足 175 垂 157 枢 158 神 152 毘 220 神 152 健 92 善 169 備 222 幹 66 福 228 稜 261 福 228 樽 183
た-る 足 175
だる-い 怠 177
たる-む 弛 122
たれ 垂 157
だれ 誰 183
た-れる 垂 157
たわむ-れる 戯 74 戲 74
たわら 俵 223
たん 丹 183 反 217 旦 183 但 182 担 183 坦 183 単 183 胆 184 炭 184 段 184 耽 184 探 184 淡 184 貪 205 堪 65 湛 184 單 183 短 184 嘆 184 嘆 184 端 184 綻 184 誕 184 歎 184 壇 185 曇 205 鍛 184 簞 184 灘 206
だん 旦 183 団 184 男 184 段 184 断 185 弾 185 暖 185 團 184 彈 185 談 185 壇 185 檀 185 灘 206

ち

ち 一 40 千 167 市 122 血 89 弛 122 地 185 池 185 治 126 知 185 茅 235 乳 209 為 38 祐 247 値 185 恥 185 致 185 祐 247 爲 38 集 134 植 149 遅 186 智 186 道 203 痴 186 稚 186 置 186 馳 186 質 128 緻 186 薙 206
ちいさ 小 141
ちい-さい 小 141
ちか 九 75 力 262 及 76 子 121 寸 159 凡 237 允 41 元 94 内 206 比 219 分 228 央 47 史 120 尼 208 用 249 考 100 至 122 次 125 年 210 亨 101 局 81 近 82 見 90 似 126 臣 150 身 150 声 160 弟 193 伴 217 判 217 京 78 参 119 実 128 周 133 知 185 直 191 附 225 味 240 和 269 後 97 恒 102 恆 102 哉 111 信 152 前 169 促 175 殆 237 発 216 恭 79 時 126 峻 137 真 153 眞 153 速 175 浮 226 規 70 這 214 寂 130 庶 140 戚 165 密 240 務 241 悠 248 間 65 幾 70 敬 87 集 134 尋 157 登 201 傍 235 愛 34 寛 65 義 74 慈 126 慎 154 愼 154 新 154 損 176 睦 236 盟 242 寬 65 爾 127 實 128 誓 164 静 164 歴 265 畿 72 慶 88 遵 139 懐 58 衡 106 親 155 靜 164 隣 263 歷 265 憐 266 謹 83 謹 83 懷 58 瀕 224
ちか-い 近 82
ちかう 矢 122 誓 164
ちか-う 誓 164
ちが-う 違 38
ちが-える 違 38
ちかし 九 75 史 120 即 174 周 133 卽 174 幾 70 愛 34 睦 236 爾 127 親 155
ちから 力 262 能 210 税 164
ちぎる 契 86
ちぎ-る 契 86
ちく 竹 186 竺 127 逐 186 畜 186 筑 186 蓄 186 築 186
ちご 児 126 兒 126
ちこう 矢 122
ちち 父 225 乳 209 秩 186
ちぢ-まる 縮 136
ちぢ-む 縮 136
ちぢ-める 縮 136
ちぢ-らす 縮 136
ちぢ-れる 縮 136
ちつ 秩 186 窒 186
ちなみ 凡 237 因 41
ちな-む 因 41
ちまた 岐 68 巷 103
ちゃ 茶 187
ちゃく 著 188 着 187 著 188 嫡 187 適 195
ちゅう 丑 42 中 187 仲 187 虫 187 沖 187 住 135 肘 222 宙 187 抽 187 注 187 忠 187 昼 187 柱 188 衷 188 酎 188 紐 223 晝 187 紬 188 厨 188 註 188 鋳 188 駐 188 鑄 188
ちゅん 屯 205 椿 191
ちょ 猪 188 著 188 猪 188 著 188 貯 188 緒 140 緖 140 箸 215 儲 188
ちょう 丁 188 弔 188 打 177 庁 188 兆 188 杖 148 町 189 帖 189 長 189 恰 103 重 136 挑 189 挺 194 帳 189 張 189 彫 189 眺 189 釣 189 頂 189 鳥 189 停 194 喋 190 朝 189 貼 189 超 189 脹 190 塚 192 提 194 腸 190 跳 190 牒 190 徴 190 暢 190 肇 215 蔦 192 徵 190 嘲 190 潮 190 澄 190 調 190 蝶 190 聴 190 懲 191 鯛 179 懲 191 寵 191 聽 190 廳 188
ちょく 直 191 勅 191 捗 191
ち-らかす 散 119
ち-らかる 散 119
ち-らす 散 119
ち-る 散 119
ちん 沈 191 枕 238 珍 191 亭 193 砧 75 朕 191 陳 191 賃 191 椿 191 塡 197 鎮 191 鎭 191

つ

つ 図 157 津 152 通 192 都 199 都 199 藤 202 鶴 193
づ 津 152 都 199 都 199 鶴 193
つい 対 177 追 191 堆 179 椎 191 槌 192 墜 192
つい-える 費 220 潰 58
ついたち 朔 117
つい-で 序 141
つい-に 終 134 遂 158
ついば-む 啄 182
つい-やす 費 220
つう 通 192 痛 192
つえ 杖 148 楚 170
つか 束 175 柄 229 恭 79 策 117 塚 192 墓 232 緑 262 綠 262 賚 261
つが-い 番 218
つか-う 使 123 遣 93
つか-える 支 120 仕 120 事 126
つかさ 士 120 元 94 司 122 主 131 吏 255 良 259 長 189 典 196 政 162 宰 111 師 124
つかさど-る 司 122 掌 145
つ-かす 尽 155 盡 155
つかぬ 束 175
つかね 束 175 緯 39
つか-まえる 捕 232
つかまつ-る 仕 120
つか-まる 捕 232
つか-む 摑 192
つ-かる 漬 192
つか-れる 疲 220
つか-わす 遣 93
つき 月 90 序 141 晋 152 終 134 第 181 椀 270 漬 192 調 190 槻 192
つぎ 乙 49 二 208 月 90 世 160 次 125 存 176 亜 33 系 86 弟 193 麦 215 良 259 亞 33 庚 102 承 142 胤 41 速 175 連 265 紹 144 接 166 族 175 著 188 副 227 訳 245 減 95 著 188 番 218 継 88 嗣 124 続 175 楼 267 緒 140 緖 140 遵 139 衝 147 調 190 繫 89 譜 226 襲 135
づき 月 90
つ-きる 尽 155 盡 155
つく 委 37 附 225 皓 105 証 145 遂 158 謁 45 衝 147 箸 215 謁 45
つ-く 付 225 吐 197 即 174 突 204 附 225 卽 174 突 204 就 134 着 187 衝 147 撞 203 築 186

雀 130 惜 165 責 165 錫 130
爵 130
じゃく 石 165 若 130
弱 130 寂 130 雀 130 惹 130
着 187
しゃべ-る 喋 190
しゅ 手 131 主 131 守 131
朱 131 取 131 枢 158 狩 131
首 131 株 63 殊 131 珠 131
酒 131 修 134 衆 134 須 157
腫 131 楢 208 種 131 趣 132
諏 157 鋳 188 撞 203 輸 246
鑄 188
じゅ 十 135 入 209 寿 132
受 132 呪 132 珠 131 従 136
授 132 從 136 就 134 壽 132
需 132 竪 132 儒 132 樹 132
濡 209 鷲 270
しゅう 収 132 主 131
囚 133 汁 135 收 132 州 133
舟 133 充 135 秀 133 呪 132
周 133 宗 133 拾 133 秋 133
臭 134 洲 134 柊 134 祝 136
臭 134 修 134 袖 134 祝 136
捜 172 執 128 週 134 終 134
羞 134 習 134 脩 134 渋 136
崇 158 湿 128 就 134 衆 134
集 134 搜 172 痩 172 萩 214
葺 228 嵩 61 愁 135 酬 135
蒐 135 楢 208 需 132 銃 136
澁 136 瘦 172 輯 135 獣 136
鍬 135 濕 128 醜 135 蹴 135
繡 135 獸 136 襲 135 鷲 270
じゅう 十 135 中 187
廿 209 汁 135 充 135 寿 132
住 135 拾 133 柔 135 重 136
從 136 紐 223 従 136 渋 136
壽 132 銃 136 澁 136 獣 136
縦 136 縱 136 獸 136
しゅく 叔 136 祝 136
祝 136 宿 136 淑 136 肅 136
粥 63 縮 136 蹴 135
じゅく 塾 137 熟 137
しゅつ 出 137 述 137
卒 176 帥 157 術 137
じゅつ 述 137 術 137
しゅん 旬 137 迅 155
俊 137 春 137 洵 138 峻 137
准 138 隼 138 淳 139 竣 138
舜 138 詢 139 馴 139 遵 139
諄 140 駿 138 瞬 138
じゅん 旬 137 巡 138
盾 138 洵 138 准 138 殉 138
純 138 隼 138 惇 205 淳 139
絢 93 閏 139 循 139 順 139
準 139 詢 139 馴 139 楯 183
潤 139 遵 139 諄 140 醇 140
しょ 且 62 処 140 疋 222
初 140 杵 75 所 140 狙 169
書 140 恕 141 庶 140 渚 140
野 245 埜 245 煮 129 渚 140
暑 140 煮 129 暑 140 署 140
緒 140 署 140 緒 140 諸 141
諸 141 曙 141
じょ 女 141 如 141 汝 208
助 141 序 141 叙 141 徐 141
除 141 恕 141 敍 141
しょう 小 141 上 147
井 160 少 141 升 142 召 142
正 160 生 161 向 100 匠 142
庄 142 丞 148 秀 133 床 142
抄 142 肖 142 声 160 尚 142
招 142 沼 142 承 142 昇 142
松 142 昌 143 姓 162 性 162
青 162 挟 79 咲 116 荘 171
昭 143 政 162 星 162 省 162
相 171 従 136 莊 171 宵 143
将 143 消 143 祥 143 症 143
称 143 笑 143 哨 144 渉 144
秤 225 從 136 將 143 祥 143
商 144 唱 144 涉 144 章 144
紹 144 訟 144 捷 144 菖 144
梢 144 笙 144 清 163 盛 163
接 166 勝 144 掌 145 晶 145
焼 145 焦 145 硝 145 粧 145
証 145 詔 145 象 145 湘 145
翔 146 装 172 葉 251 腫 131
傷 145 奨 145 照 145 詳 147
頌 147 蒸 149 聖 163 摂 166
裝 172 奬 145 彰 147 障 147
嘗 147 蔣 147 裳 147 摺 159
精 164 槍 173 衝 147 憧 147
賞 147 蕉 147 樟 147 請 164
噌 170 踪 174 箱 215 錆 118
鞘 118 縦 136 燒 145 鍬 135
篠 128 縱 136 償 147 礁 147
醬 147 鐘 147 攝 166
じょう 上 147 丈 148
冗 148 丞 148 成 160 条 148
状 148 杖 148 狀 148 帖 189
忠 187 定 193 乗 148 城 148
浄 148 茸 182 貞 194 乘 148
晟 162 娘 241 尉 38 條 148
淨 148 剰 148 常 148 情 148
盛 163 剩 148 場 149 畳 149
蒸 149 嘗 147 静 164 縄 149
壌 149 嬢 149 錠 149 靜 164
濃 212 穣 149 孃 149 譲 149
醸 149 疊 149 穰 149 讓 149
釀 149
しょく 式 127 色 149
拭 149 食 149 側 175 埴 217
粟 36 植 149 殖 149 測 175
属 175 触 150 飾 150 続 175
嘱 150 燭 150 織 150 職 150
じょく 辱 150 匿 203
濁 182
しら 白 214 精 164
しら-べる 検 92 調 190
檢 92
しり 尻 150 知 185
しりぞ-く 退 177
しりぞ-ける 斥 165
却 75 退 177
しる 汁 135 印 41 知 185
訓 85
し-る 知 185 識 127
しるし 印 41 徴 190
徵 190 標 224 璽 127
しるす 志 123 紀 68
記 70
しる-す 紀 68 記 70
誌 125 識 127
しろ 太 178 代 179 白 214
城 148 背 213 素 170 斯 124
しろ-い 白 214
しろがね 銀 83
しろし 白 214 素 170
しん 心 151 申 150 迅 155
伸 150 芯 150 臣 150 身 150
辛 152 辰 182 沈 191 供 79
参 119 枕 238 信 152 侵 152
津 152 神 152 神 152 唇 152
娠 152 振 152 浸 152 真 153
眞 153 針 152 晋 152 秦 152
訊 157 深 154 進 154 紳 154
晨 154 清 163 森 154 診 154
寝 154 慎 154 愼 154 新 154
寢 154 榛 154 槙 238 槇 238
賑 208 審 155 震 155 請 164
薪 155 親 155 鎮 191 鎭 191
じん 人 156 刃 155 仁 155
壬 155 尽 155 迅 155 任 209
臣 150 沈 191 神 152 甚 155
神 152 針 152 陣 155 訊 157
尋 157 腎 157 賃 191 稔 210
盡 155
しんがり 殿 197

す

す 子 121 寸 159 主 131
守 131 朱 131 州 133 沙 109
寿 132 周 133 垂 157 為 38
洲 134 春 137 珠 131 素 170
栖 163 透 201 雀 130 進 154
巣 172 巢 172 爲 38 酢 117
順 139 須 157 数 159 壽 132
諏 157 澄 190 簾 266 蘇 170
ず 手 131 不 225 寿 132
図 157 杜 197 豆 200 事 126
治 126 津 152 途 199 逗 201
厨 188 壽 132 頭 202 鶴 193
すい 水 157 出 137 吹 157
垂 157 炊 157 帥 157 珀 215
粋 157 衰 158 推 158 酔 158
彗 158 遂 158 睡 158 粹 157
翠 158 醉 158 穂 158 誰 183
錐 158 錘 158 穗 158 髄 158
す-い 酸 119
ずい 随 158 瑞 158 髓 158
すう 足 175 枢 158 崇 158
嵩 61 数 159 雛 223
す-う 吸 76
すえ 已 36 夕 164 与 249
末 238 亦 238 君 85 形 86
秀 133 肖 142 宋 171 村 176
尾 220 季 68 居 77 梶 62
終 134 淑 136 梢 144 陶 201
副 227 淵 46 堅 92 殿 197
與 249 像 174 標 224
す-える 据 159
すが 菅 65 清 163 廉 266
す-かす 透 201
すがた 姿 123
すき 隙 89
すぎ 杉 159
す-ぎる 過 54
すく 少 141 透 201 宿 136
す-く 好 100 空 84 透 201
すぐ 直 191
す-ぐ 直 191
ずく 銑 168
すく-う 掬 74 救 77
すくな 少 141

ざん 三 119 山 119 残 120 惨 119 斬 120 暫 120

し

し 二 208 下 51 子 121 士 120 之 210 巳 239 支 120 止 120 氏 120 仔 122 仕 120 史 120 司 122 四 122 市 122 矢 122 示 125 只 182 石 165 白 214 伎 67 此 108 西 160 芝 129 旨 122 死 122 糸 122 至 122 弛 122 次 125 自 125 而 126 守 131 伺 122 志 123 私 123 孜 123 枝 123 使 123 刺 123 始 123 姉 123 肢 123 祉 123 治 126 知 185 茂 242 茨 41 柿 60 祇 74 祉 123 姿 123 指 123 思 124 施 124 食 149 美 221 差 110 師 124 恣 124 脂 124 紙 124 砥 199 梓 35 脚 75 視 124 偲 129 崇 158 視 124 紫 124 詞 124 歯 124 斯 124 滋 126 嗣 124 詩 124 試 125 資 125 飼 125 獅 125 慈 126 蒔 127 誌 125 雌 125 漬 192 摯 125 賜 125 諮 125 磯 39 璽 127
じ 二 208 下 51 士 120 氏 120 仁 155 仕 120 史 120 司 122 示 125 尼 208 旨 122 至 122 地 185 字 125 寺 125 次 125 耳 125 自 125 而 126 弐 208 告 107 志 123 似 126 児 126 寿 132 臣 150 治 244 兒 126 事 126 侍 126 治 126 知 185 持 126 是 160 時 126 除 141 詞 124 滋 126 智 186 道 203 嗣 124 慈 126 辞 126 蒔 127 路 266 磁 127 爾 127 壽 132 賛 119 餌 127 樹 132 璽 127
しあわ-せ 幸 101
しい 椎 191
しいた-げる 虐 75
し-いる 強 79
しお 入 209 汐 165 塩 46 潮 190
しおり 栞 127
しお-れる 萎 38
しか 而 126 鹿 127 然 169 爾 127
しか-し 併 229 然 169
しか-して 而 126
しか-も 而 126
しか-り 然 169 爾 127
しか-る 叱 128
しき 及 76 布 225 式 127 色 149 飾 150 敷 226 織 150 職 150 識 127
じき 直 191 食 149
しき-り 頻 224
しく 布 225 芝 129 流 258 蕃 219
し-く 如 141 敷 226
じく 竺 127 軸 127
しげ 十 135 子 121 方 232 木 236 以 37 卯 42 兄 86 戊 232 包 233 共 78 芝 129 成 160 列 265 孜 123 臣 150 枝 123 苑 46 受 132 茂 242 林 262 為 38 栄 44 重 136 荘 171 乗 148 城 148 信 152 甚 155 草 171 発 216 挙 78 恵 87 柴 111 従 136 莊 171 乘 148 習 134 從 136 盛 163 隆 259 爲 38 賀 55 惠 87 滋 126 順 139 森 154 達 183 董 202 裕 247 彙 38 義 74 慈 126 誠 164 誉 249 維 38 榮 44 種 131 精 164 蓬 234 諄 140 調 190 蕃 219 蕪 227 薫 85 樹 132 薦 169 篤 204 繁 218 薰 85 繁 218 頻 224 穣 149 鎮 191 鎭 191 穰 149 鑑 67
しげい 茂 242
しげし 重 136 彬 224 滋 126 繁 218 繁 218
しげみ 茂 242 竜 258 龍 258
しげり 蕃 219
しげる 子 121 卯 42 申 150 戊 232 芝 129 成 160 秀 133 垂 157 茂 242 林 262 栄 44 重 136 茸 182 盛 163 莱 254 滋 126 殖 149 森 154 董 202 復 227 慈 126 蒼 173 榮 44 蕃 219 蕪 227 樹 132 繁 218 繁 218
しげ-る 茂 242 繁 218 繁 218
しこ 色 149
しこう-して 而 126
しこ-り 凝 81
しし 肉 208 猪 188 鹿 127 猪 188 獅 125
しず 玄 94 浄 148 倭 269 康 104 寂 130 淨 148 閑 65 惺 163 靖 164 静 164 寧 210 穏 49 靜 164 謙 93 鎮 191 鎭 191
しずか 玄 94 坦 183 莫 215 康 104 淵 46 惺 163 静 164 靜 164
しず-か 閑 65 静 164 靜 164
しずく 雫 127 滴 195
しず-まる 静 164 靜 164 鎮 191 鎭 191
しずむ 鎮 191 鎭 191
しず-む 沈 191
しずめ 鎮 191 鎭 191
しず-める 沈 191 静 164 靜 164 鎮 191 鎭 191
した 下 51 舌 166
しだ 恩 49
した-う 慕 232
したがう 順 139
したが-う 従 136 從 136 順 139 随 158 遵 139
したが-える 従 136 從 136
した-しい 親 155
した-しむ 親 155
したた-か 強 79
したた-める 認 209
したた-る 滴 195
しち 七 128 質 128
じち 実 128 實 128
しつ 叱 128 失 128 実 128 後 97 室 128 疾 128 執 128 悉 128 湿 128 嫉 128 漆 128 實 128 膝 222 質 128 濕 128 櫛 84
じっ 十 135
じつ 十 135 日 209 実 128 實 128
しで 幣 230
しと-やか 淑 136
しな 枝 123 科 53 級 77 姿 123 品 224 差 110 倫 262 第 181 等 202 標 224
しな-びる 萎 38
し-ぬ 死 122
しね 稲 202 稻 202
しの 忍 209 信 152 神 152 要 251 神 152 篠 128
しのぎ 凌 260
しのぐ 凌 260
しの-ぐ 凌 260
しの-ばせる 忍 209
しのぶ 仁 155 忍 209 恕 141 偲 129 毅 72
しの-ぶ 忍 209 偲 129
しば 芝 129 柴 111
しば-し 暫 120
しばら-く 暫 120
しば-る 縛 215
しぶ 渋 136 澁 136
しぶ-い 渋 136 澁 136
しぶ-る 渋 136 澁 136
しぼ-む 萎 38
しぼ-る 絞 105 搾 117
しま 洲 134 島 200 嶋 200 縞 129
し-まる 閉 229 絞 105 締 195
し-み 染 167
し-みる 泌 222 染 167 凍 200
しめ 示 125 占 167 呈 193 標 224 憶 49
しめき 標 224
しめす 示 125 告 107 宣 167 観 66
しめ-す 示 125 湿 128 濕 128
しめ-る 湿 128 濕 128
し-める 占 167 閉 229 絞 105 締 195
しも 下 51 霜 174
しもと 楚 170
しもべ 僕 236
しゃ 叉 109 写 129 沙 109 社 129 車 129 社 129 舎 129 者 129 卸 49 砂 110 者 129 柘 192 紗 110 射 129 借 130 捨 129 赦 129 斜 129 這 214 煮 129 裟 110 煮 129 遮 129 謝 130
じゃ 邪 130 蛇 130
しゃく 勺 130 尺 130 石 165 灼 130 赤 165 折 166 昔 165 借 130 酌 130 釈 130

※名前にふさわしくない意味の漢字もあります。名づけの際は必ず意味の確認を！

西 160 災 111 材 114 幸 101 妻 111 采 111 斉 162 栄 44 砕 111 哉 111 宰 111 栽 111 柴 111 財 115 殺 117 晒 119 凄 162 彩 112 採 111 済 111 菜 113 祭 111 細 114 斎 114 砦 114 埼 114 偲 129 最 114 裁 114 犀 114 碎 111 催 114 債 114 塞 114 歳 114 載 114 齎 240 榮 44 齊 162 際 114
ざい 在 114 材 114 剤 115 財 115 済 111 罪 115
さいな-む 苛 53
さいわ-い 幸 101 倖 104
さえ 冴 115 朗 267 朗 267
さえぎ-る 遮 129
さ-える 冴 115
さお 早 171 竿 115 操 174
さか 尺 130 坂 217 阪 217 栄 44 逆 75 酒 131 祥 143 祥 143 属 175 榮 44 賢 93
さが 性 162
さかい 界 57 堺 115 境 80
さかえ 光 99 秀 133 昌 143 栄 44 冨 226 富 226 復 227 榮 44 潤 139
さか-える 栄 44 榮 44
さかき 榊 115
さかし 智 186 賢 93
さか-しい 賢 93
さが-す 捜 172 探 184 搜 172
さかずき 杯 213 盃 213
さかな 肴 102 魚 78
さかのぼ-る 遡 170
さか-らう 逆 75
さかり 壮 171 秀 133 壯 171 盛 163 興 106
さか-る 盛 163
さ-がる 下 51
さかん 史 120 壮 171 壯 171 昌 143 興 106
さか-ん 壮 171 壯 171 盛 163
さき 兄 86 先 167 早 171 幸 101 肯 101 咲 116 首 131 前 169 祖 169 祥 143 笑 143 閃 168 祖 169 埼 114 崎 115 祥 143 開 58 割 62 福 228 預 249 魁 58 福 228 履 257 興 106 頭 202
さぎ 鷺 115
さきがけ 魁 58
さく 尺 130 冊 117 生 161 作 115 削 115 昨 115 柵 115 咲 116 索 117 朔 117 窄 117 捉 175 速 175 開 58 策 117 酢 117 搾 117 数 159 錯 117
さ-く 咲 116 割 62 裂 265
さくら 桜 48 櫻 48
さぐ-る 探 184
さけ 酒 131
さげす-む 蔑 230
さけ-ぶ 叫 78
さ-ける 裂 265 避 220
さ-げる 下 51 提 194
さこう 栄 44 荘 171 莊 171 榮 44
ささ 小 141 笹 117 楽 61 樂 61 篠 128 讃 120
ささ-える 支 120
ささ-げる 捧 234 献 93
さざなみ 漣 266
さ-さる 刺 123
さし 刺 123 挟 79
さす 刺 123
さ-す 刺 123 指 123 点 196 差 110 挿 172
さず-かる 授 132
さずく 授 132
さず-ける 授 132
さす-る 摩 237
さそ-う 誘 247
さた 究 76
さだ 正 160 尼 208 必 222 弁 231 安 36 会 57 自 125 成 160 存 176 完 64 究 76 決 89 判 217 治 126 帖 189 制 160 定 193 底 193 為 38 査 110 信 152 貞 194 晏 36 員 41 渉 144 真 153 眞 153 莫 215 勘 65 済 111 渉 144 断 185 偵 194 爲 38 覚 60 評 224 補 232 節 166 禎 194 塡 197 禎 194 寧 210 質 128 節 166 凝 81 憲 93 議 74
さだ-か 定 193
さだし 貞 194
さだ-まる 定 193
さだむ 処 140 成 160 定 193 勘 65 断 185 理 256 禎 194 禎 194 毅 72
さだめ 定 193
さだ-める 定 193
さち 士 120 吉 74 幸 101 征 162 祐 247 倖 104 祥 143 祐 247 祥 143 猟 261 葛 62 禄 269 禎 194 福 228 祿 269 禎 194 福 228
さっ 早 171
さつ 冊 117 札 117 刷 117 刹 117 拶 117 殺 117 察 117 颯 118 撮 117 撒 119 擦 117 薩 118
ざつ 雑 118 雜 118
さと 了 259 公 98 仁 155 耳 125 吏 255 束 175 邑 246 利 255 里 256 学 61 知 185 怜 264 県 90 彦 222 郊 102 巷 103 俐 256 鬼 70 郡 86 恵 87 悟 97 哲 196 敏 224 郭 60 郷 79 都 199 敏 224 理 256 開 58 覚 60 惠 87 惺 163 達 183 智 186 都 199 答 202 量 261 解 58 聖 163 誠 164 詮 168 禅 169 聡 173 徳 204 熙 72 慧 88 德 204 叡 45 縣 90 賢 93 諭 245 隣 263 鮮 169 禪 169 聴 190 識 127 聽 190
さと-い 敏 224 敏 224 聡 173 慧 88
さとき 鋭 44
さとし 了 259 邑 246 里 256 知 185 怜 264 俐 256 恵 87 悟 97 秩 186 哲 196 敏 224 啓 87 捷 144 敏 224 覚 60 暁 81 惠 87 敬 87 惺 163 達 183 智 186 聖 163 詮 168 聡 173 慧 88 叡 45 曉 81 賢 93 諭 245
さとす 諭 245
さと-す 諭 245
さとる 了 259 仏 228 佛 228 学 61 知 185 俠 79 悟 97 哲 196 済 111 菩 232 覚 60 暁 81 惺 163 達 183 智 186 喩 245 解 58 聖 163 詮 168 聡 173 慧 88 曉 81 賢 93 諭 245 薩 118
さと-る 悟 97 覚 60
さな 真 153 眞 153
さなが-ら 宛 35
さね 人 156 子 121 允 41 収 132 心 151 仁 155 以 37 札 117 平 229 字 125 守 131 收 132 壱 39 志 123 妊 209 良 259 学 61 実 128 尚 142 竿 115 城 148 信 152 核 60 修 134 真 153 眞 153 孫 176 脩 134 情 148 期 71 猶 247 愛 34 嗣 124 誠 164 實 128 銑 168 諄 140 積 165 績 165 護 98
ざね 実 128 真 153 眞 153 實 128
さば-く 裁 114
さび 寂 130 錆 118
さび-しい 寂 130 淋 262
さび-れる 寂 130
さぶ 三 119
ざぶ 三 119
さま 様 253 樣 253
さ-ます 冷 264 覚 60 醒 164
さまた-げる 妨 235
さむ 三 119 祥 143 祥 143 寒 65
さむ-い 寒 65
さむらい 士 120 侍 126
さめ 雨 42
さ-める 冷 264 覚 60 醒 164
さや 居 77 清 163 爽 172 鞘 118
さやか 爽 172
さや-か 清 163
さら 皿 118 更 101
さら-す 晒 119 曝 215
さる 去 77 申 150 除 141 猿 46
さ-る 去 77
ざれる 戯 74 戲 74
さわ 沢 181 爽 172
さわ-ぐ 騒 174 騷 174
さわ-やか 爽 172
さわ-る 触 150 障 147
さん 三 119 山 119 杉 159 参 119 珊 119 桟 119 蚕 119 惨 119 産 119 斬 120 傘 119 喰 84 散 119 算 119 酸 119 賛 119 撒 119 燦 119 纂 120 讃 120

來 254 孤 96 弧 96 故 96
枯 96 胡 96 個 96 庫 96
粉 228 剛 107 黄 105 虚 78
許 78 教 80 袴 214 黃 105
虛 78 湖 96 雇 96 琥 96
誇 96 鼓 96 瑚 98 跨 97
箇 54 糊 97 錮 97 醐 98
顧 97 籠 269
ご 牛 77 五 97 互 97
午 97 心 151 伍 97 后 100
呉 97 吾 97 冴 115 幸 101
胡 96 後 97 庫 96 娯 97
悟 97 晃 104 晄 104 強 79
梧 98 期 71 棋 71 御 78
瑚 98 碁 98 語 98 誤 98
醐 98 檎 98 護 98
こい 恋 265 鯉 257
こ-い 濃 212
こい-しい 恋 265
こう 乞 98 口 98 工 98
公 98 勾 99 孔 99 句 83
功 99 巧 99 広 99 甲 99
弘 99 尻 150 江 100 匡 78
仰 80 行 100 交 99 光 99
向 100 后 100 好 100 考 100
亘 100 亙 100 亨 101 坑 101
抗 101 攻 101 更 101 孝 101
宏 101 劫 107 岡 48 庚 102
杭 84 茎 86 効 101 幸 101
拘 101 肯 101 昂 102 昊 102
肴 102 岬 240 峡 79 狭 79
後 97 侯 102 厚 102 恒 102
恆 102 洪 102 荒 102 郊 102
皇 102 紅 102 虹 209 香 103
巷 103 恰 103 洸 103 拷 107
神 152 格 60 峽 79 狹 79
桁 89 候 103 降 103 校 103
耕 103 航 103 貢 103 高 104
倖 104 浩 104 晃 104 晄 104
紘 104 剛 107 神 152 耗 243
黄 105 凰 48 康 104 控 105
梗 105 皐 105 黃 105 喉 105
慌 105 港 105 硬 105 絞 105
項 105 腔 105 皓 105 較 60
溝 105 鉱 105 滉 105 煌 106
督 204 塙 216 幌 237 構 106
綱 106 酵 106 膏 106 閤 106
廣 99 稿 106 興 106 衡 106
鋼 106 縞 129 厳 95 講 106
購 106 鴻 106 壕 107 藁 270
嚴 95 轟 107 饗 80
こ-う 乞 98 恋 265 請 164
ごう 号 106 江 100 后 100
合 106 迎 89 劫 107 昂 102
巷 103 拷 107 剛 107 強 79
郷 79 偶 84 硬 105 楽 61
業 81 傲 107 豪 107 樂 61
壕 107 轟 107
こう-ばしい 香 103
こうべ 頭 202
こうむ-る 被 220 蒙 243
こえ 吟 83 声 160 呼 96
肥 219 越 45 膏 106
こえる 超 189
こ-える 肥 219 越 45
超 189
こおり 氷 223 郡 86
こおる 凝 81
こお-る 氷 223 凍 200
こ-がす 焦 145
こ-がれる 焦 145
こきし 王 47
こく 石 165 克 107 告 107
谷 107 刻 107 国 107 國 107
黒 108 欽 82 黑 108 穀 108
酷 108 穀 108
こ-ぐ 漕 173
ごく 曲 81 極 81 獄 108
こけ 苔 177
こ-げる 焦 145
ここ 九 75
ここ-える 凍 200
ここの 九 75
ここの-つ 九 75
こころ 心 151
こころざし 志 123
こころざ-す 志 123
こころ-みる 試 125
こころよ-い 快 57
こし 越 45 腰 251 輿 249
こ-す 越 45 超 189
こずえ 表 223 梶 62
梢 144 槙 238 槇 238 標 224
櫂 59
こす-る 擦 117
こそ 社 129 社 129
こぞ-って 挙 78
こた-え 答 202
こた-える 応 47 答 202
應 47
こだわ-る 拘 101
こち 東 200
こつ 乞 98 忽 108 骨 108
惚 108 滑 62 窟 85
こと 士 120 允 41 功 99
言 94 画 55 采 111 事 126
承 142 服 227 物 228 紀 68
思 124 信 152 政 162 殊 131
特 203 異 38 訪 234 琴 82
詞 124 載 114 辞 126 語 98
説 166 肇 215 誼 74 勲 85
勳 85 諺 95 謀 236
ごと 毎 237 每 237
ことごと-く 尽 155
悉 128 盡 155
ごと-し 如 141
こと-なる 異 38
ことば 詞 124 辞 126
ことぶき 寿 132 壽 132
ことほ-ぐ 寿 132 壽 132
ことわざ 諺 95
ことわり 理 256
ことわ-る 断 185
こな 粉 228
こな-す 熟 137
こな-れる 熟 137
こにきし 王 47
この 好 100
こ-の 此 108
このむ 好 100 喜 70
この-む 好 100
こはく 琥 96
こば-む 拒 78
こぶし 拳 92
こぼ-す 零 264
こぼ-つ 毀 71
こぼ-れる 毀 71 零 264
こま 駒 108
こま-か 細 114
こま-かい 細 114
こま-る 困 108
こ-む 込 108 混 109
こめ 米 230
こ-める 込 108 籠 269
こも 薦 169
こ-もる 籠 269
こ-やし 肥 219
こ-やす 肥 219
こよみ 暦 265 曆 265
こら-える 堪 65
こ-らしめる 懲 191
懲 191
こ-らす 凝 81 懲 191
懲 191
こり 凝 81
ごり 心 151
こ-りる 懲 191 懲 191
こ-る 凝 81
これ 已 36 己 95 之 210
云 43 比 219 以 37 右 42
兄 86 穴 89 只 182 伊 37
自 125 身 150 官 64 実 128
是 160 時 126 惟 38 這 214
斯 124 維 38 實 128 誰 183
こ-れ 此 108 惟 38
ころ 頃 108
ごろう 吾 97
ころ-がす 転 197 轉 197
ころ-がる 転 197 轉 197
ころ-げる 転 197 轉 197
ころ-す 殺 117
ころ-ぶ 転 197 轉 197
ころも 衣 37
こわ 声 160 強 79
こわ-い 怖 225 強 79
こわ-がる 恐 79
こわし 剛 107 毅 72
こわ-す 毀 71 壊 58
壞 58
こわ-れる 壊 58 壞 58
こん 今 108 近 82 困 108
金 82 昆 108 昏 109 建 90
恨 109 根 109 婚 109 混 109
痕 109 紺 109 献 93 魂 109
墾 109 懇 109
ごん 言 94 欣 82 勤 82
琴 82 勤 82 権 93 厳 95
嚴 95

さ

さ 二 208 叉 109 三 119
小 141 五 97 左 109 再 111
早 171 佐 109 沙 109 作 115
妙 240 些 109 狭 79 査 110
砂 110 咲 116 草 171 相 171
茶 187 勇 246 狹 79 唆 110
差 110 紗 110 挫 110 皐 105
彩 112 爽 172 理 256 詐 110
善 169 朝 189 嵯 110 裟 110
搾 117 蓑 240 瑳 110 総 173
聡 173 積 165 鎖 110
ざ 三 119 左 109 坐 110
座 110 挫 110 解 58
さい 才 110 切 166 再 111

※名前にふさわしくない意味の漢字もあります。名づけの際は必ず意味の確認を！

矩 83 倶 84 庫 96 貢 103
惧 84 琥 96 駆 83 駈 83
駒 108
ぐ 弘 99 求 76 玖 76
具 83 紅 102 倶 84 候 103
救 77 惧 84 遇 84 隅 84
寓 84 虞 49 愚 84
くい 杭 84
く-いる 悔 57 悔 57
くう 空 84
く-う 食 149 喰 84
ぐう 宮 77 偶 84 遇 84
隅 84 寓 84
くが 陸 258
くき 茎 86
くぎ 釘 84
くく-る 括 62
くぐ-る 潜 168
くさ 草 171 種 131
ぐさ 種 131
くさ-い 臭 134 臭 134
くさか 草 171
くさむら 叢 174
くさ-らす 腐 226
くさり 鎖 110
くさ-る 腐 226
くさ-れる 腐 226
くし 串 84 奇 68 櫛 84
くじ-く 挫 110
くじ-ける 挫 110
くじら 鯨 89
くす 奇 68 楠 208 樟 147
薬 245 藥 245
くず 屑 84 葛 62
ぐす 楠 208
くすし 薬 245 藥 245
くず-す 崩 234
くすのき 楠 208 樟 147
くすり 薬 245 藥 245
くず-れる 崩 234
くせ 曲 81 癖 230
くだ 管 66
くだ-く 砕 111 碎 111
くだ-ける 砕 111 碎 111
くだ-さる 下 51
くだ-す 下 51
くだり 件 90
くだ-る 下 51 降 103
くだん 件 90
くち 口 98
くちびる 唇 152
く-ちる 朽 76
くつ 委 37 屈 85 沓 85
掘 85 堀 237 靴 54 窟 85
くつがえ-す 覆 228
くつがえ-る 覆 228
くつろ-ぐ 寛 65 寬 65
くに 一 40 乙 49 之 210
公 98 方 232 地 185 州 133
有 246 呉 97 宋 171 弟 193
邦 233 邑 246 国 107 利 117
明 242 郁 39 洲 134 城 148
珍 191 訓 85 郡 86 恕 141
晋 152 域 39 國 107 第 181
都 199 都 199 漢 66 業 81
漢 66 鄭 195 薫 85 薰 85
くば-る 配 213
くび 首 131
くび-れる 括 62
くぼ 窪 85
くぼ-む 凹 47 窪 85
くま 曲 81 阿 33 肥 219
前 169 隈 270 熊 85
くまり 分 228
くみ 与 249 伍 97 汲 76
侶 259 紐 223 組 170 與 249
綸 262
くみ-する 与 249 與 249
くむ 組 170
く-む 汲 76 酌 130 組 170
くも 雲 43
くも-る 曇 205
くや-しい 悔 57 悔 57
く-やむ 悔 57 悔 57
くら 位 37 車 129 府 225
食 149 庫 96 座 110 倉 172
掠 258 椋 261 暗 36 鞍 36
蔵 174 爵 130 藏 174
くらい 位 37
くら-い 暗 36
く-らう 食 149 喰 84
くらし 昏 109 昧 238
く-らす 暮 232
くら-べる 比 219 較 60
くり 栗 85
くりや 厨 188
くる 来 254 來 254 珍 191
牽 92 幹 66 薫 85 薰 85
く-る 来 254 來 254 繰 85
くる-う 狂 78
くる-おしい 狂 78
くる-しい 苦 83
くる-しむ 苦 83
くる-しめる 苦 83
くるま 車 129
くる-む 包 233
くるわ 郭 60
くれ 伎 67 呉 97 昏 109
紅 102 晩 218 晩 218
くれない 紅 102
く-れる 呉 97 暮 232
くろ 玄 94 畔 217 黒 108
黒 108
くろ-い 黒 108 黒 108
くろがね 鉄 196
くわ 桑 172 鍬 135
くわ-える 加 51
くわし 細 114 精 164
くわ-しい 委 37 詳 147
精 164
くわだ-てる 企 67
くわ-わる 加 51
くん 君 85 軍 86 訓 85
勲 85 薫 85 勳 85 薰 85
ぐん 軍 86 郡 86 群 86

け

け 化 51 斗 198 毛 243
仮 51 気 68 圭 86 花 52
希 69 怪 57 迦 53 食 149
家 53 華 53 氣 68 袈 86
稀 71 蹴 135 懸 94
げ 下 51 牙 55 外 59
悔 57 夏 53 華 53 悔 57
解 58 戯 74 戲 74
けい 兄 86 刑 86 圭 86
形 86 系 86 佳 51 京 78
径 86 茎 86 係 86 型 86
契 86 計 86 勁 87 奎 87
恵 87 桂 87 啓 87 掲 87
渓 87 経 87 蛍 87 頃 108
卿 80 惠 87 揭 87 敬 87
景 88 軽 88 傾 88 携 88
継 88 詣 88 境 80 肇 215
憬 88 慶 88 稽 88 慧 88
憩 89 鏡 80 鯨 89 警 89
鶏 89 繋 89 馨 60 競 80
鷄 89
げい 芸 89 迎 89 詣 88
藝 89 鯨 89
けが-す 汚 47
けが-らわしい 汚 47
けが-れる 汚 47
けき 喫 75 戟 89 隙 89
劇 89 撃 89 激 89 擊 89
げき 逆 75 戟 89 隙 89
劇 89 撃 89 激 89 擊 89
けさ 祇 74 袈 86
け-す 消 143
けず-る 削 115
けた 桁 89
けだ-し 蓋 59
けだもの 獣 136 獸 136
けつ 欠 89 穴 89 血 89
決 89 頁 89 桔 75 訣 90
結 91 傑 90 潔 90 蕨 270
げつ 月 90
けみ-する 閲 45
けむ-い 煙 47
けむり 煙 47
けむ-る 煙 47
けもの 獣 136 獸 136
けや 槻 192
け-る 蹴 135
けわ-しい 険 92 險 92
けん 欠 89 犬 90 件 90
見 90 巻 64 券 90 肩 90
卷 64 建 90 県 90 研 90
倹 92 兼 92 剣 92 拳 92
軒 92 倦 92 栞 127 乾 64
菅 65 健 92 険 92 捲 92
牽 92 圏 92 舷 95 絢 93
萱 63 間 65 圈 92 堅 92
検 92 喧 92 硯 92 絹 93
嫌 93 遣 93 献 93 儉 92
劍 92 権 93 縣 90 險 92
憲 93 賢 93 鍵 93 檢 92
謙 93 繭 93 顕 94 験 94
懸 94 顯 94 驗 94
げん 元 94 幻 94 玄 94
見 90 言 94 弦 94 研 90
限 94 彦 222 拳 92 原 94
眼 67 現 94 舷 95 絃 95
這 214 硯 92 減 95 嫌 93
源 95 權 93 還 66 諺 95
厳 95 験 94 嚴 95 驗 94

こ

こ 己 95 子 121 三 119
女 141 小 141 戸 95 木 236
去 77 巨 77 古 95 乎 95
仔 122 好 100 君 85 児 126
来 254 居 77 拠 78 呼 96
固 96 股 96 虎 96 兒 126

かんが-える 考 100
勘 65
かんが-みる 鑑 67
かんなぎ 巫 225
かんば 樺 63
かんばし 芳 233
かんば-しい 芳 233
かんむり 冠 64

き

き 乙 49 久 75 己 95
寸 159 大 180 王 47 公 98
木 236 甲 99 生 161 衣 37
企 67 伎 67 危 68 肌 216
机 68 気 68 吉 74 行 100
虫 187 妃 219 岐 68 希 69
汽 68 忌 68 玖 76 芹 167
芸 89 材 114 杖 148 束 175
来 254 李 256 枝 123 奇 68
季 68 祈 68 祁 68 宜 72
杵 75 幸 101 其 176 來 254
林 262 祈 68 紀 68 軌 68
哉 111 城 148 氣 68 姫 223
帰 70 既 70 記 70 起 70
飢 70 鬼 70 訓 85 息 175
黄 105 基 70 寄 70 規 70
亀 70 頃 108 埼 114 崎 115
章 144 清 163 葵 33 黃 105
喜 70 幾 70 揮 71 期 71
棋 71 貴 71 稀 71 欺 74
減 95 超 189 幹 66 棄 71
毀 71 暉 71 碁 98 置 186
旗 71 箕 71 綺 71 器 71
畿 72 輝 73 嬉 72 毅 72
熙 72 戯 74 槻 192 窺 42
器 71 機 72 興 106 樹 132
磯 39 徽 72 戲 74 犠 74
譁 83 鮮 169 騎 72 謹 83
藝 89 礎 170 麒 72
ぎ 伎 67 危 68 岐 68
技 72 芸 89 宜 72 其 176
祇 74 偽 74 埼 114 欺 74
義 74 僞 74 疑 74 毅 72
儀 74 戯 74 誼 74 戲 74
擬 74 犧 74 藝 89 議 74
きい 紀 68
き-える 消 143
きく 菊 74 掬 74 鞠 239
き-く 利 255 効 101 聞 229
聴 190 聽 190
き-こえる 聞 229
きさ 象 145
きざ 陛 229
きさき 后 100 妃 219
きざし 萌 234 萠 234
きざ-し 兆 188
きざ-す 兆 188
きざはし 階 58
きざ-む 刻 107
きし 岸 67 研 90
きず 創 172 傷 145
きず-く 築 186
きずな 絆 217
き-せる 着 187
きそう 競 80
きそ-う 競 80
きた 北 236 朔 117
きたえ 鍛 184
きた-える 鍛 184
きたす 懐 58 懷 58
きた-す 来 254 來 254
きたな-い 汚 47
きたばしり 北 236
きたる 来 254 來 254
儀 74
きた-る 来 254 來 254
きち 吉 74 治 126
きつ 乞 98 吉 74 迄 239
桔 75 部 227 喫 75 詰 75
橘 182
きぬ 衣 37 表 223 侯 102
砧 75 絹 93
きぬた 砧 75
きね 杵 75
きの 紀 68
きのえ 甲 99
きのこ 茸 182
きのと 乙 49
きば 牙 55
きび-しい 厳 95 嚴 95
き-まる 決 89
きみ 王 47 公 98 仁 155
主 131 正 160 江 100 后 100
君 85 官 64 林 262 侯 102
勅 191 候 103 竜 258 乾 64
卿 80 尊 176 鉄 196 嫡 187
龍 258
きむ 仁 155 臣 150 林 262
き-める 決 89 極 81
きも 肝 64 胆 184
きゃ 伽 51 脚 75
きゃく 却 75 客 75
格 60 脚 75
ぎゃく 逆 75 虐 75
きゅう 九 75 久 75
及 76 弓 76 丘 76 旧 76
扱 35 休 76 吸 76 朽 76
臼 76 求 76 究 76 汲 76
灸 76 玖 76 泣 76 穹 76
急 77 級 77 糾 77 宮 77
笈 77 赳 77 救 77 球 77
毬 239 給 77 嗅 77 鳩 216
厩 77 窮 77
ぎゅう 牛 77
きょ 去 77 巨 77 居 77
拒 78 拠 78 挙 78 虚 78
許 78 据 159 虛 78 距 78
裾 159 鋸 78
きよ 人 156 井 160 心 151
玉 81 白 214 氷 223 圭 86
汐 165 冷 264 斉 162 刷 117
青 162 研 90 浄 148 神 152
政 162 洗 167 洋 249 華 53
屑 84 候 103 純 138 除 141
神 152 粋 157 能 210 凉 260
健 92 斎 114 淑 136 淳 139
淨 148 清 163 雪 166 涼 260
喜 70 湛 184 陽 252 舜 138
聖 163 靖 164 廉 266 齊 162
粹 157 精 164 静 164 徴 190
潔 90 徵 190 澄 190 摩 237
養 253 靜 164 磨 237 燦 119
鮮 169 濯 182 櫛 84 馨 60
ぎょ 魚 78 御 78 漁 78
きよ-い 浄 148 淨 148
清 163
きょう 凶 78 叶 62
兄 86 共 78 叫 78 匡 78
向 100 杏 36 狂 78 亨 101
孝 101 劫 107 京 78 享 79
供 79 協 79 況 79 峡 79
挟 79 狭 79 俠 79 香 103
恰 103 峽 79 狹 79 恭 79
恐 79 胸 79 脅 79 脇 270
校 103 強 79 郷 79 教 80
経 87 頃 108 梗 105 卿 80
喬 80 暁 81 敬 87 塙 216
境 80 蕎 80 慶 88 橋 80
興 106 頰 236 曉 81 矯 80
鏡 80 警 89 馨 60 競 80
響 80 響 80 驚 80 饗 80
驍 81
ぎょう 仰 80 行 100
形 86 迎 89 尭 81 堯 81
暁 81 業 81 曉 81 凝 81
驍 81
きょく 旭 81 曲 81
局 81 極 81
ぎょく 玉 81
きよし 白 214 圭 86
忠 187 明 242 浄 148 泉 167
美 221 亮 260 屑 84 浩 104
純 138 莫 215 健 92 淑 136
粛 136 淳 139 淨 148 清 163
晴 163 陽 252 聖 163 靖 164
廉 266 碧 230 精 164 徴 190
潔 90 徵 190 澄 190 薩 118
きよ-まる 清 163
きよみ 雪 166
きよむ 雪 166 澄 190
きよ-める 清 163
きら 晃 104 晄 104
きら-う 嫌 93
きら-めく 煌 106 燦 119
きり 桐 201 錐 158 霧 241
き-る 切 166 伐 216 斬 120
着 187
き-れる 切 166
きわ 極 81 際 114
きわ-まる 谷 107 極 81
窮 77
きわ-み 極 81
きわむ 究 76 研 90
極 81 窮 77
きわめ 格 60 極 81
きわ-める 究 76 極 81
窮 77
きん 巾 82 斤 82 公 98
今 108 均 82 近 82 芹 167
君 85 京 78 金 82 欣 82
衿 82 訓 85 菌 82 菫 159
勤 82 琴 82 筋 82 欽 82
軽 88 勤 82 僅 82 禁 82
禽 83 緊 83 錦 83 謹 83
檎 98 謹 83 襟 83
ぎん 吟 83 銀 83

く

く 九 75 久 75 口 98
工 98 区 83 公 98 勾 99
孔 99 丘 76 旧 76 句 83
功 99 求 76 玖 76 呉 97
伯 214 来 254 供 79 苦 83
來 254 紅 102 宮 77 恭 79

麗 265
かずえ 計 86
かす-か 幽 246 微 222
かすみ 霞 55
かす-む 霞 55
かす-める 掠 258
かずら 葛 62
かす-る 掠 258
かぜ 吹 157 風 227
かせ-ぐ 稼 54
かぞ-える 数 159 算 119
かた 一 40 才 110 片 230 方 232 功 99 斥 165 石 165 包 233 礼 264 交 99 兆 188 名 241 形 86 似 126 状 148 声 160 良 259 岩 67 肩 90 固 96 効 101 周 133 狀 148 命 241 和 269 型 86 勁 87 姿 123 兼 92 剛 107 容 251 偶 84 済 111 捧 234 粛 136 崇 158 側 175 陳 191 敬 87 結 91 堅 92 硬 105 犀 114 歯 124 象 145 朝 189 普 226 傍 235 雄 247 該 59 豊 234 語 98 豪 107 像 174 態 179 銘 242 模 243 確 61 潟 62 器 71 毅 72 質 128 談 185 標 224 器 71 凝 81 賢 93 鋼 106 謙 93 覧 255 鎌 63 禮 264 議 74 覽 255 鑑 67
かた-い 固 96 堅 92 硬 105 難 208 難 208
かたき 敵 195
かたく-な 頑 67
かたし 介 56 固 96 重 136 拳 92 剛 107 崇 158 堅 92 硬 105 確 61 鍛 184
かたじけな-い 辱 150
かたち 形 86 容 251 貌 236
かたど-る 象 145
かたな 刀 200
かたまり 塊 58
かた-まる 固 96
かたむ 固 96
かたむ-く 傾 88
かたむ-ける 傾 88
かた-める 固 96
かたよ-る 偏 230
かた-らう 語 98
かたり 語 98 談 185
かた-る 語 98
かたわ-ら 傍 235
かち 徒 199 捷 144 勝 144 褐 62
かっ 合 106
かつ 一 40 万 239 介 56 且 62 仔 122 功 99 甲 99 包 233 克 107 寿 132 坦 183 和 269 括 62 活 62 独 204 品 224 勉 231 亮 260 桂 87 勉 231 喝 62 渇 62 強 79 健 92 捷 144 曽 172 凱 59 渇 62 割 62 葛 62 堪 65 暁 81 勝 144 遂 158 曾 172 達 183 筈 215 萬 239 雄 247 滑 62 褐 62 豪 107 壽 132 徳 204 德 204 曉 81 賢 93 積 165 轄 62 優 250
か-つ 且 62 克 107 勝 144
がっ 合 106
がつ 月 90
かつ-える 餓 55
かつ-ぐ 担 183
かつ-て 曽 172 曾 172 嘗 147
かつみ 克 107 黄 105 黃 105
かつら 桂 87 葛 62 藤 202
かて 糧 262
かど 戸 95 圭 86 尖 167 角 60 門 244 矩 83 葛 62 稜 261 廉 266 暢 190 閲 45
かどわ-かす 拐 57
かな 乎 95 金 82 門 244 哉 111 奏 171
かない 叶 62
かな-う 叶 62 適 195 敵 195
かなえ 鼎 195
かなお 適 195
かな-しい 哀 33 悲 220
かな-しむ 哀 33 悲 220
かな-でる 奏 171
かなめ 中 187 紀 68 要 251 最 114
かなら-ず 必 222
かに 掃 172 蟹 62
かぬ 包 233 光 99 易 45 周 133 兼 92 詠 44 該 59 摂 166 賃 191 説 166 談 185 懐 58 懷 58 攝 166
かぬち 鍛 184
かね 尺 130 包 233 印 41 光 99 易 45 金 82 具 83 周 133 宝 233 封 227 矩 83 兼 92 財 115 粛 136 務 241 詠 44 統 202 該 59 鉱 105 準 139 誠 164 摂 166 鼎 195 鉄 196 鈴 264 銀 83 銃 136 説 166 銅 203 監 66 談 185 懐 58 錦 83 鋼 106 謙 93 厳 95 鎌 63 懷 58 鏡 80 鐘 147 嚴 95 攝 166 鑑 67
かね-て 予 249
か-ねる 兼 92
かの 彼 219
かのう 叶 62 協 79 和 269 適 195
かのえ 庚 102
かのと 辛 152
かば 椛 244 樺 63
かば-う 庇 219
かばね 姓 162
かばん 鞄 63
かぶ 株 63 蕪 227
かぶと 甲 99 兜 199
かぶら 蕪 227
かぶ-る 被 220
かべ 壁 230
かま 釜 63 窯 253 鎌 63
がま 蒲 232
かま-う 構 106
かま-える 構 106
かまびす-しい 喧 92
かみ 上 147 天 196 正 160 守 131 甫 231 昇 142 柄 229 首 131 神 152 省 162 宰 111 紙 124 称 143 神 152 竜 258 頂 189 漢 66 督 204 漢 66 髪 216 髮 216 頭 202 龍 258
かみなり 雷 254
かむ 神 152 神 152
かむり 冠 64
かめ 亀 70 瓶 225
かも 鴨 63
かも-す 醸 149 釀 149
かもめ 鷗 48
かや 茅 235 草 171 萱 63
かゆ 粥 63
かよ-う 通 192
から 空 84 唐 200 殻 60 幹 66 樺 63
がら 柄 229
から-い 辛 152
からし 芥 35
からす 烏 42
か-らす 枯 96
からだ 体 177
から-まる 絡 255
から-む 絡 255
から-める 絡 255
かり 仮 51 狩 131 猟 261 雁 67 騰 202
か-り 狩 131
か-りる 借 130
かる 刈 63 軽 88
か-る 刈 63 狩 131 駆 83 駈 83
かる-い 軽 88
かれ 彼 219
か-れる 枯 96
かろ-やか 軽 88
かわ 川 167 皮 219 河 53 革 60
がわ 側 175
かわ-かす 乾 64
かわ-く 渇 62 乾 64 渴 62
か-わす 交 99
かわら 瓦 55
か-わる 代 179 変 230 換 65 替 179
かん 干 63 刊 64 甘 64 甲 99 汗 64 缶 64 完 64 肝 64 含 67 串 84 官 64 侃 64 函 64 巻 64 冠 64 卷 64 看 64 柑 64 竿 115 神 152 院 41 陥 64 莞 64 栞 127 神 152 陷 64 乾 64 勘 65 患 65 貫 65 菅 65 喚 65 堪 65 寒 65 換 65 敢 65 棺 65 款 65 間 65 閑 65 勧 65 寛 65 幹 66 漢 66 感 66 斡 35 寬 65 漢 66 慣 66 管 66 関 66 歓 66 監 66 緩 66 憾 66 還 66 館 66 環 66 簡 66 観 66 韓 67 艦 67 鑑 67
がん 丸 67 元 94 含 67 岸 67 岩 67 玩 67 眼 67 雁 67 頑 67 顔 67 願 67 巌 67 巖 67

おぼ-れる 溺 195
おみ 老 267 臣 150
おめ-く 喚 65
おも 主 131 表 223 面 242
おもい 思 124
おも-い 重 136
おも-う 思 124 想 173 憶 49 懐 58 懷 58
おもし 重 136
おもて 表 223 面 242
おもね-る 阿 33
おもむき 趣 132
おもむ-く 赴 226 趣 132
おもむろ 徐 141
おもんぱか-る 慮 259
おや 祖 169 祖 169 御 78 親 155
おゆ 老 267
およ-ぐ 泳 44
およ-そ 凡 237
およ-び 及 76
およ-ぶ 及 76
およ-ぼす 及 76
おり 宅 181 折 166 居 77 織 150
お-りる 下 51 降 103
おる 止 120 処 140 宿 136 織 150
お-る 折 166 居 77 織 150
おれ 俺 49
お-れる 折 166
おろ-か 愚 84
おろし 卸 49
おろ-す 卸 49
お-ろす 下 51 降 103
おろそ-か 疎 170
おわる 已 36
お-わる 了 259 卒 176 終 134
おん 臣 150 苑 46 怨 46 音 50 恩 49 陰 41 飲 41 温 49 御 78 園 46 遠 46 溫 49 隠 42 蔭 42 薗 46 穏 49
おんな 女 141

か

か 一 40 力 262 下 51 化 51 火 51 日 209 加 51 可 51 禾 51 乎 95 甲 99 瓜 51 仮 51 圭 86 何 51 花 52 伽 51 赤 165 芳 233 価 51 佳 51 河 53 苛 53 果 53 茄 53 庚 102 金 82 和 269 郁 39 架 53 科 53 珂 53 珈 53 迦 53 海 57 香 103 哉 111 神 152 耶 244 夏 53 家 53 荷 53 華 53 蚊 54 海 57 個 96 神 152 菓 54 貨 54 掛 61 鹿 127 渦 54 過 54 賀 55 嫁 54 暇 54 禍 54 靴 54 嘩 54 誇 96 跨 97 榎 45 禍 54 寡 54 歌 54 箇 54 嘉 54 樺 63 蝦 45 價 51 稼 54 課 55 駕 55 霞 55 鍋 208 蘭 255 馨 60
が 牙 55 瓦 55 伽 51 我 55 画 55 芽 55 俄 55 臥 55 峨 55 賀 55 雅 55 蝦 45 餓 55 駕 55
かい 介 56 甘 64 会 57 回 57 灰 57 合 106 芥 35 快 57 戒 57 改 57 貝 57 佳 51 怪 57 拐 57 届 204 悔 57 海 57 界 57 皆 57 廻 58 恢 58 柄 229 峡 79 悔 57 海 57 峽 79 桧 223 械 58 晦 58 掛 61 絵 58 階 58 開 58 堺 115 街 59 凱 59 塊 58 楷 58 解 58 概 59 蓋 59 該 59 話 270 賄 270 魁 58 槪 59 潰 58 養 253 壊 58 懐 58 諧 59 檜 223 櫂 59 鎧 59 壞 58 懷 58 蟹 62
がい 刈 63 外 59 亥 37 劾 59 害 59 崖 59 涯 59 街 59 凱 59 慨 59 蓋 59 該 59 概 59 骸 59 鎧 59
かいこ 蚕 119
かいな 腕 270
かいり 浬 256
か-う 交 99 買 214 飼 125
かえ-す 反 217 返 230 帰 70 還 66
かえ-って 却 75
かえで 楓 227
かえり-みる 省 162 顧 97
かえ-る 反 217 返 230 帰 70 復 227 還 66
か-える 代 179 変 230 換 65 替 179
がえ-んずる 肯 101
かお 薫 85 薰 85 顔 67
かおり 香 103 馨 60
かお-り 香 103 馨 60
かおる 芳 233 郁 39 香 103 菩 232 薫 85 薰 85 馨 60
かお-る 香 103 薫 85 薰 85 馨 60
かが 利 255 香 103
かか-える 抱 233
かか-げる 掲 87 揭 87
かが-まる 屈 85
かがみ 鏡 80 鑑 67
かが-む 屈 85
かが-める 屈 85
かがやき 輝 73
かがや-く 暉 71 輝 73
かかり 係 86 掛 61
かか-る 係 86
か-かる 架 53 掛 61 懸 94
かか-わる 拘 101 係 86 関 66
かき 画 55 垣 60 柿 60 堅 92
かぎ 鍵 93
かぎり 高 104
かぎ-る 限 94
かく 各 60 角 60 画 55 拡 60 革 60 客 75 格 60 核 60 郭 60 殻 60 粛 136 覚 60 隔 60 較 60 塙 216 閣 61 摑 192 確 61 獲 61 嚇 61 穫 61 鶴 193
か-く 欠 89 画 55 書 140 描 224 斯 124
か-ぐ 嗅 77
がく 学 61 岳 61 楽 61 樂 61 額 61 顎 61
かく-す 匿 203 隠 42
かくま-う 匿 203
かく-れる 隠 42
かぐわ-しい 芳 233 香 103 馨 60
かけ 翔 146
かげ 陰 41 晩 218 景 88 晩 218 蔭 42 熊 85 影 44
がけ 崖 59
かけはし 桟 119
かける 翔 146
かけ-る 翔 146
か-ける 欠 89 架 53 掛 61 駆 83 駈 83 賭 199 懸 94
かげ-る 陰 41
かご 籠 269
かこ-う 囲 37
かこつ-ける 託 181
かこ-む 囲 37
かさ 笠 61 傘 119 塁 263 嵩 61 壘 263
かざ 風 227
かさ-なる 重 136
かさぬ 重 136
かさ-ねる 重 136
かさ-む 嵩 61
かざ-る 飾 150
かし 炊 157 播 212 樫 62
かじ 梶 62 舵 177 鍛 184
かしぎ 炊 157
かし-ぐ 炊 157
かし-げる 傾 88
かしこ-い 賢 93
かしこ-まる 畏 38
かしら 頭 202
かしわ 柏 214
かす 春 137 数 159
か-す 貸 179
かず 一 40 九 75 七 128 十 135 二 208 八 216 三 119 千 167 万 239 円 45 五 97 収 132 司 122 主 131 石 165 旦 183 冬 200 会 57 件 90 收 132 多 176 兆 188 年 210 毎 237 壱 39 応 47 寿 132 每 237 利 255 良 259 沓 85 効 101 参 119 宗 133 知 185 法 233 枚 238 和 269 胤 41 紀 68 計 86 孤 96 重 136 春 137 政 162 訂 194 品 224 員 41 起 70 兼 92 個 96 師 124 般 217 料 260 倭 269 教 80 運 43 葛 62 策 117 順 139 勝 144 萬 239 雄 247 量 261 圓 45 該 59 業 81 数 159 箇 54 雑 118 算 119 種 131 壽 132 暦 265 億 49 稽 88 選 168 憲 93 積 165 曆 265 應 47 類 224 雜 118

え-む 笑 143
えら-い 偉 38
えら-ぶ 択 181 選 168 撰 169
えらむ 択 181 撰 169
えり 衿 82 襟 83
え-る 得 203 選 168 撰 169 獲 61
えん 円 45 宛 35 延 46 沿 46 炎 46 奄 46 苑 46 怨 46 垣 60 員 41 院 41 宴 46 俺 49 媛 46 援 46 堰 46 淵 46 焰 46 圓 45 園 46 塩 46 猿 46 遠 46 煙 47 鉛 47 羨 168 演 47 鳶 204 縁 47 緣 47 薗 46 燕 47 艶 47

お

お 乙 49 力 262 士 120 小 141 大 180 王 47 少 141 夫 225 方 232 央 47 丘 76 巨 77 乎 95 広 99 弘 99 生 161 汚 47 壮 171 百 223 均 82 臣 150 壯 171 男 184 伯 214 尾 220 牡 232 良 259 於 47 旺 48 祁 68 弦 94 青 162 表 223 阜 225 房 235 和 269 音 50 彦 222 保 231 勇 246 郎 268 烏 42 翁 48 家 53 紛 228 峰 234 峯 234 郞 268 朗 267 悪 33 魚 78 紘 95 済 111 渚 140 麻 237 隆 259 朗 267 惡 33 越 45 御 78 渚 140 報 234 雄 247 陽 252 意 38 寛 65 節 166 豊 234 緒 140 寬 65 綸 262 緖 140 廣 99 穂 158 節 166 穗 158 興 249 巌 67 巖 67
おい 大 180 老 267 負 226 翁 48 笈 77 甥 47
お-いて 於 47
お-いる 老 267
おう 王 47 圧 35 凹 47 央 47 応 47 往 47 押 48 旺 48 欧 48 殴 48 皇 102 桜 48 翁 48 黄 105 凰 48 黃 105 奥 48 奧 48 横 48 橫 48 鴨 63 應 47 襖 48 櫻 48 鷗 48 鷹 253
お-う 生 161 追 191 負 226 逐 186
おうい 於 47
おうぎ 扇 168
お-える 了 259 卒 176 終 134
おお 大 180 太 178 巨 77 多 176 祁 68 洪 102 甚 155 偉 38 碩 165 艶 47
おおい 浩 104
おお-い 多 176
おお-いに 大 180
おお-う 被 220 蓋 59 蔽 230 覆 228
おおかみ 狼 267
おおき 大 180
おお-きい 大 180
おお-せ 仰 80
おおとり 凰 48 鳳 234 鴻 106 鵬 234
おおの 多 176
おおむ-ね 概 59
おおやけ 公 98
おか 允 41 丘 76 臣 150 岡 48 岳 61 阜 225 郊 102 原 94 陸 258 陵 261
おか-す 犯 217 侵 152 冒 235
おが-む 拝 213 拜 213
おき 云 43 処 140 生 161 印 41 気 68 沖 187 住 135 宋 171 居 77 招 142 知 185 宙 187 典 196 発 216 勃 237 洋 249 翁 48 恩 49 氣 68 起 70 座 110 息 175 致 185 設 166 動 203 隆 259 握 35 奥 48 幾 70 御 78 植 149 超 189 陽 252 意 38 奧 48 寛 65 業 81 置 186 寬 65 熙 72 興 106
おぎ 荻 48
おきな 翁 48
おぎな-う 補 232
お-きる 起 70
おく 沃 253 屋 48 奥 48 奧 48 遺 38 億 49 憶 49 臆 49
お-く 措 170 置 186
おく-らす 遅 186
おく-る 送 171 贈 174 贈 174
おく-れる 後 97 遅 186
おけ 桶 201
おこし 起 70
おこす 起 70
おこ-す 興 106
お-こす 起 70
おごそ-か 厳 95 嚴 95
おこた-る 怠 177
おこな-う 行 100
おこ-る 怒 199 興 106
お-こる 起 70
おさ 正 160 他 176 吏 255 伯 214 易 45 官 64 治 126 受 132 長 189 孟 243 紀 68 政 162 修 134 容 251 脩 134 理 256 順 139 統 202 意 38 廉 266 種 131 総 173 綜 173 領 261 導 203 養 253
おさ-える 抑 253
お-さえる 押 48
おさか 刑 86
おさな-い 幼 249
おさ-まる 収 132 收 132 治 126 修 134 納 212
おさむ 一 40 乃 211 士 120 収 132 司 122 平 229 收 132 成 160 医 37 攻 101 乱 255 京 78 治 126 制 160 紀 68 秋 133 脇 270 耕 103 宰 111 修 134 納 212 倫 262 経 87 捲 92 脩 134 理 256 順 139 税 164 惣 172 貯 188 統 202 道 203 敦 205 靖 164 摂 166 督 204 稽 88 蔵 174 徹 196 整 164 磨 237 穣 149 藏 174 鎮 191 鎭 191 攝 166 穰 149
おさめ 道 203
おさ-める 収 132 收 132 治 126 修 134 納 212
おし 印 41 忍 209 押 48 排 213
お-しい 惜 165
おしえ 教 80
おし-える 教 80
お-しむ 惜 165 愛 34
お-じる 怖 225
おす 牡 232 雄 247
お-す 圧 35 押 48 推 158 捺 206
おそ 晏 36
おそ-い 晩 218 遅 186 晚 218
おそ-う 襲 135
おそれ 虞 49
おそ-れる 怖 225 畏 38 恐 79
おそ-ろしい 恐 79
おそ-わる 教 80
おだ-やか 穏 49
おち 越 45 落 255
おちい-る 陥 64 陷 64
お-ちる 堕 177 落 255 墜 192
おつ 乙 49 越 45
おっしゃ-る 仰 80
おっと 夫 225
おと 乙 49 己 95 吟 83 声 160 男 184 弟 193 呂 266 呼 96 音 50 律 258 頌 147 徴 190 読 204 震 155 徵 190 韻 42 響 80 響 80
おとうと 弟 193
おど-かす 脅 79
おとこ 男 184
おどし 威 37
おとしい-れる 陥 64 陷 64
お-とす 堕 177 落 255 墜 192
おど-す 威 37 脅 79 嚇 61
おとず-れる 訪 234
おどり 踊 253
おど-り 踊 253
おと-る 劣 265
おど-る 踊 253 躍 245
おとろ-える 衰 158
おどろ-かす 驚 80
おどろ-く 驚 80
おな-じ 同 202
おに 鬼 70
おの 自 125 斧 225
おのおの 各 60
おの-ずから 自 125
おのの-く 戦 168 戰 168
おのれ 己 95
おび 帯 179 帶 179
おびと 首 131
おびや-かす 脅 79
お-びる 帯 179 帶 179
おぶと 首 131
おぼ-える 覚 60 憶 49

卑 219
い-やす 癒 246
いよ 弥 244 彌 244
いら-つく 苛 53
いらつこ 郎 268 郞 268
いり 入 209 射 129 納 212
いる 入 209
い-る 入 209 居 77
要 251 射 129 煎 168 鋳 188
鑄 188
いるる 容 251
い-れる 入 209 納 212
容 251
いろ 色 149 紅 102 某 235
彩 112 温 49 最 114 溫 49
いろど-る 彩 112
いわ 石 165 岩 67 磐 219
厳 95 巌 67 嚴 95 巖 67
いわい 祝 136 祝 136
斎 114
いわう 賀 55
いわ-う 祝 136 祝 136
いわお 岩 67 磐 219
厳 95 巌 67 嚴 95 巖 67
いわし 鰯 41
いわや 窟 85
いわ-れ 謂 39
いわ-んや 況 79
いん 引 41 允 41 印 41
因 41 咽 41 姻 41 胤 41
音 50 員 41 院 41 淫 41
陰 41 寅 205 飲 41 隠 42
蔭 42 韻 42

う

う 右 42 卯 42 生 161
芋 41 宇 42 羽 42 有 246
迂 42 兎 197 佑 246 雨 42
侑 246 胡 96 烏 42 得 203
優 250 鵜 42
うい 初 140
う-い 憂 247
うえ 上 147 於 47 高 104
う-え 餓 55
う-える 飢 70 植 149
餓 55
うお 魚 78
うかが-う 伺 122 窺 42
うが-つ 穿 168
う-かぶ 浮 226
う-かべる 浮 226
う-かる 受 132
う-かれる 浮 226
うく 受 132
う-く 浮 226
うくる 稟 262
うけ 受 132 承 142 奉 233
食 149
うけたまわ-る 承 142
う-ける 享 79 受 132
承 142 請 164
うご-かす 動 203
うご-く 動 203
うさぎ 兎 197
うし 丑 42 牛 77 孔 99
沈 191
うじ 氏 120 姓 162 項 105
うしお 汐 165 潮 190
うしな-う 失 128 喪 172
うし-ろ 後 97
うす 臼 76 碓 43 薄 215
うず 太 178 珍 191 渦 54
うす-い 薄 215
うす-まる 薄 215
うす-める 薄 215
うず-める 埋 238
うす-らぐ 薄 215
うす-れる 薄 215
う-せる 失 128
うた 吟 83 唄 43 唱 144
詠 44 詩 124 頌 147 歌 54
うたい 謡 253 謠 253
うた-う 歌 54 謡 253
謠 253
うたが-う 疑 74
うたげ 宴 46
うたた 転 197 轉 197
うち 中 187 内 206 奥 48
奧 48 管 66
うつ 内 206 全 169 鬱 43
う-つ 打 177 征 162 討 201
撃 89 擊 89
うつく-しい 美 221
うつ-す 写 129 映 44
移 38 遷 169
うった-える 訴 170
うつつ 現 94
うつ-る 写 129 映 44
移 38 遷 169
うつ-ろ 空 84 虚 78
虛 78
うつわ 器 71 器 71
うで 腕 270
うてな 台 181
うと-い 疎 170
うと-む 疎 170
うな 海 57 海 57
うなが-す 促 175
うなじ 項 105
うね 采 111 畝 43
うば 姥 43
うば-う 奪 183
うばら 楚 170
うぶ 生 161 初 140 産 119
うべ 宜 72
うべな-う 諾 182
うま 午 97 宇 42 肥 219
美 221 馬 213
うま-い 甘 64 巧 99
旨 122
うまし 味 240 美 221
うまや 厩 77
うまる 生 161
う-まる 埋 238
う-まれる 生 161 産 119
うみ 海 57 洋 249 海 57
倦 92 冥 242
うむ 産 119
う-む 生 161 倦 92 産 119
うめ 梅 213 埋 238 梅 213
う-める 埋 238
う-もれる 埋 238
うや 礼 264 恭 79 敬 87
禮 264 譲 149 讓 149
うやうや-しい 恭 79
うやま-う 敬 87
うら 上 147 占 167 浦 43
裏 256 賓 224 賓 224
うらな-う 卜 236 占 167
うら-み 憾 66
うら-む 怨 46 恨 109
憾 66
うら-めしい 恨 109
うらや-ましい 羨 168
うらや-む 羨 168
うら-らか 麗 265
うり 瓜 51
うる 閏 139 潤 139
う-る 売 213 得 203 賣 213
うるう 閏 139 潤 139
うるお 潤 139
うるお-う 潤 139
うるお-す 潤 139
うるし 漆 128
うる-む 潤 139
うるわ-しい 麗 265
うれ-い 愁 135 憂 247
うれ-える 愁 135 憂 247
うれ-しい 嬉 72
う-れる 売 213 熟 137
賣 213
うろこ 鱗 263
うわ 上 147 表 223
うわぐすり 釉 247
うわさ 噂 43
う-わる 植 149
うん 云 43 呼 96 員 41
運 43 雲 43

え

え 上 147 右 42 永 43
兄 86 丙 229 衣 37 江 100
会 57 回 57 朽 76 守 131
妃 219 条 148 依 37 英 44
枝 123 画 55 姉 123 苗 224
栄 44 廻 58 柄 229 重 136
負 226 悦 45 家 53 恵 87
座 110 笑 143 條 148 得 203
絵 58 詠 44 惠 87 殖 149
榮 44 榎 45 徳 204 慧 88
餌 127 德 204 衛 44 衞 44
壊 58 懐 58 獲 61 穫 61
壞 58 懷 58
えい 永 43 曳 44 泳 44
英 44 映 44 栄 44 哉 111
営 44 詠 44 瑛 44 景 88
榮 44 影 44 鋭 44 衛 44
衞 44 叡 45
えが-く 画 55 描 224
えき 亦 238 役 245 易 45
疫 45 益 45 液 45 駅 45
えさ 餌 127
えだ 兄 86 材 114 条 148
枝 123 柄 229 捨 129 條 148
族 175 幹 66 標 224 繁 218
繁 218
えつ 咽 41 益 45 悦 45
越 45 説 166 謁 45 閲 45
謁 45
えにし 縁 47 緣 47
えのき 榎 45
えび 蝦 45
えびす 夷 37 胡 96
えみ 咲 116 笑 143

※名前にふさわしくない意味の漢字もあります。名づけの際は必ず意味の確認を！

あらわ-す 表 223 現 94 著 188 著 188 顕 94 顯 94
あらわ-れる 表 223 現 94 顕 94 顯 94
あり 也 244 可 51 生 161 光 99 在 114 存 176 有 246 作 115 似 126 社 129 杜 197 社 129 茂 242 益 45 惟 38 現 94 得 203 順 139 満 239 照 145 適 195 徳 204 德 204
ありや 存 176
ある 存 176
あ-る 在 114 有 246 或 36
ある-いは 或 36
ある-く 歩 231 步 231
あるじ 主 131
あれ 形 86 似 126 肖 142
あ-れる 荒 102
あろう 濯 182
あわ 泡 233 沫 239 淡 184 粟 36
あわ-い 淡 184
あわし 淡 184
あわじ 淡 184
あ-わす 合 106
あわ-せる 併 229
あ-わせる 合 106
あわ-ただしい 慌 105
あわ-てる 慌 105
あわ-れ 哀 33
あわ-れむ 哀 33 憐 266
あん 安 36 行 100 杏 36 按 36 案 36 晏 36 庵 36 陰 41 暗 36 鞍 36 闇 36
あんず 杏 36

い

い 一 40 已 36 井 160 五 97 以 37 生 161 衣 37 伊 37 夷 37 亥 37 位 37 医 37 囲 37 似 126 励 264 依 37 委 37 易 45 居 77 炊 157 威 37 胃 38 為 38 畏 38 祝 136 食 149 泉 167 胆 184 宰 111 射 129 祝 136 倭 269 唯 246 尉 38 萎 38 異 38 移 38 惟 38 猪 188 爲 38 偉 38 椅 38 猪 188 集 134 斐 220 彙 38 違 38 意 38 葦 38 維 38 遺 38 慰 38 鋳 188 緯 39 謂 39 鑄 188
いい 飯 218 謂 39
い-う 云 43 言 94 謂 39
いえ 戸 95 宇 42 宅 181 舎 129 邸 193 屋 48 室 128 家 53 宮 77 捨 129 宿 136 第 181 営 44 最 114 楼 267 塾 137 寮 261
い-える 癒 246
いお 庵 36 魚 78 緒 140 緖 140
いおり 庵 36
いか 昭 143
いが 毬 239
いかし 茂 242 重 136 厳 95 嚴 95
い-かす 生 161 活 62
いかずち 雷 254
いか-めしい 厳 95 嚴 95
いか-る 怒 199
いき 生 161 寿 132 粋 157 息 175 域 39 壽 132 粹 157 蘇 170
いきお-い 勢 163
いきどお-る 憤 228
い-きる 生 161 活 62
いく 生 161 行 100 如 141 育 39 征 162 侑 246 郁 39 活 62 軍 86 粥 63 幾 70
い-く 行 100 征 162 逝 162
いくさ 軍 86 戦 168 戰 168
いくは 的 195
いけ 池 185
いける 生 161
い-ける 生 161 活 62
いこ-い 憩 89
いこ-う 憩 89
いさ 功 99 伊 37 沙 109 武 226 軍 86 勇 246 義 74 勲 85 勳 85 績 165 驍 81
いざ 唱 144
いさお 力 262 公 98 功 99 勇 246 烈 265 庸 251 魁 58 徳 204 勲 85 德 204 勳 85 績 165
いさおし 功 99
いさぎよ-い 潔 90
いさご 砂 110
いささ-か 些 109
いざな-う 誘 247
いさみ 勇 246 敢 65 矯 80
いさむ 力 262 争 171 制 160 爭 171 武 226 勇 246 浩 104 偉 38 敢 65 湧 247 魁 58 勲 85 勳 85
いさ-む 勇 246
いし 石 165
いしずえ 礎 170
いしぶみ 碑 220 碑 220
いじ-める 苛 53
いず 五 97 出 137 何 51 泉 167 稜 261 厳 95 嚴 95
いずみ 泉 167
いずる 出 137
いそ 石 165 勤 82 勤 82 勲 85 勳 85 磯 39
いそが-しい 忙 235
いそ-ぐ 急 77
いそし 克 107 勤 82 勤 82
いそ-しむ 勤 82 勤 82
いた 板 218 活 62
いた-い 痛 192
いだ-く 抱 233
いたす 致 185
いた-す 致 185
いたずら 徒 199
いただき 頂 189
いただ-く 頂 189 戴 179
いた-む 悼 201 痛 192 傷 145
いた-める 痛 192 傷 145
いたる 及 76 之 210 行 100 交 99 至 122 迄 239 効 101 周 133 到 200 格 60 純 138 造 174 致 185 流 258 極 81 達 183 詣 88 暢 190 諄 140 徹 196 親 155 薄 215
いた-る 至 122 到 200
いたわ-る 労 267
いち 一 40 市 122 壱 39 単 183 逸 39 都 199 逸 39 單 183 都 199
いちご 苺 39
いちじる-しい 著 188 著 188
いっ 市 122 壱 39
いつ 一 40 乙 49 五 97 失 128 伍 97 壱 39 斉 162 逸 39 斎 114 動 203 逸 39 敬 87 溢 39 稜 261 齊 162 厳 95 嚴 95
いつき 斉 162 済 111 斎 114 齊 162 樹 132 厳 95 嚴 95
いつく-しむ 愛 34 慈 126
いつ-つ 五 97
いつわ-る 偽 74 詐 110 僞 74
い-てる 凍 200
いと 文 229 糸 122 系 86 弦 94 純 138 絃 95
いと-おしい 愛 34
いとぐち 緒 140 緖 140
いと-けない 幼 249 稚 186
いと-しい 愛 34
いとな-む 営 44
いとま 暇 54
いど-む 挑 189
いな 否 219 稲 202 稻 202
いにしえ 古 95
いぬ 犬 90
いぬい 乾 64
いね 禾 51 稲 202 稻 202
いのしし 猪 188 猪 188
いのち 命 241
いのり 祈 68 祈 68
いのる 祷 201 禱 201
いの-る 祈 68 祈 68 祷 201 禱 201
いばら 茨 41 楚 170
いへ 長 189
いま 今 108 未 240
いまし 乃 211
いまし-める 戒 57 警 89
いま-だ 未 240
い-まわしい 忌 68
い-む 忌 68
いも 芋 41 妹 238
いもうと 妹 238
いや 未 240 礼 264 弥 244 珍 191 嫌 93 微 222 彌 244 禮 264
いや-しい 卑 219 卑 219
いや-しむ 卑 219 卑 219
いや-しめる 卑 219

彰 147 翠 158 精 164 聡 173
徴 190 徳 204 僚 261 確 61
監 66 輝 73 慧 88 劍 92
賛 119 審 155 徵 190 徹 196
德 204 箸 215 叡 45 曉 81
憲 93 諦 195 頭 202 融 249
曙 141 擦 117 燭 150 鮮 169
聴 190 瞳 203 瞭 262 簡 66
顕 94 曜 253 禮 264 麒 72
鏡 80 離 257 麗 265 耀 253
露 267 聽 190 鑑 67 顯 94
あき-らか 明 242
あきらけい 明 242
あきら-める 諦 195
あ-きる 飽 234
あく 悪 33 惡 33 握 35
渥 35 飽 234
あ-く 空 84 明 242 開 58
あぐ 称 143
あくた 芥 35
あぐ-ねる 倦 92
あぐみ 倦 92
あ-くる 明 242
あけ 旦 183 朱 131 明 242
南 208 翌 254 暁 81 緋 220
曉 81 曙 141
あげつら-う 論 269
あけぼの 曙 141
あけみ 朱 131
あ-ける 空 84 明 242
開 58
あ-げる 上 147 挙 78
揚 251 騰 202
あご 顎 61
あこが-れる 憬 88
憧 147
あさ 元 94 旦 183 旭 81
浅 167 麻 237 滋 126 朝 189
諒 261
あざ 字 125
あさ-い 浅 167
あざけ-る 嘲 190
あざな 字 125
あざな-う 糾 77
あさひ 旭 81
あざむ-く 欺 74
あざ-やか 鮮 169
あさ-る 漁 78
あし 芦 35 足 175 脚 75
葦 38
あ-し 悪 33 惡 33
あじ 味 240
あした 晨 154 朝 189
あじ-わう 味 240
あずか-る 与 249 與 249
あず-かる 預 249
あず-ける 預 249
あずさ 梓 35
あずま 東 200 春 137
雷 254
あせ 汗 64
あぜ 畔 217
あせ-る 焦 145
あそ-ぶ 遊 247
あだ 徒 199
あたい 価 51 直 191
値 185 價 51
あたう 乞 98
あた-う 能 210
あたえ 与 249 與 249
あた-える 与 249 與 249
あたか-も 宛 35 恰 103
あたた-か 温 49 溫 49
暖 185
あたた-かい 温 49
溫 49 暖 185
あたた-まる 温 49
溫 49 暖 185
あたた-める 温 49
溫 49 暖 185
あたま 頭 202
あたら-しい 新 154
あた-り 辺 230
あたる 丁 188 勾 99
中 187 方 232 任 209 鼎 195
あ-たる 中 187 当 200
あつ 丁 188 中 187 匹 222
毛 243 圧 35 功 99 石 165
充 135 団 184 当 200 同 202
灸 76 孝 101 宏 101 孜 123
灼 130 即 174 京 78 竺 127
昌 143 忠 187 抵 193 届 204
府 225 阜 225 厚 102 重 136
春 137 卽 174 衷 188 純 138
真 153 眞 153 配 213 強 79
惇 205 淳 139 商 144 富 226
陸 258 渥 35 温 49 貴 71
敬 87 暑 140 敦 205 富 226
溫 49 較 60 酬 135 暑 140
暖 185 農 212 豊 234 斡 35
酷 108 團 184 適 195 徳 204
諄 140 醇 140 德 204 熱 210
積 165 篤 204 濃 212 鐘 147
纂 120
あつ-い 厚 102 暑 140
暑 140 熱 210 篤 204
あつか-う 扱 35
あづさ 椅 38
あつし 竺 127 忠 187
厚 102 重 136 専 167 純 138
惇 205 淳 139 專 167 冨 226
陸 258 渥 35 温 49 敦 205
富 226 復 227 溫 49 睦 236
徳 204 醇 140 德 204 篤 204
濃 212
あつ-まる 集 134
あつむ 伍 97 同 202
侑 246 専 167 修 134 專 167
輯 135
あつ-める 集 134 蒐 135
輯 135
あて 宛 35 貴 71
あで-やか 艶 47
あ-てる 充 135 当 200
宛 35
あと 与 249 後 97 痕 109
跡 165 殿 197 與 249 蹟 165
あとう 与 249 與 249
錫 130
あな 孔 99 穴 89 坑 101
あなが-ち 強 79
あなど-る 侮 226 侮 226
あに 兄 86
あね 姉 123
あば-く 発 216 暴 236
あばら 肋 269
あば-れる 暴 236
あ-びせる 浴 254
あ-びる 浴 254
あぶ-ない 危 68
あぶら 油 245 脂 124
膏 106
あふ-れる 溢 39
あま 天 196 尼 208 雨 42
海 57 海 57 亀 70
あま-い 甘 64
あま-える 甘 64
あま-す 余 249
あまつさ-え 剰 148
剩 148
あまね 周 133
あまね-く 遍 231
あま-やかす 甘 64
あま-る 余 249 剰 148
剩 148
あま-んじる 甘 64
あみ 浴 254 網 243
あ-む 編 231
あめ 天 196 雨 42
あや 文 229 尤 246 礼 264
朱 131 技 72 言 94 或 36
英 44 苑 46 奇 68 采 111
郁 39 恵 87 純 138 紋 244
亀 70 彩 112 章 144 琢 182
彪 223 彬 224 理 256 絢 93
偉 38 惠 87 順 139 随 158
琢 182 斑 218 斐 220 漢 66
綾 35 漢 66 綺 71 彰 147
機 72 操 174 禮 264 繡 135
あや-うい 危 68
あやか-る 肖 142
あや-しい 妖 249 怪 57
あや-しむ 怪 57
あやつ-る 操 174
あや-ぶむ 危 68
あやま-ち 過 54
あやま-つ 過 54
あやま-る 誤 98 謝 130
あやめ 菖 144
あや-める 殺 117
あやる 斐 220
あゆ 似 126 肖 142 歩 231
步 231 鮎 35
あゆみ 歩 231 步 231
あゆむ 歩 231 步 231
あゆ-む 歩 231 步 231
あら 了 259 改 57 荒 102
漢 66 新 154 漢 66 糖 202
あら-い 荒 102 粗 170
あらう 荒 102
あら-う 洗 167
あらが-う 抗 101
あらかじ-め 予 249
あらし 嵐 36
あ-らす 荒 102
あら-ず 非 219
あらそ-う 争 171 爭 171
あらた 新 154
あら-た 新 154
あらた-まる 改 57
革 60
あらた-める 改 57
革 60 検 92 檢 92
あらら 荒 102

※名前にふさわしくない意味の漢字もあります。名づけの際は必ず意味の確認を！

名前に使える全漢字に対応！
漢字の読み索引

・名前に使える全漢字 2998 字（2015 年 3 月現在）を、本書で取り上げたすべての読み（音訓・名乗）の五十音順で引けるようにした索引です。
・それぞれの読みに対応する漢字を示し、その漢字の解説があるページを示しました。同じ読みの漢字は画数順に配列しました。
・送り仮名のある読みについては、送り仮名の部分を - で区切って示しました。
・名づけの際、漢字をどう読むかについて法律上の制限はありませんが、ここでは一つの目安として音訓と名乗を「読み」と考えました。ただし、音訓・名乗の中にも難読のものはありますので注意しましょう。
・「名前に使える」と法律で定められた漢字をすべて取り上げていますが、それらの漢字の中には、名前にあまりふさわしくないような意味のものもあります。名づけの際には、漢字の意味や使い方をよく確かめておきましょう。

あ

あ 安 36 有 246 亜 33 吾 97 亞 33 阿 33 愛 34
あい 会 57 合 106 和 269 哀 33 娃 33 相 171 美 221 挨 33 逢 33 偶 84 間 65 遇 84 集 134 愛 34 際 114 曖 33 藍 255
あいだ 間 65
あう 功 99 会 57 合 106 相 171 値 185 偶 84 淡 184 遇 84
あ-う 会 57 合 106 逢 33 遇 84 遭 173
あえ 允 41 似 126 肖 142
あ-えて 敢 65
あ-える 和 269
あお 青 162 神 152 神 152 蒼 173 碧 230 襖 48
あおい 葵 33
あお-い 青 162 蒼 173
あおぎり 梧 98
あお-ぐ 仰 80 扇 168
あか 丹 183 朱 131 赤 165 明 242 紅 102 緋 220
あか-い 赤 165
あかがね 銅 203
あかし 丹 183 灯 200 証 145 燈 200
あか-し 証 145
あか-す 証 145
あ-かす 明 242 飽 234
あがた 県 90 縣 90
あかつき 暁 81 曉 81
あがな-う 購 106
あかね 茜 33
あが-める 崇 158
あか-らむ 赤 165 明 242
あか-らめる 赤 165
あかり 灯 200 明 242 燈 200
あ-かり 明 242
あがり 東 200
あかる 明 242
あ-がる 上 147 挙 78 揚 251 騰 202
あか-るい 明 242
あか-るむ 明 242
あき 了 259 口 98 士 120 介 56 日 209 丹 183 夫 225 文 229 右 42 央 47 且 62 正 160 旦 183 白 214 丙 229 目 243 礼 264 旭 81 印 41 光 99 西 160 在 114 成 160 壮 171 亨 101 見 90 言 94 灼 130 壯 171 旺 48 尭 81 幸 101 昂 102 招 142 昌 143 知 185 茅 235 表 223 明 242 和 269 映 44 紀 68 研 90 秋 133 昭 143 乗 148 食 149 信 152 昼 187 洞 203 発 216 亮 260 晃 104 晄 104 乘 148 晋 152 晟 162 値 185 哲 196 朗 267 移 38 菊 74 郷 79 啓 87 祭 111 淳 139 商 144 章 144 紹 144 晨 154 晝 187 著 188 堂 203 彪 223 彬 224 翌 254 朗 267 瑛 44 覚 60 卿 80 堯 81 暁 81 敬 87 皓 105 晶 145 畳 149 註 188 著 188 朝 189 喩 245 雄 247 揚 251 陽 252 愛 34 較 60 暉 71 義 74 煌 106 嗣 124 照 145 詳 147 飾 150 聖 163 誠 164 詮 168 飽 234 盟 242 察 117 彰 147 翠 158 精 164 説 166 聡 173 徴 190 銘 242 影 44 閲 45 監 66 輝 73 審 155 徵 190 箸 215 標 224 璃 257 諒 261 叡 45 曉 81 憲 93 諦 195 頭 202 融 249 曙 141 謙 93 燦 119 鮮 169 聴 190 瞭 262 観 66 顕 94 曜 253 禮 264 麒 72 鏡 80 離 257 耀 253 露 267 疊 149 聽 190 鑑 67 顯 94
あきな-う 商 144
あきら 了 259 士 120 斤 82 公 98 壬 155 丹 183 右 42 卯 42 央 47 仕 120 正 160 旦 183 白 214 丙 229 目 243 礼 264 旭 81 行 100 光 99 在 114 成 160 全 169 存 176 名 241 亨 101 吟 83 見 90 灼 130 抑 253 良 259 英 44 旺 48 果 53 学 61 侃 64 享 79 昂 102 昊 102 述 137 招 142 昌 143 坦 183 知 185 的 195 東 200 表 223 命 241 明 242 威 37 映 44 看 64 秋 133 昭 143 食 149 信 152 省 162 昼 187 洞 203 発 216 亮 260 玲 264 剣 92 高 104 晃 104 晄 104 祥 143 晟 162 泰 179 哲 196 党 200 朗 267 郷 79 啓 87 祥 143 章 144 爽 172 晝 187 著 188 彪 223 彬 224 翌 254 朗 267 瑛 44 覚 60 卿 80 暁 81 景 88 皓 105 晶 145 証 145 惺 163 智 186 著 188 斐 220 復 227 揚 251 陽 252 暉 71 滉 105 煌 106 照 145 飾 150 新 154 聖 163 誠 164 詮 168 電 197 飽 234 幌 237 察 117

すてきな漢字《かんじ》に出《で》あえる　赤《あか》ちゃんの名《な》づけ事典《じてん》
©Taishukan, 2015　NDC811／415p／21cm

初版第1刷――2015年5月1日

編者――大修館書店編集部《たいしゅうかんしょてんへんしゅうぶ》
発行者――鈴木一行
発行所――株式会社 大修館書店
〒113-8541 東京都文京区湯島2-1-1
電話 03-3868-2651（販売部） 03-3868-2290（編集部）
振替 00190-7-40504
［出版情報］ http://www.taishukan.co.jp

編集協力――秋山美和子／石田知子／木下洋美／
塚本知佳／西澤直子／舩越國昭
装丁者――園木彩
イラスト――平野恵理子
印刷所――壮光舎印刷
製本所――司製本

ISBN978-4-469-01288-0　Printed in Japan